Informatik – Fachberichte

Informatik-Fachberichte 129

Herausgegeben von W. Brauer
im Auftrag der Gesellschaft für Informatik (GI)

Informatik-Grundbildung in Schule und Beruf

GI-Fachtagung, Kaiserslautern,
29. September – 1. Oktober 1986
Proceedings

Herausgegeben von E. von Puttkamer

Springer-Verlag
Berlin Heidelberg New York
London Paris Tokyo

Herausgeber
E. v. Puttkamer
FB Informatik
Universität Kaiserslautern
Postfach 3049
6750 Kaiserslautern

CR Subject Classifications (1985):

ISBN-13: 978-3-540-17158-4 e-ISBN-13: 978-3-642-71648-5
DOI: 10.1007/978-3-642-71648-5

Druck und Bindearbeiten: Weihert-Druck GmbH, Darmstadt
2145/3140–543210

Vorwort

Die Fachtagung der Gesellschaft für Informatik zu dem Thema "Informatik Grundbildung in Schule und Beruf", deren Tagungsband hier vorliegt, ist zu sehen als Fortsetzung der Tagung im Oktober 1984 in Berlin. Wurde dort die Herausforderung beschrieben, die durch das Eindringen der Informatik auf Schule und Beruf zukommt, so ist nun, 2 Jahre später, hier in einer Momentaufnahme festgehalten, wie Schule und Beruf mit dieser Herausforderung fertig wurden.

In einer Reihe von Bundesländern sind inzwischen Modellversuche gelaufen, deren Ergebnisse berichtet werden. An einer Vielzahl von Allgemeinbildenden- und Berufsschulen hat der Rechner Einzug gehalten als Medium im Unterricht, wobei sich Erfahrungen angesammelt haben, die vorgestellt werden.

Um aber den Rechner als Medium im Unterricht nutzen zu können und auf seinen Gebrauch in der Praxis vorzubereiten, ist ein Grundwissen über Informatik nötig. Was dabei gelernt werden sollte und worauf getrost verzichtet werden kann, ist noch zum Teil in der Diskussion und schlägt sich in Beiträgen nieder, die unterschiedliche Erfahrungen wiedergeben. Dabei wird die Gefahr zu viel zu tun mit unzureichend ausgebildeten Lehrkräften sehr wohl gesehen.

Die Nutzung des Rechners als Medium im Unterricht krankt noch vielfach an unzureichenden Programmen. Hier einen Markt der Möglichkeiten zu eröffnen, indem beispielhaft Software demonstriert wird, war eines der Ziele der Tagung. Software als dynamisches System kann man schlecht beschreiben: man muß sie in Aktion sehen, um Vorzüge und Schwachstellen zu erkennen. Das kann sich in der Beschreibung von Software nur annähernd niederschlagen und kann so nur zum Teil in diesem Tagungsband dokumentiert sein.

Neue Entwicklungen in der Ingenieurwissenschaft Informatik greifen mit einem Zeitverzug von einigen Jahren in Schule und Praxis durch. Was dabei an neuen Herausforderungen auf Schule und Beruf zukommen wird, in Form neuer Benutzeroberflächen, einer anderen Art zu programmieren und durch den möglichen Zugriff auf sehr große Datenmengen und regelbasierte Systeme auch auf "kleinen" Rechnern, wird in Grundsatzreferaten dargestellt.

Welche Kenntnisse über Rechner und Informatik als Grundbildung in Schule und Beruf zu vermitteln sind, wird sich sicherlich im Laufe der Zeit ändern; was 1986 als nötig gesehen wird, ist hier in etwa dokumentiert.

Kaiserslautern, im Juli 1986 — Ewald von Puttkamer

Inhaltsverzeichnis

* Beitrag nicht eingegangen

* Beitrag nicht eingegangen

Grundsatzreferate

Was sollte von Informatik in der Schule vermittelt werden?

Volker Claus
Fachbereich Informatik, Universität Oldenburg

Inhalt:

0. Vorbemerkung

In dieser kurzen Ausarbeitung soll nichts über die heute diskutierten Informatikinhalte für die Schule gesagt werden. Darauf wird im Vortrag eingegangen, und vieles kann man in den Empfehlungen der Gesellschaft für Informatik nachlesen und den meisten Beiträgen dieser Tagung entnehmen. Hier soll nur die übergreifende Rolle der Sprache herausgestellt werden, die einen einheitlichen Rahmen für die Informatikgrundbildung in den nächsten Jahrzehnten bilden kann.

1. Ziele der Informatikgrundbildung

Wer unterrichten will, muß in die Zukunft schauen. Zwar lehrt man nur Inhalte, die vorher durchdacht worden sind, aber man wählt den Stoff oft nach prognostizierten künftigen Anforderungen aus. Die Planung der Unterrichtsinhalte setzt daher die Einigung über die Prognose voraus.
Die Geschwindigkeit, mit der sich heute Technik und ihr Einsatz wandeln, zwingt uns oft zu wahrsagerischen Tätigkeiten. Hier eine breite Übereinstimmung zu erzielen, scheint der Kern der Bildungsplanung zu sein; die sich daran anschließenden Ausarbeitungen sind fachlich-didaktische Routinearbeiten oder müssen durch Entwicklungsarbeiten erbracht werden. Wie sieht ein Blick in die Zukunft der Informatik aus und welche Ziele kann man hieraus ableiten?

a. Veränderungen: Der Einsatz der Informatik verändert zur Zeit sichtbar alle Bereiche von Routinetätigkeiten, z.B. Postversand, Verwaltungsabläufe, Flugüberwachung, Textverarbeitung usw. Wir erleben hierbei die Auswirkungen, die aus der konsequenten Weiterentwicklung des Von-Neumann-Konzepts und der Miniaturisierung entstehen. Man kann sich leicht künftige Konsequenzen ausmalen, die die reine Routine zur anpassungsfähigen Routine weiterentwickeln: Verkehrsleitsysteme in Abhängigkeit von der Verkehrslage (das wäre schon ein großer Fortschritt gegenüber den bisherigen Ampelsteuerungen, die es nur bis zur "Grünen Welle" gebracht haben und sich nicht einmal einer Tagesbaustelle zwischen zwei Ampeln anpassen), Satzkorrekturen entsprechend der Grammatik einer Sprache, schienenfreie Transportersteuerung in Lagerhallen oder Bahnhöfen, von Menschen kaum zu schlagende Schachprogramme, automatische Ermittlung der günstigsten Ausfüllung von Steuererklärungen, elektronische Post usw.
b. Wissen hierfür: Um diese Vorgänge verstehen und zielorientiert einsetzen zu können, genügt ein Wissen über die Elementarhandlungen von Computern, über die Abläufe (Algorithmen) und Datenstrukturen, über die vorhandenen Softwaresysteme und über den Aufbau von und den Umgang mit technischen

Geräten. Hinzu kommt das Wissen über die gesellschaftlichen Auswirkungen und über die Grenzen des Einsatzes der EDV. Dementsprechend sehen die Lehrpläne aus, die seit etwa 10 Jahren in die Sekundarstufe II der Gymnasien Eingang finden und die in mehr praxisbezogener Abwandlung in die berufsbildenden Schulen eindringen.

Dieses Wissen wird aber für die nächsten 50 Jahre (so weit müßte man vorausplanen) nicht ausreichen. Es muß ergänzt werden um Wissen, das mächtigere Tätigkeiten begreifbar und steuerbar macht.

c. Zukunft, Teil 1: Einen Weg weisen uns die Forschungsvorhaben zur Entwicklung von Computern der 5.Generation. Hier werden nicht mehr Befehle gehandhabt sondern Regelsysteme über einer Wissensbasis. Statt einer Million Befehle pro Sekunde (1 "MIPS" = 1 million instructions per second) sollen nun eine Million Regelanwendungen pro Sekunde ("LIPS"= logical inferences per second) im Computer abrollen. Solch eine Maschine würde dem Menschen nicht mehr reine Routinearbeiten abnehmen, sondern sie würde die gedankliche Durchmusterung unbekannter, aber durch Regeln beschriebener Geisteswelten über Nacht erledigen, wofür ein Mensch Jahrzehnte benötigt. Welche solche Welten gibt es? Zunächst die Welt der algebraischen Strukturen, die durch Axiome und Regeln definiert sind, sodann die Erkundung von Situationen, in die ein durch physikalische Gesetze gegebenes System geraten kann (optimale Karosserieformen, Maschinenanordnungen, Entwicklung von Sternsystemen usw.) und generell alle modellartig erfaßbaren Vorgänge (z.B. Auswirkungen von Steuergesetzen, Simulation von Weltmodellen). Somit werden nun in verstärktem Maße die "Berufe des weißen Kragens" von der Computerunterstützung und zum Teil von der Computersubstitution erfaßt: Steuerberater, Rechtsanwälte, Ärzte, Unternehmensberater, Bankfachleute, Architekten, aber z.T. auch schon Musiker, Bildhauer und Dolmetscher.

d. Zukunft, Teil 2: Die Bezeichnung "Künstliche Intelligenz" (eine unvollkommene übersetzung von "artificial intelligence") zeigt in eine noch weitere Zukunft: übertragung geistiger Leistung auf den Computer. Wenn Intelligenz mehr ist als strategisch geschickte Anwendung von Regelsystemen, dann wird Intelligenz stets eine Herausforderung für die Intelligenz der Informatiker sein, die sich um immmer intelligentere Computersysteme bemühen. Intelligenz kann man zunächst als den Versuch auffassen, trotz beschränkter Gehirn- und Denkkapazität möglichst weitreichende Erkenntnisse zu gewinnen. Hierunter fallen so unterschiedliche Vorgehensweisen wie ganzheitliche Betrachtungsweisen, assoziative Denkvorgänge und zielorientierte Strategien im Detail. Zunächst war der Mensch das "Maß aller Dinge". Es hat jedoch eine Trendwende eingesetzt: Die Entwicklung neuer Computeranlagen und Programmiersysteme löst sich von der Vorstellung, menschliche Denkstrukturen nachbilden zu wollen, und sucht eigene (und wahrscheinlich effektivere) Lösungswege. Genauso, wie die Technik Werkzeuge und Geräte herstellt, die der Mensch benutzt, die sich aber nicht am menschlichen Körper orientieren, so werden Informationsstrukturen entwickelt werden, die nicht den menschlichen Denkstrukturen abgeschaut wurden. In dieser Entwicklungphase stehen wir bereits; denn wer denkt schon in "Prioritätsbäumen", verschachtelten Kellerautomaten oder ähnlichen Schemata?

Mit Computersystemen wird man in Zukunft relativ unvoreingenommen umgehen. Dabei wird man die Computersysteme selbst gar nicht bemerken, weil sie nur durch ihr Erscheinungsbild, nämlich ihre Benutzeroberfläche wahrgenommen werden. Dementsprechend entsteht zur Zeit ein Streit um die Frage, ob die grundlegenden Informatikinhalte nun Algorithmen, Funktionen und Datenstrukturen sind oder ob ein Training im Umgang mit und im Einsatz von Programmsystemen nicht viel nützlicher und für eine Kulturtechnik angemessener sei. Dieser Streit wird ausgehen wie der Sprachenstreit Ende der 70er Jahre: Man wird ein übergeordnetes Konzept finden, das die widerstreitenden Richtungen aus höherer Sicht vereint. Meiner Ansicht nach wird diese Synthese mit Hilfe des Sprachbegriffs erfolgen.

2. Sprache als Grundbegriff

Abstraktes Wissen ist längerlebiges Wissen. Die Ausbildung führt von Generation zu Generation zur Vermittlung von Verallgemeinerungen, zum Lehren von Prinzipien und zum Einordnen in hierarchisch aufgebaute Klassen. Wir diskutieren heute, ob eine anwendungsorientierte oder eine algorithmenorientierte Informatik in die Schule gehört oder ob die ins einzelne gehende Untersuchung der Arbeitsweise von Computern zur Bildungskompetenz von Jugendlichen zu zählen ist. Dies sind zeitabhängige Fragen, weil sie die heutige Situation der Wissenschaft und der Arbeitswelt in die Schulwirklichkeit abzubilden suchen. Schule muß einen starken Schuß Abstraktion enthalten (aber kaum etwas ist so fade wie Abstraktes). Zugleich soll Unterricht spannend sein, und daher ist das gewohnte Umfeld und das rasche Erfolgserlebnis in den Unterricht einzubeziehen. Und weiterhin sollen die Inhalte einem heutigen Schüler noch in 50 Jahren von Nutzen sein.
Der zentrale Begriff scheint mir der der Sprache zu sein. Natürliche Sprachen mit ihrer mächtigen Beschreibungskraft, mit ihren (Irrationales ausdrückenden) Kombinationsmöglichenkeiten und mit ihrer nur durch Rückfragen und intensive Diskussionen auflösbaren Mehrdeutigkeit und Unwägbarkeit (stets ich-bezogen und im dynamischen Fluß) werden in der Schule im Sprachunterricht vermittelt. Innerhalb dieser Sprachen, die sich im Laufe der Jahrtausende entwickelt haben und die ihre oft nicht mehr nachzuvollziehende Entwicklungsgeschichte in sich tragen, bemüht man sich um sprachliche Klarheit und Vermeidung von semantischen Mehrdeutigkeiten. Unter diese natürlichen Sprachen lege man eine Hierarchie, besser: ein Geflecht von formal definierten Sprachen:

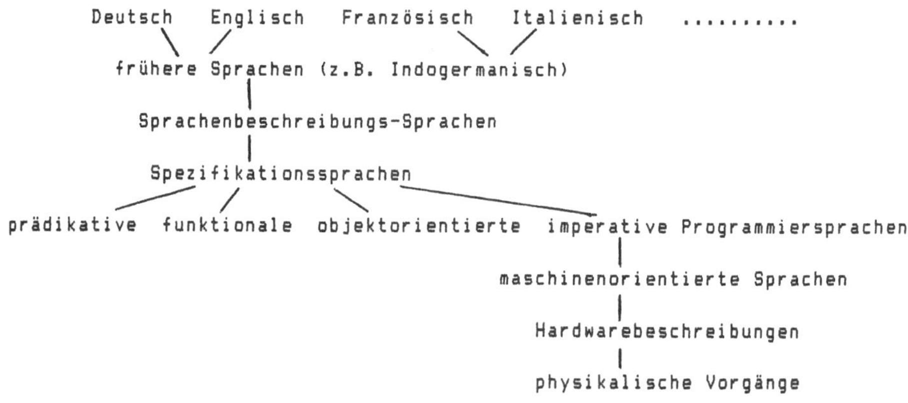

Das Verständnis für derartige Sprachhierarchien wird immer stärker Inhalt der Informatikgrundbildung werden: Es abstrahiert von den kurzlebigen Produkten, die die Technik hervorbringt, es macht anwendungsunabhängig, und es erlaubt klarere Klassifizierungen. Mit dem Begriff der Sprache sind weitere Begriffe und Lerninhalte verknüpft, die auch in heutigen Lernzielkatalogen zu finden sind:

- Syntax und Semantik
- Analyse von Sprachkonstruktionen (Programmen)
  (Dies erfolgt selbst wieder in einer neuen Sprache.)
- übersetzen/Interpretieren von Sprachen
- Beschreibungs-, Zeit- und Platz-Komplexität (in Abhängigkeit von Sprachen)
- Erweiterungen, Einschränkungen von Sprachen
- Ausdrucksmöglichkeiten und Grenzen von Sprachen, Formulierung von Algorithmen und Objekten in Sprachen
- Sprachhierarchien, Metasprachen
- Konstruktion eigener Sprachen

- Schnittstellenbeschreibungen

usw. Und man kann nun algorithmenorientierte oder anwendungsorientierte, prädikative oder ausgefuchste maschinenorientierte Sprachen näher behandeln und entsprechend einsetzen.

3. Umsetzung in die Schule

Die Aussage "Einfache Sprachen für einfache Probleme, komplizierte Sprachen für komplizierte Probleme" versteht man am besten, wenn man selbst einmal eine Sprache entworfen hat. Für den heutigen Unterricht ist diese Aussage ohne Belang: Man wählt Probleme von vornherein so aus, daß die gewünschte Sprache (sei es nun eine Programmiersprache oder eine Kommandosprache) die "richtigen" Sprachmittel zur Lösung besitzt. Aus Zeitgründen wird eine zweite Sprache nicht vermittelt, und so verbindet der Schüler die Welt der Informatik mit der Ausdruckswelt einer speziellen Sprache.

Das Ziel eines Informatikunterrichts in fernerer Zukunft wird es sein, für verschiedene Probleme verschiedene Sprachen zu entwerfen, um Lösungswege zu entwickeln. Warum soll man eine universelle Programmiersprache bemühen, wenn man nachprüfen möchte, ob eine Zahl gerade ist oder ob in einem langen Text die Buchstabenfolge "Kaiserslautern" vorkommt? Solche Probleme kann man mit der Sprache der regulären Ausdrücke beschreiben und mit wiederholten Tabellenzugriffen (endlichen Automaten) lösen. Andererseits kann man Entscheidungsstrategien für das Schachspiel in den gängigen Programmiersprachen kaum noch verständlich beschreiben. Um nun selbst Sprachen definieren zu können, braucht man Sprachen zur Beschreibung von Sprachen und Sprachen zur Implementierung anderer Sprachen. Wenn diese Zusammenhänge mit Hilfe einiger typischer Beispiele aufgezeigt sind, dann kann man nach Anwendungen fragen: Man formuliere die Benutzeroberfläche eines Programmsystems als Sprache, man konstruiere eine Sprache zur Beschreibung der ganzen Zahlen und ihrer Operationen, man entwerfe eine Sprache zur Beschreibung von Fahrstühlen, man definiere Sprachen, in denen man äquivalente Umwandlungen in anderen Sprachen formulieren kann, usw. In dieser Welt der Sprachen haben auch die natürlichen Sprachen ihren Platz.

Ein solches Konzept läßt sich heutzutage nicht umsetzen. Hierzu fehlt es an nahezu allem: Die Ideen wurden in unteren Klassen nicht vorbereitet, es gibt keine Schulbücher, es gibt keine hierfür ausgebildeten Lehrer, die administrative Seite hat keine Neigung, sich auf derartige unerprobte Abenteuer einzulassen, usw. Wenn man jedoch ein auf dem Sprachbegriff basierendes Konzept allgemein vermitteln möchte, dann sind folgende Schritte in irgendeiner Reihenfolge zu durchlaufen:

- Syntax einer Sprache
- Erarbeitung einiger typischer Sprachen (hierzu gehören je eine Sprache für reguläre Ausdrücke, für Zählvorgänge, für Algorithmen, für Erzeugungsprozesse und für Sprachbeschreibungen, siehe Erläuterungen unten)
- Einbeziehung der Sprachelemente in den Unterricht anderer Fächer
- Beschreibung einer Sprache in einer anderen Sprache
- Beschreibende und Handlungen auslösende Teile von Sprachen (auch: Semantik von Sprachen)
- Mächtigkeit von Sprachelementen, Sprachhierarchien
- Lesbarkeit, Klarheit einer Sprache

Unter anderem sprechen folgende Punkte für ein solches Konzept:

a. Der fächerübergreifende Aspekt. Die Entwicklung eines umfassenden Sprachbegriffs darf nicht in einem Fach verankert werden, sondern führt zur Reflexion der Sprachen jedes Unterrichtsfachs und zu einer vergleichenden Betrachtungsweise.

b. Die Vereinheitlichung. Unterschiedliche Begriffe können unter dem gleichen Oberbegriff behandelt, eingeordnet und verständlicher werden.

c. Die Milderung sich abzeichnender Konflikte. Verschiedene Inhalte wie Programmierung, Einsatz von Anwendersystemen, Funktionsweise von Computern u.ä. stellen keine Gegensätze mehr dar, sondern unterschiedliche sprachliche Ausprägungen.

4. Erläuterungen

Eine Sprache zwingt dazu, die Realität oder die Gedankenwelt in einer gewissen Form darzustellen. Die zur Verfügung gestellten Sprachelemente grenzen das darzustellende Objekte ein. Bei Spezifikationen, beim Entwurf von Algorithmen, bei Effizienzuntersuchungen usw. spielt die Darstellung eine wichtige Rolle.

(1) Beschreibung der durch 2 teilbaren Zahlen durch reguläre Ausdrücke.
  a. Die Zahlen sind als Folgen von Strichen dargestellt (Bierdeckelnotation). Beschreibung: $(||)^*$.
  b. Die Zahlen sind binär dargestellt.
     Beschreibung (mit führenden Nullen): $(0,1)^* \cdot 0$.
     Beschreibung (ohne führende Nullen): $1 \cdot (0,1)^* \cdot 0 \cup 0$.
  c. Die Zahlen sind zur Basis 3 mit den Ziffern 0, 1 und 2 dargestellt. Eine so dargestellte Zahl ist durch 2 teilbar, wenn die Ziffer 1 geradzahlig oft auftritt. Beschreibung mit führenden Nullen:
     $(0,2)^* \cdot (1 \cdot (0,2)^* \cdot 1 \cdot (0,2)^*)^*$.

(2) Algorithmische Erkennung der durch 2 teilbaren Zahlen.
  Man konstruiert sich eine einfache Sprache, die abhängig von der Sprachphilosophie nur wenige Sprachstrukturen enthält. Zwei übliche Ansätze werden hier vorgestellt.
  a. Imperativer Ansatz: Es gibt Variablen vom Typ "ziffer" und Boolean, Bedingungen sind von der Form "x=z", wobei x eine Variable vom Typ "ziffer" und z entweder eine Konstante oder ebenfalls eine Variable ist. Auch "not eof" (Bedeutung: Eingabe ist noch nicht erschöpft) ist eine Bedingung. Wertzuweisungen sind: Zuweisung einer Konstanten an eine Variable, sowie " b:=not b " für eine Boolesche Variable b. Eingabe: read(x) liest die nächste Ziffer von der Eingabe und weist sie x zu. Ausgabe: write(b) gibt den Wert der Booleschen Variablen b aus. Wenn B eine Bedingung und A eine Anweisung ist, dann kann man neue Anweisungen durch
     <u>if</u> B <u>then</u> A <u>fi</u>   und   <u>while</u> not eof <u>do</u> A <u>od</u>
     bilden. Ein Programm erhält man durch den üblichen Rahmen und durch Hinzufügen der Deklarationen, jedoch darf das Sprachelement "while" höchstens einmal im Programm auftreten. Durch 2 teilbare Zahlen, die mit den Ziffern 0, 1 und 2 dargestellt sind, erkennt man dann mit dem folgenden Programm:

```
program durch2teilbar;
var zmod2: Boolean; x:0..2;
begin zmod2:=true;
      while not eof do
            read(x);
            if x=1 then zmod2:= not zmod2 fi  od;
      write(zmod2)
end.
```

  b. Funktionaler Ansatz. Man geht von einer Eingabefolge w aus, auf der die Funktionen first (erstes Element von w), rest (w ohne das erste Element) und leer (Eingabe w ist erschöpft) definiert sind.

```
function gerade = (w: Folge von Ziffern):
  if leer(w) then true else
     if first(w)=1 then not gerade ( rest(w) )
                   else gerade ( rest(w) )  fi  fi.
```

(3) Zählen. Man soll feststellen, ob in einer Folge von Nullen und Einsen die 0 und die 1 gleich häufig auftreten. Mit den unter (1) und (2) beschriebenen Techniken ist diese Aufgabe nicht zu lösen.

Zur Beschreibung könnte man eine Anzahlfunktion $\#:\{0,1\}\times\{0,1\}^* \longrightarrow \mathbb{N}_0$ definieren (mit e bezeichnen wir die leere Folge):

$\#(0,e) = 0, \quad \#(1,e) = 0,$

$\#(0,w0) = \#(0,w) + 1, \quad \#(0,w1) = \#(0,w),$

$\#(1,w0) = \#(1,w), \quad \#(1,w1) = \#(1,w) + 1,$ für alle Folgen $w \in \{0,1\}^*$.

Die gewünschte Beschreibung lautet dann:

$\{ w \in \{0,1\}^* \mid \#(0,w) = \#(1,w) \}$.

Hierbei wird die Gleichheit in den natürlichen Zahlen bereits vorausgesetzt, wodurch die Aufgabe trivial wird. Eine andere Beschreibung kann mit Hilfe kontextfreier Grammatiken (bzw. Syntaxdiagrammen) erfolgen (S ist ein nichtterminales Symbol):

$S \longrightarrow S\,S, \quad S \longrightarrow 0\,S\,1, \quad S \longrightarrow 1\,S\,0, \quad S \longrightarrow e$.

Als Sprachelement zur Erkennung solcher Folgen kann man den Datentyp "zähler" mit dem Wertebereich der natürlichen Zahlen einschl. der Null und mit den Operationen increase (addiere 1), decrease (subtrahiere 1) und leer (der Wert ist Null) benutzen. Dieser Datentyp entspricht einem eingeschränkten Stack. Ein Programm könnte lauten:

```
program gleichviele;
var null,eins:zähler; x:0..1;
begin
  while not eof do
    read(x);
    if x=0 then
       if leer(eins) then increase(null) else decrease(eins) fi
    else
       if leer(null) then increase(eins) else decrease(null) fi
    fi  od;
  write( leer(null) and leer(eins) )
end.
```

(4) Übergang zu äquivalenten Programmen. Man muß hierzu eine Sprache einführen, um Bedeutungsgleichheit beschreiben zu können. Zum Beispiel:

<u>while</u> b <u>do</u> A <u>od</u> <---> <u>if</u> b <u>then</u> <u>repeat</u> A <u>until</u> not b <u>fi</u>,

wobei <---> die semantische Gleichwertigkeit ausdrückt. Um solche Beschreibungen in Aktionen umzusetzen, benötigt man eine Sprache zur textuellen Ersetzung. Hierfür muß man in der Regel eine Richtung angeben, in der die Ersetzung erfolgen soll, d.h. der Doppelpfeil wird durch einen einfachen Pfeil ersetzt.

Beispiele für den Übergang zu äquivalenten Formulierungen sind die Axiomensysteme der Mathematik und algorithmische Berechnungen. Hierzu gehören auch viele Vorschriften zur Optimierung von Lösungen, indem man lokale Verbesserungen so oft wie möglich anzuwenden sucht. Es lassen sich nun komplexere Probleme formulieren, z.B. die Entwicklung möglichst guter Lösungsstrategien.

5. Ausblick

Die Informatik hat sich im Schulbereich ebenso stürmisch und wellenförmig voranbewegt wie im Hochschulbereich. Es wäre daher vermessen anzunehmen, daß sich mit der Betonung des Sprachbegriffs eine Stabilisierung einstellen würde. Die Fragen, welche Sprachen letztendlich die wichtigsten sind, welche Beschreibungstechniken man verwenden muß, wie Anwendungsbezüge und soziale Aspekte einzubeziehen sind usw., bieten genügend Konfliktpotential, um nach weiteren 10 Jahren neue Lösungsansätze (an die wir heute noch nicht denken) vorzuschlagen und zu erproben. Die technische Entwicklung zwingt uns aber, schon heute über die zu erwartenden Auswirkungen auf die Ausbildung nachzudenken und konstruktiv künftige Grundkonzepte zu erarbeiten.

Allgemeinbildung und informationstechnische Grundbildung - Eine Kurzfassung -

Willi van Lück
Landesinstitut für Schule und Weiterbildung, Soest

1. Allgemeinbildung und Schlüsselprobleme

Allgemeinbildung zu reflektieren, wird heute von vielen als eine notwendige Aufgabe gefordert. Auf einer Tagung über "Allgemeinbildung im Computerzeitalter" unterstrich Frau Bundesministerin Dr. Wilms die Bedeutung und Aktualität dieses Themas. Tiefgreifende Veränderungen unseres Bewußtseins und unserer Lebenswirklichkeit sind wohl ein Zeichen dafür, daß wir über Allgemeinbildung heute wieder neu reflektieren müssen.
Angesichts der Auseinandersetzung mit den von uns Menschen selbst geschaffenen Problemen, die in ihrer Komplexität und Vernetzung (überproportional) zunehmen, die aber ihre Komplexität bzw. Vernetzung z.B. unter eiförmigen Schutzhüllen, kurzen Begriffen wie SALT oder NWWO (Konzeption der neuen Weltwirtschaftsordnung) und benutzerfreundlichen Oberflächen verbergen, gewinnt Allgemeinbildung einen besonderen Stellenwert.
Nun sind aber weder Lebensraumzerstörung, noch Selbstvernichtung, noch "Hunger in einer fruchtbaren Welt", noch "Sozialraumverschmutzung", noch Arbeitslosigkeit, noch Sinnverlust Katastrophen von Natur aus, sondern von uns Menschen selbst in Gang gesetzte Prozesse, die als quasi-irreversible Naturprozesse ablaufen können aber nicht müssen. Es handelt sich also um Schlüsselprobleme; ihre Lösung oder Nichtlösung wird Evolution und Geschichte sowie Weltbild und Selbstbild der Menschen bestimmen.
Der traditionelle Glaube an die Machbarkeit, daß Wissenschaftler schon eine Lösung für unsere Probleme berechnen und finden, dieser Glaube schwindet und zerbricht. Mißtrauen und Angst sowie Erlebnisse von Sinnlosigkeit und Resignation wachsen. Immer deutlicher wird gefragt, ob technische Entwicklung auch heute noch mit sozialem Fortschritt verbunden ist oder ob technischer Fortschritt nicht mit kultureller Regression einhergeht (8).
Diese "neue Unübersichtlichkeit" (Habermas) muß als Herausforderung begriffen werden: die Schlüsselprobleme unserer Zeit

müssen eine notwendige Orientierung für Allgemeinbildung sein, ohne dabei die Ergebnisse der Reformpädagogik zu vergessen. Allgemeinbildung ist kein Fertigprodukt am Ende der Schulzeit, sondern fordert ein ständiges Weiterlernen.

2. Notwendige Elemente für Allgemeinbildung

2.1 Durchschaubarkeit

Die neue Unübersichtlichkeit als Folge zunehmender, vernetzter Komplexität sowie wachsender Sinnsuche fordert uns Menschen heraus, unsere analytisch-synthetischen Fähigkeiten zu steigern. Alle diese komplexen und vernetzten Probleme oder Systeme sind gekennzeichnet durch eine Fülle von Wechselwirkungen zwischen ihren Teilproblemen bzw. Teilsystemen.
Neben der Kenntnis von Wechselwirkungen und ihrer evolutionären bzw. geschichtlichen Bedingtheit gehört auch das Wissen, das durch Traditionen sowie in Kultur und Geschichte überliefert wird, zum notwendigen Orientierungswissen für Gestaltung.
Problemlösen, Algorithmisieren und Programmieren ist in dieser Folge nur auf die Klasse der algorithmisierbaren Probleme anwendbar. Die Förderung analysierender Problemlösefähigkeit darf sich also nicht nur auf diese Problemklasse beschränken. Alle Probleme, die z.B. mit Sinnfindung zu tun haben, lassen sich eben nicht durch "stetige Verfeinerung" lösen. Hier sind hermeneutische Problemlöseverfahren gefordert und vorzugsweise Gespür und Empfinden vonnöten. Sind widerstrebende Interessen auszugleichen oder ist in unserer hochpluralistischen Gesellschaft für ethische Normen ein Konsens zu finden, so ist ein diskursiver Problemlöseprozeß notwendig.
"Immer mehr Wissen wird ... durch Wissenschaft gewonnen, immer weniger durch die Erfahrungen handelnder und ausführender Menschen ... Wissenschaftsorientierung muß daher ein zentrales Element in der Schule bleiben." (4)
Wissenschaftsorientierung kann aber nicht ausschließlich Fachorientierung bedeuten. Es kann nicht mehr alleine darum gehen, isolierte Fakten und fachwissenschaftlich systematisierte Zusammenhänge zu vermitteln, sondern die in der Lebenswirklichkeit immer häufiger auftretenden komplexen Situationen müssen in einem Sach- und Sinnzusammenhang aufgeklärt werden.

Durchschaubarkeit fordert also neben Orientierungswissen ebenso, daß die Methoden, nach denen unser Wissen gültig ist, in ihren Erkenntnisgrenzen aufgeklärt werden.

2.2 Ganzheitlichkeit

Analytisch-synthetische und holistische (ganzheitliche) Problemlösemethoden stehen in einem kreativen Spannungsverhältnis, beide sind für sich, insbesondere in ihrem Zusammenwirken, kreativ auf Wissenszuwachs gerichtet, um so Orientierungen für Gestaltbarkeit zu erhalten.
Wir müssen versuchen, unseren auf das Analytische gedrillten Verstand auch holistisch arbeiten zu lassen - "auf eine Weise, die nicht nach Einzeldaten programmiert ist, sondern die auf Analogien basiert, Vergleiche erlaubt und mit Beispielen hantiert"(9). Ganzheitlichkeit bekommt eine besondere Bedeutung, wenn es z.B. um Fragen des Glaubens und der Spiritualität, der Sinnfindung und Weltdeutung sowie der Ethik und Moral geht und wenn die hierdurch entstehenden Wirklichkeiten befragt werden. Ferner erhält Ganzheitlichkeit eine besondere Bedeutung, wenn z.B. die Prozesse gesellschaftlicher Differenzierung, der zunehmenden Teilung der Arbeit sowie der Trennung von Theorie und Praxis wieder zu integrieren sind.
Wissenschaftsorientierung muß also diese ganzheitliche Sichtweise sowohl zur Wissensgewinnung als auch zur Problemlösung mit einschließen. So gesehen werden zwar die momentanen Fächer und Fachbereiche in der Schule nicht überflüssig, sie werden aber in ihrem Denken und ihren Methoden neu angeregt und erweitert, sie erhalten einen neuen Stellenwert im Rahmen einer Allgemeinbildung.

2.3 Sinnlichkeit

Mit allen uns zur Verfügung stehenden Sinnen müssen wir versuchen, Wissen zu gewinnen und Problemlöseverfahren zu erproben. In einer durch Medien, Modelle und Theorien immer mehr bestimmten Welt müssen gegen Video- und Mikrowelten, Lebensräume für vielfältige unmittelbare Erfahrungen geschaffen werden, in denen auch Gefühle einen natürlichen Platz haben.

Eigentätigkeit ist eine materielle Grundlage für Erkenntnistätigkeit, sie mindert eine `Verkopfung´ unseres Wissens. "Eigentätigkeit ist die intensivste Form des Lernens, nicht nur weil sie die Herstellung durchschaubar macht, sondern weil sie je nach Umständen alle Sinne anspricht. Sie ist kognitiv und zugleich emotional. Erfahren und Erleben fallen zusammen." (4)
Die Frage nach dem Sinn des Lebens sowie nach dem Sinn des Handelns und Gestaltens in unserer Welt liegt mehr auf der Ebene von Spüren, Erfühlen und Empfinden. Konsensbildungen für ethische Normen, die in der Regel rein zweckrationale Dimensionen übersteigen, müssen diese "andere Welt" berücksichtigen.

2.4 Gestaltbarkeit

Mit Durchschaubarkeit, Ganzheitlichkeit und Sinnlichkeit sind durch Einblicke, `Entmystifizierungen´, Überblicke, Erfahrungen, Erlebnisse und Konsensfindungen notwendige (nicht hinreichende) Voraussetzungen geschaffen für Gestaltbarkeit von wissenschaftlich-technischen und individuell-gesellschaftlichen Entwicklungen, die nicht als unvermeidlich hingenommen werden müssen.
Die "Beherrschung" der neuen Unübersichtlichkeit setzt zunächst Hoffnungen in die Pädagogik, ein Vertrauen darin, daß der Mensch entwicklungsfähig ist, und daß er seine gestaltende Kraft zur Entfaltung und Wirkung bringen kann. Weiter setzt sie voraus, daß Wollen in verantwortete Politik umgesetzt wird. Bildung und Erziehung sind zwar eine notwendige Voraussetzung aber kein Ersatz für politisches Handeln.
Je mehr es gelingt, durch vielfältige Bewußtseinsbildungsprozesse, Normen für verantwortliches Handeln und Gestalten in einem breiten gesellschaftlichen Konsens zu entwickeln und zu vereinbaren, desto größer wird unsere Verhaltenssicherheit im Lösen unserer Schlüsselprobleme.

2.5 Solidarität

Hochkomplexe Gesellschaften stellen hohe Anforderungen an alle Menschen, die verantwortlich mitgestalten und mitwirken. Schlüssel-Probleme gerade in einer freiheitlich-demokratisch verfaßten Gesellschaft zu lösen, verlangt eine Beteiligung aller. Alle müssen Probleme erkennen, notwendiges Wissen sammeln und

Regeln für Zusammenleben und Handeln mit vereinbaren. Eine "human -alternative Welt" (Haefner) steht hierzu im Widerspruch. Allgemeinbildung darf kein Privileg einiger Ausgewählter sein.
Alle Schülerinnen und Schüler brauchen emotionale, soziale und intellektuelle Stärkung, sie benötigen eine individuelle Förderung, aber eingebettet in die Gewinnung von Verantwortlichkeit des Einzelnen gegenüber der Gesellschaft. Das Äquivalent mündiger Selbstbestimmung muß Solidarität sein und diese ist mehr als eine kühle Handlungsstrategie.(4)

3. Informations- und kommunikationstechnische Grundbildung

3.1 Informations- und Kommunikationstechniken als Schlüsselthema

Die Informations- und Kommunikationstechtechniken greifen umfassend in unsere Lebenswirklichkeit, in unsere Arbeits- und Lebenswelt ein, indem sie in alle komplexen und vernetzten Schlüsselproblembereiche hineinwirken, dort Hoffnung wecken aber auch neue Ängste erzeugen und in vielen Fällen die Vernetzheit der Probleme vielfältig steigern.
In den Informations- und Kommunikationstechniken steckt eine Potenz unsere Lebenswirklichkeit, unser Bewußtsein und unsere Kultur tiefgreifend zu verändern. Immer umfänglicher werdenBilder und Texte (Informationen) verarbeitet, erfaßt, verbreitet, zugeteilt und gespeichert: "geistige Arbeit wird industrialisiert", Wirklichkeit wird "mediatisiert" und Komplexität verschwindet hinter Oberflächen.

3.2 Gegenstand und Methoden der informations- und kommunikationstechnischen Grundbildung

Die Informations- und Kommunikationstechniken wirken als (Denk)-Werkzeuge und Medien in immer mehr Bereichen. Sie werden einerseits angewandt als Prozeßdatenverarbeitungssysteme zur Steuerung und Regelung technischer Prozesse (z.B. in Produktion, Verkehr und Haushalt), als Benutzersysteme wie Textverarbeitungs-, Dateiverwaltungs- und Kalkulationssysteme (z.B. in Verwaltung, Handel und Freizeit) und als Expertensysteme (z.B. in Wissenschaft, Schule und Freizeit). Andererseits werden sie in ihren Ober-

flächen, d.h. an ihren Schnittstellen zwischen Benutzer und technischem System als vielfältig verwendbares Medium genutzt.
Durch die Interessen, Normen und Werte derer, die diese neuen Technologien zur Anwendung und Nutzung bringen, entstehen Auswirkungen auf Individuum und Gesellschaft. Diese können als Chancen zur Lösung unserer Schlüsselprobleme aber auch als potentielle Gefahr, die sich gegen den Menschen richtet, wahrgenommen werden.
Exemplarisch und repräsentativ muß unter der Forderung nach Allgemeinbildung diese Ganzheit (auch in Vernetzung mit den Schlüsselproblemen) in Sach- und Sinnzusammenhängen Gegenstand von Unterricht werden. Sie muß wissenschaftsorientiert unter Nutzung aller Sinne durchschaubar gemacht werden und ebenso müssen existentielle Betroffenheit und Ängste aufgearbeitet werden, um so eine notwendige Grundlage für Gestaltbarkeit zu entwickeln.
Mit dieser Gegenstandsbestimmung einer informations- und kommunikationstechnologischen Grundbildung (5),(6) wird einer Abbilddidaktik (erst recht einem Computerführerschein) widersprochen. Dieser vernetzte curriculare Ansatz ergibt sich als Folge aus den vorher aufgestellten Elementen einer Allgemeinbildung.
Auch die zu wählenden Methoden müssen den Sach- und Sinnzusammenhang für die Schülerinnen und Schüler erhalten. Wissenserwerb, Problemlösen und Problemreflektion gehören zusammen. Fächerübergreifendes und fächerverbindendes innovatives Lernen in einem projektorientierten Unterricht ist aus allem Gesagtem die logische Konsequenz.

3.3 Organisation der informations- und kommunikationstechnischen Grundbildung

Ein neues Fach zu schaffen, widerspricht den bisher ausgeführten bildungstheoretischen Überlegungen. Ebenso ist die Arbeitszeit der Schülerinnen und Schüler nicht mehr ausweitbar. Daher muß die informations- und kommunikationstechnologische Grundbildung in das bisherige Curriculum eingebettet werden. Eine Blockung des Unterrichts in Form von Werkstattagen, bei denen mehrere Fächer (d.h. auch Fachlehrerinnen und Fachlehrer) beteiligt sind, ist die organisatorische Konsequenz aller vorherigen Überlegungen.

3.4 Notwendigkeit einer breit angelegten Lehrerfortbildung

Eine breit angelegte Lehrerfortbildung, die Lehrer aller Fächer betrifft, wird notwendig. Eine solche Fortbildungsmaßnahme muß im Wechsel miteinander folgende Elemente enthalten: diskursive fächerübergreifende Reflektionen, weiterführende fachdidaktische Gespräche und Kurzlehrgänge in der fachbezogenen Nutzung der Informations- und Kommunikationstechniken.

4. Schlußbemerkung

Vielfältige Schwierigkeiten und Widerstände sind bereits artikuliert und werden weiterhin erwartet. Alle zusammengenommen sind aber kein hinreichendes Hindernis, trotzdem das zu tun, was für unsere Zukunft dringend notwendig ist. Notwendig ist eine Wende - "die nächste Katastrophe kann die letzte sein" (club of rome)

Literaturhinweise

(1) Apostolischer Stuhl (Hrsg.): Instruktion der Kongregation für die Glaubenslehre über die christliche Freiheit und Befreiung, Heft 70, 1986

(2) Beer, W., de Haan, G. (Hrsg.): Ökopadagogik - Aufstehen gegen den Untergang der Natur; Weinheim, Beltz 1984

(3) Gadamer, H.G.: Traditionen sind der Wissenschaft oftmals weit überlegen; Bild der Wissenschaft 6/86

(4) Klemm, K., Rolff, H.G., Tillmann, K.J.: Bildung für das Jahr 2000 ; Reinbeck bei Hamburg, rororo 1985

(5) Kultusminister Nordrhein-Westfalen: Neue Informations- und Kommunikationstechnologien in der Schule, Rahmenkonzept; Heft 43, 1985

(6) Landesinstitut für Schule und Weiterbildung (Hrsg.): Informations- und kommunikationstechnologische Grundbildung, Modellversuch S I, Soest 1986

(7) Strahm, R.H.: Warum sie so arm sind; Wuppertal, Hammer Verlag 1985

(8) Rohrmoser, G.: Technologischer Fortschritt und kulturelle Regression; phvn 1986

(9) Vester, F.: Unsere Welt - Ein vernetztes System; Stuttgart, Klett-Cotta 1978

"INFORMATIK GRUNDBILDUNG" ALS HERAUSFORDERUNG AN DIE BERUFLICHE BILDUNG

Peter Diepold

Die Frage, was unter "Informatik Grundbildung" zu verstehen sei, wird auf dieser Tagung eine vielfältige, uneinheitliche Antwort finden, je nach dem Standort der Referenten und Diskussionsteilnehmer. 1 Für den Praktiker mögen informationstechnische Sichtweisen im Vordergrund stehen: die Frage nach den technischen Medien Daten- und Textverarbeitung, ihrer Vernetzung mit modernen Kommunikationstechniken und ihrer Steuerung durch Programme. Den Theoretiker interessieren informationstechnologische Dimensionen, seien es im engen Sinne ingenieurswissenschaftlicher Fragestellungen, sei es im weiteren Kontext ihrer ökonomischen, ökologischen und gesellschaftlichen Technologieimplikationen. Vermutlich dürften auf dieser von der Gesellschaft für Informatik ausgerichteten Tagung am ehesten jene Aspekte im Vordergrund stehen, die mit dem Stichwort informatorisch bzw. informationstheoretisch ihre Nähe zur Informatik als wissenschaftlicher Disziplin signalisieren und dementsprechend fachdidaktische Konsequenzen für die Bestimmung und Begründung von Inhalten, Zielen und Methoden ziehen.

Ich möchte mich in meinem Beitrag nicht auf eine der eben angerissenen Eingrenzungen beschränken, weil eine solche Ausgrenzung anderer - in einem informationellen Zeitalter wesentlicher - Aspekte zu curricularen Defiziten führt. Ich möchte also den Begriff "Informatik Grundbildung" umfassender verstehen, ihn aber gleichzeitig präzisieren.

Die Akzentuierung meines Themas auf "berufliche Bildung" ermöglicht dies. Sie gibt den Fragen nach Zielen, Inhalten und Methoden informationeller Grundbildung eine konkrete doppelte Stoßrichtung. Zum einen ist zu fragen, wie sich unter dem Aspekt der Rationalisierung durch die neuen Informationstechniken die berufliche Handlungssituationen verändert haben und verändern werden, zum anderen, wie die berufliche Bildung (und darunter möchte ich hier vorrangig die Erstausbildung verstehen) adäquat darauf reagieren soll. "Adäquat" heißt für mich vor allem: die Verpflichtung auf ein Menschenbild, das das Individuum dazu befähigt, aktiv und verantwortlich an der Gestaltung der Arbeitswelt mitzuwirken und ihm selbst die Entfaltung seiner Persönlichkeit in einem Prozeß lebenslangen Lernens zu ermöglichen.

Damit sind die drei Teile meines Referats gekennzeichnet: Ich werde mich zunächst mit den Veränderungen beruflicher Handlungssituationen im kaufmännisch-verwaltenden und im technischen Bereich befassen, um daraus die Anforderungen an die berufliche Bildung im Hinblick auf eine informationelle Grundbildung zu formulieren. Ein dritter Teil wird sich mit Konsequenzen für die Gestaltung entsprechender Lernarrangements beschäftigen.

---

1 Zur Auseinandersetzung mit der Begrifflichkeit und ihrem wissenschaftstheoretischen Hintergrund vgl. Kell (1986), der in Anlehnung an die Entscheidung des Bundesverfassungsgerichts für den Begriff "informationelle Bildung" plädiert.

1. ZUR VERÄNDERUNG BERUFLICHER HANDLUNGSSITUATIONEN

In ihrem kürzlich erschienenen Buch "Zukunft der Angestellten. Neue Technologien und berufliche Perspektiven in Büro und Verwaltung" haben Martin Baethge und Herbert Oberbeck als Resümee einer mehr als zehnjährigen Forschungsarbeit eine umfassende Standortbestimmung der Veränderungen in wichtigen Bereichen der Angestelltentätigkeit vorgenommen. Ein zentrales Ergebnis dieses provozierenden Buches ist der Begriff der "systemischen Rationalisierung". Während in der Vergangenheit die Informationstechnologie in der Form punktueller oder einzelfunktionsbezogener Rationalisierung Einsatz fand und damit menschliche Tätigkeiten durch Technik ersetzte, haben sich neuerdings Rationalisierungsprinzip und Rationalisierungsdynamik grundlegend gewandelt: 2

> "Wurden bisherige Rationalisierungsmaßnahmen im Prinzip von unten und vom Arbeitsmittel her, d.h. einzelfunktionsbezogen und mit nur begrenztem Blickwinkel für Zusammenhänge mit angrenzenden Aufgabengebieten gedacht und durchgeführt, so werden Rationalisierungskonzepte jetzt eher von oben, von der Organisation des gesamten Funktionsprozesses her, d.h. mit der Perspektive der Veränderungen von komplexen Funktionszusammenhängen und der Realisierung mehrerer Wirkungspotentiale (Steuerung von Geschäftspolitik und Ablaufprozessen, Verbesserung der Leistungsqualität, Personaleinsatzstrategien) entwickelt und durchgesetzt."

Für qualifizierte Sachbearbeitertätigkeit kaufmännischer Angestellter im informationstechnischen Zeitalter bedeutet dieser Sachverhalt, daß gerade keine Dequalifizierung menschlichen Arbeitsvermögens zu erwarten ist, vielmehr die "Gestaltung von personalen Interaktionsprozessen, die Herstellung von Transparenz über Marktentwicklungen, Vorgänge der Beurteilung und Bewertung von personen-, sach- und prozeßgebundenen ökonomischen Informationen, Vorgänge der Prüfung und Subsumtion von Sachverhalten unter vorgegebene Regeln" 2 im Zentrum beruflicher Tätigkeit stehen werden.

Für den gewerblich-technischen Bereich kommt das Buch von Horst Kern und Michael Schumann "Das Ende der Arbeitsteilung? Rationalisierung in der industriellen Produktion: Bestandsaufnahme, Trendbestimmung" zu einem ähnlichen Ergebnis: 3

> "Entscheidend für die Möglichkeiten heutiger Rationalisierung erscheint uns nicht nur, daß den Betrieben nun ein feingliedriges und griffigeres Repertoire an Fertigungstechniken zu Gebote steht, sondern daß die technologische Komponente zunehmend häufiger in eine veränderte Rationalisierungskonzeption eingebettet wird. Die Rationalisierung greift über die Gestaltung einzelner Größen des unmittelbaren Produktionsprozesses hinaus und leistet die konsequente Integration verschiedener, früher kaum aufeinander bezogener Aktionsdimensionen. Vor allem durch die Indienstnahme der EDV ist die Transparenz in den Betrieben erhöht und das Bewußtsein für die Verschränktheit betrieblicher Abläufe gesteigert worden. Dadurch konnten die Betriebe Größen zu Variablen der Rationalisierung machen und bereichsübergreifend, gesamtprozeßlich gestalten, deren Rationalisierungsrelevanz früher unterschätzt worden war ("Fertigungssteuerung", computergestützte Verknüpfung von Konstruktion, Arbeitsplanung und Fertigung, oder, in der Sprache der EDV-Fachleute: CAD, CAP, CAM).
>
> Gerade dieses durch ganzheitlicheren Zugriff, systematischere Planung und konsequenteren Vollzug gekennzeichnete Rationalisierungsverständnis und das Vorhandensein entsprechender Rationalisierungsinstrumente macht die neue Qualität des heutigen Rationalisierungspotentials der Betriebe aus. Das ist ein Faktum, von dem bei unserer Untersuchung auszugehen war: Ein Prozeß der Modernisierung der industriellen Produktionsapparate ist vorbereitet worden, der nun Fahrt gewinnt - eine Umschichtung von gewaltiger Reichweite."

---

2 Ebd., S. 284
3 Kern / Schumann (1984), S. 16

Die Autoren konstatieren gegenüber den 60er und 70er Jahren eine deutliche Abkehr von Prinzipien tayloristischer Arbeitsteilung. Zentrales Ergebnis ihrer Studie ist die "Wiedereinführung und Verankerung von Produktionsintelligenz als Voraussetzung und Folge der neuen Produktionskonzepte" 4 - in anderen Worten: die Reprofessionalisierung von Industriearbeit: 5

> "In der Frage, wo im Betrieb die produktionsnotwendige Intelligenz verankert werden soll: allein in wertstattexternen Planungs- und Dispositionsagenturen, denen eine rein ausführende Fertigung ohne jede Kompetenz und Qualifikation gegenübersteht (das wäre die Fortschreibung der alten Linien) oder aber auch in der Produktion selbst, deren Know-how und Erfahrung nicht als ärgerliches Residuum, sondern als unverzichtbarer Bestandteil der Produktivkraftentwicklung anerkannt wäre (das sind die neuen Produktionskonzepte), gewinnt die zweite Position allmählich die Oberhand."

Zusammenfassend läßt sich eine Übereinstimmung zwischen dem kaufmännisch-verwaltenden und dem gewerblich-technischen Bereich konstatieren, was den Einsatz der neuen Informationstechniken betrifft: Die konsequente Applikation der neuen Informations- und Steuerungstechniken in Zusammenhang mit arbeitsorganisatorischen Entscheidungen führt zu tiefreichenden Veränderungen der Arbeitsplatzanforderungen im Sinne komplexerer, anspruchsvollerer Tätigkeit.

2. QUALIFIKATIONSANFORDERUNGEN

Daß dabei für die beiden großen Bereiche beruflicher Bildung ähnliche Anforderungen an die Ausbildung adäquater Qualifikationen gestellt werden, verwundert nicht. Ich möchte dies an zwei Beispielen - Werkzeugmaschinenbereich und Industrieverwaltung - veranschaulichen.

Sonntag 6 hat mittels des modifizierten Tätigkeitsanalyseinventars von Frieling u. a. (1984) die folgenden Qualifikationsanforderungen ermittelt: 7 Über die deutlich angestiegenen Anforderungen im Bereich der Kenntnisse hinaus (vgl. die Schraffierungen) ist besonders auffällig der Anstieg der Anforderungen für CNC-Steuerung bzw. Flexible Fertigungssysteme (FFS) im Bereich der Kommunikations- und Kooperationserfordernisse (z. B. Kooperation zwischen Bediener und Aufspanner, Arbeitsvorbereitung (einschl. Programmierpersonal), Instandsetzungspersonal; zwischen Vorarbeiter und Meister) 8 und im kognitiven Bereich (Dekodieren, in Bezugssystemen denken, analoges Vergleichen/Zuordnen; bei Störungen: Abstrahieren, Analysieren, Bewerten von Alternativen, gedankliches Probehandeln). Schließlich ist auf die gestiegenen Erfordernisse an selbständiges Entscheiden hinzuweisen.

Das Beispiel ist auf andere Berufe verallgemeinbar (insbesondere CAD/CAM, Robotertechnik und SPS für den Bereich der Elektrikberufe): Die Mikroelektronik erfordert fachübergreifende Qualifikationen wie kognitiv komplexe Denkoperationen (Problemlösen, Abstraktionsfähigkeit, Denken in mehrdimensionalen Zusammenhängen), Lernbereitschaft und fähigkeit, Entscheidungsfähigkeit und Sozialkompetenz.

---

4 Ebd., S. 322
5 Ebd.
6 K. Sonntag, "Qualifikationsanforderungen im Werkmaschinenbereich", in Sonntag (1985), S. 81-100
7 Vgl. die Grafik auf S. 87 (Overheadfolie im Vortrag).
8 Ebd., S. 91

Ähnliche Entwicklungen sind für den Bereich Wirtschaft und Verwaltung zu konstatieren. Nach den Untersuchungen von Koch 9 werden für Industriekaufleute als sehr wichtig oder wichtig eingeschätzt (von mehr als 90% der Befragten) abstraktes und logisches Denken, Anpassungsfähigkeit, Kommunikationsfähigkeit, Teamarbeit und Kenntnisse der betrieblichen Organisation und Zusammenhänge von Arbeitsabläufen; dagegen fallen allgemeine EDV-Kenntnisse (mit 76%), Bedienungskenntnisse von Bildschirmgeräten (70%), Kenntnisse in der praktischen Anwendung von Programmen (41%) ab; Programmierkenntnisse (5%) spielen faktisch keine Rolle. 10

Baethge und Oberbeck 11 sprechen - für den Bereich qualifizierter Sachbearbeitertätigkeiten - von einer "Renaissance der Fachqualifikation und Verstärkung kommunikativer Kompetenz" 12 als Resultat systemischer Rationalisierung und unmittelbaren EDV-Einsatzes: gefordert wird ein "professioneller Verhaltensstil", der abhängig ist von "guten Fachkenntnissen, einer hohen intellektuellen Flexibilität im Umgang mit wechselnden Situationen, ausgeprägten analytischen Fähigkeiten zur Interpretation von Informationen und einer differenzierten sozial-kommunikativen Kompetenz" 13. Die Autoren kommen zu folgendem Schluß: 14

> "Gegen die bisherige Hauptrichtung der Diskussion in der Bundesrepublik läßt sich an dieser Stelle bereits festhalten, daß das Qualifikationsproblem bei forciertem Einsatz der neuen Technologien in den kaufmännischen Dienstleistungsbereichen nicht in technischen Kompetenzen liegt, sondern im erforderlichen Fundament an berufsfachlichem Wissen und - damit verbunden - hohen Anforderungen an formale Denkfähigkeit."

Aus diesen Ergebnissen leite ich die erste zentrale These dieses Vortrages ab: Wenn die zitierten Untersuchungsberichte Anspruch erheben können, wesentliche Aspekte einer zukünftigen Qualifikationsstruktur aufzuzeigen, dann muß m. E. der Begriff einer "Informatik Grundbildung" für den berufsbildenden Bereich wesentlich erweitert werden: Für die Beherrschung der neuen Technologien wird eine informationelle Grundbildung benötigt, die über informationstechnische Inhalte hinaus übergreifende kognitive und kommunikative Handlungskompetenz vermittelt. 15

3. DIDAKTISCH-METHODISCHE KONSEQUENZEN: KOMPLEXE LERNARRANGEMENTS

Über das inhaltliche "Fundamentum" eines informationstechnischen Curriculums für den Bereich der beruflichen Erstausbildung bahnt sich ein Konsens an. 16 Wenn man in absehbarer Zeit davon ausgehen kann, daß Schüler berufsbildender Schulen erste informationstechnische Grundkenntnisse aus dem vorangegangenen Unterricht der Sekundarstufen I bzw. II mitbrin

---

9 Vgl. R. Koch, Elektronische Datenverarbeitung in der Industrieverwaltung (1984), der zusammen mit B. Dresbach und H. Liermann 1982 ca. 100 betriebliche Experten in Industrieverwaltungen befragte.

10 Vgl. die Grafik auf S. 50 (Overheadfolie).

11 Vgl. insbes. das Kapitel a.a.O. "Die Veränderungen von Tätigkeitsstrukturen und Qualifikationsprofilen in den Angestelltenbereichen", Baethge / Oberbeck (1986), S. 181-295

12 Ebd., S. 287

13 Ebd., S. 290

14 Ebd., S. 293

15 Ich halte die Ergebnisse der Qualifikationsforschung zwar für eine notwendige, aber keineswegs hinreichende Bedingung für die Bestimmung einer informationellen Grundbildung: Pädagogik muß nicht nur auf gesellschaftliche Entwicklungen reagieren, sondern diese vielmehr im Rahmen ihres Bildungsauftrages mitgestalten.

16 Vgl. die Ergebnisse der Wiesbadener Fachtagung "Mikroelektronik und Schule III" vom März 1984 (Peschke u.a. 1984, Bd. 1, S. 143-153.

gen 17, wird sich die informationelle Grundbildung im berufsbildenden Bereich auf ihre spezifische berufsqualifizierende Funktion besinnen können.

Während im gewerblich-technischen Bereich inhaltlicher Schwerpunkt die Prozeßsteuerung mit den jeweiligen Anwendungsgebieten CNC, FFS, CAD/CAM und SPS ist, geht es im kaufmännisch-verwaltenden Bereich vorrangig um das Verständnis der Organisation und Verarbeitung betrieblicher Daten in Dateien / Datenbanken in vernetzten, Daten- und Textverarbeitung integrierenden Kommunikationssystemen. 18 Exemplarisch für andere Bereiche sei auf das "Fundamentum: Grundlagen der Informationstechniken für kaufmännische Schulen" der Wiesbadener Tagung verwiesen. 19

Die Formulierung eines inhaltlichen Kanons, die Zuweisung bestimmter Stoffe / Inhalte an die Lehrpläne respektive Ausbildungsordnungen und deren Operationalisierung in Lehrziele kann aber noch nicht die Qualifizierung leisten, die das informationstechnische Zeitalter von der Berufsbildung fordert. Wenn meine erste These die Vermittlung weitergehender Handlungskompetenz im kognitiven und sozialen Bereich als zentrale Aufgabe einer informationellen beruflichen Grundbildung fordert, dann muß überlegt werden, wie diese Forderung sinnvoll realisiert werden kann. Traditionelle Methoden beruflicher Ausbildung - Frontalunterricht, fragend-entwickelnde Unterrichtsverfahren, en-passant-Lehre in Fachabteilungen usw. - vermögen in der Regel nicht, komplexe Fertigkeiten, Eigenständigkeit, kommunikative Kompetenz, Entscheidungsorientierung und andere übergreifende Qualifikationen zu fördern. Sie müssen vielmehr - und dies ist meine zweite These - erweitert werden durch handlungsorientierte, komplexere Lernarrangements beruflicher Ausbildung. Unter "Lernarrangement" verstehe ich ein didaktisch-methodisches Konstrukt hoher Komplexität, das mehrere der genannten fachübergreifenden Qualifikationen zu fördern versucht. Beispiele für mögliche Lernarrangements: 20

- Handlungsprojekte
- Leittextmethode
- Lernfirma
- Orientierungsphasen zu Beginn betrieblicher Ausbildungsblöcke
- ein ausbildungsbegleitendes Planspiel mit zunehmender Komplexität
- Erkundungsprojekte in den Fachabteilungen
- Computer-Lernstudio mit multimedialen Lernplätzen und Tutorenbetreuung
- Rollenspiele
- problemorientierte Fallstudien

Lernarrangements können im Rahmen traditioneller Berufsausbildung auf dem Hintergrund der Richtlinien und Ausbildungsordnungen zunächst als "Insellösungen" eingesetzt und erprobt werden. Ihr zeitlicher Umfang ist nicht im vornherein festzulegen: eine Orientierungsphase kann 2-4 Wochen umfassen, ein ausbildungsbegleitendes Planspiel könnte in der Form einer Blockveranstaltung von einer Woche Dauer, aber auch als Fernplanspiel gestreckt über viele Monate laufen. Erkundungsprojekte in Fachabteilungen können - je nach Komplexität der

---

17 Vgl. die Ergebnisse der Arbeitsgruppe für das Fundamentum informationstechnischer Grundbildung in der Sek I (Peschke u.a., 1984, 79-123) und in der Sek II (Ebd., 124-128), die Übersicht "Informationstechnische Grundbildung in der Sekundarstufe I" bei v. Puttkamer (1986) sowie das "Rahmenkonzept für die Informationstechnische Bildung und Schule und Ausbildung" (BLK, 1985). Über "Stand und Perspektiven der informationstechnischen Bildung in der Bundesrepublik Deutschland" referiert das Grundsatzreferat von W. Arlt, in EG-Seminar (1986).

18 Für Einzelheiten vgl. die zusammenfassenden Ergebnisse bei Peschke u.a. (1984).

19 Peschke u.a. (1984), S. 143f (Overhead)

20 Vgl. Fußnote 21.

Fragestellungen - von einem Tag bis zu mehreren Wochen dauern. Die Arbeit in einem Lernstudio wird eher regelmäßig, kontinuierlich, über die gesamte Ausbildungszeit zu denken sein, wobei innerhalb dieses Lernorts individuelle Arbeitsprojekte unterschiedlichen Umfangs denkbar sind.

Konstruktion und Durchführung von Lernarrangements müssen bestimmten Kriterien entsprechen, wenn sie die gewünschte Handlungskompetenz aufbauen wollen. Dazu zähle ich:

Inhaltliche Relevanz: Die Lernarrangements sollten sich mit zentralen beruflichen Inhalten beschäftigen. Die angesprochenen Problembereiche sollten inhaltlich exemplarisch sein für

- analoge Problemstellungen aus anderen betrieblichen Bereichen,
- typische betriebliche Strukturen,
- häufig auftretende Handlungssituationen.

Komplexität: Denken in Netzen, Zusammenhängen, Konsequenzen setzt Lernsituationen voraus, die hinreichend komplex strukturiert sind, und zwar bezüglich der Inhalte (nicht isolierte Wissensgebiete oder einzelne Qualifikationen, sondern miteinander verbundene verschiedene Bereiche) und der Kausalität (Interdependenz von Ursachen und Wirkungen statt einfache, einlinige Kausalmodelle).

Orientierung am Lernprozeß der Auszubildenden: Lernarrangements sollten auf Vorerfahrungen (Alltags- und Berufserfahrungen) der Auszubildenden aufbauen; Ergebnisse sollten auf erfahrene bzw. erfahrbare berufliche Anwendungssituationen hin reflektiert werden; die gegenwärtige und zukünftige Bedeutsamkeit der durchlaufenden Lernprozesse muß den Auszubildenden einsichtig sein.

Lernzielkomplexität: Lernziele höherer Komplexitätsstufen (wie Analyse, Synthese, Bewertung) setzen selbstverständlich organisierte Bestände an Wissen, Kenntnissen und Anwendung voraus. Das bedeutet aber keine zwingende Reihenfolge der Vermittlung! Vielmehr sollten bereits im Ansatz komplexe Lernziele angestrebt werden, wobei im Lernprozeß die nötigen Wissensbestände aufgebaut werden.

Ganzheitliches Lernen: Intellektuelle, emotionale und soziale Aspekte müssen im Lernprozeß der Beteiligten miteinander verknüpft werden. Lernarrangements sollten die Auszubildenden gleichzeitig kognitiv (heraus-) fordern, sie emotional anregen (motivieren, frustrieren, befriedigen) und eine Fülle sozialer Interaktionen ermöglichen.

Bezug zu den neuen Informationstechniken: Im Rahmen einer informationellen Grundbildung sollten sich Lernarrangements explizit auf die neuen Informationstechniken beziehen:

- medial: Nutzung des Computers als Hilfsmittel bei der Lösung typischer beruflicher Probleme, z.B. (im kaufmännischen Bereich:) Alternativen mit Hilfe eines Kalkulationsschemas bearbeiten und mit einem Grafikprogramm präsentieren, schriftliche Kommunikation mit einem Textverabeitungs- / Kommunikationsprogramm durchführen,
- inhaltlich: Nutzung der EDV an tatsächlichen Arbeitsplätzen (z.B. Programmierung von CNC-Maschinen, Umgang mit Dialogsystemen, Interpretation von Listen, Übung mit Bürokommunikationssystemen),
- systemisch: Reflexion der Rolle der NIT im inhaltlichen Bereich der Lernsequenz (z.B. Klärung der Vernetzung einer Fachabteilung mit anderen Abteilungen, Veränderungen von Arbeitsplätzen und Kommunikationsstrukturen bei der Einführung neuer Techniken).

Eigenaktivität: Die Lernarrangements sollten, wo immer möglich, die Eigentätigkeit der Auszubildenden fördern. Das bedeutet u.a.: Informationen nicht ungefragt zu präsentieren, sondern nachfragen zu lassen, Projekte statt Lehrgänge, Problemstellungen statt Lösungen anzubieten, Initiativen zu unterstützen, entdeckendes Lernen zu ermöglichen.

Die Rolle der Ausbilder / Lehrer: Die für den Lernprozeß der Auszubildenden Verantwortlichen fungieren in einer neuen Rolle als Vermittler zwischen der Lernumwelt / dem Lernarrangement und den Lernprozessen der Auszubildenden. Das systematische Abarbeiten eines Inhaltskanons dürfte stark in den Hintergrund treten. Stattdessen wird ihre Aufgabe sein, Neugier zu wecken, Problemstellungen zu formulieren, Lernprozesse zu beobachten, Lernschwierigkeiten zu thematisieren, zu beraten, Informationen zu vermitteln, Ergebnisse zu bündeln, die Auszubildenden zur eigenen Bewertung der Ergebnisse anzuleiten usw.

REALISIERUNGEN: In einer Reihe von betrieblichen und schulischen Modellversuchen sowie staatlich geförderten Forschungsvorhaben 21 werden zur Zeit Lernarrangements entwickelt, die zum Teil den oben formulierten Kriterien entsprechen. Sie im einzelnen aufzuführen und zu diskutieren, würde den Rahmen sprengen. Der mündliche Vortrag wird an dieser Stelle ein Beispiel vorstellen.

ZUSAMMENFASSUNG

"Informatik Grundbildung" im berufsbildenden Bereich muß jene Qualifikationen vermitteln, die die Arbeitsplätze des informationellen Zeitalters benötigen. Die durch die Mikroelektronik verursachte tiefgreifende Veränderung beruflicher Tätigkeit erfordert eine Grundbildung, die weit über informationstechnische Kenntnisse und Fertigkeiten hinausgeht, nämlich die Förderung komplexer individueller Handlungskompetenz im Bereich kognitiver Fähigkeiten, sozialer Verhaltensweisen und Ich-Stärke. Der Begriff "Informatik Grundbildung" wird in seiner Bezogenheit auf eine bestimmte Wissenschaftsdisziplin diesem Anspruch nicht gerecht.

Ich möchte daher vorschlagen, besser von "informationeller Grundbildung" zu sprechen, die

- die gesamte Ausbildung zeitlich umfaßt,
- als grundlegendes Lernziel mit berufsfeldspezifischen Inhalten, an unterschiedlichen Lernorten und in verschiedenen Unterrichtsfächern verfolgt wird (nicht nur in einem Fach "Wirtschaftsinformatik" oder "technischer Informatik"),
- und sich zur Vermittlung der angestrebten übergreifenden Lernziele geeigneter komplexer Lernarrangements bedient, die traditionelle Ausbildungsmethoden erweitern.

21 Vgl. den Bericht von Wilhelmi und Koch (1986) an die EG, insbesondere zum Themenbereich "Entwicklung und Erprobung neuer Lehrmethoden" S 22f. Im Rahmen des Arbeitsprogramms "Berufsbildung und Neue Informationstechniken" der EG ist ein Netz von Modellversuchsvorhaben aufgebaut worden, innerhalb dessen ebenfalls neue Ausbildungsmethoden unter dem Aspekt einer informationstechnischen Grundbildung erprobt werden, vgl. EuroTecneT (1986).

LITERATURVERZEICHNIS

Arlt,W., Haefner K. (1984): Informatik als Herausforderung an Schule und Ausbildung. GI-Fachtagung Berlin, Oktober 1984, Berlin (Springer) = Informatik-Fachberichte Bd. 90

Arlt, W. (1986): "Stand und Perspektiven der informationstechnischen Bildung in der Bundesrepublik Deutschland. Einführungsreferat zum EG-Seminar in Berlin", in: EG-Seminar (1986)

Baethge, M. / Oberbeck, H. (1986): Zukunft der Angestellten. Neue Technologien und berufliche Perspektiven in Büro und Verwaltung. Frankfurt / New York

(BMFT) Der Bundesminister für Forschung und Technologie (1984): Informationstechnik. Konzeption der Bundesregierung zur Förderung der Mikroelektronik, der Informations- und Kommunikationstechniken. Bonn

(BLK) Bund-Länder-Kommission für Bildungsplanung und Forschungsförderung (1985): "Rahmenkonzept für die informationstechnische Bildung in Schule und Ausbildung" in: Bildung und Erziehung, Bd.38-1 S.123-129

Borg, B. (1984a): "Wirtschaftsinformatik an kaufmännischen Schulen", in: Peschke u.a. (1984), S. 110-136

Borg, B. (1984b): "Informationstechniken an kaufm. Schulen - Eine curriculare und organisatorische Planskizze", in: Arlt/Haefner (1984), S. 152

(EuroTecneT) Commission of the European Communities (1986): Compendium EuroTecneT. New Information Technologies and Vocational Training. A Network of Demonstration Projects. Maastricht

Diepold, P.; Borg, B. (Hrsg.) (1984): Wirtschaftsinformatik an kaufmännischen Schulen. München/Wien (Oldenbourg)

Frieling, E. u.a. (1984): Entwicklung eines theoriegeleiteten, standardisierten verhaltenswissenschaftlichen Verfahrens zur Tätigkeitsanalyse. Forschungsbericht, München.

GI (1982): Gesellschaft für Informatik, "Lernziele des Informatikunterrichts an kaufmännischen Schulen", Informatik-Spektrum 5, S. 264-266

(IAO) Fraunhofer-Institut für Arbeitswirtschaft und Organisation (1986): Mikroelektronik in der industriellen Verwaltung. Stuttgart

Kell, A. (1986): "Überlegungen zur Konzeption informationeller Bildung", in: I. Lisop (Hrsg): Bildung und neue Technologien. Frankfurt 1986 = Anstöße Bd. 5, S. 129-160

Kern, H.; Schumann, M. (1984): Das Ende der Arbeitsteilung? Rationalisierung in der industriellen Produktion: Bestandsaufnahme, Trendbestimmung. München

Koch, R. unter Mitarbeit von B. Dresbach und H. Liermann (1984): Elektronische Datenverarbeitung in der Industrieverwaltung. (Informationstechnik in Büro und Verwaltung III), Berlin

Mertens, D. (1974): "Schlüsselqualifikationen. Thesen zur Schulung für eine moderne Gesellschaft", MittAB, Heft 1, S.36-43

EG-Seminar (1986): Europäisches Seminar der Bundesrepublik Deutschland in Verbindung mit der Kommission der Europäischen Gemeinschaft zur Einführung der neuen Informationstechnologien im Sekundarbereich. Stand und Perspektiven der informationstechnischen Bildung in der Bundesrepublik Deutschland. Berlin. Masch., vervielf.

Peschke, R.; Hullen, G.; Diemer, Wolfgang R. (1984): Anforderungen an neue Lerninhalte. Band 1: Ergebnisse der Fachtagung "Mikroelektronik und Schule III". Bd. 2: Sachstandsberichte zum Informatikunterricht in der Bundesrepublik Deutschland. Wiesbaden = HIBS (Hrsg): Materialien zur Schulentwicklung, Heft 4 und 5

v. Puttkamer, E. (1986): "Informationstechnische Grundbildung in der Sekundarstufe I. Bericht der Arbeitsgruppe I", in: EG-Seminar (1986)

Sonntag, K. (Hrsg) (1985): Neue Produktionstechniken und qualifizierte Arbeit. Beiträge zur Technik, Arbeitsorganisation, Qualifikation, Personalplanung und -entwicklung in der computerunterstützten Fertigung und Konstruktion. Köln

Sonntag, K. (1985a): "Qualifikationsanforderungen im Werkmaschinenbereich", in Sonntag (1985), S. 81-100

Wilhelmi, H.-H.; Koch, R. (1986): Berufsbildung und neue Informationstechniken. Probleme und Stand der staatlichen Aktivitäten in der Bundesrepublik Deutschland. Bericht an die Kommission der Europäischen Gemeinschaft. Bonn / Berlin, masch., vervielf.

Anforderung der Industrie
an eine informationstechnische Grundbildung

Klaus Dubiella
HEWLETT - PACKARD GMBH
AUSBILDUNGSABTEILUNG
Herrenberger Str. 130

7030 Böblingen

Teil 1

Anforderungen der Industrie

Auf den ersten Blick ist dieser Punkt leicht abzuhandeln. Vortragen eines durch Umfragen in der Industrie ermittelten Anforderungskataloges an Lehrer allgemeinbildender und berufsbezogener Fachschulen.

Nun, in einem Punkt sind sich alle einig:

> **Ohne den Computer geht heute fast nichts mehr;**
> **in Zukunft noch viel weniger!**

Je nach Bereich steigen die Anforderungen an.

Die Frage, was muß ein zukünftiger Mitarbeiter an Informatikwissen mitbringen, um den Anforderungen in diesem Fachbereich gewachsen zu sein, wird sehr oft mit Schlagwörtern beantwortet. Hierzu einige Beispiele:

Der Mitarbeiter soll Programmieren in einer zukunftsorientierten Sprache beherrschen, z.B. PASCAL, C oder LISP. Natürlich fordert der vorhandene Gerätepark zusätzlich noch BASIC, FORTRAN, COBOL und Grundwissen über MS-DOS oder UNIX Betriebssysteme. Dazu sollten Grundlagen in den neuen Techniken NC = numerische Steuerung von Maschinen, SPS = speicherprogrammierte Steuerung, CAD = rechnerunterstütztes Konstruieren, CAE = rechnerunterstütztes Entwickeln und - noch etwas im Nebel liegend - CIM = rechnerintegrierte Fertigung vorhanden sein.

Da klingt der Ruf einiger Fachabteilungen nach reinen Bedienerkenntnissen erst einmal ziemlich anspruchslos. Bedienung von Textautomaten, Grafikstationen, Anwenderprogrammen für Auftragsabwicklung, Gehalt usw, Arbeiten mit Expertensystemen (bald wird das Arbeiten mit künstlicher Intelligenz genannt werden) lassen Zweifel, ob auch nur die Bedienung ohne weiteres, d.h. ohne informationstechnische Grundbildung zufriedenstellend durchgeführt werden kann.

Bei der abzusehenden rasanten Entwicklung der informationstechnischen Berufe wird der Ruf nach langfristig angelegter Ausbildung immer lauter.

Ob 8-BIT-, 16-BIT- oder 32-BIT-Rechner, ob Programmiersprachen wie PASCAL oder Turbo-PASCAL, ob zentrale oder dezentrale EDV ist eine Frage, die bis die jungen Leute ins Berufsleben starten mehrfach revidiert wird.
Personen mit informationstechnischer Bildung werden seit Jahren im Bereich der Naturwissenschaften, Ingenieurwissenschaften und Wirtschaftswissenschaften eingestellt. Die Berufsausbildung sieht diesen Personenkreis mit informationstechnischer Grundbildung seit ca. 3 Jahren.
Nach Gesprächen mit Vorgesetzten dieser Bereiche kommen äußerst-selten technische Wissenslücken zur Sprache. Fehlende Kenntnisse in dieser oder jener Programmsprache werden in 2 - 8 Wochen meist nachgeholt. Ein neu installierter Rechner ist in kürzester Zeit vertraut.

Dieses breite Spektrum und viele genannte Punkte erscheinen einem als unmögliche unrealistische Forderung beim Umsetzen in den schulischen Alltag. Da ist noch die Ausstattung mit Rechnern und ihren Folgekosten, die teilweise schon vor Abschreibung veraltert sind. Bediener dieser Systeme sind ebenfalls noch nicht überall vorhanden.

Nun, lassen wir uns nicht frustrieren. Die meisten genannten Punkte sind kurzfristige Wünsche, wie sie in Stellenanzeigen und Zeitungsberichten über moderne Technologien vorkommen.

Die Forderung der Berufsausbildung - und diese sieht zunächst Abgänger von allgemeinbildenden Schulen - lautet:

Mehr das Verhalten fördern als Kenntnisse!

Teil 2

Langfristige Anforderungen an die Schule als Träger der Grundbildung

Nun möchte ich konkrete Punkte nennen, die als Anforderung von allen Mitarbeitern, die mit jungen Leuten Kontakt haben, genannt werden.

1. **Positive Grundeinstellung zu neuen Technologien.**

   D.h. keine blinde Gläubigkeit, sondern kritische Auseinander-setzung nach Fakten ohne politische Verketzerung.
   Es gibt fast keinen Beruf, der nicht irgendwie mit Informatik in der Zukunft arbeiten wird.

2. **Den Jugendlichen vertraut machen mit Abläufen, die mittels Informatik bearbeitet werden.**
Erst muß die Aufgabe, danach die informationstechnische Lösung verstanden sein.
Beispiel: Wichtig ist hierbei die Kommunikation mit vor- und nachgelagerten Stellen.
Nicht die Suche nach der Lösung vor dem Rechner.

3. **Sensibilität für Qualität aufbauen.**

Qualität als eine Philosophie vom ersten Schritt an verstehen.

Beispiel: Der Schüler sagt: "Kurz vor der Prüfung lerne ich meinen Stoff".
Übertragen auf einen Arbeitsplatz hieße dies:
"Gegen Abend rechne ich genau" (Bank) oder
"Die Hinterräder mache ich besonders fest" (Autowerkstatt).
Qualität ist nicht nur für Produzierende wichtig.

4. **Bereichsübergreifendes Denken fördern.**

Kaufmann versteht Techniker und umgekehrt.
Wirtschaftliche Folgen ansprechen. Zusammenhang zwischen einzelnen Fächern herstellen.

Kaum eine junge Frau lernt einen technischen Beruf. Das liegt sicher zum Teil an unserer Gesellschaft allgemein, am Elternhaus und nicht zuletzt an der Schule.

5. **Lernen, lernen ....**

Arbeitstechniken, Präsentation.
Auf niedrigem Niveau, aber Einstieg erleichtern.

6. **Vermitteln sozialer Kompetenz.**

Entwicklung der Persönlichkeit. Vorbereitung auf das Berufsleben.
Kaum ein Jugendlicher schätzt den Wert des Geldes.

7. **Motivation für die Durchführung einer Lösung.**

Und nicht nur für die Suche nach der Lösung!
Fast alle jungen Leute wollen am Ende ihres Studiums in die Entwicklung. Andere Bereiche, die durchaus mehr bieten können, sind unattraktiv. Meist wissen sie von diesen Bereichen nichts. Zu arbeiten haben sie nur "exemplarisch" gelernt.
Das Leben ist kein Versuch!
Unsere Gesellschaft will Resultate!

8. **Ein weiterer Aspekt ist Leistung.**

Leistung als ein meßbares Kriterium, nicht als Bewertung von vorhandener Intelligenz.

Heute ist die Informatik in alle Bereiche eingedrungen. Daher sollte die Grundbildung in der Schule erfolgen, die Spezialausbildung für Industrie oder Handwerk in die jeweilige Berufsausbildung verlagert werden. Langfristige Ausbildung sollte Sache der Schulen sein.

Der Umgang mit den Werkzeugen der Informatik sollte Einzug in alle Fächer finden.
Mittelfristige Ausbildung sollte mit Fertigkeiten und Techniken vertraut machen, die im Anschluß geübt und vertieft werden können. Dafür wäre ein Gerätepark erforderlich, den die Schule nie besitzen wird.

Teil 3

Neue Wege in der informationstechnischen Grundbildung

Die Industrie ist seit Jahren gezwungen, informationstechnische Bildung in der Berufsausbildung selbst zu betreiben.
Die Berufsbilder vieler Berufe sind veraltert und werden teilweise überarbeitet. Dauer: **Jahre!** Sieht man heute die Literaturberge zum Thema Mikroprozessor, die vielen Demonstrationskästen und sonstigen Hilfsmittel in den betrieblichen Ausbildungsstätten, erkennt man, welch weiten Weg man zurückgelegt hat. Und dies, obwohl kein Berufsbild und nur wenige Lehrpläne diese Inhalte fordern. Die Mehrzahl der betrieblichen Ausbilder hat sich dieser Herausforderung aus technischer Neugier gestellt und sie bewältigt. Unbestritten, hierbei ist das "Rad" mehrfach erfunden worden. Der Wissensdurst einiger Jugendlicher hat das notwendig gemacht. Der Einwand, der Industrie stünden ja auch viel mehr Mittel zur Verfügung, mag stimmen. Alle diese Hilfen, Werkzeuge und Systeme wollen jedoch verstanden sein, um sie richtig anwenden zu können. Die Entwicklung ist rasant und von mühsam erstellten Unterlagen muß man sich nur allzuoft allzuschnell trennen.
Die Forderung nach Neuem sollte auch die Angabe beinhalten, auf was verzichtet werden kann oder was gestrafft werden muß. Ausbildungsabteilungen und Schulen dürfen auch eine Museumsecke besitzen, aber sie dürfen selbst kein Museum sein.

Um am Weltmarkt vorn dabeizusein, müssen wir investieren und dies nicht nur in Roboter.

Am Beispiel eines PC = Personalcoumputer mit PC-I Personalcomputer-Meßgeräten möchte ich die Möglichkeit aufzeigen, wie schon in der Realschule oder Gymnasium eine Einbindung der Informatik in viele Fächer erfolgen kann.

Die Fächer Physik, Elektrotechnik, sowie Chemie sollen Beispiel sein, wie heute informationstechnische Grundbildung betrieben werden sollte.

Ist es heute noch Standard, in der Elektrotechnik ein Netzteil mit Zenerdiode stabilisiert zu bauen, sollte als Ergänzung ein Testprogramm, welches das Netzteil nach vorher festgelegten Spezifikationen testet, folgen. Das Netzteil ist hierbei mit dem Rechner zu verbinden und ein Protokoll mit Grafik als Ergebnis zu bewerten. Die Unterlagen werden dabei im Rechner gespeichert und der Schüler entnimmt sie dem System.

Um eine Aufgabe lösen zu können, muß meistens eine Sammlung und Bewertung von Daten erfolgen. Diese oft unattraktive, mühevolle Tätigkeit wird bei der Arbeit mit Rechnern meist unterbewertet oder total unterschlagen. Ein fortschrittlicher Unterricht am Umweltschutz orientiert (ein nicht nur für junge Leute interessantes Thema), kann mittels Rechner und Meßerfassungsstation eine Langzeitmessung mit Bewertung und Protokoll ergeben, die viele im herkömmlichen Chemieunterricht nur theoretisch angesprochene Themen abhandelt.

Ein in Informatik erstelltes Programm kann bereichsübergreifend in Fächern wie Mathematik, Physik, Wirtschaftskunde und Sozialkunde benützt werden und somit viele der vorhergenannten Anforderungen erfüllen.

Auch für den Lehrer bietet dieses System Vorteile in der Planung des Unterrichts und der Aktualisierung seiner Unterlagen.
Bedingung ist jedoch, diese Programme sind erstellt!
Aber von nichts - sprich nur "vom Darüberreden" ändert sich auch in der informationstechnischen Grundbildung nichts.

Dies setzt voraus, daß die Bedienung von Rechnern, ihre Peripherie und Anwenderprogramme von Lehrern und Ausbildern gehandhabt werden kann. Über diese, in der Industrie allerorts vorhandenen Kenntnisse, müssen auch sie verfügen.

Grundbildung heißt:

Den Rechner als Hilfe einordnen und als Werkzeug bedienen zu können.

Teil 4

Zusammenfassung:

Die Industrialisierung hat eine neue Phase erreicht.

Von der Fabrik der Zukunft sind wir nicht mehr weit entfernt. Ob wir das wollen oder nicht bestimmen mehr fremde Nationen als wir selbst - allen voran Japan.

Durch CIM, den Überbegriff für rechnerintegrierte Fertigung, wird der Begriff System eine neue Dimension erfahren. War es vor kurzem noch der Rechner mit seiner Peripherie, der als System bezeichnet wurde, stellen heute eine Vielzahl von diesen im Verbund ein System dar. Diese neue Stufe fordert vom Ingenieur von heute, dies zu verstehen und handhaben zu können. Dadurch wird das "Modulwissen" der Informatiker in die Ausbildung gedrängt und folglich ist die informationstechnische Grundbildung Allgemeingut geworden.

Nicht Informatik der Informatik wegen, ist in der Schule notwendig. Die Informatik muß als Werkzeug eingebettet sein. Nur so können wir die Jugendlichen auf eine Zukunft vorbereiten, aus der der Rechner nicht wegzudenken ist. Auf dieser Basis sind dann auch die Leistungskurse in Informatik geeignet, auf das Studium oder einen informationstechnischen Beruf vorzubereiten. Selbst die an Informatik uninteressierten - welchen Beruf sie auch ergreifen - erhalten durch eine informationstechnische Grundbildung einen Einblick. Hierdurch wird eine Mehrklassengesellschaft verhindert.

Das Berufswissen von heute ist teilweise das Grundwissen von morgen.

Die Kooperation von Schule und Betrieb ist stärker als in der Vergangenheit gefordert. Nicht durch Spenden und Schenkungen, sondern durch Investitionen in diesem Bereich kann das Gefühl der Rückständigkeit abgebaut werden.

Die Stärken der Schule sind:

* Vorbereitung auf das Berufsleben durch Verhaltensentwicklung und Orientierungshilfe auf das spätere Berufsleben.

* Vermittlung von allgemein gültigem Wissen. Informationsgrundbildung zählt zum Allgemeinwissen der Zukunft.

Dieser Stärken sollte man sich bewußt werden und der Ausbildung in diesem Bereich höchste Priorität einräumen.

Informatik ohne Praxis ist didaktisch nicht sinnvoll.
Praxis ohne Hardware geht nicht.
Hardware ohne Software macht keinen Sinn.
Die Industrie hat heute in allen wichtigen Bereichen ihr Wissen in Rechnern gespeichert, damit es jederzeit, überall und schnell verfügbar ist. Dies gilt für alle großen Konzerne. Die Zahl der Handwerker, die Lager, Einkauf und Rechnung mit eigener EDV erstellen, wächst täglich.

Lehrer und Ausbilder beziehen ihr Wissen aus Büchern und speichern es für sich selbst - **jeder auf seine Art.**

Die neuen Techniken jedoch verlangen:

Wissensvermittlung so effektiv wie möglich!

Verhaltensentwicklung so individuell wie möglich!

Juni 1986 KD-hf

Dok.Name: Infekurz

Aktivitäten von Bund und Ländern zur Einführung der informationstechnischen Bildung in Schule und Ausbildung

von Ministerialdirigent Georg Knauss
Bayer. Staatsministerium für Unterricht und Kultus

Seit dem 7. Dezember 1984 gibt es ein zwischen den Ländern und dem Bund abgestimmtes Rahmenkonzept für die Ziele, Inhalte und die Ausgestaltung der informationstechnischen Bildung in Schule und Ausbildung. Dieses Rahmenkonzept wurde von der Bund-Länder-Kommission für Bildungsplanung und Forschungsförderung (BLK) erarbeitet und beschlossen. Es geht von der Überzeugung aus, daß sich die neuen Informations- und Kommunikationstechniken zu Schlüsseltechniken für nahezu alle Wirtschaftszweige entwickeln werden und schon in wenigen Jahren ein Großteil aller Beschäftigten davon betroffen sein wird. Da Schule und Ausbildung die Aufgabe haben, die Jugendlichen auf das Leben und den Beruf vorzubereiten, stellen die neuen Techniken und Medien auch für das Bildungswesen eine Herausforderung dar, der es sich nicht entziehen kann. Dabei kommt es aber entscheidend darauf an, die neuen Aufgaben und Angebote mit den bisherigen, unverzichtbaren Zielen und Inhalten der Schule in Einklang zu bringen.

Der Kernsatz des Rahmenkonzeptes der BLK lautet: "Ziel aller Bemühungen muß es sein, durch die Einführung einer informationstechnischen Bildung den Jugendlichen die Chancen der neuen Techniken und Medien zu eröffnen und sie zugleich vor den Risiken zu bewahren, die durch unangemessenen Gebrauch entstehen können". Mit dieser Zielsetzung wird bewußt über den bloßen Umgang mit Computern oder den reinen Informatikunterricht hinausgegangen. Der Beschäftigung mit den Informationstechniken in der Schule wird ein Bildungswert zugemessen. Informationstechnische Bildung besteht nicht oder nicht nur aus der Vermittlung von Fertigkeiten und Kenntnissen, sondern sie verlangt auch nach fachlicher Bemühung, geistiger Durchdringung, auch nach Auseinandersetzung mit Wertfragen. Es geht also vor allem um eine pädagogische Verarbeitung der neuen Techniken und Medien.

Die informationstechnische Bildung soll deswegen nicht auf den Kreis interessierter Schüler beschränkt bleiben, sondern allen Kindern und Jugendlichen angeboten werden. Das Rahmenkonzept der BLK schlägt daher vor, die informationstechnische Bildung in mehreren Stufen zu vermitteln.

Sie gliedert sich danach in
- eine Grundbildung für alle Schüler,
- eine vertiefende Bildung in Form der Informatik,
- eine berufsbezogene informationstechnische Bildung.

Diese Gliederung soll es ermöglichen, nach den Prinzipien der Altersgemäßheit und der Anspruchshöhe der Bildungsangebote vorzugehen und die verschiedenen Bedürfnisse ebenso wie die unterschiedliche Leistungsfähigkeit der Schüler zu berücksichtigen.

Als Aufgaben der informationstechnischen Grundbildung nennt das Rahmenkonzept
- die Aufarbeitung und Einordnung der Erfahrungen, die Schüler in ihrer Umwelt mit Informationstechniken machen,
- die Vermittlung von Grundstrukturen, die den Informationstechniken zugrundeliegen,
- die Einübung von einfachen Anwendungen der Informationstechniken,
- die Vermittlung von Kenntnissen über die Einsatzmöglichkeiten und die Kontrolle der Informationstechniken,
- die Darstellung der Chancen und Risiken der Informationstechniken,
- die Einführung in Probleme des Persönlichkeits- und Datenschutzes.

Dies sollen alle Schüler lernen. Der vertiefende Informatikunterricht umfaßt darüber hinaus
- die Behandlung der Wirkungsweise, Leistungsfähigkeit und Leistungsgrenzen von Rechnern,
- die Vermittlung von Kenntnissen bestimmter Programmiersprachen,
- die Behandlung des strukturierten Programmierens und der Datenstrukturen,
- den Einsatz von Rechnern für Berechnungen, für die Erstellung von Grafiken und für die Simulation von Verfahren,
- die Erörterung von Prozeßsteuerung durch Mikroprozessoren.

Die berufsbezogene Anwendung der informationstechnischen Bildung ist mittlerweile bedeutsam für nahezu alle Berufsfelder geworden; sie reicht vom gewerblich-technischen über den kaufmännisch-verwaltenden bis zum hauswirtschaftlichen und landwirtschaftlichen Bereich. Als Beispiele seien hier nur das computerunterstützte technische Zeichnen, die Textverarbeitung oder die Lagerverwaltung genannt.

Über die drei genannten Stufen hinaus wird eine informationstechnische Bildung aber auch dadurch vermittelt, daß der Rechner zunehmend in dafür geeigneten Fächern und Ausbildungsgängen Anwendung findet.

Diesen Aufgaben entsprechend geht das Rahmenkonzept der BLK davon aus, daß die Grundschule - zumindest vorerst - von einer systematischen Einführung in die informationstechnische Bildung ausgenommen bleibt. Zweifellos müssen den Grundschülern in erster Linie die traditionellen Kulturtechniken vermittelt werden, deren Beherrschung für das tägliche Leben weiterhin erforderlich ist und im übrigen auch für den Umgang mit dem Rechner eine wesentliche Voraussetzung bildet. Somit bietet sich für den Beginn der informationstechnischen Grundbildung der Sekundarbereich I an. Die meisten Länder sehen hierfür die 7. oder 8. Jahrgangsstufe vor, wobei ein Trend zur Vorverlegung unverkennbar ist. Auf die Grundbildung folgt dann, in den Schularten unterschiedlich, das Angebot des vertiefenden Informatikunterrichts teils als Pflichtfach, Wahlpflichtfach oder Wahlfach. Was die Informatik als stärker wissenschaftsbezogenes Fach angeht, so ist ihr Ort vorrangig der Sekundarbereich II, insbesondere die gymnasiale Oberstufe. Je mehr schließlich die informationstechnische Grundbildung und der Informatikunterricht in den allgemeinbildenden Schulen fortschreiten, desto zielgerechter wird es möglich sein, in den beruflichen Schulen darauf auzubauen und spezielle berufsbezogene Kenntnisse zu vermitteln.

Das Rahmenkonzept der BLK faßt zum Teil schon jahrelange Erfahrungen verschiedener Länder zusammen, nimmt Impulse aus einem Aktionsprogramm der Europäischen Gemeinschaften zur Einführung der "neuen Informationstechnologien" in das Bildungswesen und aus einer im März 1984 gestarteten Initiative des Bundesministeriums für Bildung und Wissenschaft zum Thema "Computer und Bildung" auf und vereinigt sie zu einer gemeinsamen und systematischen Ziel- und Entwicklungsperspektive. Für die Umsetzung sind freilich nach der verfassungsrechtlich vorgegebenen Zuständigkeitsverteilung im Bildungswesen die Länder verantwortlich.

Zum Beleg dafür, daß die Länder ihre Verantwortung zielstrebig wahrnehmen, seien drei Berichte erwähnt, die in letzter Zeit erschienen sind:

- Neue Medien und moderne Technologien in der Schule, herausgegeben im Juli 1984 vom Ministerium für Kultus und Sport des Landes Baden-Württemberg
- Gesamtkonzept für die informationstechnische Bildung in der Schule, herausgegeben im Januar 1985 vom Bayerischen Staatsministerium für Unterricht und Kultus
- Neue Informations- und Kommunikationstechnologien in der Schule, herausgegeben im Sommer 1985 vom Kultusministerium Nordrhein-Westfalen.

Der bayerische Bericht dokumentiert eindrucksvoll, wie Bildungsverwaltung und Bildungspolitik seit 1968 gezielte Versuchs- und Entwicklungsarbeiten zur Einführung der Datenverarbeitung im Bildungswesen gefördert haben. Alle drei Berichte stimmen weitgehend in den Zielsetzungen und Maßnahmevorschlägen für die weitere Entwicklung überein; sie seien hier stellvertretend auch für die Bemühungen der übrigen Länder erwähnt. Schließlich ist auf den vor kurzem von der Kultusministerkonferenz beschlossenen Bericht über "Neue Medien und moderne Technologien in der Schule" hinzuweisen, der nähere Informationen über den inzwischen erreichten Entwicklungsstand in den Ländern liefert.

Aber auch die Bund-Länder-Kommission für Bildungsplanung und Forschungsförderung hat besondere Maßnahmen ergriffen, um die Einführung der informationstechnischen Bildungs voranzutreiben. Im Zusammenhang mit der Förderung von Modellversuchen hat sie einen eigenen Förderungsbereich für "Neue Informations- und Kommunikationstechniken" konstituiert, in dessen Rahmen zur Zeit nicht weniger als 82 Modellversuche in verschiedenen Bereichen des Bildungswesens und in den Ländern unter finanzieller Beteiligung des Bundes gefördert werden. Die Projektgruppe "Innovationen im Bildungswesen" der BLK, die für die Beratung und Entscheidung über die Modellversuchsanträge und die überregionale Auswertung der Versuche zuständig ist, hat vor einem Jahr Kurzberichte aus den Modellversuchen abgerufen, um sich einen aktuellen Überblick über den Entwicklungsstand und die fachlichen Schwerpunkte der Versuchsarbeit zu verschaffen. Bei aller Unterschiedlichkeit der Versuchsansätze lassen sich folgende Aspekte feststellen:

- In den Versuchen wird noch sehr häufig Konzept- und Entwicklungsarbeit geleistet, insbesondere im Hinblick auf das Erstellen von Lehr- oder Ausbildungsplänen.
- Ein wichtiger Bereich ist die Erarbeitung von didaktisch und methodisch aufbereiteten Unterrichtsmaterialien einschließlich der Produktion von Medien.
- Ein weiterer Schwerpunkt liegt bei der Erprobung von Bildschirmtext und seinen Einsatzmöglichkeiten in der Schule und in der Beratung.
- Das Hauptgewicht der Versuche liegt im Bereich der beruflichen Schulen und hier wiederum bei den verschiedenen Möglichkeiten der CNC-Technik.

In vielen Berichten wird die mangelnde Verfügbarkeit von Programmen angesprochen, die für den Unterricht geeignet sind. Natürlich kann es nicht ausschließliche Aufgabe eines Modellversuchs sein, Programme zu entwickeln und zu schreiben, doch können die von der Wirtschaft angebotenen Programme nur in seltenen Fällen direkt in die Schule übernommen werden.

Nach eingehender Diskussion ist die Projektgruppe zu folgender Zwischenbilanz gekommen:

- In der Grundschule werden vorerst keine Versuche gefördert.
- Der Schwerpunkt der Entwicklungsarbeit der nächsten Jahre liegt bei der informationstechnischen Grundbildung, die im Sekundarbereich I zu vermitteln ist. Dabei sind unterschiedliche Konzeptionen möglich, doch wird für die Grundbildung in aller Regel kein eigenes Fach geschaffen, sondern eine Einbettung in das Lernangebot vorhandener Fächer, möglichst unter Konzentration auf sogenannte Leitfächer, erprobt werden.
- In der gymnasialen Oberstufe erscheinen neue Versuche nicht erforderlich, da hier der Informatikunterricht bereits feste Formen gefunden hat.
- In beruflichen Schulen sollen Versuche vor allem zu Berufsfeldern und Themen durchgeführt werden, die noch nicht durch bereits laufende Versuche abgedeckt sind.
- Auch bei den Schulen für Behinderte und Kranke (Sonderschulen) sollen Versuche durchgeführt werden. Ziel ist es dabei unter anderem auch, durch computerunterstützte Lern- und Kommunikationshilfen schwerbehinderten Kindern und Jugendlichen die Möglichkeit zu eröffnen, sich aktiv am Unterricht zu beteiligen.
- Schließlich sind Versuche zu den Möglichkeiten vernetzter Computersysteme, zu gesellschaftlichen und individuellen Auswirkungen der informationstechnischen Bildung und zu besonderen Angeboten für Mädchen anzustreben.

Zwei wesentliche Voraussetzungen für all diese Versuche und für die weitere Entwicklungsarbeit im Bereich der informationstechnischen Bildung insgesamt müssen mit Nachdruck geschaffen bzw. verbessert werden: die Ausstattung der Schulen mit Geräten und Programmen, und eine entsprechende Vorbereitung der Lehrer.

Für die Ausstattung gilt, daß bei weitem nicht jedes auf dem Markt angebotene Gerät für schulische Zwecke geeignet ist; bei der Auswahl sind sorgfältig erarbeitete Kriterien zu beachten. Auch hier hat es die BLK bereits unternommen, aufgrund der Erfahrungen in den Ländern bundesweit abgestimmte Kriterien zu entwickeln und der Industrie zur Verfügung zu stellen. Auf den Mangel an schulgeeigneten Programmen ist bereits hingewiesen worden.

Schließlich kommt einer breit angelegten Lehrerfortbildung eine ganz entscheidende Bedeutung zu. Lehrpläne, Geräte und Programme sind nur so gut wie die Lehrer,die mit ihnen umzugehen und sie anzuwenden haben.

Benutzeroberflächen

Helmut Balzert
TA Triumph-Adler AG
Nürnberg

Zusammenfassung
Die Akzeptanz der Computernutzung hängt wesentlich von der ergonomischen Gestaltung der Benutzeroberfläche eines Computers ab.
Der konstruktive Gestaltungsraum für Benutzeroberflächen wird durch die Software- und Hardwaretechnik aufgespannt und gleichzeitig begrenzt.
Im folgenden werden die relevanten qualitativen Sprünge bezogen auf Benutzeroberflächen, eingeteilt in drei Generationen, beschrieben:
1. Generation: monomediale, eindimensionale Benutzeroberfläche.
2. Generation: multimediale, zweidimensionale Benutzeroberfläche.
3. Generation: polymediale, mehrdimensionale Benutzeroberfläche.

1. Generation: monomediale, eindimensionale Benutzeroberfläche

Nach der Ablösung der Lochkarten und Fernschreiber wurden zeichendarstellende Bildschirme (meist 24 oder 25 Zeilen à 80 Zeichen) mit Negativdarstellung (meist Grün oder Bernstein auf Schwarz) und erweiterter Schreibmaschinentastatur (Cursortasten, Funktionstasten, Zehnerblock) zum Standard-E/A-Gerät des Endbenutzers.

Der durch die Fernschreibertechnik bedingte zeilenorientierte E/A-Modus wurde für die Bildschirme noch lange beibehalten; ebenfalls die aus dem Stapelbetrieb stammende Kommandosprache. Erst allmählich wurde erkannt, daß ein Bildschirm als zweidimensionales Layoutmedium nutzbar ist. Es entstanden Menü- und Formulartechniken.

Für die Programmentwicklung wurde zum erstenmal auch die "Split Screen Technik" angewandt, d.h. die Bildschirmfläche wurde in mehrere, sich nicht überlappende Bereiche unterteilt. In jedem Bereich kann eine andere Anwendung angezeigt werden /Softlab, Philips 81/, /Gosling 81/.

Charakteristisch war ferner, daß in jede Anwendung die Benutzeroberfläche integriert war. Die Benutzeroberfläche jeder Anwendung sah daher u.U. anders aus, auch wenn man sich bemühte, Funktionstasten über mehrere Anwendungen hinweg gleich zu belegen.
Durch den Einsatz von Maskengeneratoren wurde der erste Versuch sowohl zur einheitlichen Bildschirmlayoutgestaltung als auch zur Rationalisierung der Programmierung der Benutzeroberfläche unternommen.

Durch rudimentäre Hilfesysteme in Form von online-Benutzerhandbüchern wurde dem Benutzer die Möglichkeit gegeben, Hilfeinformationen zu erhalten.

Generell läßt sich feststellen, daß die Hardware- und Software-Technik einen breiten Gestaltungsspielraum ermöglichten. Durch die zu diesem Zeitpunkt weit verbreiteten Teilnehmersysteme gab es eine Reihe von Einschränkungen. Das Grundproblem dürfte jedoch darin gelegen haben, daß man es gewöhnt war, Computersysteme ausgehend von der Hardware über die Systemsoftware hin zur Anwendungssoftware zu entwickeln. Mangels umfangreicher Software-Ergonomie-Forschung gab es allerdings auch keine Anforderungen an die Konstruktion von Benutzeroberflächen.

2. Generation: multimediale, zweidimensionale Benutzeroberfläche

Eine radikale Umkehr der Entwicklungsrichtung wurde bei der Entwicklung des Arbeitsplatzrechners XEROX STAR vollzogen und führte zu einer neuen Qualität der Software-Ergonomie.
"...the paramount concern was to define a conceptual model of how the user would relate to the system. Hardware and software followed from this" /Seybold 81/.

In den Mittelpunkt der Überlegungen wurde der Mensch als Benutzer eines Computersystems gestellt. Da der XEROX STAR für den Bürobereich konzipiert wurde, wurden auch die Bedürfnisse des Benutzungsanfängers intensiv analysiert und berücksichtigt.

Um die Bedienung zu erleichtern, wurde eine Analogie einer Schreibtischoberfläche im Büro auf den Bildschirm übertragen ("**desk top**"). Die Büroobjekte wie Aktenordner, Aktenschrank, Papier, Papierkorb wurden durch **Piktogramme** dargestellt.

Um solche Visualisierungen darstellen zu können, wurde hardwaremäßig ein Grafikbildschirm benötigt. Da Grafikbildschirme im Gegensatz zu zeichendarstellenden Bildschirmen keine geeignete große Rastereinheit wie ein Zeichen besitzen, ist ein schnelles und genaues Positionieren mit Cursortasten nicht gegeben.
Als Alternativen zu Cursortasten wurden daher folgende Zeigeinstrumente entwickelt: Maus, Joystick, Lichtgriffel, Grafiktablett, Berührungsempfindliche Folien und Flächen (siehe auch /Balzert 86/).
In /Card, English, Burr 77/ werden Maus, Joystick, Cursortasten und Funktionstasten in ihrer Leistungsfähigkeit bezogen auf Positioniergeschwindigkeit unter Berücksichtigung der Fehlerrate und der Größe der Objekte am Beispiel der Textverarbeitung untersucht. Als Ergebnis stellte sich heraus, daß die Maus für die beschriebene Aufgabe eindeutig am besten geeignet ist.

Bei der Maus wird nur eine geringe mentale Übersetzung der beabsichtigten Cursorbewegung in die motorische Bewegung der Hand benötigt. Daher ist die Maus leicht zu benutzen, die kognitive Belastung des Benutzers ist gering und die Fehlerraten sind niedrig.

Es gibt jedoch auch eine Reihe von Nachteilen:
- Es muß Platz auf dem Schreibtisch freigehalten werden.
- Man hat ein weiteres Gerät auf seinem Schreibtisch.
- Grafik- oder Handschrifteneingabe ist nicht möglich.
- Für portable Computer nicht geeignet.
- Mechanisch oft nicht zuverlässig genug (Rollkugel verschmutzt).
- Kleine Ziele schwierig zu positionieren.

Um zu vergleichbaren oder noch besseren Ergebnissen wie mit der Maus zu gelangen, muß die Zeit, um die Maus zu ergreifen, reduziert werden.
Dies ist mit Zeigeinstrumenten, wie Lichtgriffel und Grafiktablett nicht möglich, da dort erst ein Stift ergriffen werden muß. Eine Verbesserungsmöglichkeit ergibt sich, wenn das Zeigeinstrument in einer konstanten und nicht variablen Entfernung - wie bei der Maus - von der Tastatur angeordnet ist. Dann kann man ohne Blickkontakt bzw. ohne blindes Suchen von der Tastatur zum Zeigeinstrument wechseln. Betrachtet man unter diesen Randbedingungen Zeigeinstrumente, dann sind berührungsempfindliche Folien und Flächen eine mögliche Alternative.

Berührungsempfindliche Folien und Flächen reagieren auf den Druck eines Fingers oder eines beliebigen Stiftes und ermöglichen es so, Informationen einzugeben.
Gegenüber der Maus hat eine berührungsempfindliche Folie oder Fläche noch folgende Vorteile:
- begrenzte Grafikeingabe möglich,
- begrenzte Handschrifteneingabe möglich,
- neben einem Stift kann auch der Finger benutzt werden.

Einige Hersteller verwenden diese Folien auch direkt auf CRT-Bildschirmen oder setzen Infrarotsensoren vor den Bildschirmen ein. Ähnlich wie mit einem Lichtgriffel muß dann mit dem Finger oder einem Stift auf den Schirm gezeigt werden.
Diese Zeigeform hat aber folgende Nachteile:
- Starke Belastung der Armmuskulatur bei häufiger Anwendung (statische Haltearbeit).
- Ermüdungserscheinungen.
- U.U. Parallaxenprobleme.
- Der Benutzer muß nah genug vor dem Bildschirm sitzen.

- Verschmutzung des Bildschirms durch Fingerabdrücke.

Insbesondere wegen dem ersten Nachteil stellt diese Form des Zeigeinstruments keine ergonomische Lösung dar.

Die Kombination Zeigeinstrument, Grafikbildschirm und Piktogramme erlaubt eine neue Dialogform, die **direkte Manipulation.** Hierbei werden in gewisser Analogie zur Arbeitsweise in einer physikalischen Büroumgebung Arbeitsobjekte (z.B. Dokumente) unmittelbar visuell identifiziert, selektiert ("zur Hand genommen") und bearbeitet (siehe auch /Fähnrich, Ziegler 83/).

Die in der 1. Generation entwickelten "split screen-Ansätze" wurden zu **Fenstersystemen** mit überlappenden, positionierbaren und größenveränderlichen Fenstern weiterentwickelt.

Um verschiedene Anwendungssysteme in mehreren Fenstern parallel sichtbar zu haben, sind größere Bildschirme wünschenswert (1 bis 2 DIN A4-Seiten).
Eine einheitliche, konsistente Bedienung wurde durch **generische Operationen** erreicht, die für alle Anwendungssysteme benötigt werden wie Kopieren, Löschen, Anlegen, Übertragen.

Im Bereich der Hilfesysteme erfolgte eine Weiterentwicklung hin zu passiven Hilfesystemen, die benutzerinitiiert eine situationsabhängige Hilfeleistung bieten.

Eine weitere qualitative Verbesserung der Benutzeroberfläche kann nur durch den Einsatz von Expertensystemen und Wissensbasierten Systemen erreicht werden.

3. Generation: polymediale, mehrdimensionale Benutzeroberfläche

Die technischen Möglichkeiten der Zukunft eröffnen ein breites Gestaltungsfeld für die Benutzeroberfläche.
Bei den **Eingabemedien** wird auch zukünftig die Tastatur dominieren. Für Arbeitsplätze mit überwiegender Schriftguterstellung werden ergonomische Tastaturen - nicht nur experimentell, sondern im breiten Einsatz - verwendet. Das sind zweigeteilte Tastaturen, in dem Sinne, daß die Buchstaben- und Zifferntasten einer traditionellen Schreibmaschinentastatur in der Mitte aufgeteilt und der linke Teilblock leicht nach links und der rechte Teilblock leicht nach rechts im Winkel versetzt sind. Diese Anordnung entspricht besser der natürlichen Armhaltung (Abb. 1).

Abb. 1: Beispiel einer ergonomischen Tastatur /Grandjean 85, S. 55/

Jede Eingabetastatur besitzt - wie bereits heute - neben der Schreibtastatur noch frei programmierbare Funktionstasten. Diese Funktionstasten können vom jeweiligen Anwendungssysteme mit anwendungsabhängiger Semantik belegt werden. Um die aktuelle Belegung anzuzeigen, wird heute meist das **Softkey-Konzept** angewendet, d.h. auf dem Bildschirm wird die aktuelle Belegung der Funktionstasten angezeigt. Die Nachteile dieser Lösung sind:
- es wird Bildschirmplatz benötigt,
- es sind häufige Blickwechsel zwischen Tastatur und Bildschirm nötig,

- bei vom Bildschirm weit entfernter Tastatur ist eine Zuordnung zwischen Tastaturbeschriftung auf dem Bildschirm und der Tastatur oft schwer möglich.

Die **kontextabhängige Beschriftung** ist aber nicht nur für die Funktionstasten, sondern auch für die Schreibtasten von Bedeutung. Bedingt durch die Grafikbildschirme sind auch multilinguale Textsysteme mit unterschiedlichen Alphabeten wie griechisch, thailändisch usw. möglich.
Eine bereits technisch realisierte, aber noch zu teure und zu langsame Lösung besteht darin, jede Taste mit einer eigenen LCD-Anzeige zu versehen. Eine solche Lösung würde die heutigen Nachteile beheben.

Geht man das Problem der Zeigeinstrumente grundsätzlicher an, dann stellt man fest, daß die meisten Probleme durch den senkrecht stehenden Bildschirm verursacht werden. Die normale Arbeitsweise des Menschen - zumindest im Bürobereich - besteht darin, mit einem Stift ein waagrecht liegendes Papier zu beschreiben.
Versucht man von der Hardware-Technik, sich dieser Arbeitsweise des Menschen anzupassen, dann bedeutet dies, den Bildschirm horizontal statt vertikal einzubauen. Als natürliches Zeigeinstrument bietet sich ein Stift an.

Um ein solches Konzept zu erproben, hat die TA Triumph-Adler Basisentwicklung in einem experimentellen Managerarbeitsplatz (Abb. 2) einen Plasma-Bildschirm plan und horizontal in die Schreibtischplatte eingebaut (siehe auch /TA 84/).

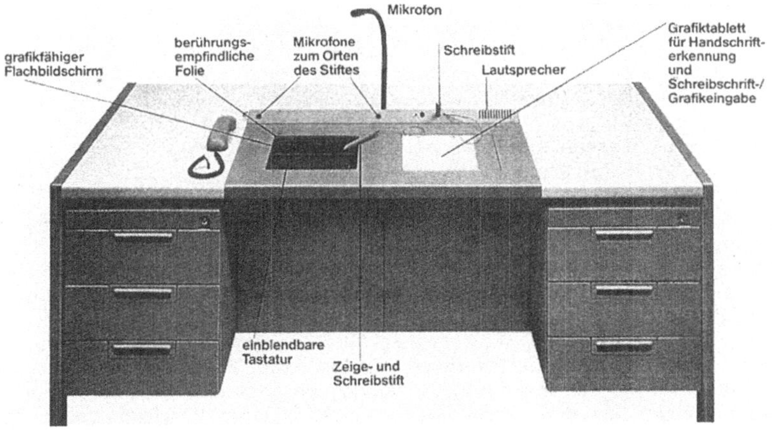

Abb. 2: Experimenteller Managerarbeitsplatz

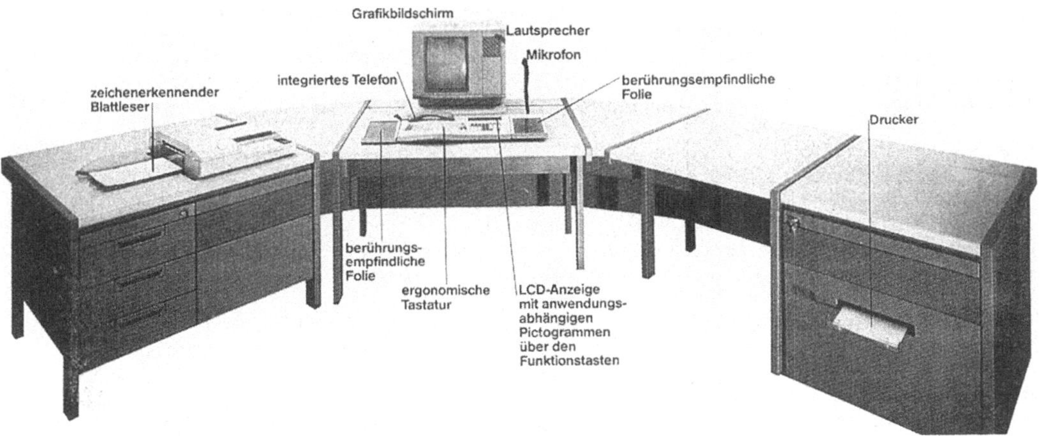

Abb. 3: Experimenteller Sekretariatsarbeitsplatz

Als Zeigeinstrument wurde ein akustischer Digitalisierer gewählt. In dem Stift ist ein Ultraschallsender eingebaut. Wird mit dem Stift ein leichter Druck z. B. auf der Bildschirmoberfläche ausgeübt, dann wird ein Schallimpuls ausgesendet. Zwei gegenseitig im festen Abstand montierte Mikrophone orten den Schallimpuls und ermitteln aus den Schallaufzeiten die Stiftposition (Ortungsgenauigkeit 0,1 mm). Der Schallsender kann in einen Dauermodus umgeschaltet werden. Dann werden fortlaufend 100 Impulse/sec gesendet.

Mit Hilfe des Akustikstiftes ist es nun möglich, direkt auf dem Bildschirm auf Menüs, Fenster, Piktogramme usw. zu zeigen, d. h. die Funktion als Zeigeinstrument ist damit erfüllbar.

Nach Umschalten des Stiftes in den Dauermodus ist es möglich, **Handschrift** oder Grafik auf dem Bildschirm zu schreiben bzw. zu zeichnen (der Stift schreibt nicht im herkömmlichen Sinne, d. h. enthält keinen Kugelschreiber oder ähnliches). Auf dem Bildschirm sieht man dann sofort seine Handschrift bzw. Grafik.

Durch eine solche hardware-technische Gestaltung des Arbeitsplatzes wäre es also endlich auch möglich, die verbreiteste Schreibart des Menschen, die Handschrift, geeignet zu ermöglichen.

Gerade Führungskräfte in Büro sind es gewöhnt, Schriftstücke durch handschriftliche Kommentare zu ergänzen bzw. handschriftliche Notizen zu machen.
Der Vorteil der hier beschriebenen Handschrifteneingabe liegt darin, daß eine direkte Rückkopplung vorliegt. Man sieht wie die eigene Handschrift direkt auf dem unter dem Stift befindlichen Bildschirm dargestellt wird.

Bei der Handschrift muß unterschieden werden zwischen:
- Handschrifteingabe ohne Schrifterkennung, und
- Handschrifteingabe mit Schrifterkennung.

Bei der ersten Alternative wird die Schrift nur als Bitmuster aufgezeichnet. Für viele Anwendungen ist dies ausreichend, da über Grafikbildschirme die Schrift - auch von anderen Personen - gelesen werden kann. Die Handschrift kann jedoch nicht weiter verarbeitet werden, abgesehen von Manipulationen des Bitmusters.

Bei der zweiten Alternative wird Handschrift von einer Erkennungssoftware erkannt und in ASCII-Zeichen umgewandelt. Handgeschriebene Großbuchstaben in unterschiedlicher Größe können heute mit ausreichender Wahrscheinlichkeit und Geschwindigkeit erkannt werden.

Die beschriebene Hardwareanordnung löst noch nicht das Problem, Texte einzugeben.
Dazu gibt es zwei Lösungsmöglichkeiten:
- Anbringen einer durchsichtigen, berührungsempfindlichen Folie (siehe oben) über dem Bildschirm,
- zusätzliche, traditionelle Tastatur.

Die erste Möglichkeit erlaubt es, auf dem Bildschirm eine Schreibmaschinentastatur einzublenden. Durch Drücken mit den Fingern auf die angezeigten Tasten - sogar im 10-Finger-System - kann Text eingegeben werden - allerdings nicht so schnell wie mit einer traditionellen Tastatur.
Als Zeigeinstrument auf Menüs, Fenster und Piktogramme kann dann ebenfalls der Finger benutzt werden - ein Medienwechsel ist also nicht nötig.

Für Arbeitsplätze mit geringer Texteingabe - z. B. für Führungskräfte, die i. a. nur Stichworte zur Suche von Schriftstücken eingeben, ist diese Lösung ausreichend.

Für Arbeitsplätze mit umfangreicher Texteingabe ist eine zusätzliche traditionelle Tastatur erforderlich. Als Zeigeinstrument kann auch hier der Finger benutzt werden.

Die experimentellen Untersuchungen bei TA Triumph-Adler haben zu folgenden ersten Ergebnissen geführt:

- Der horizontale Bildschirm stellt eine ernstzunehmende Alternative zum vertikalen Bildschirm dar.
- Handschrifteingabe ist für manche Anwendungen äußert wünschenswert.
- Ein fest in der Schreibtischplatte eingebauter, nicht verrückbarer Bildschirm ist nicht akzeptabel.
- Die berührungsempfindliche Folie muß kratzfest sein.
- Ein Stift ohne Kabelanschluß in der Stärke eines normalen Kugelschreibers ist wünschenswert.

Als Anforderungen an zukünftige Entwicklungen ergeben sich daraus:
- Flachbildschirme mit einer minimalen Höhe bzw. Tiefe (kleiner 0,5 cm), so, daß sie, z. B. in einer Lederauflage eingebettet, frei beweglich und leicht kippbar auf dem Schreibtisch individuell angeordnet werden können.
- Verbesserte berührungsempfindliche Folien.

Diese Darlegungen sollen zeigen, daß es gegenüber den heutigen E/A-Medien noch qualitativ neue Möglichkeiten gibt, die nicht nur denkbar, sondern auch realisierbar sind.

Neben der Handschrifteingabe wird als zusätzliche Eingabedimension die **Spracherkennung** hinzukommen.
Bei der Spracherkennung kann man drei Qualitätsstufen unterscheiden:
- wortweise Spracherkennung ,
- Spracherkennung von Wortketten,
- kontinuierliche Spracherkennung.

Wortweise Spracherkennung bedeutet, daß als Einzelworte gesprochene Wörter, d. h. mit genügendem zeitlichen Abstand voneinander, erkannt werden. **Wortketten-Erkennung** bedeutet, daß als Wortketten gesprochene Sätze erkannt werden. Bei **kontinuierlicher Spracherkennung** werden normal gesprochene Sätze erkannt.

Bei allen drei Erkennungsarten muß noch zwischen **sprecherabhängiger** und **sprecherunabhängiger** Erkennung unterschieden werden.
Sprecherabhängig bedeutet, daß der jeweilige Sprecher den zu erkennenden Wortschatz durch mehrmaliges Sprechen dem Erkennungssystem bekanntmacht. Diese Trainingsphase dient dazu, die individuellen Sprachmerkmale zu extrahieren und als Referenzmuster für die Spracherkennung aufzubewahren.
Bei einer **sprecherunabhängigen** Erkennung ist eine Trainingsphase nicht nötig.
Am einfachsten ist eine wortweise, sprecherabhängige Spracherkennung; am schwierigsten eine kontinuierliche, sprecherunabhängige Spracherkennung.

Die sprecherunabhängige, kontinuierliche Spracherkennung eröffnet neue Anwendungen, insbesondere die direkte Sprach-Textumsetzung ("automatische Schreibmaschine", "Sprechschreiber"). Dies dürfte jedoch nicht innerhalb der nächsten zehn Jahre praktikabel sein.

Als zusätzliche Benutzeroberflächen-Dimension kommt das **stehende** und **bewegte** Bild hinzu. Wird das Computersystem als Kommunikationsmedium genutzt, dann ist auch Bildfernsprechen möglich. Dazu wird auf der Eingabeseite eine Videoeingabe über eine Filmkamera möglich sein. Die Ausgabe erfolgt über farbige Bildschirme. Die Bilder können in beliebiger Größe in einem Fenster dargestellt werden.
Die Ausgabe von stehenden und bewegten Bildern hat nicht nur für die personale Kommunikation eine Bedeutung, sondern wird auch von tutoriellen Systemen zur Einführung in die Bedienung der Benutzeroberfläche und der Anwendungssysteme verwandt.

Bei den Ausgabemedien wird generell die **Farbe** vorherrschen. Von der bunten Darstellung von Informationen wird nach und nach zu einer bewußten, ergonomischen **Farbgestaltung** übergegangen.

Flachbildschirme werden in ausreichender Größe und Auflösung zur Verfügung stehen. Inwieweit die Bildschirmgröße zwei DIN A4-Seiten überschreiten wird, ist fraglich.

Sinnvoll bedienbar wären größere Anzeigen nur, wenn sie als anzeigende Folie auf der Schreibtischoberfläche angeordnet wären. Ein Bildschirm von der Größe einer DIN-A4-Seite scheint jedoch notwendig.

Wie bei der Eingabe kommt bei der Ausgabe die gesprochene **Sprache** - oder allgemeiner der **Ton** - hinzu.
Bei der Sprachausgabe lassen sich zwei Arten unterscheiden
- Ausgabe von digital gespeicherter Sprache,
- Ausgabe von vollsynthetischer Sprache.

Bei der vollsynthetischen Sprachausgabe wird in mehreren Schritten aus einem vorliegenden Text - z. B. in deutsch oder englisch - eine Sprachausgabe aufgebaut und synthetisiert, ohne daß vorher eine menschliche Stimme als Vorlage oder Referenz vorhanden war.

Beide Sprachausgabearten sind für die Gestaltung von Benutzeroberflächen von Bedeutung.
Die Ausgabe von digital gespeicherter Sprache und Tönen kann bei tutoriellen Systemen u. U. zusammen mit Bildsequenzen zur Erläuterung von Sachverhalten dienen.

Die vollsynthetische Sprachausgabe kann verwendet werden, um Hilfeinformationen und Mitteilungen statt in geschriebener Form in sprachlicher Form auszugeben. Dies hat durchaus praktische Relevanz, da dadurch die Arbeitsmittelbindung drastisch reduziert wird.
Wartet beispielsweise eine Führungskraft auf eine eilige Mitteilung aus seinem elektronischen Briefkasten - befindet er sich aber die meiste Zeit an seinem Besprechungstisch, um mit Mitarbeitern zu diskutieren - dann ist eine Sprachausgabe, die auf eingegangene eilige Mitteilungen hinweist, sehr nützlich.

Da durch diese neuen Möglichkeiten die Anzahl der expliziten Kommunikationskanäle, d. h. der Kommunikationskanäle, über die der Benutzer physisch kommuniziert, von Sehen und Tippen/Zeigen auf Sehen, Hören, Tippen/Zeigen, Sprechen, Handschrift schreiben ausgedehnt wird, wird dafür der Begriff **polymediale Kommunikation** eingeführt.

Betrachtet man die Dialogebene der Benutzeroberfläche, dann kommt zur direkten Manipulation, zu Menü- und Maskensystemen noch die **quasi-natürliche Sprache** und die gesprochene Sprache (siehe oben) hinzu.

Unter quasi-natürlicher Sprache versteht man z. B. die Eingabe eines deutschen Satzes in Umgangssprache.

Vom Bildschirmlayout ist eine bewußte 2 1/2- und 3-dimensionale Gestaltung vorstellbar. Überlappende, aber teilweise oder gerade noch sichtbare Fenster kann man bereits als 2 1/2-dimensionale Darstellung ansehen.
Eine bewußte 3-dimensionale Gestaltung wie beim CAD bringt vielleicht neue Möglichkeiten. Durch holographische Verfahren ist vielleicht eine nahezu echte Dreidimensionalität erreichbar.

Die **Dialogführung** und **-gestaltung** wird polymedial und **individuell**, bezogen auf den jeweiligen Benutzer, basierend auf **Wissensbasen** (Konventionen, Intentionen, Selbstbild, Partnerbild, Kommunikationswissen) erfolgen. Die Benutzeroberfläche kann dabei benutzeradaptierbar, d. h. durch den Benutzer an seine Wünsche anpaßbar, oder benutzeradaptiv, d. h. die Benutzeroberfläche paßt sich automatisch an den Benutzer an, sein.

Durch die Wissensbasen entstehen neben den expliziten Kommunikationskanälen noch implizite Kommunikationskanäle
Passive Hilfesysteme werden um aktive Hilfesysteme ergänzt. **Aktive Hilfe** bedeutet, daß das Computersystem die Bedienung durch den Benutzer beobachtet, und dem Benutzer bei suboptimalem Verhalten von sich aus Hilfe anbietet. Weiterentwicklungen werden zu allgemeinen **Auskunfts-** und **Beratungssystemen** für den Benutzer führen.

Tutorielle Systeme geben durch Bildsequenzen (animation sequences) Einführungen in die jeweiligen Anwendungssysteme sowie die Benutzeroberfläche.

Die Kunst, die Benutzeroberfläche durch Einsatz der vielfältigen Möglichkeiten zu gestalten, liegt in der hardware- und softwaretechnischen Integration der einzelnen Elemente und ihrer gegenseitigen Abstimmung.
Soll das Ziel, den jeweiligen Benutzer als Individuum zu betrachten, verwirklicht werden, dann wird eine flexible, anpaßbare Benutzeroberfläche erforderlich, die in ihrer Komplexität und Vielfalt nur durch Wissensbasierte Systeme und Expertensysteme realisiert werden kann.
Tabelle 1 enthält einen vergleichenden Überblick über die beschriebenen Generationen von Benutzeroberflächen.

Generationen von Benutzeroberflächen			
Charakteristika	1. Generation	2. Generation	3. Generation
Allgemein	monomediale, eindimensionale Benutzeroberfläche	multimediale, zweidimensionale Benutzeroberfläche	polymediale, mehrdimensionale, wissensbasierte Benutzeroberfläche
Eingabemedien	Lochkarte, erweiterte Schreibmaschinentastatur (Cursortasten, Funktionstasten, Zehnerblock)	erweiterte Schreibmaschinentastatur	zusätzlich: jede Taste eigene LCD-Anzeige (kontextabhängige Beschriftung
- Zeigeinstrument		Maus	"statische" Maus
- neue Möglichkeiten			horizontaler Bildschirm mit Touch-Folie; Handschrifteingabe mit und ohne Erkennung, Spracherkennung; Videoeingabe
Ausgabemedien	Fernschreiber; zeichendarstellende monochrome Bildschirme	hochauflösende Grafikbildschirme; kleine Grafik-Flachbildschirme	zusätzlich: Farbe; große Grafik-Flachbildschirme
- Bildschirm: Größe	ca. 1/3 DIN A4 (24 - 25 Zeilen à 80 Zeichen)	1/3 DIN A4, 1 DIN A4, 2 DIN A4	> 2 DIN A4?
- Bildschirm: Art der Informationsdarstellung	negativ (Grün, Bernstein auf Schwarz)	positiv (Schwarz auf Weiß)	farbig
- neue Möglichkeiten			Sprachausgabe; Ton; bewegte Bilder

Dialogform	Kommandosprache, Menü- und Maskensysteme	direkte Manipulation, Menü- und Maskensysteme	zusätzlich: natürliche Sprache & gesprochene Sprache
Bildschirmlayout	Eindimensional: zeilenorientiert; vereinzelt "split screen"	Zweidimensional: überlappende Fenstertechnik; Piktogramme; desk top	Zweieinhalb- & dreidimensionale Darstellungen (sonst wie 2. Generation)
Dialogführung	uneinheitlich, z. T. gleiche Funktionstastenbelegung für analoge Funktionen	Einheitlichkeit durch generische Operationen und desk top-Bedienung	benutzeradaptierbare oder benutzeradaptive polymediale Dialogführung und -gestaltung basierend auf Wissensbasen
Benutzerzielgruppe	Bedienungsexperten	zusätzlich: Bedienungsanfänger	Individuum
Hilfesysteme & tutorielle Systeme	rudimentär: on line - Benutzerhandbuch	passive Hilfesysteme, situationsangepaßt	passive & aktive Hilfesysteme & tutorielle Systeme; allgemeine Benutzerunterstützungs-, Auskunfts- & Beratungssysteme

Tab. 1: Charakteristika der Gestaltung von Benutzeroberflächen im Vergleich

Literatur

/Balzert 86/
Balzert H., E/A-Geräte für die Mensch-Computer-Interaktion, in: Software-Ergonomie, expert verlag 1986, S. 121 - 146

/Card, English, Burr 77/
Card S. K., English E. K., Burr B., Evaluation of mouse, rate-controlled isometric joystick, stepkeys, and text keys for text selection on a crt, XEROX, Palo Alto Research Center, SSL-77-1, April 1977

/Fähnrich, Ziegler 83/
Fähnrich K. P., Ziegler J., Die Benutzerschnittstelle des Arbeitsplatzrechners Xerox-Star, in: Office Management 1983 (12), S. 1068 - 1075

/Gosling/
Gosling J., UNIX EMACS, CMU 1981

/Grandjean 85/
Grandjean E., Ergonomie am Bildschirm-Arbeitsplatz, in: Spektrum der Wissenschaft, Okt. 1985, S. 40 - 56

/Softlab, Philips 81/
Programmieren im Dialog PET/X1150, 1981

Anschrift des Autors:
Dr. Helmut Balzert
TA Triumph-Adler AG, Fürther Str. 212, 8500 Nürnberg 80

FUNKTIONALE UND OBJEKTORIENTIERTE PROGRAMMIERUNG

Gerhard Barth
Institut für Informatik
Universität Stuttgart

1. Einleitung

Programmierung bezeichnet die Gesamtheit der Tätigkeiten, welche bei der Lösung eines Problems unter Verwendung eines Computers durchzuführen sind. Jeder Erstellung eines Programms liegt ein bestimmtes Modell zugrunde, etwa das der

- prozeduralen (PASCAL, BASIC, MODULA, ADA, ...)
- funktionalen (LISP, FP, ...)
- objektorientierten (SMALLTALK, ...)
- logischen (PROLOG, ...)
- regelbasierten (OPS 5, ...)

Programmierung. Für diese Methodologien wurden jeweils eigens auf sie zugeschnittene Programmiersprachen entwickelt, von denen typische Vertreter in der vorangegangenen Auflistung in Klammern angegeben sind.

Die prozedurale Programmierung orientiert sich an der sogenannten von-Neumann Architektur von Computern. Diese ist in Figur 1 in ihrer abstraktesten Form dargestellt.

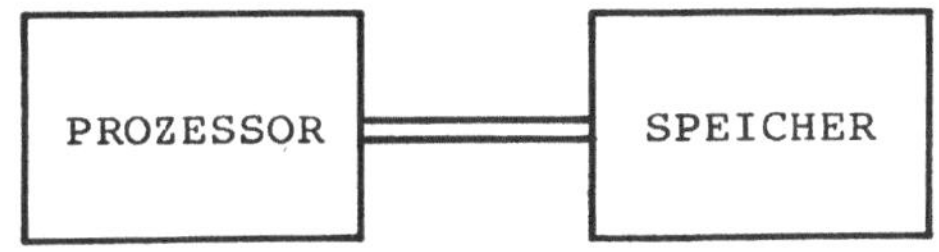

Figur 1: von-Neumann Rechnerarchitektur

Die Wirkung ("Semantik") eines prozeduralen Programms entspricht einem Prozess, dessen Einzelschritte Umformungen von Speicherbelegungen sind. Die Aufgaben des Programmierers bestehen darin, diesen Prozess zu entwerfen und in einer geeigneten Programmiersprache zu beschreiben. Dabei sind die folgenden Punkte zu beachten.

- Planung der Speicherbelegung ("Datendeklarationen")
- Planung von Operationen ("Unterprogrammdeklarationen")
- Planung der Reihenfolge von Operationen ("Kontrollfluß")
- Planung der Zuführung von Daten zu Operationen ("Datenfluß")

In dieser Vortragszusammenfassung werden in den beiden nächsten Abschnitten die Grundzüge der funktionalen und der objektorientierten Programmierung dargelegt.

2. Funktionale Programmierung

Die in diesem Abschnitt besprochene Programmiertechnik lehnt sich an den Begriff der mathematischen Funktion an. Funktionen sind Vorschriften, die jedem Element eines Wertebereichs A ("Definitionsbereich") genau ein Element eines Wertebereichs B ("Bildbereich") zuordnen (Figur 2).

Figur 2: Mathematische Funktion

Diese, einer mathematischen Funktion zugrunde liegende Vorstellung läßt sich sehr einfach auf Programme übertragen. Letztere können modelliert werden als Funktionseinheiten die Eingabedaten in Ausgabedaten überführen (Figur 3).

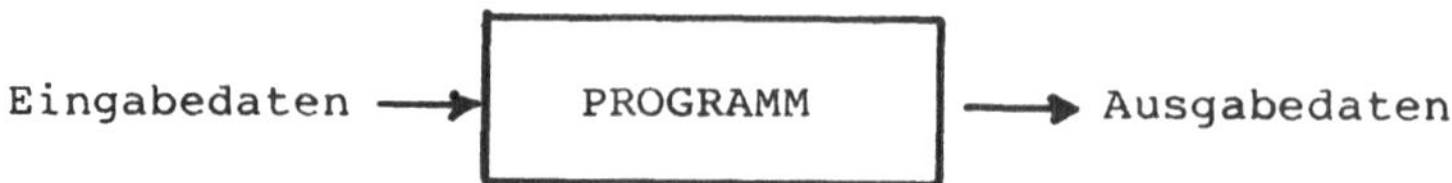

Figur 3: Funktionale Modellierung eines Programms.

Komplexe Programme werden i.a. in kleinere Bausteine ("Module") zerteilt, und diese ihren Datenabhängigkeiten entsprechend miteinander vernetzt (Figur 4).

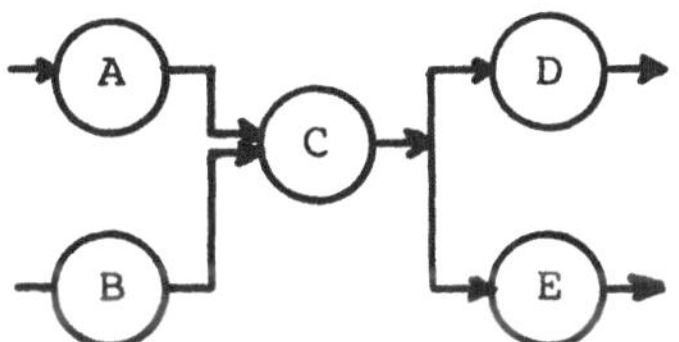

Figur 4: Datenabhängige Vernetzung von Modulen

Ein Modul muß im wesentlichen drei Eigenschaften besitzen, um das einer mathematischen Funktion entsprechende Verhaltensmuster zu zeigen:

(1) Er muß alle für seine Aktivierung benötigten Eingabedaten über eine explizit festgelegte Schnittstelle ("Parameter") einführen.

(2) Er darf Ausgabedaten nur über eine explizit festgelegte Schnittstelle ("Resultate") ausführen.

(3) Er darf jedem Satz von Eingabedaten höchstens einen Satz von Ausgabedaten zuordnen.

Ein Modul, der diesen Forderungen genügt, soll funktionaler Modul genannt werden. Das folgende Fragment einer PASCAL Funktion verletzt jede der drei genannten Forderungen.

```
function IRGENDWAS (X,Y : INTEGER) : INTEGER;
   begin GLOBAL := GLOBAL + 1;
         IRGENDWAS := (X + Y) * GLOBAL
   end
```

Der Zugriff auf den Wert einer nicht-lokalen Variablen GLOBAL, sowie die Änderung ihres Werts, verletzten die ersten beiden Forderungen. Da bei einem Aufruf IRGENDWAS (1,2) das errechnete Resultat von momentanem Wert der Variablen GLOBAL abhängt, ordnet IRGENDWAS den Eingabedaten (1,2) keinen eindeutig definierten Wert zu. Damit ist auch die dritte der oben aufgeführten Eigenschaften eines funktionalen Moduls verletzt.

Eine Programmiersprache heißt funktional, falls alle in ihr darstellbaren Module sich funktional verhalten. Solche Sprachen enthalten

- einen Vorrat an funktionalen Elementarmoduln ("Grundoperationen")
- Ausdrucksmittel für die Bildung funktionaler Module aus bereits vorhandenen solchen Moduln
- elementare Datentypen, sowie einen Mechanismus zur problemangepaßten Strukturierung von Daten.

Anhand der Sprache LISP soll der typische Aufbau einer funktionalen Programmiersprache etwas näher erläutert werden.

Als Daten stehen zur Verfügung

- Atome (Zahlen und Zeichenketten), die entweder unmittelbar oder über einen Bezeichner dargestellt werden.
  Beispiele: 17 -4 96.1 'MAX 'BORIS (Literale)
  MAX BORIS (Bezeichner)

- Listen der Form (a b c ...) deren Elemente a,b,c,... entweder Atome oder wiederum Listen sind.
  Beispiele: (1 2 3) (EINS 2 DREI)
  ((12) (DREI VIER)) (((ZWIEBEL)))

Grundoperationen erlauben neben arithmetischen, logischen und relationalen Verknüpfungen in erster Linie die Bearbeitung von Listen. Die Wirkung der drei einfachsten Listenoperationen ist in Figur 5 dargestellt.

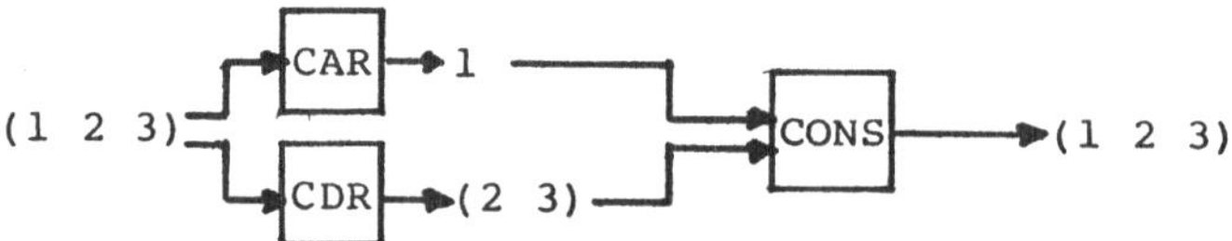

Figur 5: Listenoperationen CAR, CDR, CONS

Die Anwendung einer Operation op auf Operanden OPD_1, OPD_2, ... hat die Form

(op OPD_1 OPD_2 .....)

Es fällt daran sicher auf, daß Operationsanwendungen genauso aussehen wie Listen! Mit anderen Worten, in LISP können Listen sosowohl Daten als auch Operationen darstellen. Dies hat weitreichende Konsequenzen, denn aufgrund dieser Uniformität können bequem Funktionen definiert werden, deren Eingabe oder Ausgabe ebenfalls Funktionen sind. Man spricht in diesen Fällen von "Funktionalen" (Figur 6).

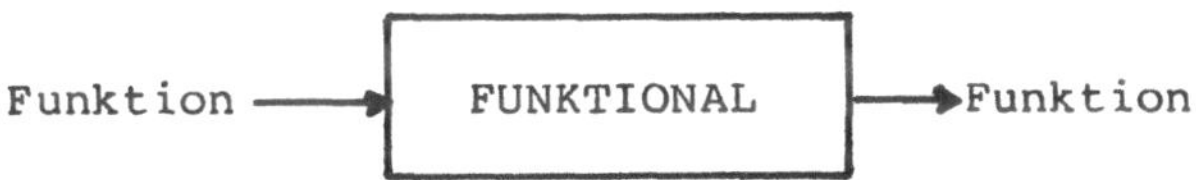

Figur 6: Prinzip eines Funktionals

Die Vereinbarung eines neuen Moduls wird durch den Ausdruck

(defun ...Name... (...Parameter...)
...Rumpf...)

vorgenommen. Auch dieser Ausdruck hat Listenform, wie auch jeder Aufruf

(...Name... ...Argumente...)

der soeben vereinbarten Funktion.

Programmiersprachen wie LISP eignen sich besonders gut für Problemstellungen, die sich nur sehr schwer in das starre Gerüst von Datentypen und Kontrollstrukturen gängiger prozeduraler Sprachen, etwa PASCAL, zwängen lassen. Eine heutzutage besonders wichtige derartige Problemkategorie ist Wissensdarstellung und Wissensverarbeitung. Die meisten dafür geeigneten Verfahren basieren auf Strukturen, die gleichermaßen deklaratives Wissen ("Daten") und prozedurales Wissen ("Operationen") umfassen können. Wie eben angedeutet, ist die mittels Listen in uniformer Weise möglich.

Für eine weitergehende Beschäftigung mit Prinzipien und Anwendungen der funktionalen Programmierung eignen sich die in Abschnitt 4 mit [HEN], [RIC], [WH] und [WN] bezeichneten Bücher.

3. Objektorientierte Programmierung

Diese Art der Erstellung von Programmen geht von der Vorstellung aus, daß bei der Lösung eines Problems in möglichst direkter Form die Vorgänge innerhalb der Problemumgebung zu simulieren sind. Eine solche Simulation erfordert die Beschreibung der

- statischen und dynamischen Attribute von Problemkomponenten
- Wechselwirkungen zwischen Problemkomponenten.

Bei einer objektorientierten Programmiersprache erfolgt die Implementierung dieser beiden Aspekte durch "Objekte" und "Nachrichten".

Objekte sind zweigeteilte Kapseln (Figur 7), die eine Datenkammer und eine Operationskammer besitzen. Darin sind

Daten	Operationen

Figur 7: Objekte

die Zustände, welche ein Objekt annehmen kann, sowie die von dem Objekt durchzuführenden Aktionen enthalten. Beispielsweise könnte eine Warteschlange für Autos an einer Waschanlage folgendermaßen als Objekt implementiert werden.

```
Daten          INHALT : array [1...30] of AUTO
               LAENGE : 0 .. 30
Operationen    ANKUNFT_EINES_AUTOS ..........
               EINFAHRT_IN_WASCHANLAGE ..........
               SCHLIESSEN_DER_SCHLANGE ..........
               WARTEZEIT
```

Soll eine in einem Objekt vorhandene Operation ausgelöst werden, so muß eine Nachricht an dieses Objekt ergehen. Nachrichten sind nach dem in Figur 8 beschriebenen Muster aufgebaut. Als Empfänger tritt stets

EMPFÄNGER	SELEKTOR	ARGUMENTE(E)

Figur 8: Nachrichten

ein Objekt auf. Der Selektor bezeichnet die anzustoßende Operation, für deren Durchführung eventuell benötigte Informationen als Argumente in einer Nachricht mitgeführt werden können. Falls das eben skizzierte Objekt den Namen WASCHANLAGE trägt, könnte durch die Nachricht

WASCHANLAGE ANKUNFT_EINES_AUTOS (..........)

diesem Objekt angezeigt werden, daß ein weiteres Auto auf die Abfertigung wartet. In dieser Nachricht ist

WASCHANLAGE	der Empfänger
ANKUNFT_EINES_AUTOS	der Selektor
(..........)	eine Liste von Argumenten.

Nach der Durchführung einer durch eine Nachricht angestoßenen Operation erfolgt eine Rückmeldung an den Sender, entweder in Form eines einfachen Quittungssignals oder in Gestalt eines vom Sender weiterzuverwendenden Resultats.

So wie in PASCAL jede Variable zu einem Datentyp gehört, ist jedes Objekt einer bestimmten Klasse von Objekten zugeordnet. Alle Objekte einer Klasse besitzen einen gleichartigen Aufbau ihrer Daten- und Operationskammern. Bei der Erstellung eines objektorientierten Programms hat der Programmierer die folgenden Tätigkeiten durchzuführen:

- Vereinbarung von Klassen
- Erzeugung von Objekten aus Klassen
- Anstoß von Nachrichten

Die Erzeugung eines Objekts aus einer vorhandenen Klasse geschieht durch den Versand einer Nachricht an diese Klasse. In SMALLTALK etwa reagiert jede Klasse K auf die Nachricht

K new

mit der Bereitstellung eines neuen der Klasse K angehörenden Objekts. Beispielsweise könnte zunächst eine Klasse WASCHANLAGEN_KLASSE vereinbart werden. Der Ausdruck

MEINE_WASCHANLAGE := WASCHANLAGEN_KLASSE new

enthält die Nachricht

WASCHANLAGEN_KLASSE new

welche ein neues Waschanlagen-Objekt erzeugt, das mit dem Namen MEINE_WASCHANLAGE benannt wird. An dieses könnte später die Nachricht ergehen

MEINE_WASCHANLAGE EINFAHRT_IN_WASCHANLAGE (....)

Klassen sind im Grunde genommen nichts anderes als ebenfalls Objekte, deren Besonderheit darin besteht, andere Objekte erzeugen zu können. Somit läßt sich das ganze Gerüst der objektorientierten Programmierung auf den beiden Begriffen

- Objekt
- Nachricht

errichten. Diese Einfachheit der Konzeption ist einer der Vorzüge dieser Programmiermethodik. Ein weiterer, insbesondere für die Erstellung großer Softwaresysteme wichtiger, Vorteil besteht in dem hohen Grad an Datenabstraktion den ein objektorientiert aufgebautes Programm besitzt. Daten und die darauf zugeschnittenen Operationen werden zu Einheiten zusammengefaßt. Dies steht im Gegensatz zur prozeduralen von-Neumann Methodik, bei der Daten und Operationen in zwei streng getrennten Gruppen angesiedelt werden. Bei jeder Anwendung einer Operation müssen erst die dazugehörigen Daten herbeigeschafft und Ergebnisse einer Operation wieder in die Datengruppe ("Speicher") transportiert werden.

Objektorientierte Programmierung eignet sich auch gut für die Bearbeitung von Wissen. Wie am Ende von Abschnitt 2 skizziert wurde, setzt Wissensdarstellung die Erfassung sowohl deklarativen als auch deskriptiven Wissensgehalts voraus. Es ist wohl leicht einsichtig, daß Objekte, die ja mit Daten- und Operationskammern ausgestattet sind, diese Fähigkeit besitzen.

Weitere Konzepte der objektorientierten Programmierung, die aus Platzgründen in diser Zusammenfassung nicht vorgestellt werden können, sind in den Literaturhinweisen [COX], [BYT], [GR] und [MAX] zu finden.

4. Literatur

[BYT] BYTE, August 1981, mehrere Aufsätze zum Thema "Objektorientierte Programmierung"

[COX] Cox B.: Object Oriented Programming, Addison-Wesley Publ. Co., 1986

[GR] Goldberg A., Robson D.: SMALLTALK-80, Addison-Wesley Publ. Co., 1983

[HEN] Henderson P.: Functional Programming, Prentice-Hall, 1980

[MAC] MacLennan B.: Principles of Programming Languages, Holt-Saunders International Edition, 1983

[RIC] Rich E.: Artificial Intelligence, McGraw-Hill Book Co., 1983

[WH] Winston P., Horn B: LISP (2. Ed.), Addison-Wesley Publ. Co., 1984

[WN] Winston P.: Artificial Intelligence (2. Ed.), Addison-Wesley Publ. Co., 1984

Grenzen der Künstlichen Intelligenz

Prof. Dr. Christiane Floyd
Technische Universität Berlin
Fachbereich Informatik
Sekr. FR 5-6
Franklinstr. 28/29
1000 Berlin 10

Der Titel dieses Vortrags ist dem gleichnamigen Buch von Hubert L. Dreyfus [Dreyfus 85] entnommen, das eine sehr anspruchsvolle Kritik der Grundannahmen der Künstlichen Intelligenz (KI) aus philosophischer Sicht liefert.

Bei der Auseinandersetzung mit dem Phänomen KI müssen wir mehrere Aspekte beachten:

- den Unterschied zwischen dem von vielen führenden Autoren nach wie vor in den Raum gestellten Gesamtanspruch des Faches, wonach menschliche Intelligenz zur Gänze durch Programme nachgebildet bzw. sogar übertroffen werden kann, auf der einen Seite (siehe z.B. [Bobrow, Hayes 85]), und der mühevollen, soliden wissenschaftlichen Arbeit vieler Fachvertreter, die sich mit winzigen Teilaspekten menschlich intelligenten Verhaltens beschäftigen;

- die Wichtigkeit einer soliden philosophischen Kritik darüber, was die KI prinzipiell leisten kann, wie sie insbesondere von Dreyfus formuliert wird, auf der einen Seite, und einer gesellschaftlich-ethischen Stellungnahme darüber, wie wir die KI einsetzen sollten, auf der anderen Seite; diese wird insbesondere von Weizenbaum in [Weizenbaum 78] geleistet, der gegenüber dem fachlichen Anspruch der KI wenig kritisch ist;

- die z.B. in [Bammé et al. 83] formulierte Einsicht, daß die Grenze zwischen Mensch und Maschine gewissermaßen in uns selbst verläuft, daß sich also der Anspruch der KI über die Gleichartigkeit von Menschen und Maschinen am Maschinenhaften, Regelhaften in unserer Persönlichkeit, in unserem Umgang miteinander, in den in unserer Gesellschaft implementierten Spielregeln festmacht;

- den prozessualen Charakter der Auseinandersetzung mit der KI, wobei sich einerseits die Leistungen der KI im Laufe der Zeit erweitern und daher die Grenzen verschieben, wie die Proponenten des Fachs (z.B. in [McCorduck 79]) argumentieren, was von den Kritikern durchaus anerkannt wird, andererseits sich unter Umständen die Menschen selbst im Zuge der zunehmenden Auseinandersetzung mit dem Computer ändern, was als allgemeine gesellschaftliche Entwicklung zum Beispiel in [Volpert 85] bedauert wird, während andere Autoren an dokumentierten Fallbeispielen auch positive Entwicklungen hervorheben, wie etwa [Turkle 84].

Man kann sich diese unterschiedlichen Dimensionen der Auseinandersetzung an konkreten Beispielen klarmachen, wie etwa an der Vision des "Altenroboters", der von Feigenbaum in [Feigenbaum, McCorduck 84] als denkbare humanitäre Anwendung der KI gepriesen wird, weil er, ohne zu ermüden, dem Pflegling immer wieder ein Glas Wasser oder eine warme Decke bringen, ihm mit unerschöpflicher "Geduld" beim Erzählen immer gleicher Geschichten "zuhören" und dabei nicht eigennützige Motive wie Erbschleicherei verfolgen würde. Ganz unabhängig von der Frage nach der technischen Realisierbarkeit einer Maschinerie, die in etwa das obengenannte Leistungsspektrum (und nur das) aufweisen würde, sind hier folgende Fragen zu stellen:

- Ist das Gespräch zwischen Menschen reduzierbar auf eine Anwendung von Regeln?

- Ist die z.B. in der Altenpflege ausgedrückte menschliche Zuwendung reduzierbar auf eine Klasse von automatisierbaren Dienstleistungen?

- Ist unsere Gesellschaft heute so organisiert, daß alten Menschen durch eine so automatisierte Pflege unter Umständen mehr geboten würde als bisher?

- Wollen wir diese Art von Veränderung, oder wollen wir nicht lieber andere Entwicklungen vorantreiben, um die Pflege alter Menschen zu verbessern?

- Würden wir insbesondere selbst gerne durch Altenroboter gepflegt werden? Wollen wir, daß unsere Kinder dies für selbstverständlich halten?

Ganz analog kann man den Stellenwert der Auseinandersetzung mit dem Computer bei Kindern und Jugendlichen diskutieren, und zwar sowohl, was die Freizeitgestaltung mit Heimcomputern anbetrifft, als auch den gezielten Einsatz von Computern in der Schule.

Wie ich bereits in [Floyd 85] ausgeführt habe, geht es um die Entwicklung von Gesichtspunkten für eine Grenzziehung in drei Dimensionen:

- Grenzen des <u>fachlich verantwortbaren Computereinsatzes</u> sehe ich dort, <u>wo Computer aufgrund eines verfehlten Vertrauens in die Leistungsfähigkeit von Programmen</u> eingesetzt werden; hier geht es mir darum, die überzogenen Ansprüche unseres Faches zu hinterfragen;

- Grenzen des <u>zwischenmenschlich verantwortbaren Computereinsates</u> sehe ich dort, <u>wo Computer aufgrund einer verfehlten Gleichsetzung von Menschen mit Maschinen</u> eingesetzt werden; hier geht es um Bereiche, in denen wegen der Ersetzung von Menschen durch Programme zwischenmenschlicher Austausch behindert wird, menschliches Erleben verkümmert, menschliche Zuwendung wegfällt und soziale Netze zerstört werden;

- Moralisch/politische Grenzen des Computereinsatzes schließlich sind dort zu ziehen, wo mit Computern versucht wird, was ohne Computer nicht gemacht werden darf; wir können uns nicht von der Verantwortung für das, was unsere Programme auslösen, distanzieren; die Verantwortung für das, was Computer "tun", bleibt bei den Menschen, die sie herstellen, programmieren, ihren Einsatz planen und leiten; das heißt, wir tragen diese Verantwortung mit.

Diese Kriterien sind auf konkret anstehende Einzelentwicklungen oder -anwendungen in der Diskussion zu beziehen.

Im folgenden werde ich mich auf die philosophische Kritik der KI im Sinne einer fachlich verantwortbaren Grenzziehung konzentrieren und beziehe mich dabei weitgehend auf Dreyfus (siehe auch [Floyd 86]). Eine kritische Literaturübersicht über das Thema KI findet sich in [Keil-Slawik 86].

Die Grundannahme der KI besagt, daß menschliches Denken mit der regelgeleiteten Verarbeitung von Symbolen, die aus atomaren Sinnesdaten abgeleitet werden, gleichgesetzt werden kann. In ihrer modernen Form als Computermodell für die Funktionsweise des menschlichen Gehirns hat diese Auffassung seit 1950 eine beherrschende Rolle in vielbeachteten Entwicklungen in der Biologie, der Gehirnforschung und der Kognitionspsychologie gespielt, die die Position der KI zu stützen schienen.

In seinem Buch verfolgt Dreyfus die Wurzeln dieser Computerhypothese bis in die Antike zurück. Sokrates war der erste, von dem uns überliefert ist, er habe nach Regeln für das menschliche Denken gefragt, ein Anliegen, das in der platonischen Tradition aufgegriffen und weiterverfolgt wurde. Der Wunsch, menschliches Denken anhand von Regeln zu beschreiben, hängt eng zusammen mit der Trennung von Wissen und Können, und weiterführend mit dem Verhältnis von Geist zu Leib. Die Annahme, man könne Geistiges zumindest prinzipiell vom Leiblichen trennen und eigenständig diskutieren, die für viele von uns als Grundbestandteil abendländischen Denkens selbstverständlich erscheint, erweist sich als Voraussetzung für den Optimismus vieler KI-Forscher, wonach ihr Anliegen, menschliche Intelligenz in Computerprogrammen nachzubilden, mit Sicherheit gelingen müsse, wenn man sich nur ernsthaft darum bemüht.

Dreyfus hält diesen ungebrochenen Optimismus für einen Glauben, der durch die tatsächlichen Entwicklungen in der KI-Forschung nicht gestützt wird. In seiner historischen Analyse, die unter anderem die Verarbeitung natürlicher Sprache, das automatische Problemlösen, Computerschach, Bildverarbeitung und Mustererkennung sowie die Entwicklung von Expertensystemen einbezieht, zeigt er in aufeinanderfolgenden Forschungsprogrammen immer wieder das gleiche Muster auf: Man beginnt mit der Bearbeitung vereinfachter Problemstellungen, die zu beeindruckenden, vorweisbaren Ergebnissen führen. Man hofft, durch Entfernen der gemachten Einschränkungen schrittweise das Problem als Ganzes behandeln zu können; dies scheitert jedoch. Der Fehlschlag wird aber nicht in seinem Kern erkannt, sondern durch neue Vorhaben mit mächtigeren Techniken und leistungsfähigeren Computern übertüncht, wobei der nicht eingelöste Gesamtanspruch erhalten bleibt.

Dreyfus argumentiert dagegen, daß die Einschränkung auf abgeschlossene Teilprobleme eine Conditio sine qua non für sämtliche Erfolge der KI darstellt. Durch Abschwächung von Einschränkungen, leistungsfähigere Computer und mächtigere Techniken kann man die Grenzen des Erreichbaren zwar verschieben, jedoch nicht den Qualitativen Unterschied zum Menschen aufheben. Er vergleicht die von führenden KI-Forschern immer wieder vorgenommene Extrapolation von Teilerfolgen auf die Erreichbarkeit des Gesamtziels durch geeignete Verallgemeinerungen mit der Illusion, wenn man nur hoch genug auf einer Leiter steigt, würde man schließlich den Mond erreichen.

Den qualitativen Unterschied macht Dreyfus an folgenden Punkten fest: am Randbewußtsein, mit dessen Hilfe wir Ereignisse vor ihrem Hintergrund wahrnehmen; an der Ambiguitätstoleranz des Menschen in gegebenen Kontexten; an der Fähigkeit, wesentliche von unwesentlichen Merkmalen zu unterscheiden; an der Leichtigkeit, mit der wir Muster durch einsichtvolles Ordnen von Merkmalen mit Blick auf ein Paradigma erkennen.

Nach Dreyfus läßt sich die der KI zugrundliegende Computerhypothese in eine biologische, eine psychologische, eine erkenntnistheoretische und eine ontologische Annahme auffächern, die er einzeln widerlegt. Als Alternative zu den traditionellen Annahmen entwirft er ein Menschenbild, bei dem der Körper unverzichtbare Voraussetzung für die Vernunft ist. Als unerläßlich für intelligentes Verhalten erweist sich der situative Kontext, in dem die jeweiligen Bedürfnisse vor dem Hintergrund ihrer erlebten Vorgeschichte unser zielgerichtetes Handeln bestimmen. Die Grenze für die KI liegt beim Übergang von geschlossenen Problemstellungen, die durch Regeln beschrieben werden können, zu offenen, die sinnvolles Handeln erfordern. Dreyfus zitiert am Ende seines Buches Yeats: "Der Mensch kann die Wahrheit verkörpern, aber er kann sie nicht wissen."

Für viele ist die Vehemenz befremdlich, mit der Dreyfus seine Argumente gegen teilweise offenkundig absurde Behauptungen vorbringt. Daß dies auch heute nicht überflüssig ist, zeigen neuere Bücher, wie zum Beispiel das Buch von Feigenbaum und McCorduck über die fünfte Computergeneration. Man muß sich klarmachen, daß mit überzogenen Ansprüchen nicht nur der Erkenntnisdrang einzelner Forscher, sondern auch die Bereitstellung von ganz erheblichen Mitteln zur Förderung der KI-Forschung gerechtfertigt werden. Schon deshalb muß sich jeder verantwortungsbewußte Wissenschaftler gegen hohle Versprechungen deutlich abgrenzen.

Zur Ehrenrettung der KI sei aber betont, daß eine ganze Reihe von namhaften Forschern in den USA wie in Europa diese Ansprüche nicht teilen, sondern mit Dreyfus sich der Grenzen des Erreichbaren wohl bewußt sind. Viele sind gerade durch ihre Arbeit auch zu einem vertieften Verständnis und zu einer neuen Ehrfurcht vor den spezifisch menschlichen Fähigkeiten gelangt. Sollte die KI, ungeachtet ihrer beachtlichen Teilerfolge, längerfristig in ihrem Gesamtanspruch scheitern, aber gerade dadurch unser menschliches Selbstverständnis bereichern, so würde sie damit nach meiner Auffassung ein viel schöneres Ziel erreichen, als sie sich ursprünglich gesetzt hat.

L i t e r a t u r

Bammé, A., Feuerstein, G., Genth, R., Holling, E., Kahle, R., Kempin, P.,: Maschinen-Menschen Mensch-Maschinen. Grundrisse einer sozialen Beziehung; Rowohlt; Reinbek bei Hamburg 1983.

Bobrow, D.G., Hayes, P.J.(editors): Artificial Intelligence - Where Are We? In: Artificial Intelligence 25; Elsevier Science Publishers; 1985; s. 375-415.

Dreyfus, H.L.: Die Grenzen künstlicher Intelligenz: Was Computer nicht können; Athenäum; Königstein/Ts.; 1985.

Feigenbaum, E.A., McCorduck, P.: Die fünfte Computer-Generation, Künstliche Intelligenz und die Herausforderung Japans an die Welt; Birkhäuser; Stuttgart 1984.

Floyd, C.: Wo sind die Grenzen des verantwortbaren Computereinsatzes? Informatik-Spektrum; Band 8; Heft 1; 1985; s. 3-6.

Floyd, C.: Rezension zum Buch "Grenzen der Künstlichen Intelligenz" von Herbert L. Dreyfus; in: Computer Magazin; Band 15; März 1986; s. 96.

Keil-Slawik, R.: Sind Computer lebendig? Eine kritische Literaturuntersuchung; In: Computer Magazin; Band 15; März 1986; s. 63-69.

McCorduck, P.: Machines Who Think; W.H. Freeman and Company; San Francisco 1979.

Turkle, S.: Die Wunschmaschine. Vom Entstehen der Computerkultur; Rowohlt; Reinbek bei Hamburg 1984.

Volpert, W.: Zauberlehrlinge - Die gefährliche Liebe zum Computer; Beltz Verlag; Weinheim und Basel 1985.

Weizenbaum, J.: Die Macht der Computer und die Ohnmacht der Vernunft; Suhrkamp; Frankfurt 1978.

Erfahrungen aus Modellversuchen und Vorstellungen zur Informations-technischen Bildung

Leitung: Dr. Dieter Buschhaus
BIBB
Berlin

DIE "NEUEN TECHNIKEN" - KONSEQUENZEN FÜR DAS BILDUNGSWESEN

Jochen Schweitzer,
Mitglied des Geschäftsführenden Vorstandes der
Gewerkschaft Erziehung und Wissenschaft

1. Zur Bedeutung der Neuen Techniken

Die Einführung der Neuen Techniken betrifft nahezu alle Lebensbereiche. Ihr Einsatz ist nicht mehr beschränkt allein auf Anwendungen in der Produktion, der Verwaltung, dem Handel sowie dem militärischen Sektor usw., sondern erfaßt zunehmend auch die privaten Lebensbereiche (Haushalt, Konsum, Freizeit usw.). Von anderen technologischen Entwicklungen der Vergangenheit unterscheiden sich die Neuen Techniken im wesentlichen darin, daß sie universell einsetzbar und die Vernetzungsmöglichkeiten der Systeme untereinander nahezu unbegrenzt sind. Wie diese Anwendungsbereiche gestaltet und die Vernetzungsmöglichkeiten genutzt werden, hängt von den sie bestimmenden politischen und ökonomischen Interessen ab.

Die Bedeutung des Einsatzes und der Anwendung Neuer Techniken für die Gesellschaft ergibt sich daraus, wer mit welchen Interessen über ihre Entwicklung, ihre Vermarktung, ihre Gestaltung an den Arbeitsplätzen und ihre Nutzung im Konsum, Freizeit- und Privatbereich bestimmen oder diese zumindest maßgeblich beeinflussen kann. Entscheidend ist, daß nicht die Neuen Techniken an sich zwangsläufig und quasi naturgesetzlich zu negativen Folgen für die Menschen führen, sondern die Qualität und die Quantität ihres Einsatzes in einer bestimmten Form.

2. Der bisherige Einsatz Neuer Techniken

Der Einsatz Neuer Techniken könnte zwar in vielen Bereichen zur Überwindung der bestehenden Arbeitsteilung und zur Humanisierung von Arbeitsplätzen beitragen. Unterbleibt aber ein solcher Einsatz, besteht die Gefahr, daß neue Trennungslinien gezogen werden und sich Chancen in nicht zu überschaubare Gefahren wandeln.

Die bisherigen Erfahrungen mit dem Einsatz Neuer Techniken waren für die Arbeitnehmer/innen in der Regel negativ. Im folgenden sollen nun einzelne Aspekte herausgenommen werden, um das Umfassende der Thematik zu verdeutlichen.

- Neue Techniken werden vorrangig zur Rationalisierung und in den allerseltesten Fällen zur Humanisierung von Arbeitsplätzen eingesetzt. In der Regel wurden bislang durch den Einsatz Neuer Techniken Arbeitnehmer/innen arbeitslos, die verbleibenden unterliegen höheren psychischen Anforderungen.

o Die Überwachung von Arbeitsleistungen der Arbeitnehmer/innen wurde verschärft. Diese Kontrolle wird durch die Möglichkeiten der Neuen Techniken - insbesondere durch die Vernetzung der Systeme - nahezu total.

o Im gesellschaftlichen und politischen Bereich besteht die Gefahr, daß einerseits - vom Individuum aus gesehen - ein Überangebot an unzusammenhängenden Informationen besteht und andererseits eine mögliche Bündelung von Informationen für wenige zu Informationsmonopolen und damit zur Machtkonzentration beiträgt.

o Der private Bereich wird durch den verstärkten Einsatz Neuer Techniken - hier insbesondere der Neuen Medien - gefährdet, da die Kommunikation innerhalb der Familie und innerhalb des Freundeskreises abnimmt zugunsten einer zunehmenden Enteignung persönlicher Freizeit durch die Massenmedien. Kommunikation und Diskussion, Wort und Schrift, das Lebenkönnen mit Widersprüchen, das Lernen aus dem Diskurs mit anderen Menschen verliert an Bedeutung gegenüber einem kreativitätszerstörenden Medienkonsum.

Es besteht also die Gefahr, daß viele Menschen von Gestaltungsmöglichkeiten abgekoppelt werden, daß immer mehr Menschen zu "biologischen Endgeräten" eines durch Computer gesteuerten Informations- und Kommunikationssystems degenerieren.

Ein Einsatz Neuer Techniken, der die Interessen der arbeitenden Menschen in den Vordergrund stellt, könnte in vielen Bereichen wesentliche Fortschritte für den einzelnen wie auch für die Gesellschaft erbringen.

o So kann es nur sinnvoll sein, in Bereichen wo körperliche Schwerstarbeit, Monotonie und gesundheitsgefährdende Arbeit verlangt werden, menschenunwürdige und gesundheitsschädliche Arbeit durch den Einsatz Neuer Techniken zu ersetzen (z.B. durch Robotertechnik). Damit kann ein Beitrag zur Humanisierung der Arbeitswelt geleistet werden.

o Produktivitätssteigerungen durch Neue Techniken können wesentliche Arbeitszeitverkürzungen ermöglichen; deshalb muß der Einsatz Neuer Techniken unmittelbar zur Arbeitszeitverkürzung und zur Schaffung von mehr Freizeit - auch zur Fort- und Weiterbildung - ebenso wie im Hinblick auf die Humanisierung von Arbeit genutzt werden.

o So könnte der Einsatz Neuer Techniken bei einem ausreichenden Qualifikationsangebot für Arbeitnehmer/innen eine ganzheitliche Produktion ermöglichen, die in den letzten Jahrzehnten durch die Arbeitsteilung nahezu gänzlich aufgehoben worden ist.

- Auch im medizinischen Bereich - z.B. zur Reduktion der behindertenspezifischen Benachteiligungen -, ist der Einsatz Neuer Techniken im Interesse der arbeitenden Menschen in vielen Fällen sinnvoll. So kann für körperlich und geistig behinderte Menschen eine Vielfalt von Hilfsgeräten geschaffen werden, die ihnen eine Integration in unsere Gesellschaft wesentlich erleichtert.

Von diesen positiven Möglichkeiten ist bisher nur ein geringer Teil realisiert und auch nur dann, wenn dieses von den Arbeitnehmern im Betrieb gegen Widerstände durchgesetzt werden konnte oder wenn ein "Markt" dafür entsteht oder besteht.

3. Neue Techniken und grundsätzliche Aufgaben des Bildungssystems

Wie sich in der zukünftigen Gesellschaft die Arbeits- und Lebensbedingungen entwickeln werden, wird nicht primär von der Bildungspolitik bestimmt. Dies ist vielmehr Aufgabe der arbeitenden Menschen, der Gewerkschaften, der politischen Parteien und sozialen Bewegungen.

Die Bildungsvoraussetzungen der Menschen sind jedoch ein wesentlicher Bestimmungsfaktor dafür, welche Politik von wem durchgesetzt werden kann.

Mitbestimmungs- und Mitgestaltungsmöglichkeiten können nur dann von allen wahrgenommen und beurteilt werden, wenn sowohl die rechtlichen Grundlagen geschaffen sind als auch entsprechende Qualifikationen erworben werden.

Wenn die Schule negative Entwicklungsprozesse nicht durch eine Akzeptanzbildung verstärken oder stützen will, so muß sie zu allererst drei grundsätzliche Aufgaben erfüllen:

- Sie muß den interessegeleiteten Prozeß durchschaubar machen und verdeutlichen, wie das politisch-ökonomische System mit dem technischen System zusammenhängt, nach welchen Regeln es funktioniert und welche Konsequenzen bzw. Wirkungen es für "Herrschende" und "Abhängige" hat.

- Sie muß diesen Prozeß und dieses System als von Menschen - historisch und gegenwärtig - gestaltet und zukünftig veränderbar erkennbar machen. Historische und interkulturelle Vergleiche zeigen, daß es keinen Sachzwang in der ökonomischen und politischen Entwicklung gibt, sondern daß Alternativen durch Reformen von Menschen in ihrem Interesse gestaltbar und durchsetzbar sind.

- Zu dieser Einsicht gehört die Fähigkeit, zur Übernahme von Verantwortung und Bereitschaft zur Gestaltung der eigenen und gesellschaftlichen Wirklichkeit und die Erfahrung, selbständig und gemeinsam mit anderen etwas beeinflussen, gestalten und verändern zu können. Dazu gehört auch Kreativität, Mut und Verantwortung, für sich selbst und andere zu denken, zu fühlen und zu handeln. Angesichts des Konkurrenzdrucks in den Schulen und der häufigen Perspektivlosigkeit in der Ausbildung und im Studium ist das Erlernen von Solidarität schwieriger und dennoch wichtiger denn je.

4. Schule und Neue Techniken

4.1. Ausgangssituation

Angesichts zunehmender Arbeitslosigkeit ist es verständlich, wenn sich insbesondere Eltern, Schülerinnen und Schüler durch das Erlernen einer Programmiersprache bessere Startchancen im Beruf versprechen. Bisherige Erfahrungen zeigen aber, daß technisches Spezialwissen (Computersprache, technische Bedienung, Kenntnisse von Betriebssystemen u.ä.) durch kurze Innovationszyklen sehr rasch veralten und in wenigen Jahren keinen oder nur einen geringen Wert haben. Außerdem werden Computer ja gerade dazu entwickelt, menschliche Arbeit zu ersetzen.

Die Geschwindigkeit und der Umfang mit denen sich Computer in den Schulen ausbreiten, können demnach kaum bildungspolitisch begründet werden, sondern sind in erster Linie durch ökonomische Interessen erklärbar. Schulen stellen einen Markt dar, zunächst für Hardware, zunehmend auch für Software. Großzügige Computerspenden der Industrie sollen eine dauerhafte Bildung an bestimmte Produkte bewirken. Mit Hilfe der Software läßt sich Einfluß auf die Inhalte des Unterrichts nehmen.

4.2. Anforderungen aus gewerkschaftlicher Sicht

Auch die GEW geht davon aus, daß die Neuen Techniken Gegenstand von Unterricht sein müssen. Sie wendet sich jedoch gegen Unterrichtskonzepte, bei denen die Vermittlung von technischen Kenntnissen im Vordergrund steht und die gesellschaftlich-sozialen Aspekte in den Hintergrund treten. Sie fordert Unterrichtskonzepte, die von der Verknüpfung technischer Entwicklung und gesellschaftlichem Wandel ausgehen. Computerunterstützter Unterricht, der wesentliche Lehraufgaben z.B. durch Lernprogramme usw. zu ersetzen sucht, ist grundsätzlich abzulehnen, ebenso ein "Computer-Führerschein", dessen Schwerpunkt im Erlernen von Programmiersprachen liegt.

Die GEW plädiert für eine "informations- und kommunikationstechnische Grundbildung", die Jugendlichen Handlungsmöglichkeiten für Entscheidungen in gesellschaftlichen Prozessen gibt. Diese Grundbildung soll sie befähigen, über den Einsatz bzw. Nichteinsatz sowie die Gestaltung Neuer Techniken mitzubestimmen.

Deshalb fordert die GEW eine <u>Grundbildung mit folgenden Inhalten</u>:

- Vermittlung von Kenntnissen der Anwendung und Auswirkungen Neuer Techniken:

  Hierzu gehören sowohl ein Überblick über die Vielfältigkeit der Anwendungen als auch die exemplarische Vertiefung ausgewählter Beispiele aus der Arbeitswelt und der alltäglichen Lebenspraxis. Die individuellen und gesellschaftlichen Auswirkungen sind nach den politischen, sozialen, ökonomischen, rechtlichen und kommunikativen Aspekten hin zu untersuchen. Dabei sind die möglichen Schwerpunkte auf die Veränderungen der Arbeitsinhalte und der Arbeitsbedingungen, auf die Ausweitung der unternehmerischen Kontrollmöglichkeiten (z.B. Personalinformationssysteme), auf die politisch-institutionellen Kontrollmöglichkeiten und die Veränderungen der Kommunikations- und damit der sozialen Verhaltensstrukturen zu legen. In diesem Rahmen müssen auch die Interessen identifiziert werden, die Art, Umfang und auch eventuell die Instrumentierung der informationstechnischen Anlagen strukturieren.

- Analyse des Zusammenhangs zwischen technologischer und gesellschaftlicher Entwicklung:

  Dabei stehen die Fragen nach dem Zusammenhang zwischen Technologiestruktur - die nicht naturgesetzlich festgelegt ist - und der Gesellschaftsstruktur, nach den demokratischen Gestaltungs- und Kontrollmöglichkeiten von und über technische Strukturen im Vordergrund.

- Vermittlung von strukturellem Wissen über Neue Techniken:

  Dazu gehören Fragen nach der Entwicklung dieser Techniken, nach Aufbau,Struktur und Wirkungsweise eines integrativen Datensystems, nach dem Zusammenhang der Rechenanlage mit z.B. dem Arbeitsprozeß und nach den Auswirkungen der Datenverarbeitung. Schwerpunkte und Ausmaß der Inhalte, die diesem Ziel entsprechen, müssen allerdings sowohl nach den Voraussetzungen der Schüler als auch nach den individuellen Erfahrungen differenziert werden.

Die Inhalte dieser informations- und kommunikationstechnischen Grundbildung sollen - solange der Unterricht nach Fächern gegliedert ist - schwerpunktmäßig in den Fächern Arbeitslehre/Polytechnik sowie Gesellschaftslehre/Politik behandelt werden. Dabei müssen allerdings bestehende Konzepte für das Fach Arbeitslehre/Polytechnik hinterfragt und weiterentwickelt werden. Die Einrichtung des Faches Arbeitslehre als Pflichtfach aller Schüler in allen Schulformen der Sekundarstufe II sind nachdrücklich gefordert sowie die Durchführung von Betriebspraktika und Betriebsbesichtigungen als Teil dieser Grundbildung.

Computer in der Schule sollen im Rahmen der Grundbildung lediglich die Aufgabe haben, die Funktion, die Einsatzmöglichkeiten und die Anwendungsbereiche beispielhaft darzustellen. Sie sind ein Demonstrations- und Simulationsinstrument, da die Grundbildung nicht der Vermittlung von Programmier- und Handhabungskenntnissen dient.

Der universelle Charakter der Neuen Informations- und Kommunikationstechniken wird nur erkennbar, wenn in der Schule in nahezu allen Fächern die Zusammenhänge verdeutlicht werden. Dies ist am ehesten in fächerübergreifendem und projektorientiertem Unterricht möglich. Dafür müssen entsprechende Curricula und Konzepte erarbeitet sowie die schulorganisatorischen Voraussetzungen geschaffen werden.

Da die Komplexität des Themas ein relativ hohes Maß an Reflexionsvermögen voraussetzt, soll die Auseinandersetzung damit vorrangig in den beiden letzten Klassen der Sekundarstufe I stattfinden. Die Grundbildung ist im Pflichtbereich der Sekundarstufe II zu vertiefen.

Die Schwerpunktbildung der informations- und kommunikationstechnischen Grundbildung auf die letzten beiden Pflichtschuljahr bedeutet nicht, daß nicht die Erfahrungen der Schüler, die sie täglich mit Neuen Informations- und Kommunikationstechniken machen (Computerspiele, Video-Fernsehen etc.) schon früher im Unterricht behandelt werden müssen. Computer wie Fernsehen müssen Gegenstand einer kritischen und praktisch-kreativen Aufarbeitung in der gesamten Schulzeit sein. Medienpädagogik muß ausgebaut und mit der informationstechnischen Bildung verbunden werden.

Es muß sichergestellt sein, daß alle Jugendlichen, Mädchen wie Jungen aller Schularten, Zugang zu den Neuen Techniken durch eine informations- und kommunikationstechnische Grundbildung im Unterricht finden. Dabei muß insbesondere eine erneute Benachteiligung der Mädchen vermieden werden, damit die bestehende berufliche Geschlechtsrollenzuweisung sich nicht noch weiter verstärkt.

Die Schule darf jedoch nicht in Gefahr geraten, zugunsten dieses Bereiches viele andere notwendige Themen zurückzustellen, wie etwa "Umwelt", "Frieden", "Ost-West-Verhältnis", "Nord-Süd-Gefälle" u.a., die auch jetzt einen viel zu geringen Stellenwert haben.

Die GEW fordert die Kultusminister und -senatoren auf,

- von interdisziplinären Arbeitsgruppen, bestehend aus Erziehungswissenschaftlern, Fachdidaktikern, Lehrern verschiedener Schularten und Fachrichtungen, Vertretern der sozialen Gruppen, Ziele und Inhalte eines Curriculums für die informations- und kommunikationstechnische Grundbildung erarbeiten zu lassen,

- in einem entsprechenden Fortbildungsprogramm die notwendigen Voraussetzungen für die umfassende Qualifizierung aller betroffenen Lehrkräfte zu schaffen; dabei dürfen Lehrer aus den mathematisch-naturwissenschaftlichen Fächern nicht gegenüber den Lehrkräften aus den gesellschafts- und geisteswissenschaftlichen Fächern bevorzugt werden. Die staatlich geförderte Durchführung solcher Fortbildungsmaßnahmen unter Trägerschaft der Computerindustrie lehnt die GEW ab;

- die in Forschungsprojekten und Modellversuchen gewonnenen Ergebnisse im Hinblick auf Unterrichtskonzepte erarbeiten und erproben zu lassen.

- Kriterien und Listen für pädagogisch geeignete Hardware herauszugeben und die Benutzung pädagogisch und ergonomisch ungeeigneter Geräte zu verbieten,

- pädagogisch geeignete Software bzw. Unterrichtsprogramme und -materialien erarbeiten zu lassen und pädagogisch ungeeignete Software zu indizieren.

Die GEW fordert Schulaufsicht, Schulträger und Schulleitungsgremien auf, die Anschaffung weiterer Computer in den Schulen solange aufzuschieben bis geeignete didaktisch begründete Konzepte vorliegen und ausreichend qualifizierte Lehrkräfte vorhanden sowie die schulorganisatorischen Voraussetzungen geschaffen sind. Die Benachteiligung bestimmter Schulen und Schulformen muß vermieden werden.

5. Anforderungen an die Schulstufen

5.1. Primarstufe

In der Primarstufe wird computerunterstützter Unterricht ebenso abgelehnt wie ein Unterricht, der die Kinder zum Computergebrauch anreizt. Demgegenüber sind die Kinder im Rahmen einer kritischen Medienpädagogik unter Einbeziehung der kindlichen Erfahrungswelt auf den kritischen Umgang mit den elektronischen Medien vorzubereiten. Gerade in der Grundschule hat der zwischenmenschliche Kontakt, das gemeinsame spielerische Lernen und die Förderung von unmittelbaren Erfahrungen mit Menschen, Sachen und Ideen im Vordergrund zu stehen . Daneben sind die Erfahrungen der Kinder mit Medien (Bücher, Schallplatten, Fernsehen, Video, Computerspiele usw.) inhaltlich, praktisch, kreativ und kooperativ in der Schule aufzuarbeiten. Eine so begonnene Medienpädagogik soll in der Sekundarstufe I und in der Sekundarstufe II integraler Bestandteil der informations- und kommunikationstechnischen Grundbildung sein.

5.2. Sekundarstufe I

Zum Pflichtbereich der Sekundarstufe I aller Schulformen gehört eine informations- und kommunikationstechnische Grundbildung, die möglichst in fächerübergreifenden Projekten in den Unterricht der beiden letzten Klassen integriert wird.

Die GEW steht Konzepten einer "informationstechnischen Grundbildung" ablehnend gegenüber, die sich im wesentlichen nur mit der Vermittlung von technischen Kenntnissen der Bedienung und Programmierung von Computern befassen.

Das Fach Informatik im Pflicht-, wie im Wahlpflichtbereich ist abzulehnen. Sofern Kurse im Wahlbereich angeboten werden, dürfen sie nicht nur auf die Vermittlung von Programmier- und Bedienungskenntnissen beschränkt sein.

5.3. Sekundarstufe II

In der Sekundarstufe II sind fächerübergreifende Konzepte der Grundbildung im Pflichtbereich weiterzuführen, das Fach Informatik im Pflichtbereich ist jedoch abzulehnen. Informatikkurse, die im Wahlbereich angeboten werden, haben ihren Sinn nur neben der informations- und kommunikationstechnischen Grundbildung aller Schüler.

In der gymnasialen Oberstufe sind im Zusammenhang mit den Neuen Informations- und Kommunikationstechniken auch berufsorientierende Elemente einzubeziehen.

6. Neue Techniken und berufliche Bildung

Die Konsequenzen, die für die berufliche Bildung aus dem zunehmenden Einsatz Neuer Techniken in der Arbeitswelt zu ziehen sind, dürfen nicht primär eine Anpassung der Ausbildungsinhalte an betriebliche Leistungsanforderungen beinhalten.

Vielmehr ist eine Verzahnung mit anderen zentralen Handlungsfeldern, mit der Arbeitszeit-, Technologie- und Mitbestimmungspolitik erforderlich, um die gewerkschaftlichen Forderungen für eine "Humanisierung der Arbeit" und "Arbeit für alle" durchzusetzen. Danach hat jeder einen Anspruch auf einen Arbeitsplatz mit

- ganzheitlichen Arbeitsinhalten, d.h. einen Anspruch auf qualifizierte Arbeit,

- der Möglichkeit der Mitbestimmung bei der Gestaltung der Arbeitsbedingungen,

- der Möglichkeit der sozialen Kommunikation mit anderen Arbeitnehmern.

Der Einsatz Neuer Techniken auf der Grundlage der Mikroprozessortechnologie wird in nahezu allen Arbeitsbereichen auch andere Qualifikationen der Beschäftigten erfordern. Viele Veränderungen werden weniger durch die Elektronik selbst als mehr durch die in ihrer Folge möglichen neuen Formen der Arbeitsorganisation und der Arbeitsteilung ausgelöst.

Gewerkschaftliche Forderungen für die Berufsausbildung berücksichtigen die Veränderungen der Arbeitwelt, die sich aus den Neuen Informations- und Kommunikationstechniken ergeben. Eine zukunftsorientierte Berufsausbildung umfaßt dabei mehr als nur die Aktualisierung der Ausbildung um Inhalte Neuer Techniken. Wesentliche Voraussetzungen müssen sein:

- Veränderungen in der Struktur der Berufsausbildung (Grundbildung und Grundberufe),
- Vermittlung von Grundqualifikationen im Bereiche der Neuen Techniken auf berufsübergreifender und berufsbezogener Ebene,
- Vermittlung "fach- und berufsübergreifender" Qualifikationen (Gestaltungsqualifikationen) durch neue Lernkonzepte,
- Neubestimmung der Aufgaben der einzelnen Lernorte und der Gestaltung der Lernprozesse.

Aus diesen Anforderungen ergeben sich folgendes Konsequenzen:

o Die gewerkschaftlichen Forderungen nach einer Grundbildung auf Berufsfeldbreite und der Zusammenfassung bisheriger Berufe zu Grundberufen erhalten durch die Neuen Techniken erhöhte Bedeutung. Durch die Veränderungen sind solche Qualifikationen besonders gefährdet, die auf einer Ausbildung in eng geschnittenen, spezialisierten Monoberufen oder in Berufen mit geringen Qualifikationsanforderungen beruhen, selbst wenn Inhalte in Bezug auf Neue Techniken hinzu addiert werden.

o Eine zukunftsorientierte Berufsausbildung erfordert, daß die notwendigen berufsfeld- und berufsspezifischen Qualifikationen auf dem Gebiet der Neuen Technologien und Techniken in Ausbildungsordnungen und Rahmenlehrplänen verankert und in der Berufsausbildung vermittelt werden. Hierbei ist sicherzustellen, daß alle Auszubildenden - unabhängig vom technischen Stand ihres Ausbildungsbetriebes - diese Qualifikationen erwerben können.

Die Ausbildungsinhalte knüpfen an die informations- und kommunikationstechnische Grundbildung der allgemeinbildenden Schulen an und vertiefen sie:

- Es ist ein grundlegendes, produktunabhängiges Verständnis der Funktionsweise Neuer Techniken zu vermitteln. Grundlagen- und Zusammenhangswissen bilden den Kern der Ausbildung, nicht Antrainieren von Bedienderfertigkeiten.
- Berufsfachliche Inhalte, technische Kenntnisse der Neuen Techniken sowie die wirtschaftlichen, sozialen und gesellschaftlichen Aspekte sind "integriert" zu vermitteln, d.h. eine isolierte Behandlung ist durch fächerüber-

greifende und projektorientierte Konzepte zu verhindern.

- Einen sehr hohen Stellenwert gewinnt durch den Einsatz Neuer Techniken das Arbeitsprozeßwissen, da zunehmend eine systematische Vernetzung relativ eigenständiger Bereiche der Produktion und/oder Verwaltung erfolgt. Zum Verständnis dieser Zusammenhänge ist das Wissen um die Arbeitsprozesse über den einzelnen Arbeitsplatz hinaus erforderlich. Dies kann jedoch häufig nicht mehr ohne weiteres aus Arbeitserfahrung und Anschauung erlangt werden, sondern muß systematisch vermittelt werden. Dies erfordert eine Integration beruflicher und allgemeiner Bildung sowie die Verzahnung von technischen und ökonomischen Kenntnissen.

- Die fach- und funktionsspezifischen Kenntnisse (z.B. betriebswirtschaftliche und produktionstechnische Kenntnisse) verlieren durch die Einführung Neuer Techniken nicht ihre Bedeutung. Sie sind weiterhin wesentlicher Bestandteil einer qualifizierten Ausbildung, müssen jedoch fortlaufend den veränderten Bedingungen angepaßt werden.

Die Qualifikationsforschungen belegen mehrheitlich, daß durch die Neuen Techniken bei einer qualitativ anspruchsvollen Arbeitsplatzgestaltung bestimmte Anforderungskomponenten größeres Gewicht erhalten, wie z.B. die Fähigkeit zu abstraktem, analytischem, planerischem Denken, Entscheidungsfähigkeit, Kommunikationsfähigkeit, Fähigkeit zur Teamarbeit usw. Es kommt also stärker auf geistig-kreative Fähigkeiten, denn auf einseitig manuelle Fertigkeiten an.

Diese allgemeinen Fähigkeiten werden jedoch nicht "automatisch" mit der Vermittlung der fachlichen Inhalte des Berufes erworben, sondern sie müssen gezielt im Ausbildungsprozeß durch die Realisierung neuer Lernkonzepte vermittelt werden.

Zur Förderung der Gestaltungsqualifikation und der Mitbestimmungsfähigkeit sind handlungs- und projektorientierte Konzepte in allen Ausbildungseinrichtungen einzusetzen.

o Daraus ergeben sich Konsequenzen sowohl für die didaktisch-methodische Gestaltung der Lernprozesse als auch für die Aufgaben der Lernorte der beruflichen Bildung. Hierbei gilt es zu berücksichtigen:

- Die Möglichkeit des Lernens am Arbeitsplatz nimmt tendenziell ab, weil die Steuerungs- und Verarbeitungsprozesse zunehmend über Datenverarbeitungssysteme erfolgen und damit für den Benutzer "unsichtbar" werden.

- Die Verbindung von theoretischem und praktischem Lernen wird insbesondere in Bezug auf die Neuen Techniken immer dringender.
- Unterschiedliche technologische Ausstattungen und Systeme im betrieblichen Einsatz erschweren eine hersteller- oder systemunabhängige Ausbildung, die aber für die Verwertbarkeit der erworbenen Qualifikationen an anderen Ausbildungsplätzen, in anderen Betrieben erforderlich ist.

In viel stärkerem Maße wird es in Zukunft notwendig sein, Arbeitsabläufe an computergestützten Arbeitsplätzen bzw. Betriebssystemen durch Simulation transparent zu machen. Insbesondere bei Betrieben, die eine umfassende, qualifizierte Ausbildung aufgrund ihrer spezifischen Bedingungen nicht mehr leisten können, ergibt sich vermehrt die Notwendigkeit des Lernortverbundes, der Verlagerung von Ausbildungsinhalten vom Arbeitsplatz in Lehrwerkstätten, Übungslabors und Lernbüros, in überbetriebliche und außerbetriebliche Einrichtungen sowie in die Berufsschule.

7. Neue Techniken und Weiterbildung

Ein zentrales Feld künftiger Bildungspolitik muß der Weiterbildungsbereich sein. Die Gestaltung der Neuen Techniken am Arbeitsplatz und die Nutzung der Chancen für eine humane Arbeitswelt müssen von den jetzt im Arbeitsleben stehenden Menschen geleistet werden und wird mit weiteren technologischen Veränderungen eine ständige Aufgabe bleiben.

Die Weiterbildung muß zusätzlich die Aufgabe erhalten, die umfassende Qualifizierung der arbeitenden Menschen für einen humanen Einsatz der Neuen Techniken zu leisten. Alle arbeitenden wie arbeitsplatzsuchenden Menschen müssen das gesetzliche oder das tarifvertragliche Recht auf umfassende Fort- und Weiterbildung erhalten. Die schnelle Veränderung der Berufs- und Lebensverhältnisse kann von den erwachsenen Menschen aktiv nur dann bewältigt und gestaltet werden, wenn sie sich laufend weiterbilden können. Dadurch erhält Erwachsenenbildung eine neue Dimension. Weiterbildung muß dazu beitragen, das Bildungs- und Ausbildungsgefälle zwischen den Generationen und den gesellschaftlichen Gruppen abzubauen und damit für alle gleiche Voraussetzungen zur demokratischen Teilhabe an gesellschaftlichen Prozessen zu schaffen.

Die wachsenden Probleme des Ausbildungs- und Arbeitsmarktes können nur gelöst werden, wenn es gleichzeitig zu einer neuen Aufteilung von Arbeitszeit, Bildungszeit und Freizeit kommt. Nur durch eine radikale Ausweitung der Bildungszeiten für Erwachsene kann der technische Wandel zum sozialen

Fortschritt gestaltet werden. Dies begründet die gesellschaftliche Verantwortung und demokratische Organisation der Erwachsenenbildung.

Dafür müssen neue Formen der Weiterbildung (über den Bildungsurlaub hinaus) entwickelt werden. Erwachsene müssen für ihre berufliche und allgemeine Weiterbildung auch für längere Phasen aus dem Arbeitsprozeß ausscheiden können, ohne ihr Einkommen und ihren Arbeitsplatz zu verlieren. Zu diesem Zweck sind auch neue Finanzierungsformen zu prüfen, damit ein gleichwertiges Angebot in allen Bereichen und Regionen hergestellt und gleiche Chancen für die Teilnahme aller Interessenten erreicht werden können. Dafür sind die erforderlichen Einrichtungen zu schaffen und Angebote an allgemeiner, beruflicher und politischer Weiterbildung erheblich auszuweiten. Dies bedeutet zugleich einen erheblich höheren Bedarf an pädagogisch qualifiziertem Personal.

8. Forderungen zur Lehreraus- und -fortbildung

Die inhaltlichen Aspekte der informations- und kommunikationstechnischen Grundbildung sind umgehend in die Lehrerausbildung einzubeziehen. Dies hat nicht nur in den mathematisch-naturwissenschaftlichen Fächern zu geschehen.

Erforderlich ist die Durchführung außerschulischer, betrieblicher Praktika während der Lehrerausbildung, um beruflich orientierende bzw. berufsbezogene Unterrichtsinhalte vermitteln zu können.

Neben der Lehrerausbildung kommt der Lehrerfortbildung ein erheblicher Stellenwert zu, da möglichst viele Lehrerinnen und Lehrer im Hinblick auf Neue Informations- und Kommunikationstechniken fortgebildet werden sollen, um eine hinreichende und qualifizierte Unterrichtsversorgung zu ermöglichen. Es ist notwendig, daß in kurzer Zeit möglichst viele Lehrerinnen und Lehrer aus allen betroffenen Fächern in diesem Themenbereich fortgebildet werden, da ansonsten die Gefahr besteht, daß es an den Schulen bei einzelnen Spezialisten bleibt, die zumeist den mathematisch-naturwissenschaftlichen Fächern angehören. Eine fächerübergreifende Strukturierung des Unterrichts an Schulen kann jedoch nur von Lehrerinnen und Lehrern durchgeführt werden, die im Bereich Neuer Informations- und Kommunikationstechniken fortgebildet sind.

Es ist anzustreben, daß eine langfristig angelegte Lehrerfortbildung durchlaufen wird, in der Lehrerinnen und Lehrer, die aus verschiedenen Fachrichtungen kommen, in Teams zusammenarbeiten, um fächerübergreifend und projektorientiert das Thema in der Schule anbieten zu können.

Informationstechnische Grundbildung in der Sekundarstufe II

Jürgen Burkert
Oberstufengymnasium am Moltkering
Wiesbaden

Das folgende Unterrichtsmodell schildert einen Versuch, den Zugang zum Informatik-Unterricht in der gymnasialen Oberstufe konsequent über Anwendersysteme zu eröffnen und gleichzeitig eine informations- und kommunikationstechnische Grundbildung in der gymnasialen Oberstufe zu vermitteln. Es entstand im Rahmen der Umorientierung des Informatik-Unterrichts in der Jahrgangsstufe 11 am Oberstufengymnasium am Moltkering in Wiesbaden. Diese Umorientierung war notwendig geworden aufgrund des ständig steigenden Schülerinteresses einerseits und andererseits den negativen Erfahrungen mit den bisherigen Programmierkursen. Parallel zur Durchführung wurden im Rahmen einer internen Lehrerfortbildung des Schulverbunds aus den beiden Sekundarstufen-I-Schulen (additive Gesamtschule, Gymnasium) und dem Oberstufengymnasium die Unterrichtseinheiten diskutiert und auf ihre Übertragbarkeit in die Sekundarstufe I überprüft. Gleichzeitig fand ein Gedankenaustausch mit Sekundarstufen-I-Schulen aus dem Rhein-Main-Gebiet statt, an denen ähnliche Modelle entwickelt und im Wahlpflichtbereich erprobt werden

1. Curricularer und organisatorischer Rahmen

Der Kursstrukturplan für die gymnasiale Oberstufe in Hessen sieht für die Jahrgangsstufe 11 einen durchgehend 2-stündigen Informatik-Unterricht vor, der von den Schülern zum Pflichtkanon hinzugewählt werden kann. Inhaltlich orientiert sich der Lehrplan am algorithmischen Konzept und sieht im wesentlichen eine Einführung in das Programmieren vor. Aufgrund langjähriger Erfahrungen (seit 1978/79 Informatik in der Oberstufe) war die Fachkonferenz mit dem bisherigen Informatik-Unterricht unzufrieden:

- trotz hoher Meldezahlen (ca. 125/Jahr ≙ 50%) war die "Aussteigerquote" sehr hoch, sie lag bei bis zu 40%
- die Vorkenntnisse vieler Schüler (meist BASIC) zeigte negative Nebeneffekte, wie Demotivation der schwächeren Schüler, enormes Leistungsgefälle
- die Vorbereitung auf den Unterricht im Kurssystem der Jahrgangsstufen 12 und 13 war unzureichend
- bestimmte Gruppen, z.B. Mädchen, fühlten sich nicht angesprochen.

Da auch in Zukunft damit gerechnet werden kann, daß ein steigender Anteil der Schüler Informatik in der Jahrgangsstufe 11 wählt, aber anschließend nicht weiter betreibt, beschloß die Fachkonferenz Informatik, den Unterricht in der Jahrgangsstufe 11 in Form einer projektorientierten "informationstechnischen Grundbildung" zu organisieren und innerhalb der Anwendungsprojekte den Zugang vom Anwender zur Maschine zu wählen. Damit sollten insbesondere die bisherigen negativen Auswirkungen des Informatik-Unterrichts vermieden werden. Die eingesetzten Anwendersysteme sollten typische reale Einsatzmöglichkeiten in exemplarischer Weise widerspiegeln und den Bezug zu den sozialen, ökonomischen und psychischen Folgen des Einsatzes der DV herstellen. Dazu zählen vor allem

- Textverarbeitungssysteme
- Informationssysteme
- Steuerungs- und Regelungssysteme
- grafische Systeme.

2. Eine einheitliche Lernumgebung

Der Zugang zur Informatik über die Nutzung von Anwendersystemen (Standard-Software) macht den Schüler in erster Linie zum Anwender eines Hard- und Software-Systems, dessen Komponenten und Funktionsweise ihm zu Beginn undurchschaubar erscheinen. Die Verwendung der Tastatur, die Bedienung eines - eventuell menügesteuerten, möglicherweise aber benutzer-unfreundlichen - Anwendungsprogramms, die Bedienung der Hardware-Komponenten u.ä. stellen für den Anfänger eine hohe Hürde dar. Erschwert wird dieses Problem dadurch, daß unterschiedliche Anwender-Programme auch unterschiedliche Bedienerführungen besitzen, Editoren zur Eingabe von Texten verschiedene Benutzerschnittstellen verwenden und der Anwender für viele Aufgaben (Programmstart, Diskettenoperationen o.ä.) auf die Ebene des Betriebssystems "hinuntersteigen" muß. Nicht ohne Grund ist einer der Hauptgründe für die Verwendung von BASIC immer gewesen, daß dabei alle Funktionen in die Programmiersprachen-Umgebung integriert sind.

Unter dem Aspekt, vor allem während der Entwicklungsphase von geeigneten Curricula für eine informationstechnische Bildung Erfahrungen und Materialien zwischen den Schulen austauschen zu können, ist die Nutzung von Standard-Software, sowohl für Betriebssysteme wie für Anwender-Software, dringend geboten. Solche Software ist meist auch besser in der Lage, reale Anwendungen zu behandeln und in der Regel fehlerfrei. Diese Entscheidung schließt die Nutzung von "beschützten"

Formen spezieller Schulsoftware (z.B. BTX-Bank Hessen, eig. Datenbanksprache Nordrhein-Westfalen) oder maschinenabhängiger Pakete (z.B. Appleworks) nicht aus, räumt ihnen aber nur zweitrangige Bedeutung zu. Als Standard-Betriebssysteme kommen derzeit nur CP/M (für 8bit-Rechner) und MS-DOS (für 16bit-Rechner) in Frage. Die gängigsten Standardsoftware-Pakete sind für beide Betriebssysteme erhältlich, dies schließt auch Programmiersprachen wie PASCAL (Turbo, UCSD) oder LOGO ein. Alle in größeren Stückzahlen vorhandenen Schulrechner sind mit diesen Betriebssystemen ausgerüstet oder lassen sich aufrüsten (z.B. Apple). Die ähnliche Benutzeroberfläche beider Betriebssysteme schafft auf dieser Ebene bereits eine einheitliche Lernumgebung für den Schüler, soweit es für seine Anwendungen notwendig ist. Beide Betriebssysteme lassen aber auch auf der Ebene der Anwendungen eine einheitliche Lernumgebung von Hard- und Software-System zu, sofern der Editor des WORDSTAR verwendet wird: Dieser Editor, selbst Teil eines komfortablen Textverarbeitungssystems, ist auch - in abgemagerter Form - Bestandteil des Datenbanksystems dBase und des Turbo-PASCAL-Systems. Textverarbeitung und Datenbank sind zudem die wichtigsten kommerziellen Anwendungen der Datenverarbeitung und ermöglichen zahlreiche Anwendungsbeispiele, in denen der Schüler die Rollen des Anwenders, des Betroffenen und des Experten einnehmen kann. Die integrierte deskriptive Programmiersprache von dBase erlaubt die Entwicklung von eigenen Problemlösungen und erlaubt so die Rolle des Experten, ohne die Umgebung zu verlassen.
Inwieweit der Trend in der Software-Industrie, neue meist grafisch orientierte Benutzeroberflächen zu schaffen (z.B. GEM, MS Windows), auch für die Schule relevant werden, ist momentan noch völlig offen. Sie setzen meist auch einen sehr hohen maschinellen Standard voraus, der z.Z. in den meisten Schulen nicht anzutreffen ist.

3. Grobstruktur der Unterrichtsreihe

Die Unterrichtsreihe wurde in der Jahrgangsstufe 11 im 1. Halbjahr 1985/86 erprobt und erstreckte sich über das ganze Semester. Die folgende Grobstruktur gibt einen Einblick in den Aufbau und die Abfolge der zugeordneten Unterrichtseinheiten:

1. Prinzipieller Aufbau und Funktionsweise des Computers
   - E-V-A-Prinzip und Hardware-Bausteine
   - Prozessor und Algorithmus
   - Algorithmen aus dem Erfahrungsbereich der Schüler
   - Einsatzbereiche des Computers aus dem Erfahrungsbereich
   - einfache Spiele

2. Erstellen von Briefen mit einem Textverarbeitungssystem
   - Betriebssystem, Anwendersystem
   - Editor zum Erfassen von Texten
   - Eingabe von Texten mit Korrektur
   - Speichern und Laden von Textdateien
   - Edieren von Textdateien
   - Berufsbilder/Anwendungsbereiche

3. Erstellen eines Fragebogens zur Schülerstammdatei
   - Speicherung von persönlichen Daten in der Schule
   - Datenschutz/Datensicherung
   - Entwurf und Erstellung eines Fragebogens mit einem Textverarbeitungssystem
   - Datenerfassung

4. Aufbau einer Schülerstammdatei mit einem Datenbanksystem
   - Anlegen einer realen Kartei
   - Anlegen einer analogen Datei
   - Datenerfassung
   - Datensicherheit
   - Anfragen an die Kartei/Datei- persönliche Betroffenheit
   - Informationssysteme - Persönlichkeitsprofile
   - Datenschutz
   - Berufsbilder

5. Entwicklung eigener Problemlösungen
   - Algorithmen zur Handhabung der Kartei/Datei
   - Struktogramme zur grafischen Darstellung von Problemlösungen
   - Programmierung
   - Berufsbilder
   - Anwendungen in der Praxis

6. Datenabgleich mit anonymer Datei
   - Erstellung eines anonymen Fragebogens zur Einstellung der Schüler zu Schule, Familie, Freizeit
   - Datenerfassung in einer Datei des Datenbanksystems
   - einfache statistische Auswertung
   - Durchbrechen der Anonymität mithilfe eines Datenabgleichs mit der Schülerstammdatei
   - Datenschutzgesetze, BVG-Urteil zum Volkszählungsgesetz
   - maschinenlesbarer Personalausweis
   - Datenbanken in der Bundesrepublik und ihre Benutzer

4. Erfahrungen

Nach Abschluß des Schuljahres 1985/86 konnten erste Erfahrungen gesammelt werden. Als postitive Erfahrung stellte sich heraus:

- die Schüler waren, bis auf wenige Ausnahmen, hoch motiviert
- die Integration von bisherigen Problemgruppen (vor allem Mädchen) gelang fast vollständig
- die früher beobachtete enorme Leistungsdifferenzierung konnte deutlich vermindert werden
- die Integration gesellschaftlicher Fragestellungen erfolgte ohne "Brüche" .

Gleichzeitig gab es auch negative Effekte:

- die Zahl der Schülerinnen und Schüler, die Informatik in der Jahrgangsstufe 12 wählen, ging leicht zurück
- problematisch blieb die Behandlung algorithmischer Problemlösungen, hier war die Leistungsdifferenzierung weiterhin groß.

Insgesamt überwogen die positiven Erfahrungen, so daß im Schulverbund der Informatik-Unterricht in der Jahrgangsstufe 11 als "informations- und kommunikationstechnische Grundbildung für alle" intensiviert wird. Eine zukünftige verbindliche Grundbildung in der Sekundarstufe I wird sicherlich inhaltliche Auswirkungen auf das Kozept haben müssen, die didaktische Ausrichtung bleibt aber davon unberührt.

Literatur:

BOSLER, U.: Grundbildung Informatik für jeden Schüler. In: ARLT u.a.: Informatik als Herausforderung an Schule uns Ausbildung, S. 93ff; Berlin-Göttingen-Heidelberg-New York 1984

BUND-LÄNDER-KOMMISSION FÜR BILDUNGSPLANUNG UND FOSCHUNGSFÖRDERUNG (BLK): Rahmenkonzept für die informationstechnische Grundbildung. Manuskript BLK Geschäftsstelle; Bonn 1984

HIBS: Informatik in der Sekundarstufe I. Ein Schulversuch in Hessen zur Erprobung eines Wahlpflichtangebots Informatik in 9. und 10. Klassen; Wiesbaden 1985

LANDESINSTITUT FÜR SCHULE UND WEITERBILDUNG: Modellversuch S I: Informations- und kommunikationstechnische Grundbildung im Pflichtbereich der S I. Weiterführende informations- und kommunikationstechnische Bildung im Wahlpflichtbereich 9/10; Soest 1985

VAN WEERT,T.: Basislehrgang Informatik. In: ARLT: a.a.O., S.47ff

Erste Erfahrungen aus dem MATS-Modellversuch
(Mikrocomputer an technischen Schu˙ ˙n)

Berthold Steinmetz
Projektleiter
Berufsbildende Schule Bingen

Wenn man davon ausgeht, daß die Anwendung der Mikroelektronik tiefgreifende Auswirkungen auf nahezu alle Lebensbereiche hat, stellt sich natürlicherweise sehr bald die Frage, wie weit Bildung und Ausbildung diesen Entwicklungen Rechnung tragen muß. Ber Bereich der berufsbildenden Schulen ist notwendigerweise hier besonders sensibel, und allein die Notwendigkeit der Praxisnähe erforderte und erfordert noch schnelle, nicht aber übereilte Reaktionen. Teillösungen drängen sich recht bald auf - wer wird über Lerninhalte bei Berufsgruppen lange diskutieren wollen, die als besonders stark und direkt betroffen eingestuft sind. Dies birgt allerdings eine Gefahr. Wenn man davon ausgeht, daß prinzipiell jeder Beruf von den neuen Techniken betroffen ist und nur das Maß der Betroffenheit differiert und gegebenenfalls untersucht werden muß, ist eine Teillösung mit einem zu erstellenden Gesamtkonzept abzustimmen. Die Gefahr, einen Bildungsdschungel wachsen zu lassen, ist hier gegeben.
Wenn es nun um Teillösungen geht - Lernziele und Lerninhalte für bestimmte Berufsgruppen oder gar berufsfelsübergreifend - so ist das Gesamtkonzept des berufsbildenden Bereiches oder gar des gesamten Bildungsbereiches im Auge zu behalten - sofern es dieses gibt. Mindestens jedoch sind Maßnahmen zu vermeiden, die die Entwicklung eines Gesamtkonzeptes be- oder verhindern.
In dieser Situation stand man in Rheinland-Pfalz, als zuerst an einer und dann an einigen wenigen Schulen sich der Gedanke durchgesetzt hatte, in den Berufsfeldern Metall und Elektrotechnik Lerninhalte der Mikroelektronik einzubringen. Es bot sich an, diese Lerninhalte vorerst unabhängig und zusätzlich zu den normalen Lerninhalten zu erproben. Erfahrungen, die man in den verschiedensten Bereichen bereits gemacht hatte, sollten mit einfließen.
Insbesondere stellte sich die Frage, ob man - ausgehend vom Kenntnisstand eines Elektronik-Fachmannes, der "am Ball" geblieben war, und der historischen Entwicklung - über die Digitaltechnik vom BIT zum BYTE und dem Mikrokosmos des Mikroprozessors zur Anwendung eines heutigen fertigen und zur Verfügung stehenden

Mikroprozessor-Systems mit seiner höheren Programmiersprache führen oder neue Wege gehen soll. Im Sinne eines Gesamtkonzeptes ist es unumgänglich, allgemeine und technische Weiterentwicklungen überdauernde Lerninhalte und -ziele zu suchen, wenn möglich gar berufsfeldübergreifend. Ein solcher Ansatz im vorliegenden Lehrplanentwurf "Informatik für die Mainzer Studienstufe" mit seiner Abfolge PROBLEM - ALGORITHMUS - PROGRAMM - MASCHINE ist geeignet, wenn zusätzlich der unmittelbare Anwendungsbezug mit Zugang zu einem realen Experimentiersystem mit wechselseitigem Theorie - Praxis - Erleben gekoppelt ist und die Beschränkung auf exemplarische Themen und Beispiele mit didaktischer Reduktion auf das Niveau der Lerngruppe mit hohem Konkretisierungsgrad, Objektnähe und praktischem Tun als Methode der Vertiefung erfolgt. Die hohen Freiheitsgrade eines solchen Ansatzes erlauben jederzeit Verschiebungen, Einschränkungen und vor allen Dingen Ausweitungen dort, wo es um berufsfeld- oder gar berufsspezifische Lerninhalte geht. Hinzu kommt eine hohe Affinität zu Schlüsselqualifikationen, deren Vermittlung nun sehr stark gefordert wird.

1 Konzept des Modellversuchs

Die Summe der Vorüberlegungen und Erfahrungen wurden einem Schulversuch zugrunde gelegt, der im Jahre 1984 in Rheinland-Pfalz an einigen Schulen gestartet wurde. Eine zweijährige Pilotphase war zur Vorbereitung an drei Schulen des Landes in regionaler Konzentration vorausgegangen. Folgende Fragen soll der Schulversuch untersuchen:

- In welcher Form und in welchem Umfang ermöglichen marktübliche Mikrocomputersysteme die Vermittlung von praxisorientierten und zeitbeständigen Grundlagen zur programmierbaren Mikroelektronik in einer möglichst großen Anzahl betroffener Berufe im Berufsfeld Elektrotechnik?

- In welcher Form und in welchem Umfang ermöglichen die verwendeten Mikrocomputer auch eine Grundlagenausbildung in den Bereichen Metall-, Druck- und Bürotechnik und welche Randbedingungen (z.B. Software und Demonstrationsgeräte) sind dabei zu erfüllen?

- In welcher Form und in welchem Umfang ermöglichen vorhandene oder zu schaffende Hilfsprogramme die Simulation von Spezialsprachen (z.B. speicherprogrammierbarer Steuerungen und das Austesten entsprechender Übungsprogramme)?

- In welcher Form und in welchem Umfang sind speicherprogrammierbare Steuerungen zur Vermittlung von praxisorientierten und zeitbeständigen Grundlagen im Berufsfeld Elektrotechnik erforderlich?

- In welcher Form und in welchem Umfang kann mit marktüblichen Interfaceschaltungen die Einbeziehung der Mikrocomputer in technische Systeme dargestellt und eingeübt werden.

- Gibt es eine Ausstattung, die in ihrem Kern für mehrere Berufsfelder zugleich geeignet ist? Wie weit ist diese Ausstattung im gewerblich-technischen Bereich gleichzeitig für die Bereiche Elektrotechnik, Metalltechnik, Drucktechnik und Bürotechnik geeignet?

- Welchen quantitativen und qualitativen Anteil erfordern die verschiedenen Einsatzbereiche der programmierbaren Mikroelektronik bei der Ausbildung? Wie bedeutend sind die Zusammenhänge der verschiedenen Bereiche bei der Vermittlung von Basiswissen? Welche Ausbildungsabfolge sollte gewählt werden?

- Was sind die räumlichen und organisatorischen Vorraussetzungen für den effektiven Betrieb eines "Mikrocomputer- Labors"?

- Gibt es berufsübergreifende, zeitlich beständige Lerninhalte zur programmierbaren Mikroelektronik und welchen Umfang und Anteil haben sie im Berufsfeld Elektrotechnik? Was sind Basiskenntnisse für schulische und betriebliche Fort- und Weiterbildungsmaßnahmen?

- Wie lassen sich die notwendigen Lerninhalte organisatorisch, didaktisch und methodisch umsetzen und den verschiedenen Fächern zuordnen? Wie wirkungsvoll ist der vorgesehene top-down-Ansatz? Im Berufsfeld Elektrotechnik sind die notwendigen Randbedingungen genau zu ermitteln.

- Was sind flächendeckend und berufsfeldübergreifend geprüfte Vorgaben für die Überarbeitung der Lehrpläne und Berufsbilder im Berufsfeld Elektrotechnik? Was sind Kenntnisse, die entfallen können?

- In welcher Form und in welchem Umfang lassen sich Teile des Modells auf weiterführende Schulformen der berufsbildenden Schule übertragen? An einzelnen Standorten sind die Randbedingungen (d.h. die besonderen Bestimmungsdaten) für Fachoberschule und Fachschule zu ermitteln.

- Wie, in welcher Zeit und mit welchen Mitteln lassen sich die am Projekt beteiligten Lehrer so weit fortbilden, daß sie als Multiplikatoren für eine breite fachspezifische schulinterne Lehrerfortbildung eingestzt werden können?

- Wie können die beruflichen und gesellschaftlichen Auswirkungen einbezogen werden?

Diese Fragesstellungen waren zu Beginn des Schulversuchs Arbeitsgrundlage. Wen würde es verwundern, daß angesichts der rasanten technischen Entwicklungen in diesem Bereich auch die Fragestellungen des Versuchskonzepts Verschiebungen erfahren können. Darüber ist in den Erfahrungen bei der Umsetzung des Konzepts im Unterricht zu referieren.
Auf der Basis der Fragestellungen des Versuchskonzepts und der "Rahmenempfehlungen für die Einbeziehung von Informatik-Inhalten in die berufliche Erstausbildung an gewerblich-texhnischen Schulen" der Gesellschaft für Informatik wurden Themenkreise zusammengestellt, die bei einem Zeitansatz einer Wochenstunde in einem Schuljahr in Berufsschulklassen der angesprochenen Berufsfelder realisierbar sind:

- WAS (MIKRO)COMPUTER (NICHT) KÖNNEN
- WIE EIN (MIKRO)COMPUTER ARBEITET
- DER TECHNISCH-HISTORISCHE HINTERGRUND
- DER ALLTAGSALGORITHMUS TELEFONZELLE
- DER UNTERSCHIED ZWISCHEN TUN KÖNNEN UND BESCHREIBEN KÖNNEN
- VOM ALGORITHMUS ÜBER DAS FLUSSDIAGRAMM ZUM BASIC-PROGRAMM
- ELEMENTARE BASIC-BEFEHLE
- WEITERE BASIC-BEFEHLE
- EIN BEISPIEL IN PASCAL ODER IN EINER SPEZIALSPRACHE
- DER COMPUTER UND SEIN DOLMETSCHER
- DIE SPRACHE DES COMPUTERS IST DIGITAL
- EIN ZYKLUS ALS FUNDAMENT
- SORTIEREN, SUCHEN UND DATEIEN oder EIN ANDERES EXEMPLARISCHES BERUFSBEZOGENES KAPITEL

- MIKROCOMPUTER UND DIE GESELLSCHAFT
- WOHIN NOCH ???

Der Modellversuch bezieht sich primär auf die Fachstufe I (2. Ausbildungsjahr) aller Ausbildungsberufe im Berufsfeld Elektotechnik der Berufsschule. Darüber hinaus werden auch Ausbildungsberufe aus den Berufsfeldern Metalltechnik, Drucktechnik und Bürotechnik, die Fachoberschulen und die Fachschulen im gewerblich-technischen Bereich mit einbezogen. Die Wochenstundenzahl der am Versuch beteiligten Berufsschulklassen wird für die Versuchsdauer in Abstimmung mit der örtlichen Wirtschaft um die für den Versuch notwendige Stunde (45 Minuten) Fachtheorie während der Fachstufe I erhöht. Alternativ wird eine zusätzliche Stunde Fachtheorie als Wahlfach angeboten. Im Bereich der Fachoberschule wird das Wahlfach Informatik mit zwei Stunden angeboten. Im Fachschulbereich wird eine vom Schulschwerpunkt abhängige Teilmenge des Modellversuchs in ausgewählte Fächer wie z.B. Mathematik integriert.
Einzelheiten dazu sind dokumentiert in der Schriftenreihe des Kultusministeriums Rheinland-Pfalz - Schulversuche und Bildungsforschung, Berichte und Materialien Band 51 Mikrocomputer an technischen Schulen Bericht über die Pilotphase (Hrsg. E. von Puttkamer).
Nachdem zu Beginn des Versuches auf Fortbildungsveranstaltungen des Studienkreises Schule und Wirtschaft Rheinland-Pfalz in Verbindung mit dem Staatlichen Institut für Lehrerfort- und -weiterbildung des Landes zurückgegriffen wurde, liegt mittlerweile ein vollständiges Konzept zur Lehrerfortbildung entsprechend der grundlegenden Fragestellung vor, das ausschließlich von der Projektgruppe des Modellversuchs getragen wird:

A INFORMATIONSTECHNISCHE GRUNDBILDUNG 4 Tage
Themen: z. B. Algorithmusbegriff, Aufbau eines Rechners,
Programmentwicklung Geschichte etc.

B TECHNISCHE INFORMATIK 4 Tage
Themen: z. B. Programmierung technischer Lösungen,
Zahlensysteme, Struktur eines
Mikroprozessorsystems, maschinennahe
Programmierung, Schnittstellen

C BERUFSBEZOGENE ANWENDUNG 4 Tage

SPS-TECHNIK
Themen z.B.
Komponenten, Programmierung, Fehlersuche

CNC-TECHNIK
Themen z.B.
DIN-Sprache, Simulation, Kontrolle und Optimierung

2 Ausstattung und Organisation

Die Organisation zur Realisierung des Versuchskonzepts hat folgende Struktur:
Entsprechend einer üblichen Verteilung auf die Regierungsbezirke werden insgesamt 10 gewerblich-technische berufsbildende Schulen von Betzdorf bis Bad Bergzabern und von Trier bis Worms nach einer Ausschreibung zu Versuchsschulen erklärt. An jedem Standort wird eine Arbeitsgruppe (AG) gebildet, die aus dem Arbeitsgruppenleiter und den am Modellversuch beteiligten Lehrern besteht.

Personal- und Sachkostenträger ist das Land Rheinland-Pfalz, zusätzlich gibt es eine BLK-Förderung. Die zeitliche Gliederung erfolgt in eine Vorbereitungsphase bis 11.84, eine Experimentalphase von 12.84 bis 07.85, die Hauptphase von 08.85 bis 07.86, die Kontrollphase von 08.86 bis 07.87 und die Abschlußphase von 08.87 bis 01.88.

Die Arbeitsgruppe tagt regelmäßig. An jeder weiteren beteiligten Schule, die die Versuchsausstattung mitbenutzt, wird ein Kontaktlehrer benannt. Der Arbeitsgruppenleiter verwaltet und pflegt die örtliche Versuchsausstattung, beschafft und verwaltet Verbrauchsmaterialien, koordiniert die Benutzung des Mikrocomputerlabors und berichtet an die Projektgruppe. Er ist verantwortlich für Öffentlichkeitsarbeit vor Ort und hält den Kontakt zum "dualen Partner". Alle am Modellversuch teilnehmenden Lehrer nehmen jährlich bis zu sechs Tage an Fortbildungsveranstaltungen teil zusätzlich zu den Fortbildungsmaßnahmen, die die Arbeitsgruppen in eigener Verantwortlichkeit vor Ort vornehmen.. Diese Veranstaltungen dienen gleichzeitig dem horizontalen Erfahrungsaustausch zwischen den Arbeitsgruppen und der Vorbereitung der schulinternen Fortbildung.

Die Projektgruppe wird gebildet aus dem Projektleiter, dem Geschäftsführer und den Arbeitsgruppenleitern. Hinzu kommen je ein

Vertreter des Kultusministeriums und der Bezirksregierungen und als wissenschaftlicher Begleiter ein Vertreter der Universität Kaiserslautern. Der Projektleiter ist verantwortlich für Entwicklung und Koordinierung von Planungen, Untersuchungsvorbereitungen, Durchführungen und Auswertungen, die ständige Beratung der am Versuch Beteiligten, Leitung der Sitzungen der Projektgruppe, abschließende Formulierung und Endredaktion der Untersuchungsberichte und Vertretung des Schulversuchs gegenüber der Öffentlichkeit. Der Geschäftsführer ist verantwortlich für Prüfung von Rechnungen und Lieferungen, Rechnungslegung gegenüber den Bezirksregierungen, Erledigung des Schriftverkehrs und Organisation von Schulungsveranstaltungen für Lehrkräfte. Der wissenschaftliche Begleiter nimmt an allen Projektgruppensitzungen teil und berät die Projektgruppe. Die Projektgruppe tagt in vier- bis sechswöchigem Rhythmus.

Alle Versuchsschulen werden zu Beginn des Schulversuchs mit der gleichen Sachausstattung ausgerüstet. Diese besteht aus 12 Mikrocomputern mit einem 8-BIT-Mikroprozessor, 128 kByte Arbeitsspeicher, Betriebssystem, Monochrom- Monitor mit 80 Zeichen / Zeile und je zwei Diskettenlaufwerken. Dazu werden für Programmdokumentation und Anwendung für je 4 Rechner ein graphikfähiger Matrixdrucker mit Schnittstelle beschafft. Sämtliche Rechner aller Versuchsschulen sind vom gleichen Typ und Hersteller. Hinzu kommen für den Bereich SPS je 12 speicherprogrammierbare Kleinsteuerungen mit Handprogrammiergerät für die Programmierung in Anweisungsliste und eine Simulationseinrichtung für den Programmtest. Je nach den besonderen örtlichen Versuchsbedingungen werden einige Kleinsteuerungen durch größere modulare Systeme in enger Kooperation mit einem Hersteller ersetzt. Entscheidend für die Entscheidung der Sachausstattung ist zum Zeitpunkt der Beschaffung das Preis-Leistungsverhältnis und ein erprobtes markteingeführtes Produkt. Zwei Schulen erhalten eine Simulationssoftware für CNC- Programmierung, im Verlaufe des Schulversuchs werden alle Rechner der Versuchsschulen mit zusätzlichen Z80- Prozessoren zur Anwendung und Erprobung marktüblicher Standartsoftware und jeder Standort mit einem Video-Netz ausgerüstet. Zur Anschaffung von Software und Verbrauchsmaterialien sind die Standorte je nach örtlichen Bedürfnissen über die Schulträger aufgerufen.

3 Erfahrungen bei der Umsetzung des Konzepts im Unterricht

Zum gegenwärtigen Zeitpunkt steht der Schulversuch im Übergang zwischen der Haupt- und der Kontrollphase, so daß sicherlich noch keine allgemeinen endgültigen Aussagen über Ergebnisse des Versuchs getroffen werden können. Eine Zwischenbilanz läßt sich jedoch ziehen, Weiterentwicklungen und Veränderungen aufzeigen, nicht zuletzt auf der Basis der gesicherten Ergebnisse des Pilotversuches.
Der Modellversuch Mikrocomputer an technischen Schulen 'MATS' hat ohne Zweifel als Initialzündung primär für den berufsbildenden Schulbereich und darüber hinaus Wirkung gezeigt. So ist die Einführung des Pflichtfaches Informatik für die zweijährigen Berufsfachschulen aller Bereiche und die vorgesehene Einführung in den Fachoberschulen mit einem ähnlichen Ansatz, die flächendeckende Einführung einer informationstechnischen Grundbildung im Sekundarbereich I an Haupt- und Realschulen mit einer großen Schnittmenge der Lernziele und -inhalte zu sehen. Nicht meßbar, mit Sicherheit aber spürbar ist eine grundlegende Bewußtseinsänderung bei allen Beteiligten im berufsbildenden Bereich. Gegenwärtig werden Rahmenrichtlinien von Kommissionen der KMK für Industrieberufe der Metalltechnik und der Elektrotechnik auf den Tisch gelegt, die nun in die zu ändernden Lehrpläne zusammen mit den Erfahrungen der unterrichtlichen Umsetzung von Lerninhalten der programmierbaren Mikroelektronik einfließen werden. Die Frage des Ansatzes stellt sich erneut und geht sicherlich über das Methodische hinaus.
Drei grundlegende Problemstellungen sollen an dieser Stelle im Zusammenhang mit den Fragestellungen des Modellversuchs - Konzepts angesprochen werden. Dies ist die Erfahrungen bei der Umsetzung des Konzepts, die Frage der geeigneten Ausstattung und der veränderten Ausgangslage des Schulversuchs.

In insgesamt bereits einigen Jahren Erfahrung hat sich bei der Umsetzung des Konzeptes in besonders stark differierenden Bereichen (z.B. Klassen mit industriellen Elektronikberufen bis hin zum Informationselektroniker auf der einen Seite Handwerksberufen, bis zum Elektroinstallateur andererseits) hat sich der sogenannte top-down-Ansatz durchaus bewähren können. Selbst in beiden extremen Fällen ist es damit möglich, den Schüler bei seinen vorhandenen Kenntnissen (diese nehmen zu von Schülergeneration zu Schülergeneration) und bei seiner Bewußtseinslage im Unterricht "abzuholen". Ihm stellt sich die Mikroelektronik normalerweise als komplettes lauffähiges System in programmiertem Zustand in vielerlei Formen, mindestens jedoch als Personal - Computer dar. Die Motivation kann hier sehr leicht aus einer normalen Neugier bezogen werden, schrittweise zuerst Grundstrukturen und danach Details zu betrachten und zwar so weit, wie es seinen speziellen beruflichen Bedürfnissen entspricht. So muß ein Schüler nicht mit abstrakten Bool'schen Gleichungen und deren verschiedene technische Realisation belastet werden, wenn es nur für ihn wichtig ist zu erkennen, daß eine Steuerung nicht durch Verdrahtung, sondern durch ein Programm in einem flüchtigen oder nichtflüchtigen Speicher realisiert wird, daß er vergleichsweise so editieren kann, wie er es mit einem BASIC - Programm an seinem Homecomputer zu Hause tut. Umgekehrt ist es demjenigen nicht verwehrt, zu dem mikroelektronischen Detailwissen vorzustoßen, der dies jetzt oder später beruflich muß. Allen gemeinsam ist die Problemanalyse und ihre exakte allgemeingültige Beschreibung, die in irgendeiner Form technisch realisiert wird. Motivation und Akzeptanz bei Schülern ist hier sehr hoch, zumal sehr bald einfache Problemstellungen in einer problemorientierten Sprache am Gerät realisiert werden kann. Der daraus resultierenden Eigeninitiative kommt die Einrichtung der offenen Computer-Labors entgegen, die sich bestens bewährt haben. Angesprochene Schlüsselqualifikationen werden fast von alleine erworben. Der angesprochene algorithmen- und anwendungsorientierte Ansatz hat es auch sehr leicht ermöglicht, das Konzept in angepaßter Form auf andere Berufsfelder wie z. B. Land- und Hauswirtschaft zu übertragen.

Die Frage der geeigneten Ausstattung steht in engem Zusammenhang mit der veränderten Ausgangslage des Schulversuchs. Einerseits haben Schüler sei es aus eigenem Interesse oder sei es deshalb, weil sie aus der gymnasialen Oberstufe mit Informatik - Unterricht kommen, verstärkt Vorwissen, das der informationstechnischen Grundbildung zuzuordnen ist. Andererseits treten wegen der flächendeckenden Einführung der informationstechnischen Grundbildung, die zur Zeit stark forciert wird, in Zukunft vermehrt Schüler in die berufsbildenden Schulen ein, die einen nicht unerheblichen Teil der Themenbereiche bereits kennen, die im ursprünglichen Ansatz des Modellversuches enthalten sind. Beides zusammen deutet eine Tendenz an, daß Themenbereiche sich zeitlich vor den Ansatz des Schulversuches verschieben. Aus diesem Grunde deuten sich bereits Schwerpunktverschiebungen vom allgemeinen auf den berufsbezogenen Teil an. Einerseits lassen sich stärkere Akzente auf die Verwendung des Mikrocomputers als alltägliches Problemlösungsmittel

(Anwendersoftware) legen, zum anderen rücken berufsbezogene Themen, die ursprünglich bereits vorhanden waren, stärker in den Vordergrund. Hier ist verstärkt auch der Zusammenhang zu der Arbeit der zu bildenden oder bereits gebildeten Lehrplankommissionen zu sehen, die die genannten Rahmenempfehlungen umsetzen sollen. Hier ist auch dringend die Reaktion des Handwerksbereichs zu erwarten.

Während im allgemeinen Bereich und für die Anwendung von marktüblicher Standartsoftware wie Textverarbeitung oder Dateiverwaltung die vorhandene Ausstattung nach wie vorvollkommen ausreichend ist, stößt sie im berufsbezogenen Teil an Grenzen, die durch ihre Leistungsfähigkeit gesetzt werden. So ist Bildschirmprogrammierung von SPS in Funktions- oder Kontaktplan ebenso wie Programmierung und Simulation von CNC-Maschinen auf 8-BIT-Rechnern kaum realisierbar. Die anfängliche Stärke des Modellversuchs, in hohem Maße praxisbezogen zu sein durch die Verwendung verbreiteter marktüblicher Mikrocomputersysteme verliert sich in dem Maße, wie 16-BIT-Systeme von Marktführern zum Industriestandart werden. Dies ist jedoch ein grundsätzliches Problem, daß jetzt und wohl auch zukünftig den berufsbildenden Schulbereich betrifft.

Grundsätzlich läßt sich feststellen, daß der beschriebene Modellversuch Mikrocomputer an beruflichen Schulen erste grundlegende Schritte bei der Einführung von Lerninhalten der Mikroelektronik vollzogen hat und Erfahrungen in die Entwicklung von Lehrplänen und Ausstattungsempfehlungen einbringen kann, andererseits zukünftige und sich bereits abzeichnende Entwicklungen zur optimalen Ausschöpfung der Möglichkeiten mit einbeziehen muß.

Ergebnisse aus dem niedersächsischen Modellversuch Mikroprozessoren in der Elektroausbildung

Harry Schmidt
Niedersächsisches Kultusministerium
Hannover

Nutzung des Rechners als Medium im Unterricht I

Leitung: Dr. Peter Heyderhoff

GMD

St. Augustin

EIN UNTERRICHTSMODELL ZUM EINSATZ DES COMPUTERS IM GEOMETRIEUNTERRICHT EINER 8. KLASSE

Ferdinand Weber

Studienseminar für Gymnasien
M a i n z

Der Mathematikunterricht kann durch Einsatz des Computers in sehr unterschiedlichen Richtungen neue Impulse erhalten und eine Veränderung der Schwerpunkte erfahren (z.B. Einführung in das algorithmische Denken, Betonung iterativer Verfahren, Simulation mathematischer Prozesse, schnelle Verarbeitung von umfangreichem Zahlenmaterial). Eine wichtige Funktion, die der Computer übernehmen kann, ist die Unterstützung des herkömmlichen Unterrichts als didaktisches Hilfsmittel. Weder der Computer selbst, noch das Programmieren stehen hierbei im Mittelpunkt. Es geht vielmehr darum, in eine Unterrichtssequenz den Computereinsatz so einzubauen, daß die Möglichkeiten der Schüler zum Entdecken und Vermuten, zum Bestätigen und Widerlegen, zum Argumentieren und Begründen erweitert werden. Erweitern heißt hier, daß der Computer neue Wege öffnet und nicht nur andere Medien ersetzt (Folien, Dias, Filme, Taschenrechner). Die entsprechende Software muß sich in diesem Fall dem inhaltlichen und methodischen Rahmen unterordnen und nicht umgekehrt.

Unter diesen Bedingungen müssen von der Fachdidaktik strenge Forderungen an eine gute Schulsoftware für den Mathematikunterricht gestellt werden. Es hat sich als sehr nützlich erwiesen, wenn Software und zugehörige Unterrichtseinheiten parallel, in engem Bezug zueinander entwickelt werden. Die Gestaltung des Computerprogramms und die Planung des Unterrichts wirken dann wechselseitig aufeinander ein und ergänzen sich.

Ein Beispiel für ein solches Vorgehen ist das Computerprogramm KOBESCH, das von einer Projektgruppe im Auftrag des Kultusministeriums Rheinland-Pfalz für den Geometrieunterricht der Klasse 8 entwickelt wurde. Ein wichtiges Lernziel im 8. Schuljahr ist, daß die Schüler geometrische Konstruktionen - vor allem von Dreiecken aus geeignet vorgegebenen Größen - mit Zirkel und Lineal sauber ausführen und vollständig und präzise beschreiben können. Der Computer als Medium im Mathematikunterricht kann bei Konstruktions*beschreibungen* einen guten, durch andere Medien oder Maßnahmen nicht zu ersetzenden Dienst leisten. Mit Hilfe von KOBESCH können KOnstruktionsBESCHreibungen graphisch umgesetzt werden. Die Schüler erkennen im Dialog mit dem Computer lücken- oder fehlerhafte Konstruktionsanweisungen, sie können verschiedene Lösungswege vergleichen. Die Suche nach einer Lösungsstrategie verläuft nicht mehr nach einer "Alles oder Nichts"-Methode, weil bei jedem Schritt Schülervorschläge "experimentell" überprüft werden können.

KOBESCH enthält als Befehle die wichtigsten Grundkonstruktionen der Euklidischen Geometrie. Zum Beispiel:

- Zeichne eine Strecke c mit den Endpunkten A und B von der Länge 5 cm.
  KOBESCH: strecke c A B 5
- Zeichne einen Kreis k um A mit dem Radius 3,5 cm.
  KOBESCH: kreis k A 3,5
- Zeichne den Winkel α an c in A mit dem freien Schenkel b von 60°.
  KOBESCH: winkel α c A b 60
- Zeichne eine Strecke a auf dem Strahl s vom Anfangspunkt zum Endpunkt C mit der Länge 6 cm.
  KOBESCH: strecke a s C 6.
- Zeichne eine Senkrechte (Parallele) h zu c durch den Punkt C.
  KOBESCH: senkrechte h c C
  (parallele)
- Bezeichne den Schnittpunkt von a und b mit C.
  KOBESCH: bezeichne schnittpunkt a b C

Ein Beispiel:

```
strecke c A B 4,5
winkel α c A b1 60
strecke b b1 C 6
bezeichne strecke B C a
senkrechte h c C
```

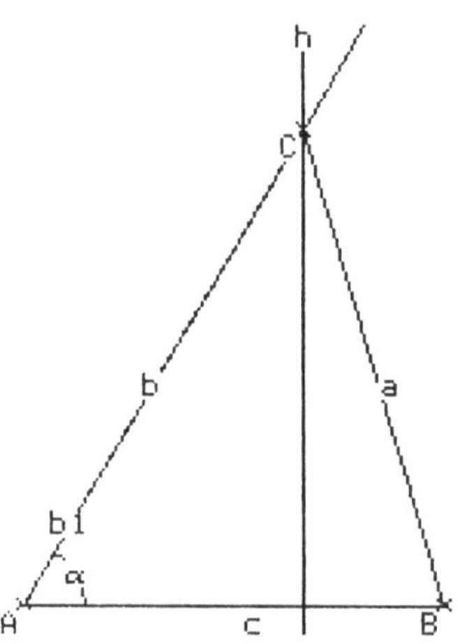

Das Programm bietet zwei verschiedene Arbeitsmodi: Im einen Fall wird eine Konstruktionsanweisung nach Eingabe sofort graphisch umgesetzt; der Schüler kann das schrittweise Entstehen "seiner" Figur verfolgen. Im anderen Fall wird eine Folge von Anweisungen gespeichert, und erst beim Befehl "zeichne" entsteht die den Anweisungen entsprechende geometrische Konfiguration.

Im Referat werden u.a. Planung und Durchführung folgender Unterrichtsreihe zum Thema "Einführung in Dreieckskonstruktionen" beschrieben. Am Anfang steht eine konkrete Konstruktionsaufgabe, die die Schüler mit Zirkel und Lineal lösen sollen. Hand in Hand mit der Beschreibung des Vorgehens werden die ersten KOBESCH-Befehle eingeführt. Weitere Befehle folgen, wenn sie zur Konstruktionsbeschreibung bei schwierigeren Problemstellungen benötigt werden. Die Auswahl der Aufgaben und die richtige Stufung der Schwierigkeiten spielen dabei eine wichtige Rolle. Das Arbeiten am Computer erfolgt je nach Unterrichtssituation, Ziel und Schwierigkeitsgrad der Fragestellung in Gruppen oder im Rahmen eines Unterrichtsgesprächs mit nur einem Rechner und großem Bildschirm. Besonders spannende Momente ergeben sich, wenn rivalisierende Gruppen wetteifern, wer als erster eine fehlerfreie Lösung findet, oder wessen Lösungsweg besonders einfach oder elegant ist.
Die Hausaufgaben dienen vor allem der Übung im Anfertigen von sauberen und exakten Zeichnungen mit Zirkel und Lineal. Die von den Schülern zu Hause erstellten Konstruktionsbeschreibungen werden am Computer kontrolliert und korrigiert, in der Regel arbeitsteilig.
Da von KOBESCH über den Befehl "wert" die Länge gezeichneter Strecken und die Größe von Winkeln abgerufen werden können, sind die Schüler in der Lage, selbständig die Genauigkeit ihrer Zeichnungen zu beurteilen.

KOBESCH diente in der Unterrichtsreihe nicht nur der Beschreibung von Dreieckskonstruktionen. Es eröffnen sich zahlreiche Möglichkeiten, daß Schüler experimentell geometrische Sachverhalte entdecken und Gesetzmäßigkeiten vermuten und bestätigen; mit KOBESCH können Beweise vorbereitet und begleitet werden.

Zum Beispiel:

- Sätze über den Schnittpunkt von Seitenhalbierenden (Winkelhalbierenden, Mittelsenkrechten, Höhen) im Dreieck.
- Sätze über die Diagonalen in Vierecken.
- Thalessatz.
- Strategien und Formeln zur Bestimmung des Flächeninhalts von Dreiecken und Vierecken.

Durch Variation der Parameter in einem fertigen Programm und durch Abändern oder Einfügen einzelner Befehle können bei Fallunterscheidungen die verschiedenen Wege in Analogie zueinander untersucht und "pathologische" Sonderfälle herausgestellt werden.
Beim Arbeiten mit KOBESCH können die Schüler selbst entscheiden, ob sie sich jeden Befehl sofort graphisch umsetzen lassen oder erst nach Erstellung einer vollständigen Befehlsliste die Anweisung "zeichne" geben. Der zweite Modus stellt erheblich höhere Anforderungen an das geometrische Vorstellungsvermögen der Schüler als der erste. Durch geeigneten Wechsel der Modi kann das Anschauungsvermögen systematisch geschult werden. In Gruppenarbeit können die Schüler den ihnen angemessenen Modus wählen. KOBESCH leistet dadurch auch einen Beitrag zur Binnendifferenzierung bei gleicher Aufgabenstellung.

Die Erfahrungen bei der Entwicklung des Programms zeigen, daß Software sich nicht schon dann für den Unterricht eignet, wenn sie inhaltlich mit den Lehrplänen verträglich ist. Nur wenn sich ein Computerprogramm auch methodisch in eine Unterrichtssequenz integrieren läßt, wird der Mathematikunterricht durch Computereinsatz eine wirkliche Bereicherung erfahren.

MULTIPLAN - TABELLENKALKULATIONSSOFTWARE ALS HILFSMITTEL BEI DER KONSTRUKTION EINES ÖKONOMISCHEN PLANSPIELS

Thomas Schwäbe
An der Korbweide 1, 3400 Göttingen

1. Einleitung - Marktsituation für ökonomische Planspiele

Der Markt für ökonomische Planspiele bietet z. Zt. etwa 250 Modelle an, die sich sowohl hinsichtlich ihrer Komplexität als auch hinsichtlich der Höhe ihrer Anschaffungskosten teilweise erheblich unterscheiden.
Neben die Schwierigkeit, sich aus diesem Angebot ein den individuellen Vorstellungen angepaßtes Modell herauszufiltern, tritt im gleichen Moment die Frage nach den dafür zur Verfügung stehenden finanziellen Mitteln.
In beiden Fällen können Schwierigkeiten auftreten, die es günstig erscheinen lassen, ein Planspiel selbst zu konstruieren.

2. Tabellenkalkulation - eine Alternative

Sind die Voraussetzungen bezüglich des vertretbaren Zeitaufwands wie auch der Programmierkenntnisse nicht dementsprechend vorhanden, bietet sich die Möglichkeit, bereits vorhandenen Software auf ihre Anwendbarkeit in Bezug auf eine Planspielkonstruktion zu prüfen. Dabei bietet sich die sogenannte Tabellenkalkulationssoftware besonders an. Eine von mehreren, die auf dem Markt erhältlich sind, ist MULTIPLAN von Microsoft. MULTIPLAN bildet auch den Hintergrund der Erfahrungen bei der Erstellung eines Unternehmungsplanspiels auf einem IBM-kompatiblen Personal Computer.
Zunächst jedoch kurz zu der Frage: Was ist eigentlich eine Tabellenkalkulation?
Eine Tabellenkalkulation bietet die Möglichkeit, ein Berechnungsschema in jeder Einzelheit - seien es Basisdaten oder Rechenformeln - zu verändern, ohne dabei die sich aus diesen Veränderungen ergebenden Ergebnisänderungen per Hand nachvollziehen zu müssen.

3. MULTIPLAN - Tabellenkalkulation

Diese Aufgabe erledigt u. a. MULTIPLAN. Es stellt hierfür eine Arbeitsblatt/Tableau mit 255 Zeilen und 63 Spalten zur Verfügung - die neuere Version 4.095 Zeilen und 255 Spalten -, was etwa 90-110 Bildschirmseiten eines 80-Zeichen-Bildschirms entspricht.
Zur Einrichtung auf dem PC werden knapp 100 kByte Speicherplatz benötigt. Ein vollgeschriebenes Arbeitsblatt benötigt zusätzlich ca. 150 kByte, so daß es günstig ist, wenn mindestens 256 kByte Gesamtspeicher vorhanden sind.

3.1. MULTIPLAN - Funktionen

Die einzelnen Funktionen sind bei MULTIPLAN menügesteuert ; d. h. durch Eintippen eines Anfangsbuchstabens des Menüs wird der gewünschte Befehl ausgeführt bzw. weiter hinterfragt. Auf diese Art und Weise werden Texte, Zeichen, Formeln etc. nach dem Eingeben von "T" (Text) - für Texte und Zeichen - bzw. "W" (Wert) - für Rechenformeln und Wertangaben - in ein bestimmtes Feld eingetragen.
Aus der Vielfalt der menügeführten Funktionen seien zwei besonders herausgehoben, da sie sich bei der Planspielkonstruktion als recht hilfreich erwiesen haben.

- der Kopier-Befehl "K" :
  Mit diesem Befehl können Texte, Formeln, Werte, Zeichen etc. innerhalb eines Tableaus bliebig vervielfältigt werden. Dabei können nicht nur einzelne Felder sondern ganze Feldbereiche kopiert werden. Mit diesem Befehl wird der Programmieraufwand erheblich eingeschränkt, da bspw. identische Formeln nicht erneut eingegeben werden müssen.
- der Zusätze-Befehl "Z" :
  Im Rahmen dieses Befehls besteht die Möglichkeit, die automatische und bei größeren Programmen recht zeitraubende Neuberechnung nach jeder (!) Eingabe auszuschalten. Mit der Funktionstaste "F8" ist jederzeit eine einmalige Neuberechnung möglich.

3.2. MULTIPLAN - Vorteile

Damit sind bereits einige Vorteile dieser Tabellenkalkulation genannt. Hinzu kommt - neben der leicht zu erlernenden und wenig zeitaufwendigen Programmiertechnik - die ebenso einfache Erstellung von Bildschirmmasken und Druckvorlagen.
Dies gilt besonders für die Gestaltung der Ausdrucke, da Ausdruck und Bildschirmdarstellung - bei einem 80-Zeichen-Bildschirm und Normaldruck - identisch sind ; in diesem Fall stimmen Bildschirmbreite und die Breite eines DIN A4 Ausdrucks überein.

4. Praxis : Planspiel 1 (siehe Anhang)

Um die Konstruktion eines Planspiels etwas anschaulicher zu gestalten, wird nun ein Modell vorgestellt, an dem sich Teile der Programmierung darstellen lassen.

4.1. Modellbeschreibung

Zunächst jedoch eine kurze Vorstellung des Planspiels.
Das Modell berücksichtigt die Bereiche Investition, Beschaffung, Produktion und Absatz eines zweistufigen Industriebetriebs. Es ist für zwei bis vier Spielergruppen (Unternehmungen) ausgelegt, die auf einem Markt mit einem Produkt miteinander konkurrieren. Der Unternehmungserfolg ergibt sich aus dem nach jeder Spielrunde vorliegenden Saldo der Gewinn- und Verlustrechnung.
Jede Spielergruppe besteht aus zwei bis vier Spielern.
Die Entscheidungszeit für 13 Entscheidungen pro Spielrunde beträgt ca. 45 min. ; die Auswertungszeit pro Spielrunde - einschließlich Druck - zwischen 15 min. und 30 min.
Die Konstruktionsdauer - von der Planung bis zu den ersten Tests - betrug 20 Stdn.
Zur besseren Orientierung ist der Ausdruck für eine Unternehmung als Anlage beigefügt.Die Ausgangsvoraussetzung sah vor, das gesamte Unternehmungsergebnis einer Unternehmung - einschließlich der Spielentscheidungen - auf einer DIN A4 Seite ausdrucken zu können (2a). Das entspricht drei untereinanderliegenden Bildschirmseiten (A, B, C), von denen zwei (A, B) für die Ergebnisse und eine (C) für die Aufnahme der Entscheidungen verplant waren. Durch die Beschränkung auf einen Markt war es möglich, vier Spielrunden nebeneinander darzustellen.
Da nicht alle Informationen, die zur Entscheidung der nächsten Spielrunde benötigt werden, auf diesem egen Raum untergebracht werden konnten, wurden die Daten, die u. U. für den gesamten Spielverlauf Gültigkeit haben, auf einer anderen Seite (1) gesammelt.

4.2. Modellinhalte

Im folgenden wird näher auf das Zustandekommen einiger Werte, die auf dem Ausdruck (2a) zu finden sind, eingegangen.

- restliche Maschinenhaltbarkeit :

  Die beiden Werte - für die Maschinen zur Halbfertigproduktfertigung (HFP) und zur Fertigproduktfertigung (FP) - ergeben sich durch den Abzug von 1 von dem vorhergehenden Spaltenwert. Ist dieser gleich Null, bleibt es bei Null. Ausnahme: In der vorhergehenden Spielrunde waren bereits Maschinen bestellt.

- Einkaufspreise für Rohstoff 1, Rohstoff 2, Halbfertigprodukte :
  Diese Werte werden von der Gesamt-Einkaufsmenge der Vorrunde beeinflußt und setzen sich aus einem Grundpreis plus einem nachfragemengenabhängigen Betrag zusammen, wobei eine höhere Gesamtnachfrage zu höheren Preisen führt. Bei Überschreitung bestimmter Abnahmemengengrenzen wird zusätzlich ein Rabatt in Höhe von 10 % gewährt (siehe auch 1).
- Lohn-Niveau :
  Das Berechnungsschema gleicht dem für die Einkaufspreise. Zu einem Grundlohn wird ein beschäftigtenanzahlabhängiger Betrag addiert.
- Konjunktur :
  Dieser Wert setzt sich aus mehreren Faktoren zusammen, die jeweils unterschiedlich gewichtet werden.
  - Lohnniveau in der betreffenden Spielrunde
  - Gesamtwerbungsausgaben in der betreffenden Spielrunde
  - Gesamtangebotsmenge an Fertigprodukten in der betreffenden Spielrunde.

  Um zu große Schwankungen zu unterbinden, sind Ober- und Untergrenzen (125 % und 75 %) definiert.
- Produktionsfaktor :
  Der Produktionsfaktor oder auch Produktivität gibt den möglichen Ausnutzungsgrad der eingesetzten Maschinen aufgrund der Anzahl der Beschäftigten an, wobei die Obergrenze von 150 % nicht überschritten werden kann.
- Qualitätsfaktor :
  Dieser Faktor gibt den Prozentsatz der Einsatzstoffe an, die tatsächlich in die Produktion eingehen können. Er ist abhängig von der aktuellen Gesamtnachfragemenge, wobei eine hohe Nachfrage die Qualität senkt.
- Verkaufsmenge (Fertigprodukte) und Marktanteil :
  Diese Werte - wobei der Marktanteil aus der Verkaufsmenge folgt - entstehen unter Berücksichtigung der folgenden Faktoren
  - dem Verkaufspreis (für Fertigprodukte) der einzelnen Unternehmung in Relation zu den Verkaufspreisen der übrigen Unternehmungen
  - der Werbung der einzelnen Unternehmung in Relation zu den Werbungsausgaben der übrigen Unternehmungen
  - der Angebotsmenge der einzelnen Unternehmung in Relation zu den Angebotsmengen der übrigen Unternehmungen
  - dem Marktanteil der einzelnen Unternehmung in der vorhergehenden Spielrunde, wobei ein Marktanteil über 25 % positive Auswirkungen hat. Das hat zur Folge, daß eine Unternehmung, das bereits einen höheren Marktanteil innehat, relativ leichter diesen Prozentsatz erhöhen kann, als eine Unternehmung mit einem Marktanteil unter 25 %. Für eine gleichhohe Absatzsteigerung muß die letztgenannte Unternehmung wesentlich größere Anstrengungen vollbringen (dadurch wird einer u. U. unerwünschten Kartellbildung entgegengewirkt).

Aus diesen vier Faktoren errechnet sich eine mögliche Verkaufsmenge, die jedoch durch die vorhandene Lagermenge gedeckt werden sollte. Sonst fließen diese Überhänge an die Konkurrenten ab. Die Verteilung erfolgt nach dem gleichen Faktorschlüssel wie oben.

- Kreditzinsen :

  Die eventuell am Ende einer Spielrunde bestehenden Verluste müssen in der folgenden Spielrunde durch einen Überziehungskredit gedeckt werden, dem ein Zinssatz von 15 % zugrunde liegt.

Einige Besonderheiten im Zeitablauf sind übrigens auf der ersten Seite des Ausdrucks (1) angeführt.
Auswirkungen dieser Besonderheiten sind bspw. die,

- daß nur die Menge an Fertigprodukten verkauft werden kann, die in der Vorrunde auf Lager gelegen hat,
- daß nur die Menge an Halbfertigprodukten weiterverarbeitet werden kann, die bereits in der Vorrunde auf Lager gelegen hat.

4.3. Modellstruktur

In der gleichen Spalte, in der die aktuellen Informationen stehen, werden die Entscheidungen für die nachfolgende Spielrunde eingetragen.
Betrachtet man den Ausdruck (2a) näher, so ist zu erkennen, daß für Spielrunden, für die noch gar keine Entscheidungen gefällt worden sind, bereits Ergebnisse vorliegen. Das liegt in der Struktur der Programmierung begründet.
Jede Spielrunde muß nämlich mittels eigener Formeln berechnet werden ; es ist in MULTIPLAN nicht möglich, alle Spielrunden über ein Berechnungsschema laufen zu lassen, sondern für jede Spielrunde ist ein eigenes Schema notwendig. Dabei werden Zugriffsfelder, die leer sind, als mit Null belegt interpretiert, um eine Berechnung zu ermöglichen.
Man kann diesen Effekt ausschalten, indem jeder Rechenformel eine "wenn/dann"-Abfrage vorangestellt wird, in der geprüft wird, ob überhaupt Entscheidungen vorliegen oder nicht. Der Nachteil liegt jedoch darin, daß in diesem Fall der Kopier-Befehl, mit dem sich Rechenformeln ohne Schwierigkeiten vervielfältigen lassen, nicht mehr uneingeschränkt verwendet werden kann.
Allerdings kann man diesen Vor-Ergebnisse auch eine positive Seite abgewinnen. Sie sind als Planungshilfe durchaus nützlich, so z. B. bei der Frage, wann neue Maschinen bestellt werden müssen, um die Produktion aufrecht zu erhalten. Außerdem lassen sich aus dem zukünftigen (hypothetischen) Marktanteil unter bestimmten Bedingungen Rückschlüsse auf die derzeitige Marktstellung ziehen.

Durch die Darstellung von vier Spielrunden nebeneinander ergibt sich für die Evaluation derPlanspielanwendung die Möglichkeit, den Spielverlauf unter veränderten Entscheidungen einzelner Unternehmungen zu betrachten, Dies ist auch bei einem Probespiel über drei Spielrunden möglich, um die Fehlentscheidungen möglichst selten auftreten zu lassen.

4.4. Modellerweiterung

Damit steht das nächste Problem an: Innerhalb der genannten vier Spielrunden ist es kaum möglich, das Planspiel richtig in Gang zu bringen.
Eine Erweiterung des Planspiels auf mehr als die vorgesehenen Spielrunden ist auf zwei unterschiedlichen Wegen erreichbar.

- 1. Durch Hinzunahme von weiteren Spielrunden im nebenliegenden Bildschirmbereich
- 2. Durch Auslagerung der Daten der letzten Spielrunde und Wiederhereinnnahme dieser Daten an die Stelle der 0. Spielrunde.

Weg 1 : Verzichtet man auf neue Zeilenbenennungen, so kann die Erweiterung mit Hilfe des bekannten Kopier-Befehls ohne Schwierigkeiten erfolgen. Grenzen tun sich hier nur durch die beschränkte Größe des Arbeitsblatts auf.
Bei neuen Zeilenbenennungen, die zu einer übersichtlicheren und einfacheren Gestaltung des Ausdrucks führen, muß die erste neu hinzugekommene Spielrunde geändert werden, da sich in diesem Fall die Zugriffsfelder unterscheiden. Die übrigen Spalten können unverändert übernommen werden.

Weg 2 : Die Ergebnisse der 3. Spielrunde werden im ersten Schritt mit dem Befehl "extern Kopie" in eine externe Datei - möglichst auf derselben Diskette - übertragen. Im zweiten Schritt erfolgt die Übertragung aus der externen Datei in das Planspielprogramm ; und zwar an die Stelle, wo zuvor die Daten der 0. Spielrunde standen - wiederum mit dem Befehl "extern Kopie".

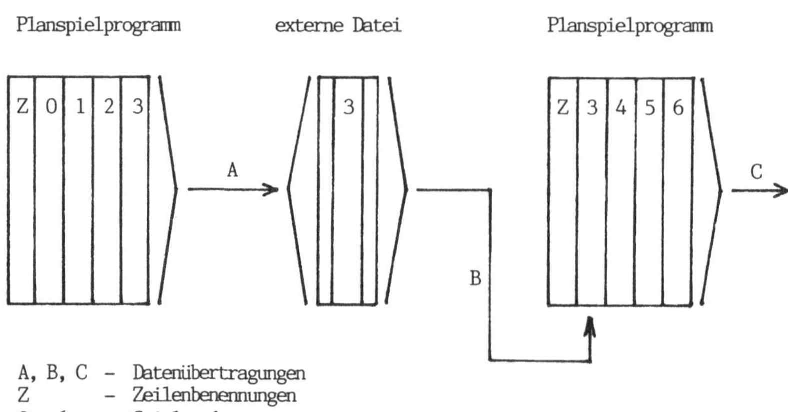

Dieser Weg bietet zwei Vorteile

- erstens bleibt der benötigte Speicherbedarf wesentlich geringer,
- zweitens ergibt sich hierbei die Möglichkeit, die Parameter auf der ersten Seite des Ausdrucks (1) zu ändern, ohne daß sich die Berechnungen der bislang gespielten Spielrunden ändern, wie das sonst der Fall wäre. Dabei ist es natürlich sinnvoll, die Spielrundenbezeichnungen nicht von Hand zu ändern, sondern dies durch Verwendung von Formeln zu automatisieren. Allerdings ist es noch nötig, die alten Entscheidung zu entfernen.

Das vorgestellte Modell ist relativ klein ; der Speicherplatzbedarf des Planspielprogramms liegt bei etwa 55 kByte.
Daß auch wesentlich größere Planspiele mit MULTIPLAN konstruiert werden können, soll das folgenden Beispiel andeuten.

5. Praxis : Planspiel 2

5.1. Modellbeschreibung

Wie auch das vorangehende Planspiel handelt es sich um eine Simulation der Prozesse innerhalb eines Industriebetriebs. Es treffen bis zu fünf Unternehmungen auf drei Märkten aufeinander. Neben der Gewinn- und Verlustrechnung ist auch eine Bilanz einbezogen. Der Ausdruck pro Unternehmung und Spielrunde umfaßt neun Seiten.
Die Entscheidungszeit für ca. 80 Entscheidungen pro Spielrunde beträgt ca. 90 min. ; die Auswertungszeit pro Spielrunde - einschließlich Druck - zwischen 45 min. und 100 min. Die Konstruktionsdauer betrug ca. 300 Stdn.
Der Ausdruck für eine Spielrunde einer Unternehmung liegt zur Einsicht vor.

5.2. Modellstruktur

Die Ausgangssituation wurde im Unterschied zum vorhergehenden Modell so gewählt, daß nur eine Spielrunde - ohne Druckvorlage und Eingabemaske - innerhalb eines Tableaus Platz finden sollte. Für die Eingabe und für den Ausdruck wurden eigene Dateien eingerichtet, so daß insgesamt drei miteinander korrespondierende Programme vorhanden waren.
Wie schon in Planspiel 1 angedeutet, stellte sich hierbei das Problem der Erhaltung von Daten in weit größerem Maß.
Da Planspiele einen dynamischen Charakter aufweisen, ist es notwendig, einige Daten der vorhergehenden Spielrunde in der laufenden Spielrunde mit zu berücksichtigen - bei der Fortschreibung innerhalb eines Tableaus tritt dieses Problem nicht auf. Dies

gilt bspw. für Lagerbestände, Einkaufspreise, Bestellungen mit Lieferfristen etc. Eine Berechnung dieser Daten aufgrund der aktuellen Informationen würde natürlich ein falsches Bild liefern, da die "alten Daten" sofort "berichtigt" werden würden und somit verloren wären.

Daher ist es notwendig, diese "alten Daten" zu sichern und bei Bedarf wieder hinzu zu ziehen. Das kann nur - wie schon in Planspiel 1 beschrieben - mit dem Befehl "extern Kopie" erfolgen.

Für dieses Planspiel ergibt sich folgender Arbeitsablauf:

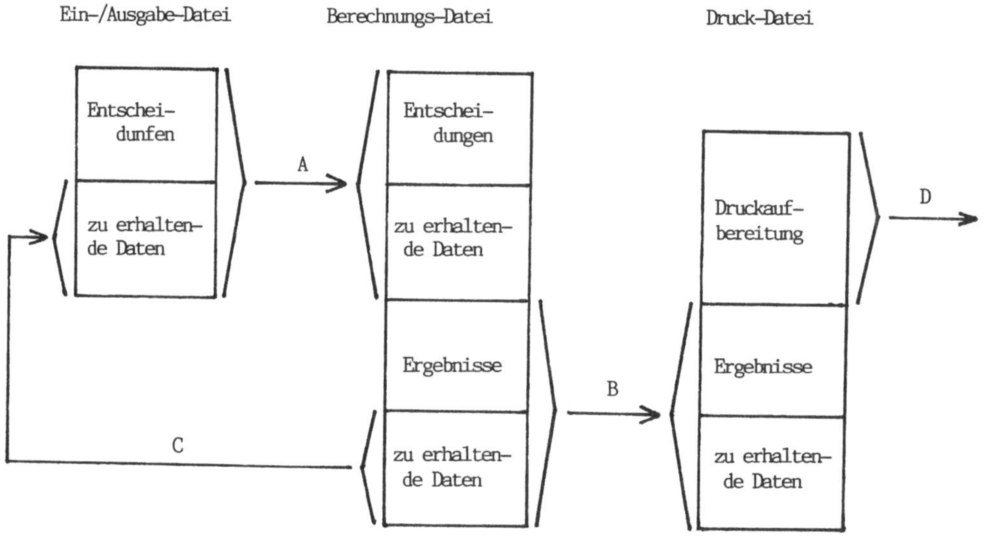

A, B, C - Datenübertragungen
D - Druck

Die Konstruktion eines so umfangreichen Planspiels ist nicht nebenbei möglich. Allerdings könnte sich etwas derartiges im Rahmen eines Projekts durchaus verwirklichen lassen.

Der Planspielanwendung sind ebenfalls engere Grenzen - allein durch den relativ hohen Zeitaufwand - gesteckt.

6. Theorie : Planspiele

Nach diesen Erläuterungen zur Praxis einer Planspielkonstruktion mit MULTIPLAN noch einige theoretische Bemerkungen.

6.1. Analyse-Bereiche

Vor der Programmiertätigkeit sollte der Planspielkonstrukteur die folgenden drei Bereiche einer Analyse unterziehen
- den technischen Bereich,
- den theoretischen Bereich,
- den praktischen Bereich,

deren Bedeutung im Folgenden näher erläutert werden soll.
Der technische Bereich umfaßt die Hardware-Konfiguration
- der/die Personal Computer
  - die Anzahl der zur Verfügung stehenden Geräte
  - die Größe des/der Arbeitsspeicher
  - die Anzahl der Laufwerke ... ,

der/die Drucker
  - die Anzahl der zur Verfügung stehenden Geräte
  - die Druckgeschwindigkeit ...

Der theoretische Bereich erfährt eine Zweiteilung in
- den planspieldidaktischen Bereich und in
- den inhaltlichen Bereich.

Der inhaltliche Bereich befaßt sich mit den konkreten Modellinhalten - letzten Endes mit den Rechenformeln und deren Verknüpfungen. Außerdem ist er unter dem Gesichtspunkt der Konstruktion zu betrachten - hinsichtlich der Offenlegung von Modelldetails für die Spieler.
Im praktischen Bereich stehen die Probleme der Anwendung/Durchführung des Unternehmungsplanspiels im Unterricht im Vordergrund. Das beginnt - unter dem Konstruktionsgesichtspunkt - bei einer möglichen Mitwirkung der Spieler bei Entwurf und Erstellung und endet bei der Bemessung der für die Durchführung benötigten Zeit.

6.2. Speicherplatzbedarf

Zunächst gilt es, die Größe eines mit MULTIPLAN erstellten Planspiels hinsichtlich des Speicherplatzbedarfs abzuschätzen. Eine Bildschirmseite benötigt - je nach Ausnutzung und Anzahl der Spalten - zwischen 1,5 und 2,5 kByte. Wie schon angesprochen, benötigt das Planspiel 1 insgesamt etwa 60 kByte, das Planspiel 2 bereits 290 kByte.

6.3. Programmierung und Prüfung

Wie bereits erwähnt, sollte bei der Programmierung die sofortige Neuberechnung ausgeschaltet sein. Um jedoch etwaige Programmier- bzw. Eingabefehler aufspüren zu können, ist ab und zu eine Neuberechnung mit der Funktionstaste "F8" sinnvoll.
Größere Schwierigkeiten treten meist dabei auf, entscheidungsbedingte Parameter so zu definieren, daß sie sich in "vernünftigen" Grenzen bewegen. Ersichtlich wird dies jedoch erst in dem Moment, wenn die ersten Probeläufe des Planspiels mit "echten" Daten erfolgen.Dann kann es nötig werden, Grenzen in der betreffenden Rechenformel festzuschreiben, innerhalb derer sich der Parameter bewegen kann - falls die Formel nicht so angepaßt werden kann, daß diese Grenzen immer eingehalten werden.
Ein weiterer Punkt ist die Ausschließung von negativen Werten, was etwa im Fall von Lagerbeständen und Verkaufsmengen zu beachten wäre. In diesem Rahmen sollte auch darauf geachtet werden, daß die Möglichkeit einer Division durch Null ausgeschlossen ist, da hierdurch jede Menge unschöner Fehlermeldungen produziert werden können.
Gleiches gilt auch für den Zugriff auf ein außerhalb des Tableaus liegenden Feldes - durch Eingabefehler - bzw. für gelöschte Zugriffsfelder.
Neben der Programmierung ist also eine gewisse Zeit für Programmtests einzuplanen.
Besteht hierzu die Möglichkeit, diese Tests auch von Unbeteiligten durchführen zu lassen, so kann das nur von Vorteil sein, da der Konstrukteur bereits so tief in seinem Planspiel steckt, daß er dafür eventuell zu befangen ist.
Im Rahmen dieser Probeläufe sollten auch die Möglichkeiten von Null-Eingaben und von Nicht-Eingaben überprüft werden.

7. Schlußwort

Nach den Erfahrungen, die der Autor bei der Planspielkonstruktion mit Hilfe von MULTIPLAN gemacht hat, bleibt zusammengefaßt folgendes zu sagen: MULTIPLAN bietet die Möglichkeit, ein ökonomisches Planspiel, welches individuellen Anforderungen gerecht wird, in relativ kurzer Zeit und ohne tiefergehende programmiertechnische Kenntnisse zu erstellen. Das gilt, solange ein bestimmter Rahmen - sprich Umfang - nicht überschritten wird. Solange bleibt sowohl der Zeitaufwand für die Konstruktion wie auch für Entscheidungen und Auswertung in vertretbaren Grenzen, die einen Einsatz eines solchen Planspiels im Schulunterricht durchaus möglich erscheinen lassen. Größere Planspiele sind neben dem Programmieraufwand auch in Spiel und Auswertung wesentlich zeitintensiver, wodurch die Anwendungsmöglichkeiten eingeschränkt werden. Grundsätzlich ist die Konstruktion durchaus möglich - und mit der neueren Version von MULTIPLAN erweitern sich auch die Möglichkeiten hierfür.

Anhang

1

```
Beschaffung        Ein oekonomisches Planspiel
Produktion         fuer 2 - 4 Unternehmungen
Absatz             ueber beliebig viele Spielrunden          Juni 1986
```

Besonderheiten im Zeitablauf :

1. Einkauf von Einsatzstoffen (Beispiel) :
   - in SR 1 : Einkaufsmengen als Entscheidung fuer SR 2
   - in SR 2 : Anlieferung und Einsatzbereitschaft des Materials
2. Einkauf von Maschinen (Beispiel) :
   - in SR 1 : Maschinenbestellung als Entscheidung fuer SR 2
   - in SR 2 : Auftragsbestaetigung ueber bestellte Maschinen
   - in SR 3 : Anlieferung, Einsatzbereitschaft und Bezahlung
3. Produktion von HFP / FP (Beispiel) :
   - in SR 1 : gepl. Prod.Mgn. HFP/FP als Entscheidung fuer SR 2
   - in SR 2 : Fertigung der HFP/FP
   - in SR 3 : HFP/FP bereit zu Weiterverarbeitung bzw. Verkauf

MASCHINEN-DATEN :	Haltbar-keit SR	Stueck-preis	Kapazitaet bei 100 %	Betriebs-kosten	Bedarf an AN *)
HFP-Fertig.:	3	1000000	7500	200000	10
FP-Fertig.:	2	3500000	3000	500000	20

*) zuzuegl. Personal fuer Verwaltung und Verkauf !

VERBRAUCHSMATRIX :	Menge R 1	Menge R 2	Menge HFP
fuer 1 HFP :	8	6	-
fuer 1 FP :	15	9	5
f. 75.000 HFP :	600000	450000	0
f. 15.000 FP :	225000	135000	75000
Summe :	825000	585000	75000

LAGER - STUECK - KOSTEN :	R 1	R 2	HFP	FP
	0,10	0,50	10,00	200,00

RABATTE in Hoehe von 10 % bei Abnahmemengen von :	R 1	R 2	HFP
	4000000	2000000	300000

Anhang

2a

A	UN 1 - in SR	:	9	10	11	12
	bestellte HFP	:	0	20	0	0
	Maschinen FP	:	0	10	0	0
	restliche HFP	:	0	0	2	1
	Ma.Haltbark. FP	:	0	0	1	0
	EK-Preis R 1	:	1,08	1,09	1,65	1,00
	EK-Preis R 2	:	5,12	5,13	5,99	5,00
	EK-Preis HFP	:	200,70	200,00	220,00	200,00
	Lohn-Niveau	:	20375	20375	20875	20875
	Konjunktur in %	:	125,00	125,00	125,00	105,88
	Kapazitaet HFP	:	0	0	150000	150000
	Kapazitaet FP	:	0	0	30000	30000
	Beschaeftigte	:	600	600	800	800
	Produkt.fakt. %	:	0,00	0,00	106,67	106,67
	Qual.fakt. %	:	104,46	104,22	82,33	108,33
	Produktions- HFP	:	0	0	150000	0
	Mengen FP	:	0	0	30000	0

B	UN 1 - in SR	:	9	10	11	12
	Lagermengen R 1	:	36447	36447	3572383	3572383
	Lagermengen R 2	:	24899	24899	2893836	2893836
	Lagermengen HFP	:	0	0	167813	167813
	Lagermengen FP	:	69881	51450	64543	49197
	Verkaufsmenge FP	:	21221	18431	16907	15346
	Marktanteil in %	:	26,83	23,67	22,00	24,26
	A: EK-Maschinen	:	0	0	-55000000	0
	A: Maschinenbetr.	:	0	0	-9000000	-9000000
	A: EK-Einsatzst.	:	0	0	-75357026	0
	A: Loehne	:	-12225000	-12225000	-16700000	-16700000
	A: Lagerung	:	-13992294	-10306094	-16390886	-13321686
	A: Werbg./Marktf.	:	-8000000	-4000000	-5000000	0
	A: Kreditzinsen	:	0	0	0	0
	E: Verkauf HFP	:	0	0	0	0
	E: Verkauf FP	:	116715500	101370500	89607100	0
	GuV - Saldo	:	82498206	74839406	-87840812	-39021686
	Gew/Verl-Vortrag	:	165869345	248367551	323206957	235366145
	Gewinn / Verlust	:	248367551	323206957	235366145	196344458

C	UN 1 - fuer SR	:	10	11	12	13
	geplante HFP	:	0	150000		
	Prod.Menge FP	:	0	30000		
	Maschinen- HFP	:	20	0		
	Bestellung FP	:	10	0		
	AN - Einstellung	:	0	200		
	AN - Entlassung	:	0	0		
	Einkauf von R 1	:	0	5540000		
	Einkauf von R 2	:	0	4290000		
	Einkauf von HFP	:	0	200000		
	Verkauf von HFP	:	0	0		
	Werbungsausg. FP	:	4000000	5000000		
	Verkaufspreis FP	:	5500	5300		
	Marktforschung	:	0	0		

Anhang

3

ENTSCHEIDUNGSBLATT

von Unternehmen : | | *)

fuer Spielrunde : | | *)

*) bitte eintragen !

geplante Produktions-mengen	HFP	FP

Arbeit-nehmer	Einstellungen	Entlassungen

Einkauf von Einsatzstoffen	R 1	R 2	HFP

Verkauf von H F P	

Werbungsausgaben	

Verkaufspreis	

Markt-forschungs-bericht *)	Marktforschung (alle UN) 5.000.000

*) bitte >JA< oder >NEIN< eintragen !

4

MARKTFORSCHUNG

Kapazitaet in SR :	9	10	11	12
FP UN 1 :	0	0	30000	30000
FP UN 2 :	0	0	0	0
FP UN 3 :	0	0	0	0
FP UN 4 :	15000	15000	15000	15000

Prod.Menge in SR :	9	10	11	12
FP UN 1 :	0	0	30000	0
FP UN 2 :	0	0	0	0
FP UN 3 :	0	0	0	0
FP UN 4 :	18000	18000	3162	0

VK-Menge in SR :	9	10	11	12
FP UN 1 :	21221	18431	16907	15346
FP UN 2 :	16559	15858	15869	14382
FP UN 3 :	26310	28395	28187	25437
FP UN 4 :	15000	15195	15870	8097

Marktanteil in SR :	9	10	11	12
FP UN 1 :	26,83	23,67	22,00	24,26
FP UN 2 :	20,94	20,36	20,65	22,73
FP UN 3 :	33,27	36,46	36,69	40,21
FP UN 4 :	18,97	19,51	20,66	12,80

VK-Preis fuer SR :	10	11	12	13
FP UN 1 :	5500	5300	0	0
FP UN 2 :	5200	5000	0	0
FP UN 3 :	4800	5000	0	0
FP UN 4 :	5200	5000	0	0

Werbung fuer SR :	10	11	12	13
FP UN 1 :	4000000	5000000	0	0
FP UN 2 :	5000000	6000000	0	0
FP UN 3 :	5000000	4000000	0	0
FP UN 4 :	5000000	5000000	0	0

Statistikprogramm zur Berechnung des exakten Tests von Fisher

Dipl.-Math. H.-J. Ludwig, StR i.K.
Scheffer-Boichorst-Str. 7, D-4400 Münster

Der exakte Test von Fisher ist ein gleichmäßig bester unverfälschter Test auf stochastische Unabhängigkeit zweier Ereignisse A und B, wenn bei n unabhängigen Versuchswiederholungen die Häufigkeiten der Ereignisse AB, $A\bar{B}$, $\bar{A}B$ und $\bar{A}\bar{B}$ gegeben sind. Diese Häufigkeiten werden üblicherweise in einer Vierfeldertafel notiert.
Das Programm liest die vier Besetzungszahlen einer Vierfeldertafel ein und berechnet rekursiv den kritischen Wert P als Alpha-Fraktil der hypergeometrischen Verteilung (Irrtumswahrscheinlichkeit beim einseitigen Test). Wahlweise kann auch die Testgröße des Chi-Quadrat -Anpassungstests errechnet werden, um die Güte bei asymptotischer Approximation beurteilen zu können.

Rechnereinsatz: Der exakte Test von Fisher wird bisher wegen des Rechenaufwandes nur für kleine Stichprobengrößen angewandt. Mit Einsatz des Rechners wird er aber auch für große Stichprobenumfänge zugänglich bei gleichzeitig schneller Testauswertung. Damit bietet sich die Möglichkeit zur Unterstützung eines relativ neuartigen, bisher wenig verbreiteten Konzepts zur Einführung in die beurteilende Statistik im Stochastik-Unterricht der Sekundarstufe II. Gegenüber den herkömmlichen Verfahren zur Einführung in die induktive Statistik am Beispiel von Parameter- oder Bereichsschätzungen bei der Binomial- oder Normalverteilung sieht dieses Konzept die Einführung anhand von parameterfreien Tests vor.

Einsatz im Unterricht: Bei der Einführung in die beurteilende Statistik mittels des exakten Tests von Fisher und mit Rechnereinsatz ergeben sich verschiedene didaktische Vorteile:

- Es werden keine Kenntnisse über Zufallsgrößen und deren Parameter benötigt. Allein kombinatorische Grundkenntnisse reichen aus, was einen schnellen Zugang zur beurteilenden Statistik sogar in Halbjahreskursen auf Grundkursniveau ermöglicht.

- Da der Test exakt ist, ist es nicht nötig, Testgrößen zu approximieren. Falls auf einer höheren Reflexionsstufe dennoch approximiert werden soll (Chi-Quadrat-Anpassungstest), kann der Schüler die Approximationsgüte operativ erfahren.
- Beim Experimentieren mit dem Programm können die Schüler genetisch die Teststrategie des einseitigen Signifikanztests entwickeln; hier ergibt sich die Gelegenheit, experimentelle Mathematik zu betreiben.
- Weil lediglich nominalskalierte Daten vorausgesetzt werden, erschließt sich ein großer Anwendungsbereich mit motivierenden, realistischen, praktisch bedeutsamen und berufsweltbezogenen Aufgaben.
- Auch der Begriff der Trennschärfe eines Tests und deren Zusammenhang mit dem Stichprobenumfang kann auf heuristischer Ebene genetisch und elementar herausgearbeitet werden.
- Wichtige Prinzipien der statistischen Versuchsplanung lassen sich entdecken (doppeltblindes randomisiertes kontrolliertes Experiment).
- Die rekursive Berechnung des kritischen Wertes P aus den Tafelbesetzungen bietet ein Beispiel einer sinnvollen Algorithmisierung im Mathematikunterricht und erlaubt die Förderung der Idee der Rekursivität einerseits wie auch einen kritischen Vergleich mit einer iterativen Programmierung andererseits.
- Für einen spiraligen Kursaufbau bietet sich eine didaktisch sinnvolle Sequenzierung an.

<u>Programmbesonderheiten:</u> Menügesteuertes und benutzerfreundliches Programm in UCSD-Pascal. Bildschirmmaskierung bei der Dateneingabe mit hohem Editierkomfort, um das Experimentieren mit dem Programm zu unterstützen; aufrufbare Help-Routinen. Ein komplettes Demobeispiel ist abgespeichert.

<u>Benötigte Hardware:</u> Apple IIc oder Apple IIe, 80-Zeichen-Karte, 128 k RAM, 1 Laufwerk für 5 1/4 '' - Disketten, Drucker.

<u>Betriebssystem:</u> Apple UCSD-Pascal V1.2

Der Computer als Unterrichtsmedium im Fach Mathematik

Erlo Stegmaier, Schloßgymnasium Mainz

Das Modellvorhaben "CUM" - Computer als Unterrichtsmedium - fahndet u. a. nach Unterrichtseinheiten im Mathematik-Curriculum des Gymnasiums, bei denen sich der Einsatz des Rechners lohnt. Dafür werden Programme entwickelt, die der Fachlehrer direkt im Unterricht einsetzen kann.
Dabei muß vor allem darauf geachtet werden, daß beim Rechnereinsatz vor lauter Begeisterung beim Schüler kein mathematischer Strukturverlust eintritt. Sicherlich bilden die unerschöpflichen (Farb-) Grafikmöglichkeiten und das leichte Erzeugen und überprüfen von übungsaufgaben den Schwerpunkt dieser Bemühungen.
Die Aufmerksamkeit beim Erstellen von Unterrichtssoftware

konzentriert sich allerdings auf die Aktivitäten der Schüler: wenn man etwas machen kann, dann ist das in den Augen der Schüler aufregend, wenn man hingegen bloß zusehen darf, ist das im Grund langweilig! Hier liegt bei der derzeit gegebenen Rechner-Ausstattung der Schulen der Engpaß. Der Rechner kann wohl nur in Einzelfällen im Gruppenunterricht eingesetzt werden. Häufiger dient der Mikrocomputer dem Lehrer als **Hilfsmittel**, d. h. er darf auch nicht verwendet werden, wo er nicht helfen kann, und er sollte abgeschaltet werden, wenn er seine Aufgabe erfüllt hat.
Man darf sich nicht dazu verleiten lassen, Aufgaben zu bearbeiten, nur weil sie bearbeitbar sind: dann gibt es nur Antworten auf Fragen, die keiner gestellt hat. Umgekehrt muß verhindert werden, daß Fragen deshalb nicht gestellt werden, weil sie elektronisch nicht bearbeitet werden können.

Vieles kann man auch **ohne** den Rechner machen, doch häufig zeigt er Lehrern und Schülern "den Weg" und macht die Dinge in der Praxis leichter, wie wir jetzt an einigen Beispielen sehen werden.
Alle angeführten Programme sind auf Wunsch auf der hiesigen Ausstellung zu testen.

Erfahrungsgemäß lassen sich im Mathematikunterricht der

gymnasialen **Ober**stufe mehr Stellen finden, an denen man sich die Hilfe eines Rechners wünschen würde, als im Stoff der Unter- und Mittelstufe. Trotzdem ist es CUM gelungen, mit dem Programm **"KOBESCH -Umsetzung von Konstruktionsbeschreibungen in Konstruktionen"** gerade in der **Mittel**stufe die langwierigen Konstruktionsphasen abzukürzen zugunsten von abwechslungsreichem entdeckendem Lernen, wie mein Vorredner Herr Studiendirektor Ferdinand Weber überzeugend darzulegen wußte. Daher will ich an dieser Stelle nicht mehr näher auf KOBESCH eingehen. Das Programm KOBESCH wird seit einem Jahr in der Klassenstufe 8 an zwei Mainzer Schulen mit großem Erfolg eingesetzt. Ich habe es auch in den Klassen 9 und 10 zur Erzeugung von Konstruktionen zur Freude der Schüler motivationsfördernd eingesetzt.

Mit dem Programm **"PARAM2 - Variation von Parametern bei ganzrationalen Funktionen zweiten Grades"** kann der Schüler der Klasse 9 spielerisch erfahren, wie sich die Änderung von Parameterwerten in der Scheitelpunktsform

y = A * (x-D)^2 + E

der Parabelgleichung auf den Kurvenverlauf auswirkt. Das Programm läßt mehrere Anwendungsmodi zu:

Für jeden der drei Parameter A, D und E, die Parabelöffnung, Vertikal- und Horizontalverschiebung beeinflussen, können z. B. vom Lehrer direkt Werte eingegeben werden, so daß der Schüler die genaue Lage vorhersagen muß.
Oder der Schüler spielt mit den entsprechenden Variablentasten, beobachtet dabei die Wanderung des Graphen und muß dann am Funktionsterm erklären, warum sich eine Änderung so und nicht anders auswirkt. Wahlweise können die Vorgängerkurven gelöscht und die Schrittweite der Parametervariation geändert werden.
Umgekehrt kann der Funktionsterm ausgeblendet werden, der Lehrer gibt eine Kurve vor und die Schüler müssen die Werte der drei Parameter aus der Grafik "ablesen". Leicht läßt sich auf diese Art und Weise ein Quiz organisieren.
Ich habe das Programm in zwei Stunden einer 9. Klasse eingesetzt und außer der obligatorisch erhöhten Aufmerksamkeit, wenn im Rechnerraum unterrichtet wird, auch einen besseren Lerneffekt festgestellt: selbst schwache und unkonzentrierte Schüler wußten **sicher**, welcher Parameter wie geändert werden muß, um eine bestimmte Parabelbewegung zu erreichen.

Mit **"LINOP - Lineare Optimierung"** hat CUM ein drittes Programm speziell für den Mittelstufenunterricht entwickelt.

Dieses Thema kann in der Schule immer nur kurz behandelt werden, obwohl ihm im Betriebsalltag große Bedeutung zukommt. Denkbar ist ein Einsatz in der Motivationsphase: der Schüler soll das Rätsel lösen, was das Programm eigentlich macht, und so dem Algorithmus selbst auf die Spur kommen. Hier verlief bisher der Unterricht in den seltensten Fällen schülerzentriert. Allemal hilft LINOP bei der schrittweisen überprüfung von Aufgaben, die zeitraubende Aneinanderreihungen von längst bekannten Schritten darstellen.
Für begabtere Schüler bedeutet LINOP die Motivation für das Verständnis des Simplexverfahrens, das bei höherdimensionalen Aufgabenstellungen nötig wird.

Ein weiterer Meilenstein des Computereinsatzes im Mathematikunterricht, jetzt allerdings in der **Oberstufe**, ist das Programm **"POLYMAT - Definition und Darstellung von Polyedern und ihre Abbildung durch Matrizen"**.
POLYMAT wurde speziell für den Geometrieunterricht der Klasse 12 nach dem neuen Rheinland-Pfälzischen Lehrplan entwickelt. Dort soll ja das Rechnen mit Matrizen und ihre Deutung als lineare Abbildung eingeübt werden. An dieser Stelle leistet POLYMAT zweifach gute Dienste:
Einmal unterstützt die Zentralprojektion von POLYMAT ganz

stark das räumliche Vorstellungsvermögen des Schülers, was noch durch die "Hidden Line Elimination" verstärkt wird. Hier wird auch der Lehrer sehr entlastet, er braucht sich nämlich nicht mehr mit "räumlichen" Zeichnungen, die viele Schüler doch nicht richtig interpretieren konnten, an der Tafel unter großem Zeitverlust abzuquälen.
Zum anderen ermöglicht jetzt POLYMAT zum ersten Mal, die Wirkung einer selbst (per Editor) eingegebenen Matrix sofort am Schirm zu beobachten. Die gängigsten Abbildungen im Raum, wie Kongruenzabbildungen, Projektionen auf die drei Grundebenen und Streckungen sind per Tastendruck abrufbar.

POLYMAT ist also für den unterrichtenden **Lehrer** eine große Hilfe bei der Demonstration. Um Zeit zu sparen, kann er vorher die Eingabe eines Polyeders aus maximal 20 Oberflächen mit maximal 10 Eckpunkten definieren und auf Diskette abspeichern. Gängige Figuren werden mitgeliefert.
Für den **Schüler** bedeutet POLYMAT, daß sich nicht mehr mit schlechten Skizzen des Lehrers zufrieden geben muß. Und er kann die Wirkung seiner Abbildung direkt erleben. Graue Theorie wird so lebendig.
Neben dem Nachvollziehen von Abbildungen bereits errechneter Matrizen (Überprüfungsaspekt) kann im Unterricht auch umgekehrt eine Abbildung vorgeführt werden

(Motivationsaspekt). Anhand der verschiedenfarbig dargestellten Urbilder und Bilder muß der Schüler dann die dazugehörige Matrix aufstellen. Ob er sie gefunden hat, sieht er spätestens bei der Überprüfung.

In einer Unterrichtsstunde an meiner Schule sollte beispielsweise nachgewiesen werden, daß die **Verkettung** von Drehung um die z-Achse um 90 Grad mit einer Spiegelung an der x-Achse nicht kommutativ ist. Die Schüler wiesen dies durch Matrizenmultiplikation nach. Mit POLYMAT wurde dies überprüft: die beiden Produktmatrizen waren verschieden, ebenso die beiden Bilder eines Quaders. Im nächsten Stundenabschnitt wurde vom Lehrer eine Abbildungsmatrix

$$A = \begin{pmatrix} 1 & 0 & -1 \\ 0 & 1 & -1 \\ 0 & 0 & 0 \end{pmatrix} \qquad \text{vorgegeben.}$$

Es sollten **Bild** und **Kern** der Abbildung berechnet und eine geometrische Deutung gegeben werden. Während die Schüler rechneten wurde die Matrix ins Programm eingegeben. Die Rechnung erbrachte: Bild(A) ist die x/y-Ebene, Kern(A) die Ursprungsgerade mit dem Richtungsvektor (1,1,1). Es handelte sich also um eine Projektion in die x/y-Ebene entlang der

berechneten Ursprungsgeraden.
Am Computer wurde die Abbildung des Quaders daraufhin ausgeführt. Durch Wahl geeigneter Blickpunktdaten (geogr. Länge 0 bzw 90 Grad) konnte man erkennen, daß das Bild des verwendeten Quaders wirklich in der x/y-Ebene lag. Bei Blick entlang der z-Achse war ein Unterschied zwischen Bild und Urbild zu erkennen, deshalb konnte es sich bei A nicht um die bekannte Standardabbildung "Projektion auf die x/y-Ebene" handeln. Eine Reizvolle Aufgabe bestand nun darin, die Blickpunktdaten so zu ändern, daß kein Unterschied zwischen Bild und Urbild zu erkennen war, es sollte also entlang des Kerns (Raumwinkelzentrale) geschaut werden. Die Schüler fanden nach einigem Experimentieren die richtige geogr. Breite (von 53,14 Grad), bei der Bild und Urbild unter der gegebenen Abbildung zur Deckung kommen.

Ein weiterer Einsatz von POLYMAT ist denkbar: Wenn man die Schüler einmal selbst Polyeder definieren läßt, werden sie merken, daß die hidden-line-Elimination nur unter bestimmten Bedingungen funktioniert: man muß bei der Eingabe die Eckpunkte der vom Betrachter abgewandten Flächen im Uhrzeigersinn eingeben und entsprechend umgekehrt. Hier ist eine Motivation gegeben, der Ursache des Mißlingens auf den Grund zu gehen. Die Frage "Wie macht das der Rechner?"

liefert hier den Einstieg in ein weiters Kapitel aus dem Geometrieunterricht der Klasse 12: die Normalenvektoren.

Da sich bei POLYMAT die Projektionsdaten frei wählen lassen, kann man es durch geschickte Wahl der Entfernungsdaten erreichen, daß eine Quasiparallelprojektion erreicht wird. Man kan dies daran erkennen, daß gleichlange parallele Strecken auch gleichviel "Treppchen" bei der Darstellung auf dem Monitorschirm haben. Außerdem kann man immer in Richtung der z-Achse schauen, so daß die dritte Dimension unterschlagen wird.
Damit wird das Programm auch in Klasse 10 hilfreich, wo Schrägbilder von Körpern gezeichnet und Parallelprojektionen durchgeführt werden müssen. Auch ein Einsatz in der Klasse 9 bei der Zentrischen Streckung wäre genauso möglich wie etwa in der Klasse 8 und der Orientierungsstufe bei Kongruenzabbildungen. In diesen Fällen darf natürlich der Matrizenaspekt nicht angesprochen werden. Benötigte Abbildungen sind aber in Form der dazugehörigen Matrizen vorher auf Diskette zu speichern. In der Hand des Lehrers ist POLYMAT eben ein **Medium** mit allen Konsequenzen.

Mit **"MATGRAF - Analyse und grafische Umsetzung von Funktionstermen"** steht dem Lehrer immer dann, wenn es um

Funktionen geht, d.h. ab Klasse 9 aufwärts, ein absturzsicheres Programm zur Verfügung, das alle in der Schule vorkommenden geschlossenen Funktionen zeichnen kann. Daß ich hier zum ersten Mal die selbverständliche Eigenschaft "absturzsicher" erwähne, gründet auf der äußerst schlechten Erfahrung mit im Handel befindlichen Programmen.
Bei Zahlbereichs- und Definitionsbereichs-überschreitungen gab es bisher immer Ärger: im günstigen Fall tat ein Programm dann gar nichts, meist stürzte es ab und die gesamte eingegebene Information war verloren, ganz abgesehen von der entstehenden Unruhe in der Klasse beim langwierigen Neu-Anbooten. Damit waren solche Programme für den Einsatz im Unterricht nicht geeignet.

Wie löst nun MATGRAF diese Probleme? MATGRAF ist ein Halbcompiler für Funktionsterme, der einen Term in Form einer Textzeile einliest, ihn in geketteten Listen abspeichert und auf Syntaxfehler überprüft. Die Textzeile wird anschließend analysiert und Buchstaben und Ziffergruppen werden zu Codewörtern bzw. Zahlen zusammengefaßt. Danach erfolgt eine Umformung in die Inverse Polnische Notation, die sich für Computerberechnungen besonders eignet. Anschließend übernimmt der Interpreterteil des Halbcompilers diese zweite Version des Funktionsterms auf "niedrigerm" Niveau und berechnet die nötigen Funktionswerte, die dann dem Rahmenprogramm zur grafischen Darstellung der Funktion übergeben werden.

MATGRAF kann nun hauptsächlich zur Bestätigung von Vermutungen über Kurvenverläufe eingesetzt werden. Beim Schüler festigt sich das im Unterricht Erarbeitete besser, wenn es sofort von einer "objektiven Instanz" bestätigt wird. Einsatzhäufungspunkte sehe ich bei der Behandlung von Grenzwerten, Sprungstellen, Polen und Oszillationsstellen. Bei Definitionslücken muß der Maßstab günstig gewählt werden, damit sie ins Auge springen. MATGRAF läßt sich wegen seiner einfachen Bedienung und seiner Geschwindigkeit, besonders wenn ein mathematischer Koprozessor vorhanden ist, sehr gut als **Funktionenmikroskop** einsetzen. In der 10. Klasse sollten Schüler längere Zeit Gelegenheit erhalten, mit MATGRAF zu spielen, damit sie ein sicheres Gefühl bekommen für den Verlauf der verschiedenen trigonometrischen Funktionen. Eine Vorgehensweise im Unterricht wie bei PARAM2 ist hier ebenfalls möglich und zu empfehlen.

Wie MATGRAF Funktionsgrafen zeichnet, so kann man mit dem Programm **"INTEGRA -Integrative Verfahren bei rektifizierbaren Kurven"** Parameterkurven auf den Bildschirm zaubern. Dieses Thema spielt zwar im regulären Curriculum derzeit keine

Rolle, kann aber in der Zeit nach dem schriftlichen Abitur eine sinnvolle Beschäftigung darstellen. Immerhin hat der Schüler hier die Gelegenheit, z. B. eine Zykloide, einst wichtige Kurve in der Deutung der Planetenbahnen, selbst zu erzeugen.
Außerdem kann INTEGRA auch auf Funktionen angewandt werden, so daß im Unterricht der Klasse 12 die Themen **Graph, Ableitung, Bestimmtes Integral, Bogenlänge, Mantelfläche, Krümmungskreis** und **Rotationsvolumen** hiermit problemlos veranschaulicht werden können. Zur Motivation ist dieses Programm weniger geeignet. Vielmehr dient es zur Überprüfung von Ergebnissen und zur Demonstration.

Einen Leckerbissen unserer bisher erstellten Software für den Mathematikunterricht stellt das Programm "**KEGEL32 - Darstellung von Kegelschnitten in 3- und 2-dimensionaler Form**" dar. Hier wird ein Pflichtbereich des alten Lehrplans in eleganter Weise dem Schüler zugänglich gemacht, daß es schon wieder interessant ist, Kegelschnitte im Wahlbereich zu behandeln, was nach dem Abschluß der Programmentwicklung an meiner Schule dieses Jahr in zwei Parallelkursen tatsächlich

geschehen ist. KEGEL32 stellt einen Doppelkegel als Mantellinien-Gerüst in Parallelprojektion dar.
Der Betrachterstandpunkt wird durch die geogr. Länge und Breite eingegeben, am Kegel kann der öffnungswinkel variiert werden. Die Lage der Schnittebene wird durch ihren Winkel zur Kegelachse und den minimalen Abschnitt der Mantellinien bestimmt. Mit diesen fünf Parametern als Eingabe sind alle Möglichkeiten der Simulation gegeben.
Die Ausgabe besteht in der Benennung der Schnittkurve, der numerischen Exzentrizität des jeweiligen Kegelschnitts, des Krümmungsradius der Schnittkurve im Scheitelpunkt und des gesamten Doppelkegels mit Schnittfigur. Wahlweise können die Leitgeraden der Kegelschnitte und die dazugehörigen Dandelin-Kugeln mit den Brennpunkten dargestellt werden.

Den meisten jüngeren Kollegen, die das Programm gesehen haben, war die Funktion der Dandelin-Kugeln nicht bekannt: die Dandelin-Kugeln passen i. a. zu beiden Seiten der Schnittebene gerade in bzw. an den Kegel. Der Berührpunkt einer Kugel mit der Schnittebene ergibt einen **Brennpunkt** des Kegelschnittes, die Schnittgerade der Ebene durch den Tangentialkreis von Kugel und Kegel mit der Schnittebene ergibt eine **Leitgerade**.

Nachdem im Dreidimensionalen der Zusammenhang zwischen den charakteristischen Kegelschnittdaten klar ist -- im Hintergrund wird mit der Scheitelform für Kegelschnitte

$$y^2 = 2px - (1 - \epsilon^2) * x^2$$

gearbeitet -- kann nun in die Schnittebene **hinein**gegangen werden: man erhält dieselbe Schnittfigur wie vorher in der den älteren unter uns aus der Schulzeit bekannten Form

$$A * x^2 + B * y^2 + C * x + D * y + E = 0$$

auf Tastendruck.
In Abhängigkeit von den Eingabeparametern, die alle wie bei PARAM2 variiert werden können, ergeben sich

Ellipse, Kreis, Punkt, ausgeartete Ellipse,
Hyperbel, reelles Geradenpaar,
Parabel,
Parallelenpaar (reell, imaginär, zusammenfallend),
Gerade.

Auf eine Rückübertragung vom 2- in den 3-dimensionalen Teil wurde verzichtet, weil z. B. reelles Parallelenpaar und ausgeartete Ellipse sich nicht als Schnitt durch einen Doppelkegel darstellen lassen. Außerdem müssen die Kurven ohne Verschiebung in Scheitelform vorliegen und Parabeln müssen nach rechts geöffnet sein.

Zum Einsatz im Unterricht können nun **einzelne Bereiche der Ausgabe ausgeblendet** werden:

	3-dim Teil	2-dim Teil
Eingabe	öffnungswinkel des Kegels Neigungswinkel der Ebene	fünf Parameter
Bild	Kegeldarstellung	Kurve
Schnitt	Name der Schnittkurve numerische Exzentrizität ϵ p der allg. Scheitelgleichung	Name der Kurve

Damit steht einer Handhabung wie bei PARAM2 nichts mehr im Wege.

Mit "**INTERPOL - Interpolation, Integration und Nullstellenbestimmung ganzrationaler Funktionen**" kann im Analysis-Unterricht der Klasse 11 demonstriert werden, daß man durch n+1 Stützpunkte genau eine ganzrationale Funktion n-ter Ordnung legen kann. Auf das dem Programm zugrunde liegende Verfahren von Newton-Neville muß hierbei nicht eingegangen werden. INTERPOL könnte mit seinen Ausgaben der dividierten Differenzen allenfalls bessere Schüler für das Verfahren selbst motivieren. Andererseits können damit Interpolations-Aufgaben kontrolliert werden, die z. B. mit dem Gaußverfahren (siehe Lehrplan) gelöst wurden.

Die **Nullstellenbestimmung** von ganzrationalen Funktionen hingegen ist in der Schule ein Problem, was gern verdrängt wird. Einerseits gibt es ab Grad vier keine geschlossene Lösungsformel, andererseits werden im Unterricht nur Spezialfälle behandelt, so daß man mittels Ratelösung und algebraischer Division auf Polynome vom Grad zwei reduzieren kann. Mit INTERPOL hat man nun ein Instrument zur Hand, um beliebige ganzrationale Funktionen vollständig diskutieren zu können. Gleichzeitig werden gerade Leistungskurs-Schüler auf Verfahren geführt, wie sie in der späteren mathematischen Praxis selbstverständlich sind. Hier sollte bereits während der Schulzeit über den Tellerrand der Schulmathematik

hinweggeschaut werden.
INTERPOL eignet sich zur Bestätigung von Ratelösungen, zur Kontrolle des von Schülern mit dem Taschenrechner durchgeführten Nullstellen-Näherungsverfahrens von Newton-Raphson und zur Kontrolle von bestimmten Integralen ganzrationaler Funktionen.

Zuletzt soll noch ein sehr aufwendiges Programm vorgestellt werden, das zwar nicht direkt im Mathematikunterricht eingesetzt werden kann, mit dem man aber Funktionen in zwei Veänderlichen schnell in Form von Drahtrahmenkurven darstellen kann. Diese Leistung ist gelegentlich im Randbereich zwischen Mathematik und Physik erwünscht.
Seine Stärke erreicht **"LANDGRAF - Definition, Interpolation und Darstellung von Funktionen in zwei Veränderlichen"** jedoch bei der Darstellung von Landschaften, die bequem über einen speziellen Editor in Form von geodätischen Punkten eingegeben werden können. Mittels eines zeitaufwendigen Algorithmus erhält man ein hochauflösendes Bild aus frei wählbarem Blickwinkel, das die Qualität eines Großrechnerbildes hat.
Hier sehe ich bereits Anwendungsmöglichkeiten im Fach Erdkunde, das aber nicht zu meinem Aufgabenbereich gehört.

Nachtrag: Es wird Sie sicher **nicht** in **Erstaunen** versetzen, wenn Sie erfahren, daß alle dargestellten Programme während der letzten eineinhalb Jahre an unserer Schule von meinen Schülern in TURBO- bzw. UCSD-PASCAL auf IBM-PC's programmiert wurden. Zur Zeit ist u. a. ein Programm in Arbeit, das für die Vektorgeometrie in Klasse 12 Geraden und Ebenen aufgrund von Parametergleichungen und Normalenformen nebst Schnitten und Abständen darstellt. Damit erhält der von schlechten Skizzen begleitete Unterricht eine perfekte grafische Parallele.

Alle Programme mit ausführlicher Bedienungsanleitung sind über die Geschäftsstelle des Landesprojekts "CUM - Computer als Unterrichtsmedium" **kostenlos** zu beziehen.

Kontaktadresse:

CUM

Pädagogisches Zentrum

des Landes Rheinland-Pfalz

Bahnhofstraße 7-9

D-6550 Bad Kreuznach

Telefon (0671) 25404

Demonstration von Programmen I

Leitung: L.R.Sch.D. Willi van Lück

Soest

Computerunterstützte Simulationen im naturwissenschaftlichen Unterricht

Brigitte Schmidt

Gesellschaft für Mathematik und Datenverarbeitung
Sankt Augustin

Unter Simulationen verstehen wir das Arbeiten und Experimentieren mit Modellen statt mit den realen Objekten selbst. Für Naturwissenschaftler sind Abstraktion und Reduzierung der zu beschreibenden vielfältigen Phänomene in Form von Modellen sowie der Umgang mit diesen wichtige und unumgängliche Arbeitsverfahren, die sich besonders an der Methode der Simulation aufzeigen lassen: Durch Variation der Modelldaten werden unterschiedliche Zustände des Modells simuliert und die erhaltenen Ergebnisse am Realobjekt überprüft. Simulationen eröffnen so die Möglichkeit zum Vergleich zwischen Realität und Modell, leisten hiermit einen Beitrag zur Klärung theoretischer Aussagen und zum besseren Verständnis von Modellzusammenhängen. Sie dienen der Bildung, Konkretisierung und Verifizierung oder Falsifizierung von Hypothesen und unterstützen auf diese Weise die Prozesse der Erkenntnisgewinnung und -vermittlung.

Simulationen werden im Bereich der Naturwissenschaften zunehmend eingesetzt und sollten im Hinblick auf das Bildungsprinzip Wissenschaftspropädeutik auch im Unterricht der Sekundarstufe II einen entsprechenden Stellenwert einnehmen.

Bei der computerunterstützten Simulation dient uns der Rechner als Werkzeug oder Unterrichtsmedium zur Bearbeitung von Modellen. Wir können Computersimulationen immer dort einsetzen, wo das Modell durch einen vom Rechner ausführbaren Algorithmus beschrieben wird; sie scheinen uns jedoch aus didaktischen Gründen nur dann sinnvoll zu sein, wenn der Unterrichtsgegenstand mit den herkömmlichen Medien nur unzureichend übermittelt werden kann oder das Realexperiment nicht durchführbar ist, sei es aus fehlender Beobachtungsmöglichkeit, aus Zeit- oder Kostengründen oder aufgrund der Gefährlichkeit des Experiments. Vorteile gegenüber anderen Medien zeigen sich besonders in der graphischen Darstellung und Veranschaulichung auch dynamischer

Prozesse und abstrakter Sachverhalte sowie der Möglichkeit, die Simulation aktiv zu gestalten.

Welchen Anforderungen müssen die Simulationssysteme genügen, damit wir die aufgezeigten Intentionen erreichen können? Ausgehend davon, daß die Modelle im Unterricht erarbeitet worden sind, dürfen wir keine Problemlösung vorgeben, sondern müssen den Schülern einen Freiraum für eigene Kreativität im Sinne entdeckenden, forschenden Lernens gewähren, der jedoch so bemessen sein muß, daß die Arbeit des Schülers nicht in reine Spielerei ausarten kann. Es muß die Möglichkeit bestehen, wiederholt interaktiv verschiedene Ausgangsbedingungen festzulegen und die sich daraus für das simulierte System ergebenden Konsequenzen in graphischer und tabellarischer Form zu beobachten. Neben der eigentlichen Software sollten Lehrerbegleitmaterialien mit didaktischen und methodischen Hinweisen für die Unterrichtsvorbereitung, Schülerarbeitsblätter und eine vollständige Dokumentation des Simulationssystems einen sicheren Einsatz des Mediums ermöglichen und vor allem die gewünschte Integration in den Unterricht gewährleisten. Das Simulationssystem selber sollte von der Konzeption her für einen DV-Laien bestimmt sein, also keinerlei Programmier- oder Informatikkenntnisse voraussetzen.

Im Projekt SCHULAN der Gesellschaft für Mathematik und Datenverarbeitung (GMD), das sich mit der Erstellung von Software für Fachunterricht und Schulverwaltung beschäftigt, wurde unter Berücksichtigung der zuvor genannten Kriterien das Simulationssystem **SIMSEL** entwickelt, das Modelle aus unterschiedlichen Fachbereichen bearbeitet und insbesondere in den Naturwissenschaften (Unterrichtseinheiten zur Populationsökologie, Reaktionskinetik, Elektrochemie) eingesetzt werden kann:

Das Simulationssystem SIMSEL besteht aus einem Modellspeicherteil (Modellbank) und einer Simulationsumgebung (SIMSEL-Werkzeug). In der Modellbank sind alle Modelle mit Informationstexten, Modelldaten und -gleichungen abgelegt.

Mit einem (noch in der Planung befindlichen) Modelleingabeprogramm kann der Anwender eigene Modelle erfassen, die dann ebenfalls in der Modellbank gespeichert und mit Hilfe des SIMSEL-Werkzeugs bearbeitet werden.

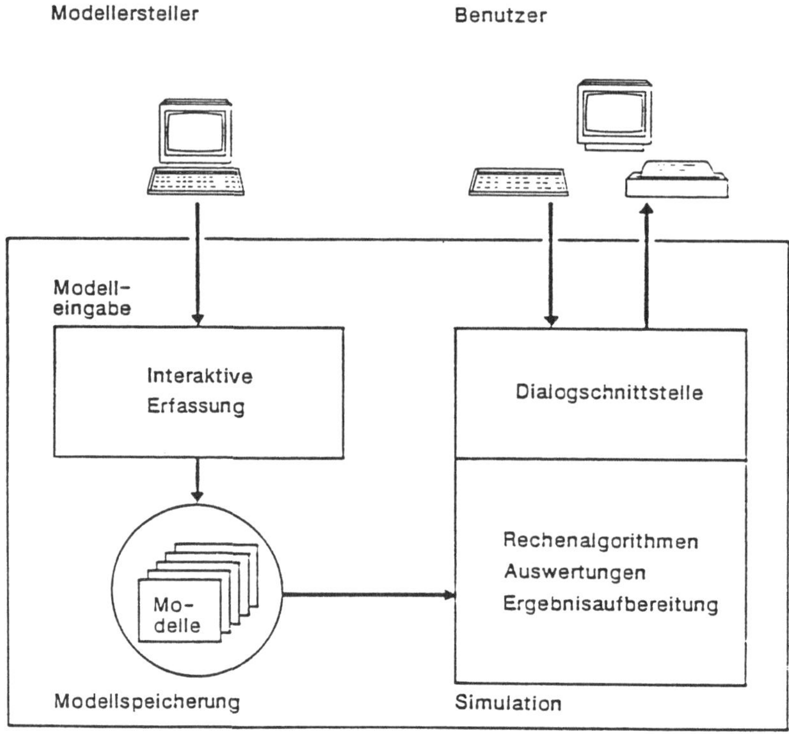

Jedes Modell gliedert sich in Informationstext, Demonstrations- und Simulationslauf.

Der Informationstext gibt einen kurzen Überblick über den fachlichen Hintergrund des Modells und zeigt die mathematische Beschreibung des Modells auf.

Die Demonstration soll auf die Arbeit mit dem Modell vorbereiten. Der Anwender erhält einen Einblick in den Programmablauf mit seinen möglichen Funktionen, ohne sich mit Werteeingaben oder umfangreichen Dialogsituationen auseinandersetzen zu müssen.

Den Ablauf der Simulation bestimmt der Anwender selbst. Er kann die Modellgrößen beliebig oft interaktiv verändern und zwischen den möglichen Darstellungsformen der Simulationsergebnisse wählen.

Die Einbettung der Modelle in einer gemeinsamen Simulationsumgebung sichert dem Anwender eine einheitliche Bearbeitung und Dialogführung sowie eine standardisierte Darstellung der Ergebnisse in Phasendiagrammen (Beziehung zweier Modellvariablen zueinander), Zeitdiagrammen

(Modellverhalten im Zeitverlauf) und Tabellen. Darüber hinaus sind modellspezifische Erweiterungen vorgesehen. Die Bildschirmausgabe ist übersichtlich und weitgehend einheitlich. Der Bildschirm läßt sich in mehrere Fenster einteilen, um verschiedene Darstellungsformen eines Simulationsvorganges zu kombinieren oder Modellverhalten bei unterschiedlichen Startwerten und Parametern gleichzeitig darzustellen.

Die Modellpakete aus den Fachbereichen Biologie, Chemie und Physik werden durch umfangreiche Begleitmaterialien ergänzt. Die Begleithefte zu den Modellen enthalten eine Einführung in die Themenstellung, eine Aufarbeitung des mathematischen Hintergrundes, Vorschläge für einen möglichen Unterrichtsgang sowie Aufgabenstellungen für Arbeitsblätter. Gleichermaßen für Lehrer und Schüler werden technische Informationen zum Umgang mit dem System bereitgestellt.

Der Computer als Unterrichtsmedium im Fach Physik

D.REUSSE

CUM, Pädagogisches Zentrum des Landes Rheinland-Pfalz

Bahnhofstr.7-9, D-6550 Bad Kreuznach, Tel.(0671)25404

In dem Projekt "Computer als Unterrichtsmedium" (CUM), einem Schulversuch des Landes Rheinland-Pfalz, werden Einsatzmöglichkeiten eines Mikrocomputers als Medium in verschiedenen Fächern im Gymnasium geprüft und gefördert. Hier soll speziell der Einsatz im Physikunterricht betrachtet werden. Bei der Benutzung des Computers im Physikunterricht werden folgende Einsatzarten unterschieden:

Lernprogramm für den einzelnen Schüler
Experimentierübung für Schüler und Lehrer
Datenbank für Schüler und Lehrer
Testerzeugung für Lehrer
Simulationsprogramme für Modelle
Simulation für die Anwendung von bekannten Formeln
Hilfen für die Auswertung von Meßwerten
Registrierung von Meßwerten
Steuerung von Experimenten

In dem zeitlich befristeten CUM-Projekt können nicht alle diese Aspekte betrachtet werden, sondern es waren Schwerpunkte zu setzen. Richtlinien für die Auswahl waren zum Beispiel folgende:

* Der Computer sollte nur dort eingesetzt werden, wo er andernen Medien überlegen ist.
* Der Computer sollte in keinem Fall ein Experiment ersetzen.
* Es sollte nicht nach geeigneten Randgebieten gesucht, sondern der Computer dort eingesetzt werden, wo er eine wesentliche Hilfe im Bereich des Pflichtstoffes darstellt.
* Der Computer sollte ebenso einfach wie zum Beispiel ein Fernsehgerät auch ohne Programmierkentnisse einsetzbar sein.
* Der Computer sollte auch in den Bereichen vorgeführt werden, wo er in der Praxis genutzt wird.

Folgende Projekte wurden im Rahmen von CUM angegangen:

1. Entwicklung von Kriterien für den Computereinsatz.
2. Entwicklung von Kriterien für die Beurteilung von Programmen.

3. Testen und Auswahl von Programmen auf dem Markt.
4. Festlegung von Forderungen an Programme für spezielle Aufgaben und Beauftragung von Programmierern.
5. Testen von Programmen im Unterricht und Erzeugung von Hilfen und Anregungen für den Computereinsatz.
6. Festlegung von Anforderungen an ein Interface, mit dessen Hilfe der Computer im Schulexperiment messend und steuernd tätig werden kann.
7. Ständige Beratung einer Firma, die dieses Interface baut.
8. Erzeugung von Programmen, die über das Interface Messungen und Steuerung im Schulexperiment ermöglichen.

An dieser Stelle möchte ich speziell auf die letzten drei Punkte eingehen, also auf den Einsatz des Computers im physikalischen Experiment. Um den Rechner zum Steuern und Messen im Experiment nutzen zu können, benötigt man ein geeignetes Interface und die darauf abgestimmten Programme. Da die Entwicklung der Programme und Einsatzhilfen sehr aufwendig ist, lohnt sie sich nur für ein Interface, das für den Unterricht besonders geeignet und auch genügend weit an den Schulen verbreitet ist. Auf der Suche nach einem entsprechenden Gerät konnten wir keines finden, das nach Preis und Leistung zur Anschaffung empfohlen werden kann und für das es sinnvoll scheint, die Software zu entwickeln. Deshalb haben wir zunächst, ausgehend von Erfahrungen mit einem Selbstbau-Interface, die Anforderungen definiert, die das Gerät erfüllen muß.

Das ideale Interface sollte möglichst vielseitig in den Experimenten des normalen Physikunterrichts, nicht nur in einigen Spezialexperimenten, einsetzbar sein, ohne daß für verschiedene Experimente Zusatzgeräte wie Meßverstärker, PH-Wandler, Hallsondentreiber, Hochspannungsquelle für Zählrohre, steuerbare Netzgeräte, Frequenzgeneratoren u.s.w. erforderlich sind, d.h. die Meßeingänge sollten für verschiedene Sonden vorbereitet und die Ausgänge für entsprechende Leistung dimensioniert sein. Das Gerät sollte bedienungsfreundlich und -sicher sein, d.h. alle Ein- und Ausgänge müssen gegen hohe Spannung und Kurzschluß abgesichert sein und alle Einstellungen von Nullpunkten, Meßbereichen und Meßkanälen müssen unter Programmführung vom Computer her vorgenommen werden können. Für das Arbeiten im Experiment ohne Zugriff auf die Computertastatur sollte ein Taster am Interface vorgesehen sein, der vom Rechner abgefragt und so für verschiedene Steuerfunktionen wie Start, Stopp, Abbruch oder nächste Messung genutzt werden kann.

Weitere Anforderungen an das Interface ergaben sich in der Erprobung im Experiment. So sind die vom Experimentator direkt benutzbaren 1-Bit Ein- und Ausgänge im Physikunterricht von geringer Bedeutung, so daß eine Beschränkung auf 4 Eingänge und 4 Ausgänge sinnvoll ist; aber für einige Sondereingänge sind davon unabhängige 1-Bit-Anschlüsse notwendig. Als Relais genügt ein zweipoliger Umschalter, aber zusätzlich wird eine Netzspannungssteckdose benötigt, durch die 220 V - Geräte wie Föhn oder Heizung vom Computer geschaltet werden können.

Im Bereich der Analogwert-Registrierung werden mindestens zwei Spannungseingänge gebraucht, die durch interne Meßbereichsschalter und genügende Auflösung mindestens den Komfort handelsüblicher Vielfachmeßgeräte bieten. Bei einer Meßbereichsstufung in fünf Zehnerpotenzen von 1000V bis 0,1V ist dazu eine Auflösung von mindestens zehn Bit plus Vorzeichen erforderlich, damit auch in Bereichen knapp oberhalb einer Meßbereichsgrenze noch vernünftig gemessen werden kann und der Experimentator nicht gezwungen wird, das Experiment für das Interface passend zu dimensionieren oder gar Spannungsteiler einzubauen. Zusätzlich sollte ein Eingang für sehr kleine Spannungen wie z.B. Hallspannung an Metallen oder Induktionsspannung an einem Leiter vorhanden sein. Zur Messung der Stromstärke ist ein weiterer Eingang erforderlich, der potentialfrei sein muß und mit mehreren Meßbereichen für Ströme bis 10A ausgelegt ist. Für die Sondenanschlüsse werden weitere Analogkanäle benötigt, die möglichst auch schon mit internen Meßbereichsschaltern versehen sind.

Für die Steuerung von Experimenten werden zwei Analog-Ausgänge gebraucht. Sie sollten umpolbar und bis mindestens 500mA Belastung eingerichtet und kurzschlußfest sein. Einer der Ausgänge muß absolut potentialfrei sein. Für die Auflösung sind bei zwei Spannungsbereichen acht Bit ausreichend.

Von besonderer Bedeutung für den Einsatz im Unterricht sind die Eingänge für spezielle Sonden. Als erstes ist hier ein Eingang für in der Schule gebräuchliche Zählrohre zu nennen. Dieser Eingang muß vom Interface mit der benötigten Hochspannung versorgt werden, die nur eingeschaltet wird, wenn das Zählrohr benutzt werden soll. Für weitere Sonden genügen vier universelle Eingänge, die jeder in einem Vielfachstecker einen Analog- Eingang, einen 1-Bit-Eingang und einen 1-Bit-Ausgang und zusätzlich eine symmetrische Versorgungsspannung für mögliche Elektronik in der Sonde enthalten müssen. Damit ist es möglich, auch in Zukunft immer wieder neue Sonden anzuschließen. Im Unterricht werden Sonden z.B. für folgende Zwecke benötigt: Messung von Temperatur, Druck, Feldstärke und Lichtstärke sowie spezielle Sonden zur Entfernungsmessung über Ultraschall und zur Messung sehr kleiner Ströme. Auch Lichtschranken sind hier anschließbar.

Die Verarbeitungsgeschwindigkeit im Interface, insbesondere die Zeit für die analog-digital-Wandlung, ist in den meisten Schulexperimenten von untergeordneter Bedeutung. deshalb ist es ausreichend, wenn die Wandlungszeit der Zeit entspricht, die die verbreitetsten Computer zur Übernahme der Werte benötigen, also etwa 10 Mikrosekunden. Dann kann das Interface direkt über einfache Parallelanschlüsse vom Rechner gesteuert werden, was die Kosten niedrig hält.Eine wichtige Forderung bezieht sich auf den Preis, der nicht über das hinaus gehen darf, was üblicherweise für Geräte in der Physiksammlung einer Schule ausgegeben werden kann.

Dieses Interface wird nun von der Firma BITEX in Mainz gebaut, die in enger Zusammenarbeit mit dem CUM-Projekt die Entwicklung durchgeführt und alle Forderungen erfüllt hat. Das Interface ist über eine einfache Steckkarte an den Apple II und später auch durch eine andere Steckkarte an IBM-kompatible Rechner anschließbar. Das Interface hat den Namen "CUM-BOX", wobei CUM sowohl als Anlehnung an das CUM-Projekt, als auch als Abkürzung für "Computer-Unterstütztes Messen" gedacht ist. Zu dem Interface werden eine ausführliche Benutzeranleitung und Programme zur Demonstration in Maschinensprache, Basic und Turbo-Pascal geliefert.

Parallel zur Entwicklung der Hardware ist bereits die Entwicklung der Software gelaufen. Sie wurde zunächst an einem Vorgänger des Interfaces und an dem Prototyp der CUM-BOX getestet. Ursprünglich wurde sie in dem erweiterten Basic "BAPS" für Apple geschrieben; in der endgültigen Form wird sie in Turbo-Pascal erzeugt, damit sie leicht auf andere Rechner übertragen werden kann. Die Programme sind zum Test kostenlos von der CUM-Geschäftsstelle zu beziehen.

Die Programme werden so benutzerfreundlich und absturzsicher erstellt, daß sie von jedem Physiklehrer ohne Computerkenntnisse eingesetzt werden können. Es muß nur die entsprechende Diskette eingelegt und der Rechner gestartet werden. Für Aufbau, Schaltung und Durchführung des Experimentes bietet das Programm Hilfe und einfache Führung an. Die Hilfen sollten bei der ersten Benutzung des Programms aufgerufen oder im Begleitmaterial nachgelesen werden. Im Unterricht wird man sie gewöhnlich nicht mehr aufrufen, sondern ohne langes Lesen von Menüs, Hilfen und Anweisungen das Experiment durchführen wollen. Dazu werden einfache Steuerfunktionen angeboten. Während der Versuchsdurchführung zeigt der Bildschirm ein Protokoll der Messung, teilweise auch als Graph, dem man jederzeit den Zustand des Experimentes und die Eingriffsmöglichkeiten entnehmen kann. Dem jeweiligen Experiment entsprechend werden verschiedene Darstellungen und Auswertungen der Versuchsergebnisse in Graphen oder Tabellen angeboten. Die Ergebnisse können gespeichert und für weitere Auswertungen und Vergleiche in späteren Unterrichtsstunden aufgerufen werden. Der Bildschirminhalt kann jederzeit auf den Drucker übertragen werden. Zu den Programmen gibt es Benutzeranleitungen, mit denen sich der Lehrer vor und während des Einsatzes des Programms informieren kann und die auch Hilfen und Tips für die Gestaltung des Unterrichts mit diesen Programmen geben.

Da die Einsatzmöglichkeiten der CUM-BOX sehr umfangreich sind, ist es nicht möglich, gleich für alle denkbaren Versuche Programme anzubieten. Es wurden einige Bereiche ausgewählt, die teilweise den universellen Einsatz für viele Experimente, teilweise aber auch die Durchführung eines speziellen Versuchs ermöglichen. Ein Beispiel für den universellen Einsatz ist die Benutzung des Computers als XY-Schreiber. Dabei hat die Kopplung von Rechner und CUM-BOX entscheidende Vorteile gegenüber dem normalen Gerät. Es können Hilfen vor und während der Versuchsdurchführung und Steuerungen durch Ausgabe von Schaltimpulsen und zeitabhängigen Versorgungsspannungen angeboten werden. Der sich ergebende Graph kann vor dem Ausdruck geeignet dimensioniert werden, und man kann ihn mit Achsen und Bezeichnungen versehen und früher gemessene oder theoretisch ermittelte Kurven mit aufnehmen. Auch Verarbeitungen mit logarithmischer oder reziproker Auftragung sind so möglich. In der Zeitauswahl kommt man vom Bereich des Speicheroszilloskops bis zu beliebig ausgedehnten Langzeitmessungen.

Etwas spezieller auf das Experiment abgestimmt ist ein Programm zur Aufnahme von Kennlinien. Dafür sind hier dann auch umfangreichere Anleitungen zum Versuchsaufbau und Kontrollen vor und während der Messung möglich. Ein aufwendigeres Experiment ist die computergesteuerte Durchführung des Franck - Hertz - Versuches, in der neben der Registrierung der sehr kleinen Ströme auch die Regelung der Temperatur und der Beschleunigungsspannung von der CUM-BOX übernommen werden können.

Ein wichtiges Programm ist allein für Messungen mit einem Zählrohr gedacht. Es ermöglicht die bequeme Registrierung von Zählratenverteilungen, die per Hand im Unterricht nicht durchführbar ist, obwohl die dabei ermittelte statistische Verteilung in jedem Physik-Kurs behandelt werden muß. Bei der Aufnahme von Einzelwerten und Meßreihen sind beliebige Meßzeiten möglich, die Ergebnisse können in Tabellen registriert und ausgewertet und geeignete Graphen erzeugt werden. Die Fehler bei der Zählrohrmessung können berücksichtigt werden, was sonst bei umfangreicheren Meßreihen wegen des großen Aufwandes meist unterbleibt und damit häufig zu wesentlichen Fehlern führt, da zur Erreichung von kurzen Meßzeiten und geringem statistischen Fehler mit Intensitäten gearbeitet werden muß, bei denen die Totzeitkorrektur nicht mehr vernachlässigbar ist.

In Arbeit sind noch Programmpakete für die Mechanik, in der eine Ultraschallsonde zur Messung des Weges in Abhängigkeit von der Zeit genutzt wird, und für die Steuerung enies universellen Generators. Alle Programme werden im CUM-Projekt erstellt und gewartet. Damit ist es möglich, Wünsche für Änderungen oder spezielle Anwendungen der Geschäftsstelle mitzuteilen, die dann kostenlos im Rahmen der zur Verfügung stehenden Mittel erfüllt werden können. Auch für Anregungen bezüglich des Einsatzes des Computers im Experiment ist die Projektgruppe immer dankbar. Lehrer, die selbst programmieren, können von den Programmen ausführlichere Beschreibungen und Programmlisten erhalten. Damit können sie die Grundmodule benutzen und durch Zusatz eigener Prozeduren neue Experimente steuern.

Neue Entwicklungsvorhaben

Leitung: MR. Winfried Hosseus

Mainz

ALLTAGSINFORMATIK

ENTWICKLUNGSPROJEKT FÜR DIE OBERSTUFE DER ZÜRCHER VOLKSSCHULE

Hans R. Dietiker, Pädagogische Abteilung der Erziehungsdirektion
Haldenbachstrasse 44, CH - 8090 Zürich

1. SCHULSYSTEM IM KANTON ZÜRICH - EINIGE BESONDERHEITEN

Die Schweiz gehört weltweit zu den Ländern mit der höchsten Computerdichte: Schätzungsweise die Hälfte aller Berufstätigen in unserem Land ist von den Errungenschaften der modernen Mikroelektronik an ihrem Arbeitsplatz täglich direkt oder indirekt betroffen. Mit beträchtlichen Opfern haben in diesem Jahrzehnt weite Teile der Schweizer Wirtschaft die Umstellung auf die neuen Technologien vollzogen, vom Bankwesen bis zur Maschinen- und Uhrenindustrie. Von dieser Entwicklung ist auch das Schulsystem nicht verschont geblieben, und es ist das Ziel meines Referates zu erläutern, unter welchen Voraussetzungen und mit welchen Mitteln wir versuchen, uns der grossen Herausforderung zu stellen.

Die Schweizerische Bundesverfassung überlässt die Organisation der Volksschule den Kantonen. Stellvertretend für die rund zwei Dutzend verschiedenen Schulsysteme unseres Landes wird hier die Situation in der Volksschule des Kantons Zürich (Wohnbevölkerung 1984: 1,14 Millionen) dargestellt:

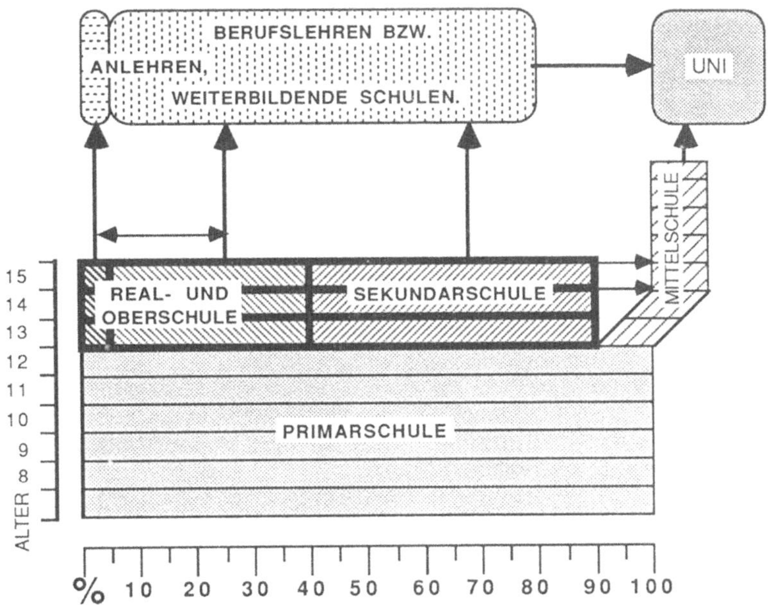

SCHULSYSTEM DES KANTONS ZÜRICH, ÜBERSICHT
DAS ENTWICKLUNGSPROJEKT INFORMATIK FÜR DIE OBERSTUFE DER ZÜRCHER VOLKSSCHULE BETRIFFT DIE OBER-, REAL- UND SEKUNDARSCHULE

In der Primarschule gilt generell, in der Oberstufe teilweise das Klassenlehrersystem. In der Real- und Oberschule erteilt eine Lehrkraft praktisch den gesamten Unterricht in allen Fächern während drei Jahren; in der Sekundarschule sind es zwei Lehrer, die sich in das Pensum zweier Klassen teilen: der eine vorwiegend für mathematische Fächer, der andere für Sprache. Der Klassenlehrer ist es denn auch, der von jeglicher curricularen Neuerung - und es gibt deren viele im gesamten Fächerspektrum - und damit auch von der Informatik direkt betroffen wird.

Kantonale und kommunale Behörden teilen sowohl Lasten als auch Befehlsgewalt über die Volksschule unter sich auf, wobei die inhaltliche Koordination und Entwicklung bei der Erziehungsdirektion (Kultusministerium) liegt. Finanziell sind allerdings die politischen Gemeinden als Trägerinnen der Schulen weitgehend autonom. Dies bedeutet, vereinfacht ausgedrückt, dass die Schulen Material nach eigenem Gutdünken einkaufen können, sich bei dessen Verwendung aber an die kantonalen Vorschriften halten müssen.

2. AUFTRAG

Gemäss einem Auftrag der Erziehungsdirektion an verschiedene im Bildungsbereich tätige Institutionen wird für die Jahre 1985 bis 1988 ein koordiniertes Vorgehen in den Bereichen Lehrerfortbildung, Lehrerausbildung und Entwicklung von Leitideen für Informatikunterricht an der Oberstufe der Volksschule angestrebt:

Lehrerbildung

Die Lehrerfortbildung konzentriert sich im Moment darauf, Lehrerinnen und Lehre- aller Stufen in Grundkursen von rund dreissig Stunden Dauer über Grundlagen der Informatik zu informieren. Kursziele sind in erster Linie die sachliche Orientierung über die neuen Informationstechnologien sowie die auf das persönliche Interesse ausgerichtete Fachausbildung in Richtung Anwendung oder Programmierung. Eine Qualifikation für die Erteilung von Informatikunterricht wird dadurch allerdings noch nicht erreicht.

Schulversuche

Im Zentrum der Arbeiten zur Entwicklung von Leitideen für den Unterricht steht das *Entwicklungsprojekt Informatik für die Oberstufe der Zürcher Volksschule* mit dem Auftrag, Inhalte und Unterrichtsformen für einen Informatikunterricht in der 7. bis 9. Klasse zu definieren und zu erproben. Dieses Projekt wird von einem Team an der Pädagogischen Abteilung der Erziehungsdirektion seit rund einem Jahr durchgeführt, und es stehen zur Zeit recht ermutigende praktische Erfahrungen als Basis für die weitere Arbeit zur Verfügung.

3. RAHMENBEDINGUNGEN

Eine Bestandesaufnahme über Informatikaktivitäten an verschiedensten Oberstufenschulen des Kantons Zürich zeigte 1984 eine Vielfalt freier Computerkurse nach dem Muster: Freiwilliger Programmierkurs in der Sprache BASIC mit Schwergewicht auf mathematischen Problemstellungen.

Es war von Anfang an Ziel der Projektverantwortlichen in Zürich, zu diesen Kursen eine inhaltliche Alternative anzubieten sowie nach Möglichkeit die Kaufbereitschaft der Gemeinden zu dämpfen, um das Gerätechaos nicht noch zu vergrössern. Hier ist auf die finanzielle Hohheit der Gemeindebehörden hinzuweisen: Ein direkter Eingriff der kantonalen Erziehungsdirektion ist eigentlich nur über inhaltliche Vorgaben möglich.

Aus diesen Überlegungen und aus der Kenntnis verschiedenster Informatikprojekte im In- und Ausland entstanden Rahmenbedingungen für das Zürcher Projekt für die Dauer von rund drei Jahren:

-Die zunehmende Bedeutung der Informatik für jedermann rechtfertigt ein Eingehen auf diese Thematik im Rahmen des obligatorischen Unterrichts. Dabei sollen allgemein bedeutungsvolle Inhalte vermittelt werden, ohne auf Spezialwissen einzugehen und dabei in die Domäne der Berufsbildung einzudringen.

- Im Vordergrund der Arbeit steht die inhaltliche Auslotung von Informatik für die Volksschule; andere Arbeiten (z. B. die Evaluation von Hardware) sind diesem Ziel unterzuordnen.

- Die Schulversuche beschränken sich bis auf weiteres auf die Oberstufe, also auf das 7. bis 9. Schuljahr und zwar grundsätzlich unabhängig vom Schultyp. Sie werden im Rahmen der bestehenden Strukturen (ohne spezielle Schulversuchs-Gesetzgebung) durchgeführt.

- Es wird kein Fach Informatik geschaffen, sondern an einer Integrations- oder Verteilungslösung gearbeitet. Informatik soll nicht (nur) innerhalb der mathematischen Fächer angelagert werden, sondern kann prinzipiell in jedem Unterrichtsfach thematisiert werden.

- Erfahrungen aus der Projektarbeit sollen laufend in die Kurse der Lehrerfortbildung einfliessen und - unter Berücksichtigung von Informationen aus anderen Regionen und Bereichen - allmählich zu einem *Informatikkonzept* für die Volksschule des Kantons Zürich führen.

4. DAS INHALTLICHE KONZEPT: "ALLTAGSINFORMATIK"

Aus der Tatsache, dass die technische Entwicklung der Mikroelektronik bedeutende gesellschaftliche Veränderungen zur Folge hat, ergibt sich für die Schule die anspruchsvolle Aufgabe, auf eine gesamtgesellschaftliche Entwicklung adäquat einzugehen.

Diese Problemstellung beschäftigt das Informatikteam der Pädagogischen Abteilung, das zur Zeit aus drei beurlaubten (freigestellten) Lehrern und einem Sozialwissenschafter besteht. Bei unserem Lösungsansatz handelt es sich um ein weitgehend offenes Entwicklungsprojekt, das allerdings über gewisse Vorgaben, insbesondere um einen inhaltlichen Rahmen verfügt. Darin enthalten sind diejenigen Bereiche der Mikroelektronik oder Informatik, welche eigentliche Berührungspunkte zur Berufs- oder Privatsphäre eines jeden Menschen darstellen.

Was in Holland oder Deutschland unter der Bezeichnung Bürgerinformatik in die Schulen dringt, heisst in unserem Kanton *Alltagsinformatik*. Vier Elemente sind - in enger Anlehnung an die erwähnten ausländischen Projekte - Bestandteil dieses Begriffs:

- Grundelement ist die modellhafte *Nutzung* alltäglicher Computeranwendungen in Industrie- oder Dienstleistungsbetrieben.

- Einen weiteren Schwerpunkt bildet das Eingehen auf die *Auswirkungen* der Mikroelektronik und Informatik auf Wirtschaft und Gesellschaft, etwa am Beispiel von Veränderungen in der Arbeitswelt, im Zahlungsverkehr, in der Musik, im Freizeitverhalten.

- Die Arbeit mit *Algorithmen* (beispielsweise im Mathematikunterricht) soll Kenntnisse über Problemlösungsstrategien vermitteln, die auch für die Informatik kennzeichnend sind.

- Die Bedienung (Nutzung) des Computers soll auch Einblick in die *Funktionsweise* von Hard- und Software verschaffen, ohne dass dabei Programmierung oder Systemkenntnis im Vordergrund stehen.

Zum inhaltlichen Konzept der Alltagsinformatik gehört auch ein methodisch-didaktischer Rahmen, an dem sich die praktische Arbeit zu orientieren hat: Der Unterricht soll praxisnah und projektorientiert erfolgen, was in der Hauptsache in zwei wesentliche Forderungen an die Lehrer für deren Arbeit mündet:

- Verzicht auf eine "Mini-EDV-Lehre" zugunsten von unmittelbaren Erfahrungen mit bzw. an Computersystemen.

- Erreichen eines gemeinsamen Ziels (Produktes) bei Abschluss des Unterrichts, das im wesentlichen mit Hilfe eines Computersystems erarbeitet (hergestellt) worden ist.

Zur Zeit liegen Erfahrungen mit rund 20 Klassen vor (etwa 400 Jugendliche); weitere 80 Teilprojekte sind für die nächsten zwei Jahre geplant.

5. DURCHFÜHRUNG

Das Entwicklungsprojekt Informatik für die Oberstufe der Zürcher Volksschule stützt sich im wesentlichen auf die aktive und freiwillige Mitarbeit von Lehrkräften der Oberstufe, die mit ihren Klassen Computerunterricht im Sinne von Alltagsinformatik durchführen wollen. Ein solcher Unterricht weist in der Regel die folgenden Merkmale auf:

- Alltagsinformatik wird durch den Klassenlehrer erteilt, allenfalls durch den Parallelklassenlehrer (Sekundarschule) oder durch beide Lehrer gemeinsam.

- Der Unterricht ist für die Schüler einer Klasse obligatorisch, betrifft also auch nicht interessierte bzw. mathematisch nicht begabte Jugendliche, Knaben und Mädchen zu gleichen Teilen.

- Der Unterricht findet in der Regel im Rahmen einer Projektwoche statt, in welcher der reguläre Stundenplan ausser Kraft gesetzt und durch Arbeit am und um den Computer ersetzt wird. Diese Organisationsform gilt nur während der Dauer des Versuches.

- Zu einer Informatikwoche gehören als integrale Bestandteile die besondere Vorbereitung des Lehrers auf dessen Aufgabe sowie eine angemessene Vorbereitungs- und Auswertungsphase für die Klasse. Insgesamt stehen rund 40 Schulstunden zur Verfügung mit einer Bandbreite von ca. 50 % nach unten und nach oben.

- Für die praktische Arbeit werden den Klassen Personal Computer mit den notwendigen Programmen und Peripheriegeräten leihweise und in genügender Zahl unentgeltlich zur Verfügung gestellt.

Vorbereitung

Die Versuchsanlage ist sowohl für die Lehrer als auch für den verantwortlichen Projektstab an der Pädagogischen Abteilung aufwendig. Während die Lehrer der ersten Projektphase durch unsere Gruppe einzeln in die inhaltlichen, technischen und methodischen Belange der Alltagsinformatik-Woche eingeführt wurden, wird in Zukunft die wesentliche Vorbereitungsarbeit im Rahmen eines Kurses geleistet. Dessen wichtigste Teile sind eine Übersicht über die Ziele des Entwicklungsprojektes, die Einführung in den Gebrauch der Hard- und Software, die Wahl eines geeigneten Wochenthemas (Projekt, Ziel) sowie eine Phase der didaktischen Planung als Grundgerüst für die Vorbereitung des Unterrichtes. Jeder Kursteilnehmer wird so weit geschult, dass er später selbständig bzw. in einer Gruppe ähnlich interessierter Kollegen alle Einzelheiten seiner Computerwoche erarbeiten kann.

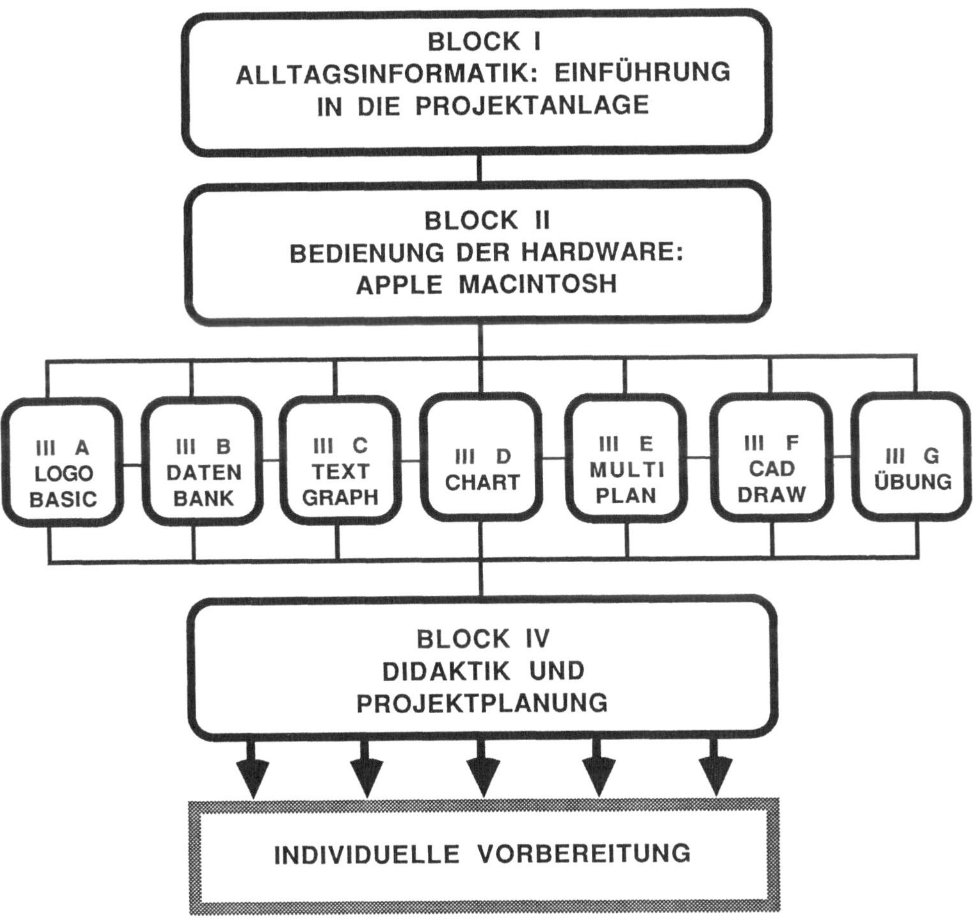

Lehrerfortbildung: In einem Kurs von rund 30 Stunden Dauer werden die Lehrer so weit vorbereitet, dass sie anschliessend ihre Informatikwoche weitgehend selbständig planen und durchführen können.

Technische Ausrüstung

Besondere Bedeutung kommt bei dieser Projektanlage der Wahl von Hard- und Software zu: Obwohl in der Lehrerfortbildung mit MS-DOS-Geräten gearbeitet wird, haben wir uns zur Arbeit mit einem nicht IBM-kompatiblen Gerät entschlossen. Aufgrund der (1984 noch einzigartigen) Benützerfreundlichkeit fiel unsere Wahl auf Apple Macintosh. Dabei waren weder Marke noch Preis massgebend, sondern in erster Linie eine gewisse Spekulation mit der Zukunftsträchtigkeit der "Mac"-Technologie. Unterdessen scheint uns die Entwicklung auf dem Computermarkt in dieser Beziehung recht zu geben, und unsere Erfahrungen mit diesen Geräten dürfen als hervorragend bezeichnet werden.

Im Verleih stehen dreissig Geräte, davon zwölf mit zweiter Diskettenstation. Zwölf grafikfähige Matrixdrucker ergänzen die Ausrüstung, welche die gleichzeitige Durchführung von zwei bis drei Projektwochen ermöglicht und daneben auch zur Schulung und Vorbereitung der Versuchslehrer dient. Die hohen Anschaffungskosten rechtfertigen sich einerseits durch die fortschrittliche Technik, andererseits aber auch durch den Umstand, dass die Geräte - im Unterschied zu fest installierten Schulanlagen - optimal genutzt werden.

6. ERFAHRUNGEN IM PRAKTISCHEN UNTERRICHT

Alltagsinformatik bedeutet in unserem Projekt modellhaften, exemplarischen Unterricht ohne Anspruch auf Vollständigkeit oder Relevanz für einen allfälligen beruflichen Bedarf. In jedem Teilprojekt steht ein Thema, eine Anwendung im Zentrum. Der Computer ist für die Dauer der Projektwoche wichtigstes, aber nicht einziges Werkzeug. Er wird nach Möglichkeit nur dort eingesetzt, wo er Vorteile gegenüber anderen Techniken bietet; dadurch werden Möglichkeiten und Grenzen seines Einsatzes transparent.

Zwei Kriterien stehen bei der Planung des Projektthemas im Vordergrund: Der Bezug zum Unterricht und der Bezug zur Technik. Der Unterrichtsbezug gibt Hinweise darüber, in welcher Weise an eine Integration ins Curriculum zu denken ist (grundsätzlich alle Schulfächer), während es beim Technikbezug darum geht, einen bestimmten Anwendungsbereich als Beispiel in den Vordergrund zu stellen.

Anhand von unterschiedlichen Beispielen versuche ich aufzuzeigen, wo wir mit unserer Arbeit stehen:

Beispiel 1 - Schülerzeitung

Eine Klasse erstellt im Rahmen einer Projektwoche der gesamten Schule zum Thema "Unsere Gemeinde" eine Schülerzeitung: Die hauptsächliche Computeranwendung ist dabei die Textverarbeitung. Damit werden Texte erfasst, editiert, gestaltet und in ein zeitungsgerechtes Spaltenformat gebracht. Rund 50% der Arbeitszeit wird am Computer verbracht, der in acht Einheiten zur Verfügung steht. Sämtliche Beiträge werden von Schülern recherchiert und direkt am Computer entworfen. Der Lehrer korrigiert für einmal leserlich Gedrucktes; die Korrekturen werden wieder durch die Schüler am Bildschirm eingegeben. So entsteht eine Fülle von Texten, für deren Inhalt und Layout auf je einer Seite jeweils eine Schülergruppe verantwortlich zeichnet. Gegen Ende der Woche nimmt der Leistungsdruck zu: Das Blatt soll am Samstagmorgen an Eltern und Mitschüler verkauft werden.

Wichtig ist ein direkter Bezug zur Wirtschaft, zur Berufswelt: In der Nachbargemeinde werden Redaktion und Druckerei einer Regionalzeitung besucht, die vor kurzer Zeit auf den modernen Computersatz umgestellt worden ist. Die Mitarbeiter der Firma stehen noch tief unter dem Eindruck dieser Veränderung; noch nicht alles klappt reibungslos, und man hört da und dort Kommentare, welche die Vorteile der neuen Technologie etwas relativieren. Die Arbeit des wirklichen Journalisten wird mit den eigenen Erfahrungen am Computer verglichen; der Vergleich zeigt erstaunlich viele Parallelen: Arbeitsweise, Umgebung, Immissionen, Hektik...

Wie lässt sich der Erfolg einer solchen Arbeit beurteilen? Da gibt es einmal das Produkt: eine achtseitige Zeitung im Format A3, die reissenden Absatz und grossen Anklang findet, auf die jeder "Redaktor" auch mit Recht stolz ist. Es gibt aber auch die Stimmung unter den Schülern, die vom Lehrer und von den Beobachtern wahrgenommen wurde: Ein äusserst sachliches Verhältnis zum Computer, Freude am Entstehen des Werkes, Stolz auf das Erreichte, ein sinnvoller Wechsel zwischen Kooperation und Einzelleistung charakterisieren die rund 35 Stunden Zeitungsproduktion.

Beispiel 2 - Wohnung einrichten

Im Zentrum dieser Computerwoche steht die Arbeit mit dem CAD-verwandten Grafiksystem "MacDraw". In einer Vorbereitungsphase sind zuhause Zimmer vermessen und grob skizziert worden; daneben hat man verschiedene Möbelprospekte gesammelt oder bei Fachgeschäften bestellt. Nun geht es darum, die Möglichkeiten des Grafikprogrammes zu erlernen und ein Zimmer bzw. eine Wohnung nach eigenen Wünschen und Geschmack zu möblieren. Ganze Möbellager werden auf Diskette angelegt, Grundrisse ausgetauscht, übertragen, verändert, neu zusammengefügt. Was fehlt ist die Möglichkeit, das Geplante zuhause auch zu realisieren.

Auch hier wird eine Firma besichtigt und auf ihren Computereinsatz untersucht: In einem Industriebetrieb wird ein professionelles CAD-System demonstriert. Ohne eigene Erfahrung am Bildschirm wäre der Konstrukteur wohl als Hexenmeister betrachtet worden; jetzt begnügt man sich mit einem Kommentar darüber, dass solche Profisysteme schon noch ein Stück komplizierter seien als das eigene.

Das Öffnen der "blackbox" ist der schwierigste Teil des Unterrichts. Komplexe Technik lässt sich in wenigen Stunden nicht völlig durchschauen, und der Wunsch der Kinder, dies zu tun, hält sich in Grenzen. Die Schüler experimentieren mit einfachsten Grafikprogrammen: Es werden Koordinatenpunkte miteinander verbunden, auf diese Weise Muster erzeugt, verändert. Wichtig ist die Erfahrung, dass ein Computer programmierbar, also beherrschbar ist und dass auch hoch komplexe Programme im Prinzip aus zweiwertiger Logik zusammengesetzt sind.

Diese Projektidee hat zu einer interessanten Folgeidee geführt: Anstelle von Möbeln sollen in einem Planspiel Gebäude, Strassen, Bepflanzungen etc. verschoben werden. Es geht dabei um Siedlungsplanung, genauer um die Planung eines - aus Sicht der Schüler - lebenswerten Dorfes oder Quartiers. Mit MacDraw erstellte Objekte werden zu einem Siedlungsraum gegliedert und als Gruppenlösung in der Klasse vorgestellt, begründet, diskutiert. Nach solchen Gesprächen können die einzelnen Ideen jeweil abgeändert werden, bis sie schliesslich einer interessierten Öffentlichkeit (Schule, Eltern, Gemeindebehörden...) präsentiert werden.

Beispiel 3 - Datenmissbrauch

Unter falschen Vorgaben wurden in der gesamten Schule Schülerdaten über das Freizeitverhalten sowie persönliche Interessen und Neigungen gesammelt (rund 140 Datensätze). Diese Daten wurden im Rahmen der Informatikwoche in ein einfaches Datenbankprogramm (MS File) eingegeben und für eine Partnervermittlung ausgewertet. Zum Schluss der Arbeitswoche wurden die Mitschüler aus anderen Klassen mit einem Serienbrief konfrontiert, der ihnen einen oder mehrere Partnervorschläge unterbreitete. Dadurch wurden an mehreren Klassen gleichzeitig Diskussionen über Persönlichkeitsschutz ausgelöst. Am Samstagmorgen der folgenden Woche wurde das Thema Datenschutz mit Schülern, Eltern und Schulbehörden intensiv diskutiert.

Weitere Projekte

In den fünfzehn bisher durchgeführten Projekten dominieren eindeutig Textverarbeitung und Grafik, während beispielsweise der Umgang mit einer Datenbank ein noch wenig berührtes aber unseres Erachtens lohnendes Arbeitsfeld ist. Einige der für das kommende Schuljahr geplanten Wochen setzen hier den Schwerpunkt, beispielsweise indem das Verkehrsbüro (Informationsstelle für Touristik) in einem Kurort simuliert wird: Ausflugsziele, Sehenswürdigkeiten, Gaststätten, freie Betten, Abendunterhaltungen... Für den Ferienort Valbella und für das malerische Städtchen Solothurn bestehen konkrete Projekte für den kommenden Sommer.

Grosses Gewicht wird in Zukunft auch auf den Bereich Messen - Steuern - Regeln gelegt, indem Einblick in die an Bedeutung ständig gewinnende Welt der Industrierobotik genommen wird. Hier sind zwei konkrete Projekte in Vorbereitung: die Lagerbewirtschaftung in einem Supermarkt mit Barcode sowie die Steuerung von Modellrobotern (LEGO, Fischer Technik und andere).

7. AUSBLICK

Bereits im Herbst 1987 - also rund zwei Jahre nach Beginn der Arbeit - erwartet der Erziehungsrat in einem Schlussbericht über das Entwicklungsprojekt Hinweise auf weitere Massnahmen bezüglich Informatik in der Volksschule. Dabei geht es einerseits um eine sinnvolle Weiterführung der Arbeit, aber auch um Konsequenzen im Hinblick auf Curricula, Unterrichtsorganisation, Lehrerbildung, Ausrüstung der Schulen... Bis zu diesem Zeitpunkt werden rund achzig bis hundert Informatikwochen mit insgesamt etwa 1'500 bis 2000 Schülern durchgeführt worden sein.

Wir sind im Augenblick daran, den Zeitplan noch erheblich zu straffen, um möglichst rasch koordinierende Massnahmen ergreifen zu können. Bereits für den Herbst dieses Jahres planen wir Richtlinien an die Schulgemeinden bezüglich Unterricht, Anschaffungen und Lehrerfortbildung.

Daneben gibt es national Ansätze für eine Koordination des schweizerischen Informatikgeschehens. Seit rund einem Jahr arbeitet eine interkantonale Kommission aus Schulfachleuten an inhaltlichen Vereinbarungen bezüglich des Informatikunterrichts. Die Untergruppe "Volksschule", der ich angehöre, hat vor kurzem *Leitideen und Richtziele* für Informatik in der obligatorischen Schule verabschiedet, die von der Konferenz der Erziehungsdirektoren (Kultusminister) noch zu verabschieden sind. Ein bedeutendes Nebenprodukt dieser Arbeit ist der regelmässige Erfahrungs- und Gedankenaustausch der in der Gruppe vertretenen Verantwortlichen für kantonale Informatikprojekte.

Wichtig für den Zürcher Versuch ist auch die Tatsache, dass im Kanton Bern vor kurzem ein Schwesterprojekt entstanden ist mit vergleichbarem Versuchsaufbau und den selben technischen Mitteln. Ebenfalls möchte ich darauf hinweisen dass wir aus den Arbeiten des IPN in Kiel und aus Unterlagen aus Nordrhein-Westfalen zahlreiche wertvolle Gedanken übernehmen durften, die uns für unsere eigenen Versuche den Rücken stärken.

Mikroprozessoren in der Elektroausbildung

H. Schmidt

Halbautomatische Lösung von Textaufgaben nach der Basis-Grammatik Methode

T. Kuppler, P. Schmidt, N. Vollhardt

Institut für Informatik, Universität Bonn

Die hier beschriebene Methode der halbautomatischen Lösung von Textaufgaben besteht aus drei Phasen. Ein Aufgabentext wird gemäß einer vorgegebenen Basis-Grammatik eingegeben. Der Text wird geparst und in eine interne Darstellung übertragen. Mit Hilfe von Regeln werden die relevanten Angaben in einen Aufgabenframe übertragen. Ein weiterer Satz von Regeln löst die nunmehr formal gestellte Aufgabe.

1. Einleitung

Mathematische Textaufgaben stellen einen wesentlichen Teil jeder Mathematikausbildung dar, weil durch sie ein Zusammenhang zwischen der abstrakten Mathematik und der Umwelt hergestellt wird. Das Lösen von Textaufgaben wird in der Gagneschen Hierarchie von Lernarten (s. etwa Edelmann, 1979) dem Problemlösen zugeordnet und gehört damit zum komplexesten Lerntyp. Dem entsprechen die zum Teil sehr großen Schwierigkeiten, die Schüler bei der Bearbeitung von Textaufgaben haben.

Ziel dieser Untersuchungen ist es, halbautomatische Lösungsverfahren für mathematische Textaufgaben zu entwickeln, die ein Benutzer verwenden kann, um die Lösung für eine vorgelegte Textaufgabe zu erhalten.

Das Hauptproblem, die Extraktion der in der Aufgabe vorhandenen relevanten Angaben, wird mit zwei verschiedenen Ansätzen angegangen.
Der eine Ansatz, Fragenbaum-Methode genannt (Schmidt, 1986), besteht darin, daß dem Benutzer eine Kette von Fragen gestellt wird. Die Antworten liefern die zur Lösung der Aufgabe notwendigen Informationen.
Der andere Ansatz, Basis-Grammatik-Methode genannt, besteht darin, daß eine Aufgabe gemäß einer Basis-Grammatik, die sich an den vorkommenden Textaufgaben orientiert, eingegeben wird. Die relevanten Angaben der Aufgabe werden dann automatisch aus dem Text gezogen.
Sind die Angaben extrahiert, so ist die Textaufgabe auf eine formal gestellte Aufgabe reduziert, die automatisch gelöst werden kann.

Der Nutzen solcher Methoden liegt darin, daß Schüler ein Instrument bekommen, mit dessen Hilfe sie eigenständig Textaufgaben lösen können, die sie ohne Hilfe nicht bewältigen könnten, oder eigene Lösungen auf Korrektheit überprüfen können. Zudem bilden siese Methoden eine solide Basis, auf der sich Übungsprogramme für Textaufgaben aufbauen lassen.

Der Einsatzbereich solcher Methoden kann in den allgemeinbildenden Schulen, den Berufsschulen und in der Erwachsenenfortbildung liegen.

Der Erfolg dieser Methoden hängt von zwei Faktoren ab: Zum einen von der Fähigkeit des Benutzers, einen Text zu verstehen und flexibel die natürliche Sprache zu gebrauchen; zum anderen von dem Wissen des Systems über die Textaufgaben.

Prototypische Systeme für die oben genannten Methoden werden zur Zeit am Beispiel von Bewegungsaufgaben und Verteilungsaufgaben entwickelt. Hierfür werden Expertensystemtechniken verwendet (s. etwa Waterman, 1986).
Diese Arbeiten finden im Rahmen des SCHUMA - Vorhabens statt.

Im folgenden soll die Textverstehenskomponente SALTEX beschrieben werden, die die Basis-Grammatik-Methode realisiert.

2. Basis-Grammatik / Aufgaben

Die Basis-Grammatik orientiert sich weitgehend an den Textstandards der Aufgaben, die im Schulunterricht bearbeitet werden, so daß ein gewisser Teil der Aufgaben ohne gravierende Änderungen analysiert werden kann.
Zugelassen sind Hauptsätze, die aus Subjekt, Prädikat und Objekt bestehen. Adverbiale und präpositionale Phrasen können gemäß der deutschen Grammatik in den Satz eingefügt werden. Um eine der üblichen Formulierung angepaßte Satzstruktur zu ermöglichen, kann das Satzsubjekt durch einen Relativsatz näher erläutert werden oder eine Umstellung von syntaktischen Gruppen vorgenommen werden (z.B. Vertauschung von Satzsubjekt und Objekt). Die somit erzielte Reichhaltigkeit der Ausdrucksweise, die von SALTEX analysierbar ist, mag das folgende Textbeispiel verdeutlichen:

> Zwei Freunde (Rolf und Fred), die 39 km voneinander entfernt wohnen, brechen morgens um 8 Uhr auf und gehen einander entgegen. Rolf schafft in der Stunde 3,5 km, Fred 3 km. Wann treffen sich die Freunde? Wieviel Kilometer hat jeder zurückgelegt?
> (Aufgabe aus Lambacher/Schweizer, Algebra I)

3. Systemaufbau von SALTEX

Die untenstehende Abbildung erfaßt die Hauptkomponenten von SALTEX:

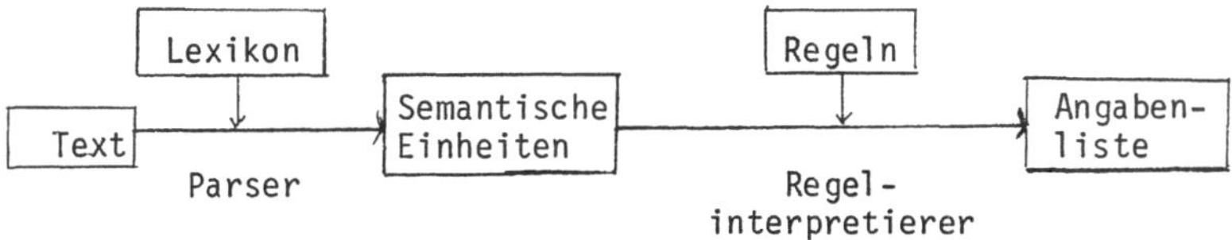

Abb.: Texttransformation durch SALTEX

3.1 Arbeitsweise des Parsers

Der Parser erstellt aus einer gegebenen Textaufgabe satzweise eine Subjekt-Prädikat-Objekt-Repräsentation. Hierzu wird ein Lexikon verwendet, das die benötigten Wörter zusammen mit ihrer sytaktischen und semantischen Funktion (ihre Bedeutung) bereitstellt. Die Wörter werden für jeden Aufgabentyp mit Hilfe eines Menü- definiert. Das Objekt besteht aus einer Liste, in der die syntaktisch zusammengehörigen Gruppen als semantische Einheiten (z.B. Präpositionalphrasen) eingetragen werden. Subjekte und Prädikate sind in einer gesonderten Liste gespeichert.

3.2 Aufbau und Funktion der Regeln

3.2.1 Objektzuweisung

Jedem Verb kann entsprechend seiner Bedeutung eine Menge von Regeln zugeordnet werden. Diese Regeln ermöglichen es dem Regelinterpretierer die zur Lösung relevanten Angaben wie Maßeinheiten und Zahlen in die Angabenliste einzutragen. Diese Liste enthält diejenigen Angaben, die zur Lösung der Aufgabe notwendig sind.

Beispiel: Eine Aufgabe enthalte den Satz:
'Zwei Züge fahren sich aus zwei 300 km entfernten Orten entgegen.'

Die Regel, die die Entfernung der Abfahrtsorte von 300 km in die Angabenliste einträgt, lautet (die unterstrichenen Wörter sind Benutzereingaben):

Verb: entgegenfahren gesetzt wird: Objekt_

Akteurbezug: _ _ _ _ _ _ _ _ _

Einheit, Umstandswort/ Präposition: Länge, entfernt

-------------> Slotname: Entfernung der Abfahrtsorte .

Die Regel kann so gelesen werden:

Wenn das Verb von der Bedeutungsklasse 'entgegenfahren' ist
& eine Längenangabe vorkommt
& ein Distanz repräsentierendes Wort vorkommt
dann trage die Lämgenangabe in den Slot 'Entfernung der Abfahrtsorte' ein.

Der Regelinterpretierer untersucht die Objektliste, ob eine geparste semantische Einheit mit der linken Seite der zu einem Verb gehörigen Regelmenge übereinstimmt. Ist eine Regel anwendbar, so wird die passende semantische Einheit aus der Objektliste gestrichen und die Zahlen- bzw. Einheitenangabe in die Angabenliste übertragen. Der Interpreter versucht alle zu diesem Verb definierten Regeln so lange anzuwenden, bis keine Anwendung mehr möglich ist. Wenn die Regeln die für die numerische Lösung benötigten Informationen nicht herausschreiben, ist die Regelmenge zu erweitern.

3.2.2 Subjektzuweisung

Die in den Sätzen auftretenden Subjekte werden ebenfalls mit Regeln in die Angabenliste in die Slots Akteurl bis Akteur4 eingetragen.

3.3 Textklassifikation

Um bei der Bearbeitung einer Aufgabe jeweils auf die richtige Regel- bzw. Wortmenge zugreifen zu können und die korrekte Angabenliste bereitzuhalten, ermittelt SALTEX den Aufgabentyp. SAltex zählt, für welche Aufgabentypen die Verben Präpositionen und Umstandswörter im Eingabetext definiert sind. Die Aufgabe wird dem Typ zugerechnet, für den die meisten Wörter gezählt wurden.

4. Programmbenutzung

Bei der Benutzung von SALTEX werden zwei Modi unterschieden: der Expertenmodus für die Wisseneingabe und der Benutzermodus für das Lösen von Aufgaben.

4.1 Der Expertenmodus

Dieser Modus enthält Möglichkeiten zur Pflege der Datenbasen (Entfernen und Ändern von Wörtern und Regeln) und erlaubt die Installation eines neuen Aufgabentyps.
Für die Implementierung eines neuen Aufgabentyps sind die folgenden Eingaben notwendig:

a) Angabe des Aufgabentyps (z.B. Bewegungsaufgabe)
b) Angabe der für diesen Typ relevanten Maßeinheiten (z.B. Zeit, Länge, Geschwindigkeit)
c) Angabe der für diesen Typ relevanten Verben (z.B. verlassen , ankommen), Präpositionen (z.B. von, nach) und Modifier (z.B. gleichzeitig, eher). Für diese Angaben kann vorher ein Menü gestaltet werden.
d) Angabe der Angabenliste (z.B. Abfahrtszeit, Geschwindigkeit).

Sind diese Angaben in der aufgführten Reihenfolge vorgenommen worden, werden die Regeln mit Hilfe eines Regeleditors erstellt. Die Erweiterung der Regelmenge wird durch Anzeige der Werte, die der Angabenliste zugewiesen wurde und der noch verbliebenen semantischen Einheiten der Objektliste unterstützt.

4.2 Der Benutzermodus

Eine Aufgabe wird gemäß den syntaktischen Konventionen eingegeben. Als nächstes wird die Textklassifikation durchgeführt, deren Ergebnis der Benutzer bestätigen muß.
Ist der Aufgabentyp festgelegt, so werden die Menues zur Wortdefinition auf diesen eingestellt. Ist nun ein Wort der Aufgabe nicht bekannt, so gibt das System dem Benutzer die Gelegenheit zu einer Korrektur; andernfalls soll es mit dem Menü zur Wortdefinition neu definiert werden. Ist eine Aufgabe gemäß den Konventionen formuliert und sind alle unbekannten Wörter bestimmt, wird der Text geparst und die Regeln werden angewandt. Eine numerische Lösung erfolgt durch ein weiteres Programm,

das auf der ausgegebenen Angabenliste operiert.

5. Implementierung

Die beschriebene Basis-Grammatik-Methode wurde in Pascal implementiert. Es wird eine Regelmenge für Bewegungsaufgaben und Verteilungsaufgaben aufgebaut. Die Ergebnisse werden in (Kuppler/ Vollhardt, 1986) notiert und diskutiert.
Die Fragenbaum-Methode wird derzeit prototypisch für Bewegungsaufgaben in der Expertensystemsprache OPS5 (s. Brownston et al., 1985) implementiert.
Die Entwicklung einer Shell für die Fragenbaum-Methode ist in der Konzeptionsphase.
Es sind Tests geplant, die die Brauchbarkeit der Methoden nachweisen.

6. Literatur

Brownston et al. (1985), "Programming Expert Systems in OPS5", Addison-Wesley Publishing Company, Reading, Mass., 1985.

Edelmann, W. (1979), "Einführung in die Lernpsychologie, Band 2: Kognitive Lerntheorien und schulisches Lernen", Kösel-Verlag, München, 1979.

Kuppler/ Vollhardt (1986), Diplomarbeit, Institut für Informatik III, Universität Bonn, 1986 (erscheint demnächst).

Schmidt, P. (1986), "Semiautomatic Solution of Mathematical Text (Word) Problems by the Tree-of-Questions Method", Proc. 24. Annual Conference of the Association for Educational Data Systems, New Orleans, Louisiana, A-ril 1986.

Waterman, D.A. (1986), "A Guide to Expert Systems", Addison-Wesley Publishing Company, Reading, Mass., 1986.

Winograd, T. (1983), "Language as a Cognitive Process, Volume 1: Syntax", Addison-Wesley Publishing Company, Reading, Mass., 1983.

DER EINSATZ DER INFORMATIONSTECHNIKEN IM LERNORT LERNBÜRO UNTER DEM ASPEKT WIRTSCHAFTLICHER GRUNDBILDUNG

Dipl.-Hdl. Wolfgang Kompe, BBS I Soltau, Winsener Str. 57, 3040 Soltau

1.1 Der Lernort Lernbüro

Die Vorläufigen Richtlinien für das Berufsgrundbildungsjahr im Berufsfeld Wirtschaft und Verwaltung in Niedersachsen fordern, Fachtheorie und Fachpraxis als eine didaktische Einheit im Unterricht zu verstehen. Fachtheoretische und fachpraktische Elemente müssen sich im Unterricht ergänzen. Dem herkömmlichen Frontalunterricht sind hier Grenzen gesetzt, da die Lehrerzentrierung eine angemessene Schülerselbständigkeit nur unzureichend ermöglicht. Zunehmend wird der Lernort Lernbüro als Möglichkeit verstanden, den vorgenannten Forderungen zu genügen (REETZ).

Die BBS I Soltau verfügt über einen eigenständigen Fachraum für das Lernbüro, der jedoch außerdem für den Unterricht im Fach Bürotechnik genutzt wird. Im Lernbüro werden die Unterstufen der Zweijährigen Berufsfachschule Wirtschaft, die Einjährige Berufsfachschule für Wirtschaftsassistenten mit den Schwerpunkten Sekretariat und Korrespondenz sowie Informatik (jeweils Unterstufen) unterrichtet. Eine gewünschte zeitliche Ausdehnung des Unterrichtes auch auf die Oberstufen der genannten sowie anderer Schulformen kann aus räumlichen Gründen derzeit nicht erfolgen.

Das Lernbüro wird hier als dynamisches Modell eines Wirtschaftsunternehmens verstanden, in dem Lernhandlungen nach didaktischen und methodischen Zielen derart organisiert werden, daß die Schüler Handlungskompetenzen für künftige Arbeitsaufgaben in Büro und Verwaltung erlangen können (HALFPAP).Die curriculare und didaktische Konzeption kann hier nicht diskutiert werden (KOMPE 1985). Im folgenden soll die Integration der Informationstechniken in die methodische Stufenkonzeption des Unterrichtes im Lernbüro dargestellt werden (DOKUMENTATION).

1.2 Stufenkonzept

In einer gestuften Vorgehensweise wird der Lerner im Lernbüro ausgehend von betrieblichen Grundtätigkeiten zu einer selbständigen Arbeitsweise im Modellbetrieb geführt.

Erste Stufe: Gruppengleiche Arbeit

Die Schüler werden mit den Aufgaben und Funktionen der Lernfirma (Großhandlung) bekannt gemacht. Die Grundtätigkeiten der Großhandlung werden modellhaft durch Regelkreise "EINKAUF" und "VERKAUF" abgebildet. Die Regelkreise stellen ein zentrales methodisches Instrument darf, um den Schülern die grundlegenden betrieblichen Tätigkeiten der Lernfirma und insbesondere die Zusammenhänge der isolierten Arbeitshandlungen in einer prozeßorientierten Darstellung zu veranschaulichen. In dieser Phase des Unterrichtes arbeiten alle Schüler gruppengleich. Die Interaktion wird weitgehend vom Lehrer ausgelöst, gesteuert, überprüft und evaluiert.

Zweite Stufe: Gruppenungleiche Arbeit

Nun wird das Modell des arbeitsteilig organisierten Unternehmens im Lernbüro durch die Bildung von Stellen (Abteilungen) realisiert. Die notwendigen Außenbeziehungen der Lernfirma werden innerhalb des Lernbüros von Schülergruppen simuliert (Kunden, Lieferanten etc.). Es wird somit ein volkswirtschaftlicher

"Mikrokosmos" im Lernbüro geschaffen, der bezüglich seiner Komplexität natürlich erhebliche Abstriche von der Realität machen muß. Diese Reduktion bewirkt jedoch eine höhere Transparenz bei dem Verständnis für betriebliche Vorgänge und Entscheidungen. Diese ermöglicht es den Schülern erst, die ausgeführten Arbeitsabläufe selbständig und einsichtig nachzuvollziehen. Die Schüler arbeiten in ihren Abteilungen weitgehend eigenverantwortlich. Sie kontrollieren die Ergebnisse ihrer Arbeit selbst; die Überprüfung durch den Lehrer beschränkt sich auf Stichproben. Eine wesentliche Bedeutung kommt der Dokumentation der Schülertätigkeit zu. Diese ist in dieser Phase das zentrale methodische Hilfsmittel für Schüler und Lehrer (ARBEITSGEMEINSCHAFT DOKUMENTATION). Die Zielvorstellungen, die mit der Dokumentation verbunden sind, können zusammengefaßt werden:

* Die Dokumentation muß anschaulich, gut verständlich und dem kognitiven Niveau der Benutzer angepaßt sein.
* Die Dokumentation muß den Zusammenhang der Arbeitshandlungen prozeßorientiert veranschaulichen.
* Die Dokumentation muß die einzelnen Arbeitsaufgaben und Ablaufprozesse ganzheitlich darstellen.
* Die Dokumentation der manuellen Arbeitsabläufe muß den späteren Einsatz der Informationstechniken berücksichtigen.

Dritte Stufe: Tätigkeitserweiterung

Die bekannten Arbeitsabläufe werden zum einen von den Schülern ungewollt abgeändert. Dies resultiert aus Fehlern, z. B. Rechenfehler, Nichtzahlungen, Doppelzahlungen, Falschlieferungen usw. Die auftretenden Schwierigkeiten sollen in den Stellen weitgehend autonom geklärt werden. Die Schüler können und müssen hier auf ihre in anderen Unterrichtsfächern erworbenen Kenntnisse zurückgreifen. Der Lehrer gibt lediglich Hilfestellungen und falsifiziert oder verifiziert den durch die Schüler erarbeiteten Lösungsvorschlag.
Die Arbeitsabläufe können vom Lehrer auch bewußt "gestört" werden. Er greift in den Arbeitsablauf ein, um Problemsituationen zu schaffen, mit denen sich die Schüler selbständig auseinandersetzen müssen (z. B. Lieferung von unbestellter Ware, von Angeboten abweichende Bestellungen und dgl.) oder es werden unterschiedliche Handlungsalternativen für bekannte Geschäftsfälle angeboten. Weiterhin besteht die Möglichkeit, neue Tätigkeitsbereiche wie beispielsweise Textverarbeitung, Rechnungswesen oder statistische Auswertung in die Lernbüroarbeit aufzunehmen.

1.3 DER EINSATZ DER INFORMATIONSTECHNIKEN IM LERNBÜRO

1.3.1 Ziele des Einsatzes der Informationstechniken im Lernbüro

Der Einsatz der Informationstechniken im Lernbüro verfolgt folgende Ziele:
Die Schüler sollen
- den Umgang mit den Informationstechniken und die Anwendung berufsfeldbezogenener Problemlösungen durch eigenes Handeln lernen;
- Kompetenz für die Beurteilung der Eignung von Anwendungssoftware für vorgegebene Problemstellungen erlangen und die Software in Teilen nach Bedarf und exemplarisch nach ihren Vorstellungen abwandeln und auf eigene Bedürfnisse anpassen können.

1.3.2 Anforderungen an eine lernbürogeeignete Anwendungssoftware

Der Unterricht im Lernbüro in der beruflichen Grundbildung ist u. a. dadurch geprägt, daß aus der Sicht der Schüler bereits einfache kaufmännische Problemstellungen sehr komplexe Aufgabenstellungen beinhalten. Die Schüler

können die von ihnen geforderten Lern- oder Arbeitshandlungen aufgrund der fehlenden kognitiven Organisationsmuster nicht auf vorhandene Erfahrungen beziehen und damit einsichtig machen. Im Lernbüro müssen daher die zu vermittelnden Fähigkeiten und Fertigkeiten in einem gestuften Unterrichtsprozeß dargeboten werden, der die Komplexität der Aufgabenstellungen schrittweise erhöht. Dies bedingt, daß die Einarbeitung in die kaufmännischen Grundtätigkeiten im Lernbüro zuerst manuell, also ohne den Einsatz der Informationstechniken, zu erfolgen hat (BORG/KOMPE 1986; KOMPE 1986)
Erst wenn die Schüler die Grundtätigkeiten und Handlungsabläufe sicher beherrschen, wird eine EDV-gestützte Bearbeitung bestimmter Tätigkeiten zugelassen. Die erste Einarbeitung in die vielfältigen Einsatzmöglichkeiten der Informationstechniken muß sich an den bekannten manuellen Arbeitshandlungen orientieren. Insbesondere müssen die Schüler die bisher benutzten Vordrucke, Tätigkeitsbeschreibungen und dgl. beim EDV-Einsatz wiedererkennen. Gewohnte Handlungsabläufe dürfen nicht entfremdet oder gar völlig umgestaltet werden. Es besteht die Gefahr, daß durch die Informationstechnik abgeänderten Handlungsabläufe von den Schüler nicht wiedererkannt und auf die vorhandenen Erfahrungen und Wissensstrukturen bezogen werden können. Derartige Arbeitshandlungen müssen für die Schüler bedeutungslos und damit sinnlos werden. Der Einsatz der Informationstechniken muß sich der curricular, didaktisch und methodisch begründeten Lernbürokonzeption anpassen. Aus den vorgenannten Überlegungen ergeben sich Folgerungen für eine lernbürogeeignete Anwendungssoftware: Die Software muß sich der Konzeption der Lernbüroarbeit anpassen können. Bildschirm- und Dialoggestaltung muß den bisherigen Arbeitsabläufen angenähert sein und die Komplexität der Problemlösungen muß schrittweise gesteigert werden können. Bekannte Standardsoftware genügt diesen Ansprüchen bisher nicht: Diese kann nicht oder nur unvollkommen den Anforderungen des Anwenders angepaßt werden, außerdem sind die Dokumentationen nicht nach didaktischen Kriterien gestaltet und damit regelmäßig nicht schülergerecht. Entscheident für die Nichteignung von Standardsoftware dürfte die hohe, nicht ausreichend dynamisch verminderbare Komplexität der kommerziellen Problemlösungen sein, die den pädagogischen Anforderungen der beruflichen Grundbildung in keiner Weise gerecht wird.
Die im Lernbüro zur Anwendung kommende Software wurde daher nach Vorgaben der im Lernbüro unterrichtenden Lehrer von Kollegen der Abteilung Datenverarbeitung der BBS I Soltau entwickelt, wobei pädagogische Konstruktionskriterien sowie die Transparenz der Software wesentliche Eigenschaften der Problemlösungen waren. Die Software wurde in der Programmiersprache "Turbo-Pascal" erstellt und kann somit auch im Unterricht im Fach Organisation/ Datenverarbeitung genutzt werden.

1.3.3 Vorgehensweise bei der Einführung der Informationstechniken

Die Einführung der Informationstechniken erfolgt fließend in der laufenden Lernbüroarbeit. Eine bestimmte Reihenfolge der Stellen ist hierbei nicht einzuhalten. Die Kommunikationsbeziehungen der Abteilungen sind davon unabhängig, ob diese EDV-gestützt oder manuell arbeiten. Wenn es vom Lehrer oder von den Schülern der Stelle gewünscht wird, kann der Einsatz der Computer jederzeit wieder unterbrochen und zur rein manuellen Bearbeitung übergegangen werden. Folgende Vorgehensweise hat sich als sinnvoll erwiesen:

1) Alle Abteilungsleiter der Stellen, die künfitg mit Informationstechniken zu tun haben, erhalten eine kurze gemeinsame Einführung in die Handhabung der Personalcomputer (Systemstart, Programm- und Datendiskette, Programmaufruf und Tastaturbelegung).

2) Die Schüler der Stellen arbeiten sich nun weitgehend selbständig anhand fiktiver Geschäftsfälle in das jeweilige Programm ein. Zuerst sollen sie die Programme einfach erkunden, ohne daß verwendbare Ergebnisse erzeugt werden.

3) Nun erfolgt die Erfassung aller Stammdaten. Anschließend werden die Aufträge z. B. in der Stelle "VERKAUF" parallel zur manuellen Tätigkeit EDV-mäßig erfaßt und bearbeitet. Fühlen sich die Schüler im Umgang mit der Software sicher, so erfolgt die Umstellung. Die Schüler bearbeiten die Vorgänge nur rechnergestützt. Eine zusätzliche parallele manuelle Verarbeitung ist möglich.
Während der Einführung der Informationstechniken kommen die Abteilungen weiterhin ihren laufenden Aufgaben nach, die sich aus der Lernbüroarbeit ergeben. Die Einarbeitung der Schüler erfolgt weitgehend selbständig. Der Lehrer steht nur für die Beantwortung von Fragen zur Verfügung.
Ein wesentlicher Aspekt sei hervorgehoben: Die im bisherigen Unterricht von den Schülern erworbene Handlungskompetenz und die speziell für die Anforderungen der beruflichen Grundbildung erstellte Software ermöglichen den Verzicht auf schriftliches Material wie Programmbeschreibungen, Befehlsübersichten etc.. Das ständige Blättern in Handbüchern entfällt somit.

1.3.4 Rückwirkungen des Einsatzes der Informationstechniken auf den Unterricht im Lernbüro

Es zeigte sich bei dem Einsatz der Informationstechniken, daß diese über die geplanten Lernziele der Lernbüroarbeit hinaus Einfluß auf den Unterrichtsablauf genommen haben.

* Die Schüler interessierten sich sehr für die neuen technischen Möglichkeiten. Dies äußert sich an Ansprüchen wie "Wann können wir endlich mit den Computern arbeiten?" oder "Werden in unserer Abteilung auch Computer eingesetzt?". Die Schülerreaktion führte dazu, daß auch Kollegen die Informationstechniken zügig im Lernbüro eingeführt haben, die dem Einsatz der Computer eher skeptisch gegenüber eingestellt waren.

* Bei der ersten Einarbeitung in die Lernbürosoftware trafen sich Schüler und Lehrer häufig als gleichgestellte Lernpartner. Auftretende Schwierigkeiten wurden gemeinsam beraten, Lösungsvorschläge entwickelt und erprobt. Die Teamfähigkeit zwischen den Schülern und zwischen Lehrer und Schüler wurde gefördert.

* Die Schüler erfuhren die Auswirkungen der raschen technischen Entwicklung aufdie künftigen Arbeitsplätze in Wirtschaft und Verwaltung an ihren eigenen Tätigkeiten. Vor dem Einsatz der Informationstechniken durch Routinearbeit überlastete Stellen konnten die Rationalisierungswirkung der Computer deutlich erkennen: die arbeitsmäßige Belastung sank nachhaltig. In der betrieblichen Wirklichkeit wäre Personalabbau die wahrscheinliche Folge gewesen. Die Gefahren und Möglichkeiten der Rationalisierung, insbesondere in den Büroberufen, werden für die Schüler hier zum ersten Mal selbst erfahrbar. Diese Erfahrungen können im Unterricht (insbesondere in den Fächern Organisation/Datenverarbeitung, Volkswirtschaftslehre oder Gemeinschaftskunde) zur weiteren Aufarbeitung der Rationalisierungs- und Humanisierungsproblematik genutzt werden.

* Durch die Informationstechniken wurden zeitaufwendige und mechanisch auszuführende Routinetätigkeiten automatisiert. Die Schüler erhielten auf diese Weise mehr Spielraum für die Bearbeitung von Sonder- und Problemfällen. Für den Unterricht im Lernbüro bieten sich hierdurch zunehmende Möglichkeiten, das Unterrichtsgeschehen durch Aufgabenerweiterungen auszuweiten und den Schülern verstärkt entscheidungsorientierte Sonderfälle (IMPULSAUFGABEN) oder stellenunspezifische SITUATIONSAUFGABEN zur Be-

arbeitung anzubieten (ARBEITSGEMEINSCHAFT DOKUMENTAITON). Diese Freiräume können auch dazu genutzt werden, um die Schüler mit weiterführenden Formen der Informationstechniken, z. B. Verfahren der internen und externen Bürokommunikation oder Standardsoftware, vertraut zu machen. Der Einsatz der Informationstechniken bietet aus dieser Sicht die Möglichkeit einer qualitativen Ausweitung der Lernbüroarbeit in Richtung Problem- und Entscheidungsorientierung. Diesem Aspekt kommt besondere Bedeutung anläßlich der häufig berechtigt geübten Kritik bei, daß der adminstrative Anteil vieler Tätigkeiten im Lernbüro als zu hoch angesehen werden muß. (KAPPLER)

1.4 Zusammenfassung

* Der Unterricht im Lernbüro soll den Schülern berufsfeldbezogene Qualifikationen vermitteln. Es wird davon ausgegangen, daß diese durch zielgerichtete, strukturierte Handlungsabläufe erworben werden können. Durch die Handlungsorientierung können Fachwissen, kaufmännische Fähigkeiten und Fertigkeiten in einem ganzheitlich orientierten Lernprozeß verbunden und die bisher häufig anzutreffende isolierte Vermittlung der verschiedenen Lernbereiche überwunden werden.

* Voraussetzung für jede ablauffähige Lernbüroarbeit sind geeignete Arbeitsmaterialien für *Schüler und Lehrer*. Es sind Beschreibungs- und Darstellungsfirmen zu suchen und zu finden,die den besonderen didaktischen Anforderungen des Lernortes Lernbüro entsprechen. In der Dokumentation der Lernbüroarbeit muß sich der Aspekt der Ganzheitlichkeit von Handlungsabläufen als grundlegendes Konstruktionsmerkmal wiederspiegeln. Dies gilt sowohl für manuelle als auch für EDV-gestützte Tätigkeiten.

* Der Einsatz der Informationstechniken muß den Anforderungen der ganzheitlichen Gestaltung des Lernprozesses angepaßt werden. Manuelle und EDV-gestützte Handlungsabläufe müssen sich gegenseitig entsprechen und ergänzen. Die Informationstechniken müssen im Lernbüro auch als methodische Möglichkeit genutzt werden, durch Verlagerung von Routinetätigkeiten auf die Technik Raum für problemorientierte Entscheidungshandlungen zu gewinnen.

* Die Informationstechniken müssen im Lernbüro in einer berufspädagogisch und didaktisch begründeten Vorgehensweise Anwendung finden. Sie dürfen die Lernhandlungen und damit den Lernprozeß nicht determinieren. Die Software muß sich flexibel den unterrichtlichen Anforderungen des Lernbüros anpassen können.

L I T E R A T U R

Borg, B. Kompe, W.	Informationstechniken im Lernbüro Die Soltauer Konzeption Beitrag zur Arbeitstagung "Informationstechniken im Lernbüro" an den BBS I Soltau am 21. und 22.03.1986
Arbeitsgemeinschaft Dokumentation an den BBS I Soltau	Dokumentation zum Lernbüro der BBS I, Soltau 1985 Situationsaufgaben aus der Praxis der Lernfirma elektron, Soltau 1986 Impulsaufgabensammlung für das Lernbüro der BBS I Soltau, in Vorbereitung
Halfpap, K.	Dynamischer Handlungsunterricht Darmstadt 1983
Kappler, H. G.	Einige Überlegungen zum Standort und zur Funktion des informationstechnikgestützten Lernbüros Vortrag im Rahmen der Arbeitstagung "Informationstechniken im Lernbüro" a. a. O.
Kompe, W.	Der Lernort Lernbüro in der kaufmännischen Grundbildung (Ein Praxisbericht) Heft 3 der Reihe Berichte zum Modellversuch "Entwicklung und Erprobung unterrichtsgeeigneter 'Anwendungssoftware' beim Einsatz von Informationstechniken in wirtschaftlichen Fächern" Soltau 1985
Kompe, W.	Der Einsatz von Informationstechniken im Lernbüro im Rahmen der beruflichen Grundbildung; in Wirtschaft und Gesellschaft im Unterricht Heft 2, 1986, 11. Jahrgang, S. 49 ff.
Reetz	Berufliches Lernen in der Übungsfirma Beiheft 5 zur ZBW Stuttgart 1984
Zimmermann, P.	Zum theoretischen Begründungszusammenhang von Aufbau und Steuerung betriebswirtschaftlicher Übungen an kaufmännischen beruflichen Schulen in der Organisation kaufmännischer Übungsfirmen München 1985

Nutzung des Rechners als Medium im Unterricht II

Leitung: Dipl.-Inform. Rudolf Peschke,MA

HIBS

Wiesbaden

Multifunktionale Software-Werkzeuge im Geographie-, Sozialkunde- und Ökologieunterricht

Rüdeger Baumann
Gymnasium Johanneum Lüneburg

1 Bedeutung von Software-Werkzeugen für den Unterricht

Zwei grundsätzlich verschiedene Funktionen können die neuen Informationstechnologien (hier kurz "Computer" genannt) in der Schule innehaben: zum einen die eines *Unterrichtsgegenstandes*, zum anderen die eines *Hilfsmittels für den Unterricht*. Gegenstand sind Computer im Informatikunterricht bzw. in der Informatik-Grundbildung; als Hilfsmittel andererseits können Computer einmal *Unterrichtsmedium*, zum anderen *Werkzeug beim Problemlösen* sein.

Während für Mathematik und die naturwissenschaftlichen Fächer bereits zahlreiche konkrete Vorschläge und Materialien zur Verwendung des Computers als Medium oder Werkzeug im Unterricht existieren, ist im sozialwissenschaftlichen Aufgabenfeld praktisch noch nichts dergleichen vorhanden. Dabei haben Computeranwendungen im politischen und ökologischen Bereich große Bedeutung und finden auch in der Öffentlichkeit erhebliche Resonanz - man denke nur an ökonometrische Prognosen, Wahlhochrechnungen oder an die Weltmodelle des "Clubs of Rome". Den Unterrichtsfächern Geographie, Sozialkunde und Wirtschaftslehre mit ihren Tabellen, Statistiken und Grafiken kann durch Einsatz der neuen Informationstechnologien und insbesondere von Mikrocomputern sicher wichtige Unterstützung zuteil werden.

Die Tatsache, daß die Bedeutung des Computers als Werkzeug in den sprach- und sozialwissenschaftlichen Fächern bisher nicht hinreichend erkannt worden ist, liegt wohl vor allem darin begründet, daß Computeranwendung entweder mit *Programmieren* oder andererseits mit *computerunterstütztem Unterricht* (CUU) im klassischen Sinne gleichgesetzt wurde. In der Tat: was als Unterrichtsprogramm bisher auf dem Markt ist, kann pädagogischen Ansprüchen kaum genügen - und daß vom Sozialkunde- oder Geographielehrer keine Programmierkenntnisse erwartet werden dürfen, leuchtet unmittelbar ein.

Mit dem Erscheinen der sogenannten *Software-Werkzeuge* (Standard-Software) zur Bearbeitung von Texten, Tabellen, Dateien und Grafiken ist nun eine völlig neue Situation eingetreten. Diese Systeme sind auf *naive Benutzer* zugeschnitten, d.h. sie setzen keinerlei Programmier- oder tiefere Gerätekenntnisse, sondern lediglich eine gewisse Vertrautheit im Umgang, die durch den Gebrauch des Werkzeugs bei der Arbeit selbst erworben wird, voraus. Die Benutzerführung ist einfach und sicher, d.h. Wahlmöglichkeiten werden in Menüs angeboten, und nur zur Auswahl gestellte Eingaben werden akzeptiert; eine Fehlbedienung mit Programmabsturz als Folge ist praktisch ausgeschlossen. Lehrer und Schüler müssen sich also nicht mit der aufwendigen Erstellung von Programmen herumschlagen oder fremde Programme - unverstanden - akzeptieren, sondern können sich unmittelbar den fachlichen Problemen widmen.

Mit der Bezeichnung "Werkzeug" ist folgendes gemeint: während hinter einem Unterrichtsprogramm immer eine Lehrabsicht steht, unter der der Benutzer (Schüler) beeinflußt werden soll, verhalten sich die genannten Software-Werkzeuge zweckneutral. Der Schüler gerät damit nicht in Gefahr, zum Objekt des - vom Computer gesteuerten - Lernprozesses zu werden, vielmehr ist er in jeder Phase dessen *Subjekt*. Der Computer hat lediglich die Funktion eines Hilfsmittels beim Problemlösen. Insbesondere nimmt er dem Benutzer die Tätigkeit der Problemanalyse, der Modellbildung, des Entwurfs eines Lösungsplans usw. nicht ab. Die Förderung einer "Knopfdruckmentalität" ist bei dieser Art des Computergebrauchs also nicht zu befürchten.

Nun sind die genannten Software-Werkzeuge nicht für Jnterrichts- sondern für *kommerzielle* Zwecke entwickelt worden. Das Erstaunliche ist, daß sie sich auch für die elementareren Zugangsweisen der Schule eignen; ihre Komplexität verwirrt nicht, sondern lädt eher zum Entdecken neuer Möglichkeiten ein. Besondere Vorteile bieten die *multifunktionalen* Werkzeuge, bei denen die Funktionen Text-, Tabellen-, Datei- und Grafikverarbeitung und gegebenenfalls Kommunikation in *einem* Programm integriert sind. Denn der Benutzer hat nur eine einzige Kommandosprache zu erlernen, und es ist ihm leicht möglich, die verschiedenen Funktionen zu kombinieren, also z. B. gewisse Zahlen einer Datei zu entnehmen, in einem Rechenblatt auszuwerten, in einer Grafik zu veranschaulichen und in einen Text einzufügen. Programme dieser Art (wie z. B. Framework, Symphony) sind auf Computern mit MS-DOS (und nicht allzu wenig Hauptspeicherplatz) einsetzbar; sie werden den Schulen vom Hersteller zu besonders günstigen Konditionen angeboten.

2 Lernziel: verständiger Umgang mit Information

Für die sozialwissenschaftlichen Fächer ist der Umgang mit Daten der verschiedensten Art konstitutiv. Politische, soziale, geographische, ökonomische und ökologische Daten - bzw. die Informationen, die diese Daten tragen - werden im Unterricht gewöhnlich dem Lehrbuch entnommen; damit sind sie in der Regel *veraltet*. Aktuelle Daten, z. B. aus Zeitungsmeldungen, Informationsdiensten, Zahlenspiegeln usw., muß der Lehrer (die Lehrerin) umständlich - auf Zetteln in Ordnern, Karteikästen o. ä. aufbewahren und verwalten; Überblick und leichtes Wiederfinden sind damit kaum gewährleistet.

Die (in Richtlinien und Lehrplänen häufig aufgeführten) Lernziele:

- visuellen, auditiven und audiovisuellen Medien geographische oder politische Informationen entnehmen,
- die Massenmedien als Informationsquelle nutzen

müssen heute durch den Zusatz "elektronische Medien" ergänzt werden. Das heißt: Nicht nur der Lehrer oder einzelne Schüler, sondern *jeder* Schüler und *jede* Schülerin sollte (zeitweilig) mit der Anlage und/oder Wartung des fachbezogenen Datenbestandes befaßt sein, um damit grundlegende Arbeitsformen eines zeitgemäßen Erd- bzw. Sozialkundeunterrichts zu üben und anzuwenden. "Geographie, verstanden als Sammlung von Rauminformationen, gehörte schon gestern in die Lexika und in Zukunft in die elektronischen Datenspeicher. Die zukünftige Informationsflut erfordert unbedingt eine Akzentverschiebung auf Datenverarbeitungsfähigkeiten, d. h. in Richtung formaler Bildung (HAUBRICH 1984).

Ein zentrales Lernziel in der Informationsgesellschaft heißt *informationelle Autonomie* im Sinne der Fähigkeit zum verständigen Umgang mit Information. Dazu gehört unter anderem die Fähigkeit zur

- gezielten Beschaffen benötigter Information,
- Auswertung und Aufbereitung von Information,
- Strukturierung sowie sprachlichen und bildlichen Darstellung von Information.

Die Vermittlung solcher Fähigkeiten im Sozialkunde- und Geographieunterricht mit Hilfe eines Software-Werkzeugs (Framework) kann hier nicht im einzelnen dargestellt werden, es sei auf ein im Erscheinen begriffenes Buch (BAUMANN 1986) verwiesen. Grundlegende Konzepte wie der Informationsbegriff selbst, die Verfahren der Informationsverarbeitung sowie die Handhabung eines Software-Werkzeugs erarbeiten die Schüler/innen jedoch nicht im Fachunterricht: dies ist vielmehr Aufgabe einer Informatik-Grundbildung.

3 Lernziel: Bewältigung von Komplexität

In den Sozialwissenschaften hat der Begriff des *Systems* als Gefüge untereinander in Wechselwirkung stehender "Elemente" seit je grundlegende Bedeutung. Das derzeit bestimmende didaktische Konzept der Geographie weist dieser die Aufgabe zu, soziale Systeme und Systeme des Naturhaushaltes sowie deren gegenseitige Vernetzung miteinander zu analysieren. Die Umweltdiskussion der letzten Jahre hat den Begriff des *Ökosystems* zum Gegenstand öffentlichen Interesses gemacht; dabei wird die mangelhaft ausgebildete Fähigkeit des Menschen zum "Systemdenken" beklagt und ein Training jener Fähigkeit gefordert.

Hier scheint dem Computer ein wichtiges Anwendungsfeld zu erwachsen, denn er ermöglicht das hypothetischen Durchspielen alternativer Konsequenzen für reale Daten, um herauszufinden, welche politischen Handlungen in zugänglichen Wirklichkeitsfeldern möglich sein könnten, eventuell versäumt wurden und unter Umständen zu welchen Folgeproblemen führen. Viel verspricht man sich von *Plan- und Simulationsspielen*. Gegenüber deren Gebrauch im Unterricht jedoch ist Skepsis angezeigt. Setzt man Schüler nämlich vor ein Spielprogramm wie z. B. "Tanaland" oder "Ökolopoly", um sie die unerwarteten Nebenwirkungen eigener Maßnahmen erfahren zu lassen, so "erforschen" sie ja nicht ein reales Wirkungsgefüge, sondern dessen im Computer gespeichertes Surrogat. Dies Vorgehen mag für eine erste Problematisierung und Sensibilisierung zulässig sein, *wenn anschließend der Modellcharakter des Spiels bewußtgemacht* und dessen reduktionistische Sicht der Wirklichkeit analysiert wird. Da dies aber bei den genannten Programmen nicht möglich ist, besteht die Gefahr, daß das Spiel, also die Fiktion, Eigenleben gewinnt und den Blick auf die Realität verstellt; über tatsächliche Ursachen, Verläufe und Folgen von Umweltproblemen lernt der Schüler nichts. Ferner wird die Selbsttätigkeit der Schüler auf die vom Programm vorgegebenen Reaktionsmöglichkeiten eingeengt: dies gerät zum Korsett.

Daher schlage ich für den Unterricht folgenden Weg vor: Statt die Schüler mit fertigen Systemmodellen und vorgegebener, nicht erweiterbarer Information über den Modellgegenstand zu konfrontieren, sollen sie diese - vom Lehrer angeleitet - *selbst entwickeln und die erforderliche Information eigenständig beschaffen*. Natürlich kann sich ein auf diese Weise - mit Hilfe des Software-Werkzeugs (Rechenblatt und Grafik) erstelltes Systemmodell an Komplexität mit fertigen Planspielen nicht immer messen. Doch wage ich die These, daß das bescheidenste im Unterricht erarbeitete und selbstentworfene Modell eines Wirkungsgefüges mehr Einsicht in die Vernetzung von Systemkomponenten und in die Bezichung zwischen Realität und Simulation bringt als ein noch so umfangreiches und komfortabel programmiertes Planspiel.

Die folgende Abbildung mag zeigen, wie gut sich das Vielzweck-Werkzeug Framework als Modellierungs-Software, d. h. zum Erstellen von Systemmodellen (hier: des klassischen Volterra-Lotka-Modells) und zur Simulation eignet. Auf dem Bildschirm werden zwei kleine Rechenblätter "Fische" und "Parasiten" entworfen, in deren Felder die Modellgleichungen und die Interdependenzen eingetragen werden. Nach dem Start (Auslöser = 1 im Feld oben rechts) läuft der Prozeß schrittweise ab; die Werte der Zustandsgrößen werden in der unten befindlichen Tabelle gespeichert. Die Grafik läßt sich durch geeignete Wahl aus dem GRAFIK-Menü am oberen Bildschirmrand mühelos erstellen.

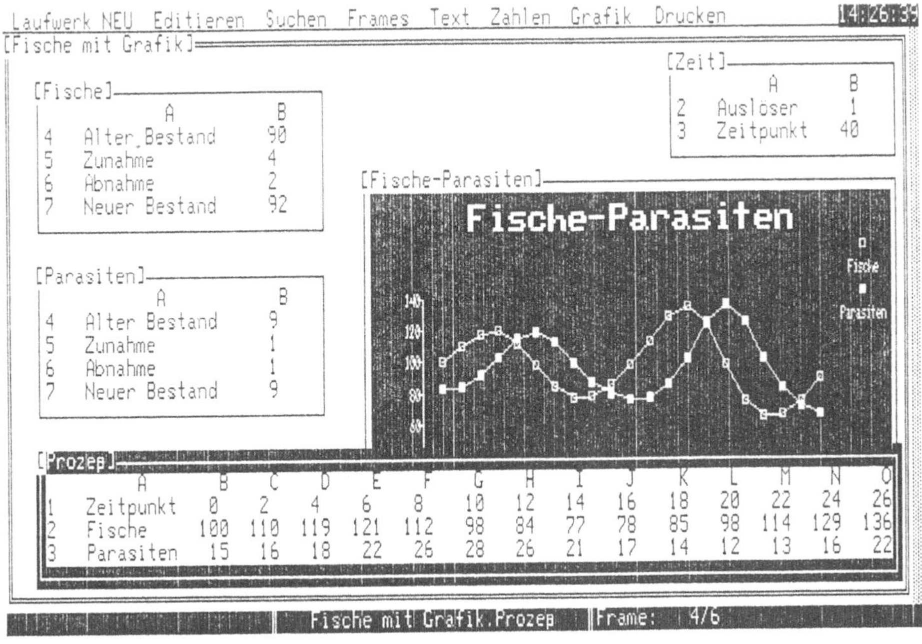

4 Versöhnung der "zwei Kulturen" ?

Insgesamt scheint die Arbeit mit einem Software-Werkzeug anspruchsvoller als der herkömmliche Unterricht, denn es geht jetzt nicht mehr nur um ein Analysieren, Interpretieren und Bewerten vorgegebener, d.h. im Schulbuch fertig präsentierter Informationen. Vielmehr muß der Schüler sich diese selbst beschaffen, gezielt auswählen, selbständig anordnen, geeignet darstellen, um hierauf seine Interpretation aufzubauen.

Manche der angeführten Beispiele weisen über die gegenwärtige Praxis des Geographie- und Sozialkundeunterrichts hinaus. Gegner dieses Ansatzes mögen von einem gewaltsamen Hineinpressen neuer Technologien in den Unterricht sprechen. Dem ist zweierlei zu entgegnen.

Erstens soll der Computer diskursive Unterrichtsformen nicht verdrängen oder beeinträchtigen, "bei denen in Rede und Gegenrede Geltungsansprüche überprüft und durch Gedankenarbeit politische Theorien gebildet werden"; er soll vielmehr als Werkzeug benutzt werden, das dies Vorhaben unterstützt. Aber: neue Werkzeuge eröffnen neue Möglichkeiten.

Zweitens darf daran erinnert werden, daß die Sozialwissenschaften eine lange analytisch-mathematische Tradition aufweisen (Cournot, Pareto u.v.a.m.), die im deutschen Sprachraum im Gefolge des Idealismus und irrationaler Tendenzen der Philosophie allerdings verschüttet wurde. Im angelsächsischen Sprachraum steht man einem analytischen und empirischen Vorgehen in den Sozialwissenschaften weit weniger ängstlich gegenüber (vgl. HAGGETT 1983, RAPOPORT 1980), während es hier von der Didaktik erbittert bekämpft wird (vgl. CLAUßEN). Da jenes in der Schule andererseits noch völlig an die Naturwissenschaften gebunden scheint, kommt der rein phänomenologisch-hermeneutische Unterricht im gesellschaftswissenschaftlichen Aufgabenfeld zu einer bequemen Rechtfertigung. Durch den Einsatz neuer Informationstechnologien besteht die Hoffnung, daß der Graben zwischen den "zwei Kulturen" wenn schon nicht zugeschüttet, so doch etwas schmäler gemacht werden kann.

Literatur

BAUMANN, R. (1986): Computereinsatz in Sozialkunde, Geographie und Ökologie. Stuttgart (Teubner-Metzler)

CLAUßEN, B. (1985): Lernen in der Simulation. In: Bildschirm, Friedrich-Jahresheft III. Seelze (Friedrich)

FRANZE, E. / MENZEL, K. / Mödl, H. (1987): Framework-Praxis. Stuttgart (Teubner-Metzler)

HAGGET, P. (1983): Geographie. New York (UTB - Harper & Row)

HAUBRICH, H. (1984): Geographische Erziehung für die Welt von morgen. In: Geographische Rundschau 36, H. 10, S. 520-526

RAPOPORT, A. (1980): Mathematische Methoden in den Sozialwissenschaften. Würzburg (Physica)

WEDEKIND, J. (1984): Anwendungssoftware für den Fachunterricht. In: ARLT, W. / HAEFNER, K. (Hrsg.): Informatik als Herausforderung an Schule und Ausbildung. Berlin (Springer), S. 163-167

KOMPETENZEN VON HAUPTSCHÜLERN MIT COMPUTERN
-Lokales Programmieren und Arbeiten mit durchschaubarer Software-

A. Wynands, Universität Bonn

Es werden didaktische Zielsetzungen und daraus resultierende Methoden und Arbeitsmaterialien vorgestellt für eine Lerneinheit Informatik im Wahl-(Pflicht-) Bereich der Klassen 9/10 und zur Intergration des Computers im Mathematikunterricht der Sekundarstufe I.
Zwei Schwerpunkte sind hierbei berücksichtigt:
* Formalisieren im Sinne des Algorithmierens und Programmierens von Verfahren mit dem Ziel 'lokaler' Programmier-Kompetenz und
* Anwenden durchschaubarer Software in adäquaten Gegenstandsbereichen.

Zusammengestellt sind diese Bereiche in einem "Computer-Arbeitsbuch", vgl. /1/. Entwickelt und reflektiert wurde das Arbeitsbuch aufgrund mehrjähriger Unterrichtstätigkeit vorwiegend in der Hauptschule.

Didaktische Zielsetzung und Methode

Computer im Unterricht und speziell Informatik in der Sek I sind in der Diskussion. Besonders für Haupt- und Realschulen zeichnen sich zwei Möglichkeiten ab:
Einsatz fertiger Software und lokales, eigenaktives Programmieren.
Beim Einsatz kommerzieller Softwarepakete (AppleWorks, dBASE ...) sind folgende (Schwach-)Punkte zu beachten:
* Sie erfordern eine z.T. sehr zeit- und konzentrationsaufwendige Einarbeitung. Man erkennt dies schon an den voluminösen Handbüchern.
* Die Problemfelder müssen so gewählt werden, daß der Schüler das Ein-Ausgabe-Verhalten überschauen und kontrollieren kann.
* Das Hineinschauen in die Arbeitsschritte, d.h. in das Programm, ist dem Schüler (fast) unmöglich gemacht. Der 'Mystifizierung' wird eher Vorschub geleistet als der gewünschten Entmystifizierung.
* Die Programmpakete sind trotz der vielen Menüangebote starr. Der Schüler hat häufig keine kreativen Eingriffsmöglichkeiten.

Sinnvoll erscheint uns daher ein Bemühen, transparente, veränderbare Software für überschaubare Gegenstandsbereiche zu entwickeln, woran Schüler Handlungskompetenzen entwickeln können. Die Veränderung vorgegebener Software erfordert aber u.a. Fähigkeiten, in ein Programm hineinschauen, es verstehen und spezialisieren oder generalisieren zu können. Vorraussetzung hierfür sind aber zumindest 'lokale' Kompetenzen im Programmieren. Schüler sollen im Prinzip wissen, wie man einen Computer dazu bringt, das zu tun, was er selbst im Kopf, mit Bleistift, Zeichengerät oder Taschenrechner vorgedacht hat. Angemessen sind hierfür kleine Beispiele, deren Sachinhalt dem Schüler vertraut oder zugänglich sind. An diesen sind Elementarbefehle und Kontrollstrukturen einer Programmiersprache zu erarbeiten.

Die Grundlage für jedes Computer-Programm ist die Analyse des Problems (der Aufgabe oder des Gegenstandsbereiches). Sie besteht darin, daß man weiß und formulieren kann, was gegeben und was gesucht ist und welchen Weg man gehen kann, um das angestrebte Ziel zu erreichen.
Formalisierungsfähigkeiten sind mehr gefragt als z.B. numerische Rechenfertigkeiten. Die Formulierung eines Verfahrens ist ein Algorithmus. Algorithmen sind seit mehr als 3000 Jahren fester Bestandteil der Mathematik. Jede sinnvolle mathematische Formel wird z.B. als Kurzdarstellung eines Algorithmus aufgefaßt von dem, der sie versteht und ausführen kann. Es gibt von daher kein Schulfach, das einen besseren Zugang zu Grundlagen

und altersadäquaten Problemfeldern des Computereinsatzes hat als die Mathematik, in der die überwiegende Zahl der Lehrer tätig sind, die sich damit befassen und auf die es letztendlich ankommt.

Das Arbeitsmaterial

Das Arbeitsmaterial richtet sich an Hauptschüler und (in Aufgaben mit größerem Schwierigkeitsgrad) an Realschüler ab Klasse 9. Die Kapitel 1 bis 5 liefern ein Basiswissen über Algorithmieren, Programmieren und Anwendungen. Kapitel 6 ist eine integrierende Übung mit neuen Gegenstandsbereichen. Die Kapitel 7 bis 9 zeigen Möglichkeiten projektartigen Arbeitens mit Computern zu den Themen:
Balkendiagramme - (Wachstums-)Treppen, Darstellung empirischer Daten.
Stichproben und Zufallsversuche - Mittelwert, Rangliste, Simulation.
Daten und Dateien - Auskunftsdatei, Vokabeltrainer, TV-Ratespiel.

Im Vordergrund aller Kapitel steht zunächst die Aufgaben-Analyse bis zur Formalisierung in Verbal- oder Wort-Algorithmen, die der 'Normalsprache' möglichst nahe sind. Die Umsetzung in lauffertige Programme hierfür werden auf den nachfolgenden Seiten aufgelistet. Das Anwenden im Spezialfall, das Anpassen, Verändern, Verbessern und Verallgemeinern (Generalisieren) der gegebenen Programme für neue, ähnliche Fälle ist Ziel der dann folgenden Seiten. Eigenes Programmieren tritt fast vollständig zurück und bleibt dem Wahl(-Pflicht)-Bereich vorbehalten.

Die Programme sind in LOGO und in BASIC aufgelistet. Das Arbeiten mit ihnen setzt lediglich die Handhabung von Programm-Eingabe, -Korrektur und -Start voraus. BASIC wurde wegen seiner großen Verbreitung berücksichtigt. LOGO wird hier als eine besser strukturierbare Sprache vorgezogen, die mit 'wiederverwendbaren' Programmen (Prozeduren) oder Modul-Bausteinen arbeiten kann. Eine "muttersprachliche" LOGO-Version erscheint uns für leistungsschwächere Schüler angemessener als "fremdsprachliche".

Die Anordnung der Arbeitsmaterialien basiert auf der Annahme einer "fast-hierarchisierten"

Sequenz von Fähigkeiten, die Computer-Kompetenzen umfassen:

1. AUFGABE oder Problem mit konkreten Werten lösen.
   Die Werte werden einfach aber signifikant gewählt.
2. Ein FORMULAR (eine Tabelle oder eine Planskizze) zur Variation der Parameter eines Aufgabentyps erstellen und ausfüllen.
   Die Planung bereitet die Generalisierung mit Variablen vor. Es soll sich der Weg, die Konstruktion des 'allgemeinen Verfahrens' einprägen.
3. Das Vorgehen in 2. umgangssprachlich beschreiben.
   Hier wird die Formalisierung vorbereitet, die schon viele überfordert.
4. Erstellen eines WORT-ALGORITHMUS' in benutzerverständlicher 'Notation'
   An Beispielen (s.u.) kann der Schüler damit vertraut gemacht werden. Das selbständige Entwickeln und Darstellen eines Algorithmus erfordert meistens wesentlich höhere Kompetenzen als das Durcharbeiten eines Beispiels. Schach spielen ist etwas anderes als die Beschreibung der Schachregeln. Zwei Seile sind leichter verknotet als ein Knoten beschrieben. Bei dieser Kompetenz-Verlagerung von Fertigkeiten mit konkreten Objekten zum formalen Darstellen von Objektmanipulationen (z.B. Verknüpfungen und Relationen) treten in der Sek I große Schwierigkeiten auf.
5. PROGRAMMIEREN des 'allgemeinen' Verfahrens.
   Das ist eine 'hochformale' Darstellung in maschinenverständlicher Form. Im direkten Ausprobieren von Ideen kann das leichter sein als Punkt 4. Programmiergrundkenntnisse sind dann aber Voraussetzung. Programmieren ist zeitaufwendig, überfordert viele und hat als Selbstzweck keinen all-

gemeinbildenden Wert. Durch Vorgabe fertiger Programme kann dieser Punkt übersprungen werden.

6. ANALYSIEREN des fertigen Programms.
   Das ist eine arbeitsökonomische Methode, um 'lokale' Progammier-kompetenz zu erwerben, die in 7. bis 9. benötigt wird.
7. ANWENDEN von Programmen.
   Hier sollte unabhängig von der jeweiligen Programmiersprache der Schwerpunkt liegen, nachdem die Problemklasse gemäß 1. bis 3. durchschaut wurde. Typische Anwendungen: Eingabe-Parameter im Spezialfall richtig belegen, Auswirkung der Parametervariation beobachten, zielgerichtetes Probieren als heuristische Lösungsstrategie für Umkehr-Aufgaben.
8. Kleine PROGRAMMÄNDERUNGEN vornehmen.
   Z.B. Änderungen von Konstanten im Programm, bessere Ein- und Ausgabekommentare einfügen, Verbesserung der Bildschirmausgabe.
9. GENERALISIEREN von Programmen.
   Das bedeutet eine Vergrößerung des Anwendungsbereichs (Adaptation des Programms auf eine umfassendere Problemstellung). Die Punkte 6. bis 9. können mit hinreichenden Erfolgsaussichten im Wahl-Bereich und in reduziertem Umfang im 'normalen' Fachunterricht der Sek I angezielt werden.
10. Neue Programme für analoge Probleme entwickeln.
   Bei der Adaptation oder Akkomodation eines 'ähnlichen' Problems durch ein 'ähnliches' Programm treten wieder größere Mißerfolge bei Schülern auf, wenn keine äußere Lenkung des Schülers über die Punkte 1. bis 4. durch den Lehrer erfolgen.

Beispiele für Algorithmen und 'lokale' Programmierkompetenzen.

Die Programmbeispiele werden hier in LOGO vorgestellt, weil BASIC ohnehin bekannter und LOGO ein didaktisch vorzuziehendes Konzept hat. Die Arbeitsschritte im ersten Beispiel entsprechen der genannten Sequenzierung von Fähigkeiten und Computer-Kompetenzen.

1. Zuweisungen
Eine umgangssprachliche Formulierung zur Berechnung der KFZ-Jahressteuer lautet: "Je angefangenen 100 ccm 18 Mark 40".
Wer damit die Steuern für KFZ mit 200ccm, 250ccm, 301ccm und 1379ccm richtig bestimmt, zeigt Verständnis der Wortformel und Rechenfertigkeit.
Die Arbeitschritte werden nun in einer Tabelle erfaßt und im Wort-Algorithmus beschrieben:

Hubraum (ccm)	"angefang.100"	Steuern(DM)
200	2	2*18,8=37,60
250	3	3*18,8=
301	4	4*

```
Eingabe HUB
AH<--angefang.100 von HUB
ST<-- AH*18,8
Ausgabe(Rückgabe) ST
```

Jetzt muß näher erklärt werden, wie man die "angefangenen 100ccm" bestimmt. Das macht ein Schüler durch 'bloßes Hinsehen', ein Computer recht kompliziert. Das zeigt die Analyse einer Programmversion.

```
PR ANGEFANGENE100 :HUB
   RUECKGABE INT (:HUB+99)/100
ENDE
```

```
PR KFZ.STEUERN :HUB
   RUECKGABE 18.8 * ANGEFANGENE100 :HUB
ENDE
```

Vor den Anwendungen dieser Programme steht ein Test mit einfachen Eingabewerten, die eine sofortige (Kopfrechen-)Kontrolle zulassen. Z.B.:
ANGEFANGENE100 99 (bzw. 101) liefert das Ergebnis: 1 (bzw. 2)
KFZ:STEUER 99 (bzw. 101) Ergebnis: 18.8 (bzw.37.6).
Danach folgen Anwendungen, Programmänderungen und analoge Probleme, z.B.:
a) Bestimme die KFZ-Steuer. Hubraum(ccm): 100 200 300 .... 5000.

b) Die Jahressteuer ist höher als .....DM. Wie groß ist mindestens der Hubraum? Schätze und kontrolliere mit dem Programm!
c) Für manche KFZ zahlt man je angefangene 100ccm .....DM. Wo ist eine Programmänderung nötig? Ändere, teste, wende an ...
d) Ändere ANGEFANGENE100 so,daß es beliebige Eingabewerte auf Hunderter aufrundet (abrundet).
e) Eine Faustregel zur Berechnung des PKW-Bremsweges (in Meter) lautet: "Geschwindigkeit (in km/h) durch 10 mal sich selbst, geteilt durch 2" Programmiere, teste, wende an ...

2. Wiederhole Nmal
Aus dem "Schachbrettmärchen": Auf dem ersten Feld eines Schachbretts legte der König 1Pf (A). Auf jedem weiteren das Doppelte (F-fache) des vorherigen. Wieviel legte er auf das Feld mit der Nummer 10 (20 ... NR)? Mit den folgenden 'Rohlingen' für einen Algorithmus und ein Programm, woran Schüler viele 'Verzierungen' und Verbesserungen anbringen können, ist der gesamte Aufgabenbereich prozentualer Wachstums- und Zerfallsprozesse elementarisiert.

```
Wachstum
Eingabe A, F, N
Wiederhole Nmal
  | Ausgabe NR, A
  | NR <— NR + 1
  | A  <— A * F
```

```
PR WACHSTUM :A :F :N
   SETZE "NR Ø
   WIEDERHOLE :N [DRUCKEZEILE :NR :A
                  SETZE "NR :NR + 1
                  SETZE "A :A * :F]
ENDE
```

3. Abfragen, Wiederholen nach besonderer Vorschrift, einfache Rekursion.
Ein Ratespiel: Ute soll Kais Zahl (K) raten. Der Computer ist neutraler Schiedsrichter.

```
Ratespiel
   Eingabe K
   Rate K
```

```
PR RATESPIEL
   DZ [Ute, bitte wegsehen!]
   DZ [Deine Zahl, Kai?]
   SETZE "K ER EG ;(bzw. ER LL oder LIES)
   LOESCHESCHIRM RATE :K
ENDE
```

```
Rate K
   Eingabe U
   wenn U = K
     dann Ausgabe "o.k."
     sonst Rate K
```

```
PR RATE :K
   DZ [Ute, bitte raten] SETZE "U ER EG
   PRUEFE :U = :K
   WENNWAHR DZ [o. k.]
   WENNFALSCH RATE :K
ENDE
```

Treppen sollen gezeichnet werden: Begonnen wird beim Punkt (-100/0) mit dem "Treppenbau". Dabei werden solange Rechtecke nebeneinander gezeichnet, bis diese höher als 100 (Einheiten) sind. Die Rechteckhöhen (H) ändern sich schrittweise um den Wert der Stufe (S), die Breite (B) ist fest.

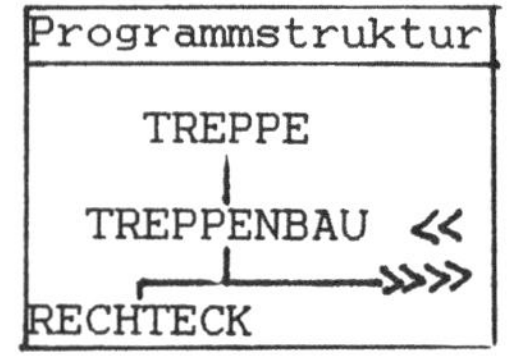


```
PR TREPPE :H :B :S
   BILD
   SH AUFXY -100 0 SA
   TREPPENBAU :H :B :S
ENDE
```

```
PR TREPPENBAU :H :B :S
   WENN :H > 100 DANN RUECKKEHR
   RECHTECK :H :B
   RE 90 VW :B LI 90
   SETZE "H :H + :S
   TREPPENBAU :H :B :S
ENDE
```

TREPPENBAU enthält die wesentlichen Anweisungen zur graphischen Darstellung aller linearer Funktionen. Ersetzt man lediglich in der Zeile SETZE "H :H + :S das Pluszeichen durch *, so erhält man Balkendiagramme für exponentielle Wachstums- und Zerfallsprozesse. Läßt man von den Rechtecken nur eine "obere Ecke" zeichnen, so ensteht bei hinreichend kleinen

Werten für B der Funktionsgraph. Die Prozedur RECHTECK ist an dieser Stelle als bekannt vorausgesetzt.
Programme für Balkendiagramme beliebiger Tabellenwerte erklären sich jetzt (fast) von selbst. Die Programmstruktur ist völlig analog (isomorph). TABELLE ist hier der Name einer Liste. Diese soll ANZAHL Werte enthalten, von denen der absolut größte Wert MAX heißt. In einem "optimalen" Programm werden diese beiden Werte vom Computer selbst berechnet.

```
PR DIAGRAMM :TABELLE :ANZAHL :MAX
   SETZE "B 200 / :ANZAHL
   SETZE "M 100 / :MAX
   SH AUFXY -100 0 SA
   ZEICHNE :TABELLE :B :M
ENDE
```

```
PR ZEICHNE :TABELLE :B :M
   WENN :TABELLE =[ ] DANN RUECKKEHR
   SETZE "TW ERSTES :TABELLE
   SETZE "H :TW * :M
   RECHTECK :H :B RE 90 VW :B LI 90
   ZEICHNE (OHNEERSTES :TABELLE) :B :M
ENDE
```

Projektbeispiel 'Personenauskunft

Vorgelegt wird eine überschaubare Liste (Tabelle, Datei) mit ca. 10 Zeilen (Datensätzen) für berühmte Personen. Darin wird nach bestimmten Kriterien gesucht. Sortieren, Suchen, gefundene Daten notieren und neue Eintragungen vornehmen sind Vorgänge, die beim Computer ganz andere Kompetenzen erfordern als beim Menschen. Vor- und Nachteile, Chancen und Gefahren des Computereinsatzes bei 'Personen-Datei-Verwaltungen' sind hier exemplarisch zu erleben. Wer entsprechende Prozeduren (z.B. DATEI.HOLEN) richtig analysieren und neu editieren kann, der paßt dieses Programmpaket leicht den Bedürfnissen an, die ihn selbst betreffen oder interessieren, z.B. zur Klassen-, Schul-, Vereins- oder Schallplatten-Dateiverwaltung.
Im folgenden wird das komplette Programmpaket aufgelistet. Es enthält das Erfassen, Suchen und Ausgeben von/in Dateien. Das Korrigieren von Datensätzen kann durch entsprechende Änderungen in DATEI.HOLEN erfolgen. Sortierprogramme sind hier nicht angegeben. Diese werden im Projekt 'Stichproben und Zufallsversuche' behandelt.

Programme für eine Personenauskunft

```
PR PERSONENAUSKUNFT
 DATEI.HOLEN ARBEITEN
ENDE
```

```
PR DATEI.HOLEN
 SETZE "DATEI [[RIESE ADAM 1500] ____
               [SCHICKARD WILHELM 1592]
               [PASCAL BLAISE 1623]]
ENDE
```

```
PR ARBEITEN
 ANGEBOT WAHL AUSFUEHRUNG
ENDE
```

Programmstruktur

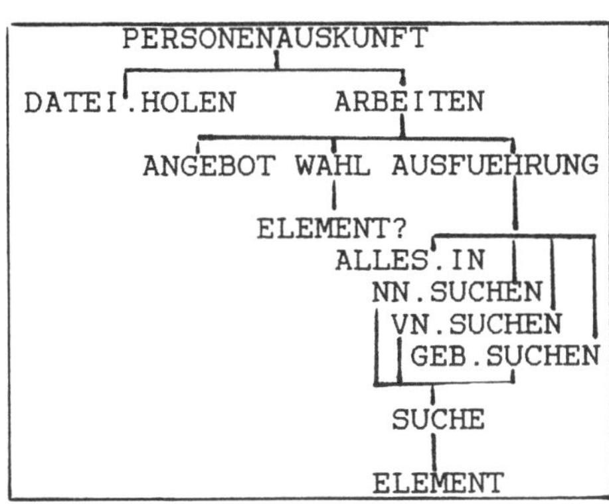

Nach diesem groben Arbeitsplan erfolgt nun die Bearbeitung der Teilschritte in den entsprechenden (Unter-) Prozeduren.
ELEMENT? und ELEMENT sind bei den meisten LOGO-Versionen 'eingebaute' Grundbefehle. Im Arbeitsbuch /1/ werden hierfür iterativ arbeitende Prozeduren angegeben. Auf elegante rekursive Formulierungen wurde verzichtet. 'Echte', d.h. nicht-'endzeilige' Rekursionen sind nicht nur für Schüler sehr schwer.

```
PR ANGEBOT
 LS
 DZ [MEIN ANGEBOT] DZ [ ]
 DZ [1 ALLE PERSONEN-DATEN AUSGEBEN]
 DZ [2 SUCHE ALLE MIT NACHNAMEN]
 DZ [3 .............. VORNAMEN]
 DZ [4 .............. GEBURTSJAHR]
 DZ [5 BEENDEN]
 DZ [ ] DZ [BITTE WAEHLEN 1,2,3,4 ODER 5]
ENDE
```

Nachdem die Personendatei den Namen "DATEI" erhalten hat, wird das Angebot gemacht. DATEI ist eine Liste, die für jede Person deren Datensatz als Liste enthält. Die Gesamtliste hat die Form

[[1.Datensatz] [2.Datensatz] ... [letzter Datensatz]]

In einem Datensatz können mehrere Angaben zu einer Eintragung, z. B. "gest. 1635, Erfinder... " durch eckige Klammern zusammengefasst werden.

[... [SCHICKARD WILHELM 1520 [GEST.1635, ERFINDER..] ...]

```
PR WAHL
 SETZE "EIN EINGABE
 WENN :EIN =[ ] DANN WAHL
 SETZE "NR ERSTES :EIN
 WENN NICHT ELEMENT? :NR [1 2 3 4 5] WAHL
ENDE
```

```
PR AUSFUEHRUNG
 WENN :NR = 1 DANN ALLES.IN :DATEI
 WENN :NR = 2 DANN NN.SUCHEN :DATEI
 WENN :NR = 3 VN.SUCHEN :DATEI
 WENN :NR = 4 GEB.SUCHEN :DATEI
 DZ[ ] DZ [NEUES ANGEBOT? J/N EINGEBEN]
 WENN EINGABE = [J] ARBEITEN
ENDE
```

ELEMENT? :NR [1 2 3 4 5] fragt, ob der Wert von NR in der Liste [1 2 3 4 5] ist. Wenn z.B. :NR gleich 3 (7), dann ist das Ergebnis "wahr" ("falsch").

```
PR ALLES.IN :DATEI
 WENN :DATEI =[ ] RK
 DZ ERSTES :DATEI
 ALLES.IN OHNEERSTES :DATEI
ENDE
```

```
PR NN.SUCHEN :DATEI
 LS DZ [WELCHEN NAMEN SUCHEN?]
 SUCHE ( ERSTES EINGABE ) 1 :DATEI
ENDE
```

```
PR VN.SUCHEN :DATEI
 LS DZ [WELCHEN VORNAMEN SUCHEN?]
 SUCHE ( ERSTES EINGABE ) 2 :DATEI
ENDE
```

```
PR GEB.SUCHEN :DATEI
 LS DZ [WELCHES GEBURTSJAHR SUCHEN?]
 SUCHE ( ERSTES EINGABE ) 3 :DATEI
ENDE
```

Der gewünschte Name muß das 1. Wort (1. Spalte) im Datensatz sein. Der Vorname das 2. Wort, das Gebutsjahr das 3. Wort. Gesucht wird also etwas, was eingegeben wird und an der entsprechenden Stelle (entsprechende Spalte) im jeweiligen Datensatz steht.

```
PR SUCHE :ETWAS :I :DATEI
 PRUEFE :DATEI = [ ]
 WENNWAHR DZ[ ] ( DZ [KEIN ...] :ETWAS )
 WENNWAHR DZ [ (MEHR) IN DER DATEI] RK
 PRUEFE :ETWAS = ELEMENT :I ER :DATEI
 WENNWAHR DZ[ ] DZ ERSTES :DATEI
 SUCHE :ETWAS :I ( OHNEERSTES :DATEI )
ENDE
```

Das Suchen und Ausgeben leistet SUCHE. Ist die Datei leer, dann ist das gesuchte nicht mehr drin, sonst wird geprüft, ob das gesuchte (ETWAS) das Ite ELEMENT des ersten Datensatzes ist. Das SUCHEn geht weiter in der Restdatei, worin der 1. Datensatz der alten Datei fehlt.

Literatur: /1/ Wynands, Frankenberg, Schwirtz: Computer-Arbeitsbuch, Hannover 1986; ca. 100 Seiten, Schroedel Schulbuchverlag.

Das rechnergestützte Unterrichtssystem POLY zur Darstellung und Manipulation ebenbegrenzter Objekte*)

Andreas Meier[1], Hansbeat Loacker[1], Fredy Paquet[1] und Thomas Kohler[2]

[1] Institut für Informatik
ETH-Zentrum
CH-8092 Zürich

[2] BBC Baden
Abteilung CTI-T
CH-5405 Baden

Zusammenfassung:
Das Unterrichtssystem POLY erlaubt die Darstellung und Manipulation von ebenbegrenzten Objekten. Primitivkörper wie Würfel, Kegel, Zylinder, Kugel und Torus lassen sich durch Translation, Rotation und Skalierung transformieren und mit den Mengenoperationen Vereinigung, Durchschnitt und Differenz kombinieren. Auf dem grafischen Bildschirm wird nicht nur das geometrische Objekt in Parallelprojektion, Seitenriss und Aufriss dargestellt, sondern auch der zugehörige Konstruktionsbaum als Boolescher Ausdruck über Primitiven. Dadurch sind Manipulationen entweder am Objekt selbst oder via Konstruktionsbaum auf eindeutige Art möglich. Zur besseren Visualisierung können für jeden Konstruktionsschritt die verdeckten Kanten des dreidimensionalen Objektes evaluiert werden.
Das Unterrichtssystem ist entwickelt worden, um interessierten Informatikern und Ingenieuren technischer Fachrichtungen wie Machinenkonstruktion, Werkzeugbau, Bauwesen, Architektur u.a. grafische und geometrische Methoden rechnergestützter Entwurfssysteme auf autodidaktische Weise zu vermitteln.

Inhalt:

*) Diese Arbeit wird vom Schweizerischen Nationalfonds im Projekt Nr. 2.734-0.85 unterstützt.

1. Zielsetzung des Unterrichtssytems POLY

Ein rechnergestütztes Entwurfssystem für geometrische Objekte umfasst Aspekte der Beschreibung, Darstellung, Bearbeitung und Speicherung [Requicha 1980]. Heute existiert eine Vielzahl von kommerziellen Entwurfssystemen, die meistens zugeschnitten sind auf einzelne Anwendungsbereiche wie Maschinenkonstruktion, Werkzeug- und Fahrzeugbau, Bauwesen u.a. Diesen Systemen ist gemeinsam, dass sie geometrische und grafische Methoden verwenden (vergleiche Textbuch [Meier 1986]), um die Gestalt der Objekte erfassen und darstellen zu können.

Mit dem Unterrichtssystem POLY leisten wir einen Beitrag zum besseren Verständnis der Datenstrukturen und Algorithmen, die beim rechnergestützten Entwurf von dreidimensionalen Objekten notwendig sind:

1. Das Unterrichtssystem POLY ist ein *Lehr- und Lernsystem* für künftige Anwender und Entwickler von rechnergestützten Entwurfssystemen. Es richtet sich vorwiegend an Informatiker aber auch an Interessierte anderer technischer Fachrichtungen.

2. Das Unterrichtssystem POLY beschränkt sich auf die Darstellung und Bearbeitung von ebenbegrenzten Objekten. Es illustriert bedeutende *grafische und geometrische* Datenstrukturen sowie Algorithmen und regt zu Eigen- und Weiterentwicklungen an.

Die beiden Zielsetzungen veranschaulichen, dass POLY nicht als rechnergestütztes Entwurfssystem produktiv eingesetzt werden kann. Es soll als Lehrsystem das notwendige Fachwissen grafischer und geometrischer Methoden autodidaktisch vermitteln. Zusätzlich soll es als Lernsystem den Studierenden selber zum Tutor motivieren, indem dieser bestehende Verfahren verbessert oder neue Algorithmen einbringt und austestet. Als sinnvolle Erweiterung kann der interessierte Polyaner rechnergestützte Zeichnungen dreidimensionaler Szenen erstellen, Simulationen bewegter Objekte mit Kollisionsprüfung durchführen sowie weitere Beispiele zur Computeranimation auf einem Arbeitsplatzrechner entwickeln.

Weshalb kann ein kommerziell erhältliches, rechnergestütztes Entwurfssystem das Unterrichtssystem POLY nicht ersetzen?

Verschiedene Diskussionen mit Anwendern und Entwicklern von kommerziellen Entwurfssystemen bestätigen, dass die Einarbeitungszeit ins System aufgrund des Funktionsumfangs sehr gross ist. Ein Erfassen der wichtigsten Funktionen und das Modellieren von einfachen geometrischen Objekten verlangen eine vollzeitliche Beschäftigung über mehrere Wochen. Dies sprengt natürlich den Rahmen der meisten Ausbildungsprogramme an Hochschulen oder technischen Lehranstalten, ausser man führt bewusst ein mehrwöchiges Praktikum auf einem bestimmten Entwurfssystem durch. Dabei wird der Lernende mit den Eigenheiten eines Herstellers konfrontiert und gelangt selten an die grundlegenden Aspekte wie Gestaltung der Mensch-Maschine-Schnittstelle, Effizienz grafischer und geometrischer Algorithmen oder Konsistenzfragen beim längerfristigen Speichern geometrischer Objekte.

Ein weiterer Nachteil beim Verwenden eines kommerziellen Entwurfssystems im Unterricht ergibt sich, weil die Datenstrukturen und Algorithmen selten beschrieben und dokumentiert sind. Oft werden eigene Erweiterungen untersagt und ein Eingriff ist lediglich über vordefinierte Makrofunktionen erlaubt. Natürlich soll ein Anwender eines rechnergestützten Entwurfssystems sich im Normalfall nicht mit den Programmen zur Bearbeitung oder Darstellung geometrischer Objekte herumschlagen müssen, doch hat ein Lernender den Anspruch, hinter die Kulissen zu schauen und seine Neugier mit eigenen Experimenten zu befriedigen!

Wir beschreiben im Abschnitt 2 den Funktionsumfang und die einzelnen Komponenten von POLY. Im Abschnitt 3 erläutern wir anhand konkreter Aufgabenstellungen wichtige Darstellungsformen für dreidimensionale Objekte sowie eine geometrische Problemstellung. Abschnitt 4 fasst die bis jetzt gemachten Erfahrungen zusammen.

2. Beschreibung der grafischen und geometrischen Komponenten von POLY

Das rechnergestützte Unterrichtssystem POLY ist auf dem Arbeitsplatzrechner LILITH des Instituts für Informatik der ETH Zürich in Modula-2 [Wirth 1985] entwickelt worden [Kohler et al. 1985] und zusätzlich auf VAX-VMS und MACINTOSH verfügbar.

POLY umfasst als Kernstück die Bearbeitung und Darstellung ebenbegrenzter Objekte. Diese werden rekursiv durch mengentheoretische Verknüpfungen von ebenbegrenzten Standardprimitiven aufgrund der folgenden Grammatik definiert:

```
<Objekt>          ::= <Primitive> |
                      <Objekt> <Transformation> ARGUMENT |
                      <Objekt> <Operation> <Objekt>.

<Primitive>       ::= WÜRFEL | KEGEL | ZYLINDER | KUGEL | TORUS.

<Transformation>  ::= TRANSLATION | ROTATION | SKALIERUNG.

<Operation>       ::= VEREINIGUNG | DURCHSCHNITT | DIFFERENZ.
```

Jedes ebenbegrenzte Objekt ist als binärer Baum oder Konstruktionsbaum darstellbar, wobei die Blätter Primitivkörper repräsentieren und die Knoten für Operationen oder Transformationen stehen. Ein Konstruktionsbaum ist also nichts anderes als die Repräsentation eines Booleschen Ausdrucks über Primitiven. Man nennt diese Darstellungsform deshalb auch *Konstruktion mit Raumprimitiven* (CSG = Constructive Solid Geometry). Bekannte rechnergestützte Entwurfssysteme, welche auf Konstruktionsbäumen über Standardprimitiven basieren, sind z.B. PADL [Brown 1982] und GMSolid [Boyse/Gilchrist 1982].

Um ein Objekt als Konstruktionsbaum über Raumprimitiven grafisch zu beschreiben, verwendet POLY eine zweite, sehr bekannte Darstellungsform, die sogenannte *Randdarstellung* (BR = Boundary Representation). Diese beschreibt ein ebenbegrenztes Objekt durch seine Begrenzungselemente, nämlich durch Flächen, Kanten und Ecken. Bekannte rechnergestützte Systeme, die primär die Randdarstellung zur Beschreibung der Entwurfsobjekte verwenden, sind z.B. BUILD [Hillyard 1982] oder ROMULUS [Veenman 1979].

In Abb. 1 zeigen wir je den Konstruktionsbaum und die entsprechende Randdarstellung zweier Würfel sowie deren mengentheoretische Verknüpfung Vereinigung, Durchschnitt und Differenz. Bei der Darstellung des Konstruktionsbaumes verzichtet POLY auf die explizite Angabe der Transformationsparameter, obwohl diese in den Baumknoten in Matrizenform abgelegt sind (vergl. Abschnitt 3.2).

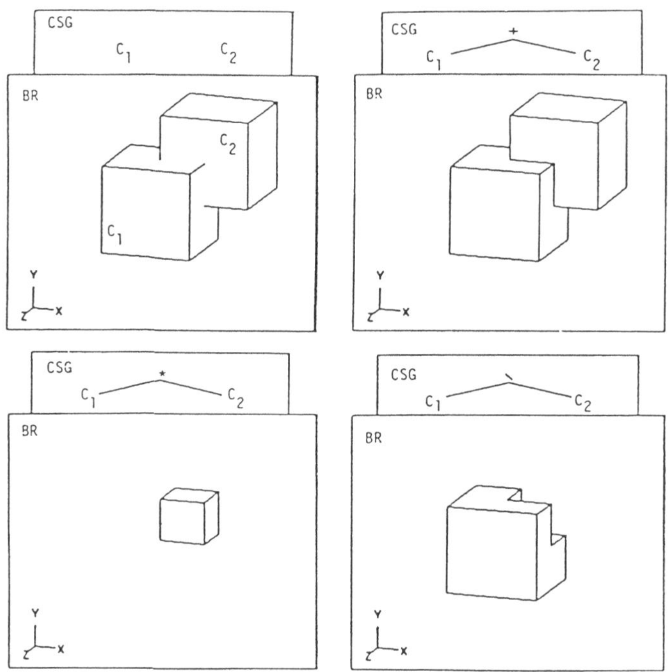

Abb. 1: Zwei unabhängige Würfel C_1 und C_2, Vereinigung $C_1 + C_2$, Durchschnitt $C_1 * C_2$ und Differenz $C_1 \setminus C_2$.

Die Benutzerschnittstelle des Unterrichtssystems POLY ist gemäss Abb. 2 durch unterschiedliche Fenster charakterisiert. Das *Menüfenster* umfasst eine Befehlshierarchie zur Dialogführung, zur Definition der grafischen Darstellungsart der Objekte sowie zur Ausführung geometrischer Transformationen und Operationen. Im *Dialogfenster* werden Fehlermeldungen und Erklärungen zu den Befehlen angezeigt. Das *Vorratsfenster* repräsentiert den Objektvorrat (oder Stack), aus welchem die beiden obersten Elemente als aktive Objekte bezeichnet werden. Jedes aktive Objekt erscheint im *Darstellungsfenster* als Konstruktionsbaum und wird gleichzeitig in drei *Grafikfenstern* z.B. in Parallelprojektion, in Seiten- und Aufriss veranschaulicht. Das Festlegen der Sichtparameter für die Grafikfenster und das Ausblenden von verdeckten Kanten geschehen durch entsprechende Befehle aus dem Menü.

Das Unterrichtssystem POLY ist selbsterklärend, da es eine ausführliche Beschreibung der Befehle enthält und bei Schwierigkeiten oder Fehlern jederzeit Erklärungen und Hilfen anbietet. Die Erklärungskomponente HELP ergänzt oder ersetzt die Benutzeranleitung, wobei Erläuterungen aufgrund des Detaillierungsgrades geschachtelt sind. Neben der HELP-Funktion existieren Befehle zur Definition der grafischen Darstellung und solche zur Bearbeitung von Objekten:

Befehlshierarchie	*Wirkung*
POLY	
HELP	Beschreiben und Erklären der Befehle
GRAPHICAL-SETTING	Definieren von Parametern zur grafischen Darstellung

VIEW
      VIEW-DIRECTION
      ...
	Festlegen des Standorts des Betrachters und der Darstellungsparameter

HIDDEN-LINE
      HIDDEN-LINE-STYLE
      ...
	Berechnen verdeckter Kanten selektiv in den drei Grafikfenstern

HARDCOPY	Ausdrucken des Bildschirminhalts
GEOMETRICAL-OPERATION	Erzeugen, Transformieren und Manipulieren von aktiven Objekten

CREATE-OBJECT
      PRIMITIVE
        CUBE
        NCONE
        ...
      SUB-OBJECT
	Definieren von Standardprimitiven oder Teilobjekten

TRANSFORMATION
      MOVE
      ROTATE
      SCALE
	Verschieben, Drehen und Skalieren des zuoberst auf dem Stack liegenden Objektes

BOOLEAN-OPERATION
      UNION
      INTERSECTION
      DIFFERENCE
	Vereinen, Schneiden und Subtrahieren der beiden aktiven Objekte

STACK-OPERATION
      POP
      ...
	Aktivieren, Löschen und längerfristiges Speichern von Objekten im Stackvorrat

EXIT	Verlassen des Unterrichtssystems POLY

Die Implementation der BOOLEAN-OPERATION bildet den umfangreichsten Teil des Unterrichtssystems POLY [Meier/Loacker 1986]. Der geometrische Algorithmus konvertiert zuerst die beiden aktiven Objekte in die zugehörige Randdarstellung, um die Schnittgeraden der sich schneidenden Flächen beider Objekte zu bestimmen. Jede Schnittgerade wird in Teilstrecken zerlegt, indem man beteiligte Kanten beider Objekte mit der zugehörigen Schnittgeraden schneidet. Eine Sortierung und Analyse der Schnittelemente führt schliesslich zur Randdarstellung des gesuchten Produktkörpers.

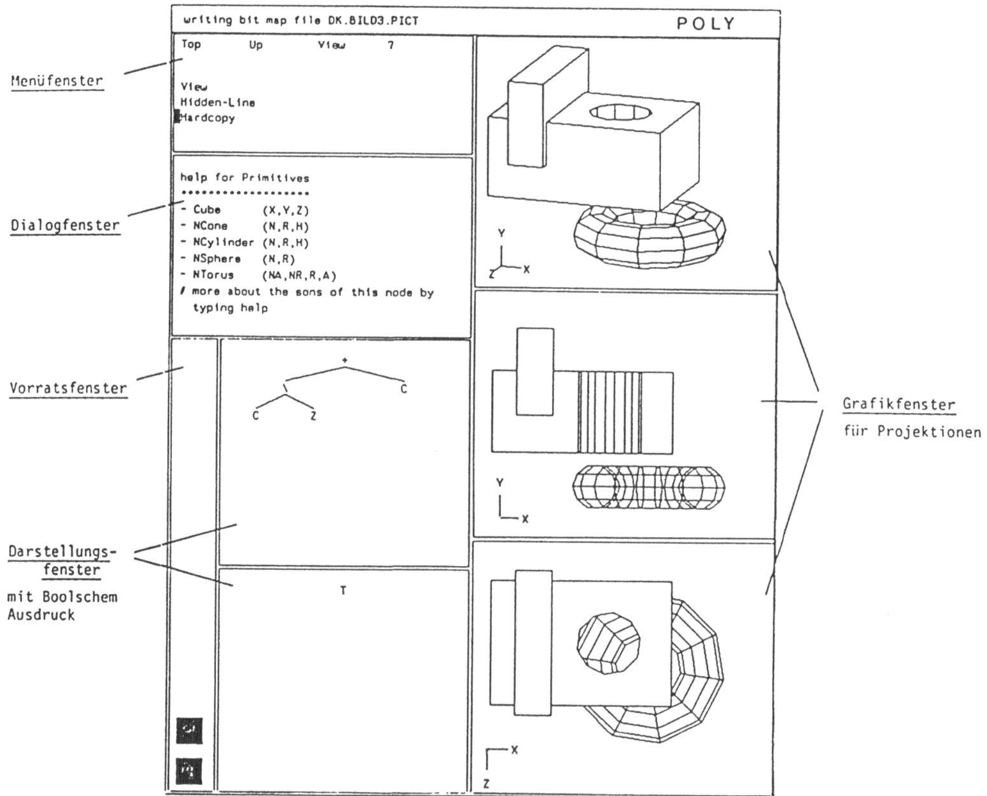

Abb. 2: Benutzerschnittstelle von POLY mit Menü-, Dialog-, Vorrats-, Darstellungs- und Grafikfenster.

Damit der geometrische Algorithmus BOOLEAN-OPERATION klar strukturiert bleibt und den "Schnitt von Polyedern" für didaktische Zwecke illustrieren kann, sind Spezialfälle ausgeklammert. Mit anderen Worten müssen sich die beiden aktiven Objekte echt schneiden:

- Punkt-, Kanten- und Flächenberührungen sind ausgeschlossen.
- Es darf keine Kante des einen Objektes eine Kante des anderen schneiden.

Dieser Verzicht auf Entartungen bei Berührung oder Kantenschnitt führt zu einem einfacheren Algorithmus, wobei die Analyse der Spezialfälle trotzdem durchgeführt wird. Der Algorithmus BOOLEAN-OPERATION entdeckt nämlich im Laufe der Verarbeitung die unerlaubten Spezialfälle und kommuniziert mit dem Benutzer via Dialogfenster.

3. Lernziele anhand konkreter Aufgaben

Die folgenden drei Aufgaben zeigen einen Ausschnitt des autodidaktischen Ziels "Ausprobieren und Erfahren" des Unterrichtssytems POLY. Dem Studierenden werden Programmumgebungen zur Verfügung gestellt, damit er sich auf das wesentliche Lernziel konzentrieren kann. Der Hauptanteil jeder Aufgabe bildet das Erfassen der Problemstellung und das Entwerfen des geforderten Prozedurkörpers, die Programmierarbeit selber reduziert sich dank dem vorgegebenen Gerüst auf wenige Seiten Code. Im folgenden zeigen wir je eine Aufgabe zum Kennenlernen der Datenstrukturen von POLY und eine geometrische Problemstellung. Diese bilden die Ausgangslage zu umfangreicheren und herausfordernden Aufgaben (vergleiche Tutorial [Meier/Loacker 1986]), die meistens auch numerische Fragen betreffen.

3.1. Randdarstellung des Primitivkörpers TORUS

Zur Speicherung oder Verarbeitung eines Objektes in Randdarstellung benötigen wir eine geeignete Datenstruktur. Wir definieren vier Datentypen, nämlich Objekte, Flächen, Halbkanten und Ecken.

Jedes *Objekt* enthält eine nicht leere Liste von *Flächen*, die von *Halbkanten* begrenzt werden. Diese sind im Uhrzeigersinn orientiert, assoziieren die entsprechenden Flächen und verweisen auf ihre linken Nachbarflächen (von aussen gesehen). Jede Halbkante zeigt auf ihren Anfangspunkt, der Endpunkt ist implizite als Anfangspunkt der nächsten Halbkante gegeben. In der Liste der *Ecken* werden diese Punktkoordinaten redundanzfrei gespeichert.

Der normierte Normalenvektor jeder Fläche ist redundant, aber effizienzsteigernd. Er hilft beispielsweise bei der Evaluation der verdeckten Kanten, muss aber bei jeder Änderung der Koordinaten konsistent nachgeführt werden.

Datenstruktur der Randdarstellung

```
TYPE
  ObjectPointer      = POINTER TO Object;
  FacePointer        = POINTER TO Face;
  VertexPointer      = POINTER TO Vertex;
  HalfEdgePointer    = POINTER TO HalfEdge;

  Object             = RECORD
                         IdentificationKey  : CARDINAL;
                         FirstFace          : FacePointer;
                       END; (* Object *)

  Face               = RECORD
                         NextFace           : FacePointer;
                         FirstHalfEdge      : HalfEdgePointer;
                         NormalVector       : Vector;
                       END; (* Face *)

  HalfEdge           = RECORD
                         NextHalfEdge       : HalfEdgePointer;
                         LeftNeighbor       : FacePointer;
                         StartVertex        : VertexPointer;
                       END; (* HalfEdge *)

  Vertex             = RECORD
                         NextVertex         : VertexPointer;
                         Coordinate         : Vector;
                       END; (* Vertex *)
```

Aufgabenstellung

Es ist ein Programm zur Erzeugung der Randdarstellung des Primitivkörpers TORUS zu implementieren.

R : Radius des Torusschlauches
NR : Approximationsgrad von R
A : Abstand Toruszentrum zu Mittellinie des Torusschlauches
NA : Approximationsgrad von A

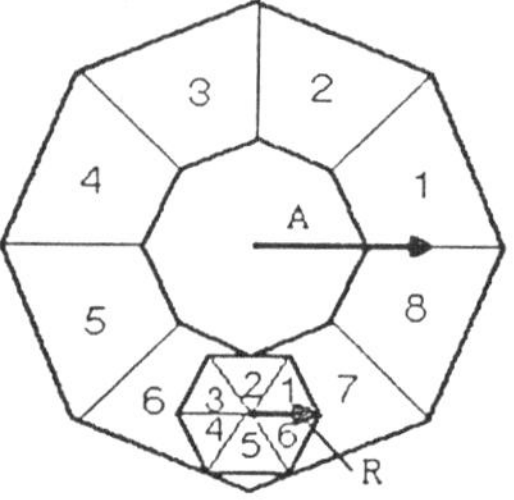

Abb. 3: Definition des TORUS mit Beispielparametern NA=8 und NR=6.

Lernziel

- Approximieren analytischer Flächen
- Kennenlernen der Datenstruktur zur Randdarstellung
- Untersuchen topologischer Beziehungen

Lösungsvorschlag

1. Alloziere alle Flächen und Eckpunkte
   Die Anzahl der Flächen und Eckpunkte ist gleich NA * NR.
2. Erzeuge den Halbkantenzyklus für jede Fläche
   Die Abb. 4 zeigt ein allgemeines Verfahren, welches zu jedem Flächenstück die zugehörigen Halbkanten definiert.

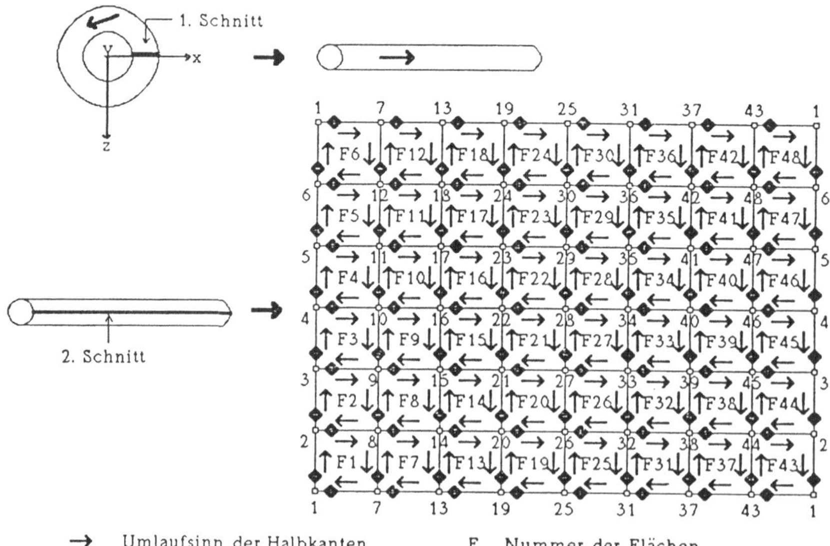

Abb. 4: Einbetten des TORUS in die Ebene (hier mit NA=8 und NR=6), Nummerieren der Flächen und Ecken sowie Festlegen der Nachbarbeziehungen.

3. Berechne die Eckpunktkoordinaten
   Die Eckpunktkoordinaten auf der x-Achse aus Abb. 4 dienen als Basispunkte, welche sich durch Winkelformeln geeignet transformieren lassen.
4. Definiere das Objekt

Epilog

Das Beispiel zum Entwurf eines Primitivkörpers ermöglicht dem Studierenden einen einfachen Einstieg in das Unterrichtsystem POLY. Durch Konsultation der entsprechenden Programmstücke für Würfel, Kegel, Zylinder und Kugel ist die Aufgabe auch Anfängern zumutbar.

3.2. Rekursive Erzeugung von Teilobjekten

Ein ebenbegrenztes Objekt als Konstruktionsbaum über Primitiven lässt sich als binärer Baum abspeichern. Die Blätter (AtNde) entsprechen den Primitivkörpern, die Knoten (OpNde) stellen eine Mengenoperation entsprechender Teilbäume dar. Zusätzlich enthalten Blätter und Knoten eine Transformationsmatrix für Translation, Rotation und Skalierung.

Datenstruktur zur Konstruktion mit Raumprimitiven

```
TYPE
  CSGPointer     = POINTER TO CSGNode;

  NodeType       = (AtNde, OpNde);
  AtomType       = (Cube, NCone, NCylinder, NSphere, NTorus);

  Transformation = RECORD
                     Tx     , Ty     , Tz     ,
                     AngX   , AngY   , AngZ   ,
                     ScaleX , ScaleY , ScaleZ ,
                     TM11   , TM12   , TM13   ,
                     TM21   , TM22   , TM23   ,
                     TM31   , TM32   , TM33     : REAL;
                   END; (* Transformation *)

  CSGNode        = RECORD
                     CASE NodeDesc : NodeType OF
                       AtNde : CASE Atom : AtomType OF
                                 Cube       : cX,
                                              cY,
                                              cZ       : REAL;
                               | NCone      : CN       : CARDINAL;
                                              CRadius,
                                              CHeight  : REAL;
                               | NCylinder  : cN       : CARDINAL;
                                              cRadius,
                                              cHeight  : REAL;
                               | NSphere    : sN       : CARDINAL;
                                              sRadius  : REAL;
```

```
                    | NTorus      : tNA,
                                    tNR       : CARDINAL;
                                    tRadius,
                                    tAxle     : REAL;
                    END; (* CASE Atom *)
          | OpNde : Oper           : BooleanOperationType;
                    LSucc, RSucc : CSGPointer;
          END; (* CASE NodeDesc *)

          Tr       : Transformation;

        END; (* CSGNode *)
```

Wir fassen Blätter und Knoten des Konstruktionsbaumes als Instruktionen auf: Die Blätter stehen für den Befehl "Erzeuge und transformiere Primitivkörper", die Knoten beschreiben den Befehl "Schneide Objekt des linken Teilbaumes mit Objekt des rechten und transformiere Resultatkörper".

Aufgabenstellung

Es ist ein rekursives Programm zur Erzeugung der Randdarstellung eines Teilobjektes aus einem Konstruktionsbaum zu implementieren:

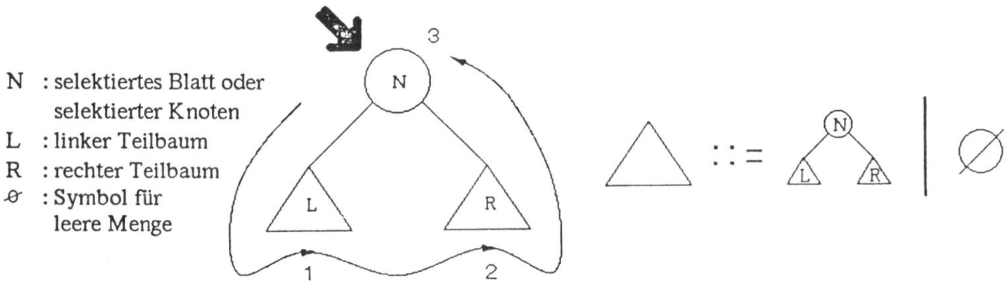

Abb. 5: Rekursives Abwandern des selektierten Teilbaumes zur Erzeugung eines Teilobjektes.

Lernziel

- Kennenlernen der Datenstruktur bei der Konstruktion mit Raumprimitiven
- Entwickeln einer rekursiven Baumtraversierung
- Konvertieren von Darstellungsformen

Lösungsvorschlag

1. Besuche linken Teilbaum, falls dieser existiert
2. Besuche rechten Teilbaum, falls dieser existiert
3. Besuche Wurzel des Teilbaumes:
   a. aktuelle Wurzel = Blatt
   Erzeuge einen Primitivkörper aufgrund der Parameter in diesem Blatt, d.h. konvertiere in die Randdarstellung (vergleiche Aufgabe im Abschnitt 3.1.). Wende die dem Blatt beigegebene Transformation auf den Resultatkörper an.

b. aktuelle Wurzel = Knoten
Führe die im Knoten beschriebene Mengenoperation (Vereinigung, Durchschnitt, Differenz) aus, wobei die Parameter dieser Operation aufgrund des rekursiven Abwanderns des linken und rechten Teilbaumes zu diesem Zeitpunkt bereits bestimmt sind.

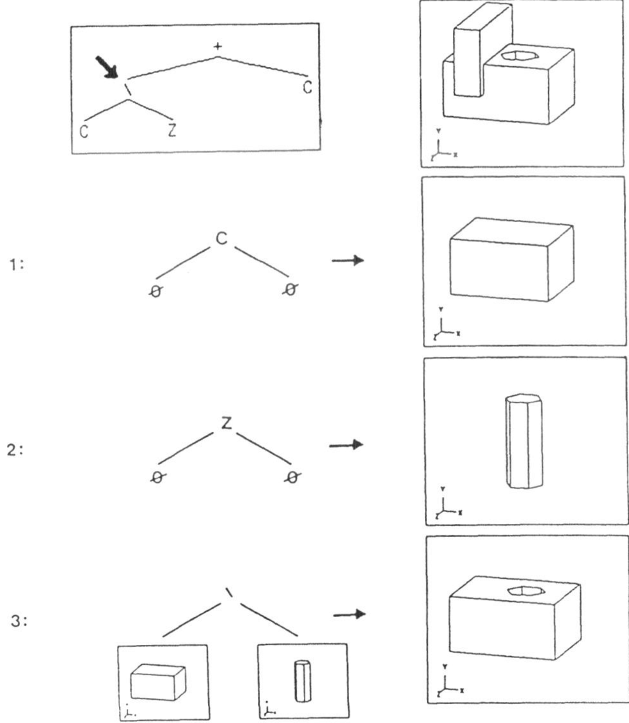

Abb. 6: Traversierungsstrategie anhand eines einfachen Beispiels.

Abbruchkriterium: Entspricht die aktuelle Wurzel dem selektierten Knoten, so breche ab.

Epilog
Das rekursive Durchwandern eines Konstruktionsbaumes zur Erzeugung von Teilobjekten illustriert die Baumtraversierung als fundamentales Werkzeug der grafischen und geometrischen Datenverarbeitung.

3.3. Punkt-im-Polyeder-Test

Exkurs (Punkt-im-Polygon-Test)

Im zweidimensionalen Fall muss entschieden werden, ob ein Punkt innerhalb, ausserhalb oder auf dem Rand eines Polygons liegt. Zur Beantwortung dieser Frage benutzen wir den Winkelsummentest, der wie folgt arbeitet:

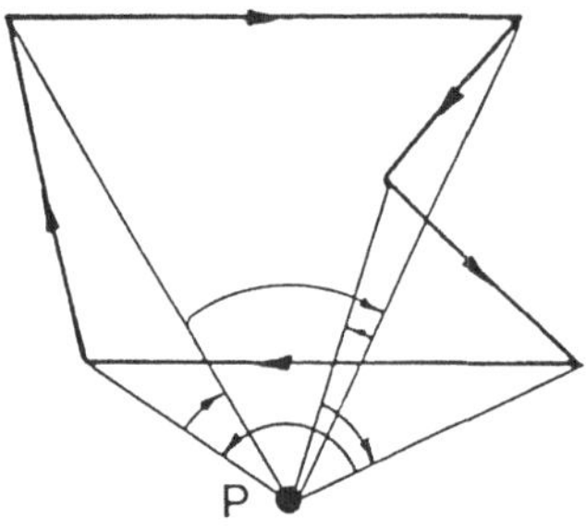

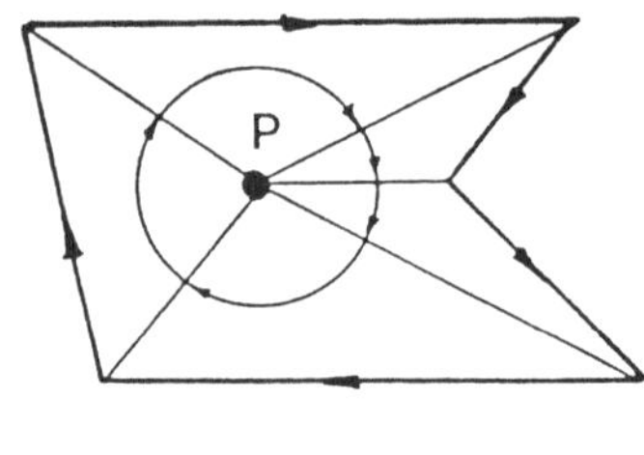

Abb. 7: Punkt-im-Polygon-Test durch Vergleich der Winkelsumme.

Die Eckpunkte sind so sortiert, dass das Polygon, definiert durch einen geschlossenen Kantenzug, immer rechts von diesem liegt. Die einzelnen Winkel lassen sich beim Durchlaufen des Randes mit dem zugehörigen Vorzeichen berechnen und aufsummieren (Abb. 7). Ist die Summe aller Winkel gleich $2 * \pi$ (= Umfang des Einheitskreises), so liegt der Punkt P innerhalb des Polygons; anderenfalls (Winkelsumme =0) liegt er ausserhalb. Ob ein Punkt auf dem Rand des Polygons liegt, kann bei der Berechnung der einzelnen Winkel sehr leicht festgestellt werden. Existiert ein Winkel mit Betrag π, so liegt der Punkt P auf dem Rand.

Aufgabenstellung

Es ist ein Programm für den Punkt-im-Polyeder-Test zu implementieren, wobei das Polyeder in Randdarstellung vorliegt.

O : ebenbegrenztes Objekt in Randdarstellung (Polyeder)
P : Testpunkt
E : imaginäre Einheitskugel

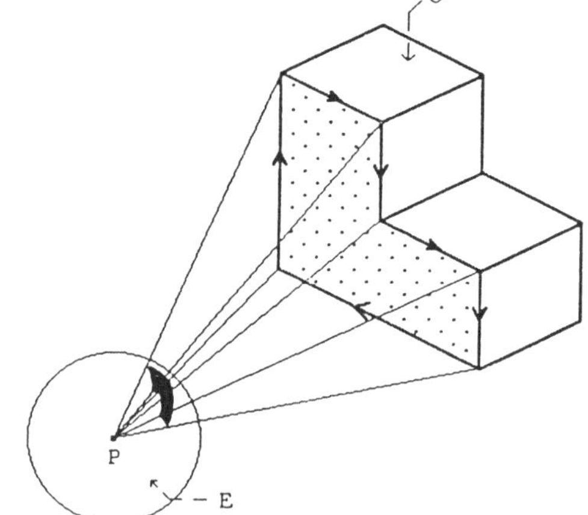

Abb. 8: Punkt-im-Polyeder-Test für ebenbegrenztes Objekt.

Lernziel

- Erfahren der Punktinklusion als wichtige geometrische Fragestellung
- Verallgemeinern geometrischer Algorithmen

Lösungsvorschlag

1. Projiziere auf Einheitskugel
   Lege eine Einheitskugel in den Testpunkt P und projiziere sämtliche Flächen des ebenbegrenzten Objektes (Polyeder) auf die imaginäre Einheitskugel.
2. Berechne die Flächensumme
   Trianguliere das projizierte Objekt und summiere die sphärischen Dreiecke zum Flächeninhalt.

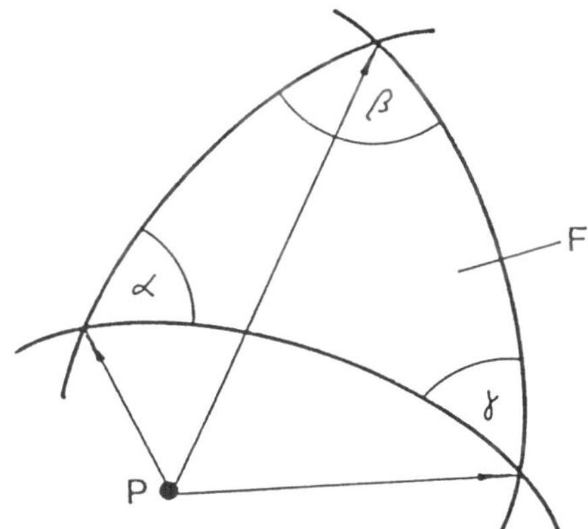

F	:	Flächeninhalt
α, β, γ	:	sphärische Winkel
P	:	Testpunkt als Zentrum der Einheitskugel (r = 1)

$$F = (\alpha + \beta + \gamma - \Pi) * r^2$$

Abb. 9: Berechnung des Flächeninhaltes sphärischer Dreiecke.

Abbruchkriterium: Falls der Flächeninhalt eines Kugeloberflächenstückes (= Flächeninhalt einer projizierten Fläche) betragsmässig gleich 2 * Π ergibt, so liegt der Punkt P in dieser Fläche, d.h. auf dem Rand des Objektes.

3. Entscheide
   Wende die unter Punkt 2 besprochene Berechnungsstrategie für jede projizierte Fläche des Objektes an und summiere die einzelnen Kugeloberflächeninhalte (mit entsprechenden Vorzeichen). Falls die Summe 4 * Π ergibt, so liegt der Punkt P innerhalb des Objektes. Ist die Summe identisch Null, so liegt P ausserhalb.

Epilog

Sind aus der Anschauung topologische Sachverhalte wie "Inneres" oder "Äusseres" rasch erfassbar und offensichtlich, so müssen schon für einfache Inklusionsfragen algorithmische Berechnungen durchgeführt werden. Der Schritt vom Studierenden zum Tutor hat sich mit dieser Aufgabe unmerklich vollzogen.

4. Erste Erfahrungen beim Einsatz von POLY im Unterricht

Seit 1983 wird das Unterrichtssystem POLY in der Vorlesung "Computergrafik und geometrische Datenverarbeitung" der Abteilung für Informatik an der ETH Zürich eingesetzt. Zusätzlich sind Erfahrungen in Kompaktkursen für die Praxis gesammelt worden. Die wichtigsten Erkenntnisse lassen sich wie folgt zusammenfassen:

- Das Unterrichtssystem POLY vermittelt einen Einblick in die Probleme des geometrischen Modellierens. Anwender verschiedener technischer Fachrichtungen können anhand der Erklärungskomponente HELP oder einer Benutzeranleitung ihre Neugier stillen und ihre räumliche Vorstellungskraft schulen.

- Zusammen mit dem Textbuch [Meier 1986] und dem Tutorial [Meier/Loacker 1986] gibt das Unterrichtssystem POLY eine fundierte Einführung in das Gebiet der grafischen und geometrischen Datenverarbeitung. Fachinformatikern sowie programmierbegeisterten Anwendern liefert POLY ein breites Experimentierfeld.

- Das Unterrichtssystem POLY ist eine Quelle für anspruchsvolle Themen, die in Semester-, Diplom- und Promotionsarbeiten behandelt werden können. Es lassen sich Eindeutigkeitsfragen von Darstellungsformen diskutieren, Probleme der dreidimensionalen Grafik in Dokumenten und technischen Zeichnungen behandeln, Datenstrukturen und geometrische Algorithmen anhand erzeugter Objekte vergleichen oder Auswirkungen geometrisch-grafischer Methoden auf die Mensch-Maschine-Schnittstelle untersuchen. Zurzeit wird in einer Gruppensemesterarbeit die Frage gestellt, wie Farbe funktionell in rechnergestützten Entwurfssystemen verwendet werden kann (z.B. Einfärben von Teilobjekten mit Auswirkungen auf die Dialogführung oder Farbhilfen beim Identifizieren von Flächen, Kanten und Ecken).

- Beim nationalen Forschungsprogramm Nr. 2.734-0.85 über "Darstellung und Speicherung von geometrischen Objekten in einer relationalen Datenbank" dient das Unterrichtssystem POLY als wichtiges Testfeld. Bei diesem Nationalfondsprojekt werden Erweiterungen von Datenbanksystemen untersucht, um geometrische Objekte unabhängig ihrer Darstellungsform konsistent und effizient in Datenbanken verwalten zu können (vergl. z.B. [Meier 1985] und [Meier et al. 1986]).

Die Autoren von POLY haben Wert darauf gelegt, dass die Programme portabel bleiben und dadurch einem breiten Anwenderkreis zur Verfügung stehen. Deshalb verwendet POLY eine geräteunabhängige Softwareschnittstelle, wobei gerätespezifische Anpassungen für LILITH, VAX-VMS und MACINTOSH existieren.

Literatur

[Boyse/Gilchrist 1982]
Boyse J. W., Gilchrist J. E.: GMSolid: Interactive Modeling for Design and Analysis of Solids. IEEE Computer Graphics and Applications, Vol. 2, No. 2, March 1982, pp. 27-40.

[Brown 1982]
Brown C. M.: PADL-2: A Technical Summary. IEEE Computer Graphics and Applications, Vol. 2, No. 2, March 1982, pp. 69-84.

[Hillyard 1982]
Hillyard R. C.: The Build Group of Solid Modelers. IEEE Computer Graphics and Applications, Vol. 2, No. 2, March 1982, pp. 43-52.

[Kohler et al. 1985]
Kohler T., Loacker H.-B., Meier A., Paquet F.: POLY - Ein 3D Modellierer für ebenbegrenzte Objekte. Benutzeranleitung und Systemdokumentation, Informatik, ETH-Zürich, 1985.

[Meier 1985]
Meier A.: Applying Relational Database Techniques to Solid Modeling. In: Blaser A., Pistor P. (Eds.): Datenbank-Systeme für Büro, Technik und Wissenschaft. Informatik-Fachberichte Nr. 94, Springer Verlag 1985, S. 50-66 (to appear: Computer-Aided Design, 1986).

[Meier 1986]
Meier A.: Methoden der grafischen und geometrischen Datenverarbeitung. Teubner Verlag, 1986.

[Meier et al. 1986]
Meier A., Durrer K., Heiser G., Petry E., Wälchlin A., Zehnder C. A.: XRS - Ein Datenbankkern zur Verwaltung von geometrischen Objekten und Versionen. Arbeitspapier, Institut für Informatik, ETH Zürich, 1986.

[Meier/Loacker 1986]
Meier A., Loacker H.-B.: POLY - Ein Unterrichtssystem zur Darstellung, Beschreibung und Manipulation von ebenbegrenzten Objekten. Tutorial in Bearbeitung, Informatik, ETH Zürich, 1986.

[Requicha 1980]
Requicha A. A. G: Representations for Rigid Solids: Theory, Methods and Systems. Computing Surveys, Vol. 12, No. 4, December 1980, pp. 437-464.

[Veenman 1979]
Veenman P.: ROMULUS - The Design of a Geometric Modeler. In: Carter W. A. (Ed.): Geometric Modelling Seminar. P-8-GM-01, CAM-I, Inc., Bournemouth, UK, November 1979, pp. 127-152.

[Wirth 1985]
Wirth N.: Programming in Modula-2. Springer-Verlag, 1985.

Demonstration von Programmen II

Leitung: Prof. Dr. Rul Gunzenhäuser
Universität Stuttgart

Interaktives Lösen von Beweisaufgaben mit Hilfe eines Computers

Wolfgang Barz / Gerhard Holland
Institut für Didaktik der Mathematik
Justus-Liebig-Universität Gießen
Karl-Gloecknerstr. 21 C
6300 Gießen

1. Einleitung

Es wird ein "intelligentes" tutorielles System (ITS) vorgestellt, mit dessen Hilfe das Lösen geometrischer Beweisaufgaben insbesondere auch durch Rückwärtsverketten gelernt werden soll. Die Implementierung erfolgte in micro-PROLOG unter MS-DOS (als Prototyp auch unter CP/M 3.0, APPLE 2e). Dieses System wurde an Studenten einer empirischen Erprobung unterzogen, um es einerseits zu evaluieren und um andererseits Daten für die Weiterentwicklung des Tutors bezüglich einer Fehlerdiagnosekomponente/Schülermodell und geeigneter tutorieller Hilfen zu sammeln. Zur Zeit ist die Intelligenz des vorgestellten Systems dadurch gegeben, daß der automatische Beweiser adäquate inhaltliche Hilfen und eine inhaltliche Kontrolle der Benutzereingabe ermöglicht. Fünf Fehlertypen werden identifiziert und dem Benutzer rückgemeldet. Eine zutreffende Diagnose der Fehler und Schwierigkeiten des Benutzers, eine Berücksichtigung seiner Arbeits- und Lernweise und das detaillierte Erkennen seiner Lernfortschritte sowie die Entwicklung und Implementierung differenzierter tutorieller Hilfen machen ein tutorielles System erst zu einem intelligenten System (vgl. SLEEMAN /BROWN 1982; YAZDANI 1986; OHLSON 1986). Hierfür ist vor allem eine psychologisch-didaktische Untersuchung des Problembearbeitungsprozesses und geeigneter tutorieller Strategien erforderlich (vgl. OHLSON, 1986).

2. Systembeschreibung

2.1. Der EXPERTE

Das System besteht im wesentlichen aus einem **Experten**-Module, der in der Lage ist, geometrische Beweisprobleme der folgenden Art durch Rückwärtsverketten zu lösen:

a)

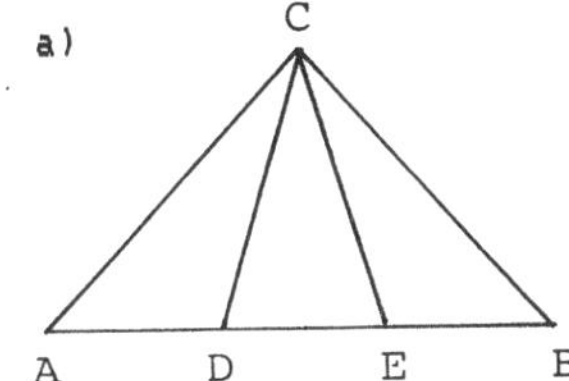

Vor.: CA=CB und AD=BE,
Beh.: wCDE=wCED

b)

Vor.: AE=BE und wAEC=wBEC,
Beh.: CAD=CBD

c)

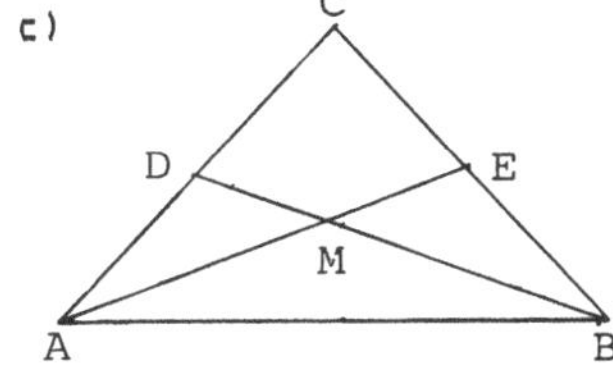

Vor.: DA=EB und wCAE=wCBD
Beh.: CA=CB

Abb. 1

Wie man erkennt, handelt es sich um Beweisaufgaben, die zum traditionellen Geometriecurriculum der Mittelstufe des Gymnasiums gehören. Aus technischen Gründen beschränkt sich die Aufgabenklasse vorerst auf Figuren, die eine Achsen- oder Punktsymmetrie aufweisen.

Als Beweismittel sind die folgenden Sätze zugelassen:
- die drei Kongruenzsätze SSS, SWS und WSW,
- Folgerung einer Längengleichheit oder einer Winkelmaßgleichheit aus einer Dreieckskongruenz (DKS, DKW)
- der Basiswinkelsatz BASW und seine Umkehrung UBASW,
- Scheitelwinkelsatz SW und Nebenwinkelsatz NW,
- Winkelsummensatz für Dreiecke WSD,
- Wechselwinkelsatz WW und seine Umkehrung UWW,
- Additivität der Streckenzerlegung SZ,
- Additivität der Winkelzerlegung WS.

Den zugelassenen Sätzen entsprechend, treten im Beweis explizit nur Aussagen der folgenden Gestalt auf:
- AB=CD (Längengleichheit der Strecken AB und CD)
- wUVW=wXYZ (Winkelmaßgleichheit der Winkel <UWV und <XYZ),
- UVW = XYZ (Kongruenz der Dreiecke UVW und XYZ),
- UV par XY (Parallelität der Strecken UV und XY)

Die dem Benutzer als Zeichnung vorgegebene geometrische Konfiguration wird intern durch ein Prädikat **punktreihe** repräsentiert, z.B. in Aufgabe a) durch die Punktreihen ADEB, CA, CD, CE und CB. Die folgende Tabelle ist der Computerausdruck eines vom EXPERTEN-Modul gefundenen Beweises der Aufgabe a):

Aussage/ Ziel	folgt wegen Satz	aus Neuziele
wDAC=wEBC	BASW	AC=BC
CDA=CEB	SWS	DA=EB AC=BC wDAC=wEBC
CD=CE	DKS	CDA=CEB
wCDE=wCED	BASW	DC=EC

Der Beweis wird durch Rückwärtsverketten gefunden. Der Beweisbaum in Abbildung 2 (UND-ODER-Baum) veranschaulicht die obige vom Computer gefundende Lösung zu Aufgabe a). Um den Baum zu beschränken, wurden hier nur die Sätze SSS, SWS, DKS, DKW, BASW und UBASW als Beweismittel berücksichtigt. Jeder Knoten des Baumes repräsentiert eine Äquivalenzklasse von Aussagen. (Beispielsweise werden die Aussagen wDAC=wEBC und wCBA=wCAB identifiziert.)

Abb. 2:

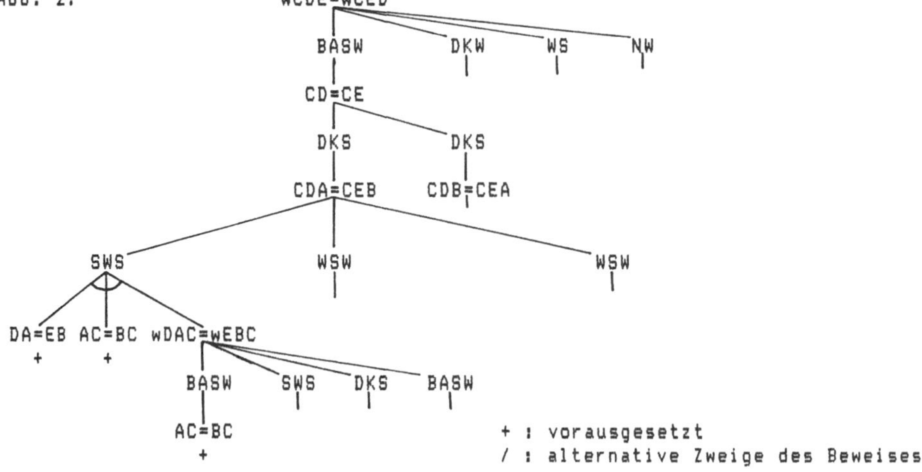

Der Problemlöseprozeß kann in der Zustands-Raum-Darstellung als eine Sequenz von Zuständen aufgefaßt werden, die durch die Operation "Rückwärtsschritt" auseinander hervorgehen (vgl. Protokoll im Anhang). Jeder Zustand des Prozesses (d.h. die globale Datenbasis) liefert die folgenden Informationen:
- Behauptung und Voraussetzung der Aufgabe,
- eine BEWEIS-Tabelle, welche alle schon erledigten Beweiszeilen enthält,
- eine PLAN-Tabelle, welche alle Planzeilen (Rückwärtsschritte zu noch nicht gelösten Zielen) enthält.

Zu Beginn des Problemlöseprozesses sind BEWEIS-Tabelle und PLAN-Tabelle leer. Nach erfolgreichem Abschluß des Prozesses repräsentiert die BEWEIS-Tabelle den vollständigen Beweis, die PLAN-Tabelle ist leer. Jeder Rückwärtsschritt ist entweder erfolgreich oder führt in eine Sackgasse. Im ersteren Fall wird eine weitere Planzeile der PLAN-Tabelle angefügt. Sind jedoch alle Unterziele vorausgesetzte oder inzwischen bewiesene Aussagen, so wird diese Planzeile und gegebenenfalls weitere Planzeilen in der PLAN-Tabelle gelöscht und der BEWEIS-Tabelle als neue Beweiszeilen eingefügt. Führt der Rückwärtsschritt in eine Sackgasse, so wird die letzte Planzeile gelöscht, was einen Rücksprung zu dem übergeordneten Ziel bedeutet. - Zur Darstellung einer vereinfachten Version eines Beweisers, wie er in der Expertenkomponente des Systems eingesetzt wird, siehe HOLLAND 1986.-

2.2. Der TUTOR

Für die Interaktion des EXPERTEN mit einem Benutzer wurden bis jetzt drei Tutorversionen (Benutzermodi) implementiert:

1) **Expertendemonstration eines Beweises** mittels Rückwärtsverketten
2) Der Benutzer übt mit dem System die **Strategie des Rückwärtsverkettens** zum Lösen von Beweisaufgaben.
3) Der mit der Strategie des Rückwärtsverkettens hinreichend vertraute Benutzer kann **wahlweise Vorwärts- und Rückwärtsschritte** durchführen.

Zu 1: Es werden Beweise im Rückwärtsverketten vorgeführt. Der Benutzer folgt dem Beweisverfahren. Dies hat den Sinn, den Benutzer mit der Strategie dieses Beweisverfahrens vertraut zu machen.

Zu 2: Hier besteht die Eigentätigkeit des Benutzers in jedem Schritt
- in der Wahl der jeweiligen neuen Zielaussage,
- in der Wahl und Rückwärts-Anwendung eines der als Beweismittel zugelassenen Sätze. Auf Anforderung durch den TUTOR gibt der Benutzer eine noch nicht bewiesene Aussage als neues aktuelles Ziel ein. Dieses wird jedoch nur dann akzeptiert, wenn es ein noch nicht gelöstes Unterziel der letzten Planzeile ist. Auf Wunsch des Benutzers werden die in Frage kommenden Ziele vor der Eingabe ausgedruckt. Nach der Zieleingabe wird der Benutzer gebeten, den Namen eines Satzes und die durch Rückwärts-Anwendung des Satzes erzeugten neuen Unterziele einzugeben. Diese Eingaben werden mit den Lösungsmöglichkeiten verglichen, die der EXPERTE inzwischen selber ermittelt hat. Findet der Benutzer keine Lösung, so kann er sich mittels des Befehls "help" die vom EXPERTEN gefundenen Lösungen ausgeben lassen. Hat auch der EXPERTE keine Lösung gefunden, so ist ein Rücksprung (s.o.) erforderlich. Es wird vom TUTOR diesbezüglich "Sackgasse!" angezeigt und der Benutzer hat die Möglichkeit mittels des Befehls "back" Schritte in seinem Beweisplan zurückzunehmen, d.h. Planzeilen zu löschen.

Zu 3: Hier gibt der Benutzer sogleich eine ganze Beweiszeile ein. Sind alle Unterziele bereits gelöst, so deutet der EXPERTE die Beweiszeile als Vorwärts-Schritt und fügt sie der BEWEIS-Tabelle hinzu. Anderenfalls prüft er, ob es sich um die korrekte Durchführung eines Rückwärtsschrittes handelt. Trifft dies zu, so wird die Zeile der PLAN-Tabelle hinzugefügt. Die Fehlermeldungen und der Gebrauch von "help" und "back" sind entsprechend wie bei der Tutorversion 2.

Die Wahl der Tutorversion und der zu bearbeiten Aufgabe ist menügesteuert. Für die Beweisdurchführung wurde der Bildschirm in vier permanente Fenster (Fenster für: Aufgabe, Beweis, Plan, Eingabe-Aufforderung bzw. Kommentar (s. Abb. 3 und 4)) aufgeteilt. Das Fenster der Eingabe-Aufforderung und das Kommentar-Fenster liegen an derselben Bildschirmstelle und werden wechselweise eingeblendet. Weiterhin werden zwei Fenster für Hilfen (Hilfe-Ziel und Hilfe-Satz) benutzt, die beide in die rechte, nicht permanent für den Benutzer notwendig sichtbare rechte Seite des Beweis-Fensters nach Aufforderung durch den Benutzers mittels "help" eingeblendet werden (s. Abb. 3). Die Gestaltung dieser Benutzeroberfläche mittels Fenstertechnik war auf Grund des Umfangs der für die Aufgabenbearbeitung ständig benötigten Informationen einerseits und der Bildschirmgröße andererseits schwierig. Sie hat sich aber, wie die Erprobung zeigte, als sinnvoll erwiesen.

3. Empirische Erprobung des tutoriellen Systems

3.1. Gegenstand der Untersuchung

Bisher wurde eine empirische Erprobung des Tutors 2 - Rückwärtsarbeiten - durchgeführt. Diese Untersuchung hat allerdings auch Bedeutung für die Gestaltung der Tutorversionen 1 und 3, da zum einen die Tutorversion 3 die Strategie des Rückwärtsverkettens beinhaltet und da zum anderen die Erprobung Aufschluß über die Einstiegsschwierigkeiten der Studenten in das Beweisverfahren des Rückwärtsverkettens geben, ergeben sich auch Konsequenzen für die Gestaltung einer Demonstrationsversion (Tutorversion 1).

Bei dieser Erprobung ging es darum, Studenten das Rückwärtsarbeiten beim geometrischen Beweisen erlernen und üben zu lassen und diesbezüglich die Schwierigkeiten der Studenten mit diesem Beweisverfahren im Rahmen der Lernumgebung des tutoriellen Systems zu untersuchen. Die Erprobung des tutoriellen Systems diente dazu,

a) die Benutzersicherheit des Systems zu prüfen und Antworten auf die Fragen zu geben:
b) Haben die Studenten Schwierigkeiten mit der Lernumgebung, die durch Tutor und Computerbenutzung gegeben ist? Hierzu gehört die Frage, ob die geschaffene Benutzeroberfläche in Form der Fenster-Aufteilung des Bildschirms, die Art der Fehlermeldungen durch den Tutor und die Dauer der Darstellung von Kommentaren auf dem Bildschirm günstig für die Aufgabenbearbeitung ist.
c) Welche Schwierigkeiten haben die Studenten mit der Beweisführung? Inwieweit können Lehramtsstudenten Mathematik für die Sekundarstufe I im Lösen geometrischer Beweisprobleme durch Anwendung der Strategie des Rückwärtsverkettens geschult werden? Welche Schwierigkeiten und Fehler treten dabei auf? Bestehen die Schwierigkeiten vornehmlich in der Beweisstrategie oder gibt es Schwierigkeiten mit bestimmten geometrischen Sätzen?

Die Frage c) zielt auf die Entwicklung eines Benutzermodells, indem Daten über die Fehler der Studenten und ihre Arbeitsweisen gesammelt

```
┌─Aufgabe──────────────────────────────────────────────────────────┐
  Beh :  wCDE=wCED  .
  Vor :   CA=CB   AD=BE  .
├─Beweis-Aussage  Satz   Neuziele──────────────────────────────────┤

                ┌─Hilfe - Moegliche Saetze - Neuziele──────────────┤
                 SWS  DA=EB   AC=BC    wDAC=wEBC  .
                 WSW  DA=EB   wCDA=wCEB   wDAC=wEBC  .
                 WSW  AC=BC   wDAC=wEBC   wACD=wBCE  .

├─Plan-Aussage    Satz   Neuziele─────────────┬┬─Bitte eingeben!──┤
  wCDE=wCED       BASW   CD=CE  .              Satzname-Unterziel
  CD=CE           DKS    CDA=CEB  .            ./help./back.
 >                                             <=====
```

Abb. 3

```
┌─Aufgabe──────────────────────────────────────────────────────────┐
  Beh :  wCDE=wCED  .
  Vor :   CA=CB   AD=BE  .
├─Beweis-Aussage  Satz   Neuziele──────────────────────────────────┤

  wDAC=wEBC       BASW   AC=BC  .
  CDA=CEB         SWS    DA=EB   AC=BC   wDAC=wEBC  .
  CD=CE           DKS    CDA=CEB  .
  wCDE=wCED       BASW   CD=CE  .

├─Plan-Aussage    Satz   Neuziele─────────────┬┬─Kommentar────────┤
  BEWEISENDE!                                  Satz ok!
```

Abb. 4

werden. Dies ist Voraussetzung, um intelligente tutorielle Hilfen entsprechend der jeweiligen Schwierigkeiten des Benutzers zu ermöglichen.

3.2. Datenerhebung

Für die empirische Auswertung wurden alle Informationen, die während des interaktiven Einsatzes mit einem Benutzer auf dem Bildschirm erscheinen, wie Aufgabe, Plan-Tabelle, Beweis-Tabelle, Eingaben und in Anspruch genommene Hilfen, ausgedruckt. Außerdem wurde ein entsprechendes Bearbeitungsprotokoll versehen mit zusätzlichen Informationen, wie Benutzer, Tutorversion, Aufgabennummer und Bearbeitungszeit, in computer-auswertbarer Form gespeichert und auf Diskette gesichert. Auf ein derartiges Protokoll des Bearbeitungsprozesses als Datenbasis soll der Tutor mittels eines Benutzer-Lern- und Fehlermodells in einer entwickelteren Version des Systems zurückgreifen. Weiterhin wurde für jede Beweisdurchführung am Schluß die Bearbeitungszeit, die Beweislänge, die Suchtiefe und die Zahl der Rücksprünge ermittelt und gespeichert. Während der Arbeit der Studenten mit dem tutoriellen System war ein Betreuer anwesend, der zusätzliche Hilfen in bezug auf den Umgang mit dem Computer und das tutorielle System gab und der die Schwierigkeiten und Fragen der Studenten sowie Beobachtungen ihrer Arbeitsweise, wie das Anfertigen von Skizzen, notierte. Vor und nach dem Training mit dem tutoriellen System wurde mit den Studenten ein Test durchgeführt. Dieser Test bestand aus zwei Beweisaufgaben. Die Aufgaben in Vor- und Nachtest waren dieselben. Die Methode der Beweisführung war im Vortest freigestellt, wobei Vorwärtsarbeiten von der Vorbildung der Studenten her naheliegend war. Im Nachtest war Rückwärtsarbeiten gefordert. Der Test war mit Papier und Bleistift zu bearbeiten. Den Studenten stand für die Bearbeitung ein Blatt mit den relevanten geometrischen Sätzen zur Verfügung.

3.3. Untersuchungsgruppe

An der Erprobung des tutoriellen Systems nahmen neun Studenten des vierten Semesters im Studiengang Mathematik für das Lehramt Sekundarstufe I teil. Die Studenten hatten vor der Erprobung keine Erfahrung mit der Beweisstrategie des Rückwärtsverkettens, da dies nicht die in Schule und Studium üblicherweise gelehrte Methode ist. Weiterhin zeigte der **Vortest**, daß die Studenten/innen auch unter Anwendung von Vorwärtsarbeiten kaum in der Lage waren, die Aufgaben zu lösen. Die Arbeit mit dem tutoriellen System ließ dann erkennen, daß den Studenten neben der Fähigkeit, Beweise durchzuführen, auch zum Teil eine ausreichende Kenntnis der geometrischen Sätze fehlte. - Die Ergebnisse des Nachtests lagen bei Drucklegung des Manuskripts noch nicht vor. -

3.4. Durchführung der Erprobung

Die Studenten erhielten gemeinsam eine kurze Einführung mit Demonstration des Systems und arbeiteten dann einzeln jeweils in drei bis vier je einstündigen Sitzungen mit dem System. In der ersten Sitzung erhielt jeder Student eine vertiefte Einführung in das System, wobei über die Benutzung der Tastatur, die Eingabeform, die Bildschirmaufteilung und die Bedeutung bzw. Funktion der auf dem Bildschirm ausgegebenen Informationen sowie über die Strategie der Beweisführung durch Rückwärtsverketten informiert wurde.

3.5. Ergebnisse der Erprobung

Die Prüfung der Benutzersicherheit des Systems durch Erprobung an einer größeren Zahl von Benutzern hat sich als sinnvoll erwiesen. Einige Fehler im System konnten identifiziert und behoben werden, so daß nunmehr die Benutzersicherheit gewährleistet ist.

Schwierigkeiten im Umgang mit dem Computer und der Benutzeroberfläche zeigten sich als nicht wesentlich, obgleich die meisten der Studenten keine Erfahrung im Umgang mit Computern besaßen. Probleme mit der Eingabe betrafen die spezifische Form der Eingabe bei der Tutorversion 2, bei der zunächst für eine Planzeile ein Ziel einzugeben ist. Im zweiten Schritt sind dann Satzname und Neuziele einzugeben. Die diesbezüglich typischen Eingabefehler bestanden darin, daß die Eingabe des Ziels vergessen wurde; oder es wurde der Satzname weggelassen und nur Neuziele eingegeben; oder Ziel, Satz und Neuziele wurden in einem Schritt eingegeben. Ein weiteres Problem der Benutzeroberfläche betraf die Dauer, mit der Fehlermeldungen angezeigt wurden. Durch die Erprobung wurde nunmehr eine wohl optimale Einstellung der Displaydauer erreicht. Auch die Zeilenzahl des Plan-Fensters/Plan-Tabelle wurde in einem Fall als zu gering kritisiert, da nur die letzten drei Planzeilen aus Platzgründen sichtbar sind.

Die hauptsächlichen Probleme der Studenten bestanden in **Schwierigkeiten mit der Beweisführung**. Dabei war die Leistung der Studenten entsprechend den Ergebnissen des Vortests sehr unterschiedlich. Acht von neun der Studenten benötigten pro Aufgabenbearbeitung zumindest eine Zeitstunde, d.h. eine Sitzung. Einige Studenten benötigten sogar zwei Sitzungen. Nur eine Studentin löste in der ersten Sitzung vier Aufgaben und in der zweiten und dritten Sitzung jeweils drei Aufgaben, wobei sie generell von allen Studenten jeweils den kürzesten Beweis führte. Von den übrigen Studenten wurden in allen drei Sitzungen zusammen drei bis vier Aufgaben bearbeitet. Diese Aufgaben beziehen sich auf die folgende Figur:

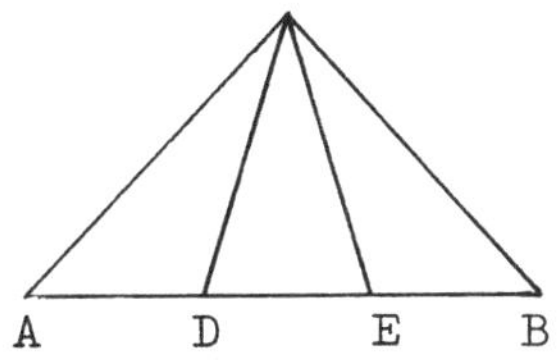

Aufgabe 1 bestand aus der Behauptung Winkel wCDE=wCED und den Voraussetzungen Strecke CA=CB und Strecke AD=BE. **Aufgabe 2** bestand aus der Behauptung Winkel wACD=wBCE und den Voraussetzungen Strecke AE=BD und Winkel wCDE=wCED. **Aufgabe 3** bestand aus der Behauptung Strecke AE=BD und den Voraussetzungen Strecke AC=BC und Strecke DC=EC. **Aufgabe 4** bestand aus der Behauptung Dreieck CAD=CBE und den Voraussetzungen Strecke AE=BD und Winkel wCAD=wCBE. - Weitere fünfzehn Aufgaben, die sich auf drei andere Figuren beziehen, stehen zur Zeit im System zur Verfügung. Ein Teil dieser Aufgaben wurde allerdings nur von der einen Studentin bearbeitet und gelöst.- Die Aufgabe 1 diente als Einstiegsaufgabe und hat von daher bezüglich der Ergebnisse einen Sonderstatus. Die Aufgabe 2 ist weit schwerer als die Aufgabe 4. Allerdings zeigen sich auch bei dieser Aufgabe recht große Unterschiede in der benötigten Bearbeitungszeit (s. Abb. 6) und in der Beweislänge. Die Aufgabe 3 entspricht der Aufgabe 2 etwa im Schwierigkeitsgrad. Bei der Bearbeitung der Aufgabe 2 wurde den Studenten empfohlen, bei Schwierigkeiten möglichst die Hilfe des Experten mittels "help" in Anspruch zu nehmen.

In der ersten Sitzung löste die überwiegende Zahl der Studenten, die bearbeitete Aufgabe (Aufgabe 1) nicht. Ursache hierfür dürfte die Einstiegssituation sein, in der sowohl Unvertrautheit mit der Eingabeform wie mit der Beweisstrategie des Rückwärtsverkettens zusammentrafen. Die zweite Aufgabe wurde von fast allen Studenten mit Schwierigkeiten, d.h. zum Teil erst in der dritten Sitzung, und unter häufiger Inanspruchnahme der Hilfe des EXPERTEN gelöst (s. Abb. 5). Die Beweisführung bei dieser Aufgabe zeigte zwei unterschiedliche Strategien des Einstiegs in die Beweisführung, wobei die eine Strategie über Umwegen zu denselben Beweisschritten wie die andere Strategie führte. Diesbezüglich bedarf es noch weiterer, umfangreicher Untersuchungen, um zu klären, welche Strategie bei welchem Aufgabentyp die effektivere Strategie im Sinne eines kürzeren Beweises ist, und um hieraus Schlußfolgerungen für tutorielle Hilfen ziehen zu können.

Alle Studenten, einschließlich der Studentin, die keine wesentlichen Schwierigkeiten mit der Beweisführung hatte, empfanden die **Strategie des Rückwärtsverkettens als schwierig bzw. als sehr ungewohnt** und gaben z.T. an, daß sie sich zunächst die Beweisschritte mittels Vorwärtsverketten überlegen und diese dann in Rückwärtsschritte überführen würden. Als typisches Zeichen für die Schwierigkeit der Studenten mit dem Rückwärtsverketten ist zu sehen, daß mehreren Studenten, und zwar wiederholt, unklar war, daß als erstes Ziel die Behauptung aus der Aufgabe zu notieren war. Ebenso war einigen Studenten nicht klar, daß sie **alle Neuziele**, soweit sie nicht bereits aus Voraussetzungen bzw. bereits Bewiesenem bestehen, **noch zu beweisen sind**. Diesbezüglich scheint der Zwang zur Konsistenz der Beweisführung durch den Tutor sinnvoll zu sein. Auch wurde von den Studenten oft nicht übersehen, daß die Neuziele, die sie notiert hatten, bereits Voraussetzungen oder Bewiesenes enthielten.

Die folgenden **Fehlertypen** wurden vom System identifiziert und den Studenten rückgemeldet: **a) kein richtiger Rückwärtsschritt, b) kein geeignetes Ziel, c) Ziel bereits gelöst, d) falscher Satzname und e) Eingabefehler/Tippfehler sowie Sackgassen**. Bei der Eingabe eines falschen Satznamens bei richtigen Neuzielen wurde vom Tutor nach der Fehlermeldung der richtige Satzname eingesetzt. Bei den anderen Fehlertypen wurde die Hilfestellung des Tutors nicht automatisch gegeben, sondern mußte mittels "help" angefordert werden. Zur Häufigkeit der Fehler siehe die Abbildungen 5 und 6.

Student	Sitzung	Bearb. zeit	Beweislänge	Suchtiefe	Rücksprünge	Hilfe-Satz	Hilfe-Ziel	Fehlertyp a	b	c	d	e
A	(2)	1:04:	-gelöst			4	2	1	1	1		
	+3	1:49:56	9	6	0	3	2	2			2	
B	2	0:42:54	8	6	0	8	3					
C	2	0:45	-gelöst			4		2	1			
D	(2)	1:	-gelöst			2	3	2				
	+3	0:35:16	7	6	0	1	2	5	2	1		
E	2	0:35:38	5	4	2	3	0	4				
F	2	1:09:47	7	5	1	2	2	2			1	1
G	2	1:21:11	8	6	1	9	6	2				1
H	2	0:39:41	7	5	0	5	2	1				3
I	1	0:24:22	5	3	0	2						

Abb. 5: Aufgabe 2

Student	Sitzung	Bearb. zeit	Beweislänge	Suchtiefe	Rücksprünge	Hilfe-Satz	Hilfe-Ziel	Fehlertyp a	b	c	d	e
A	4	0:20:01	3	2	0			1				1
B	3	0:10:22	3	2	0	3						
C	3	0:41:36	7	5	0	3		1		1		
E	2	0:32:46	3	2	0							1
F	3	0:14:39	3	2	0			1				1
G	3	0:60:	-gelöst		4	4		2		1	2	3
H	3	0:40:53	3	2	0	3	1	4				
I	1	0:06:36	3	2	0			1				

Abb. 6: Aufgabe 4

Alle **Studenten arbeiteten an einer Skizze**, die sie sich anhand einer Vorlage, die sie zur Aufgabenbearbeitung erhalten hatten, auf Papier anfertigten und in der sie Voraussetzungen, Behauptung und einzelne Planschritte oft farbig markierten. **Trotzdem ergaben sich Probleme der Orientierung an der Figur** bei fortgeschrittenem Planzustand. Einige Studenten verloren die Orientierung darüber, was sie schon bewiesen hatten, was noch zu beweisen war, oder wie sie vom Planzustand zu den Voraussetzungen gelangen könnten. Auch wurden **Zirkelschlüsse** gemacht.

Der häufigste Fehler sowohl bei der Aufgabe 2 wie auch noch bei der Aufgabe 4 ist die **Eingabe eines nicht zulässigen Rückwärtsschrittes**. Eine häufige Ursache für diesen Fehler ist das **Auslassen von Rückwärtsschritten**. So werden Sätze wie SSS oder SWS angewendet, die die Behauptung der Kongruenz zweier Dreiecke voraussetzen, ohne daß diese Behauptung durch Eingabe als Planschritt zuvor explizit gemacht wurde. Ursache für dieses Vorgehen dürfte es sein, daß die Kongruenz der Dreiecke als evident angesehen und deshalb nicht explizit notiert wird. Ein ähnliches Problem zeigt sich auch oft am Ende eines Beweises, wo die Studenten es nicht mehr für notwendig ansehen, die letzte Beweiszeile, die die Verknüpfung zu den Voraussetzungen erst herstellt, zu notieren, da dies für sie evident ist.

Ein weiterer Fehler war die Nichtbeachtung der entsprechenden Reihenfolge der Punkte bei der Bezeichnung zweier als kongruent behaupteter Dreiecke. Derartige Dreiecksbezeichnungen, soweit sie sich auf zulässige Dreiecke bezogen, wurden vom Tutor akzeptiert, führten aber oft zu Folgeschwierigkeiten. Andererseits fiel es den Studenten oft schwer, zu erkennen, daß unterschiedliche Bezeichnungen von Winkeln dieselben Winkel bedeuteten, so daß sie z.B. nicht die Übereinstimmung von Neuzielen mit den Voraussetzungen erkannten.

Die Möglichkeit sich mittels "help" **Hilfen in bezug auf Ziele** einerseits und **anwendbare Sätze und Neuziele** andererseits anfordern zu können, **wurde** von den Studenten **unterschiedlich genutzt**. In der ersten Sitzung bestand bei den meisten Studenten eine Abneigung, die Hilfe in Anspruch zu nehmen, obleich sie doch erhebliche Schwierigkeiten mit der Beweisführung hatten. Hieraus wurde die Konsequenz gezogen, den Studenten bei der Bearbeitung der Aufgabe 2 die Benutzung der Hilfen nochmals zu empfehlen, um ihnen die Gelegenheit zu geben, überhaupt einen Beweis in seiner Vollständigkeit nachzuvollziehen und auf diese Weise zu verstehen. In der dritten Sitzung benötigten die meisten Studenten nur noch selten die Hilfe des Experten. Insbesondere wurden fast keine Hilfen in bezug auf Ziele, die eigentlich trivial sind, angefordert. Allerdings fand sich auch eine Studentin, die bei Aufgabe 2 in jedem Schritt Hilfen anforderte, jeweils mechanisch den ersten angebotenen Satz ohne Überlegung eintippte und sich am Ende wunderte, daß der Beweis erfolgt war. Genauere Untersuchungen über den Gebrauch der Hilfen müssen noch erfolgen.

Außer **allgemeinen Problemen mit der Kenntnis der geometrischen Sätze**, zeigten sich spezifische Probleme etwa mit den Sätzen NW, UBASW und SZ. Auch eine genauere Untersuchung dieser Probleme steht noch aus.

3.6. Konsequenzen für die Gestaltung des tutoriellen Systems

Die Schwierigkeiten, die die Studenten zu Beginn des Trainings mit der Beweisführung hatten, machen es empfehlenswert, als Einstieg in das Üben der Beweisführung, dem Benutzer eine Demonstration gut geführter Beweise zu geben, bei der allerdings der Benutzer dazu veranlaßt werden muß, die Beweise auch verstehend nachzuvollziehen. Diesbezüglich könnten etwa Kontrollfragen in die Beweisdemonstration einbezogen werden.

Die Probleme mit der Eingabeform legen es nahe, die Form der Eingabe von Ziel, Satzname und Neuzielen in einem Schritt erfolgen zu lassen. Diese Form wurde bereits bei Tutorversion 3 angewendet.

Der Zwang zur Konsistenz der Beweisführung, der bei der Strategie des Rückwärtsverkettens durch den Tutor 2 dem Benutzer auferlegt wird, ist einerseits sinnvoll, um den Benutzer in der Erarbeitung von Beweisen zu trainieren. Andererseits widerspricht der auferlegte Zwang z.T. der menschlichen Problemlösestrategie, bei der sowohl Rückwärts- wie Vorwärts - Schritte vollzogen werden. Und bei der auch mit noch unvollständigen Teilbeweisen gearbeitet wird. Von daher dürfte die Arbeit mit der Tutorversion 3, die Vorwärts- und Rückwärtsarbeiten zuläßt, Benutzern, insbesondere Schülern, leichter fallen. Deshalb dürfte die Tutor version 3 auch besser für einen Einstieg in das Erlernen des Beweisens geeignet sein, was allerdings auch zu überprüfen ist.

Aus dem Problem der ausgelassenen Zwischenschritte in einem Beweisplan, die der Tutor bisher mit "kein richtiger Rückwärtsschritt" kommentiert, ergibt sich, daß eine Fehlerdiagnose, die auf ausgelassene Schritte testet, und ein entsprechend adäquater Fehlerkommentar zu implementieren sind.

Als Hilfe bezüglich der Probleme der Orientierung, welche Ziele noch zu beweisen sind, steht in der Tutorversion 2 dem Benutzer zur Zeit die Information über die im nächsten Schritt zu bearbeitenden Ziele mittels "help" zur Verfügung. In einer Beweisdemonstration sollte aber zwecks Training der Benutzer auf diese Dinge durch den Tutor hingewiesen werden. In bezug auf eine bessere Orientierungshilfe bei fortgeschrittenem Plan- bzw. Beweiszustand wurde von den Studenten auch der Wunsch nach einer graphischen Unterstützung durch das tutorielle System geäußert.

Bezüglich der Bezeichnungsprobleme etwa bei Dreiecken sollte der Tutor eine striktere Prüfung der Eingabe vornehmen und entprechende Fehlerkommentare ausgeben.

Das Plan-Fenster sollte entweder mehr Zeilen umfassen, was allerdings auf Probleme der Bildschirmorganisation stößt, oder es müßte ermöglicht werden, Planzeilen durch Rollen des Plan-Fensters sichtbar zu machen.

Letztlich sollte das tutorielle System dem Benutzer auch Möglichkeiten für die Reflexion seiner Beweisführung nach Beweisende bieten, indem dem Benutzer Informationen über die Güte seines Beweises und möglicherweise alternative Beweise zur Verfügung gestellt werden.

4. Weitere Vorhaben

Weitere Einzeluntersuchungen mit Lehrerstudenten und mit Schülern der Sekundarstufe I sind geplant. Als Ziel dieser Untersuchungen steht vor allem die Entwicklung eines Fehlerdiagnosemoduls an. Außerdem ist die Frage zu untersuchen, ob bzw. inwieweit nun Schüler im Lösen geometrischer Beweisprobleme, insbesondere auch durch Anwendung der Strategie des Rückwärtsverkettens, geschult werden können, und welche Fehler hierbei auftreten. Weiterhin ist zu untersuchen, inwieweit Studenten und Schüler die Strategie des Rückwärtsverkettens verwenden, falls sie die Wahl zwischen Vorwärts- und Rückwärtsarbeiten haben (Tutorversion 3). Der EXPERTE ist auf die Lösung umfangreicherer Aufgabenklassen hin auszubauen. Hierbei gilt es insbesondere Aufgabenklassen, die "Konstruktionen" erfordern, aufzunehmen. Der TUTOR sollte so erweitert werden, daß das System nicht nur zur Übung, sondern auch zum Erlernen des Beweisens benutzt werden kann. Weiterhin ist die Entwicklung von tutoriellen Systemen für andere mathematische Gebiete beabsichtigt.

5. Literatur

Holland, G.: Problemlösen mit Micro-Prolog. Einführung mit ausgewählten Beispielen aus der künstlichen Intelligenz, Teubner 1986.

Ohlson, S.: Some Principles of Intelligent Tutoring. Manuskript 1985, erscheint in Instructional Science.

Sleeman, D., Brown, J.S.: Intelligent Tutoring Systems. 1982

Yazdani, M.: Intelligent Tutoring Systems: An Overview. Working Paper W. 136, Dept. of Computer Science, University of Exeter, 1985.

Demonstration des Unterrichtssystems POLY zur Darstellung und Manipulation ebenbegrenzter Objekte

Andreas Meier und Hansbeat Loacker
Informatik
ETH-Zentrum
CH-8092 Zürich

Kurzbeschreibung:
Das Unterrichtssystem POLY ist entwickelt worden, um interessierten Informatikern und Ingenieuren technischer Fachrichtungen wie Machinenkonstruktion, Werkzeugbau, Bauwesen, Architektur u.a. grafische und geometrische Methoden rechnergestützter Entwurfssysteme auf autodidaktische Weise zu vermitteln. Es beschränkt sich auf die Darstellung und Manipulation ebenbegrenzter Objekte, wobei sich Primitivkörper transformieren und mit den Mengenoperationen Vereinigung, Durchschnitt und Differenz kombinieren lassen. Auf dem grafischen Bildschirm wird nicht nur das geometrische Objekt in Parallelprojektion, Seitenriss und Aufriss dargestellt, sondern auch der zugehörige Konstruktionsbaum über Primitiven. Dadurch sind Manipulationen entweder am Objekt selbst oder via Konstruktionsbaum auf eindeutige Art möglich. Zur besseren Visualisierung können für jeden Konstruktionsschritt die verdeckten Kanten des dreidimensionalen Objektes evaluiert werden.

Systemarchitektur:
Die Systemarchitektur umfasst eine Bibliothek mit Berechnungsroutinen und Vektoroperationen, Module für grafische Ein- und Ausgabe, die Datenstruktur zur Randdarstellung mit zugehörigen Operationen sowie die Verwaltung des Konstruktionsbaumes. In einem einzigen Basismodul werden die geräteabhängigen Parameter spezifiziert. Eine detailliertere Beschreibung der Modulhierarchie befindet sich auf der nächsten Seite und im zitierten Fachbuch.

Programmiersprache:
Das Unterrichtssystem POLY ist auf dem Arbeitsplatzrechner LILITH in Modula-2 entwickelt worden.

Rechner:
Die geräteunabhängige Schnittstelle unterstützt LILITH, VAX-VMS, MACINTOSH, IBM-PC und VAX-UNIX. Zur Zeit ist POLY verfügbar auf LILITH, VAX-VMS und MACINTOSH.

Literatur:
Meier A., Loacker H.-B.: Computergrafik und Computergeometrie: der Softwarebaukasten POLY. Erscheint bei McGraw-Hill GmbH, Hamburg, 1987.

Kontaktadresse:
Gruppe Geometrisches Rechnen
Institut für Informatik
ETH-Zentrum
CH-8092 Zürich

Systemarchitektur

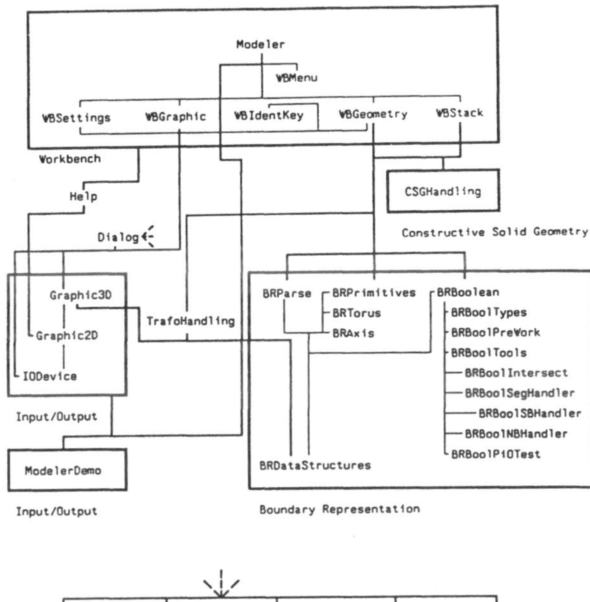

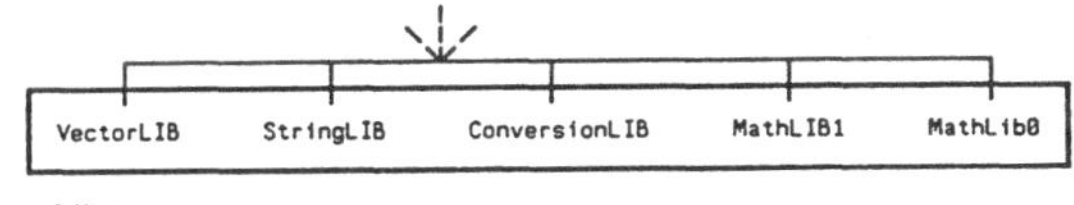

- *Workbench (WB) (11 Files, 48 KBytes)*
- *Boundary Representation (BR) (28 Files, 270 KBytes)*

  `BRDataStructures` definiert die Datenstruktur zur Randdarstellung. `BRParse` traversiert sie, wobei Operationen wie Löschen und Kopieren durchgeführt werden. `BRBoolean` berechnet die Verknüpfung (Vereinigung, Durchschnitt, Differenz) zweier Objekte. Die mit `BRBool*` bezeichneten Module sind Phasen des Verschnittalgorithmus oder stellen Werkzeuge für diesen zur Verfügung. In `BRPrimitives` und `BRTorus` werden die Datenstrukturen für die Primitivkörper erzeugt.
- *Constructive Solid Geometry (CSG) (2 Files, 15 KBytes)*

  Neben der BR-Datenstruktur wird die Konstruktion jedes Objektes im CSG-Baum mitgeführt. Durch diese Datenstruktur können beliebige Teilobjekte eines Objektes rekursiv rekonstruiert werden.
- *Input/Output (8 Files, 130 KBytes)*

  Diese Module übernehmen die Ein- und Ausgabe von Daten. Die Implementation des Basismoduls `IODevice` ist als einziges Modul geräteabhängig. `ModelerDemo` verwaltet die Eingabe der Daten, die später für eine Demonstration gebraucht werden können (Erzeugung eines Replay-Files).
- *Library (8 Files, 21 KBytes)*

  `ConversionLIB` übernimmt die Typenkonversionen (inkl. REAL <--> String), `StringLIB` enthält Prozeduren für das Einfügen, Löschen und Suchen von Substrings. In der `VectorLIB` finden wir Definitionen und übliche Vektoroperationen, in der `MathLIB1` sind mathematische Konstanten und spezielle Berechnungsroutinen definiert. `MathLib0` ist das einzige Modul, welches als Standard vorausgesetzt wird.
- *Diverses (7 Files, 33 KBytes)*

  `Dialog` verwaltet das Dialogfenster, in welches Mitteilungen geschrieben werden können, `Help` sucht in einem Helpfile nach Information zu einem bestimmten Schlüsselwort und `TrafoHandling` definiert und modifiziert Transformationen.

Vorstellungen der Länder zur informationstechnischen Grundbildung I

Leitung: M.Dir.i.R. Dr. Hans-Georg Rommel
Bonn

Neue Technologien und Schule

Zur niedersächsischen Konzeption "Informations- und kommunikationstechnologische Bildung"

Gerd Behrens, Heiko Gevers,
Horst Hischer, Dieter Schoof, Thomas von Zimmermann
Niedersächsisches Kultusministerium, Schiffgraben 12, 3000 Hannover 1

Einführung

Es läßt sich kaum ein Bereich in unserer Gesellschaft finden, der nicht schon jetzt von den Neuen Technologien berührt und zum Teil einschneidend verändert wurde. Dieser Entwicklungsprozeß, der sich voraussichtlich noch erheblich beschleunigen wird, stellt für die Bildungspolitik eine außerordentlich weitreichende Herausforderung dar.

Der Begriff "Neue Technologien" wird im Rahmen des Vorhabens "Neue Technologien und Schule" vorläufig einschränkend verwendet, indem darunter die Informations- und Kommunikationstechnologien verstanden werden, die auf der Mikroelektronik als Basistechnologie aufbauen. Die Mikroelektronik hat den Mikroprozessor als wesentlichen Bestandteil von Produkten in den Informationstechnologien (z.B. Computer, Geldautomat, Industrieroboter) hervorgebracht. In den Kommunikationstechnologien werden darüber hinaus Möglichkeiten des Informationsaustausches mittels Vernetzung (z.B. Bürokommunikation, Bildschirmtextsystem, Datenfernübertragung) genutzt.

Das Bildungswesen steht in diesem Prozeß gegenüber der heranwachsenden Generation in einer ganz besonderen Verantwortung. Die wirtschaftlichen, politischen, sozialen und kulturellen Auswirkungen der Informations- und Kommunikationstechnologien erfordern ein intensives Nachdenken über den Zusammenhang von technologischer Entwicklung und individueller und gesellschaftlicher Bewältigung. Die Schule muß hierzu einen bildungspolitisch vertretbaren und pädagogisch verantwortbaren Beitrag leisten.

Dieser Aufgabe stellt sich Niedersachsen mit dem Vorhaben "Neue Technologien und Schule". Innerhalb dieses Vorhabens sind

- ein inhaltliches Konzept für die informations- und kommunikationstechnologische Bildung zu entwickeln und exemplarische, didaktisch-methodisch aufbereitete Unterrichtsmaterialien bereitzustellen,

- eine umfassende Lehrerfortbildung für den Bereich der Neuen Technologien einschließlich der Vorbereitung der dazu erforderlichen Kursleiter (Multiplikatoren) durchzuführen und
- die Voraussetzungen für die Ausstattung der Schulen mit den für diesen Unterricht erforderlichen Geräten zu schaffen.

Diese drei zentralen Aufgaben stehen in unmittelbarer zeitlicher und inhaltlicher Abhängigkeit voneinander. In der Curriculumentwicklung werden bereits für die Erprobung der Materialien entsprechend qualifizierte Lehrer und entsprechend ausgestattete Schulen benötigt. Die Lehrerfortbildung kann nur auf der Grundlage von Unterrichtskonzepten und mit Hilfe einer entsprechenden Ausstattung durchgeführt werden. Die Ausstattung der Schulen mit Rechnern erfordert wiederum geeignete Unterrichtskonzepte und entsprechend qualifizierte Lehrer.

Informations- und kommunikationstechnologische Bildung

Das niedersächsische Vorhaben "Neue Technologien und Schule" folgt im wesentlichen dem "Rahmenkonzept für die Informationstechnische Bildung in Schule und Ausbildung", auf das sich alle Bundesländer im Rahmen der Bund-Länder-Kommission für Bildungsplanung und Forschungsförderung (BLK) verständigt haben (s. SVBl. H. 3/1985). Allerdings wird im niedersächsischen Vorhaben, um ausdrücklich auch die Kommunikationstechnologien einzubeziehen, die umfassendere Bezeichnung "informations- und kommunikationstechnologische Bildung" verwendet. Nach diesem Konzept stellen sich für die allgemeinbildende Schule vor allem folgende Aufgaben und Inhalte:

- Das Aufarbeiten und Einordnen der Erfahrungen, die Schülerinnen und Schüler in ihrer Umwelt mit Informations- und Kommunikationstechniken machen
- das Erkennen von Grundstrukturen der Informations- und Kommunikationstechniken
- das Einüben von einfachen Anwendungen der Informations- und Kommunikationstechniken
- das Erwerben von Kenntnissen über die Einsatzmöglichkeiten und -grenzen sowie über die Kontrolle der Informations- und Kommunikationstechniken
- das Beurteilen der Chancen und Risiken der Informations- und Kommunikationstechniken
- das Erwerben von Kriterien zum eigenständigen Beurteilen, Entscheiden und Handeln in allen Lebenssituationen, in denen die Informations- und Kommunikationstechniken eine bedeutsame Rolle spielen, und damit
- das Aufbauen eines rationalen Verhältnisses zu den Informations- und Kommunikationstechniken.

Die informations- und kommunikationstechnologische Bildung ist für alle Schülerinnen und Schüler vorgesehen. Sie kann im Sekundarbereich I im Wahlpflichtunterricht und in Arbeitsgemeinschaften erweitert und in der gymnasialen Oberstufe im Fach Informatik fachspezifisch vertieft werden.

In der beruflichen Bildung steht die berufsbezogene informationstechnologische Bildung im Vordergrund, die sich an qualifikationsspezifischen Anforderungen der beruflichen Erstausbildung orientiert.

Integrativer Ansatz

Nach der niedersächsischen Konzeption soll die informations- und kommunikationstechnologische Bildung in der allgemeinbildenden Schule innerhalb der vorhandenen Fächer vermittelt werden. Dieser fächerintegrative Ansatz geht von der Annahme aus, daß grundsätzlich jedes Fach - allerdings mit unterschiedlichen inhaltlichen Gewichtungen und spezifischen Zeitanteilen - einen Beitrag zur informations- und kommunikationstechnologischen Bildung leisten kann. Ausgangspunkt der pädagogischen und didaktischen Überlegungen zur Behandlung der Neuen Technologien in der Schule sind die vorhandenen Lerninhalte der Fächer.

Im Rahmen des Vorhabens werden, ausgehend von den derzeit geltenden Rahmenrichtlinien, die einzelnen Unterrichtsfächer im Hinblick auf ihren spezifischen Beitrag zu einer informations- und kommunikationstechnologischen Bildung untersucht. Für die unterrichtliche Konkretisierung des neuen Bildungsauftrages werden Curriculum-Materialien entwickelt, die exemplarisch und modellhaft die Inhalte und deren methodische und mediale Vermittlungsmöglichkeiten aufzeigen. Innerhalb der einzelnen Fächer kommt es dabei darauf an, inhaltlich und methodisch eine pädagogisch vertretbare Verknüpfung der fachdidaktischen Traditionen mit den Anforderungen der informations- und kommunikationstechnologischen Bildung zu finden.

Auf der Grundlage der Ergebnisse aus der Entwicklung und Erprobung von Unterrichtsmaterialien müssen die einzelnen Fächerbeiträge zur informations- und kommunikationstechnologischen Bildung in ein didaktisch begründetes curriculares Rahmenkonzept eingeordnet werden. Ziel der Curriculumentwicklung ist schließlich die Fortschreibung der Rahmenrichtlinien durch die thematische Einbindung verpflichtender und fakultativer Lerninhalte aus dem Bereich der Neuen Technologien in alle Fächer im Rahmen des Gesamtcurriculums.

Neue Technologien im Unterricht

Im Unterricht der allgemeinbildenden Schulen werden die Neuen Technologien mit ihren verschiedenen Anwendungsmöglichkeiten und ihren Auswirkungen und Folgen als Lerninhalt und Reflexionsgegenstand behandelt. Die Schülerinnen und Schüler sollen sich eingehend mit den verschiedenen Aspekten befassen, die zum Verständnis der Neuen Technologien notwendig sind. Die Neuen Technologien werden außerdem im Unterricht als Werkzeug zur Erfassung, Speicherung und Verarbeitung von Daten und Informationen oder als Medium zur Veranschaulichung und zur Vermittlung von Inhalten eingesetzt. Der Einsatz als Werkzeug und Medium ist im Rahmen des Vorhabens nur insofern von Bedeutung, als er dem Ziel einer umfassenden informations- und kommunikationstechnologischen Bildung zu dienen vermag. Eine Neuauflage des "Computerunterstützten Unterrichts" liegt nicht in der Absicht des Vorhabens.

Modellversuche

Die Ermittlung der Beiträge der einzelnen Fächer für die Auseinandersetzung mit den Neuen Technologien und die Entwicklung von Unterrichtsmaterialien sind die wesentlichen Aufgaben des BLK-Modellversuchs "Entwicklung und Erprobung von Materialien und Handreichungen für Lehrer zur thematischen Behandlung von Neuen Technologien und ihren Anwendungen im Unterricht der allgemeinbildenden Schulen". Dieser Modellversuch hat am 1. 8.1984 begonnen.

Die Entwicklung und Erprobung eines curricularen Rahmenkonzeptes zur informations- und kommunikationstechnologischen Bildung in den allgemeinbildenden Schulen wird im Rahmen eines weiteren Modellversuchs erfolgen, der mit dem Schuljahr 1986/87 beginnt.

Beide Modellversuche werden vom Niedersächsischen Landesinstitut für Lehrerfortbildung, Lehrerweiterbildung und Unterrichtsforschung (NLI) in Hildesheim durchgeführt.

Entwicklung von Unterrichtsmaterialien

Die Unterrichtsmaterialien werden im wesentlichen von Kommissionen entwickelt, die für die einzelnen Unterrichtsfächer eingerichtet worden sind. Die mit Lehrkräften aller Schulformen besetzten Kommissionen werden vom

NLI betreut und durch Beratung, Bereitstellung von Arbeitsmitteln, Literatur und organisatorische Hilfe in ihrer Arbeit unterstützt. Die Arbeit der Kommissionen wird außerdem von Fachdidaktikern, vorwiegend aus dem Hochschulbereich, und von externen Beratern aus Wissenschaft, Wirtschaft, Politik und Medien begleitet. Außerdem stehen den Kommissionen Berufsschullehrer als Berater zur Verfügung.

Bei der Entwicklung der Unterrichtsmaterialien haben die Kommissionen im wesentlichen folgende Aufgaben:
Sie ermitteln den Beitrag der Fächer zur Auseinandersetzung mit den Neuen Technologien im Unterricht, entwickeln exemplarische Unterrichtsmaterialien, richten sie in erforderlichem Umfang schulformbezogen aus, beteiligen sich an der Vorbereitung der Erprobung der Unterrichtsmaterialien und an der Entwicklung der Konzepte für die Lehrerfortbildung. Des weiteren überprüfen sie die bisherigen Arbeitsergebnisse, entwickeln bei Bedarf weitere Unterrichtsbeispiele, beteiligen sich an der Erprobung der Unterrichtsmaterialien und der Lehrerfortbildung. Schließlich sind die Kommissionen an der Auswertung der Erprobungsergebnisse beteiligt, revidieren die Unterrichtsmaterialien und bereiten sie für ihren Einsatz im Modellversuch zum curricularen Rahmenkonzept vor.

Seit Schuljahresbeginn1984/85 arbeitet eine erste Gruppe von Kommissionen zu den Fächern Sozialkunde, Kunst, Musik, Biologie, Arbeit/Wirtschaft, Mathematik und Physik (im Sekundarbereich I) sowie zu den Bereichen Medienerziehung und Informatikanwendungen im Sekundarbereich I. Mit Schuljahresbeginn 1985/86 ist ein zweite Gruppe von Kommissionen zu den Fächern Physik (im Gymnasium), Chemie, Erdkunde, Deutsch, Englisch und Technik eingerichtet worden. Die Modellversuchskommissionen legen ihre Arbeitsergebnisse in Form von Arbeitsberichten vor. Die Arbeitsberichte werden nach einer redaktionellen Überarbeitung als Erprobungsfassung in die Erprobung gegeben.

Erprobung und Bewertung der Unterrichtsmaterialien (Evaluation)

Ziel und Aufgabe der auf mehreren Ebenen angelegten Evaluation der Materialien (Erprobungsevaluation, kommissionsinterne Evaluation, fortbildungsbezogene Evaluation, Expertenevaluation) ist es, die auf Unterrichtspraxis basierenden Erfahrungen der Erprobungslehrer sowie die Rückmeldungen aus der Lehrerfortbildung und der Experten in die Revision der Materialien einzubringen. Dies geschieht im einzelnen in folgender Weise:

• Gruppen ausgesuchter Erprobungslehrer (je Materialienband ca. 12 Lehrer) werden die Materialien in den jeweiligen Schulformen an die schulischen und unterrichtlichen Bedingungen anpassen und sie erproben. Die gezielte Auswertung dieser Erfahrungen und die Bewertung der didaktischen Konzepte fließen in die Überarbeitung der Materialien ein.

• Die Kommissionsmitglieder haben die Aufgabe, die von ihnen gemeinsam erarbeiteten Unterrichtsbeispiele praktisch zu erproben und die daraus gewonnenen Erfahrungen in ihrer Kommissionstätigkeit umzusetzen.

• Die Erprobungsfassungen der Materialien werden auch in der Multiplikatorenvorbereitung eingesetzt. Neben der Auswertung der Erprobungserfahrungen wird es hier besonders darauf ankommen, die Qualität der Materialien für den Einsatz in der Lehrerfortbildung zu untersuchen.

• Schließlich werden die Materialien an ausgewählte Experten mit der Bitte um Beurteilung und Begutachtung weitergegeben. Zu den Experten gehören Fachdidaktiker von Hochschulen, Forschungsinstitutionen und Ausbildungsseminaren, Mitarbeiter verwandter Projekte in anderen Bundesländern, Fachleute im Niedersächsischen Kultusministerium, im NLI und in den Bezirksregierungen sowie die externen Berater des Vorhabens.

Lehrerfortbildung

Die Aufgabe, allen Schülerinnen und Schülern eine grundlegende informations- und kommunikationstechnologische Bildung zu vermitteln, stellt den überwiegenden Teil der Lehrerinnen und Lehrer vor ein schwieriges Problem, da sie in der Regel selbst noch nicht über die zu vermittelnde informations- und kommunikationstechnologische Bildung verfügen. In der Lehrerfortbildung müssen daher sowohl die Grundlagen als auch die fachspezifischen Inhalte und Aussagen zum Bereich der Neuen Technologien vermittelt werden. In den Fächern, für die derzeit Unterrichtsmaterialien entwickelt werden, sollen in den nächsten Jahren ca. 20 000 Lehrerinnen und Lehrer aus Orientierungsstufe, Hauptschule, Realschule, Gesamtschulen und Gymnasium fortgebildet werden.

Diese umfangreiche Fortbildungmaßnahme, bei der jede Lehrkraft zunächst nur in einem Fach fortgebildet werden kann, ist ein erster Qualifikationsschritt zur allgemeinen und fachdidaktischen Grundlagenbildung für die Vermittlung der informations- und kommunikationstechnologischen Bildung in den Fächern.

Entsprechend der Bedeutung des einzelnen Unterrichtsfaches innerhalb des curricularen Rahmens werden die Fortbildungsdauer und die didaktischen Inhalte der Lehrerfortbildung von Fach zu Fach - abgestimmt auf die unterschiedliche Vorbildung der Lehrkräfte - zu differenzieren sein.

Inhalt der Lehrerfortbildung: Für die Lehrerfortbildungsmaßnahmen ergeben sich ein allgemeiner und ein fachspezifischer Schwerpunkt:

- Der allgemeine Fortbildungsteil informiert über Grundstrukturen, Erscheinungsformen, Anwendungen und Auswirkungen der Neuen Technologien sowie Erfahrungen im Umgang mit Hardware und Software. Er umfaßt damit technische, algorithmische und gesellschaftliche Aspekte der Neuen Technologien als Grundlage einer Sachkompetenz, die alle in die Fortbildungsmaßnahmen einbezogenen Lehrkräfte zur Entwicklung ihrer eigenen informations- und kommunikationstechnologisch Bildung benötigen.

- Der fachspezifische Teil der Fortbildung widmet sich der Frage nach dem Bezug des jeweiligen Faches zu den Neuen Technologien und der daraus abzuleitenden didaktisch-methodischen Konkretisierung in Form von Unterrichtsbeispielen, die größtenteils von den Modellversuchskommissionen entwickelt werden. In diesem Schwerpunkt geht es um die Vermittlung einer fachdidaktischen Handlungskompetenz.

Lehrerfortbildung durch Multiplikatoren: Für die Lehrerfortbildung im Bereich der Neuen Technologien steht zur Zeit noch keine ausreichende Anzahl entsprechend vorgebildeter Kursleiter zur Verfügung. Deshalb werden zunächst Lehrerinnen und Lehrer als Multiplikatoren auf diese Aufgabe vorbereitet. Ab Januar 1986 werden Multiplikatoren für die Fächer Mathematik, Physik, Biologie, Sozialkunde/Gemeinschaftskunde (Gymnasium) und Arbeit/Wirtschaft fortgebildet, ab 1987 folgt die Vorbereitung der Multiplikatoren für die Fächer Sozialkunde (Haupt- und Realschule), Chemie, Erdkunde, Deutsch, Englisch und Technik. Die Fortbildung in den weiteren Fächern bzw. Bereichen wird gesondert durchgeführt.
Die allgemeine Lehrerfortbildung im Bereich der Neuen Technologien erfolgt ab Anfang 1987 landesweit in Regionalkursen.

Computer-Centren zur Unterstützung der Lehrerfortbildung: Seit Ende 1984 besteht beim NLI ein Computer-Centrum (CC). Aufgabe des CC sind die Schulung von Multiplikatoren für die Lehrerfortbildung, die Sammlung und Bereitstellung fachdidaktischer Informationen und Arbeitshilfen für die Modellversuchs-Kommissionen und die Lehrerfortbildung, die Prüfung unterrichtsgeeigneter Hardware und Software sowie in der Beratung der Schulbehörden in Fragen der Ausstattung der Schulen mit Rechnern. Die Kapazität des

CC im NLI reicht jedoch nicht aus, um im Laufe der nächsten Jahre eine ausreichende Anzahl von Lehrerinnen und Lehrern fortzubilden, die die Neuen Technologien im Unterricht behandeln werden. Deshalb werden bis Ende 1986 an fünf Standorten regionale Computer-Centren für die Fortbildung der Lehrer an allgemeinbildenden Schulen errichtet.

Ausstattung der Schulen

Im Unterricht sollen Neue Technologien als Lerninhalt und Reflexionsgegenstand behandelt werden. Grundlagen, Anwendungsmöglichkeiten, Auswirkungen und Folgen werden thematisiert. Dieses Ziel würde verfehlt werden, wenn dabei nicht auch der Rechner als konkreter Gegenstand in den Unterricht einbezogen würde. Funktionsweise, Anwendungsmöglichkeiten und Auswirkungen können nicht allein theoretisch vermittelt werden, sie lassen sich am besten im direkten Umgang erfahren. Für eine informations- und kommunikationstechnologische Bildung ist deshalb ab Klasse 7 der Umgang mit dem Computer erforderlich.

Das Niedersächsische Kultusministerium und die kommunalen Spitzenverbände des Landes haben gemeinsam "Empfehlungen zur Ausstattung von Schulen mit Rechnern für den Unterricht" erarbeitet. Die Empfehlungen enthalten die Anforderungen, die aus unterrichtlicher Sicht an den Schülerarbeitsplatz, an die Software und an die Raumausstattung zu stellen sind.

Förderprogramm des Landes: Bereits während der Phase der Entwicklung und Erprobung von Konzepten zur Behandlung der Neuen Technologien im Unterricht benötigen die Schulen eine entsprechende Medienausstattung. Nach einer überschlägigen Bedarfsberechnung ergibt sich für eine erste Grundausstattung aller Schulen ab 7. Schuljahrgang mit Rechnern einschließlich Betriebssoftware nach Abzug des Bestandes ein Investitionsbedarf von rd. 40 Mio. DM bei den allgemeinbildenden Schulen.

Unter Berücksichtigung des Zeitplanes für die Entwicklung und Erprobung von Unterrichtsmaterialien und für die Lehrerfortbildung soll die Ausstattung der Schulen überwiegend in den Jahren 1986 bis 1989 erfolgen. Damit die Schulen gleichmäßig und zeitgerecht ausgestattet werden, übernimmt das Land eine Beteiligung von durchschnittlich 25 % an den Ausstattungskosten.

Bei der Aufstellung des Aussttattungsprogramms ist zu berücksichtigen, daß Schulen erst dann ausgestattet werden sollen, wenn geeignete Unterrichtskonzepte vorliegen und entsprechend qualifizierte Lehrkräfte an den auszustattenden Schulen vorhanden sind.

Literatur

RAHMENKONZEPT INFORMATIONSTECHNISCHE BILDUNG IN SCHULE UND AUSBILDUNG DER BLK. In: Schulverwaltungsblatt für Niedersachsen, Heft 3/1985.

NEUE TECHNOLOGIEN UND SCHULE. Informationen des Kultusministeriums zum Stand des Vorhabens für den Bereich der allgemeinbildenden Schulen. In: Schulverwaltungsblatt für Niedersachsen, Heft 8/1985.

AUSSTATTUNG VON SCHULEN MIT RECHNERN FÜR DEN UNTERRICHT:
1. Empfehlungen zur Ausstattung von Schulen mit Rechnern für den Unterricht in den Fächern Informatik, Organisation/Datenverarbeitung und Fachkunde. Erlaß vom 4.2.1985. In: Schulverwaltungsblatt für Niedersachsen, Heft 3/1985; dieser Erlaß ist der Bezugserlaß zu:
2. Vorläufige Empfehlungen zur Ausstattung von allgemeinbildenden Schulen im Sekundarbereich I und II mit Rechnern für den Unterricht. Erlaß vom 26.7.1985. In: Schulverwaltungsblatt für Niedersachsen, Heft 8/1985.

NEUE TECHNOLOGIEN UND SCHULE. Dokumentation einer Tagung der Evangelischen Akademie Locum und des Niedersächsischen Kultusminsiteriums vom 14. bis 16. Oktober 1983. Loccumer Protokolle 23, Evangelische Akademie Loccum. Rehburg-Loccum 1984.

LOCCUM II. Dokumentation der Tagung "Neue Technologien und Schule". Evangelische Akademie Loccum, 4. - 6. Februar 1985 (Herausgeber: Niedersächsisches Kultusministerium, Referat 504, Schiffgraben 12, 3000 Hannover 1).

INFORMATIONS- UND KOMMUNIKATIONSTECHNOLOGISCHE GRUNDBILDUNG
Konzeption und Struktur des Modellversuchs in Nordrhein-Westfalen

Ulrich Bosler, Institut für die Pädagogik
der Naturwissenschaften an der Universität Kiel (IPN)
Rolf Oberliesen, Fachbereich Erziehungswissenschaft,
Universität Hamburg

VORBEMERKUNG

Der hier berichtete Modellversuch gehört zu einem der größeren von der BUND-LÄNDERKOMISSION FÜR BILDUNGSPLANUNG UND FORSCHUNGSFÖRDERUNG (BLK) getragenen Modellversuche zur informationstechnischen Grundbildung. Auf der Basis des BLK-Rahmenkonzepts (BLK, 1984) zur informationstechnischen Bildung in Schule und Ausbildung untersucht das Modellprojekt "Informations- und kommunikationstechnologische Grundbildung im Pflichtbereich und weiterführende informations- und kommunikationstechnologische Bildung im Wahlpflichtbereich 9/10 der allgemeinbildenden Schulen der Sekundarstufe I" (1985-1988) an 24 Schulen curriculare Konzeptionen und Bedingungen der Einführung einer informations- und kommunikationstechnologischen Bildung in der Sekundarstufe I. Zugleich versucht dieser Modellversuch, die Realisierung der Zielbeschreibungen des Rahmenkonzepts von NRW "Neue Informations- und Kommunikationstechnologien in der Schule - Zielvorstellungen, Maßnahmen und Entwicklungsstand" (KM-NRW, 1985) in schulische Praxis umzusetzen (LSW, 1985,5).

Das Projekt wird am LANDESINSTITUT FÜR SCHULE UND WEITERBILDUNG, Soest (Projektleitung: W. VAN LÜCK) geführt (vgl. VAN LÜCK, 1985a, 1985b). In den curricularen Entwicklungsgruppen des Projekts arbeiten Lehrer verschiedener Fächer (z.B. Informatik, Mathematik, Deutsch, Arbeitslehre, Gesellschaftslehre, Wirtschaftslehre u.a.) sowie sämtlicher Schulformen. Die Autoren dieses Beitrags sind als wissenschaftliche Berater an dem Modellversuch beteiligt.

BEGRÜNDUNGS- UND ZIELRAHMEN

Der zentrale curriculare Begründungsrahmen dieser wissenschaftlich beratenen und begleiteten Untersuchung geht insbesondere von der Annahme aus, daß zukünftig nahezu alle bedeutsamen Bereiche unserer Lebenswirklichkeit durch die zunehmende Verwendung von Informations- und Kommunikationstechnologien beeinflußt, geprägt, bzw. umstrukturiert werden. Angesichts dieser beschleunigten Entwicklung und umfassenden Verwendung neuer Technologien und den durch diese hervorgerufenen umfassenden Veränderungen unserer Lebens- und Arbeitsbedingungen haben alle Jugendlichen einen Anspruch auf ein entsprechendes Bildungsangebot. Allen Heranwachsenden muß die Möglichkeit einer kritischen Auseinandersetzung mit den neuen Technologien und ihren Auswirkungen auf Individuum und Gesellschaft, ihren Chancen und Problemen sowie den Möglichkeiten ihrer sozialen Beherrschbarkeit und Gestaltung eröffnet werden (vgl. VAN LÜCK, 1986a). Nur so scheint es möglich Heranwachsende in die Lage zu versetzen, in die technologisch-gesellschaftlichen Veränderungsprozesse kompetent einzugreifen, das heißt, sie in demokratischer Mitwirkung mitzugestalten oder auch abzulehnen (vgl. OBERLIESEN, 1986) und dabei gleichzeitig auch ihre individuellen Lebenschancen wahrzunehmen.

Eine informations- und kommunikationstechnologische Bildung umfaßt daher sowohl den Erwerb der entsprechenden Voraussetzungen in Form von hierauf bezogenen Kenntnissen über grundlegende Strukturen und Prozesse, Fähigkeiten und Fertigkeiten als auch insbesondere die geistige Auseinandersetzung mit den absehbaren als auch möglichen Folgen bestimmter Entwicklungen und Verwendungen neuer Technologien. Dies bedeutet gleichzeitig, den Zusammenhang von technologischen, sozialen, kulturellen und historischen Entwicklungen zu vermitteln, in dem technische Entwicklung als gesellschaftlich historischer Prozeß begreifbar und als prinzipiell veränderbar erkannt wird. Hierin ist das Erkennen und Bewerten der zugrundeliegenden politischen und ökonomischen Bedingungen und Interessen miteingeschlossen (vgl. KM-NRW, 1985). Voraussetzung für entsprechende Lernprozesse ist, daß die Lernenden eigene Erfahrung im Umgang mit Informations- und Kommunikationstechnologien machen können und es ihnen ermöglicht wird, diese Erfahrungen in größeren Zusammenhängen zu reflektieren (LSW, 1985,8).

DIDAKTISCHE KONZEPTION

Zu den Gegenstandsbereichen und Lernfeldern

In der didaktischen Konzeption des Modellversuchs wird davon ausgegangen, daß sich die gegenwärtige und zukünftig voraussichtlich zu erwartende Veränderung der Lebenswirklichkeit der Lernenden in den Gegenstandsbereichen einer informations- und kommunikationstechnologischen Grundbildung abbilden muß: Als hierfür repräsentativ sind die Bereiche Produktion, Verwaltung und Handel, Wissenschaft und Schule, Haushalt und Freizeit angenommen (LSW, 1985,17). Die Lernfelder repräsentieren exemplarisch diese Gegenstandsbereiche und weisen gleichzeitig auf die spezifischen Affinitäten zu bestimmten Schulfächern hin. Im Rahmen der Grundbildung sollen alle Schüler und Schülerinnen (in einem Gesamtumfang von ca. 60 Stunden) sich mit neuen Informations- und Kommunikationstechnologien in folgenden Lernfeldern auseinandersetzen können: Prozeßdatenverarbeitung, Textverarbeitung und Dateiverarbeitung, Simulation. Die für das Verständnis und den Umgang erforderlichen Prinzipien des Aufbaus von Hardware und Software erfahren die Schüler im Zusammenhang mit der Anwendung. Eine besondere Beziehung ist angenommen zu den Unterrichtsfächern und Lernbereichen Arbeitslehre, Deutsch, Gesellschaftslehre, Mathematik und Naturwissenschaften. Für diese Lernfelder sind teilweise überlappende Unterrichtseinheiten entwikkelt, in denen die Lernziele der Grundbildung angestrebt werden (vgl. LSW, 1985,17).

Als Beispiel sei auf das Lernfeld Prozeßdatenverarbeitung verwiesen. Als mögliche Ausgangsprobleme oder -themen von Unterrichtseinheiten stehen hier u.a. die Auseinandersetzung mit der Thematik "Industrieroboter" oder auch der "Computergestützter Konstruktion (CAD) und Fertigung (CAM)". Dabei ist es notwendig, auf fachbezogene Strukturen und Modelle z.B. aus dem Technik- bzw. Physikunterricht (Steuerung, Regelung, Meßtechnik) zurückzugreifen (vgl. OBERLIESEN, 1985). Die weiteren Problemlösungen benutzen Programmierumgebungen zur Prozeßdatenverarbeitung, die zum Anlaß genommen werden, die Verwendung neuer Technologien in der Arbeits- und Lebenswelt zu reflektieren und individuelle und gesellschaftliche Wirkungen zu analysieren und zu bewerten. Spezifische Lernziele dieses Lernfeldes sind neben dem Kennenlernen von Sprachelementen einer Programmierumgebung, dem Erstellen eines

Programms mit den Befehlen eines Anwendersystems, die typischen Wirkungen der Verwendung von Prozeßdatenverarbeitung in Arbeit und Freizeit. Ein wichtiger Lernzielbereich ist dazu die Reflexion und Bewertung von Veränderungen in Arbeits- und Lebenswelt, wie Rationalisierung, Verdatung und Überwachung (LSW, 1985,18).

Unter Einschluß der Medienerziehung lassen sich für die Grundbildung insgesamt folgende Lernziele konkretisieren (LSW, 1985,16):

"- Den Einfluß und die Wirkungen der Informations- und Kommunikationstechnologien im eigenen Umfeld und in weiteren Bereichen der Lebenswelt erfahren und bewußt wahrnehmen.
- Die Auswirkungen der Informations- und Kommunikationstechnologien auf Gesellschaft und Individuum in Arbeitswelt und Freizeit reflektieren und bewerten.
- Die geschichtliche Entwicklung der Informations- und Kommunikationstechnologien erfahren, auf die künftigen Entwicklungen vorbereitet sein und positive Aspekte, aber auch mögliche Bedrohungen erkennen.
- Grundwissen über Hard- und Software erwerben und einen Rechner bedienen können.
- Probleme mit algorithmischen Methoden lösen können.
- Anwendersysteme und Simulationsprogramme benutzen können.
- veschiedene Einsatzbereiche der Informations- und Kommunikationstechnologie wie z.B. Verarbeitung von Dateien und Texten, sowie Steuern von Geräten kennenlernen, dabei ihre Grenzen erfahren und ihren Einsatz bewerten."

Zur Lernorganisation

Die didaktische Konzeption des Modellversuchs versucht sich einerseits von solchen didaktischen Ansätzen abzuheben, wie sie sich etwa in der Vergangenheit mit maschinen-, algorithmen- oder anwendungsorientierten Konzeptionen ergaben. Diese konnten nur bedingt der Komplexität der sozio-ökonomischen Wirkungs- und Bedingungszusammenhänge neuer Informationstechnologien gerecht werden. Sie nimmt andererseits die dort postulierten zentralen didaktischen Momente mit auf (VAN LÜCK, 1985a,30) beziehungsweise versucht, hieran anzuknüpfen und weiterzuführen.

Es werden solche Lernorganisationen für erforderlich gehalten, die komplexe Lernzugänge ermöglichen und dabei gleichzeitig auf einem hohen Maß an Selbstorganisation von Lernprozessen und Eigentätigkeiten beruhen. Chancen und Probleme neuer Informations- und Kommunikationstechnologien ergeben sich wesentlich mit ihrer je spezifischen Verwendung, der Art und Weise ihrer Nutzung. Wenn Heranwachsende eine hierauf bezogene Handlungskompetenz erwerben sollen, muß die Auseinandersetzung mit neuen Technologien auf dieser Ebene und über diese Wirkungszusammenhänge erfolgen.

Der Modellversuch folgt daher in Abhebung von den bekannten didaktischen Ansätzen einer benutzerorientierten didaktischen Konzeption (BOSLER u.a., 1985; VAN LÜCK, 1985a; OBERLIESEN, 1986). Dies bedeutet insbesondere auch, daß nicht mehr das Erlernen einer Programmiersprache als Gegenstand einer informations- und kommunikationstechnologischen Grundbildung angesehen wird. Flexible Werkzeuge für die Bearbeitung konkreter Aufgabenstellungen sind hier vielmehr Benutzersysteme (Softwaretools). Diese erschließen jeweils bestimmte, relativ umfassende Verwendungsbereiche, wie zum Beispiel Textverarbeitung oder Dateiverwaltung. Die inhaltliche Lösung und Organisation eines Problems verbleibt hierbei jedoch auch beim Benutzer. Das System unterstützt lediglich die formale Organisation und das Aufdecken und Korrigieren von Fehlern, ersetzt aber nicht die Entscheidung des Benutzers. So sind weiterhin Problemanalysen sowie die Entwicklung von Lösungsalgorithmen erforderlich. Anwendersysteme stellen allerdings häufig problembezogene Elemente zur Verfügung, die mächtiger sind als die einer Programmiersprache, so daß die Umsetzung eines Lösungsalgorithmus in eine vom Rechner bearbeitbare Form schneller erfolgt und weniger programmiertechnische Kenntnisse erfordert als bei einer Programmierung im herkömmlichen Sinn. Indem eine Problemlösung nicht mehr bis auf die Ebene der Programmiersprache transformiert werden muß, ergibt sich die Möglichkeit, komplexe, realitätsnahe Ausgangssituationen mit ihren gesellschaftlichen Dimensionen angemessener in den Mittelpunkt des Unterrichts zu stellen.

Eine umfassende informations- und kommunikationstechnologische Handlungsfähigkeit kann nur über Lernprozesse angebahnt werden, die neue Technologien in ihren komplexen Vernetzungen und Wirkungszusammenhängen thematisieren und für die Schule in bedeutsamen Problembereichen (Lernfeldern) erfahrbar werden lassen. Ausgehend von Alltagserfahrungen werden die Lernenden an das Kennenlernen des technisch-systematischen Zusammenhangs der neuen Technologien sowie an ein reflektiertes Auseinandersetzen mit den Anwendungen und den von Interessen und Werten abhängenden sozialen Wirkungen dieser Systeme herangeführt. Wenn Schüler sich als durch neue Informations- und Kommunikationstechnologien Betroffene erfahren sollen, ist die Verwirklichung ihrer Interessen und ihre Beteiligung bei der Organisation von Lernprozessen unabdingbar. Dies verlangt einen projektorientierten Unterricht (VAN LÜCK, 1985a), in dem die Lernenden über eigene Planung und Gestaltung informationstechnologischer Wirkungszusammenhänge Kompetenz und Urteilsvermögen objektivieren im Hinblick auf unterschiedliche informationstechnologische Gestaltungen (zum Beispiel von rechnergestützten Arbeitsorganisationen).

Die gegenwärtig verfügbare Hardware und die Nutzung von Anwendersystemen und themenbezogenen Programmierumgebungen erlauben eine komplexere Erarbeitung gesellschaftlich relevanter Problemstellungen und modellhafter Lösungen. Der Ausgang von der Lebenswirklichkeit der Lernenden versucht sicherzustellen, daß die Schülerinnen und Schüler ihre eigene Betroffenheit erfahren und gleichzeitig an der Lösung dieser Problemen und Aufgaben arbeiten. Indem sie für sich und die Gesellschaft relevante Fragestellungen bearbeiten und die Implikationen der Verwendung der neuen Informations- und Kommunikationstechnologien erfahren und reflektieren wird zugleich eine Qualifizierung angestrebt, die zur Teilnahme an demokratischer Willensbildung in der Gesellschaft befähigt.

ENTWICKLUNG VON CURRICULAREN MATERIALIEN

Für jedes Lernfeld wurden von Frühjahr 1985 bis Januar 1986 erste projektorientierte Unterrichtseinheiten entwickelt. Bis Sommer 1986 konnten folgende curriculare Materialien vorerprobt werden:

PROZESSDATENVERARBEITUNG: Industrieroboter;
TEXT- und DATEIVERWALTUNG: Schülerzeitung (Extra-Blatt), Freizeitverhalten einer Schulklasse, Klassensportfest, Auswertung einer Befragung (beschreibende Statistik);
SIMULATION und LERNSYSTEME: Ein See kippt um, Damit Du Dein Geld nicht verheizt.

Zum Spätsommer sollen noch folgende Unterrichtseinheiten zur Verfügung stehen:

PROZESSDATENVERARBEITUNG: Automatisierte Produktion (Planung und Fertigung);

TEXT- und DATEIVERWALTUNG: Schülerbibliothek;

SIMULATION und LERNSYSTEME: Planen und Kalkulieren einer Klassenfahrt.

Darüber hinaus sind weitere Materialien in Planung.

Neben methodischen und inhaltlichen Hinweisen für die unterrichtenden Lehrerinnen und Lehrer enthalten diese projektorientierten curricularen Materialien auch Lernelemente (Aufgabensysteme) für die Schülerinnen und Schüler, sowie Tips und Hilfen zur Unterrichtsplanung und Durchführung, wie z.B. Versuchsbeschreibungen, Hardwarebeschreibungen, Hinweise zu Betriebserkundungen und im Unterricht einsetzbarer Filme und Texte sowie konkrete Vorschläge zur Unterrichtsdurchführung. Zur Unterstützung der Planung und Realisation eines fächerverbindenden Unterrichts sind den meisten Materialien ausführliche Sach- und Fachinformationen beigefügt. Ebenso erhält das Material die im Modellversuch entwickelte Software, wie z.B. projektorientierte Programmierumgebungen.

Kommerzielle Anwendersysteme sind in diesen Handreichungen auf Schülerniveau transformiert dargestellt. Die meisten Handreichungen sind sehr umfassend angelegt, da sie zur Zeit gleichzeitig als Fortbildungsunterlagen (Einweisung der beteiligten Lehrer in den Modellversuch) dienen. Beispielhaft stellen CARSTENSEN/BOSLER in diesem Band die Unterrichtseinheit "Dateiverwaltung am Beispiel des Freizeitverhaltens einer Schulklasse" vor. Die Konzepte anderer ausgewählter Unterrichtseinheiten werden ferner zukünftig regelmäßig in pädagogischen Fachzeitschriften (z.B. LOG IN, ARBEITEN UND LERNEN, u.a.) ausführlich vorgestellt. Deshalb mag an dieser Stelle auf weitere Details zu einzelnen Unterrichtseinheiten verzichtet werden.

Ein besonderes Problem der Entwicklung der curricularen Materialien ergab sich mit der angestrebten Unabhängigkeit von der jeweils benutzten Hard- und Software. Die Unterrichtseinheiten sind in der Regel in einer "Schulbuch-Sprache" geschrieben. Zwei Strategien der Verbindung dieser Ebene mit der Benutzeroberfläche auf dem verwendeten Rechner wurden dabei verfolgt:

Meist erfolgt über spezielle Kapitel der Übergang zu den 16-bit-Computern mit MS/DOS (IBM, IBM-Kompatible und SIEMENS PC-D), 8-bit Rechner mit CP/M (Apple II) und C 64. Um die Anpassung zu erleichtern, wurde die verfügbare Anwendersoftware auf die Textverarbeitungssysteme MS-WORD (für MS/DOS-Ebene), WORDSTAR (für CP/M-Ebene) und VIZAWRITE für C 64 eingeengt. Als Datenbanksysteme wurden dBASE II (für MS/DOS und CP/M-Ebenen) und SUPERBASE für C 64 gewählt. Für die Tabellenkalkulation wird MULTIPLAN (für MS/DOS und CP/M-Ebenen) eingesetzt. Für den Bereich Prozeßdatenverarbeitung wurden Anforderungen an ein Interface spezifiziert, das sowohl für den Unterricht in der Grundbildung wie im Wahlpflichtbereich geeignet ist. Zwei Firmen produzieren inzwischen ein dem entsprechendes System.

Die zweite Strategie bezog sich darauf, die auf dem Rechner verfügbare Benutzeroberfläche auf die Ebene der "Schulbuch-Sprache" anzuheben. Am deutlichsten wird dies bei Unterrichtseinheiten, die Datenbanksysteme nutzen (vgl. den Beitrag von CARSTENSEN/BOSLER). Hierfür wurde ein "Schul-dBase" entwickelt. Dabei handelt es sich um eine in dBASE II geschriebene Ergänzung zu dBASE II. Für die Prozeßdatenverarbeitung konnte eine schülergeeignete Benutzeroberfläche in LOGO realisiert werden.

ORGANISATION UND DURCHFÜHRUNG DES MODELLVERSUCHS

Die erstgenannten Lerneinheiten wurden bis Januar 1986 entwickelt und bereits Ostern 1986 vorerprobt, mit dem Ziel einer möglichst umfassenden Sammlung von Erfahrungen, nicht jedoch bereits der Umsetzung des vollständigen Konzepts der Grundbildung. Die am Versuch beteiligten Schulen erhielten in vier ganztägigen Veranstaltungen eine Einführung. Die Haupterprobung im Schuljahr 1986/87 wird an insgesamt 24 Schulen erfolgen. Zwei curriculare Organisationsformen (Blockmodell/Verteilungsmodell) werden hierbei untersucht (LSW, 1985,26): Im Blockmodell sind die Inhalte der Grundbildung in den genannten Fächern beziehungsweise Lernbereichen in einem zeitlich und inhaltlich koordinierten Block auf die Jahrgangsstufe 8 konzentriert. Im Verteilungsmodell hingegen werden die Inhalte der Grundbildung schwerpunktmäßig in den Jahrgangsstufen 7-8 jeweils dort vermittelt, wo sich curriculare Anknüpfungspunkte ergeben. Die ersten Rückmeldungen aus der Vorerprobung sind positiv, nähere unterrichtliche Erfahrungen können auf der GI-Tagung in Kaiserslautern berichtet werden.

In den darauffolgenden Jahren wird der Übergang von dem erprobenden Einsatz im Modellversuch zu einer allgemeinen Einführung der Grundbildung in Nordrhein-Westphalen erfolgen. Dies wirft u.a. bei der Lehrerfortbildung erhebliche Probleme auf. Nach den Plänen des Kultusministeriums sollen in etwa 4 Jahren ca. 150 000 Lehrer eine etwa 80 Stunden umfassende Fortbildung erhalten. Das Fortbildungsmodell zur Einführung einer Grundbildung wird von den bisherigen Formen für die Fortbildung für Informatik in der Sekundarstufe II abweichen. Nach einer Verdeutlichung der Intention des Vorhabens wird die Fortbildung zunächst bezogen auf die entwickelten Unterrichtseinheiten und deren Umfeld erfolgen. Es ist zu erwarten, daß die Beteiligten anschließend ergänzende - aber individuell unterschiedliche - Angebote aus Fortbildungsangeboten verschiedener Träger wahrnehmen werden.

Abschließend sei bemerkt, daß die Ansprüche in diesem Modellversuch ehrgeizig sind. Wenn einige der in den verschiedenen Schulformen durchgeführten Unterrichtseinheiten zeigen, wie die Ziele einer umfassenden informations- und kommunikationstechnologischen Grundbildung im Unterricht der Sekundarstufe I umgesetzt werden können, läßt dieser Modellversuch bedeutende Anregungen für die hierauf bezogenen curricularen Entwicklungsarbeiten in einer Reihe weiterer Bundesländer, nicht zuletzt auch auf dem Hintergrund einer weitergeführten Reflexion des Bildungsauftrags von Schule, erwarten.

LITERATUR

BOSLER,U./HAMPE,W./WANKE,I./VAN WEERT,T. (Hrg.): Grundbildung Informatik - Ziele, Anregungen, Beispiele, Stuttgart 1985

BUND-LÄNDERKOMMISSION FÜR BILDUNGSPLANUNG UND FORSCHUNGSFÖRDERUNG (Hrg.): Rahmenkonzept für die Informationstechnische Bildung in Schule und Ausbildung, Bonn, BLK-Script, 1984

CARSTENSEN,C./BOSLER,U.: Dateiverwaltung am Beispiel des Freizeitverhaltens einer Schulklasse - Eine Unterrichtseiheit zur informationstechnologischen Grundbildung und die Entwicklung von "Schul-dBase". In: VON PUTTKAMMER,E. (Hrg.): Informatik - Grundbildung in Schule und Beruf. Fachtagung der Gesellschaft für Informatik, Berlin/Heidelberg/ New York 1986

KULTUSMINISTER DES LANDES NRW (Hrg.): Neue Informations- und Kommunikationstechnologien in der Schule - Zielvorstellungen, Maßnahmen und Entwicklungsstand - Rahmenkonzept, Reihe: Strukturförderung im Bildungswesen, Heft 43, Köln 1985

LANDESINSTITUT FÜR SCHULE UND WEITERBILDUNG (Hrg.): Neue Informations- und Kommunikationstechnologien - Curiculumentwicklung in NRW, Soest 1986

VAN LÜCK,W.: Informations- und kommunikationstechnologische Grundbildung, In: LOG IN 6(1986)a, H.2., 29-30

VAN LÜCK,W.: Allgemeinbildung und informationstechnologische Bildung, In: VON PUTTKAMMER,E. (Hrg.): Informatik - Grundbildung in Schule und Beruf. Fachtagung der Gesellschaft für Informatik, Berlin/Heidelberg/New York 1986b

OBERLIESEN,R.: Informations- und kommunikatiostechnologische Bildung als curriculare Reform, In: arbeiten und lernen, 1986,H.47

INFORMATIONSTECHNISCHE GRUNDBILDUNG IN DER SEKUNDARSTUFE I IN DEN ALLGEMEINBILDENDEN SCHULEN DES LANDES RHEINLAND-PFALZ

Joachim Bliemeister
Informationsstelle "Schule und Computer"
des Pädagogischen Zentrums Rheinland-Pfalz
Kultusministerium
6100 Mainz

Seit Beginn des Schuljahres 1985/86 wird an ungefähr 100 Schulen des Landes Rheinland-Pfalz im Rahmen des Pflichtunterrichts der Sekundarstufe I ein Konzept zur Informationstechnischen Grundbildung (ITG) erprobt, welches von einer Projektgruppe am 26. Juni 1985 im Form einer Handreichung allen Hauptschulen, Realschulen, Gymnasien und berufsbildenden Schulen des Landes Rheinland-Pfalz übergeben und der Öffentlichkeit bekannt gemacht wurde.

Zur Erstellung der Handreichung haben Lehrer aller Schularten zusammengearbeitet. Sie konnten auf eigene pädagogische Erfahrungen auf diesem Feld zurückgreifen, auf die Vorarbeit anderer Kollegen und auf Ergebnisse von Modellversuchen, die erste Aspekte einer Informationstechnischen Grundbildung zum Inhalt haben, wie der noch laufende Modellversuch "Mikrocomputer an technischen Schulen (MATS)".

Die Erprobung der Handreichung soll im Rahmen eines Modellversuchs stattfinden, damit vor einer verbindlichen Einführung das Konzept an einer ausreichend großen Zahl von Hauptschulen, Realschulen und Gymnasien praktisch überprüft und dabei auf einer breiten Basis gesicherte Erfahrungen und konstruktive Beiträge gesammelt und einbezogen werden können.

In der Handreichung wird versucht unterhalb von Lehrplanformulierungen zu beschreiben

- welche Elemente einer Informationstechnischen Grundbildung in 30 bis 40 Stunden mit welchen Einzelzielen und Einzelinhalten für 12-

bis 16jährige Schüler notwendig und vertretbar sind und in welcher Tiefe und mit welchen Zeitansätzen dies möglich ist.

- welche methodischen Schritte empfehlenswert sind und an welchen Aufgabenstellungen und Beispielen Kenntnisse, Fertigkeiten und Einsichten gewonnen werden.

Mit Hilfe einer solchen Handreichung möchte man in Rheinland-Pfalz die Diskussion über Ziele, Inhalte und Wege einer Informationstechnischen Grundbildung von der Ebene allgemeiner Erörterungen herunterziehen und für den Lehrer und seine tägliche Praxis anschaulich und nachprüfbar machen. Auf diese praktische Überprüpfung wird größter Wert gelegt, wobei den Schulen eine weitgehende organisatorische Flexibilität eingeräumt wird.

Es besteht ein enger Zusammenhang zwischen der unterrichtlichen Erprobung an den Schulen und den darauf abgestellten Kursen der Lehrerfort- und -weiterbildung, da auf diese Weise eine direkte Einbindung der Erfahrungen aus der Erprobung sichergestellt ist. Dazu wurden mehrere vierteilige Weiterbildungskurse eingerichtet, die mit einer Prüfung abschlossen. Sie haben als Ziel die Qualifikation von Multiplikatoren, die die Handreichung selbst erproben und parallel dazu regionale Fortbildung durchführen.

1. *Zur Umsetzung in der Schule*

Die Informationstechnische Grundbildung in Rheinland-Pfalz kann und will kein eigenständiges Unterrichtsfach beanspruchen. Die daher notwendige Einbindung in bestehende Fächer ist eine Chance und ein Risiko: Ein Risiko stellt es dar, wenn die Informationstechnische Grundbildung als "neuer" Lernbereich im Niemandsland zwischen den etablierten Fächern bleibt, eine Chance ist es hingegen, wenn aus der Konkurrenz eine Bereicherung der bestehenden Fächer wird und daraus Impulse zur fächerübergreifenden Zusammenarbeit in der Schule hervorgehen.

In der gegenwärtig laufenden Erprobungsphase ist die Informationstechnische Grundbildung (ITG) zunächst an den mathematischen Lernbereich in der Realschule und im Gymnasium sowie an das Fach Arbeitslehre in der Hauptschule angebunden. Dies erfolgte einerseits aus fachlichen Gründen, aber auch um die bereits bestehenden praktischen Erfahrungen zahlreicher Lehrer im Umgang mit Computern zu nutzen. Es bedeutet jedoch nicht, daß der mit der Informationstechnischen Grundbildung verbundene zeitliche Aufwand ausschließlich zu Lasten der genannten Fächer gehen soll. Entsprechende Modelle werden vorgeschlagen.

Die didaktisch-methodische Konzeption beruht auf der Überlegung, die Unterrichtsreihe

- frühestens in der 7. Klassenstufe einsetzen zu lassen und
- als Teil des Pflichtunterrichts der einbezogenen Klassen

durchzuführen.

Für das Fundamentum der Informationstechnischen Grundbildung werden 30 bis 40 Unterrichtsstunden beansprucht, die dem zugeordneten Fach und seiner Lehrkraft zur Verfügung stehen müssen. Aufbauend auf dieses Fundamentum kann der Computer auch von weiteren Lehrkräften in anderen Fächern sinnvoll einbezogen werden. Eine entsprechende Mindestausstattung mit Computerarbeitsplätzen wird vorausgesetzt.

Folgende Formen der Durchführung der Unterrichtsreihe sind möglich:

- 1 Wochenstunde je Schuljahr oder
- 2 Wochenstunden in einem Schulhalbjahr,
- Bildung von Unterrichtsblöcken in nicht zu stark konzentrierter Form (z.B. zwei halbe, auseinanderliegende Projektwochen).

An Schulen, an denen derzeit eine für alle Schüler verpflichtende Erprobung noch nicht möglich ist, kann für eine Übergangszeit das Fundamentum auch im Rahmen eines Wahlfaches oder einer Arbeitsgemeinschaft angeboten werden.

In der Erprobungsphase kann der Stundenansatz desjenigen Faches, in das die Informationstechnische Grundbildung einbezogen wird, in dem erforderlichen Umfang zeitweilig erhöht werden.

Eine Leistungsüberprüfung während und nach dem Abschluß der Unterrichtsreihe ist in der Erprobungsphase möglich, aber nicht zwingend.

Die Leistungen der Schüler werden nicht benotet. Die Teilnahme an der Unterrichtsreihe kann im Zeugnis vermerkt werden.

2. *Zur inhaltlichen Konzeption*

Die Beachtung der in einer Handreichung vorgestellten Inhalte und ihres jeweiligen Zeitansatzes soll vergleichbare Erprobungsbedingungen sicherstellen. Inhaltliche Gewichtungen und Schwerpunktsetzungen sind sinnvoll, um den unterschiedlichen Vorbedingungen in den betroffenen Schularten und dem Verständnis der Schüler gerecht zu werden. Die angegebenen Zeitansätze sind für Lehrer, die einzelne Themen erstmals unterrichten, eng bemessen. Es sollen die folgenden Themenbereiche in jedem Falle Beachtung finden:

- Demonstrationen am Microcomputer und Hinweise zur technisch/historischen Entwicklung (1 - 2 Stunden)

  Die Demonstration am Microcomputer kann sinvollerweise nur dann am Anfang der Unterrichtsreihe stehen, wenn der Lehrer den technischen Umgang mit dem Gerät und der Software sicher beherrscht. Im Rahmen einer solchen Demonstration von Arbeitsmöglichkeiten am Computer bieten sich auch Hinweise auf die historische Entwicklung an. Dabei kann anschaulich gezeigt werden, was Computer besonders gut und was sie weniger gut leisten können. Dieses Thema kann ebenso auch in den "Einblick in praktische Computeranwendungen" einbezogen werden.

- Algorithmenorientierter Einstieg (2 - 3 Stunden)

  Am Beispiel eines Alltagsalgorithmus soll verdeutlicht werden, daß die erfolgreiche Durchführung einer Tätigkeit einerseits und ihre exakte Beschreibung andererseits zweierlei sind.

- Elementare Befehle einer höheren Programmiersprache einschließlich Einführung in die Handhabung eines Mikromputersystems (8 -12 Stunden)

  Im Vordergrund stehen die praktische, computergerechte Verwirklichung von Algorithmen (z.B. die Erfahrung der notwendigen Exaktheit), der erste erfolgreiche und die Schüler motivierende Umgang mit Computerkomponenten sowie das Ziel, den Computer als Problemlösungshilfsmittel bei einfachen numerischen Problemen erfahrbar zu machen.

- Komponenten eines Computersystems (2 - 3 Stunden)

  Im Vergleich mit einer den Schülern bekannten Situation (z.B. das Vorgehen beim Lösen von Hausaufgaben) kann die Funktion der Komponenten eines Computersystems verbunden mit der Einführung zentraler Fachbegriffe erarbeitet werden.

- Anwenderprogramme (5 - 8 Stunden)

  Die Anwendung marktüblicher, benutzerfreundlicher Anwenderprogramme wie z.B. Programme zur Textverarbeitung, Dateiverarbeitung oder Grafik ermöglicht praxisorientierte Einblicke in Anwendungsbereiche des Computers und soll die heute bereits sichtbaren und für die Zukunft vermehrt zu erwartenden gesellschaftlichen Auswirkungen des Computereinsatzes verdeutlichen.

- Einblick in praktische Computeranwendungen (4 - 7 Stunden)

  Einblicke in praktische Computeranwendungen können beispielsweise im Rahmen von Betriebserkundungen in Abhängigkeit von den jeweiligen örtlichen Gegebenheiten ermöglicht werden.

- Gesellschaftliche Auswirkungen (5 - 8 Stunden)

  In diesem Themenblock ist beabsichtigt, die heute bereits sichtbar gewordene Veränderung vieler Berufsbilder aufzuzeigen, die Auswirkungen auf den Arbeitsmarkt zu verdeutlichen, aber auch im Zusammenhang mit der Erörterung des Datenschutzes auf die individuellen Grundrechte einzugehen, die durch den Einsatz moderner Informations- und Kommunikationssysteme berührt werden.

Im Rahmen der angegebenen Stundenansätze bietet jeder Themenbereich Freiräume, für die Alternativthemen vorgeschlagen werden. Zum Abschluß der Unterrichtsreihe kann eine vertiefende Behandlung eines Themas mit einem Zeitansatz von bis zu fünf Unterrichtsstunden folgen, wobei auch für besondere Interessen von Schülern und Lehrern Raum bleibt.

3. *Personelle und technische Voraussetzungen*

Die Teilnahme an der Erprobung setzt qualifizierte Lehrer und eine Mindestausstattung mit Computerarbeitsplätzen voraus.

Die beteiligten Lehrer sollten entsprechende Fort- oder Weiterbildungsveranstaltungen besucht haben. Für Lehrer, die die Informationstechnische Grundbildung in der Sekundarstufe I, nicht aber das Fach Informatik in der Sekundarstufe II unterrichten wollen, genügt die Teilnahme an den dafür vom Staatlichen Institut für Lehrerfort- und -weiterbildung (SIL) angebotenen vier Dreitageskursen. Für Lehrer, die regionale oder schulinterne Kurse der Lehrerforbildung leiten wollen, ist eine besondere Qualifikationsprüfung für die Informationstechnische Grundbildung vorgesehen. Lehrkräften, die bereits für das Fach Informatik qualifiziert sind, werden eintägige Fortbildungsveranstaltungen zur Einführung in die besondere Aufgabenstellung der Informationstechnischen Grundbildung angeboten.

Die Geräteausstattung der erprobenden Schulen soll erlauben, daß an einem Computerarbeitsplatz höchstens drei, aber nicht weniger als zwei Schüler arbeiten. Ein Arbeitsplatz je Schüler ist weder notwendig noch sinnvoll, da sonst die für ein erfolgreiches Lernen nötigen Sozialkontakte zwischen den Schülern vermindert werden. Die Bildung von Lerngruppen innerhalb einer Klasse unter Berücksichtigung der Zahl der vorhandenen Arbeitsplätze kann im Rahmen der schulischen Möglichkeiten vorgenommen werden.

Es wurde die im Amtsblatt veröffentlichte Empfehlung für die Geräteausstattung der Schulen in der Sekundarstufe II für den Informatik-/Datenverarbeitungsunterricht in Absprache mit den kommunalen Spitzenverbänden den besonderen Anforderungen der Informationstechnischen Grundbildung in der Sekundarstufe I angepasst.

Die an den Schulen vorhandenen Computerarbeitsplätze sollten auch außerhalb der Unterrichtszeit als "offenes Labor" berechtigten Schülern frei zugänglich sein. Die Einrichtung eines solchen "offenen Labors" hat sich entgegen manchen Befürchtungen sehr bewährt.

4. Hinweise auf besondere Probleme und Risiken

Computer und ihre Anwendungsmöglichkeiten sind wie kaum ein anderes Thema geeignet, junge Menschen zu faszinieren. Dies ist eine besondere Chance für die erfolgreiche Verwirklichung der Informationstechnischen Grundbildung als Teil der Allgemeinbildung, aus dieser Faszination erwächst aber auch eine besondere Verantwortung für die Schule.

Die bekannten und von der Schule traditionell vermittelten Kulturtechniken dürfen nicht vernachlässigt werden. Ein behutsames, schülergerechtes Vorgehen ist unerläßlich, will man die von manchen wieder in Erinnerung gerufenen Probleme der Mengenlehre vermeiden. Es muß der Gefahr begegnet werden, die entsteht, wenn die Bedeutung des Computers entweder übertrieben oder unterschätzt wird. Nicht geringer ist das Risiko, Unwichtiges aus vermeintlich gesicherter, aber doch nur subjektiver persönlicher Erfahrung heraus für besonders wichtig oder Wichtiges für unwichtig zu halten. Die folgenden schlaglichtartigen Hinweise sollen den erprobenden Lehrern helfen, die sich stellende Aufgabe sach- und schülergerecht einzuschätzen.

Ziel ist es, breite und zeitbeständige Grundlagen zu vermitteln, die eine erste Orientierung und begründete Wertung ermöglichen. Ein reduziertes Abbild der Informatik der gymnasialen Oberstufe ist dafür mit Rücksicht auf ein schüler- und altersgerechtes Vorgehen ebensowenig geeignet wie ein Programmierkurs.

Die Erörterung der gesellschaftlichen Auswirkungen, die mit den modernen Informations- und Kommunikationssystemen verbunden sind, und die Auseinandersetzung mit den sich daraus ergebenden Fragen sind Teil des Ganzen, jedoch nicht Schwerpunkt der Informationstechnischen Grundbildung.

Fragwürdig ist es unter erzieherischen Gesichtspunkten, wenn Schüler fasziniert vom Computer und seinen Möglichkeiten dazu neigen, wichtige Aufgaben beiseite zu lassen und Probleme zu verdrängen. Das Computerlabor der Schule darf nicht zur "Spielwiese" werden; die Informationstechnische Grundbildung hat nicht zur Aufgabe, "Computerfreaks" auszubilden. Hier kommt der Schule gegenüber Schülern und Eltern eine besondere Verantwortung zu.

Lehrerfort- und -weiterbildung

Leitung: St.R. Mario Spengler

Hermeskeil

Empfehlungen der GI zur Lehreraus-, Lehrerfort- und -weiterbildung in Informatik

Wolfgang Arlt, FU Berlin, Habelschwerdter Allee 45

Bei den vom Arbeitskreis 7.1.4 der GI erarbeiteten neuen Empfehlungen sind die aus dem Jahr 1978 stammenden Empfehlungen zur Lehreraus-, -fort- und -weiterbildung (vgl. Lit. 1) zugrunde gelegt, jedoch den gegenwärtigen und voraussehbaren Entwicklungen angepaßt worden. Die zur Zeit vorliegenden Erfahrungen zur Lehrerbildung in Informatik sind ebenfalls soweit wie möglich einbezogen worden. Der hier folgende Text basiert auf den vom AK 7.1.4 erarbeiteten Empfehlungen.

Die Empfehlungen der GI von 1978 sind bei der Konzipierung von Lehreraus-, fort- und -weiterbildungsgängen in den einzelnen Bundesländern weitgehend berücksichtigt worden (z. B. in Berlin durch die "Verordnung über die Ersten (Wissenschaftlichen und Künstlerisch-Wissenschaftlichen) Staatsprüfungen für die Lehrämter" vom 28. September 1982). Zugleich hatten die Empfehlungen von 1978 im Zusammenhang mit den Empfehlungen zu den 'Zielsetzungen und Inhalten des Informatikunterrichts' (vgl. Lit. 1) durch die folgenden vier inhaltliche Schwerpunkte Maßstäbe gesetzt:

- generelle Berücksichtigung der Didaktik der Informatik,
- Durchsetzung von Problemlösemethoden der Informatik,
- Einbeziehung von Projekten im Informatikunterricht,
- Berücksichtigung von Anwendungen der Informatik und deren Auswirkungen.

Die Überarbeitung und Neustrukturierung der Empfehlungen zur Lehrerbildung wurde aus mehreren Gründen zwingend:

- Die starke Ausbreitung von Anwendungen der Informatik, insbesondere durch die Ausbreitung der Mikroelektronik auch in andere Fächer hinein, bewirkt die Forderung nach einer Grundbildung in Informatik für alle Lehrer.

- Der starke Austausch der Informatik mit anderen wissenschaftlichen Disziplinen impliziert eine Ausstrahlung der Informatik in andere Fächer hinein, die sich zunehmend mit Inhalten der Informatik auseinandersetzen müssen.

- Der deutliche Trend, technische Kommunikationsmedien mit Mikroelektronik zu verbinden und somit eine neue Qualität an Informations- und Kommunikationsstrukturen zu schaffen, erfordert eine Ausweitung der Informatik in der Schule im Hinblick auf informationstechnologische Aspekte.

- Auf Bundes- und Landesebene wurden Rahmenkonzepte für eine "Informationstechnische Grundbildung" für alle Schüler beschlossen, die es jetzt mit Inhalten zu füllen gilt und für die eine qualifizierte Lehrerbildung Voraussetzung ist.

- Gegenwärtig entwickelt sich eine starke Tendenz, Informatik als Schulfach (z.B. Wahlfach, Wahlpflichtfach, Vertiefungsfach) in der Sekundarstufe I zu etablieren, so daß insbesondere hier eine intensive Lehrerbildung in Informatik notwendig wird.

- Maßnahmen einer verstärkten und zielgerichteten Lehrerausbildung in Informatik werden frühestens ab 1995 wirksam, so daß auch aufgrund geringer Neueinstellungsquoten vor allem die Lehrerweiter- und -fortbildung ausgebaut werden müssen.

- Nicht zuletzt impliziert die rasche Entwicklung der Wissenschaft Informatik eine Überprüfung der Inhalte eines entsprechenden Lehrerstudienfaches. Dies erfordert außerdem die Konzipierung einer Fortbildung bereits ausgebildeter Informatiklehrer.

Um den unterschiedlichen Entwicklungen und daraus resultierenden Forderungen gerecht werden zu können, sollen die vorliegenden Empfehlungen nicht nur die Lehrerbildung im Fach Informatik, sondern auch die Grundbildung Informatik für Lehrer aller Fächer umfassen.

Überlegungen zur Integration von Inhalten der Informatik und Informationstechnik in die **Fachausbildung** von Lehrern anderer Fächer werden in den vorliegenden Empfehlungen allerdings ausgeklammert. Dies kann nur in Zusammenarbeit mit den Vertretern der anderen Fächer geleistet werden.

Es werden jedoch im Rahmen von Forderungen nach einer informatischen **Grundbildung** auch Empfehlungen für die Ausbildung von Lehrern aller anderen Fächer vorgelegt. Für diese Lehrer ist schnellstens ein **Fortbildungsangebot** sicherzustellen, das den Anwendungen der Informationstechnik in den jeweiligen Fächern Rechnung trägt und die wichtigsten grundlegenden Methoden der Informatik vermittelt.

Zur Struktur der Empfehlungen

Die Struktur der vorliegenden Empfehlungen hat differenzierter zu sein als dies 1978 möglich war. Es werden daher zwei Hauptteile unterschieden:

Teil A: Empfehlungen zur Lehrerbildung für das Fach Informatik

Teil B: Empfehlungen zur informatischen Bildung aller Lehrer

Die Hauptteile werden wiederum in Abschnitte aufgegliedert:

Teil A Qualifizierung für Lehrer des Fachs und der Grundbildung Informatik		
A.I Ausbildung	A.II Weiterbildung	A.III Fortbildung

Teil B Informatische Bildung aller Lehrer	
B.I Aus- und Fortbildung zur informatischen Grundbildung	(*) Fachspezifische Qualifikationen

(*) wird im Rahmen der Empfehlungen nicht vorgelegt.

Die im folgenden empfohlenen Inhalte der einzelnen Lehrerbildungsabschnitte weisen eine bausteinartige Struktur aus. Dies soll vor allem die Möglichkeit eröffnen, sofern noch kein systematischer Bildungsgang etabliert werden kann, mit Hilfe der vorgeschlagenen Bausteinstruktur ein umfassendes Angebot zu sichern.

Die Struktur und die einzelnen Empfehlungen werden im Referat vorgestellt und diskutiert.

Lit. 1: Brauer, W.; Claus, V.; Deussen, P.; Eickel, J.; Haacke, W.; Hosseus, W.; Koster, C. H. A.; Ollesky, D.; Weinhart, K.: Zielsetzungen und Inhalte des Informatikunterrichts. Empfehlungen der Gesellschaft für Informatik. Zentralblatt für Didaktik der Mathematik, 8. Jg. (1976) H. 1, S. 34-43.

Lit. 2: Claus, V.; Eickel, J.; Gunzenhäuser, R.; Hackl, C.; Hosseus, W.; Loff, J.; Schauer, H.; Schnell-Haungs, I.; Schulz Zander, R.; Spitta, G.: Empfehlungen zur Ausbildung, Fortbildung und Weiterbildung von Lehrkräften für das Lehramt Informatik für die Sekundarstufe I und II. Empfehlungen der Gesellschaft für Informatik. Informatik-Spektrum, 2. Jg. (1979) H. 1, S. 53-60.

LEHRERFORT- UND LEHRERWEITERBILDUNG ALS VORAUSSETZUNG EINER GRUNDBILDUNG INFORMATIK

Johanna Bosse, Jens Fleischhut,
Bernhard Koerber, Ingo-Rüdiger Peters

Freie Universität Berlin
Zentralinstitut für
Unterrichtwissenschaften und Curriculumentwicklung (ZI 7)
Habelschwerdter Allee 45, D-1000 Berlin 33

1. Vorbemerkungen

In allen Ländern der Bundesrepublik Deutschland ist die Diskussion über eine Grundbildung Informatik für alle Schüler in vollem Gange. Eine Grundbildung Informatik für alle Lehrer wird in einigen Bundesländern angestrebt. Unklar sind jedoch vor allem die Konzepte zur Fort- und Weiterbildung derjenigen Lehrer, die die Grundbildung durchführen sollen. Im folgenden sollen hierzu einige Modelle diskutiert werden, die davon ausgehen, daß die qualitativen Aspekte einer Lehrerbildung und nicht quantitative Erwägungen (vgl. z. B. /08/, S. 39) im Vordergrund zu stehen haben.

2. Grundbildung für Lehrer - Lehrer für die Grundbildung?

Bei Fort- und Weiterbildungmaßnahmen ist zuerst zu unterscheiden zwischen

(a) Lehrern, die selbst eine Grundbildung erfahren und
(b) Lehrern, die Grundbildung vermitteln.

Die Forderung, eine Grundbildung Informatik für alle Lehrer zu installieren, unterliegt denselben Aspekten wie die Forderung nach einer Grundbildung für alle Schüler, sie muß darüber hinaus jedoch vertiefende, lehrerspezifische Ziele verfolgen. Es kann aber nicht Ziel einer Grundbildung Informatik für alle Lehrer sein, sie zugleich für die Durchführung von Grundbildung in der Schule zu qualifizieren. Grundbildung unterrichtende Lehrer müssen zusätzlich die Fähigkeit besitzen, Anwendungen und Auswirkungen der Informatik sachgerecht beurteilen zu können und aus der Sicherheit der eigenen praktischen Erfahrung im Umgang mit Benutzersystemen unterschiedlicher Komplexität - einschließlich der Kenntnis über prinzipielle Methoden der Erstellung solcher Software-Systeme - die notwendige didaktische Reduktion für den schulischen Alltag zu vollziehen.

Aus diesem Grund darf eine Lehrerfortbildung nicht nur auf die Grundbildung beschränkt werden, sondern es müssen für diejenigen, die auch Grundbildung vermitteln sollen, umfassende Inhalte der Informatik angeboten werden, die die betreffenden Lehrer zu Fachlehrern dieses Bereichs qualifizieren. Diese Lehrer sollten dann zusätzlich in der Lage sein, ihren Kollegen in den Schulen oder in externen Institutionen durch gesonderte Fortbildungsmaßnahmen eine Grundbildung Informatik zu vermitteln. Erst damit wird ein Multiplikationseffekt sichergestellt, der auch qualitativen Anforderungen entspricht (vgl. Abb. 1).

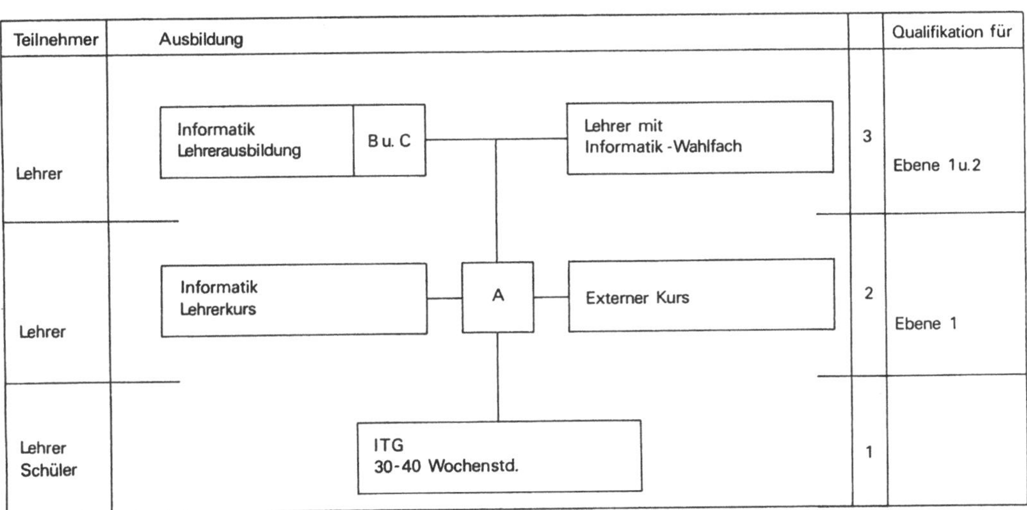

Abb. 1: Struktur zur Qualifikation von Lehrern für eine Grundbildung Informatik.

Das bedeutet, daß Lehrer, die lediglich eine Grundbildung Informatik erfahren haben, diese Inhalte nicht unterrichten dürfen. Lehrer, die Grundbildung vermitteln sollen, sind darüber hinaus durch gesonderte Fortbildungsmaßnahmen oder durch eine Weiterbildung für das Fach Informatik zu qualifizieren.

Allerdings ist anzustreben, daß die Grundbildung für alle Lehrer eine Voraussetzung dafür ist, Computer in ihrem jeweiligen Fachunterricht sinnvoll und sachgerecht einsetzen zu können.

3. Qualifikationsanforderungen

3.1. Lehrer für das Fach Informatik

Lehrer, die das Fach Informatik in der Schule unterrichten und von denen erwartet werden muß, daß sie als Multiplikatoren in der Fortbildung für eine Grundbildung Informatik eingesetzt werden können, sollten folgende Qualifikationen erfüllen (vgl. /01/, S. 9 ff.):

A. Anforderungen an die allgemeine fachliche Qualifikation:

- o Hinreichendes Grundverständnis für die theoretischen (einschl. der mathematischen) Grundlagen der Informatik.
- o Hinreichendes Verständnis der technischen und organisatorischen Grundlagen der Informatik.
- o Fähigkeit, für konkrete Probleme algorithmische Lösungen zu finden und zu beschreiben, die entwickelte Lösung als Programm zu formulieren sowie das Programm auf einen Rechner zu übertragen und benutzungsfähig zu machen.
- o Kenntnis der unterschiedlichen Phasen des "software life cycle" und der gebräuchlichen Methoden und Verfahren zur Erstellung komplexer Software-Systeme sowie Fähigkeit zum Erstellen der jeweiligen Dokumente der einzelnen Phasen.
- o Fähigkeit und Fertigkeit, im Rahmen eines Software-Projekts bei der Erstellung eines komplexen, anwendbaren Software-Systems mitzuwirken.

o Beurteilung der Auswirkungen des Software-Systems, bei dessen Erstellung mitgewirkt wurde.
o Kenntnis und Beurteilung der für Anwendungen der Informatik relevaten rechtlichen Bestimmungen.
o Kenntnis der wichtigsten Anwendungen der Informatik in den verschiedenen Wirklichkeitsbereichen.
o Fähigkeit, zukünftige Entwicklungen und Auswirkungen der Informatik und Informationstechnik kritisch einzuschätzen und zu beurteilen.

B. Anforderungen an die schulspezifische fachliche Qualifikation:
o Beurteilung der Möglichkeiten, Grenzen und Probleme von Anwendungen der Informatik im Bildungswesen.
o Fähigkeit, Schulrechner bedienen zu können, und Kenntnis der Prizipien von Einsatzmöglichkeiten dieser Rechner in der Schule.
o Fähigkeit, Kollegen anderer Fächer beim Rechnereinsatz zu beraten.

C. Anforderungen an die pädagogisch-didaktische Qualifikation:
o Fähigkeit zur didaktischen Reduktion von Methoden und Techniken der Informatik einschließlich ihrer Anwendungen.
o Fähigkeit, Lernenden bei der Nutzung bzw. Erstellung von Software helfen zu können einschließlich der Fähigkeit, lerngerechte Bedienungsanleitungen zu erstellen.
o Fähigkeit zur Umsetzung von Weiterentwicklungen der Informatik für den Unterricht.
o Kenntnis und Fähigkeit zur Beurteilung der Möglichkeiten und Probleme der Anwendungen von Informatik für Lernprozesse innerhalb und außerhalb der Schule.
o Fähigkeit zum Planen und Beurteilen der Beschaffung und des Einsatzes eines Schulrechner-Systems.

3.2. Lehrer für die Grundbildung Informatik

Bei Lehrern, die zwar eine Grundbildung Informatik für Schüler vermitteln sollen, aber das Fach Informatik nicht unterrichten, stehen folgende Qualifikationsaspekte im Vordergrund (vgl. /01/, /04/, /05/, /07/ und /11/):

- o Fähigkeit, sich eine wohlüberlegte und ausgewogene Haltung zur Informatik und zur Informationstechnik zu bilden.

- o Fähigkeit, informatische Methoden auf ihr eigenes Fachgebiet anwenden zu können.

- o Fähigkeit, pädagogische Kriterien für das Vermitteln einer Grundbildung Informatik und den Einsatz von Informationstechnik abzuleiten.

- o Überblick und gründliche Kenntnisse in den Bereichen der Anwendungen, der gesellschaftlichen Bedeutung, der Algorithmik und der technischen Grundlagen der Informatik und Informationstechnik.

4. Mögliche Realisierungen

Diese Forderungen haben in Berlin zu den folgenden Realisierungen geführt:

4.1. Fortbildung

Fort- und Weiterbildung sind im Land Berlin eng verzahnt und werden zur Zeit in der Verantwortung des Senators für Schulwesen, Berufsausbildung und Sport durchgeführt. Eine Grundbildung, wie sie in Abb. 2 dargestellt ist, wurde bisher nur ansatzweise zur Erprobung im Rahmen von Lehrveranstaltungen der Freien Universität durchgeführt, ist aber in vollem Umfang für das Winstersemester 1986/87 geplant.

Die Grundbildung wird sich eng an die kommenden Empfehlungen der GI (vgl. /01/) anlehnen.

Abb. 2: Struktur der Fort- und Weiterbildung im Fach und in der Grundbildung Informatik in Berlin.

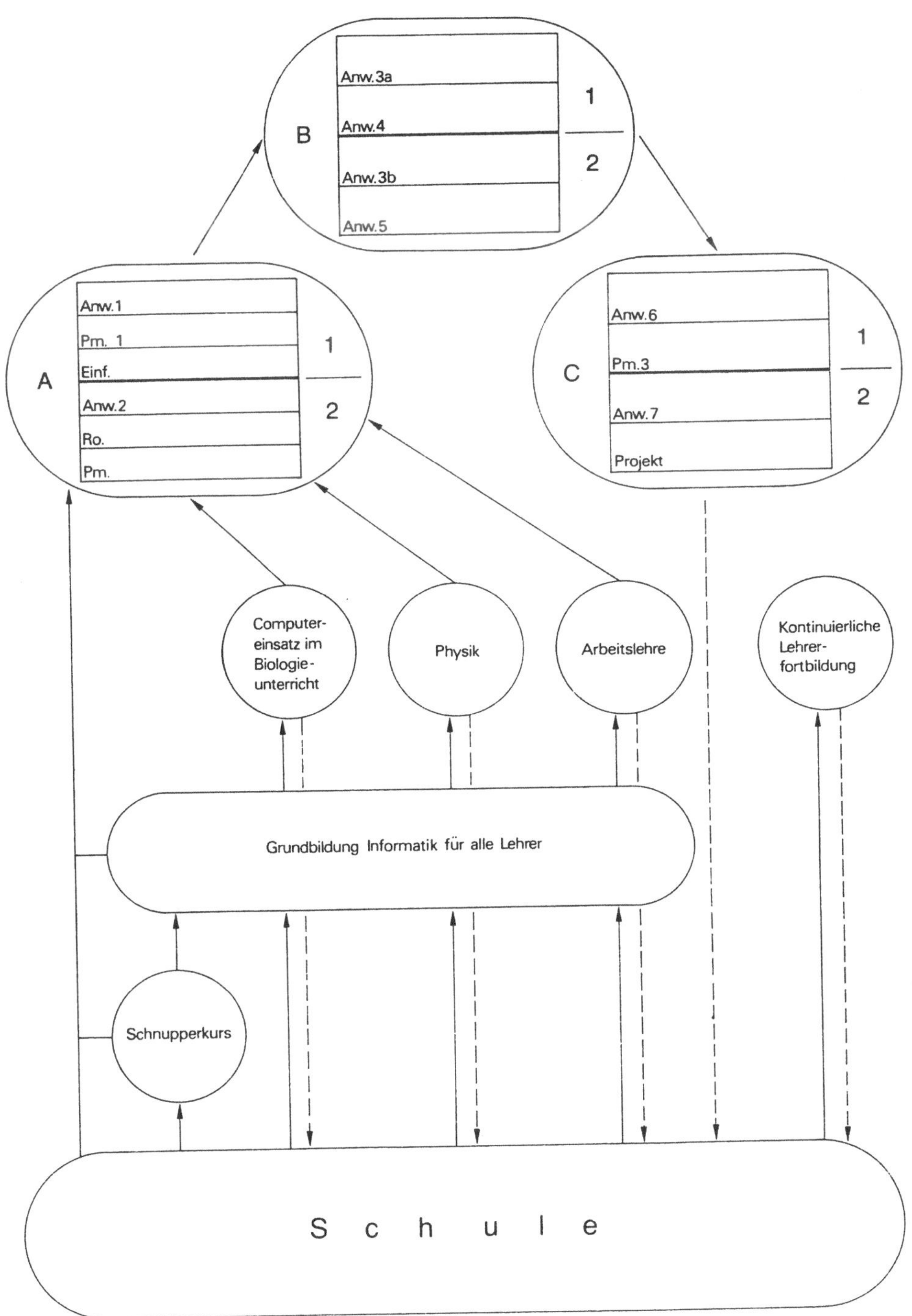

4.2. Weiterbildung

In Zusammenmarbeit mit dem Senator für Schulwesen, Berufsausbildung und Sport bietet die Freie Universität Berlin einen dreijährigen Lehrgang für Lehrer an, der die Möglichkeit schafft, sich zum Informatiklehrer zu qualifizieren.

Zur Zeit (Schuljahr 1985/86) nehmen insgesamt 124 Lehrer in fünf Kursen über drei abgestufte Kurs-Jahrgänge an der Weiterbildung teil. Die Kurse werden von 26 Dozenten getragen und umfassen in den drei Jahren 40 Semesterwochenstunden, das sind 600 Einzelstunden:

* Im ersten Jahr werden theoretische und praktische Grundlagen zur Kenntnis und Benutzung von Datenverarbeitungsgeräten gelegt. Neben der Vermittlung von Programmiermethoden und dem Arbeiten mit Benutzersystemen nehmen der Datenschutz und die Frage nach den gesellschaftlichen Auswirkungen des DV-Einsatzes einen wichtigen Stellenwert ein. Durch die Vermittlung didaktischer Prinzipien und die Vorstellung konkreter Unterrichtsmaterialien erhalten die Teilnehmer eine Basis zur Durchführung einer Grundbildung Informatik und erste Einblicke in den Informatikunterricht.

* Im zweiten Jahr unterrichten die weiterzubildenden Lehrer bereits das Fach und bzw. oder die Grundbildung Informatik. Parallel zur Unterrichtspraxis werden in den Kursen die Probleme des DV-Einsatzes in der Schule behandelt: Dies umfaßt den Informatikunterricht, die Grundbildung Informatik, den Einsatz des Computers in anderen Unterrichtsfächern und die Verwendung des Computers in der Schulverwaltung sowie Grundlagen und Benutzung der Schulrechner-Systeme. Zusätzlich werden vertiefende Inhalte zur Programmiermethodik unter didaktischen Aspekten vermittelt.

* Das dritte Jahr steht im Zeichen eigener Software-Entwicklung. Ein größeres anwendbares Software-Produkt wird geplant, erarbeitet und zum Einsatz gebracht. Die Grundbildung, die in besonderer Weise auf didaktisch aufbereitete Software angewiesen ist, wird in die Anforderungsdefinition für das Software-Projekt im allgemeinen einbezogen. Ergänzt wird der Kurs durch die Vertiefung theoretischer und anwendungsbezogener Themen.

Im ersten und dritten Weiterbildungsjahr werden die Lehrer einmal wöchentlich acht Stunden an der Freien Universität unterrichtet, im zweiten bisher vier Studen. Für das zweite Jahr wird eine Ausweitung auf ebenfalls acht Stunden angestrebt. Dieser Zeitaufwand wird für die teilnehmenden Lehrer nach einer Regelung mit der Senatsschulverwaltung durch eine Minderung der schulischen Unterrichtszeit ausgeglichen: Pro Doppelstunde Weiterbildung wird eine Stunde Unterrichtsbefreiung an der Schule gewährt.

Eine Neuerung bei der Durchführung der Kurse ist der Einsatz von zwei Dozenten pro Einzelkurs: Ein Fachwissenschaftler arbeitet jeweils mit einem Lehrer als Dozent zusammen. Aktuelles Fachwissen wird mit schulischer Erfahrung verknüpft - Forschung und Lehre, Wissenschaft und Praxis bilden eine Einheit.

Nachdem 1983 in einer Pilotphase die ersten 25 Lehrer den Lehrgang begonnen hatten, sind nunmehr erstmals alle drei Kurs-Jahrgänge durchlaufen worden. In Zusammenhang mit den Kursen ist an der Freien Universität zusätzlich ein Modellversuch begonnen worden, der für die dreijährige Weiterbildung in Informatik einerseits Konzepte und Materialien entwickeln und andererseits eine wissenschaftlich kontrollierte Durchführung organisieren soll. Der Modellversuch wird aus Mitteln des Bundes und des Landes finanziert.

In allen Kursen ist Intention, nicht "naive Technikgläubigkeit" zu fördern, sondern vielmehr die allgemeinbildenden Aspekte und die gesellschaftlichen Folgen der Arbeit mit Computern als einen integralen Bestandteil herauszuarbeiten. Denn auch die Lehrplanarbeit für Informatik ist in Berlin nachdrücklich davon bestimmt, daß eben nicht ein additives Konzept vertreten wird, sondern daß die Ernsthaftigkeit der gesellschaftlichen Probleme in den Unterricht mit einbezogen werden soll.

5. Literatur

/01/ Arlt, W. u. a.: Empfehlungen zur Lehrerbildung im Bereich der Informatik - 6. Entwurf des AK 7.1.4 der GI, Stand: 26.04.1986. Berlin (Typoskript) 1986.

/02/ Baumann, R. (Hrsg.): Schulcomputer-Jahrbuch 1986 - Informationstechnologien in der Schule. Stuttgart (J. B. Metzler, B. G. Teubner) 1986.

/03/ Bund-Länder-Kommission für Bildungsplanung und Forschungsförderung (BLK): Rahmenkonzept für die Informationstechnische Bildung in Schule und Ausbildung (Empfehlung K 43/84 vom 7. Dezember 1984). Bonn (Typoskript) 1984.

/04/ Duncan, K.; Harris, D. (Hrsg.): Proceedings WCCE 85 of the 4th World Conference on Computers in Education. Amsterdam, New York, Oxford (North-Holland, Participants Edition) 1985, S. 668 ff. und 767 ff.

/05/ Gorny, P.: Informatische Grundkenntnisse für Schüler und Lehrer. Oldenburg (Typoskript) 1985.

/06/ Koerber, B.; Peters, I.-R.: Lehrerfortbildung expandiert. In: LOG IN, 5. Jg. (1985) S. 9-10.

/07/ Lovis, F. B.; Tagg, E. D. (Hrsg.): Informatics and Teacher Training - Proceedings of the IFIP WG 3.1 Working Conference, Birmingham, U. K., 16-20 July, 1984. Amsterdam, New York, Oxford (North-Holland) 1984.

/08/ Ministerium für Kultus und Sport, Baden-Württemberg (Hrsg.): Neue Medien und moderne Technologien in der Schule - Stand, Ziele, Maßnahmen. Stuttgart (VUD Verlag) 1984.

/09/ MNU (Hrsg.): Empfehlungen und Überlegungen zur Gestaltung von Lehrplänen für den Computereinsatz im Unterricht allgemeinbildender Schulen. In: MNU, 38. Jg. (1985) H. 4, S. 229-236.

/10/ MNU (Hrsg.): Empfehlungen für eine vertiefende informationstechnische Bildung in der Sekundarstufe I bzw. II. In: MNU, 39. Jg. (1986) H. 2, S. 106-107, und LOG IN, 6. Jg. (1986) H. 2, S. 17-18.

/11/ Weert, T. J. v. (Hrsg.): Modell-Lehrplan "Informatische Grundkenntnisse für alle Lehrer". In: LOG IN, 4. Jg. (1984) H. 4, S. 36-43.

LEHREN UND LERNEN MIT DEM COMPUTER
KONZEPTE FÜR DEN COMPUTEREINSATZ IM FACHUNTERRICHT

Joachim Wedekind

Deutsches Institut für Fernstudien
Wöhrdstraße 8
7400 T ü b i n g e n

1. Einleitung

Die Bund-Länder-Kommission für Bildungsplanung und Forschungsförderung legte Ende 1984 das "Rahmenkonzept für die informationstechnische Bildung in Schule und Ausbildung" vor. In ihr wird eine informationstechnische Grundbildung (ITG) für alle Schüler gefordert, die in der Sekundarstufe I anzusiedeln ist. Für die Umsetzung sind unterschiedliche Modelle erkennbar: Das Blockmodell mit projektorientierten und fächerübergreifenden Unterrichtseinheiten; die Zuordnung zu Leitfächern (in der Regel Mathematik, Physik oder Technik) mit der Einbindung in ein fachspezifisches Curriculum; das Verteilungsmodell mit der Zuordnung einzelner Elemente der Informatik zu verschiedenen Fächern.

Es wird damit deutlich, daß die Einführung einer informationstechnischen Grundbildung - letztlich aufgrund der gesamtgesellschaftlichen Bedeutung und Auswirkungen der neuen Informations- und Kommunikationstechnologien aber auch aufgrund der (schul-)fachimmanenten Veränderungen im methodischen Bereich - Veränderungen in nahezu allen Schulfächern bewirken wird. Wenn in den ITG-Konzepten aller Bundesländer die Bedeutung des Computers für die "anderen Fächer" (als der Informatik) betont wird und der Einsatz des Computers in diesen Fächern gefordert wird, ist es an der Zeit zu überprüfen, welche Konsequenzen sich aus diesen Forderungen im Bereich der Lehrerfort- und weiterbildung ergeben.

Da die Vermittlung von Grundstrukturen der Informationstechniken und die anwendungsorientierte Einführung in die Nutzung der Informationstechniken zu den zentralen Aufgaben der ITG gehören (BLK, 1984), besteht sicherlich eine Affinität zu vielen Unterrichtsfächern (Naturwissenschaften, Arbeits-, Gesellschaftslehre, Deutsch) und damit die Möglichkeit, Lernziele der ITG in diesen Fächern zu erarbeiten. Dies setzt allerdings voraus, daß die Fachlehrer selbst eine informationstechnische Grundbildung erfahren haben. Andernfalls wird die Integration der - zu unterschiedlichen Zeiten und in verschiedenen inhaltlichen Zusammenhängen - gesammelten Erfahrungen und Kenntnisse im Sinne einer ITG nicht leistbar sein. Es werden wohl auch schwerlich Inhalte in die Fachcurricula Eingang finden, nur weil sie aus Sicht der ITG zu fordern sind. Die Integration des Computers wird dort stattfinden, wo sich sein Einsatz als Werkzeug und Medium aus fachimmanenten (d.h. fachwissenschaftlichen und fachdidaktischen) Gründen rechtfertigen läßt.

Das Projekt "Lehren und Lernen mit dem Computer" des Deutschen Instituts für Fernstudien (DIFF) hat sich deshalb zum Ziel gesetzt, Lehrern aller Fächer (insbesondere auch der Sozial- und Geisteswissenschaften) eine informationstechnische Grundbildung und eine mediendidaktische und methodische Fortbildung anzubieten, um sie mit den Prinzipien des unterrichtlichen Computereinsatzes vertraut zu machen. Es soll hier nicht unerwähnt bleiben, daß für die "Leitfächer" Mathematik und Physik, die von der ITG auch inhaltlich sehr stark betroffen sind, zwei eigene DIFF-Projekte "Computer im Mathematikunterricht" bzw. "Computer im Physikunterricht" sich in der Entwicklung befinden.

2. Konzeption

Der Einsatz des Computers als Unterrichtsmedium hat eine bereits 25jährige Tradition. Es ist dazu allerdings folgendes festzustellen: Zum einen werden die Ergebnisse der zahlreichen Forschungsprojekte und Modellversuche vielfach nicht berücksichtigt oder sind gar nicht bekannt. Zum anderen haben sich die technischen Möglichkeiten der Computer bezüglich Grafik, Eingabeformen und Softwareunterstützung in den letzten Jahren so verbessert, daß neuartige Anwendungen im schulischen Bereich machbar werden, die sich völlig von dem im klassischen CUU vorherrschenden Programmierten Unterricht unterscheiden. Nicht zuletzt sind auch entsprechende Impulse aus der Lern- und Kognitionspsychologie aufgenommen worden.

Aus der Sicht der verschiedenen Fächer stellen sich vor allem Fragen nach den Möglichkeiten und Problemen, mit Hilfe des Computers Wissen,

Fertigkeiten und Fähigkeiten zu vermitteln, neue Inhalte für den Unterricht zu erschließen oder methodisch neue Wege zu beschreiten. Entsprechend steht dabei nicht die eigene Programmierung im Vordergrund, sondern die Anwendung vorhandener fertiger Programme unterschiedlichen Typs (z.B. Dialogprogramme, Simulationen, Datenbanken).

Es ist das Ziel dieses Projekts, die Lehrer mit den Möglichkeiten der Hard- und Software vertraut zu machen und sie zu befähigen, fach- und mediendidaktisch begründete Einsatzmöglichkeiten des Computers zu erkennen, Programme auf ihre Eignung für geplante Unterrichtssituationen kritisch zu bewerten, und die Integration des Mediums Computer in die Unterrichtsorganisation methodisch zu bewältigen.

Das Projekt wendet sich insbesondere auch an solche Lehrer, die als "Computerlaien" einzustufen sind und die dem Computer im Unterricht fragend, unentschieden oder gar skeptisch gegenüberstehen. Die Studieneinheit wird sich nicht ausschließlich auf Möglichkeiten des Computereinsatzes im schulischen Unterricht bzw. auf technische Grundlagen beschränken. Wegen der gravierenden Wirkungen dieses neuen Mediums (auf Arbeitswelt und Lernen) und der kontroversen Diskussion soll auch der breitere Kontext aufgearbeitet werden, um hier dem Lehrer Orientierungen zu geben und die Möglichkeit, seine Position zu reflektieren.

Es wird auch notwendig sein, explizit und implizit auf Fragen einzugehen, die aus der persönlichen Betroffenheit der Lehrer und der Schüler herrühren. Es sind die tatsächlichen oder vermeintlichen Chancen und Risiken des Computers für Unterricht, Bildung und Erziehung zu thematisieren.

Die Lehrer sollten nach Durcharbeiten der Studienmaterialien

- Kenntnisse über die verschiedenen Einsatzformen des Computers im Unterricht und die Nutzung des Computers als persönliches Werkzeug besitzen,
- in der Lage sein, die didaktischen Möglichkeiten des Computereinsatzes zu bewerten,
- zu einem begründeten Urteil für oder wider den Einsatz des Computers in ihrem Unterricht befähigt sein,
- in der Lage sein, Unterrichtsprogramme einzusetzen,
- Auswirkungen des Computereinsatzes auf Unterrichtsinhalte, -formen und -gestaltung kennen und berücksichtigen können,

- Grundkenntnisse über Aufbau und Funktionsweise von Computern erworben haben,
- über den schulischen Bereich hinaus Grundkenntnisse über Anwendungsmöglichkeiten der Computer in Beruf, Privatleben und öffentlichem Alltag erworben haben.

3. Inhalte und Gliederung der Studieneinheiten

Das Studienmaterial des Projekts "Lehren und Lernen mit dem Computer" wird aus Bausteinen zusammengestellt, die sich nicht nur inhaltlich, sondern auch in der Darstellungsart unterscheiden. Ein "Grundbaustein" hat die Aufgabe, einige **grundlegende Perspektiven** zu eröffnen. Es werden Fallbeispiele analytisch behandelt, um so die wichtigsten Problemfelder anzureißen. Diese Problemfelder werden dann skizzenhaft behandelt mit dem Ziel, Denkanstöße zu vermitteln und pädagogische, gesellschaftliche sowie technische Perspektiven zu eröffnenen. Themen, die einer eingehenderen Behandlung bedürfen, werden in einem Reader wiederaufgenommen und vertieft bzw. - soweit sie informatische Aspekte berühren - in einem technischen Teil behandelt.

Für einen **anwendungsorientierten** Einstieg werden mehrere "Module" angeboten, die anhand unterrichtsverwertbarer Materialien die Einsatzmöglichkeiten des Computers in den Fächern verdeutlichen. Durch ca. 6 bis 8 Module werden die wichtigsten Einsatzformen des Computers jeweils für mehrere Fächer konkretisiert. Sie beinhalten mit der fachspezifischen Darstellung der behandelten Thematik, Schülermaterial und Programmdokumentation alles, was von dem Begleitmaterial einer Unterrichtseinheit mit Computernutzung generell zu verlangen ist. Hinzu kommt die Darstellung konkreter Unterrichtserfahrungen - soweit realisierbar mit einer ergänzenden Videodokumentaion. Der Schwerpunkt der Modulbeispiele wird auf den Einsatzformen Simulation, Modellierungshilfe, Datenbank und Arbeitshilfen für Lehrer und Schüler liegen.

Ein "Klammerbaustein" bildet einerseits die Brücke zwischen dem Grundbaustein und den einzelnen anwendungsspezifischen Modulen und andererseits eine Klammer zwischen diesen Modulen selbst. Dort aufgeworfene Aspekte werden hier insofern vertiefend behandelt, als sie auch fachübergreifende Bedeutung erlangen bzw. von grundsätzlicher Natur sind. Der "Klammerbaustein" wird **mediendidaktisch** orientiert sein und sich in erster Linie mit den Konsequenzen eines Computereinsatzes befassen, die sich der Lehrer verdeutlichen muß, wenn er in dieses Feld nicht hineinschlittern, sondern es bewußt betreten will.

Alle Bausteine können auch Disketten und Videofilme zum Bestandteil haben. Es wird angestrebt, daß der Einstieg in das gesamte Materialpaket über jeden Baustein bzw. jedes Modul möglich ist; beispielsweise kann ein Lehrer mit dem konkreten Anwendungsbeispiel für seinen Fachunterricht beginnen, dort das Bedürfnis nach einer generelleren Einordnung der Computernutzung in das Bildungswesen bekommen (die er im Grundbaustein vorfindet) und schließlich so auf die Vertiefung einiger grundsätzlicher mediendidaktischer Aspekte (im Klammerbaustein) geführt werden.

4. Medienverbund

Mit dem Projekt soll ein fernstudiendidaktisches Konzept realisiert werden, das die spezifischen Möglichkeiten des interaktiven Mediums Computer nutzt. Es wird ein Medienverbundsystem angestrebt, das Studientexte, interaktive Computerprogramme und Videomaterialien beinhaltet. Die **Studientexte** werden die grundlegenden Sachinformationen enthalten, alle Erläuterungen, die zur Arbeit mit den Videobändern bzw. Computerprogrammen notwendig sind, sowie die Aufgabenstellungen, die mit den Programmen bearbeitet werden können.

Die hohe Interaktivität der Personal Computer und die (nicht nur bei vielen Schülern festzustellende) Motivation, unmittelbar am Computer zu arbeiten, soll durch das Angebot **interaktiver Programme** genutzt werden. Einerseits werden dies Programme als Bestandteil von fachorientierten Unterrichtseinheiten sein. Zusätzlich sollen jedoch auch Programme angeboten werden, die die Vermittlung bestimmter Inhalte der Studieneinheit übernehmen. Damit erhalten die Adressaten die Möglichkeit, gleichzeitig mit der thematischen Bearbeitung des Lehrmaterials eigene Lernerfahrungen mit dem neuen Medium zu sammeln.

Als weiterer Bestandteil des Medienverbunds sind **Videomaterialien** vorgesehen. Damit werden Unterrichtsprogramme, die auf Diskette nicht zur Verfügung gestellt werden können, in ihrer Funktionsweise dokumentiert. Dies gilt z.B. für Programme, die aus urheberrechtlichen Gründen nicht weitergegeben werden können, oder für englischsprachige Programme. Mit Videomaterial sollen darüberhinaus auch konkrete Unterrichtsstunden dokumentiert werden, in denen der Computer mit unterschiedlicher Funktion eingesetzt wird. Dies ist besonders deshalb wichtig, weil der Computer ein Medium mit vielen neuartigen Möglichkeiten ist, die den herkömmlichen Unterricht stark verändern können: neue Formen der Lehrer-Schüler-Interaktion, veränderte Lehrerrolle, neue Lehrinhalte. Die Unterrichtsbeispiele dienen der Verdeutlichung sich daraus ergebender Konsequenzen.

5. Organisation und Zeitplanung

Das Projekt wird von einem wissenschaftlichen Beraterkreis unterstützt dem Unterrichtstechnologen, Mediendidaktiker und Schulpraktiker angehören. Für die Erstellung der Studienbriefe werden externe Autoren gewonnen. Die Gesamtlaufzeit des Projekts beträgt drei Jahre (01.01.86 bis 31.12.88). Davon diente eine Vorlaufphase von einem halben Jahr (01.01.86 bis 30.06.86) der Gewinnung der Berater, der Fixierung der Detailkonzeption und der Gewinnung der Autoren.

Bis Ende 1986 sollen der Grundbaustein und einzelne Module in Erprobungsfassungen vorliegen. Die Fertigstellung der weiteren Materialien ist für 1987/88 vorgesehen. Die Erprobung wird ab 1987 in Kooperation mit Lehrerfortbildungsinstitutionen der Bundesländer durchgeführt werden.

6. Literatur

BLK: Rahmenkonzept der BLK: Informationstechnische Ausbildung in Schule und Ausbildung. - Bonn, 1984

KEIL, K.-A.: Lehrerfortbildung im Bereich Computer. - Bildung und Erziehung 38 (1985), S. 31-38

MINISTERIUM FÜR KULTUS UND SPORT BADEN-WÜRTTEMBERG: Neue Medien und moderne Technologien in der Schule. Reihe Dokumentation Bildung, Heft 5 - Stuttgart, 1984

MNU: Empfehlungen und Überlegungen zur Gestaltung von Lehrplänen für den Computer-Einsatz im Unterricht der allgemeinbildenden Schulen. MNU 38 (1985), Heft 4, S. 1-8

Demonstration von Programmen III

Leitung: Prof. Dr. Heinz Mandl

DIF

Tübingen

Berufsfeldbezogene informationelle Fortbildungskursfolge für Handelslehrer - ein Pilotversuch

StD Bernhard Borg, Berufsbildende Schulen I Soltau

1. BERUFSFELDBEZOGENE INFORMATIONELLE BILDUNG

Einen breiten Raum der Diskussion über den Einsatz der Informationstechniken an kaufm. Schulen nehmen die Begriffe 'informationstechnische Grundbildung' /3/, 'informationstechnisches Fundamentum' /7/ bzw. 'informationelle Bildung' /10/ und 'Anwendungsbezug' sowie 'Handlungsorientierung' /8/ ein.
Dabei geht es aus der Sicht der berufsbildenden Schulen zum einen um eine aufbauende Fortsetzung der Konzeptionen der informationellen Bildung im Sekundarbereich I unter den Aspekten einer wirtschaftlichen Grund- und Fachbildung, zum anderen um eine *eigenständige Entwicklung* eines berufsfeldbezogenen Fundamentums.
Das BLK-Konzept formuliert diesen Aspekt für die Lehrerfortbildung so:
"Die informationstechnische Bildung setzt vertiefende Kenntnisse der Lehrer hinsichtlich der Anwendungen und Auswirkungen von Datenverarbeitung sowie im Umgang mit Rechnern voraus. Insbesondere sollten Qualifikationen angestrebt werden, die sich auf das Problemlösen mit Hilfe eines Rechners, auf die Chancen und Risiken der Informationstechniken sowie auf die Methode und Didaktik des Unterrichts beziehen". /1, S. 47/.
Diese bildungspolitischen Forderungen decken sich teilweise mit den Ergebnissen empirischer Untersuchungen über den Einsatz der Informationstechniken in Büro und Verwaltung. Als Fazit wird ein Bündel an informationellen, fachlichen und extrafunktionalen Qualifikationen gefordert, die in der kaufmännischen Ausbildung zu vermitteln seien.
Die kaufmännische Ausbildung "... erfordert eine informationstechnische Grundbildung, die die Auszubildenden insbesondere dazu befähigen müßte,

- die heute verbreitet eingesetzten elektronischen Arbeitsmittel ... praktisch bedienen zu müssen;
- die Nutzungsmöglichkeiten der Informationstechnik für die Lösung kaufmännischer Probleme beurteilen zu können;
- alternative Gestaltungsmöglichkeiten des Technikeinsatzes erkennen und beurteilen zu können;
- gesellschaftliche Chancen und Risiken der Informationstechnik beurteilen zu können." /6, S. 50/

'Anwendungsbezug' will einen mittelbaren Anschluß an den (zukünftigen) Einsatz der Informationstechniken in Wirtschaft und Verwaltung unter berufspädagogischen und curricularen Gesichtspunkten sichern und damit einen Schritt zur Integration von Theorie und Praxis, von Wissen und Können leisten.
Handlungsorientiertes Lernen manifestiert das Handeln können in berufspädagogisch organisierten Arbeitssituationen, das gleichermaßen eine berufliche Fachkompetenz wie auch eine Förderung der Persönlichkeit entwickeln soll.
Die Begriffe zeigen die allgemeinbildende und berufsfeldspezifische Problematik der curricular und unterrichtsmethodischen Reflexion des Einsatzes der Informationstechniken an kaufm. Schulen für den Unterricht und die Lehrerfortbildung auf.
Akzeptiert man diese Markierungspunkte, so hat die *berufsfeldbezogene informationelle Bildung* weit über die Belange eines eigenständigen Faches Wirtschaftsinformatik (Organisation/Datenverarbeitung in Niedersachsen) hinauszugehen /4/, /5/. Letzteres ist in (fast) allen kaufm. Schulformen in den Bundesländern eingeführt. Für die EDV-Lehrer werden bereits seit einigen Jahren Fortbildungskurse angeboten.
Im folgenden wird eine Kursfolge für die Kolleg(inn)en beschrieben, die nicht das Fach Wirtschaftsinformatik, sondern die kaufm. Kernfächer Wirtschaftslehren, Rechnungswesen, u. a. unterrichten. Sie wird z. Z. als Pilot-Kursfolge im Bezirk Lüneburg abgeschlossen. Nicht berücksichtigt werden dabei die Fächer Bürotechnik und Maschinenschreiben. Ab dem Schuljahr 1986/87 soll in Niedersachsen, ähnlich wie in anderen Bundesländern, eine landesweite

Eine Konzeption des benutzerorientierten Informatik-Unterrichts für kaufmännische Berufschulen mit integrierter Standartsoftware

Ralf - Rainer Piesold und Klaus Sauer
Kfm. Schulen I Hanau
Amaliastr. 50, 6450 Hanau 1

Die Zielgruppe dieses Ansatzes sind insbesondere Schüler, die über wenig EDV-Kenntnisse verfügen. Da dies die Majorität der heutigen Schüler in kfm. Schulen ist, richtet sich der Ansatz dementsprechend an das breite Feld von kfm. Berufsschülern in Teilzeitschulen, wie Bürokaufleute, Einzelhandelskaufleute und Schülern der Vollzeitschulen, wie Schüler der Höheren Handelsschule und BGJ.

1.) Problemabriß

Die Arbeits- und Berufswelt der heutigen Berufsschüler im kaufmännischen Bereich wird ebenso wie weitgehend in den übrigen Berufszweigen unter dem Einfluß der rasanten Entwicklung der Mikroelektronik zunehmend eine Veränderung erhalten/1/. So werden auf jeden Fall insbesondere typisch kaufmännische Tätigkeiten, wie die Erstellung, Speicherung und Weiterverarbeitung von Daten und Texten, das Treffen von Entscheidungnen etc. durch diese Entwicklung eine neue Dimension erhalten/2/. Darüberhinaus wird es in einer zunehmenden Informationsgesellschaft auch für die allgemeine Lebensbewältigung notwendig sein, Hilfsmittel zu beherrschen, die die anfallende Informationsfülle zugänglich machen und verdichten können. Perspektiven dieser Entwicklung werden nicht zuletzt durch Dienstleistungsprogramme, wie z.B. BTX, aufgezeigt. Diese veränderteten Rahmenbedingungen führen dazu, daß die wirtschaftspädagogische Zielsetzung diese neue Dimension antizipieren muß, wenn sie nicht ihren Auftrag zur Befähigung der allgemeinen Lebensbewältigung einerseits und der arbeitsplatzbezogen Berufsqualifizierung obsolet werden lassen will/3/. In der zukünftigen Lebenssituation werden die Informations- und Kommunikationsmittel eine Art Werkzeugcharakter besitzen, deshalb kann man auch die Fähigkeit des Umgangs mit diesen als zukünftige Kulturtechnik einerseits oder als Herrschaftsinstrument andererseits deuten. Neben der technischen Entwicklung, die hier nicht weiter behandelt werden soll, ist die Entwicklungsgeschwindigkeit und die daraus resultierende Komplexität der Software ein entscheidender Moment für die Curriculumentwicklung im Informatikbereich. Aufgrund der steigenden Komplexität, d.h. Softwareprogramme werden unter erheblichen Kostenaufwendungen und mit komplizierten Programmiertechniken hergestellt, wird die Programmierung in Zukunft auch weiterhin einer kleinen Gruppe von Spezialisten vorbehalten bleiben. Darüberhinaus wird die zunehmende Verwendung von Ultra-High-Level-Language/4/, die Programmierung eine andere Ausprägung erteilen. Die Anwendung oder Programmierung eines Spreadsheets in Multiplan ist nicht vergleichbar mit dem Schreiben eines FORTRAN-Programms. Durch die Entwicklung komfortabler Mensch-Maschine-Schnittstellen, wie z.B. Maus, Touch-Screen etc., und die Entwicklung quasinatürlichsprachlicher und intelligenter Systeme wird die Notwendigkeit von maschineninternen Kenntnissen ebenso hinfällig, wie das Erlernen einer problemorientierten Programmiersprache. Die Anforderung der Berufswelt wird sich so für die breite Masse auf die Anwendung von fertigen Programmen beschränken.

2.) Abgrenzung zu anderen fachdidaktischen Konzeptionen

In der heutigen Informatikdidaktik ist die Konzeption des anwendungsorientierten Ansatzes/5/ als vorherrschend zu bezeichnen. Deshalb soll dieser der benutzerorientierten Konzeption gegenübergestellt werden, wobei der benutzerorientierte Ansatz als Erweiterung gesehen wird. Beim anwendungsorientierten Ansatz sollen alle im Unterricht behandelten Themen des Informatikunterrichts auf einen Anwendungsbezug hin reflektiert werden. Analog dem algorithmenorientierten Ansatz steht die Problemlösung aus softwaretechnischer Sichtweise im Mittelpunkt, wobei jetzt aber noch jeder Schritt, von der Problemsituation bis zur Verschrottung des DV-Konzeptes Gegenstand eines projektorientierten in Teamarbeit durchgeführten Unterrichtes ist/6/. Es sollen auch interne Kenntnisse des Programmaufbaus, also software-engineering-Konzepte, vermittelt werden. Es dürfte einsichtig sein, daß insbesondere unter der zur Verfügung stehenden Zeit, diese Konzeption für komplexe Programme nicht zu bewerkstelligen ist und für abgemagertete Programme kein Realitätsbezug oder keine Praxisnähe besteht. Vielmehr zeigt es sich, daß bei der Programmierung von "praxisnahen" Programmen, wie z.B. Dateiverwaltung in BASIC oder PASCAL, ein nicht zu rechtfertigender Unterrichtsanteil für die Codierung, Implementierung und das Erlernen einer Programmiersprache verwendet werden muß. Der Informatikunterricht degradiert so zu einem Programmierkurs, d.h. dem sich Verfügbarmachen einer künstlichen Sprachwelt, der Programmiersprache. Dies ist aber auch deswegen nicht sinnvoll, da die zu antizipierende Situation der Schüler nicht die von zukünftigen Systemprogrammiern, sondern eher die von Systemanwendern ist. Deshalb und durch die oben skizzierte Entwicklung im Bereich der Software, wird es zunehmend zweckmäßiger auf fertige Softwarepakete, wie z.B. Multiplan, dBase, OPEN-ACCESS oder Wordstar, zurückzugreifen. Der Umgang mit fertigen Programmen darf aber nicht auf einer reinen Vermittlung praktisch verwertbarer Kenntnisse stehenbleiben, sondern muß auch höhere kognitive Lernprozesse ansprechen. Dem Vorwurf, daß bei den Benutzersystemen der Anwender zu einem Knöpfedrücker umfunktioniert wird, ist zu entgegnen, daß die inhaltliche Lösung der Problemstellung einer qualitativ höheren Ebene auch weiterhin vom Benutzer erarbeitet werden muß. Nur die technische und formale Organisation wird vom System teilweise abgenommen/7/. Dadurch kann der Informatikunterricht unter Verwendung von Benutzersoftware auf eine qualitativ höhere Ebene gebracht werden/8/. Es wird hier eine Analogie zur Führerscheinprüfung gezogen. Historisch war durch mangelnde Technik bei

dieser Prüfung Kenntnisse über technische Details notwendig. Heute ist bei komfortabler Technik die Bedienung im Verkehr Mittelpunkt. Bei der komfortablen Software ist die Kenntnis über interne Prozesse bei den meisten Anwendern ebenso hinfällig, vielmehr ist der zweckmäßige Einsatz von Interesse. Die Umsetzung muß vorallem zwei Aspekte betonen. Erstens allgemeine Lösungsstrategien zur Durchdringung eines Programms und zweitens Einsatzstrategien zur Lösung von Problemen mittels dieser Programme. Dies ist Ziel des benutzerorientierten Ansatzes.
Kernstück dieses Ansatzes ist deshalb die Vermittlung einer Methode, die es dem Schüler erlaubt, sich selbständig in die Struktur des Programms einzuarbeiten. Diese Vorgehensweise, die Programmstrukturanalyse, basiert auf der Methode des Modellismus. Das Modell soll seiner Intention nach ein Abbild der Realität, ein theoretisches Konstrukt, sein, das in der Auseinandersetzung des Menschen mit der Welt entsteht und zur Erkenntnisgewinnung über diese weiter verwendet wird/9/. Es hat somit die Funktion, einen Teilausschnitt der Welt in abstrahierter Form darzustellen. Folgende Skizze soll diesen Prozeß verdeutlichen:

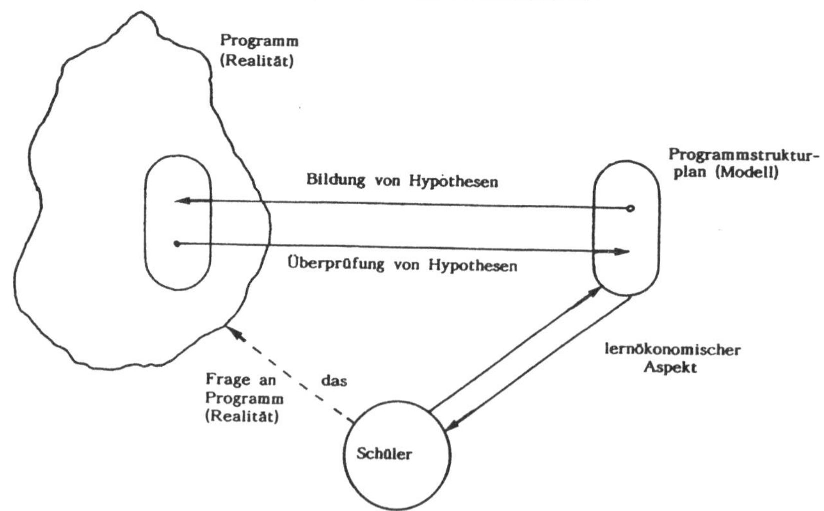

Abb. 1: Die Beziehung Realität-Modell-Schüler/10/

Je nach Reduktionsgrad besteht die Möglichkeit, Modelle mit unterschiedlichem Komplexitäts- und Abstraktionsgrad zu ent-

wickeln. Bei den hier skizzierten Ansatz soll der Schüler dazu befähigt werden, solche Modellbildungsverfahren zur Analyse von Standardsoftware zu verwenden. Die Abbildung (Modelle) von Programmen wird in Form von Programmstrukturplänen vorgenommen, wobei in einem Programmstrukturplan die notwendigen Ein-/Ausgabe- und Verarbeitungsroutinen des Programms durch DIN-Symbole abgebildet werden. Der Lernende kann aufgrund entdeckender Beobachtungen beim Umgang mit dem Programm, das er anwendet, das Modell, hier den Programmstrukturplan, verbessern. Der Schüler ist somit gezwungen, ein Teilgebiet des Programms herauszunehmen und es mittels Hypothesen modellhaft in Form eines Programmstrukturplans darzustellen und diese Hypothesen zu testen.
Der Schüler soll sich während der Erstellung des Programmstrukturplans, auch Gedanken über die Einsatzmöglichkeiten des Programms machen. Er wird darüberhinaus auch noch durch die Formulierung eigener Ansprüche und zur Kritik bezüglich der Benutzerführung zur Bewertung eines Programms befähigt.
Der Umgang mit den Programmstrukturplänen soll durch sogenannte Pfadfindungsprozesse unterstützt werden. Dabei bekommt der Schüler einen gegebenen Pfad durch das Programm (eine Reihe von Programmroutinen) und soll auf die Aufgabe zurückschließen, die das, Programm mit Hilfe dieser Routinen bearbeitet. Oder der Schüler erhält eine Aufgabe und muß anhand eines bestehenden Programmstrukturplans aufzeigen, welche Routinen notwendig sind, diese Aufgabe zu erfüllen.

3.) <u>Konzeptionsanwendung mit selbsterstellter Software</u>

Die Schüler sollen folgende Lernziele bei der Anwendung von selbsterstellter und Standardsoftware erreichen:

A.) LZ: Die Schüler sollen erkennen, welche Vorteile die Bearbeitung kaufmännischer Aufgaben mit Hilfe des Computers bietet.

Dies soll erreicht werden, in dem ...

1. ...den Schülern ein Arbeitsplatz in einem Versicherungsbüro beschrieben wird, am dem täglich Schadensmeldungen eingehen. Die Aufgabe des Arbeitsplatzinhabers besteht darin, die per Telegramm übermittelten Daten (simuliert durch das Auflegen von Overheadfolien) von Hand nach Postleitzahlen und Orten zu sortieren und diese Liste seinem Vorgesetzten vorzulegen. Ein Datensatz besteht nur aus den Feldern Ort und PLZ, es werden zwei Telegramme mit jeweils 5 Datensätze gemeldet. Durch diese Vorgehensweise muß die Ausgangsliste zweimal neu geschrieben werden.

2. ...der Auftrag wiederholt wird, wobei nun ein Programm zur Verfügung steht, mit dem die Grundfunktionen kaufmännischer Datenverarbeitung (eingeben, ausgeben, ändern, löschen, sortieren, suchen) ausgeführt werden können. Das von Lehrern erstellte Programm wird direkt von der Diskette geladen und der Benutzer steuert es über ein einfaches Menü (Auswahl der Funktionen durch Eigabe von Ziffern). Erklärungen hinsichtlich anderer Bedienerfunktionen (Tastatur, Bildschirm, Diskettenhandling) erfolgen nur, soweit sie zur Lösung der gerade gestellten Probleme notwendig sind.

3...ein Vergleich der bei den durchgeführten Aufgaben verbrauchten Zeit (manuell - computerunterstützt) den ökonomischen Anlaß für den Computereinsatz (Zeitersparnis und daraus resultierende Kostensenkung) verdeutlichen soll.

4...nach einer Übungsphase (Ändern und Sortieren) sollen die Schüler weitere Möglichkeiten der Benutzerführung testen. Die im Programm angelegten Kontrollen bei der Dateneingabe und der Datensicherung, die Fenstertechnik und die Geschlossenheit von Programmen erkennt der Schüler anhand von weiteren Übungen.

B.) LZ: Anhand mehrerer Programmteile, z.B Eingabe, sollen die Schüler den logischen Aufbau des Programms mit Hilfe der DIN-

Symbole visualisieren (Erlernen der Strukturanalyse).

Exemplarisch für den Programmteil Eingabe werden die Schüler wie folgt mit der Strukturanalyse konfrontiert. Die Symbole Anfang/Ende, Verarbeitung, Verzweigung und Grenzstelle werden anhand der auf dem Bildschirm angezeigten Menüs oder Fehlermeldungen schrittweise eingeführt und logisch angeordnet. Durch unterschiedliche Hilfestellungen (fehlerhafte Eingabe von Daten, Eingabe schon gespeicherter Daten) ist es möglich, innerhalb der Lerngruppen die Entwicklung des PAP zu steuern. Die Bewertung der vorgeschlagenen Lösungen können die Schüler selbst anhand der Programmreaktionen überprüfen.

C.) LZ: Anhand eines bestehenden PAP und der Vorgabe bestimmter Programmschritte sollen die Schüler den Umgang vertiefen und die Umsetzung der Strukturanalyse erkennen.

Die Schüler erhalten einen fertigen PAP des Programmteils Suchen und sollen aufgrund der Vorgabe von bestimmten Programmschritte Rückschlüsse auf den Verarbeitungsablauf bei einem speziellen Fall, z.B. Suchen eines noch nicht eingegeben Ortes, ziehen. Der Verarbeitungsablauf soll von den Schülern anhand eines konkreten Beispiels dargestellt werden.

4.) Konzeptionsanwendung auf Standardsofware

Nachdem die Schüler die Strukturanalyse und deren Anwendung mit Hilfe der vorher dargestellten Programmen kennengelernt und geübt haben, wird anschließend die Übertragung auf professionelle Standardsoftware vorgenommen. In dem vorliegenden Fall wurde auf das Programmpaket OPEN-ACCESS von Software Products International zurückgegriffen, da es nach Auffassung der Autoren als integriertes Paket auch die verschiedenen Anwendungsmöglichkeit, wie Kalkulation mit Spreadsheets, Textverarbeitung, Datenverwaltung und graphische Darstellung von Daten erlaubt.

Vor der eigentlichen Strukturanalyse des Programms muß dem Schüler die Grundelemente der Programmbedienung, wie Funktionstasten, Lichtbalken- und Cursorsteuerung etc., erklärt werden. Die Schüler erhalten dann einleitende Informationen über die einzelnen Anwendungsmöglichkeiten oder Optionen des Programms. Die nötigen Eingaben bis zum Optionenauswahlmenü werden für den Schüler durch einen Programmstrukturplan visualisiert. Schon hierbei soll dem Schüler die höhere Benutzerebene im Vergleich zum Postleitzahlenprogramm verdeutlicht werden.
Als erstes Anwendungsgebiet wird mit den Schüler die Option Datenbank eingehender behandelt, da hier ein starker Bezug zu den vorher behandelten Programmen besteht.

A.) LZ: Ausgabe und Änderungsmöglichkeiten (Kommando Liste, Index, Form-Abfrage, Darstellen und Drucken) werden anhand einer vorgebenen Datei erkannt.

Nachdem die Auswahl der Datei mit Hilfe der Fenstertechnik gezeigt worden ist, kommen die genannten Kommandos zur Anwendung. Dabei werden folgende Aufgabe gelöst: Anzeigen verschiedender Feldinhalte, Verschieben der Tabelle, Bewegen des Cursors innerhalb der Felder, Anzahl der gespeicherten Datensätze, Ändern von Daten über die Funktionstaste unter der Verwendung der Eingabemaske, Suchen von bestimmten Werten. Die Ausgabe mittels eines Matrixdruckers wird demonstriert.

B.) Beziehung von Datenfeldern, Datensätzen, Dateien (Definition, Kontrollen, Eingabehilfen, Übertragung, Verknüpfung) werden mittels einer vorgebenen Datei erkannt und geübt.

Anhand einer Datei, die Noten im Fach Rechnungswesen und Fehlzeiten beinhaltet und teilweise errechnet, sollen die Schüler die verschiedenen Anwendungsmöglichkeiten erlernen. Nach der Darstellung der Erfassungsmaske (Felddefinition mit Primär- und Sekundärschlüssel und ohne Schlüssel, Möglichkeiten der optischen

Gestaltung) sollen die Schüler verschiedene Auswertung, wie z.B. die Summierung von Feldinhalten vornehmen. Durch den Aufbau einer eigenen Datei mit Erfassungsmaske wird dem Schüler die Möglichkeit der vertiefenden Anwendung gegeben.

Als zweiten Baustein muß der Schüler die Option Graphik bearbeiten.

A.) LZ: Ausgabe- und Gestaltungsmöglichkeiten (Komando Graphik und Ansicht) werden anhand einer vorgegebenen Datei erkannt und geübt.

Nach dem Laden einer Datei, die die nummerischen Feldinhalte der vorher behandelten Datei beinhaltet, erhalten die Schüler die Aufgabe, die verschiedenen Möglichkeiten der graphischen Darstellung, wie z.B. Kreis-, Balken- und Liniendigramm und 3-D-Graphik, sowie deren Verknüpfung auf ihre Ausagekraft hin zu testen und darüber zu berichten. Die Schüler sollen ebenso die Beschriftung der Ausgabegraphik, die Achsenlänge und -teilung, die Farbgestaltung, die Ansicht der 3-D-Graphik ändern und Möglichkeiten der Verzerrung von Graphiken nennen und beschreiben.

B.) LZ: Eingabe- und Änderungsmöglichkeiten (Kommando Imp/Daten) werden erkannt und geübt.

Die Schüler sollen bei der vorher behandelten Datei mittels des Kommandos Imp/Daten Änderung der Daten und Neueingaben vornehmen und anschließend die Graphik darstellen.

Im Anschluß wird die Ausgabemöglichkeit mittels Drucker von einzelnen Schülern vorgenommen. Die Möglichkeit der Übertragung von Daten zwischen verschiedenen Optionen, hier Datenbank und Graphik, mittels SIF-Dateien wird demonstriert. Dabei soll der Schüler über die Vorteile einer solchen Verknüpfung informiert

werden.
Die übrigen Optionen, vor allem Kalkulation und Textverarbeitung, können in analoger Weise behandelt werden.

5.) Anmerkungen und Literatur

/1/ Zur genaueren Darstellung vgl. Klaus Haefner: Die neue Bildungskrise, Rowohlt, Hamburg, 1984.

/2/ vgl. Jürgen Loff: Bemerkungen zum algorithmenorientierten Informatikunterricht an kfm. Schulen, in: LOG IN, 4,1980, S. 15.

/3/ Zu Notwendigkeit der Antizipation von zukünfigten Qualifikationsanforderungen, vgl. zum allgemeinen Bereich Paul S. Robinsohn: Bildungsreform als Revision des Curriculums, Luchterhand, 5. Aufl., 1981, S. 45 und zum berufsbildenden Bereich Jürgen Zabeck: Ziele, Fragestellung und methodische Ansätze der Curriculumforschung für den Bereich der kfm. Berufsausbildung, 1973, Seite 7ff.

/4/ Zu diesem Begriff, vgl. Alan Kay: Software; In: Spektrum der Wissenschaft, 11, 1984, Seite 34ff.

/5/ vgl. hierzu Wolfgang Arlt und Bernhard Koerber: Ziele und Inhalte des Informatiunterricht; in Wolfgang Arlt (ed.): Informatik als Schulfach, Oldenbourg, 1983, S. 18-25.

/6/ vgl. Bernhard Koeber, Lothar Sack und Renate Schulz-Zander: Prinzipien des Informatikunterrichts, in: W. Arlt (ed.): Informatik als Schulfach, a.a.O., Seite 32.

/7/ vgl. Klaus Menzel und Jochen Ziegenbalg: Benutzersysteme - Entwicklungen und Tendenzen, in: LOG IN, 5 Jg., Heft 1, 1985, Seite 11-13.

/8/ vgl. Jürgen Loff: dBase II - Ein Datenbanksystem für Schulen?, in: LOG IN, 5 Jg., Heft 1, 1985, Seite 16-18

/9/ vgl. Ernst Kircher: Bemerkungen zur Modellbildung und zum Modellbegriff, in: LOG IN, 3 Jg., Heft 1, 1983, Seite 12-15.

/10/vgl. ebenda Seite 13.

Vorstellungen der Länder zur informationstechnischen Grundbildung II

Leitung: Dr. Renate Schulz-Zander

IPN

Kiel

Informations- und kommunikationstechnische Grundbildung in Hessen
Mädchenbildung und neue Technologien

Hannelore Faulstich-Wieland
Querenburg 32
3510 Hann. Münden

Rudolf Peschke
Hessisches Institut für Bildungsplanung und Schulentwicklung
Bodenstedtstraße 7
6200 Wiesbaden

Inhalt

0. Informationstechnische Grundbildung - aber kein Fach Informatik

In allen Bundesländern werden derzeit Vorschläge zur Umsetzung einer "informationstechnischen Grundbildung" erarbeitet und teilweise schon erprobt. Obwohl die Bund-Länder-Kommission (BLK) mit dem am 7. Dezember 1984 verabschiedeten Rahmenkonzept für eine "informationstechnische Bildung für Schule und Ausbildung" einen Konsens der Länder formuliert hat, gibt es dennoch bereits Unterschiede in der Zielsetzung, im zeitlichen Umfang, in der Unterrichtsorganisation, in der Anbindung der Grundbildung an bestimmte "Leitfächer", in der Einordnung in die Stundentafel, in der Durchführung als Blockphase oder in der Aufteilung auf mehrere Fächer und Schulstufen.

In einigen Konzepten für eine "informationstechnische Grundbildung" ist eine im Sinne der Allgemeinbildung umfassendere Auseinandersetzung mit den Anwendungen und Folgen der neuen Technologien angelegt, als dies eine Disziplin wie die Informatik allein leisten könnte. Inwieweit in einer so verstandenen fächerübergreifenden "informationstechnischen Grundbildung" Inhalte berücksichtigt werden, die den Ansprüchen an ein Fach Informatik standhalten und als "Grundbildung Informatik" (vgl GI-Empfehlungen, 1986) bezeichnet werden können, wird die weitere Entwicklung zeigen müssen. Die Einführung eines Pflichtfaches Informatik in der Sekundarstufe I wird jedenfalls derzeit von keinem Land betrieben.

1. Das Konzept einer "informations- und kommunikationstechnischen Grundbildung"

Eine Umsetzung des BLK-Rahmenkonzeptes muß trotz einer Anlehnung an die dort formulierten Ziele länderspezifische Ausprägungen wie beispielsweise die Betonung eines dreigliedriges Schulsystems oder eines Gesamtschulkonzeptes, streng fachbezogene oder auch fächerübergreifende Curricula beachten, wenn sie eine Integration in das Lehrplangefüge und in die Stundentafel erfolgreich leisten will. In Hessen sollen in diesem Zusammenhang folgende Aspekte besonders berücksichtigt werden:

- Die Grundbildung soll nicht additiv technisches Spezialwissen vermitteln, sondern in die Fächer integriert werden.
- Die neuen Technologien dürfen nicht nur in bezug auf den einzelnen Computer gesehen werden, sondern müssen auch im Zusammenhang mit dem

Aufbau und der Anwendung "vernetzter Systeme" reflektiert werden (daher auch die erweiterte Bezeichnung der Grundbildung). Je komplexer und für den Anwender "undurchschaubarer" solche Systeme werden, umso wichtiger wird die Auseinandersetzung mit deren "systemischen" Struktur.

- Die neuen Technologien müssen gerade wegen ihrer dynamischen Entwicklung in besonderer Weise hinsichtlich ihrer historischen Dimension thematisiert werden. Technologien werden in Interessens- und Verwertungszusammenhängen vorangetrieben und unterliegen elementaren Prinzipien (z.B. Kennzeichen der Mikroelektronik).
- Der Gegenstand der Grundbildung ist somit interdisziplinär und kann deshalb nicht an ein einzelnes Fach angebunden werden - auch nicht an Informatik.
- Die allgemeinen didaktischen Leitlinien, wie sie in der Grundlegung der Rahmenrichtlinien für alle Fächer festgelegt sind, haben auch für die Grundbildung Geltung (vgl. Der Hessische Kultusminister, 1981).
- Eine noch zu entwickelnde Richtlinie für die Grundbildung hat für alle Schulformen mit den betroffenen Jahrgangsstufen Geltung.
- Die Ziele und Inhalte der Grundbildung sind als Bestandteil einer **"informations- und kommunikationstechnischen Bildung"** zu sehen, die ihrerseits in das Gesamtcurriculum der Schule eingefügt werden muß.
- Die Zugangsformen von Mädchen zu neuen Technologien sind besonders zu berücksichtigen und so in Unterricht umzusetzen, daß Jungen und Mädchen davon profitieren können, nicht jedoch Mädchen benachteiligt werden.

Die "informations- und kommunikationstechnische Grundbildung"(zu den Inhalten und Zielen vgl. Hessischer Landtag, 1986) wird mit einem Umfang von ca. 90 Stunden in den Pflichtunterricht ab Jahrgangsstufe 8 eingeführt werden. Besonders im Lernbereich Gesellschaftslehre und in den Fächern Mathematik und Polytechnik/Arbeitslehre werden die Inhalte der Grundbildung vermittelt.

Einer Aufteilung des Stoffes in zu kleine "Portionen" und damit einer Zerstückelung der Inhalte wird mit fächerverbindenden Unterrichtseinheiten entgegengewirkt. Programmierkurse, die syntaxorientiert mit vielen Einzelaufgaben in eine Sprache wie z.B. BASIC einführen, stehen beispielsweise extrem im Gegensatz zu dem gewünschten ganzheitlichen Ansatz.

Methodisch wird ein **"integrativer Ansatz"** bei der Vermittlung der

Grundbildung unverzichtbar sein. Er ist einerseits eine Weiterentwicklung des "anwendungsorientierten Informatikunterrichts", um gesellschaftsbezogene und gesellschaftskritische Inhalte adäquat thematisieren zu können. Andererseits ergibt sich der "integrative Ansatz" aus dem fächerübergreifenden Gegenstand der Grundbildung, für den ein fachwissenschaftlicher Bezug zu einer Disziplin allein nicht mehr haltbar sein kann.

So sind technisch-ökonomische und soziotechnische Aspekte in der Anbindung an Polytechnik/Arbeitslehre und Fragen der Algorithmisierbarkeit, wichtige Prinzipien und Verfahren der Softwareerstellung und Kenntnisse zur Entwicklung von Informationssystemen der Mathematik und Informatik zugehörig. Während die Betroffenheit von einzelnen, von Gruppen und von der Gesellschaft über sozialwissenschaftliche Kategorien, etwa jenen der Gesellschaftslehre erschlossen werden können.

Eine inhaltliche Schwerpunktsetzung und "Aufgabenteilung" der Fächer könnte etwa mit folgenden Themen beschrieben werden:

- Mathematik (ca. 30 Std.)	Umgang mit Rechnern Anwendungen des Rechners "Algorithmisierung"
- Gesellschaftslehre (ca. 30 Std.)	"Informationelle Selbstbestimmung" Vernetzte Systeme Situation des Einzelnen/Datenschutz Umgang mit dem Rechner
- Polytechnik/ Arbeitslehre (ca. 30 Std.)	"Veränderungen am Arbeitsplatz" Computer und Technik Arbeitswelt/Beruf Umgang mit dem Rechner

Jedoch sollen in allen Fächern Grundsätze wie beispielsweise der aktive Umgang mit Informations- und Kommunikationstechniken sowie der schülerorientierte und erfahrungsgestützte Zugang zu den Themen der Grundbildung beachtet werden. Demnach werden Lehrer aller beteiligten Fächer geeignete Software einsetzen und zur Vermittlung auch instrumenteller Fertigkeiten beitragen.

2. Mädchenbildung und neue Technologien

Seit Ende 1985 läuft in Hessen ein Entwicklungs- und Forschungsvorhaben "Mädchenbildung und neue Technologien", dessen Erfahrungen und Ergebnisse ebenfalls in die Entwicklung der hessischen Konzeption einer informations- und kommunikationstechnischen Grundbildung eingehen sollen.

In der Jahrgansstufe 8 werden in zwei Frankfurter additiven Gesamtschulen Unterrichtssequenzen erprobt, die gemäß dem Ziel des Vorhabens - eine kritische Aneignung der neuen Technologien zu ermöglichen und gesellschaftsspezifische Differenzen herauszufinden - unterschiedliche didaktische Ansätze berücksichtigen.

Ausgangspunkt des Vorhabens "Mädchenbildung und neue Technologien" ist die Hypothese, daß Mädchen und Frauen einen anderen Zugang zu Naturwissenschaft und Technik haben, der bisher in entsprechendem Unterricht ebenso wie in der Berufsrealität sich nicht durchsetzen konnte und deshalb zum vermeintlichen Desinteresse von Mädchen an Naturwissenschaft/ Technik sowie zur Unterrepräsentation von Frauen in diesem Bereich geführt hat.

Dieser Zugang soll in der neu zu etablierenden Grundbildung von vornherein berücksichtigt werden. Bisher lassen sich jedoch nur allgemeine Vermutungen anstellen, wie der "andere Zugang" aussieht - und es ist gerade vorrangige Aufgabe des Vorhabens "Mädchenbildung und neue Technologien" hier konkretere Erkenntnisse zu gewinnen.

Mit dem Vorhaben ist zwar gleichzeitig der Anspruch verbunden, eine "kritische Aneignung" der neuen Technologien zu ermöglichen, d.h. vor allem Entmystifizierung zu betreiben und durch einen historischen Zugang Handlungsperspektiven zu eröffnen, die davon ausgehen, daß die Schüler/innen in der Regel künftige Arbeitnehmer/innen, nicht jedoch künftige Arbeitgeber/innen sein werden. Der Anspruch einer "kritischen Aneignung" kann jedoch nicht heißen, bereits ein Grundbildungsprogramm zu erproben und systematisch alle dafür relevanten Inhalte zu vermitteln. Er heißt vielmehr, in exemplarischen Inhalten eine bestimmte kritische Sicht- und Herangehensweise durchzuhalten.

Im folgenden sollen schlagwortartig die Erkenntnisse zusammengestellt werden, die bereits über den "anderen Zugang" von Mädchen und Frauen zu Computern und neuen Techniken bzw. allgemeiner zu Mathematik/Naturwissenschaften/Technik vorliegen:

a) Unmittelbar auf den Computer bezogene Erfahrunen:
- Mädchen möchten zu zweit oder zu dritt am Gerät arbeiten, Jungen lieber allein.
- Mädchen möchten über das reflektieren, was sie mit den Geräten machen, Jungen wollen "gegen die Maschine" arbeiten, sie beherrschen.
- Mädchen mögen "Sound", Jungen "harte" Computergeräusche.

b) Auf inhaltliche Aspekte bezogene Erfahrungen:
- Mädchen und Frauen beziehen soziale Aspekte in die Betrachtung naturwissenschaftlich-technischer Sachverhalte mit ein.
- Mädchen und Frauen sind - bedingt durch ihre im Rahmen der geschlechtsspezifischen Arbeitsteilung festgelegten Zuständigkeit für Familie und Alltag - flexibler und fähiger, subjektive und widersprüchliche Momente auszuhalten und auszugleichen. Das heißt aber auch, daß sie wahrscheinlich weniger leicht "objektive", "geradlinige" "Gesetzmäßigkeiten" nachvollziehen können.
- Mädchen und Frauen hinterfragen Entwicklungen kritischer und auf ihre Ursachen sowie auf ihre Folgen für die betroffenen Menschen.
- Mädchen laufen in ihren kritischen Einschätzungen leichter Gefahr, Ohnmacht und Hilflosigkeit zu erleben, ihr Selbstbewußtsein ist weit weniger entwickelt und stabil als das von Jungen.

Wenn einerseits diese aufgezählten Erkenntnisse über den anderen Zugang von Mädchen berücksichtigt werden sollen, andererseits genauer herauszufinden ist, was dies konkret bezogen auf Computer/neue Technologien heißt, so muß der Unterricht vor allem so offen sein, daß Mädchen überhaupt ihre Vorstellungen einbringen können. Das heißt nicht, daß keine Planung vorgenommen werden sollte, sie darf aber gerade nicht so durchstrukturiert sein, daß alle Reaktionen der Schüler/innen vorweggenommen werden bzw. nur die erwarteten zugelassen sind.

Es müssen vielmehr verschiedene Wege möglich gemacht werden und immer wieder Phasen der Reflexion und Diskussion mit den Schülern und Schülerinnen eingeplant werden. Es soll nicht primär Stoff vermittelt werden, sondern ein gemeinsamer Lernprozeß initiiert werden.

Festlegbar sind allerdings dennoch Kriterien, denen die Unterrichtseinheiten genügen sollen:

1. Sie müssen am Erfahrungsbereich und an den Interessen der Jugendlichen ansetzen. Das heißt für Mädchen speziell, daß ein sinnvoller Nutzen des einzusetzenden Programms erkennbar sein muß. Ziel darf dabei jedoch nicht sein, den Computer für den Privarbereich als notwendig erscheinen zu lassen.

2. Die zu verwendende Software muß eine gute und schnelle Handhabung gewährleisten, da die Bedienerqualifikation im Unterricht nicht im Vordergrund stehen soll und insofern keinen zu großen Zeitraum beanspruchen darf.

3. Die Inhalte sollen geeignet sein, Spaß und Freude am jeweiligen Vorgang oder Ergebnis zu ermögliche und zu fördern.

4. Sie sollen darüberhinaus geeignet sein, die in den neuen Technologien angelegten Widersprüche zwischen Arbeitserleichterung und -verbesserung, Spaß am Umgang und Ergebnis und der gesellschaftlichen Nutzung zur Rationalisierung und zur Überwachung deutlich zu machen.

5. Die Hinführung zur kritischen Einsicht, wie und wo die jeweilige Technik eingesetzt werden kann und wird, welche Probleme für Arbeitnehmer/innen dabei entstehen und welche Handlungsmöglichkeiten zur Abwehr von Risiken und Gefahren möglich sind, soll auf jeden Fall erfolgen.

6. In enger Verbindung mit den beiden letzten Punkten steht die historische Entwicklung der neuen Technologien, die ebenfalls in die Unterrichtssequenzen einbezogen wird. Ihre Kenntnisnahme eröffnet eine neue Perspektive, so daß die Schüler/innen die neuen Technologien als Produkte der Entwicklung gesellschaftlicher Arbeit begreifen könnnen.

In der angelaufenen Untersuchung wird im Unterricht in einigen Gruppen über graphikorientierte Ansätze (Logo), in einigen Gruppen über Textverarbeitungsprogramme eingeführt.

3. Software für Unterrichtseinheiten der Grundbildung

Für eine fächerübergreifende und schülerorientierte Auseinandersetzung mit Anwendungen und Folgen der neuen Technologien wird ein Software-Typus benötigt, der kommerziell nicht erhältlich ist. Diese "didaktisch-methodisch" orientierte Unterrichts-Software" (in Abgrenzung zu kommerzieller Software und auch zu bisher vorliegender Software des CUU) und zusätzlich Software-Tools mit einer geeigneten Benutzeroberfläche sind ein unverzichtbarer Bestandteil für Unterrichtseinheiten, die in einem **"integrativen Ansatz"** Anwendungen und Folgen der Informations- und Kommunikationstechniken thematisieren und "Bedienungswissen" vermitteln wollen.

Die "Unterrichts-Software" simuliert ein komplexes Anwendungsbeispiel von Informations- und Kommunikationstechniken und reduziert die Anwendung auf Schülerebene. Gleichzeitig gibt sie einen Rahmen für Softwareaufgaben, die Schüler/innen selbständig erarbeiten sollen. Das Entwickeln von Algorithmen, Verfahren und Programmen bleibt als Teilaufgabe in einem größeren sinnvollen Anwendungskomplex eingebettet, der auf Softwareebene Elemente einer schülerorientierten "offenen Software" enthalten muß. Dabei erlauben solche vorgegebenen und vorstrukturierten Programme Interaktionen auf den unterschiedlichen Ebenen der Anwendung, der (Teil-)Problemlösung und der Betroffenheit. Dadurch wird es auch möglich, daß solche Programme in der Grundbildung unterschiedliche Fächer inhaltlich und methodisch verbinden helfen.

Im derzeitigen Entwicklungsstand der "informations- und kommunikationstechnischen Grundbildung" sind einige Unterrichtsansätze entwickelt worden, die den "richtigen Weg" aufzeigen können. Es ist zu prüfen, ob sie als kurz- und mittelfristige Maßnahmen vertretbar und einer Weiterentwicklung der allgemeinen Bildung förderlich sind.

- Mit dem in Hessen entwickelten Programm "BTX-Bank-Simulation" wird der Giroverkehr einer Bank im Bildschirmtextsystem simuliert. Veränderung von Alltagsorganisation, Kontrolle und Datenschutz und andere Probleme können schülergerecht behandelt werden. Ein direkter Zugriff auf ein Btx-Endgerät ist mit dieser Software nicht möglich, wäre aber in der Unterrichtspraxis zur Verbesserung der Realitätsbezugs denkbar.

- Mit einem Simulationsprogramm zu Personalsystemen (SISSY) sind Aspekte des "gläsernen Bürgers", der Machtverhältnisse und der Rechtsprobleme für das Individuum bei der Vernetzung automatisierter Großsysteme zugänglich.
- Mit Hilfe eines Dateimanagementprogramms ist zum gleichen Thema im Rahmen einer Schülerumfrage der Aspekt "informationelle Selbstbestimmung" schülerorientiert erschließbar.
- In Hessen ist ein Programm "MICRO-CAD" entwickelt worden, das geometrisches Zeichnen erlaubt und im Rahmen des Mathematik- und Polytechnikunterrichts eingesetzt werden kann. Mit diesem Programm sind z.B. Themen wie "Konstruktionsbüro" oder auch "Zeichnen und Ästhetik" handlungsorientiert thematisierbar.
- Das ebenfalls in Hessen entwickelte Programm "MICRO-CAD" steht für Themen in Mathematik und Polytechnik/Arbeitslehre zur Verfügung. Geplant ist eine Unterrichtseinheit "Modellgeschäft" mit Anteilen des kaufmännischen Rechnens.
- In Berlin wird ein Programm "Kassensytem" im Informatikunterricht eingesetzt, das die Kassen eines Einzelhandelgeschäfts mit Lagerverwaltung und Inventarisierung darstellt. Probleme der Betriebs- und Personaldatensysteme können angesprochen werden.

4. Geeignete Ausstattung mit Rechnern für die Grundbildung

Sowohl im BLK-Rahmenkonzept als auch bei dessen Ausgestaltung in den Ländern wird durchweg von der Notwendigkeit einer apparativen Ausstattung der Schulen ausgegangen. Gemeint ist hier nicht ein "Demonstrationsrechner", mit dem der Lehrer Sachverhalte und Abläufe zeigen kann, sondern eine genügende Anzahl von Computern für die Schülerübungen.

Auf dem Markt sind Computer mit solchen Leistungsmerkmalen erhältlich, die für die heute überschaubaren Anwendungen in der Grundbildung ausreichend sind. Bei der Wahl von Standard-Betriebssystemen und geeigneten Rechnerkonfigurationen können Schulen auch auf Jahre hinaus davon ausgehen, daß sie diese Geräte zeitgemäß einsetzen können, sie bei Bedarf auch mit Hard- und Software für neue Anforderungen erweitern können und bei Störungen einen technischen Service erhalten. Eine fortlaufende Orientierung an dem noch "besseren" Rechner ist zwar aufgrund des Entwicklungstempos von Computern nachvollziehbar, pädagogisch aber weder vertretbar noch notwendig.

Folgende Mindestanforderungen lassen sich heute an Schulrechner stellen:

- Betriebssystem MS-DOS oder ein anderes weltweit verbreitetes Betriebssystem auf einem 16-Bit-Rechner
- 256 Kilobyte Hauptspeicher, um auch mit umfangreichen Programmen (z.B. Standardsoftware) problemlos arbeiten zu können
- 2 Diskettenlaufwerke mit je ca. 360 Kilobyte Kapazität, die eine einfache, schnelle und zuverlässige Bedienung erlauben und auch für den Einsatz umfangreicher Dateien geeignet sind
- Ein ergonomisch brauchbarer Monitor (monochrom oder farbig) ab 12 Zoll und ab 18 Megahertz, 80 Zeichen je Zeile x 24 Zeilen
- Eine abgesetzte deutsche Standardtastatur mit Funktions- und Cursortasten

Die Erfahrungen im Informatikunterricht haben gezeigt, daß sich bis zu drei Lernende einen Rechner sinnvoll teilen können. Demnach wäre für Gruppen mit etwa 18-24 Schülern eine Konfiguration mit 8 Rechnern und 2 Druckern eine geeignete Grundausstattung. Neben der Systemsoftware (Betriebssystem u.a.) und einer Programmiersprache, die beide vor allem für Lehrer wichtig sind, wird zunehmend Standardsoftware für Textverarbeitung, Tabellenkalkulation, Dateimanagement und Grafik im Unterricht benötigt. Für diese Programme offerieren die Software-Anbieter hohe Schulrabatte, sodaß die Kosten insgesamt 2.000 DM nicht übersteigen werden. Für die Grundausstattung sind nach der derzeitigen Marktlage auf der Basis von 16-Bit-Rechnern etwa 35.000 DM ausreichend.

Inwieweit eine solche Ausstattung für die "informationstechnische Grundbildung" wirklich geeignet sein kann, sollten eigentlich die jetzt anlaufenden Schul- und Modellversuche zeigen. Dazu wären aber alternative Ausstattungsmodelle erforderlich. Solche Modelle könnten beispielsweise sein:

- Der Zugriff auf reale Datenbanken und vernetzte Systeme

sollte möglich sein (mit Anschlüssen für Bildschirmtext, Mailbox-Systeme o.a.).

- Die Verbindung von Computern und visuellen Medien ist in ihrem Werkzeuggebrauch (z.B. interaktives Video, multimediale Autorensysteme, Kabelanschluß) herauszuarbeiten.
- Bereiche der "künstlichen Intelligenz" stärker beachten (z.B. Expertensysteme) im Sinne von Durchschaubarkeit und Erkenntniskritik.

Die bisherige Versuchspraxis in den Ländern läßt jedoch vermuten, daß für solche oder andere Erprobungen weder die finanziellen Ressourcen noch die inhaltlichen Ansprüche in Aussicht stehen. Einer vielerorts befürchteten Zentrierung auf den Computer wird so allein durch apparative Zwänge Vorschub geleistet.

5. Grundbildung als eine pädagogische Chance?

Trotz aller Regsamkeit der Länder ist die von der Bund-Länder-Kommission geforderte "informationstechnische Grundbildung" in vielen Teilen noch ein "pädagogisches Vakuum", das allenfalls in Grundzügen erkennbar ist. Deren Inhalte und Möglichkeiten der Umsetzung im Unterricht, die Einbettung in das Gesamtcurriculum der Schule und die Gestaltung und Abstimmung der Komponenten zu einer "informationstechnischen Bildung" sind noch nicht festgelegt.

Während die Entwicklung des Informatikunterrichts durch außerschulische Einflüsse und durch einen nicht pädagogisch orientierten "heimlichen Lehrplan" erheblich beeinflußt wurde und weiterhin wird, gibt es im Moment eine große Chance zur Gestaltung einer Grundbildung und damit zu einer zumindest in Teilbereichen Festigung des Stellenwerts des Lernorts Schule. Für Bildungsplaner und Lehrer könnte sich deshalb die Möglichkeit für ein offensives pädagogisches Handeln bieten, vorausgesetzt, die Ressourcen werden im Rahmen einer bildungspolitischen Schwerpunktsetzung bereitgestellt. Wird diese zeitlich kurze Chance nicht genutzt, dann wird Grundbildung auf einen Kurzlehrgang in "Computerkunde" reduziert und sie wird letztlich nicht viel mehr als einen "Computerführerschein"(Häfner) für alle Schülerinnen und Schüler anbieten können. Den Ansprüchen an eine "Grundbildung Informatik" kann sie dann aber auch nicht gerecht werden.

6. Literatur

Bund-Länder-Kommission(BLK): Rahmenkonzept für die Informationstechnische Bildung in Schule und Ausbildung. Geschäftsstelle, Bonn 7.12.1984

Bund-Länder-Kommission(BLK): Rahmenkonzept für die Informationstechnische Bildung in Schule und Ausbildung einschließlich der Mindestanforderungen an schulgeeignete Rechner. Geschäftsstelle, Bonn 1.7.1985

Dick, Anneliese/ Faulstich-Wieland, Hannelore/ Stark, Günther/ Prengel, Annedore: Konzept zum Vorhaben "Verwirklichung der Gleichstellung von Schülerinnen und Lehrerinnen an hessischen Schulen." Hessisches Institut für Bildungsplanung und Schulentwicklung, Sonderreihe, Heft 21, Wiesbaden 1986

Faulstich-Wieland, Hannelore: Computer auch für Mädchen - aber wie? in: Bildschirm Jahresheft III des Friedrich Verlages, 1985, S. 148-151

Gesellschaft für Informatik: Rahmenempfehlungen für die Informatik im Unterricht der Sekundarstufe I. in: Informatik-Spektrum, Band 9, Heft 2, 1986, S. 141-143

Hessischer Landtag: Antwort der Landesregierung auf die Große Anfrage der Abg. Hinz, Vielhauer (GRÜNE) und Fraktion betreffend Computer an allgemeinbildenden und beruflichen Schulen. Drucksache 11/5134, Wiesbaden 1/1986

Hessischer Kultusminister: Allgemeine Grundlegung der Hessischen Rahmenrichtlinien, Wiesbaden 1978

Peschke, Rudolf: Informatik in der Schule - Ein Beitrag zur Schulreform? In: Die Deutsche Schule, 5/85, S. 342-355

Informationstechnischer Grundkurs (im Rahmen des Arbeitslehreunterrichts) an der Bertolt-Brecht-Oberschule in Berlin-Spandau

D. Grammel, H. Poser, G. Zippan

Die Bertolt-Brecht-Oberschule blickt zum gegenwärtigen Zeitpunkt auf eine mehr als zehnjährige Erfahrung in der Erteilung von Informatikunterricht und im Einsatz des Rechners in der Schulverwaltung zurück. Da zur Grundausstattung aller 'Bildungszentren', die in den Jahren 1974/75 in Berlin fertiggestellt wurden, ein Computer "WANG 2200" gehörte, boten sich diesen Gesamtschulen beste Möglichkeiten, Computer in der Schule einzusetzen, obwohl in anderen Bundesländern teilweise noch nicht einmal Pilotprojekte zur Computernutzung existierten. An der Bertolt-Brecht-Oberschule ist dieser Umstand auf sehr fruchtbaren Boden gefallen, da sofort einige Kollegen bereit waren, sich mit diesem neuen Medium näher zu befassen. So konnten schon mit Schuljahresbeginn 1975/76 die ersten beiden Wahlpflichtkurse 'Informatik' im 9. Schuljahr eingerichtet werden. In den folgenden Jahren erfreuten sich diese Kurse immer deutlicherem Zuspruch, so daß nicht alle Schülerwünsche erfüllt werden konnten, denn es stand ja nur ein Rechner zur Verfügung. Mit Einrichtung der gymnasialen Oberstufe im Jahre 1977 konnten auch in diesem Bereich Grundkurse (in-1 / in-2) angeboten werden.

Aufgrund des deutlichen Preisverfalls im Bereich der Microcomputer und der zunehmenden Attraktivität des Faches Informatik konnte im Jahre 1980 ein weiterer Rechner (APPLE II) gekauft werden, so daß nunmehr vier Wahlpflichtkurse pro Jahrgang eingerichtet wurden. In den folgenden Jahren wurden weitere Computer dieses Typs angeschafft, so daß der Schule auch die Berechtigung erteilt wurde, Informatik im Rahmen eines viersemestrigen Kurses als Abiturprüfungsfach anzubieten (1).

An der Bertolt-Brecht-Oberschule waren somit die Voraussetzungen gegeben, neben dem Informatikunterricht auch Unterricht zur 'Informationstechnischen Grundbildung' zu erteilen. Erste Überlegungen diesbezüglich gehen auf den Herbst 1984 zurück. Um die Arbeit einzelner Schulen diesbezüglich zu koordinieren, wurde Ende des Jahres 1984 eine Arbeitsgruppe gegründet, die aus jeweils zwei Lehrern der beteiligten Schulen und einigen Mitgliedern des Beirates für Informatik/EDV beim Senator für Schulwesen gebildet wurde. In diesem Kreise wurden die ersten Absprachen über die Ansiedlung und die Inhalte des ITG gemacht.

Als Rahmen wurde eine Dauer von ca. 30 Unterrichtsstunden vereinbart.

Mit Beginn des Schuljahres 1985/86 wurde an sieben Berliner Oberschulen in der Sekundarstufe I das Pilotprojekt 'Informationstechnologische Grundbildung' (ITG) begonnen. Ziel der Unterrichtseinheit ist, allen Schülern einen Einblick in die Anwendung der EDV und deren Auswirkungen in alle Bereiche des Lebens zu geben. Grundlage für die Arbeit ist das von der Bund-Länder-Kommission für Bildungsplanung und Forschungsförderung im Dezember 1984 herausgegebene "Rahmenkonzept für die Informationstechnische Bildung in Schule und Ausbildung" (2).

Hier sind die Aufgaben des ITG umrissen:

- Aufarbeitung und Einordnung der Erfahrungen, die Schüler in ihrer Umwelt mit Informationstechniken machen

- Vermittlung von Grundstrukturen, die den Informationstechniken zugrunde liegen

- Einübung von einfachen Anwendungen der Informationstechniken

- Vermittlung von Kenntnissen über die Einsatzmöglichkeiten und die Kontrolle der Informationstechniken

- Darstellung der Chancen und Risiken der Informationstechniken

- Einführung in Probleme des Persönlichkeits- und Datenschutzes

- Aufbau eines rationalen Verhältnisses zu den Informationstechniken

Schulorganisatorische Bedingungen

Die Problematik, einen Unterrichtsblock von ca. 30 Stunden für den Informationstechnischen Grundkurs in den Unterricht einer allgemeinbildenden Schule zu integrieren, stellt sich für die einzelnen Schultypen von unterschiedlicher Qualität. Ausgegangen werden kann von der Grundaussage des Senators für Schulwesen, diesen Unterricht in den Wahlpflichtbereich des 9. Jahrgangs mit der Vorgabe zu integrieren, daß zeitlich versetzt für alle Wahlpflichtgruppen der normale Unterricht durch den 'ITG' ersetzt wird. Unterrichtender ist dann jeweils der Lehrer, der am Pilotprojekt beteiligt ist. Sinnvoll ist sicher, daß der eigentliche Fachkollege diesem Unterricht als 'Mitlernender' beiwohnt, da die Pilotschulen je 7 Unterrichtsstunden für diesen Unterricht zusätzlich zur Verfügung gestellt bekommen. Bei einer dreistündigen Wochenstundenzahl lassen sich nach diesem Modell vier parallele Gruppen zeitlich versetzt in einem Schuljahr unterrichten. Es ist nicht möglich, den 'ITG' an ein bestimmtes Fach, das an allen Schultypen existiert, anzubinden, da die Rahmenpläne hierfür keine Möglichkeiten eröffnen. Eine andere Problematik entsteht bei den Schulen, die mehr als vier Gruppen im Wahlpflichtbereich parallel ansetzen müssen, da dann die zur Verfügung stehenden Stunden nicht mehr ausreichen. Das gilt zum Beispiel für eine mindestens vierzügige Gesamtschule oder ein Gymnasium. Weiterhin muß berücksichtigt werden, daß es kaum möglich ist, die beginnende 3. Fremdsprache für 30 Wochenstunden auszusetzen, was vor allen Dingen für das Gymnasium gilt.

Da die teilnehmenden Schulen aus allen Schulzweigen (Hauptschule, Realschule, Gymnasium und Gesamtschule) kommen, sind sowohl die Ansätze der Schwerpunkte des ITG als auch die Ansiedlung in der Stundentafel unterschiedlich. Des weiteren sind bei der Anbindung an ein Unterrichtsfach unterschiedliche Wege beschritten worden. Die Mehrzahl hat den ITG in der 9. Jahrgangsstufe angesiedelt, einige der beteiligten Schulen haben ihn in das Fach Arbeitslehre eingebettet, andere haben im Wahlpflichtbereich einen Platz für den ITG gefunden.

An der Bertolt-Brecht-Oberschule wurde folgende Organisationsform gewählt:

Der 'ITG' wurde in den Pflichtunterricht Arbeitslehre des 10. Jahrgangs integriert. Da pro Jahrgang mehr als vier parallele Gruppen im Wahlpflichtbereich existierten, bot sich diese Organisationsform an. Die Gruppen mußten nicht geteilt werden, weil genügend Schülerarbeitsplätze vorhanden waren. Der Unterricht wurde von den Teilnehmern der Arbeitsgruppe 'ITG' erteilt, die Fachlehrer waren im Unterricht anwesend. Unterrichtsinhalte des Curriculums Arbeitslehre wurden auf den 'ITG' übertragen, allerdings blieb diese Einpassungsform von der Voraussetzung bestimmt, daß am Pilotprojekt Inhalte zu erproben sind und die organisatorischen Entscheidungen nicht vorweggenommen werden.

Durch Schachtelung im Stundenplan wurde ermöglicht, daß im Laufe des Schuljahres alle 8 Parallelklassen am Pilotprojekt teilnenmen konnten. Die apparative Ausstattung konnte aufgrund von Sondermitteln des Bezirks bis zu den Sommerferien 1985 entsprechend ergänzt und vereinheitlicht werden, so daß sie den Empfehlungen der Bund-Länder-Kommission entspricht bzw. diese noch übertrifft. Für den ITG stehen 16 Schülerarbeitsplätze mit jeweils 64k Arbeitsspeicher (ein Floppy-Disk-Laufwerk, Monitor, eine ergonomische Tastatur, entsprechend DIN) zur Verfügung. Jeweils fünf Rechner haben mittels eines Relaisumschalters (Eigenbau) Zugriff auf einen Matrix-Drucker. Vier der 16 Rechner haben Zugriff auf eine 10 MB Cameo-Fest/Wechsel-Platte. Zu Demonstrationszwecken stehen ein Plotter und eine Typenrad-Schreibmaschine zur Verfügung.

Inhaltliche Begründung für die Anbindung des ITG an den Pflichtunterricht Arbeitslehre (10. Jahrgangsstufe)

Der Rahmenplan "Arbeitslehre" (gültig für die Haupt-, Real - und Gesamtschulen im Lande Berlin) sieht im Pflichtunterricht Arbeitslehre in der 9./10. Jahrgangsstufe als übergeordnetes Thema die "Berufsorientierung" vor, deren erklärtes Ziel es ist, den Schülerinnen und Schülern eine sinnvolle Wahl des Startberufes zu ermöglichen. Da in der 9. Jahrgangsstufe die intensive Zusammenarbeit mit der Berufsberatung institutionalisiert ist (Berufsberater im Arbeitslehreunterricht der Klassen, Besuch des Berufsinformationszentrums ...) und zudem die Schüler am Ende dieser Jahrgangsstufe ihre Wahl getroffen haben müssen, um sich rechtzeitig um einen Ausbildungsplatz bewerben zu können, verbietet es sich nach unserer Auffassung, die wenigen zur Verfügung stehenden Stunden (2 Wochenstunden) noch weiter zu verkürzen. Zudem lassen sich aus dem Rahmenplan für die 10. Jahrgangsstufe direkt Inhalte ableiten, die sich mit dem Grundkurs besser konkretisieren lassen als mit den bisher üblichen Informationen aus zweiter Hand, wie z.B. Filme, Texte, Schulfunkbeiträge. So heißt es in den Lernzielen u.a.:

"Die Schüler lernen

- die Beziehungen zwischen den Erwartungen an Ausbildungs- und Arbeitsplätze einerseits und den Arbeitsbedingungen im Handwerk, Handel, in der Produktion und Büroarbeit andererseits erkennen ...
- die Veränderung in der Berufs- und Arbeitswelt unter dem Ge-

sichtspunkt der individuellen und kollektiven Handlungsmöglichkeiten verstehen

- Situation und Perspektive von arbeitsmarktpolitischen Problemgruppen beispielhaft untersuchen und Lösungswege aufzeigen ..." (3).

Eine weitere Begründung für die Anbindung an den Pflichtunterricht Arbeitslehre ist aus den "Allgemeinen Zielen", wie sie im Rahmenplan formuliert sind, abzuleiten:

> "Die Schüler sollen eine Grundhaltung gewinnen, die es ihnen ermöglicht, spätere Veränderungen in der Berufswelt zu bestehen und die Bereitschaft zu entwickeln, weiter- und ggf. umzulernen.
> ...
> Antizipation des Eintreffens zukünftiger Ereignisse und Entwicklungen, z.B. Zukunftsaussichten von Berufen, Strukturwandel, Zwang zur Mobilität ..." (4)

Wir sehen in der Integration des ITG in den Pflichtunterricht Arbeitslehre in der 10. Jahrgangsstufe eine sinnvolle Methode, die Lernziele des Rahmenplans in Unterricht umzusetzen. Die Inhalte werden damit für die Schüler sinnlich erfahrbar gemacht. Die Einbettung in den Arbeitslehreunterricht sichert nach unserer Auffassung zudem, daß der Schwerpunkt des Grundkurses nicht in der Vermittlung von Inhalten liegt, die eindeutig dem Informatik-Unterricht (Wahlpflichtunterricht) zugewiesen sind, sondern sich an beruflicher Realität, also der Anwenderseite solcher Systeme, orientiert. Dies impliziert zugleich im Arbeitslehreunterricht die Frage nach der Auswirkung auf den je einzelnen Arbeitsplatz, auf dessen Inhaber und auf die gesellschaftliche Entwicklung. Dies bedeutet auch, daß diese Fragestellungen aus der Sicht des Fachunterrichts Arbeitslehre im Vor - und Nachlauf vorbereitet und ausgewertet werden müssen, so daß gesichert ist, daß der Grundkurs nicht als erratischer Block in der Bildungslandschaft steht.

Die Unterrichtsprojekte

Die im folgenden nur kurz umrissenen Projekte liegen in ausführlicher Form vor und sind bei den Vortragenden bzw. von der Bertolt-Brecht-

Oberschule erhältlich.

1. Kennenlernen der Arbeitsweise und der Funktion eines Computers

Anhand von kleinen Anwendungsprogrammen (Anwesenheitskontrolle; Erstellen von Entschuldigungsschreiben, Briefköpfen und Etikettaufklebern) lernen die Schüler das Funktionsprinzip bei der Arbeit im Dialog mit dem Computer kennen, ferner werden die wichtigsten Handgriffe beim Umgang mit der Bedien-Tatstatur eingeübt. Die wichtigsten Fachbegriffe werden ebenso wie die Funktion und der Umgang mit den zur Verfügung stehenden Peripheriegeräten erlernt.
Für diese Einführungsphase sind fünf Unterrichtsstunden vorgesehen.

2. Kennenlernen der Arbeitsweise und Funktion eines Textverarbeitungssystems

Schrittweise werden die Schüler in etwa 12 Unterrichtsstunden mit der Arbeitsweise und den Anwendungsmöglichkeiten eines Textverarbeitungsssystems vertraut gemacht. Sie lernen die Vorteile gegenüber der herkömmlichen Erstellung von Texten kennen und einschätzen. Ausgehend vom Editieren eines vorgegebenen Schreibens werden die Schüler mit der Menüführung des Systems vertraut gemacht und lernen diese elementare Technik bei der Anwendersoftware verstehen und handhaben. Sie erlernen die wichtigsten Anwendungen: Texte erstellen, Texte verändern, Texte ausdrucken und Texte speichern. Dabei wird immer auf die Bezüge zur realen Wirtschafts - und Arbeitswelt hingewiesen. Die Schüler sind am Ende des Projektes in der Lage, ein geschäftliches Schreiben (hier: Bewerbungsschreiben) entsprechend der DIN 5008 anzufertigen, das sie dann für ihre persönlichen Bewerbungen benutzen.

3. Kennenlernen der Arbeitsweise und Funktion eines Tabellenkalkulationssystems

Nach einer kurzen Einführung, in der die wichtigsten Bedienungshandgriffe und die hinter dieser Anwendung stehende Idee umrissen und erläutert werden, wird im Unterricht eine Lohnabrechnung für einen kleinen Handwerksbetrieb in einem Modell erstellt. Schrittweise wird zunächst ein sehr grobes Grundraster aufgestellt, das im Verlauf des Projektes schrittweise verfeinert wird, so daß am Ende dieser Sequenz (nach 12 bis 13 Unterrichtsstunden) das Ergebnis weitgehend der realen Situation entspricht. Dabei lernen die Schüler die vielfältigen Optionen der Tabellenkalkulation kennen und anwenden. Vor allem bieten sich in diesem Projekt eine Fülle von binnendifferenziernden Maßnahmen an, die den Ideen der Schüler bei der Gestaltung des Arbeitsergebnisses viel Freiheit läßt. Ferner werden sie auch in die Lage versetzt, die eigenen Lohnabrechnungen richtig interpretieren zu können.

Erste Ergebnisse der Erprobungsphase

Im vergangenen Schuljahr haben alle Schüler der 10. Jahrgangsstufe der Bertolt-Brecht-Oberschule am ITG teilgenommen. Dabei haben sich zwei wichtige Punkte herauskristallisiert. Zum einen wurde dieses Angebot von allen Schülern mit Interesse und Eifer angenommen; selbst die Schüler, die gegen Ende ihrer Pflichtschulzeit keinen persönlichen Einsatz mehr zeigten, beteiligten sich ohne Ausnahme fleißig am Unterricht und waren vor allem bei den Übungen an den Computern sehr motiviert. Zum anderen ist das Unterrichten einer ganzen Klasse von bis zu 28 Schülern an bis zu 15 Computer-Arbeitsplätzen für den Lehrer sehr aufwendig, so daß die Anwesenheit des mitlernenden Fachlehrers (siehe oben) zeitweise sehr hilfreich war; außerdem waren hier die Vorkenntnisse der Schüler, die bereits im Wahlpflichtunterricht der 9. und 10. Jahrgangsstufe das Fach Informatik belegt haben, eine weitere Hilfe.

Literaturhinweise:

(1) Schulschrift der Bertolt-Brecht-Oberschule, Band 6, 1985

(2) Bund-Länder-Kommission für Bildungsplanung und Forschungsförderung;

(3) Senator für Schulwesen (Hrsg.): Rahmenpläne für Unterricht und Erzeihung in der Berliner Schule. Gesamtschule. Luchterhand. o. J. S. 112

(4) ebd. S. 104

Detmar Grammel (Fachbereichsleiter Arbeitslehre)
Herbert Poser (Fachbereichsleiter Mathematik)
Gerd Zippan (stellvertretender Schulleiter)

an der

Bertolt-Brecht-Oberschule
Gesamtschule
Klassenstufen 7 bis 10
gymnasiale Oberstufe

Wilhelmstraße 9

1000 Berlin 20

Telefon (030) 33 03 22 21

Versprachlichung - ein für Erwachsene besonders geeigneter Zugang zum Erlernen des Programmierens

Rainer Mantz

Gesellschaft für Mathematik und Datenverarbeitung

Bereich Wissenstransfer

Schloß Birlinghoven

5205 Sankt Augustin

0. Zum Begriff der abstrakten Maschine - Programmieren als integraler Bestandteil einer informationstechnischen Grundbildung

In den der Informationstechnologie zugrunde liegenden Wissenschaften wie der Kybernetik und der Informatik ist ein nachklassischer Maschinenbegriff entwickelt worden, der eine Maschine im wesentlichen als materielles Modell einer bestimmten Transformation ansieht [Kl, S. 380]. Damit lassen sich die Gegenstände einer informationstechnischen Grundbildung einheitlich als Umwandler von Informationen ansehen [We, S. 67], deren wichtigste Merkmale durch Algorithmen beschrieben werden können. Algorithmen zur Be- und Verarbeitung von Information sind nun auf programmierbaren Datenprozessoren, z.B. Rechnern, gerade dadurch zu realisieren, daß sie als Programme in einer für diesen Prozessor umsetzbaren Art formuliert werden. Damit steht informationstechnische Grundbildung vor der Aufgabe, einen Zugang zum hier skizzierten Begriff der abstrakten informationsverarbeitenden Maschine durch Vermittlung der Grundlagen des Programmierens zu eröffnen.

1. Sprache und Denken: Zu den Korrespondenzen Sprache und Weltbild, Programmiersprache und Weltmodell

Eine Einführung in die Programmierung von Rechnern verlangt aber die Vermittlung der Grundelemente einer ganz bestimmten Programmiersprache, und die Bedeutung der Wahl dieser Programmiersprache ist in didaktischer Hinsicht kaum zu überschätzen. Ergebnisse, welche die Psycholinguistik im Laufe dieses Jahrhunderts erbracht hat, deuten nämlich auf eine Verbindung zwischen natürlicher Sprache und Denken hin, deren Grad allerdings von verschiedenen Schulen unterschiedlich eingeschätzt wird. In der von Sapir und Whorf vertretenen These eines linguistischen Relativismus erzeugt jede natürliche Sprache ihre eigenen Wahrnehmungsmuster und damit ihr eigenes Weltbild. Jüngere Untersuchungen lassen eine etwas differenziertere Sicht plausibler erscheinen, wonach verschiedene Sprachen vor allem

Einfluß darauf haben, welche Begriffe und Konzepte die Mitglieder einer Sprachgemeinschaft gewohnheitsmäßig oder spontan zur Beschreibung ihrer Umwelt verwenden. Danach ist es nun nicht mehr ausgeschlossen, daß Menschen zur Erklärung der Realität Strukturen und Kategorien benutzen, die in ihrer Sprache nicht angelegt sind. Solche Wahrnehmungs- und Erklärungsmuster dürften jedoch wesentlich später und mit größerem intellektuellem Aufwand entstehen als dort, wo sie die Sprache bereits vorgebildet hat. [Nach Sl., S. 175 und S. 183]

Derartige Überlegungen lassen sich auf die informationstechnische Grundbildung umso leichter übertragen, als in dem überschaubaren Bereich einer formalen Sprache das Fehlen bestimmter Sprachkonstrukte ganz sicher eine Beschränkung der Realität mit sich bringt, die diese Sprache beschreiben kann - man denke nur an das Fehlen des Datentyps TEXT in den frühen problemorientierten Sprachen oder an abstrakte Datentypen. Darüber hinaus scheint aber auch die gesamte Denkweise eines ausgebildeten Programmierers stark von den Vorstellungen bestimmt zu sein, die er beim Erlernen der ersten Programmiersprache erworben hat; hierfür sprechen neben Erfahrungen bei der Aus- und Weiterbildung in der GMD zum Beispiel auch Überlegungen, wie sie Herbert Stoyan zu dem entwickelt hat, was er mit Programmierstil bezeichnet.1)

2. Die Unzulänglichkeit von Ansätzen, bei denen nur die Komplexität der durch Programme zu beschreibenden Realität entflochten wird (Turtle, Karel the Robot)

Die ersten Lösungsvorschläge für die speziellen Aufgaben, die eine didaktische Aufbereitung des Wissensgebiets "Programmierung" mit sich bringt, stellten zunächst die sprachliche Seite des Problems nicht in den Mittelpunkt, sondern suchten vor allem die Realität zu vereinfachen, die der Erlerner einer Programmiersprache in seinen Programmen modellieren sollte. Durch die Schaffung von überschaubaren Mikrowelten sollten die Aufgaben der Programmierung zugänglicher werden, weil die abstrakten Maschinen, d.h. die Algorithmen, welche Problemen in der Mikrowelt entsprechen, einfacher sind als - um den Extremfall zu nennen - ein klassischer Universalrechner. Dies führt sicher zu verständlicheren Aufgaben und ermutigt insbesondere solche Lernende, die sich für "mathematisch unbegabt" halten.

Für Erwachsene, die ihre natürlichsprachliche Kompetenz bereits voll ausgebildet haben, steht allerdings nach den Erfahrungen, die meine Kollegen und ich in der GMD machen konnten, das Problem der Verständigung mit dem Rechner im Vordergrund. Sie verstehen Programmiersprachen allem Anschein nach wirklich als Sprachen, wie Äußerungen der Art "Das hätte er ja nun wirklich mitkriegen müssen" zeigen, wenn bei Tippfehlern Programme nicht laufen. Damit wird diese neue Sprache umso schwerer erlernbar, je weniger ihre Bestandteile Entsprechungen in den bei Erwachsenen bereits ausgeprägten Vorstellungen von Sprache finden. Trotz des unbestrittenen Gewinns an Übersichtlichkeit erleichtern also die genannten Mikrowelten den Zugang auf der sprachlichen Seite nicht grundsätzlich, die Formulierung von Programmen bleibt weiterhin so fremd, wie die verwendete Programmiersprache der Sprachvorstellung eines Erwachsenen fremd ist.

3. Information Hiding als Voraussetzung des Denkens in natürlicher Sprache

Die bisher angestellten Überlegungen deuten bereits darauf hin, daß natürliche Sprache eine wichtige Rolle bei der Vermittlung von Programmierkenntnissen spielen sollte. Diese Schlußfolgerung steht zudem im Einklang mit einem Prinzip, das während der letzten zwei Jahrzehnte sowohl in der Informatik als auch in der Psycholinguistik große Aufmerksamkeit

---

1) Anläßlich eines Vortrags in der GMD im November 1985

gefunden hat, nämlich dem Prinzip des Verbergens von Information *(information hiding principle)*. Mittlerweile werden wohl alle größeren Softwaresysteme mit Hilfe dieses Prinzips in Schichten aufgebaut, bei denen die jeweils höhere Schicht keinen Zugang zu und keine Kenntnis über Details hat, mit denen die jeweils tiefere Schicht ihre Aufgaben erfüllt. Die höhere Schicht beansprucht nur bestimmte Dienstleistungen von der tieferen, so daß z.B. Veränderungen in der Realisierung dieser Schicht die höheren Schichten gar nicht beeinflussen.

Das hier skizzierte Prinzip wird, wie Erkenntnisse des Forschungsgebiets Künstliche Intelligenz zeigen, insbesondere bei Systemen bedeutsam, die Pläne für künftig auszuführende Handlungen erstellen sollen [Ni, S. 350 ff]. An dieser Stelle ergänzen sich Ergebnisse der Informatik und der Psycholinguistik. So spricht Slobin von der "planning function in the life of the child", die - in diesem Fall gesprochene - Sprache hat, und führt weiter aus, daß es für sprachliche Behandlung von Erfahrungen unumgänglich ist "to recode a long experience in a short description", weil sonst beispielsweise die Erinnerung an die Ereignisse eines Tages selbst einen ganzen Tag in Anspruch nähmen. [Sl, S. 164 und S. 156] Ein solches Prinzip des Verbergens von (Detail)information liegt offenbar auch Modellen zugrunde, die Didaktiker in der Nachfolge Piagets entwickelt haben. So beschreibt Aebli anhand einer Skizze für die Erstellung eines Plans zu einem Einkaufsgang *information hiding* als wesentlichen Bestandteil des Denkens, das er als Ordnen des Tuns versteht. [Ae, S. 218/219]

Fassen wir alle bisher angesprochenen Aspekte zusammen, so liegt der Schluß nahe, daß die bestehende Praxis der Vermittlung von Programmiersprachen den erwachsenen Lernenden zu früh zu viel und zu Fremdes anbot:

Zu viel, weil die Codierung eines Algorithmus in der jeweiligen Programmiersprache - entgegen dem Prinzip des Verbergens von Information - von Anfang an die Details der Verarbeitung einer (wenn auch abstrakten) Maschine widerspiegelte.

Zu Fremdes, weil der Lernende eine Programmiersprache wohl als Sprache anzusehen, sie aber zu seiner bereits voll entwickelten Vorstellung von Sprache nicht in Beziehung zu setzen vermochte.

Zu früh schließlich, weil die gestellten Aufgaben selbst bei den vereinfachten Mikrowelten dem Lernenden keinen allmählichen, schrittweisen Zugang eröffneten.

4. Eine Methode des Programmentwurfs, die den bei Erwachsenen entwickelten Sprachgebrauch nutzt und integriert: Das Beispiel ELAN

Ein für Erwachsene angemessener Weg zur Programmierung sollte somit die Möglichkeit vorsehen, am natürlichen Sprachverständnis anzuknüpfen. Lösungen für Probleme werden dann zunächst umgangssprachlich formuliert, wobei sowohl algorithmische Details als auch Einzelheiten der Codierung zunächst vernachlässigt werden dürfen. Diese erste, noch skizzenhafte Beschreibung der Problemlösung wird im weiteren allmählich nach Regeln, die mit der Grammatik natürlicher Sprachen in erkennbarem Zusammenhang stehen, immer genauer ausgeführt, bis einzelne Schritte erkennbar werden, aus denen sich die Lösung bzw. der Algorithmus zusammensetzt. Erst zuletzt werden diese Einzelschritte mit Schlüsselwörtern kodiert, die den elementaren Anweisungen einer abstrakten Maschine entsprechen.

Alle hier entwickelten Forderungen werden von der Programmiersprache ELAN erfüllt. Insbesondere ermöglicht es ELAN, Anweisungen und Ausdrücke mit Namen zu versehen. Diese Namen dürfen beliebig lang sein, so daß gerade auch Sätze in natürlicher Sprache zugelassen sind. Die Namen werden innerhalb des Programms durch sogenannte *refinement*-Vereinbarungen erklärt, wozu syntaktisch die Zeichen ":" und "." ausreichen. Auf diese Weise können Programme genau so geschrieben werden, wie es weiter oben empfehlenswert erschien. Schrittweise Verfeinerung einer natürlichsprachlichen Formulierung der Lösungsidee durch Anwenden der *refinement*-Technik liefert schließlich Einzelschritte, die problemlos codiert werden können. Damit vermag sich der Anfänger die Methode des Top-Down-Entwurfs durch entdeckendes Lernen anzueignen.

ELAN unterstützt zudem konsequent die Konstruktionen, die für die strukturierte Programmierung erforderlich sind, also Folge, Auswahl, Wiederholung sowie Prozeduren, Operatoren, Typen, vermeidet jedoch ungesicherte Konstrukte wie die GOTO-Anweisung. Zudem wurde inzwischen auch eine Mikrowelt-Didaktik entwickelt, die genau auf das pädagogische Konzept von ELAN abgestimmt ist, so daß Anfänger auf die unbestrittenen Vorteile der Überschaubarkeit einer solchen Lernumgebung bei ELAN nicht zu verzichten brauchen.

Die pädagogische Leistungsfähigkeit der Sprache läßt sich im Rahmen dieser Kurzfassung vielleicht am ehesten durch ein Beispiel aus der Unterrichtspraxis veranschaulichen. Dabei möchte ich betonen, daß das folgende Programm von Kursteilnehmern ohne mathematische Vorkenntnisse oder Programmiererfahrung allein aus der Vorgabe einer sprachlichen Beschreibung des Algorithmus zur Bestimmung des größten gemeinsamen Teilers heraus entwickelt wurde. Seine Form habe ich daher bewußt nicht mehr "geglättet". Es stellte insbesondere nicht die beste Lösung innerhalb des Kurses dar, zeigt aber gerade wegen der "EDV-Naivität" seiner Autoren die Vorteile des hier beschriebenen Ansatzes.

```
Zeile    ****  E L A N   EUMEL 1.7.5  ****  20.06.86  ****  Aufgabe 2.2-3 c :i211

 1                                  |(* Aufgabe 2.2-3 c : gruppe i211 *)
 2                                  |
 3                                  |berechnung des groessten gemeinsamen teilers von zwei ganzen zahlen.
 4                                  |
 5   berechnungdesgroesstengeme     |berechnung des groessten gemeinsamen teilers von zwei ganzen zahlen:
 6                                  |nimm zwei ganze zahlen;
 7                                  |solange beide zahlen nicht gleich sind wiederhole diese berechnung;
 8                                  |wenn beide zahlen gleich sind gib diese zahlen als groessten gemeinsamen
 9                                  |teiler aus.
10                                  |
11   nimmzweiganzezahlen            |nimm zwei ganze zahlen:
12                                  |INT VAR a,b;
13                                  |put("Für welche beiden Zahlen soll der GGT gefunden werden?");
14                                  |a:=int(get) ; b:=int(get).
15                                  |
16   solangebeidezahlennichtgle     |solange beide zahlen nicht gleich sind wiederhole diese berechnung:
17                                  |WHILE NOT(a=b)
18                                  |      REPEAT berechnung END REPEAT.
19                                  |
20   berechnung                     |berechnung:
21                                  |IF   a>b THEN a:=a-b
22                                  |          ELSE b:=b-a
23                                  |FI.
24                                  |
25                                  |wenn beide zahlen gleich sind gib diese zahlen als groessten gemeinsamen
26   teileraus                      |teiler aus:
27                                  |put("DER GRÖSSTE GEMEINSAME TEILER LAUTET:");
28                                  |put(a).
```

5. Ausblick: Programmierunterricht für Schüler/innen Zur Koexistenz verschiedener (Programmier)sprachen

Diese Ausführungen haben sich bisher auf die Erwachsenenbildung in Informatik beschränkt, weil sich die Arbeit der GMD in diesem Bereich abspielt. Der Erfahrungsaustausch mit Teilnehmern in Veranstaltungen zur Lehrerfortbildung in unserem Institut zeigt jedoch, daß jedenfalls in der Sekundarstufe II, also den Jahrgängen 11 bis 13, Unterricht nach den hier vorgestellten Konzepten sehr erfolgreich durchgeführt wird. Im wesentlichen lassen sich die hier angestellten Überlegungen ja auch auf Jugendliche der genannten Altersstufen übertragen, da sich die sprachliche Kompetenz bis zur Pubertät weitgehend ausgebildet und gefestigt hat. Für jüngere Schülerinnen und Schüler könnten aber durchaus Ansätze im Informatikunterricht berücksichtigt werden, bei denen weniger die genaue sprachliche Formulierung als mehr das spielerische Element in jeder Form im Vordergrund steht.

In diesem Zusammenhang soll allerdings auch noch darauf hingewiesen werden, daß es sicher gute Gründe dafür gibt, im Verlauf eines Informatik-Curriculums die Lernenden mit mehreren verschiedenen Typen von Programmiersprachen bekannt zu machen. Dabei denke ich vor allem an funktional-applikative Sprachen, die im Bereich der Künstlichen Intelligenz immer bedeutender werden. Für diesen Sprachtyp wurde hier kein Beispiel vorgestellt, ELAN selbst ist eine prozedurale Sprache. Als Ausblick und zum Abschluß dieser Überlegungen können wir jedoch darauf hinweisen, daß zu einer der bekanntesten nicht prozeduralen Sprachen, nämlich der für die mathematische Modellbildung besonders geeigneten Programmiersprache DYNAMO, bereits eine unterrichtsreife Version vorliegt, wobei der zugehörige Compiler - übrigens von Schülern - in ELAN geschrieben wurde. [Cr, S. 20 ff.].

Literatur

[Ae] Aebli, Hans, Zwölf Grundformen des Lehrens (Zweite Auflage, Stuttgart 1985)

[Cr] Craemer, Diether, "Fluß und Zustand - Simulation dynamischer Vorgänge mit DYNAMO", LOG IN 5 (1985), S. 20 - 23

[Kl] Klaus, Georg, Wörterbuch der Kybernetik, Band 1 (Frankfurt am Main 1971)

[Ni] Nilsson, Nils J., Principles of Artificial Intelligence (Berlin New York 1982)

[Sl] Slobin, Dan Isaac, Psycholinguistics (Glenview, Ill. 1979)

[We] Weizenbaum, Joseph, Die Macht der Computer und die Ohnmacht der Vernunft (Frankfurt am Main 1978)

ITG für kaufmännische und technische Berufe

Leitung: Prof. Dr. Peter Diepold
Universität Göttingen

Moderne Bürokommunikation in der beruflichen Erstausbildung – Erfahrungen des Modellversuchs HERMES

Viktor Jurk, W. Heinrich

Hessisches Institut für Bildungsplanung und Schulentwicklung, Bodenstedtstraße 7, 6200 Wiesbaden

HERMES ist ein beziehungsreiches Kürzel. In der griechischen Mythologie sorgte der Götterbote Hermes für die Kommunikation und kümmerte sich nebenbei noch um Kaufleute (und Diebe). An derzeit 11 hessischen Berufsschulen sorgt HERMES dafür, daß im Rahmen eines Modellversuchs des Bundesministers für Bildung und Wissenschaft und des Hessischen Kultusministers Schülerinnen und Schüler in kaufmännisch-verwaltenden Berufen mit technischen Kommunikations-Medien konfrontiert werden. Die Frage ist, wie?

Voraussetzungen

Die "Hessische Erprobung technischer Kommunikations-Medien an beruflichen Schulen" (HERMES) geht u. a. von folgenden Thesen aus:

1. Die Informations- und Kommunikations-Technik - und hier wiederum die integrierte Bürokommunikation als die für den Modellversuch wesentliche Ausprägung dieser Technik - stellt einerseits alle Berufsausbildung vor neue Aufgaben und bringt andererseits für die öffentliche Berufsausbildung - soweit sie diese Herausforderung besteht - neue Kompetenzen mit sich. Öffentliche Berufsausbildung kann sich jenseits von Kostendruck und Amortisationszwang mit der Vermittlung von Strukturmerkmalen technischer Systeme und kaufmännisch-verwaltender Anwendungen befassen und damit für ihre Absolventen einen qualitativ sehr wertvollen Beitrag zu einer eher funktional ausgerichteten betrieblichen Ausbildung leisten. Erst recht gilt das für die vollschulische Berufsausbildung.

2. So nötig eine informationstechnische Grundbildung für die Vermittlung der eher anwendungsorientierten Lehrinhalte der Beruflichen Schulen ist, so wenig existiert sie.
   Also muß auf Jahre hinaus auch an der Beruflichen Schule informationstechnische Grundbildung mitbetrieben werden - ohne den Anwendungsbezug der Informations- und Kommunikationstechnik deshalb zu vernachlässigen. Ein Vorhaben, welches ohne Änderung der Stundentafel nicht gelingen kann.

3. Die technische Entwicklung auf dem Gebiet der Bürokommunikation ist gekennzeichnet vom Zusammenwachsen der klassischen Büromaschinentechnik mit der traditionellen elektronischen Datenverarbeitung und der Nachrichtentechnik. Hier entsteht ein synergetischer Effekt. Seine Wirkung kann nicht mehr nur in der Beschreibung einzelner Auswirkungen der verschiedenen Techniken auf den einen oder anderen Arbeitsvorgang, das eine oder andere Arbeitsmittel, den einen oder anderen Ar-

beitsplatz gefaßt werden, sondern die neue Technik durchdringt und verändert den gesamten betrieblichen Informations- und Entscheidungsprozeß.

ZUSAMMENWIRKEN VON BÜROMASCHINENTECHNIK, AUTOM. DATENVERARBEITUNG UND TELEKOMMUNIKATION

SYNERGETISCHE DIMENSION MODERNER BÜROKOMMUNIKATION

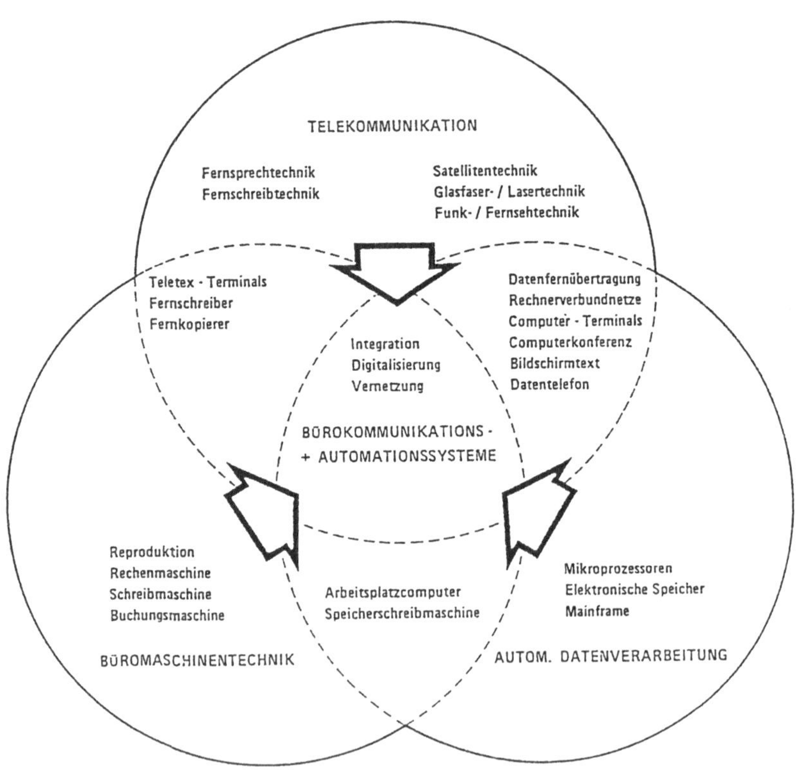

4. Dabei zeigt sich, daß technische Innovationen in diesem Bereich immer auch die Frage nach dem Verhältnis Mensch-Maschine aufwerfen. Technische Innovationen, welche nicht das menschliche Potential fördern, also beispielsweise nega-

tive Auswirkungen auf das Ausmaß von Handlungsspielräumen nehmen, die Art und den Umfang von Qualifikationen, sowie die Möglichkeit, diese Qualifikationen innerhalb der beruflichen Tätigkeit zu aktualisieren eher beschneiden als fördern, Art und Umfang von Belastungen und Beanspruchungen steigern statt beschränken, Umfang und Komplexität von Arbeitsinhalten negativ verändern, greifen zu kurz und scheitern letztendlich.

5. Die empirische Sozialforschung beschreibt - im Zusammenhang mit dem betrieblichen Einsatz von Informations- und Kommunikationstechniken und seinen Folgen - eine doppelte Bewegung: Einerseits die Reintegration gehobenerer Sachbearbeitertätigkeiten (entgegen der bisherigen Entmischung) und damit der Herausbildung qualifizierterer Arbeitsplätze (sicher aber nicht in gleicher Anzahl wie bisher) und andererseits die fortschreitende Automation repetitiver Teilarbeiten auch im Büro und damit den tendenziellen Wegfall dieser Arbeitsplätze (in Fortsetzung bereits bisheriger Entwicklungslinien, z.B. bei der Textverarbeitung, z.B. beim Rechnungswesen, z.B. bei der Dokumentenverwaltung).

6. Alle Prognosen stützen die Annahme, daß zur soliden kaufmännisch-verwaltenden Ausbildung jetzt schon und in Zukunft erst recht gehören muß die Fähigkeit, verschiedene technische Komponenten moderner Bürokommunikation (Informationsbeschaffung, Informationsdarstellung, Informationstransfer) für betriebliche Problemlösungen einzusetzen.

Aus diesen Thesen leiten sich konzeptionelle Konsequenzen ab:

Technische Konsequenzen

Das technische Konzept des Modellversuchs HERMES dient dem Grundgedanken, durch die technische Ausstattung einer Zentralstelle (sie befindet sich im Hessischen Institut für Bildungsplanung und Schulentwicklung - HIBS - welches mit der Durchführung des Modellversuchs betraut wurde) und Ausstattungen von beteiligten Schulen jedwede sinnvolle unterrichtliche Nutzung moderner Kommunikationsmedien zu ermöglichen. Dabei mußte die Verzahnung der Büromaschinen-, Nachrichten- und automatisierten Datenverarbeitungs-Technik und die Entstehung integrierter Kommunikationssysteme ebenso berücksichtigt werden wie die Entwicklung zunehmend mehrfunktionaler Endgeräte und Endbenutzersoftware.

Gleichzeitig war zu gewährleisten, daß alle wichtigen Kommunikationsdienste der Post mit ihren spezifischen technischen Eigenheiten und kaufmännischen Anwendungsmöglichkeiten nutzbar sind, wie auch bei geplanter Dienste-Integration (ISDN, zum Teil ab 1988 realisiert) noch während der Modellversuchsdauer und vor allem danach - also ab 1989/90 - die technische Lösung tragfähig bleibt. Die technische Konzeption mußte also flexibel und anpassungsfähig sein und selbstverständlich preiswert.

So entstand in der Modellversuchszentrale in Wiesbaden ein Kommunikationsrechner-Konzept, bei dem über einen Kommunikations-Server Btx- und Teletex-Kommunikation verwaltet wird, ein externer Btx-Rechner verfügbar ist und ein HOST-Rechner mit ausreichenden Verarbeitungs-, Speicherungs- und Druckerkapazitäten für tolerierbare Abwicklungszeiten sorgt. Daneben sind Btx-Ediersysteme für Seitenentwicklungen, eine autonome Teletexstation und eine Telefaxstation konfiguriert. Verschiedene Personal-Computer sollen als Arbeitsplatzrechner über ein Netzwerk gekoppelt, werden und können dann ebenfalls die zentralen Kapazitäten nutzen.

Die Schulen sind bzw. werden ausgestattet mit Btx-, Teletex- und Telefax-Geräten und erhalten durch Aufrüstung ihrer vorhandenen EDV-Anlagen um Kommunikationskomponenten schließlich mehrfunktionale Endgeräte.

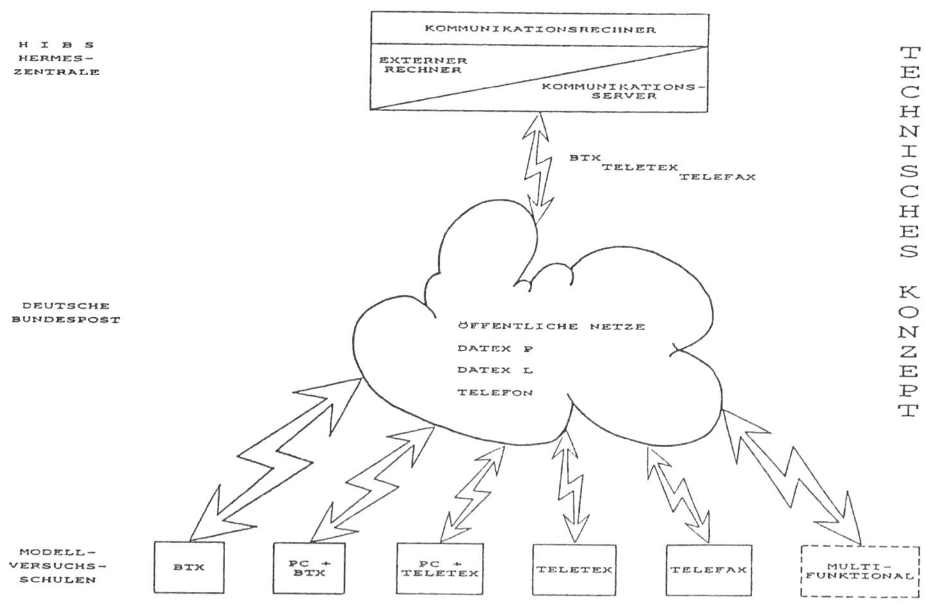

Um nun eine große unterrichtliche Anwendungsbreite zu erreichen und dennoch zentral zu steuern, stellt die HERMES-Modellversuchszentrale in Wiesbaden auf dem Kommunikationsrechner gepflegte Daten zur Verfügung, die alle betrieblichen Entscheidungssituationen darstellen. Das gesamte Spektrum kaufmännischer Tätigkeiten (vom Einkauf über die Lagerwirtschaft, die Fertigung, zum Vertrieb, Finanz- und Personalwirtschaft...) wird in einem dynamischen Datenmodell vorgehalten. Damit liegt der Stoff vor, aus dem die zahlreichen Lehrgänge der Berufsschule geschnitten sind.

Diese Daten - und die dafür erforderliche Verarbeitungssoftware - sollen von den Schulen je nach Unterrichtsprojekt abgerufen und über die geeignete Kommunikationsschiene versandt werden bzw. es kann mit diesen Daten von den Schulen auf dem zentralen Rechner des Modellversuchs gearbeitet werden.

Die Daten repräsentieren kaufmännische Problemfälle aller Art - die bereitgestellte Informations- und Kommunikations-Technik dient der sinnvollen Lösung dieser Probleme. Die Variationsbreite geht vom Material für Technik-Demonstration bis hin zu entscheidungs- und handlungsorientierten Bürosimulationen im Unterricht.

Der Einsatz der Kommunikationstechnik im Modellversuch reicht somit vom einfachen Btx-Dialog oder Teletex-Verkehr bis hin zum HERMES-Rechnerverbund. Im HERMES-Rechnerverbund werden über öffentliche Datennetze lokale Rechner (und/oder lokale Netze) gekoppelt.

Pädagogische Konsequenzen

Ausschlaggebend für den Einsatz der vielen Technik sind pädagogische Zielsetzungen.

Die oben angedeuteten Elemente:

- zentral gepflegtes Datenmodell
- zentral und/oder dezentral verwendete Untermengen davon für Unterrichtsprojekte verschiedenster Couleur
- zentraler Software-Service
- Datenfernverarbeitung und/oder lokale Verarbeitung (einschließlich des Versands von Daten und/oder Programmen)
- gehen ein in die HERMES-Unterrichtswerkbank.

Sie bringt an die Beruflichen Schulen, was an den Arbeitsplätzen der dort Auszubildenden gang und gäbe ist oder bald sein wird. Sie bietet den beteiligten Schulen weitgehende Ausgestaltungsmöglichkeiten hinsichtlich des Unterrichtseinsatzes.
Sie blendet jedoch die Strukturen auf, die hinter den schnellebigen Benutzeroberflächen und integrierten, vernetzten Systemen beim betrieblichen Einsatz verborgen bleiben.

In diesem Zusammenhang haben sich im Rahmen des Modellversuchs einige pädagogische Grundlinien ergeben:

- Den Schülern nur Bedienungswissen, nur Kenntnisse einer - an einer Schule eher zufällig verfügbaren - Benutzeroberfläche eines Bürokommunikations-Systems zu vermitteln, wäre völlig haltlos. Die Handhabung eines Bürokommunikations-Systems muß erlernt werden - jedoch exemplarisch, genutzt als Zugang zum (im Vergleich zu den Benutzeroberflächen) stabilen Basissystem, seinen Strukturen. Hierüber sind Kenntnisse zu vermitteln, welche den Schülern dann auch Transferleistungen ermöglichen.

- Der EDV-Unterricht muß um einem Kommunikationsteil erweitert werden, was eine neue Struktur dieses EDV-Unterrichts zur Folge hat.

- Die Thematisierung moderner Bürokommunikation in der Ausbildung von kaufmännisch-verwaltenden Berufen kann nicht ausschließlich im Informatik-Unterricht geschehen. So wie in der betrieblichen Praxis die Anwendung der Technik zählt und nicht die technische Dienstleistung als solche, (der Wirkungsgrad der Technik muß die Investition rechtfertigen) muß auch in der beruflichen Ausbildung die Anwendung im Vordergrund stehen. Demzufolge sind die Fachlehrgänge der Grund- und Fachstufenausbildung um Anwendungsfälle aus dem jeweiligen Berufsfeld zu ergänzen - Anwendungsfälle, aus denen auch die Auswirkungen der Informations- und Kommunikationstechnik auf Arbeitsplätze und Arbeitsabläufe sichtbar gemacht werden können.

- Am kaufmännischen Grundwissen führt kein Weg vorbei; völlig verfehlt wäre es, dies durch geschliffene Bürokommunikations-Systeme zu ersetzen, bei denen die Maschine den Lernenden menügesteuert durch ein kaufmännisches Anwendungsproblem führt. Fertigkeiten in der Bedienung und Kenntnisse über solcher computergestützte Anwendungen sind zu vermitteln, aber als das, was sie sind: Stützen kaufmännischer Gestaltungs- und Entscheidungsprozesse.

- Die exemplarische Vermittlung von Systemkenntnissen und technischem Strukturwissen (Digitalisierung, Integration, Vernetzung, Dezentralisierung) von informations- und kommunikationstechnischen Anwendungen steht, einschließlich ihrer Handhabung und der Einsicht in Auswirkungen ihrer Nutzung, im Zentrum unserer Überlegungen zum Beitrag der Berufsschule für die informationstechnische Grundbildung.

Stand der Realisierung

Wie weit ist nun die Realisierung der vorgestellten konzeptionellen Ansätze gediehen?

(Während der Fachtagung findet eine Demonstration der bisherigen Ergebnisse des Modellversuchs HERMES im Foyer des Hörsaalgebäudes der Universität Kaiserslautern statt.)

Alle beteiligten Schulen sind mit Btx-Dialog und Btx-Edierstationen ausgestattet. Sieben Schulen sind darüber hinaus mit dem Teletex-Netz verbunden und vier andere Schulen verfügen neben der Btx-Komponente auch über Telefax-Anschlüsse. Bei Bedarf können Schulen unterrichtsprojektbezogen mit Btx-Arbeitsplätzen in Klassensatzstärke ausgestattet werden.

Die Erweiterung des Personal-Computers zu einem mehrfunktionalen Arbeitsmittel (Btx- und Teletex-Verarbeitung) wird anhand von drei Produkten getestet und bei positiven Testergebnissen an sieben Schulen ausgeliefert.

Seit April 1986 kann der Externe Rechner des Modellversuchs über Btx angewählt werden. Die Verarbeitungssoftware für die Datenkommunikation und die Datenfernverarbeitung befindet sich im Test.

Realisiert wurden im Bereich Btx für das Schuljahr 85/86 im Zusammenhang mit dem Lehrbüro-Unterricht die Auslösung von Bestellvorgängen einschließlich der Folgeverarbeitung über Btx-Geschlossene Benutzergruppen (GBG) und den dort vorgehaltenen und den Bedürfnissen der jeweiligen Schulklassen angepaßten Daten.

Dabei kam es darauf an, daß eine Unterrichtsform wie das Lehrbüro, welches ja den Schülerinnen und Schülern praxisorientierte Bürosimulation bietet, als didaktisches Zentrum genutzt wird. Die folgende Seite enthält Beispiele für Btx-Seiten, die im Rahmen einer geschlossenen Benutzergruppe (GBG) für Lehrbüro-Unterricht von Modellversuchsschulen abgerufen werden können.

HIBS – Modellversuch HERMES 0.00 DM

ELGER HAUPTINHALT

Unser Btx – Angebot:

ELGER Bestellservice → 1

Wir über uns → 2
Impressum → 3

Schau doch mal rein → ■

0 ← → bitte Ziffer wählen
239236111a

HIBS – Modellversuch HERMES 0,00 DM

ELGER Standard Angebot
exklusiv für Fachhändler

Wählen Sie aus folgenden Prod.-Gruppen:

TV-Geräte → 1

Video → 2

Audio → 3

Zubehör → 4

0 ← → gew. Ziffer drücken
23923611111a

HIBS – Modellversuch HERMES 0.00 DM

ELGER Standard-Angebot
exklusiv für Fachhändler

TV-Tischgeräte

Nr	Artikelbeschreibung	N-Preis
1	SABA T67 SC83 Ultracolor Farbfernsehgerät mit 67-cm-Präzisions-Bildröhre PIL S4, Stereoton, 40 Watt	944,74
2	SABA T56 SC83 Ultracolor mit 56-cm-Präzisions-Bildröhre PIL S4, Stereo 20 W.	788,42

0 ← zum Bestellen gew.Nr. drücken weiter im Katalog → #
2392361111111a

HIBS – Modellversuch HERMES 0,00 DM

ELGER Bestellseite
exklusiv für Fachhändler

Besteller: HIBS-Modellversuch Hermes
Kunden-Nr: ......
Hiermit bestellen wir zu den uns bekannten Konditionen:

SABA T67 SC83 Ultracolor Farbfernsehgerät mit 67-cm-Präzisionsbildröhre PIL S4, empfangsbereit für Satelliten- und Kabelfernsehen, mit 4 Stereo-LS, 40 Watt, kompl. mit Infrarot Fernsteuerung.
Bestell-Nummer: 501 101

Preis: DM 944,74 Anzahl: ..

Verp.Einh.: Stück Gewicht: kg

gewünschter Liefertermin:........

23923611111111a

HIBS – Modellversuch HERMES 0,00 DM

ELGER EXKLUSIV FÜR FACHHÄNDLER

GESCHÄFTSBEDINGUNGEN

Lieferbedingungen → 1

Zahlungsbedingungen → 2

Gewährleistungen → 3

Gerichtsstand → 4

0 ← → Ziffer wählen

23923611113a

HIBS – Modellversuch HERMES 0.00 DM

ELGER EXKLUSIV FÜR FACHHÄNDLER

LIEFERBEDINGUNGEN

Angebote sind stets freibleibend. Vereinbarte Lieferfristen verlängern sich angemessen im Falle höherer Gewalt.

Versandweg und -mittel bleiben, falls nicht anders vereinbart, dem Verkäufer überlassen.

Für Verpackung wird bis zu einem Rechnungsbetrag von DM 1000,-- ein Kostenanteil von DM 15.-- erhoben. Verpackungsmaterial wird nicht zurückgenommen.
Bei Reparaturlieferungen ist Porto und Verpackung vom Kunden zu tragen.

0 ← weiter → #
239236111131a

Einerseits kann in einer Reihe von vor-, parallel- oder nachlaufenden Theorie-Lehrgängen auf das Lehrbüro hin gearbeitet werden bzw. es können andererseits Problemstellungen aus dem Lehrbüro-Unterricht in anderen Unterrichtsbereichen vertieft weiterbehandelt werden. Im Zusammenhang mit den technischen Kommunikationsmedien ergeben sich solche Bezüge und auch neue Lehrinhalte für den EDV-Unterricht - doch auch die kaufmännischen Kernlehrgänge strotzen vor Beziehungen zu einem solcherart organisierten und inhaltlich bestimmten Lehrbüro.

Unabhängig vom Lehrbüro-Unterricht wurde Btx in einer Reihe von Theorielehrgängen als Beispiel für moderne Bürokommunikation thematisiert.

Auch hier wurde festgestellt, daß mehr Zusammenhang zwischen informations- und kommunikationstechnischen Fachlehrgängen und kaufmännischem Anwendungswissen hergestellt und dafür mehr Unterrichtszeit zur Verfügung gestellt werden muß.

(Als Konsequenz daraus wird beispielsweise im Schuljahr 86/87 im Rahmen des Modellversuchs HERMES - in dem nahezu in allen Büroberufen Unterrichtserprobungen projektiert sind - in einzelnen Fällen der EDV-Unterricht um 50 % verlängert oder die Stundentafel in der Teilzeit-Berufsschule im Wahlpflichtbereich um ein bis zwei Wochenstunden angehoben.)

Derzeit entsteht das den Modellversuchsschulen zur Verfügung gestellten Datenmodell, welches bereits für die GBG-Btx Aktivitäten Pate stand.

Dieses Datenmodell wird mit einem relationalen Datenbank-System realisiert und auf dem HOST-Rechner des Modellversuchs gepflegt.

Auf den folgenden Seiten sind einige Schüler-Arbeitsblätter und Schülerarbeiten dokumentiert, die im Unterricht des Schuljahres 86/87 benutzt wurden bzw. entstanden.

Das Btx-System

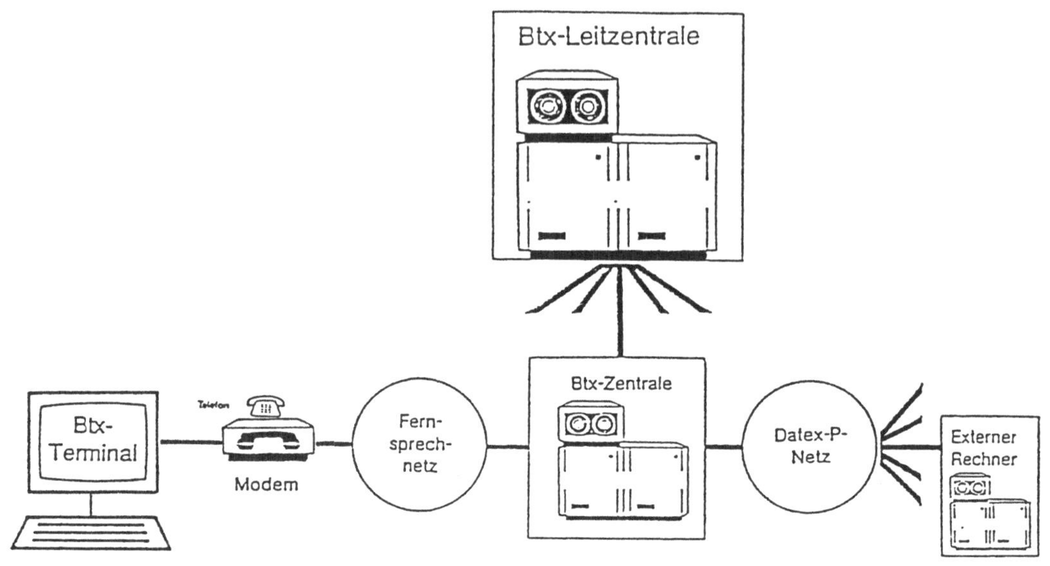

Aufgabe und Beschreibung der einzelnen Komponenten des Btx-Systems

Btx-Leitzentrale:

Btx-Zentrale:

Externer Rechner:

Datex-P-Netz:

Fernsprechnetz:

Modem:

Btx-Terminal:

Ordnungsmerkmale der Kommunikation

	Mensch/Maschine Findet eine direkte Kommunikation - Mensch/Mensch - Mensch/Maschine - Maschine/Maschine statt?	Materiell/Immateriell Werden Informationen durch materielle Träger transportiert (z.B. Zeitung) - oder werden sie immateriell transportiert (z.B. Telefon)?	Einseitig/Zweiseitig Ist die Kommunikation einseitig (z.B. Rundfunk/Fernsehen) - oder ist ein Dialog möglich (z.B. Telefon)?	Aktualität Ist es wichtig, daß die Information aktuell ist?	Vorleistungen Welche Übertragungswege/-geräte müssen bereitgestellt werden?
Bsp.: Lucky Luke					
Bsp.: Bildschirmtext					
Bsp.: Teletex					

Collage
"Integrierte Bürokommunikation"
erstellt von Schülern der
Schulze-Delitzsch-Schule
in Wiesbaden

"Computertechnik an den Gewerblichen Schulen"

Ltd. Regierungsschuldirektor Hans Schuler,
Oberschulamt Freiburg

1. Prinzipielle didaktische Zielsetzung für die Umsetzung neuer Technologien

Bei der Komplexität und Innovationsschnelligkeit der neuen Technologien ist die Auswahl der Lerninhalte von essentieller Bedeutung. Über Methode und Unterrichtsmedien kann erst dann diskutiert werden, wenn die Lerninhalte festliegen.

Eine moderne berufliche Bildung muß dem Schüler die herkömmlichen Kenntnisse und Fertigkeiten seines Berufsbildes vermitteln, dazu aber auch die elementaren Zusammenhänge der neuen Technologien; der Schüler sollte befähigt werden, sich in die zukünftigen Aufgabenkreise seiner jeweiligen Berufssituation einzuarbeiten. Für alle Betriebe der Wirtschaft gilt prinzipiell:

- starke Zunahme rechnergestützten Arbeitens in Produktion, Büro und Verwaltung,
- verstärkte Integration der verschiedenen Arbeitsbereiche,
- zunehmende Automatisierung durch Informations- und Kommunikationstechniken, neue Fertigungsmaschinen und Produktionsverfahren,
- mehr Flexibilität bei der Arbeitsgestaltung

Speziell im Bereich der Produktion kommt noch hinzu:

- veränderte Produktionsstrategien und -systeme um z.B. zunächst gegensätzlich erscheinende Zielsetzungen wie Erhöhung der Flexibilität und die Erhöhung der Produktivität zu erreichen;

- weniger enge Bindung des Menschen an Maschinensysteme und dadurch den menschlichen Fähigkeiten besser angepaßte Arbeitsinhalte und Arbeitsformen;
- Aufhebung einer zu weit gehenden bzw. nicht mehr sinnvollen Arbeitsteilung;
- erhöhte Bedeutung der Teamarbeit für die optimale Nutzung neuer Organisations- und Arbeitssysteme.

Die Auswirkungen dieser neuen Technologien in erster Linie des Computers führen tendenziell zu Dequalifizierung und Aufspaltung der Qualifikationsniveaus. Sie fordern prinzipiell eine Höherqualifizierung. Das Lernen muß als offener Prozeß verstanden werden. Eine Bereitschaft zum ständigen Weiterlernen muß sich entwickeln. Neue Lerninhalte sollten daher nach folgenden Auswahlkriterien festgelegt werden:

- Vermittlung grundlegender und stets verfügbarer Fachkenntnisse des Berufes;
- Vermittlung peripherer Kenntnisse zu den grundlegenden Fachkenntnissen entsprechend dem technischen Gegenwartsstand;
- Vorbereitung auf multifunktionale Einsatzfähigkeit;
- Vermittlung von Teamfähigkeit und Entscheidungskompetenz sowohl im fachlichen wie im Sozialbereich;
- Wissensvermittlung, die die Voraussetzung für einen Einstieg in eine ständige Weiterbildung ermöglicht.

Diese angesprochenen didaktischen Probleme sollen mit dem Themenkreis "Computertechnik" vorbereitet werden. Die Umsetzung der Computertechnik erfolgt in der Berufsschule nach folgendem konzeptionellem Ansatz:

- An den gewerblichen Schulen des Landes Baden-Württemberg wird den Schülern aller Berufsfelder - sofern die gerätetechnische und personalmäßige Ausstattung es erlauben - in der Grundstufe (1. Lehrjahr) das Fach "Computertechnik-Grundlagen (CTG)" angeboten. Hier werden grundlegende computertechnische Grundlagen vermittelt ohne Differenzierung in den einzelnen Berufsfeldern.

- In der Fachstufe I und II (2. bzw. 3. Lehrjahr) wird als Fortsetzung das jeweils berufsfeldspezifische Fach "Computertechnik-berufsbezogen (CTB)" angeboten. Hier erfolgt die Vermittlung von computertechnischem berufsbezogenem Fachwissen mit einer nach Einzelberufen oder Schwerpunkten ausgerichteten Differenzierung.

2. Didaktik und Methodik des Faches "Computertechnik-Grundlagen (CTG)"

Im Fach Computertechnik-Grundlagen wird anhand eines Personalcomputers - einem universell einsetzbaren Mikroprozessorsystem - der Aufbau, die Arbeitsweise und der Umgang mit einem Computersystem erläutert.

Folgende Lernziele sollen erreicht werden:

- Möglichkeiten und Grenzen von Computersystemen kennenlernen.
- Erkenntnis, daß der gleiche Computer zum einen zur klassischen "Datenverarbeitung" zum anderen aber auch zur Steuerung von technischen Abläufen verwendet wird.
- Einsicht, daß Mikroprozessorensysteme nur intelligenzverstärkende (Denkzeuge) aber nicht an sich intelligente Werkzeuge sind.
- Einsicht, daß Programme Handlungsanweisungen zurProplemlösung sind, die einem Computer die Reihenfolge der Bearbeitung vorschreiben.

- Abbau von Berührungsängsten.
- Aufgeschlossenheit gegenüber modernen Technologien.
- Erkenntnis, daß ein zu lösendes Problem computergerecht aufbereitet werden muß (Analyse - Algorithmus - Programm).

Das Fach Computertechnik umfaßt vier Lehrplaneinheiten (LPE). Bei den Zahlenangaben (hinter den Lehrplaneinheiten) handelt es sich um vorgesehene Zeitrichtwerte in Stunden.

LPE 1: Struktur eines Computers (3)

- Einsatzgebiete der Computertechnik
- Bedeutung für den zukünftigen Beruf
- Grundbestandteile eines Computers
- Starten eines Computers
- Kennenlernen der Tastatur
- Vergleich Datenverarbeitung durch den Menschen und durch den Computer
- Elemente des Computers (Steuerwerk, Rechenwerk, Speicher, Eingabe/Ausgabegeräte)
- Funktionsweise des Computers
- Begriffe: Hardware, Software, Bit, Byte

LPE 2: Bedienung eines Computers (4)

- Funktion der Tastatur
  (Buchstaben, Ziffern, Sonderzeichen, Groß- und Kleinschreibung, Leertaste, RETURN-Taste, Löschen von Zeichen, SHIFT-Taste, CURSOR-Steuerung, Steuerzeichen)
- Übungen zu den Funktionen der Tastatur
  (z.B. Adressenprogramme, einfache Textverarbeitung, Übungen anhand bedienergeführter Programme)

- Computer als "Taschenrechner"
  (PRINT-Befehl, arithmetische Befehle, Rangfolge von Rechenoperationen, Setzen von Klammern)
- Arbeiten mit externen Speichern
  (Abspeichern von Programmen, Einlesen von Programmen, Löschen von Programmen)

LPE 3: Programmierung eines Computers

- Erstellen eines linearen Programms
  (Aufgabenstellung, Lösungsansatz Algorithmus, Programmablaufplan PAP, Aufbau einer Programmzeile, Aufbau eines Programms, Befehle,PRINT, LET, INPUT, END, REM, Verbesserung von Syntax-Fehlern, Steueranweisungen RUN, LIST, NEW, Bedienerführung)
- Arbeitsschritte zur Erstellung eines Programmablaufplanes
  (Problemanalyse, Problemaufbereitung, Programmablaufplan)
- Erstellen eines verzweigten Programmes
  (Erweiterung von Beispielen aus den vorangegangenen Unterrichtsstunden, neue Befehle: IF...THEN, GOTO, Vergleichsoperationen)
- Programmtest und Programmbeschreibung

LPE 4: Programmierübungen

- Vertiefung der Kenntnisse anhand von Aufgaben aus der Fachkunde, dem Fachrechnen oder der Wirtschaftskunde
- Menütechnik

3. Erfahrungen bei der Umsetzung des Faches CTG

Das Fach "Computertechnik-Grundlagen" führt Berufsschüler aller Berufsfelder in neue für die Schüler schwer zu erforschende Denkstrukturen ein. Die Schüler werden mit neuen und komplexen Lerninhalten konfrontiert, die kaum einen anschaulichen Zugang aus ihrer bisherigen Erfahrungswelt haben. Nicht mehr anschauliche Gegenstände wie Meißel, Bohrer Hammer usw. sondern komplexe Baugruppen wie Speicher, Software und Programme mit zunächst unverständlichen Zeichen stehen im Mittelpunkt des Unterrichts. Auftretende Lernschwierigkeiten, die sich je nach den unterschiedlichen Berufsfeldern sehr differenziert artikulieren, fordern Vermittlungshilfen z.B. Lehrmittel oder spezielle Handreichungen.

Zur Vermittlung von Hardware-Kenntnissen wären z.B. folgende Lehrmittel hilfreich:

- Funktionsweise eines einfachen Speichers
- Sammlung wichtiger Speichermedien (Tonband, Diskette, Speicherbausteine, optische Speicher usw.)
- Einfaches Modell eines Mikrocomputers
- Einfaches Modell eines BUS-Systems
- Ein- und Ausgabegeräte (unterschiedliche Sensoren und Aktoren)
- Umsetzung von BIT und BYTE in alphanumerische Zeichen

Bei der Behandlung von Software-Problemen liegt eine besondere Schwierigkeit darin, dem Schüler das Verständnis für die logische bzw. sachliche Abfolge und die Übertragung in ein für den Rechner verständliches Programm bzw. Sprache zu vermitteln. Zur Förderung dieser neuen erforderlichen Denkstrukturen könnten folgende Lernhilfen herangezogen werden:

- Fallbeispiele, an denen algorithmisches Vorgehen sich sehr leicht aufzeigen läßt
- Programmablaufpläne und Strukturprogramme aus den jeweiligen Berufsfeldern der Schüler
- optische Veranschaulichung in Form von Tafelskizzen, Transparenten, Arbeitsplätze usw.

Bei allen Überlegungen über den Einsatz von Unterrichtshilfen und Unterrichtsmedien darf jedoch nicht vergessen werden, daß im Mittelpunkt des Faches Computertechnik eindeutig der Dialog mit dem Rechner steht.

Deshalb sollte angestrebt werden, daß an einem Computerarbeitsplatz möglichst nicht mehr als zwei Schüler gemeinsam arbeiten. In einem Fachraum sollten in der Regel nicht mehr als 8 Computerarbeitsplätze installiert werden. Bei größeren Klassen empfiehlt sich die Gruppenbildung bzw. Klassenteilung. Außerhalb der Unterrichtszeit muß für die Schüler ausreichende Arbeit und Übungsmöglichkeit geschaffen werden. Zur Vermittlung der Lerninhalte des Faches "Computertechnik-Grundlagen" genügen einfache Mikrocomputersysteme z.B. 8-Bit-Rechner.

Das Fach "Computertechnik-Grundlagen" wird in der Berufsschule in der Grundstufe als einstündiges eigenständiges Fach im E-Programm angeboten. Aufgrund der derzeit laufenden Berufsfeldneuordnungen auf Bundesebene kann davon ausgegangen werden, daß die in CTG vermittelten Inhalte in die Rahmenlehrpläne der KMK aufgenommen werden. Dies könnte zu einem späteren Zeitpunkt eine Übernahme des Faches in den Pflichtfachbereich bedeuten.

Unterschiedliche Lernerfahrungen bei gewerblich-technischen und nichttechnischen Berufsfeldern haben ergeben, daß bei der Beibehaltung der Lernziele und Lerninhalte für alle Berufsfelder und Schularten entsprechend den jeweiligen Vorkenntnissen der Schüler und den berufsfeldspezifischen Erfordernissen der einzelnen Berufsfelder es doch erforderlich ist, eine zeitliche Differenzierung der einzelnen Lerninhalte anzubieten. Der vorliegende Lehrplan wurde daher überarbeitet und erhält nun 5 Lehrplaneinheiten.

4. Überarbeiteter Lehrplan "Computertechnik-Grundlagen (CTG)"

LPE 1: Struktur eines Computers mit Signalverarbeitung (3)

- Anwendungen des Computers in den verschiedenen Bereichen der Technik
- Bedeutung des Computers für das spezielle Berufsfeld
- Vergleich der Datenverarbeitung durch den Menschen und durch den Computer
- Elemente des Computers (Eingabe, Verarbeitung, Ausgabe)
- Signalverarbeitung (Ansteuerung und Abfrage von Aus- und Eingängen)
- Begriffe (Hardware, Software, BIT, BYTE)

LPE 2: Bedienung eines Computers (3)

- Funktion der Tastatur
  (Buchstaben, Ziffern, Sonderzeichen, Groß- und Kleinschreibung, Leertaste, RETURN/ENTER, Löschen von Zeichen, SHIFT-Taste, CURSOR-Steuerzeichen)
- Arbeiten mit externen Speichern
  (Abspeichern von Programmen, Einlesen von Programmen, Löschen von Programmen)
- Arbeiten mit Druckern
  (Ausdrucken von Programmen)

LPE 3: Strukturierung einfacher Probleme und Lösung mit dem Computer (9 - 15)

- Vom Problem über den Algorithmus zum Programmablaufplan/Struktogramm
  (Problemanalyse, Problemaufbereitung, Festlegung des Algorithmus, Programmablaufplan/Struktogramm)
- Vom Programmablaufplan/Struktogramm zum Programm
  (Aufbau einer Programmzeile, Aufbau eines Programms, Befehle, Eingabe, Ausgabe, Zuweisung, Rechenoperationen, Steueranweisungen, Starten und Auflisten eines Programms, Löschen des Arbeitspeichers, Bedienerführung, Verbesserung von Syntax-Fehlern)
- Programmtest
  (Beseitigung logischer Fehler, Erstellen von Testdaten, Beschreibung und übersichtliche Gestaltung des Programms)

LPE 4: Strukturierung erweiterter Probleme und Lösung mit dem Computer (mit LPE 5,15 - 9)

- Vom Programmablaufplan/Struktogramm zum verzweigten Programm
  (Befehlverzweigung, Vergleichsoperatoren)
- Vom Programmablaufplan/Struktogramm zum Schleifenprogramm
  (Schleifenkopf, Schleifenrumpf, Schleifenzähler, Schleifenende, Abbruchbedingungen)
- Vertiefung der Kenntnisse anhand von Beispielen aus dem Bereich der Fachkunde, dem Fachrechnen, der Wirtschaftskunde usw.
- Menütechnik

LPE 5: Lösen von Standardproblemen mit Anwender-Software
(15 - 9 mit LPE 4)

- Zweck und Einsatzgebiete des Anwender-Programmes (Starten, Bedienen, Beenden)
- Vertiefung der Kenntnisse durch Übungen

Entsprechend den Vorkenntnissen der Schüler und den Erfordernissen in den einzelnen Berufsfeldern erlauben die Lehrplaneinheiten 3, 4 und 5 eine unter Umständen erforderliche Differenzierung.

5. Didaktik und Methodik des Faches "Computertechnik-berufsbezogen (CTB)"

Für die Berufsschule wurden oder werden gegenwärtig nach Berufsfeldern und Schwerpunkten getrennt Lehrpläne mit der Bezeichnung CTB erarbeitet. Die Lehrpläne enthalten berufsfeldspezifische Themenbereiche moderner Technologien, wobei der direkte Anwendungsbezug im Vordergrund steht. Die für die Berufsschule geltenden Rahmenlehrpläne der KMK enthalten diese Themenbereiche gegenwärtig noch nicht. Es kann jedoch davon ausgegangen werden, daß im Zusammenhang mit dem gegenwärtig laufenden Neuordnungsverfahren eine Aufnahme der entsprechenden Themenbereiche in die Lehrpläne vorgenommen wird.

Baden-Württemberg hat im Vorgriff auf diese Neuordnungen CTB-Lehrpläne für das E-Programm der Berufsschule in den Fachstufen I und II entwickelt. Sie ergänzen die bisherigen fachlichen Lehrpläne durch Bereiche moderner Technologien. Mit Abschluß der entsprechenden Berufsfeldneuordnungen dürften diese E-Programme durch die zu erwartende Aufnahme der CTB-Inhalte in den fachtheoretischen Bereich weitgehend überflüssig werden. Für das Fach CTB dient generell die Vermittlung von Kenntnissen in der modernen Steuerungs- und Regelungstechnik mittels Mikroprozessoren und Mikrocomputern. In allen Berufsfeldern werden die Einsatzgebiete für Mikrocomputer mit Standard-Software wie z.B. Textverarbeitungssysteme, Datenbanksysteme, Kalkulationssysteme und die immer vielfältiger werdenden Branchenpakete immer häufiger.

5.1 CTB für das Berufsfeld Metalltechnik: Mechanik/Zerspantechnik

In diesem Fach sollen folgende Richtziele verwirklicht werden:

- Bereitschaft, Schwellenängste zu überwinden und neue Technologien anzunehmen;
- Bereitschaft, ein hohes Maß von Verantwortung und Selbständigkeit zu übernehmen;
- Einsicht in die Veränderung der Arbeitswelt durch den Mikroprozessor;
- Offenheit für Humanisierungsbestrebungen am Arbeitsplatz.
- Fähigkeit, in Blockstrukturen zu denken;
- Fähigkeit, Probleme zu erkennen, zu strukturieren und geeignete Lösungsstrategien anzuwenden;
- Bereitschaft zum berufsfeldübergreifenden Informationsaustausch

Für die Fachstufe I und II sind folgende Lerninhalte vorgesehen:

LPE 1: Berufsfeldbezogene Computeranwendung (3)

- Einblick über die Computeranwendung in Konstruktion, Planung, Fertigung und Qualitätssicherung,
- Werkzeugmaschinen für spanende und spanlose Fertigung, Handhabungssysteme,
- Einblick in Kriterien für den Einsatz von NC-Maschinen (Losgröße, Flexibilität, Stückkosten)

LPE 2: Computergesteuerte Werkzeugmaschinen (12)

- Einblick in den grundsätzlichen Aufbau von NC-Maschinen (Steuerungen, Baugruppen)
- Überblick über die Funktion des Computers in der NC-Fertigung (NC, CNC, DNC)
- Überblick über die Datenverarbeitung in der NC-Steuerung (äußerer und innerer Datenfluß, Codierung, Speicherung)
- Überblick über das Funktionsprinzip von Wegmeßsystemen
- Vertrautheit mit der Bezeichnung der Koordinatenachsen

- Kenntnis der Bedeutung von Nullpunkten und Bezugspunkten,
- Kenntnis von Merkmalen und Anwendung der Steuerungsarten (Punktsteuerung, Streckensteuerung, Bahnsteuerung)
- Kenntnis der Bedeutung von Werkzeugdaten
- Kenntnis der Bedeutung von Bildzeichen an NC-Maschinen

LPE 3: Programmieren von NC-Werkzeugmaschinen (15)

- Programmaufbau beim manuellen Programmieren (formaler Aufbau, Wegfunktionen, Schaltfunktionen)
- Erstellen von Teilprogrammen (Werkstückgeometrie, technologische Daten, Werkstück-Nullpunkt, Werkzeug-Wechselpunkt, Schnittaufteilung)

LPE 4: Grundlagen der Digital- und Steuerungstechnik (10)

- Darstellungsmöglichkeit von physikalischen Größen (analoge Signale, digitale Signale)
- Einblick in Zahlensysteme
- Logische Grundverknüpfungen, Speicher- und Zeitfunktionen (UND, ODER, NICHT, FLIP-FLOP, Zeitglieder, Funktionstabellen, Funktionsgleichungen)
- Überblick über Eingabe- und Ausgabebausteine (Sensorik, Aktorik)

LPE 5: Speicherprogrammierbare Steuerung (20)

- Funktionsgruppen einer speicherprogrammierbaren Steuerung (Eingabeeinheit, Zentraleinheit, Ausgabeeinheit, BUS-System)
- Arten von Programmspeichern (RAM, ROM, EPROM)
- Programmentwicklung (Funktionstabelle, Funktionsplan, Anweisungsliste)
- Eingabetestung und -änderung von Programmen
- Flexibilität der Programmänderung
- Typische Anwendungsgebiete für SPS

5.2 CTB für das Berufsfeld Metalltechnik: Kfz-Technik

Der zunehmende Gehalt an Mikroelektronik bei den einzelnen Aggregaten und Komponenten in der Kfz-Technik und die dadurch wachsende Komplexität dieser Geräte verlangen folgende Kenntnisse:

- Kfz-Elektronik,
- Steuerungs- und Regelungstechnik,
- Meßtechnik,
- Kfz-Mikroprozessorsysteme,
- elektronische Zündsysteme,
- elektronische Antriebs-, Geschwindigkeits- und Bremsregelungen
- Hybridtechnik

5.3 CTB für das Berufsfeld Metalltechnik: Installations- und Metallbautechnik

Für diesen Schwerpunkt sind folgende Kenntnisse erforderlich:

- Industrieelektronik
- Mikrocomputertechnik
- Grundkenntnisse über Meß-, Steuerungs- und Regelungstechnik
- Arbeiten mit Branchen-Software, z.B. für Berechnungen
- CAD in der Metallbautechnik

5.4 CTB für das Berufsfeld Elektrotechnik: Energietechnik

Die Elektroinstallateure, Energieanlageninstallateure und -elektroniker müssen erweiterte Anwenderqualifikationen besitzen. Da jedoch die Zahl der elektronischen Steuerungselemente, die im Arbeitsbereich dieser Berufe vorkommen, zahlreicher und in ihrem Aufbau sowie ihrer Funktion komplexer sind, müssen auch die Kenntnisse, Fertigkeiten und Fähigkeiten entsprechend umfassend aber auch vertiefter und spezialisierter sein. Beispiele für elektronische Systeme sind die Steuerungsanlagen für Hausinstallationen, Alarmanlagen, von Wasch-, Spül- und Trockenmaschinen. Staubsaugern aber auch von Industrieanlagen wie Mühlen, Pumpen oder Befeuerungseinrichtungen.

Für die Fachstufe I und II sind daher folgende Inhalte vorgesehen:

- Digitaltechnik
  - logische Grundgatter
  - Flip-Flop-Schaltungen
  - kombinatorische Logik
  - sequentielle Logik
  - elektronische Zähl- und Speicherschaltungen
- speicherprogrammierbare Steuerungen (SPS)
  - Aufbau und Funktion einer SPS
  - Programmierung einer SPS
- Zusammenwirken von diskreter Elektronik, IS-Elektronik und Mikroprozessorsystemen

5.5 CTB für das Berufsfeld Elektrotechnik: Nachrichtentechnik

Bei nachrichtentechnischen Berufen sollen folgende Richtziele verwirklicht werden:

- Fähigkeit, in Blockstrukturen zu denken
- Bewußtsein, daß ein zu lösendes Problem im Mikroprozessor in gerechte Einzelschritte zerlegt werden muß
- Fähigkeit, Datenblätter als Beschreibungsmittel für komplexe Bausteine zu benutzen
- Bewußtsein, daß fast jede Hardware-Lösung durch ein Mikroprozessorsystem mit geeigneter Software ersetzt werden kann

Folgende Inhalte sind dazu vorgesehen:

- Grundlagen zur Mikroprozessortechnik
  - Hardwarestruktur eines Mikrocomputersystems
  - Softwarestruktur eines Mikrocomputersystems (Befehlsatz)
  - Programmierung eines Mikrocomputersystems
- Interface-Technik
- speicherprogrammierbare Steuerungen

5.6 CTB für das Berufsfeld Drucktechnik

Im Satzbereich ist der verstärkte Einsatz des Computers zu berücksichtigen, während im Repro- und Druckbereich Kenntnisse in moderner Meß- und Steuerungstechnik erforderlich sind.

Folgende Inhalte sind zu realisieren:

- Struktur eines Mikrocomputers
- Software-Anwendung
- Programmieren
- Steuern und Regeln mit Mikrocomputern
- Mikrocomputer mit Software-Anwendung
  - Schrift
  - Zeichen
  - Farbe
  - Text und Bild
  - Erfassung von Bild- und Textdaten
  - Veränderung und Korrektur von Bild- und Textdaten

5.7 CTB für das Berufsfeld Bautechnik

In der beruflichen Praxis von Maurer, Isolierern und Dachdeckern werden keine Arbeitsmittel verwendet, für die Anwenderqualifikationen auf mikroelektronischem Gebiet erforderlich sind. Die neuen Technologien wirken sich bei diesen Berufen in den Werkstofftechnologien aus. Da ständig neue Werkstoffe und Werkstoffverarbeitungsverfahren eingeführt werden, ist es notwendig, daß der Auszubildende Kenntnisse über die Grundlagen der modernen Chemie und Physik erhält, um neue Werkstoffe und Verarbeitungsverfahren technologisch richtig einsetzen zu können.

Die Bauzeichner befinden sich in einer besonderen Situation. Auch in ihrem Tätigkeitsfeld werden viele Routinen beim Erstellen von Zeichnungen durch mikroelektronische Zeichenhilfen übernommen werden. Die individuellen Wünsche von Bauherren, das künstlerische Gestalten beim Bauentwurf werden jedoch auch zukünfig dazu führen, daß CAD-Zeichenmaschinen nur in beschränktem Maße genutzt werden, warum kreatives Gestalten und die Anwenderqualifikationen für die neuen Technologien in gleichem Maße angestrebt werden müssen.

Im Bereich der vermessungstechnischen Berufe sind Kenntnisse in moderner Meßtechnik erforderlich.

5.8 CTB für das Berufsfeld Holztechnik

Obwohl im Tischlerberuf während der Ausbildung in sehr hohem Maße manuelle handwerkliche Fähigkeiten und sehr viel Werkstoff- und Formgefühl vermittelt werden müssen, zeigen Betriebsdarstellungen in Fachzeitschriften, daß CNC-gesteuerte Holzarbeitungsmaschinen in zunehmendem Maße eingesetzt werden.

Damit verbunden sind integrierte Lösungen von Soft- Hardware, insbesondere im Möbelbau.

Daher sind folgende Inhalte relevant:

- Grundkenntnisse in der Industrieelektronik
- Steuer- und Regelungstechnik
- Grundkenntnisse in der Mikroprozessortechnik
- neue Werkstofftechnologien
- DNC-Steuerung von Holzbearbeitungsmaschinen
- Grundlagen der CNC-Technik

5.9 CTB für das Berufsfeld Textil- und Bekleidungstechnik

Im Bereich der Textiltechnik ist mit einem verstärkten Einsatz von computergestützten Steuerungs- und Fertigungssystemen zu rechnen. Im Bekleidungsbereich wird der Computer zur rationellen Schnitt- und Designgestaltung eingesetzt.

Folgende Inhalte sind vorzusehen:

- Industrieelektronik
- Steuerungstechnik
- CNC-gesteuerte Fertigungsmaschinen in der Bekleidungsindustrie
- moderne Schnittechnik
- Automatisierung am Näharbeitsplatz
- Rationalisierung der Nähtechnik
- Computergestützte Musterzeichnung und Herstellung

5.10 CTB für das Berufsfeld Chemie, Physik, Biologie

In diesem Berufsfeld führt der Einsatz von Mikroprozessoren und Mikrocomputern vor allem im Labor und in der Produktion zu neuen Qualifikationsanforderungen.

Folgende Inhalte sind zu vermitteln:

- Steuerungs- und Regelungstechnik
- Meßtechnik
- Laborbereich
  . Computergestützte Meßaufnahme
  . Analyseauswertung
  . Steuerung von Analysegeräten
  . Analyseroboter
- Produktionsbereich
  . Prozeßrechner
  . automatisiertes Betriebslabor
- Einsatz von Standard-Software
- Einsatz von Standard-Peripherie

5.11 CTB für das Berufsfeld Farbtechnik und Raumgestaltung

Bei Malern und Lackierern werden in den Handwerksbetrieben bei der Fertigung in der Regel noch keine computergesteuerten Maschinen eingesetzt, die eine erhöhte Anwenderqualifikation fordern. Bei diesen Berufen wird die Computertechnik in zunehmendem Maße bei der Herstellung von Farbmischungen und bei der Verwaltung von Lagerbeständen eingesetzt.

Folgende Kenntnisse sind zu vermitteln:

- Vertiefung in der Bedienung von Kleincomputern
- Organisation und Programmieren von Lagerbeständen
- Farbmischmaschinen

5.12 CTB für das Berufsfeld Gesundheit

In diesem Berufsfeld beschränkt sich der Computereinsatz in erster Linie auf das Abrechnungs- und Lagerhaltungswesen und für Laborarbeiten.

Daher sind folgende Inhalte zu vermitteln:

- Computertechnik im Labor
- Umgang mit Textverarbeitungssystemen
- Umgang mit Datenbanksystemen
- Einführung in BTX

5.13 CTB für das Berufsfeld Nahrung

Bei Bäckern, Konditoren und Fleischern werden in den Handwerksbetrieben immer mehr elektronisch- oder computergesteuerte Maschinen für die Fertigung eingesetzt.

Daher sind folgende Kenntnisse zu vermitteln:

- Industrieelektronik
- Steuer- und Regelungstechnik
- computergesteuerte Maschinen
- Anwender-Software
  - . Einkauf / Verkauf
  - . Lagerhaltung

5.14 CTB für das Berufsfeld Körperpflege

In Friseurbetrieben wird sich die Computertechnik vorerst auf einfache Anwender-Programme beschränken.

Der Berufsschüler wird folgende berufsspezifische Anwenderqualifikationen benötigen:

- Anwender-Software
  - . Terminplanung
  - . Lagerhaltung
  - . Frisurgestaltung
- elektronische Registrierkassen
- Mikroprozessor-gesteuerte Trockenhauben

NEUE KOMMUNIKATIONSTECHNIKEN IM BÜRO

Ergebnisse eines Modellversuchs an kaufmännischen Berufsschulen

Gerhard Clemenz
Staatliche Berufsschule
8520 Erlangen

1. Notwendigkeit der Berücksichtigung dieser Thematiken im Unterricht kaufmännischer Schulen

Der kaufmännische Mitarbeiter ist mehr denn je mit der Bewältigung von Informationen befaßt - das Filtern, Verarbeiten und Weitergeben dieser Daten stellt heute schon ,und künftig in noch größerem Maße , ein wesentliches Tätigkeitsmerkmal dieses Berufes dar. Ein papierloses Büro im wahren Sinne des Wortes wird nur in Ausnahmefällen realisiert werden können - elektronische Hilfsmittel aber gehören heute bereits auf breiter Basis zum normalen Büroalltag. Die kaufmännischen Berufsschüler sind als Auszubildende unmittelbar mit dieser Form der Informationsbe- und -verarbeitung konfrontiert. Der Anspruch eines praxisnahen Unterrichts, Aktualität und Realität als Unterrichtsprinzipien, können nur erfüllt werden, wenn die Schule rechtzeitig auf diese Veränderungen der betrieblichen Praxis reagiert. Diese Reaktion ist wiederum nur effizient, wenn sie pädagogisch realisiert werden kann. Lehrkräfte müssen auf die veränderten Bedingungen intensiv fachlich vorbereitet werden, einen bedeutenden und ungleich schwierigeren Raum nimmt jedoch die didaktische und methodische Umsetzung ein. Erst die gezielte, integrative und nicht isolierte Behandlung dieser Themen im Unterricht wird den Schülern die Selbstverständlichkeit dieser Technologie und ihrer Hilfsmittel logisch darlegen können und verstehen helfen.

2. Auftrag und Zielsetzung des Modellversuchs

Das Bayerische Staatsministerium für Unterricht und Kultus beauftragte die Akademie für Lehrerfortbildung in Dillingen mit der Durchführung des vom Bundesministerium für Bildung und Wissenschaft geförderten Modellversuchs. Der Untersuchungszeitraum erstreckte sich über drei Jahre, von 1984 bis 1986. Neben der Erforschung der pädagogischen Realisierungsmöglichkeiten dieser Thematiken, sollte das Modell Aussagen zur Durchführung von Maßnahmen in der Lehrerfortbildung liefern. Somit ergaben sich folgende Schwerpunkte der Zielformulierung:

- o Welche fachlichen Inhalte aus dem Komplex "Neue Kommunikationstechniken im Bürobereich" erscheinen für den kaufmännischen Unterricht in der Berufsschule geeignet?
- o Wie können diese Inhalte didaktisch reduziert und aufbereitet werden?
- o Mit welchen Methoden können die neuen Wissensgebiete im Rahmen der Lehrerfortbildung vermittelt werden?
- o Welche Anregungen ergeben sich für die künftige Gestaltung von Rahmenlehrplänen und länderspezifischen Lehrplänen bezüglich bürowirtschaftlicher Lerninhalte in der Berufsschule?

3. Organisatorische Durchführung

3.1. Auswahl der Modellschulen und der Teilnehmer

Um die Verknüpfung betrieblicher Praxis und schulischer Darstellungsmöglichkeiten festzustellen, wurde die kaufmännische Berufsschule für diesen Modellversuch ausgewählt. Hierbei wurde eine entsprechende Streuung hinsichtlich der Schulgröße und der Region beachtet. Der Teilnehmerkreis setzte sich aus 25 Diplom-Handelslehrern zusammen, die an den beteiligten Schulen in den entsprechenden Fachklassen unterrichten. Für die Erprobung der Unterrichtseinheiten wurde folgende Ausbildungsrichtungen ausgewählt, die jeweils von fünf Teilnehmern betreut wurden:

- o Bürokaufmann
- o Bankkaufmann
- o Industriekaufmann
- o Kaufmann in Groß- und Außenhandel einschließlich Einzelhandelskaufmann
- o Berufsgrundschuljahr, Berufsfeld Wirtschaft und Verwaltung.

Diese klare Einteilung und Zuordnung gestattete eine durchgängige didaktische und methodische Abstimmung der Unterrichtseinheiten auf die jeweilige Ausbildungsrichtung. Beim Einsatz in anderen kaufmännischen Schulen oder Klassen wäre im Einzelfall eventuell das Hinführungsbeispiel zu modifizieren. Die für das BGJ konzipierten Unterrichtseinheiten lassen sich aufgrund ihrer allgemeineren Thematiken in Klassen aller kaufmännischen Schulen als grundlegende Unterrichtseinheiten einsetzen.

3.2. Gestaltung der Intensivseminare

Fünf einwöchige Intensivseminare dienten der Schulung der teilnehmenden Lehrkräfte. Die lehrgangsdidaktische Struktur

- o Fachbeiträge
- o Demonstration von Kommunikationsendgeräten
- o Übungen an den Geräten
- o Betriebspraktische Fallstudien
- o Betriebserkundungen
- o Unterrichtsdidaktische Umformung
- o Zusammenschau und Diskussion der Ergebnisse

hat sich als sehr effizient erwiesen und empfiehlt sich uneingeschränkt für Seminare im Rahmen der Lehrerfortbildung.

Inhaltlich hatten die Seminare folgende Struktur:

1. Seminar
   - o Neue gewerblich nutzbare Formen der Telekommunikation
     - Sprachkommunikation
     - Textkommunikation
     - Bildkommunikation
     - Datenkommunikation
   - o Bildschirmtextsysteme
     - Grundlagen
     - Gewerbliche Anwendungen
2. Seminar
   - o Textverarbeitung
     - Organisation der TV im Betrieb
     - Einsatz von Speicherschreibmaschinen
   - o Textkommunikation
     - Netze zur Übertragung von Informationen
     - Telex, Teletex, Telefax als Kommunikationsmittel
3. Seminar
   - o Sprachkommunikation
     - Grundleistungsmerkmale moderner Telefone
     - Neue Dienste im Fernsprechverkehr
     - Leistungsmerkmale von Nebenstellenanlagen
4. Seminar
   - o Mikroelektronik im Büro
     - Auswirkung der ME auf die Bürokommunikation
     - Veränderungen der Arbeitsinhalte und der beruflichen Qualifikation
   - o DV-unterstützte Arbeitsplätze
     - Informationsverarbeitung des Sachbearbeiters im Wandel

- DV im Büro im systematischen Überblick

o Integrierte Bürokommunikation
- Zusammenführung der Gerätevielfalt zu einem Terminal, einer Leitung, einer Nummer

5. Seminar

o Soziale Auswirkungen moderner Bürokommunikation
- auf die Arbeitsplätze
- auf die Qualifikation der Sachbearbeiter
- auf die Arbeitsinhalte im Büro
- auf den pädagogischen Auftrag der Berufsschule
- auf das gesamte Bildungswesen

o Datensicherung und Datenschutz bei Personalcomputern.

3.3. Die wissenschaftliche Begleitung

Ein wissenschaftlicher Begleitausschuß hatte die Aufgabe, die Projektleitung in fachlicher und didaktischer Hinsicht zu beraten, die Intensivseminare inhaltlich zu planen und bei der Auswahl der Fachreferenten aktiv mitzuwirken.
Dem Ausschuß gehörten folgende Mitglieder an:

1 Projektleiter
1 Vertreter der Hochschulen
1 Vertreter der Industrie- und Handelskammer
1 Vertreter der Deutschen Bundespost
1 Vertreter des bayerischen Staatsinstituts für Schulpädagogik und Bildungsforschung (ISB)
1 Vertreter aus dem Anwenderbereich
2 Vertreter aus dem Herstellerbereich
2 Vertreter aus dem kaufmännischen Bereich der Berufsschule.

4. Die inhaltliche und thematische Abgrenzung

4.1. Didaktische Struktur der Fachthemen

Im Vordergrund der Betrachtung standen nicht detallierte technische Zusammenhänge und Fragen der Hardware, sondern vielmehr der anwendungsorientierte Ansatz, in Verbindung mit den Auswirkungen der neuen Technologien im bürowirtschaftlichen Bereich. Fragen, wie verändert die Mikroelektronik den Arbeitsplatz des kaufmännischen Mitarbeiters?, welche Kenntnisse werden von ihm im

Rahmen der veränderten Bedingungen gefordert? u.ä. standen im Mittelpunkt des Interesses. Hieraus ergab sich die folgende Struktur der Fachthemen:

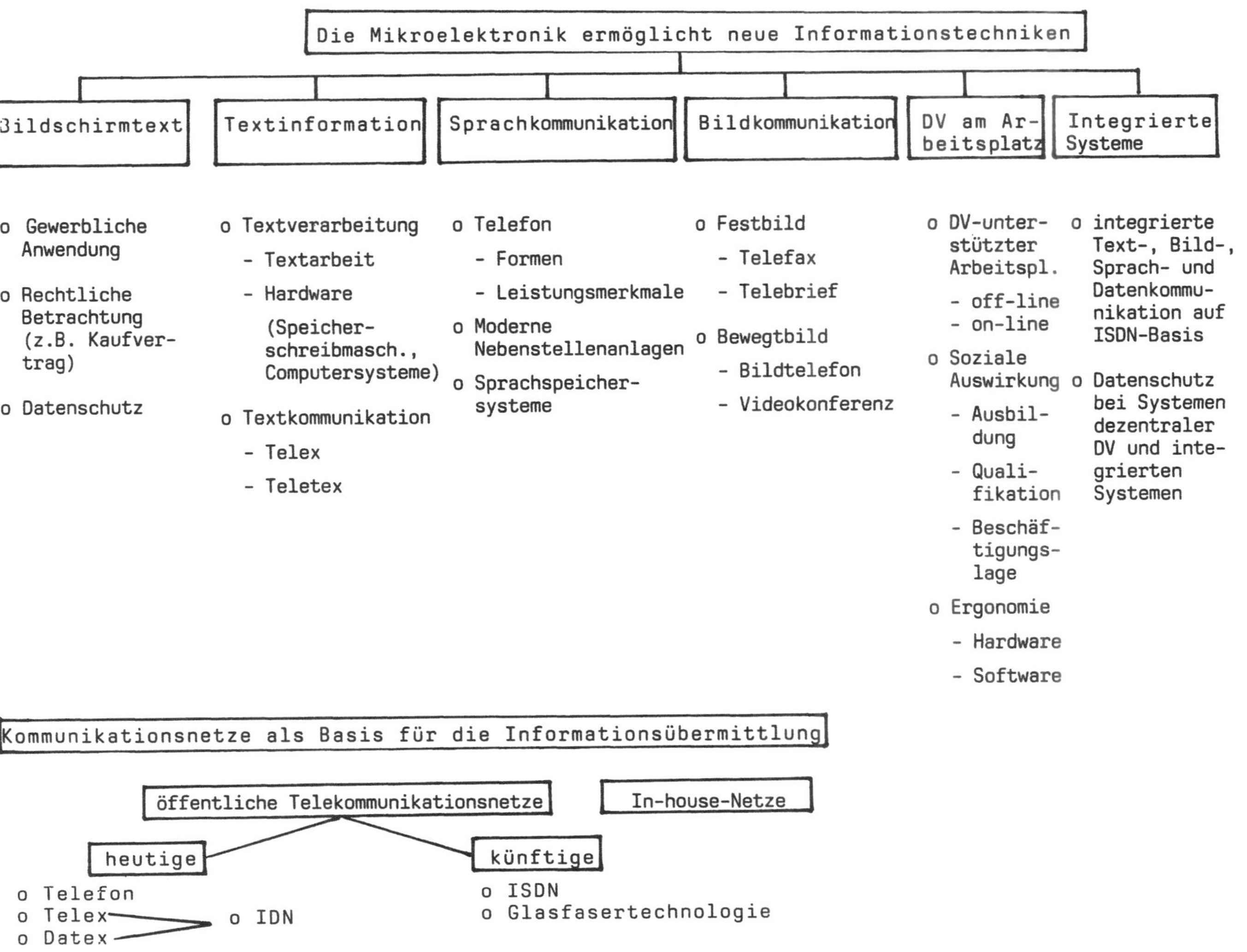

Grundlegende Ausführungen zur Datenverarbeitung wurden bewußt ausgegliedert und als Basiskenntnisse von den Teilnehmern gefordert. Die Datentechnik stellt die Voraussetzung für kommunikative Bürosysteme dar; auf ihre explizite Behandlung muß daher verzichtet werden.

4.2. Ergänzende, sekundäre Themenkreise

Als Argumentationshilfe im Unterricht und als Abrundung der Fachthemenkreise wurden den Teilnehmern weitere aktuelle Themen vorgestellt. Hierbei handelte es sich um

- o das Pilotprojekt BIGFON für die Glasfasertechnologie
- o das Kabelpilotprojekt für das Kabelfernsehen
- o die Chip-Fertigung
- o die Demonstration integrierter Bürosysteme auf ISDN-Basis
- o die Arbeitsweise von Datenbanksystemen i.V.m. BTX
- o Systeme künstlicher Intelligenz und ihr Einsatz im Rahmen der Bürokommunikation
- o Betrachtungen zur Mikroelektronik als Dritte industrielle Revolution.

5. Ergebnisse

5.1. Unterrichtseinheiten

Gemäß der didaktischen Struktur der Fachthemen wurden 19 Unterrichtseinheiten erarbeitet.

5.1.1. Themen und fachliche Schwerpunkte

Thema der Unterrichtseinheit	Fachlicher Schwerpunkt
Die Mikroelektronik und ihre Anwendung im Büro	Mikroelektronik
Auswirkungen der ME auf Arbeitsinhalte und berufliche Qualifikation	
Neue gewerblich nutzbare Formen der Telekommunikation	Neue Informationstechniken
BTX-Grundlagen	Bildschirmtext
BTX im Großhandel	
BTX im Kreditgewerbe	

Einkauf mit BTX	
Organisation der Textverarbeitung im Betrieb	Textinformation
Aufbau, Funktion und betrieblicher Einsatz von Speicherschreibmaschinen	
Kommunikationsmöglichkeiten zwischen Betrieben durch Telex, Teletex und Telefax	Bild- und Textkommunikation
Das moderne Telefon	Sprachkommunikation
Leistungsmerkmale neuzeitlicher Fernsprecher	
Das Telefon als Kommunikationsmöglichkeit - Leistungsmerkmale einer Nebenstellenanlage	
DV-Arbeitsplätze im Büro	DV-unterstützter Sachbearbeiterplatz
Der Arbeitsplatz des Sachbearbeiters im Wandel	
Ergonomie am Bildschirmarbeitsplatz	
Computer am Arbeitsplatz unter ergonomischen Gesichtspunkten	
Bürokommunikation von morgen?	Integrierte Systeme der Bürokommunikation
Datennetze der Deutschen Bundespost	Kommunikationsnetze

5.1.2. Formaler Aufbau

Allen Unterrichtseinheiten liegt das lernzielorientierte Konzept zugrunde. Ihr Aufbau gliedert sich in drei Teile:

1. Beschreibung des Lernzieles
   - kognitiver Bereich
   - affektiver Bereich
   - psychomotorischer Bereich
2. Verlaufsplanung
   - Hinführungsphase
   - Phase der Erarbeitung
   - Phase der Erfolgssicherung
3. Tafelbild und Projektionsfolien

5.1.3. Konzeption, Optimierung und Verabschiedung

Die von den Gruppen konzipierten und im Plenum diskutierten Unterrichtseinheiten wurden nach mehrmaliger Erprobung durch einen Koordinator je Gruppe aufgrund der Ergebnismeldungen optimiert. Im Anschluß an die Beratung im wissenschaftlichen Begleitausschuß, wobei vorwiegend fachliche Aspekte im Vordergrund der Betrachtung standen, wurde die Unterrichtseinheit endgültig verabschiedet.

5.2. Lehrplananbindungen

Basierend auf der grundlegenden Überlegung, daß die Bürokommunikation nahezu sämtliche Bereiche kaufmännischer Arbeit durchdringt, sollte nie ein eigener Lehrplan für ein Fach dieser Art empfohlen werden - vielmehr war es das Ziel, Anknüpfungspunkte in bestehenden Lehrplänen fächerübergreifend festzulegen. Dabei wurden auch allgemeinbildende Fächer, wie Deutsch und Sozialkunde in die Untersuchung miteinbezogen. Dieser Vorgang sollte dazu dienen

- o bestehende Lerninhalte zu aktualisieren und zu ergänzen
- o neue Lehrpläne nach dem neuesten Stand betrieblicher Praxis zu gestalten.

Neben den bayerischen Lehrplänen wurden auch die KMK-Rahmenlehrpläne untersucht. Berücksichtigung fanden die Ergebnisse bereits in den kürzlich verabschiedeten bayerischen Lehrplänen für den Ausbildungsberuf Bürokaufmann, für die Wirtschaftsschulen und für die Berufsfachschule für kaufmännische Assistenten. In einer detaillierten Aufstellung wurden sämtliche Anknüpfungspunkte festgehalten. Dabei muß ausdrücklich darauf hingewiesen werden, daß nicht unbedingt in jedem Falle eine vollständige Unterrichtseinheit vorgesehen ist, sondern Teilaspekte bei verschiedenen Lernzielen angesprochen werden können bzw. sollen.

Hierzu einige exemplarische Beispiele:

Unterrichtsfach	Jhg.Stufe	Lernziele und-Inhalte	Bemerkungen
Thema: BILDSCHIRMTEXT			
Industriekaufmann			
Allgemeine Wirtschaftslehre	10	Zustandekommen von Rechtsgeschäften	Btx erwähnen
Industriebetriebslehre	11	Bezugsquelleninformation	Btx als Hilfsmittel erwähnen
Bankkaufmann			
Bankbetriebslehre	11	Zustandekommen eines Kontovertrages	Möglichkeit der Eröffnung elektronischer Konten
Thema: TEXTVERARBEITUNG UND TEXTKOMMUNIKATION			
Einzelhandelskaufmann			
Betriebswirtschaftslehre		Der Güter- und Nachrichtenverkehr durch die Post	Teletex und Telefax aufnehmen
Bankkaufmann			
Bankbetriebslehre	12	Maßnahmen zur Risikobeschränkung	Telefax als eine Möglichkeit, Dokumente vorab elektronisch zu übermitteln
Thema: MIKROELEKTRONIK			
Einzelhandelskaufmann			
Betriebswirtschaftslehre		Bezahlung, Kassenführung	elektronische Kassensysteme, integrierte Warenwirtschaftssysteme
Thema: NETZE DER DEUTSCHEN BUNDESPOST			
Verschiedene Berufe			
Datenverabeitung		Datenfernverarbeitung	Ablösung des Fernsprechnetzes durch neuere Möglichkeiten
Thema: DV-UNTERSTÜTZTER ARBEITSPLATZ			
Bürokaufmann			
Organisation	12	Gesichtspunkte der Arbeitsplatzgestaltung	Bildschirmarbeitsplätze

Ein Zusammenwachsen der (klassischen) Datenverarbeitung und der Bürokommunikation zur Informationsverarbeitung oder Telematik (vgl. IBM Nachrichten Nr.33, Jhg. 1983, Heft 267, S.25 ff) läßt folgenden Gliederungsansatz hinsichtlich der unterrichtlichen Realisierung zu:

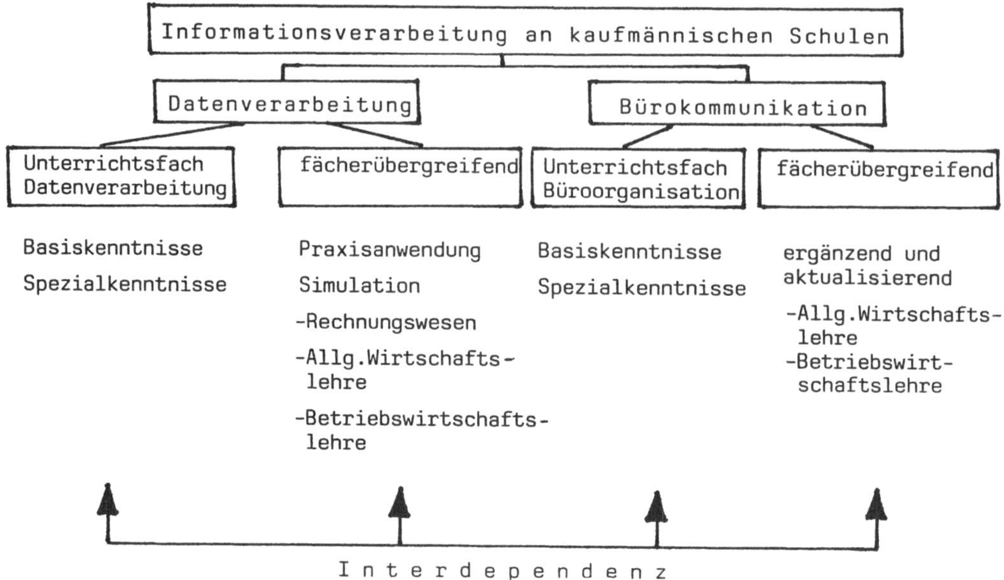

5.3. Akzeptanz und Multiplikatorwirkung während des Untersuchungszeitraumes

Die Akzeptanz bei Teilnehmern und Schülern war durchwegs sehr hoch. Bei den Teilnehmern zeigte sich mit Fortdauer der Seminare eine deutliche Zunahme des Interesses. Bei den Schülern konnte eine besonders hohe Akzeptanz bei Themen mit sehr starker affektiver Orientierung, wie beispielsweise "Auswirkung der Mikroelektronik auf Arbeitsplatzanforderungen" etc. nachgewiesen werden.
Das Bestreben der Modelleitung, die erarbeiteten Ergebnisse möglichst rasch weiterzugeben, wurde erfüllt. Die Mehrzahl der beteiligten Lehrkräfte organisierte Informationsveranstaltungen, wodurch mehr als 600 Lehrer informiert und fortgebildet wurden. Bei schulinternen Veranstaltungen wurden bisher etwa 2.800 Schülerinnen und Schüler mit den neuen Möglichkeiten der Bürokommunikation vertraut gemacht.

5.4. Lehrerfortbildung

Neben schulinternen Veranstaltungen finden in den Regierungsbezirken auf regionaler Basis Fortbildungsveranstaltungen mit unterschiedlichen Themen statt. Die Akademie für Lehrerfortbildung in Dillingen hat diese Thematiken fest in ihr Lehrgangsprogramm aufgenommen. Die Referenten für regionale Maßnahmen der Lehrerfortbildung setzen sich ausschließlich aus dem Teilnehmerkreis zusammen; ihre Weiterbildung und Aktualisierung wird von der Akademie ebenfalls übernommen.

5.5. Dokumentation

Eine in Buchform gestaltete Abschlußdokumentation gibt Aufschluß über sämtliche Einzelheiten des Modellversuchs. Sie enthält neben einer sachlichen Berichterstattung die Fachbeiträge zu allen Themen und sämtliche Unterrichtseinheiten in ungekürzter Form. Die Dokumentation ist ab Herbst 1986 bei der Akademie für Lehrerfortbildung in Dillingen erhältlich.

Textverarbeitung in der Weiterbildung
Ein Kurskonzept des Landesinstitutes für Schule und Weiterbildung NRW

Bernd Passens, Ingrid Schöll

Eine Arbeitsgruppe des Landesinstitutes für Schule und Weiterbildung Nordrhein-Westfalen unter Leitung von Günter Panzlaff beschäftigte sich ca. ein Jahr lang mit der Erstellung eines Seminarkonzepts zum Thema "Informationstechnologisches Grundlagenwissen mit Schwerpunkt Textverarbeitung" im Rahmen des Arbeitnehmer-Weiterbildungsgesetzes NRW.
Das endgültige Konzept liegt seit dem Frühjahr 1986 vor. Wir, Mitautoren des Papiers, wollen im Folgenden kurz die Genese, die inhaltliche Ausgestaltung und das Ziel dieses Seminartyps skizzieren.

======

1. Genese

Der Kreis der Betroffenen, die zukünftig die Schreibmaschine durch den Computer ersetzt finden werden, wächst sprunghaft an. Ähnlich wie die erste technische Sekretariatsrevolution, die Entwicklung der Schreibmaschine, ist auch die Einführung der textverarbeitungsfähigen Kleinstcomputer nicht mehr aufzuhalten. Ersichtlich ist dies u.a. an der neuen "Bildungsoffensive Computer", die sich im privaten und öffentlichen Weiterbildungssektor entwickelt hat.

Die Deckung des Weiterbildungsbedarfs im öffentlichen und privaten Sektor lief bislang weitgehend ungesteuert ab. Beim Anwender in Büroberufen herrscht Unsicherheit über das vor, was erlernt werden soll ("Ich muß wohl BASIC lernen, um den Computer in seinen Basisfunktionen verstehen und bedienen zu können"). Während den öffentlichen Weiterbildungsanbietern gelegentlich mangelnde Praxisnähe vorgeworfen werden kann, kranken die privaten Weiterbildungsangebote, besonders die der einschlägigen Computerfirmen, an zwei Punkten:

* am branchenspezifisch durchaus plausiblen unkritischen Herangehen an die Materie, eine Vorgehensweise, die sich nicht zuletzt im auf Knöpfchenwissen reduzierten Schmalspur-Einführungskurs widerspiegelt;

* an der fehlenden produktkritischen Herangehensweise, die oft den Blick für didaktisch mangelhafte oder gar fehlerhafte Software verstellte.

Es ist daher nur allzu verständlich, daß sich die öffentlichen Weiterbildungsträger in Schule und Erwachsenenbildung mit qualifizierten Konzepten in diesen oft chaotisch ablaufenden Prozeß einmischen müssen: Im Vordergrund steht dabei der Mensch mit seinen völlig neuen psychotechnischen und psychosozialen Problemen im Umgang mit dem Computer.

Die neue Technik betrifft den Menschen im Büro auf vielfältige Weise. Daher kurz zu den Prämissen und dem, was die Anwender im Umgang mit der neuen Technik an Veränderungen erfahren können:

- eine qualitative, materielle und organisatorische Umgestaltung ihres Arbeitsplatzes;

- den drohenden Arbeitsplatzverlust, damit verbunden zunehmenden Konkurrenzdruck;

- den Anspruch auf erhöhte Arbeitsproduktivität (Rationalisierungsdruck);

- die neuen physischen und psychischen Belastungen der Bildschirmarbeit;

- die Notwendigkeit Neues zu lernen und die Entwertung traditioneller Fähigkeiten und Fertigkeiten;

- einen Geschlechter- und Generationenkonflikt am Arbeitsplatz;

- in die Zukunft gerichtet: Die neuen Chancen und Risiken des Büros zu Hause (Teleheimarbeit").

Ein Konzept zum Thema "Neue Technologien im Bürobereich" muß diese umfassende Betroffenheit des Menschen berücksichtigen.

2. Zur inhaltichen und formalen Struktur des Seminars

Zielgruppe: In erster Linie Arbeitnehmer in Büro- und Verwaltungsberufen.
Kursleiter: U.a. auch aus unterrichtsdramaturgischen Gründen wird ein Teamunterricht (Mann/Frau) angestrebt.
Formale Struktur: Die Vorgaben des AWBg NRW: Arbeitnehmer haben eine jährlichen Anspruch auf fünf Tage Bildungsurlaub (= 40 Unterrichtsstunden). Diese Daten werden als gegeben angenommen.
Das Konzept enthält ein Vorwort und einen didaktischen Vorspann, Ausführungen zu Inhalt, Methode/Arbeitsform, Medien und Lernzielen eines jeden Unterrichtstages. Literaturhinweise und ausgewählte Materialien ergänzen das Dargestellte.

Ausgehend vom Ansatz einer beruflich-sozialen Qualifikation umfaßt das vorliegende modulartig strukturierte Konzept Bausteine aus vier Themenbereichen: Hardware, Software, Humanware, Orgware. Die jeweilige Anwendungs- bzw. Betriebssystemsoftware (SW) bildet dabei ein formales Grundgerüst zur "Entdeckung" der Nutzungsmöglichkeiten eines Computers. Um diese formale Gerüst herum gruppieren sich die Themenstellungen aus den anderen drei Bereichen. Wichtig war den Autoren die offene Struktur des Konzepts. Die Fülle der vorgeschlagenen Themenstellungen gebietet eine an den Wünschen, Fähigkeiten und Voraussetzungen der Lerngruppe und des Kursleiters orientierte Schwerpunktsetzung. Wichtig ist jedoch , daß an möglichst an jedem Tag alle vier Themenbereiche angesprochen werden.

Dieser Vorschlag geschieht in der Absicht, die Interdependenz und Gleichrangigkeit der Themenbereiche zu verdeutlichen. Hier einige Themenstellungen aus dem Konzept:

- Hardware: Aufbau eines PC; detaillierte Vorstellung der Peripheriegeräte, u.a. in ihren Auswirkungen auf den Arbeitsplatz.

- Software: Betriebssystem; Anwendungssoftware; Abgrenzung zur Programmiersprachen;

- Orgware: Organisatorische Veränderungen am Arbeitsplatz und in der Arbeitstruktur (z.B. durch das Textbausteinverfahren);

- Humanware: Ergonomische Anforderungen an den Arbeitsplatz; Auswirkungen der neuen Technik auf Arbeitsinhalte und Qualifikation; langfristige Veränderungen der Arbeitsstrukturen durch Computereinsatz (Stichwort: Teleheimarbeit).

3. Zielsetzung

Selbst bei mittlerer Ausstattung (2 TN pro Gerät) kann nicht die perfekte Beherrschung eines Textverarbeitungsprogramms erwartet werden. Dies ist auch nicht das Ziel eines sowohl auf fachliche Qualifikation als auch auf selbstbestimmten Umgang mit den Neuen Techniken ausgerichteten Weiterbildungsseminars.
Ebenso sprechen wir bewußt keine Empfehlung hinsichtlich der zu benutzenden Soft- und Hardware aus. An dieser Stelle nur kurz ein Wort zum Thema "Software"-Streit: Die öffentlichen Weiterbildungsträger sollten nicht in einen Wettstreit um die Auswahl der besten Textverarbeitungssoftware eintreten und sich damit indirekt zum Werbeträger einer in Konkurrenzkämpfen verstrickten Branche machen. Erfahrungsgemäß plädiert jeder für die Soft- und Hardware, die er besitzt bzw. beherrscht. Alle großen Softwarefirmen bieten mehr oder mindr gleichwertige Textverarbeitungssoftware an, jede hat ihre Stärken und ihre Schwächen. Auf die optimale, die alles kann und dabei perfekt "anwenderfreundlich" didaktisiert ist, werden wir wohl noch lange warten. Ziel eines solchen Seminar kann nur sein, Grundkenntnisse in der Handhabung eines Mikrocomputers im Bereich Textverarbeitung zu vermitteln und die Teilnehmer zu qualifizieren, softwareergonomische Grundanforderungen zu erkennen und bei der Auswahl und erprobenden Anwendung im Betrieb begründete Urteile zu fällen.

Informationstechnologisches Grundlagen wissen im Bereich Textverarbeitung sollte EDV-Grundwissen, anwendungsbezogenes Praxiswissen sowie Kenntnisse über die drohenden Gefahren umfassen. Nur dermaßen gewappnet haben die Arbeitnehmer eine Chance, vom betroffenen "Objekt" zum handelnden Subjekt im Prozeß der Einführung der Neuen Technik zu werden. In diesem Sinne intendiert dieses Seminar nicht ein sklavisches Handling der Maschinen und Programme, sondern hilft, die Fähigkeiten zu fördern, die eine selbstbestimmte Einbindung der neuen Technologie als Arbeitshilfen in den Berufsalltag ermöglichen.

Demonstration von Programm IV

Leitung: K.-J. Döring

Hewlett-Packard GmbH

Bad Homburg

WIENFILTER, ein Simulationsprogramm für den Physikunterricht im Leistungskurs der gymnasialen Oberstufe

Stephan Schön
Staatliches Studienseminar für Gymnasien, Mainz

1. Einleitung

Die Simulation der Bewegung geladener Teilchen in elektrischen und magnetischen Feldern ist eines der Standardbeispiele für einen sinnvollen Einsatz des Computers im schulischen Physikunterricht. Die fehlende Anschaulichkeit, die Komplexität der kinematischen und dynamischen Verhältnisse sowie die kurze Zeitdauer der physikalischen Vorgänge erfordern eine Behandlung dieses Gebiets auf einer Modellebene, die schnell quantitative Aussagen zuläßt und ihre grafische Umsetzung erlaubt.

Das hier beschriebene Programm ermöglicht die Untersuchung der Teilchenbahnen in einer Feldanordnung mit orthogonalen elektrischen und magnetischen Feldvektoren, die von Willy Wien (1864-1928) angegeben wurde und als Wiensches Geschwindigkeitsfilter eine beträchtliche Bedeutung in der Experimentalphysik erlangte. Die klassische Anwendung dieses Geräts beruht auf der geschwindigkeitsselektiven Wirkung: bei geeigneter Orientierung der Feldstärkevektoren kompensieren sich die Feldkräfte für Teilchen, deren Geschwindigkeit die Wien-Bedingung $v = E/B$ erfüllt. Diese Teilchen durchfliegen die Anordnung dann ohne Ablenkung und können mit einer geeignet angebrachten Blende ausgefiltert werden. Die Nutzung als Geschwindigkeitsfilter ist dann auch die Hauptanwendung der Anordnung geworden, und dieser Anwendungsaspekt steht - bisher als einziger - auch in der Physik der Oberstufe im Mittelpunkt.

Andere Gesichtspunkte werden dort nicht angerissen, bislang fehlten hierzu aber auch die Darstellungsmittel, zumal experimentelle Untersuchungen mit den in der Schule verfügbaren Mitteln ohnehin kaum möglich sind. Mit diesem Artikel wird ein Versuch beschrieben, im Physik-Leistungskurs der gymnasialen Oberstufe die physikalischen Verhältnisse sorgfältiger zu untersuchen und dadurch zu einer vertieften Behandlung von Teilchenspektroskopen zu gelangen.

2. Programmbeschreibung

Das WIENFILTER-Programm ist für den Apple IIe mit Z80-Karte in der Programmiersprache Turbo-Pascal geschrieben. Es ermöglicht die Erarbeitung der Geschwindigkeitsselektion und gestattet darüberhinaus eine Erweiterung der grundlegenden Erkenntnisse. Insbesondere die Fokussierungseigenschaften der Anordnung können untersucht werden. Die Teilchenbahnen werden in hochauflösender Grafik dargestellt und können auf einem Matrixdrucker ausgedruckt werden.

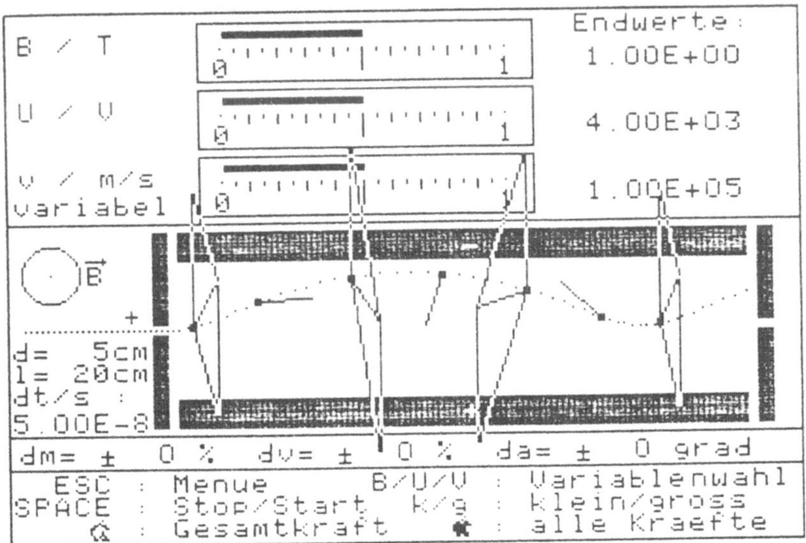

Abbildung 1

Abbildung 1 ist eine solche Bildschirmkopie, welche oberhalb des Bereichs der Bahnkurve noch Anzeigeskalen für die Feldgrößen und die Teilchengeschwindigkeit mit den jeweiligen Skalenendwerten zeigt. Diese Größen sind während des Grafikbetriebs unmittelbar veränderlich, für alle anderen Größen muß ein Änderungsmenü aufgerufen werden. Unterhalb der Bahngrafik finden sich Angaben über die Bereiche von Teilchenmasse (dm) und Geschwindigkeit (dv) sowie die Winkeldivergenz (da) des eingeschossenen Ionenstrahls. Betätigung der sogenannten APFEL-Tasten führt zur Einblendung von Kraftvektoren (entweder Kräfteparallelogramm der Feldkräfte oder nur die resultierende Gesamtkraft). Das Programm gibt die Daten eines Sauerstoff-Ionenstrahls mit einer kinetischen Energie von etwa 200 eV vor, von diesen Startwerten aus sind alle anderen Konstellationen leicht erreichbar.

3. Mathematische Behandlung der Teilchenbahnen und einige Ergebnisse

Die Berechnung von Bahnen setzt die Angabe von Startort und Startgeschwindigkeit sowie die Kenntnis der auf die Teilchen wirkenden Kraft voraus. Die einzelnen Bahnpunkte lassen sich dann durch numerische Integration der Bewegungsgleichungen finden. Für den hier vorliegenden Fall ist das Verfahren in der Abbildung 2 skizziert, welche als Informationstafel auch während der Programmausführung für den Programmbenutzer verfügbar ist.

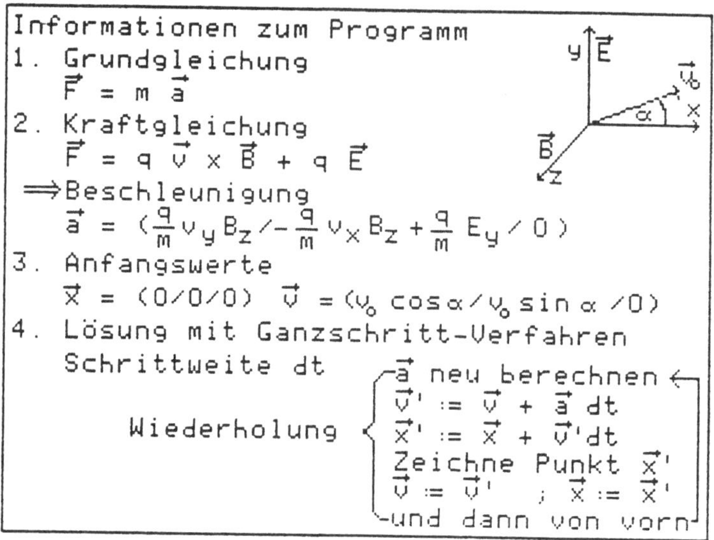

5. Lösung mit Halbschritt-Verfahren
   a. erster Halbschritt:
      mit akt. Wert von $\vec{a}$
      $\vec{v}' := \vec{v} + \vec{a}\ dt/4$; $\vec{v} := \vec{v}'$
      damit $\vec{a}$ neu berechnen
   b. dann mittl. Geschw. f. ganzes Zeitintervall
      $\vec{v}' := \vec{v} + \vec{a}\ dt/2$; $\vec{v} := \vec{v}'$
   c. neuen Bahnpunkt errechnen:
      $\vec{x}' := \vec{x} + \vec{v}\ dt$; $\vec{x} := \vec{x}'$
      und zeichnen
   d. zweiter Halbschritt:
      (genau wie der erste !)
   und wieder von vorn

Abbildung 2

Wesentlich für den Einsatz im Unterricht erscheint, daß die Methode der numerischen Integration zwar zeitaufwendig ist, aber nur geringe mathematische Anforderungen an das Verständnis der Schüler stellt, und daß sich alle Gleichungen zwanglos aus dem schon bearbeiteten Unterrichtsstoff ergeben können. Das unter Punkt 5 angesprochene Halbschrittverfahren liefert gegenüber dem einfachen Ganzschrittverfahren erheblich bessere Ergebnisse und wird daher im WIENFILTER-Programm als eine von zwei Methoden verwendet.

Für die Bewegung von geladenen Teilchen in gekreuzten elektrischen und magnetischen homogenen Feldern läßt sich aber auch eine geschlossene analytische Form der Bahnkurven angeben, es handelt sich um Zykloiden (veranschaulicht in Abbildung 3).

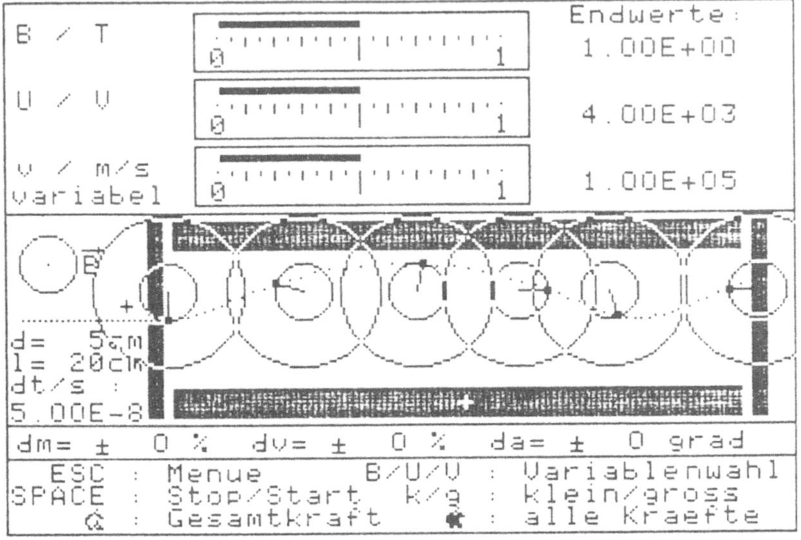

Abbildung 3

Ohne hier diesen zweiten, ebenfalls im Programm wegen seiner kürzeren Rechenzeiten genutzten Lösungsweg zu schildern (eine ausführlichere Darlegung findet sich in den Programmhandreichungen), soll doch eine wesentliche Konsequenz dieses Berechnungswegs angesprochen werden. Aus den Lösungsgleichungen folgt, daß alle Teilchen einheitlicher Masse, aber beliebig unterschiedlicher Geschwindigkeit nach einer gewissen Laufstrecke durch ein und denselben Punkt laufen, auch dann, wenn die verschiedenen Bahnen sich zuvor kräftig aufgefächert haben. Diese Aussage gilt auch für Teilchen, die mit verschiedenen Startwinkeln in die Filteranordnung eingetreten sind (siehe Abbildung 4).

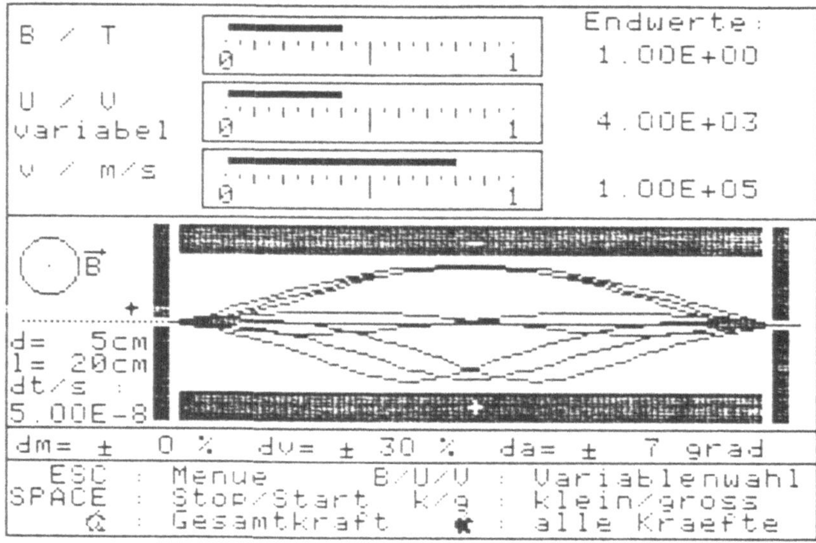

Abbildung 4

Man bezeichnet dieses Verhalten als doppelfokussierend (d.h. fokussierend für Winkel und Geschwindigkeiten). Falls in einem Filter durch entsprechende Wahl der Feldstärken der Doppel-Fokus in den Austrittspalt der Anordnung gelegt wird, ist das Wienfilter kein Geschwindigkeitsfilter, sondern ein Massenfilter ! Abbildung 5 zeigt dies an drei Bahnen mit unterschiedlicher Masse.

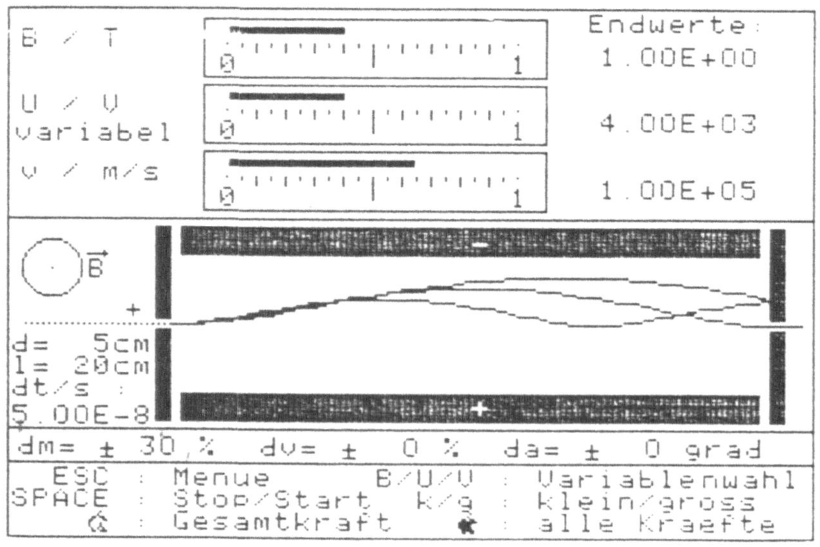

Abbildung 5

Ob die Verwendung des Wienfilters zur Massenselektion aussichtsreich ist, sei hier dahingestellt. Erstens gelangen Teilchen mit der Geschwindigkeit v = E/B unabhängig von der Masse doch durch den Austrittsspalt, so daß eine vollständige Teilchenseparation nicht möglich ist, und zweitens wird die erforderliche hohe magnetische Feldstärke insbesondere für höhere Ionenmassen einem praktischen Einsatz entgegenstehen.

Die Abbildung 4 zeigt, daß die Teilchenbündel mit jeweils einheitlicher Geschwindigkeit sich auf halber Strecke zwischen Eintrittsspalt und Doppel-Fokus sehr nahe kommen, dort liegt also ein angenäherter Fokus. Er eignet sich für den Betrieb des Filters als Geschwindigkeitsfilter. Dazu muß dieser Fokus durch verringerte Feldstärken in den Austrittsspalt verlegt werden (Abbildung 6). Nur die Ionen mit der "richtigen" Geschwindigkeit E/B haben Aussicht, den Austrittsspalt zu passieren, doch erfordert das schwächere Winkelfokussierungsvermögen einen eintretenden Ionenstrahl von geringer Winkeldivergenz, um ein hinreichend scharfes Bild des Eintrittsspalts in der Ebene des Austrittsspalts zu erhalten.

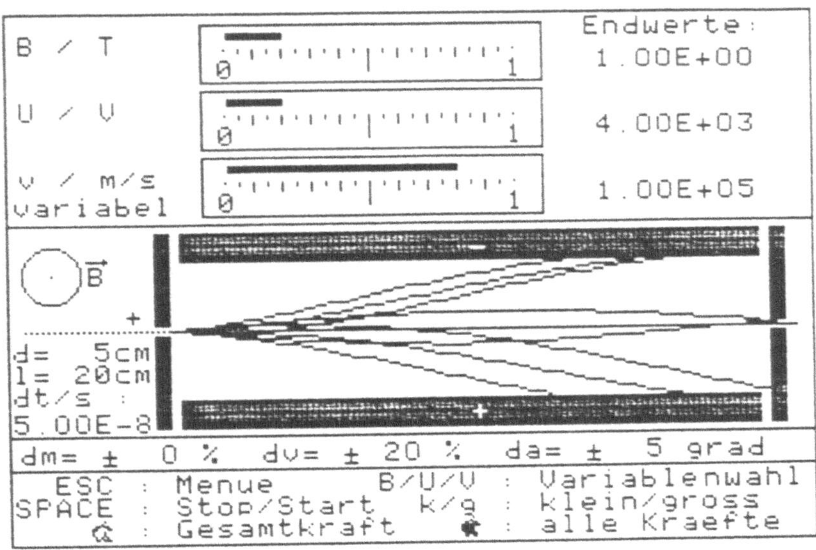

Abbildung 6

4. Bemerkungen zum Unterrichtseinsatz

Daß ein Simulationsprogramm im Physikunterricht keinesfalls nur einfach als Ersatz für ein im Prinzip mögliches Realexperiment genutzt werden sollte, muß wohl nicht besonders betont werden. Die in der Schule durchführbaren Experimente erlauben aber allenfalls eine Demonstration der

Kräftekompensation, so daß für eine weitergehende Beschäftigung der Einsatz des Programms gerechtfertigt erscheint.

Für Schüler wichtig ist die Rolle, die die durch Simulation gewonnenen Erkenntnisse für die praktische Anwendung haben. Insbesondere zwei Aspekte können den Nutzen eines Experiments mit dem Bildschirmmodell zeigen, die beide mit dem Fokussierungseigenschaften der Filteranordnung zusammenhängen: Intensitätsgewinn und Verbesserung des Auflösungsvermögens. Beide Gesichtspunkte bieten interessante Fragestellungen im Rahmen eines problemorientierten Unterrichts.

Darüberhinaus bietet das WIENFILTER-Programm aber in mehrfacher Hinsicht Gelegenheit, das Wissen der Schüler durch Wiederholung zu festigen und durch Untersuchung des Modells zu vertiefen. Die kurzen Antwortzeiten des Systems gestatten ein motivierendes Spielen mit Spekulationen und Lösungsideen. Mit quantitativen Bahnanalysen (Bildschirmkopien können ja an die Schüler ausgegeben werden) lassen sich Hausaufgaben, aber auch schriftliche Leistungsüberprüfungen gestalten. Dabei sind Verständnis für kinematische und dynamische Begriffe gefordert, auch energetische Verhältnisse sind zu untersuchen.

Das Programm sollte als methodische Hilfe für den erarbeitenden Unterricht verstanden werden. Einzelarbeit von Schülern oder Gruppen erscheint nur für kurze Phasen sinnvoll, da der Lernerfolg sicher von einer gemeinsam vorzunehmenden Reflexion von Zielen und Ergebnissen abhängt. Aus den bisherigen Erfahrungen mit dem Programm folgt, daß insbesondere leistungsschwächere Schüler gewisse Schwierigkeiten mit der Übertragung von Gepächsergebnissen in ein für sie neuartiges Modell mit ungewohnten Darstellungsmitteln haben. Die Ausgabe von Bildschirmkopien zur Arbeit mit konkreten, sich aus dem Unterricht ergebenden Aufgaben hat sich als hilfreich erwiesen.

Programmdisketten mit ausführlicher Beschreibung, Hinweisen zum Unterrichtseinsatz und einer großen Zahl von Bildschirmausdrucken sind beim Pädagogischen Zentrum des Landes Rheinland-Pfalz, Projektgruppe "CUM", Bahnhofsplatz 7-9, D6550 Bad Kreuznach, erhältlich.

SIMULATIONEN UND PLANSPIELE IN BIOLOGIE/ÖKOLOGIE

Joachim Wedekind

Deutsches Institut für Fernstudien
Wöhrdstraße 8
7400 T ü b i n g

Die Integration von Unterrichtssoftware in den Fachunterricht erfordert Programme, die benutzerfreundlich , absturzsicher und angemessen gestaltet sein sollten. Außerdem sollte Begleitmaterial für die Hand des Lehrers bzw. der Schüler bereitgestellt werden. Leider sind diese Grundforderungen auch bei kommerziell vertriebenen Programmen selten erfüllt.

Aus dem Bereich der Biologie/Ökologie werden zahlreiche Programme vorgestellt, die unterschiedliche Formen der Interaktion, Programmsteuerung und Flexibilität in der Nutzung realisieren. Im einzelnen wird es handeln um:

1. Simulationen zur Populationsdynamik und Ökologie.

2. Computerunterstütztes Planspiel DORY.

3. Eine interaktive Version des Welt II-Modells von Forester.

4. Interaktive Simulationssysteme zur Modellbildung in der Pharmakokinetik bzw. Quantenmechanik.

Benötigte Hardware:

1. Apple II e mit mindestens 64 KB, Paddles

2. IBM PC

BEISPIELE DIDAKTISCHER SOFTWARE ALS HILFE FÜR DIE GRUNDBILDUNG INFORMATIK IN DER SEKUNDARSTUFE I

Günther Käberich
Friedhelm Steigerwald
Hessisches Institut für Bildungsplanung und Schulentwicklung
Bodenstedtstr. 7
6200 Wiesbaden

1. Vorbemerkungen

Programmieren - Anwenden - Reflektieren, diese drei Bereiche prägen zur Zeit den Informatikunterricht in den allgemeinbildenden Schulen. Die Diskussion, welches dieser drei "Standbeine" für die informationstechnische Bildung der Jugend das "Wesentliche" sei, ist in vollem Gange und wird mit großer Heftigkeit geführt. Es scheint sich ein allgemeiner Konsens herauszubilden, den Anwendungsbezug in den Vordergrund zu stellen.

Im Rahmen eines zweijährigen Schulversuches für den "Informatikunterricht in den Klassen 9 und 10", und in der Vorbereitungsphase für einen Schulversuch "Informationstechnische Grundbildung in 8. Klassen", wurden vom Hessischen Institut für Bildungsplanung und Schulentwicklung und von Lehrern der Versuchsschulen Materialien erarbeitet, die den Schülern einen praxisnahen Einstieg in die Informationstechnologie ermöglichen sollen. Diese setzen sich in der Regel aus einer Programmdiskette (unterstützt werden die Betriebssysteme CP/M, MS-DOS, UCSD und CBM-DOS 2.0) und einer aus didaktischen und methodischen Hinweisen bestehenden Dokumentation zusammen. In einigen Fällen befinden sich bei den Materialien auch schülergerechte Arbeitsblätter und Folienvorlagen.

Diese Materialien befinden sich zur Zeit im Stadium der Erprobung. Sie können von hessischen Schulen für den unterrichtlichen Einsatz oder für Fortbildungszwecke bei der Softwarebörse des HIBS kostenlos angefordert werden.

Im Weiteren werden als Beispiele für didaktische Software die Unterrichtseinheiten MICROCAD und Dateiverwaltung/Datenschutz vorgestellt.

2. MICROCAD-Systeme

Als ein Beispiel für ein "professionelles Anwendersystem" liegen für die Betriebssysteme CP/M auf APPLE II und MS-DOS zwei Programme vor, die den Schülern die Arbeitsweise eines CAD-Systems verdeutlichen sollen.

Mögliche Einsatzgebiete:

Freies Zeichnen
Architektur
Konstruktionen von Maschinenteilen
Schemazeichnungen
Grafische Darstelung von Daten
Geometrisches Konstruieren - Abbildungsgeometrie

Die im weiteren beschriebenen Merkmale beziehen sich im wesentlichen auf beide Programme. Unterschiede in Einzelbereichen werden nicht explizit dargestellt, da sie auf den unterrichtlichen Einsatz nur eine geringe Relevanz besitzen.

Dem Benutzer werden mehrere Zeichenflächen zur Verfügung gestellt. Innerhalb dieser Zeichenflächen können mit vordefinierten Symbolen Figuren gezeichnet werden. Vordefiniert sind Linie, Kreis, Ellipse und Rechteck. Die Symboltabelle kann beliebig erweitert werden. Die Konstruktion auf dem Bildschirm erfolgt entweder über Paddles (APPLE) oder Cursorsteuerungstasten (MS-DOS). Bilder können auf der Diskette gespeichert und bei Bedarf wieder geladen werden. Beide Programme bieten die Möglichkeit, die Grafiken über einen Drucker auszugeben.

Verwendete Programmiersprache ist bei beiden Programmen TURBO-PASCAL.

3. Dateiverwaltung/Datenschutz

Diese Unterrichtseinheit setzt auf dem Datenbanksystem DBASE II/III auf ist für die Betriebssysteme CP/M und MS-DOS verfügbar. Mögliche Einsatzgebiete:

Gesellschaftslehre
Mathematik/Statistik
Informatikunterricht Sekundarstufe I und II

Ausgehend von der Problemstellung "Schülerdatenverwaltung mit EDV" werden zunächst die grundlegenden Prinzipien einer Datenverwaltung behandelt. In diesem Zusammenhang werden die Unterschiede zwischen einer konventionellen EDV-gestützten Datenverwaltung und einer Datenbank vorgestellt.

Im Anschluß daran erarbeiten sich die Schüler selbständig mit Hilfe eines Schülermanuals den Umgang mit dem relationalen Datenbankprogramm DBASE. Schon in diesem Zusammenhang werden Fragen des Datenschutzes bezüglich personenbezogener Daten am Beispiel der Schülerdaten angesprochen. Diese Daten werden im weiteren Verlauf der Unterrichtseinheit benutzt, um eine von den Schülern am Bildschirm durchgeführte anonyme Umfrage zum Freizeitverhalten zu entanonymisieren.

Die Darstellung der Abgleichtechnik leitet über zu einer Unterrichtsphase, in deren Zentrum eine Erarbeitung der "Dateienlandschaft" der BRD und der geltenden Datenschutzvorschriften stehen.

Erfahrungen aus Modellversuchen zur ITG

Leitung: Prof. Dr. Rüdiger Loos
Universität Karlsruhe

Kassensysteme

Ein Beitrag zur informationstechnischen Grundbildung
Lothar Sack
Fritz-Karsen-Schule
Gesamtschule mit Grundstufe und gymnasialer Oberstufe
Berlin - Neukölln

Der organisatorische Rahmen

In Berlin wird seit Beginn des Schuljahres 1985/86 ein "Pilotprojekt" zur Erprobung eines informationstechnischen Grundkurses in der Sekundarstufe I durchgeführt. Ziel des Pilotprojekts ist die Entwicklung und Erprobung von Unterrichtseinheiten. Es ist erklärte Absicht, einen derartigen Unterricht als Pflichtunterricht für alle Schüler der Sekundarstufe I einzuführen. 7 Schulen aller Schularten nehmen am Pilotprojekt teil. Die Fritz-Karsen-Schule beteiligt sich als eine von zwei Gesamtschulen. Der Unterricht wird als Block von ca. 30 Unterrichtsstunden in zwei 8. Klassen erteilt. Zur Zeit werden hierfür ein halbes Jahr lang die zwei Wochenstunden des Arbeitslehreunterrichts genutzt.

Für die Durchführung des Projekts stehen im ersten Jahr 7 Ermäßigungsstunden zur Verfügung, von denen allerdings bereits 4 für die wegen der Gerätesituation notwendige Teilung der Klassen benötigt werden. An der Planung, Durchführung und Auswertung des Unterrichtsversuchs sind in der Schule 4 Lehrer beteiligt, davon vertreten zwei das Fach Informatik und zwei das Fach Arbeitslehre.

Das inhaltliche Konzept

Die inhaltlichen Überlegungen zur Unterrichtsplanung knüpfen an Ideen an, die unter anderem in dem Rahmenkonzept der Bund-Länder-Kommission /1/ und den Empfehlungen der MNU /2/ niedergelegt sind.

Insbesondere die MNU-Empfehlungen /2/ legen eine integrierte, projektartige Vorgehensweise nahe. Es wird stärkerer Wert auf das Erkennen und, wo immer möglich, das Erleben der Zusammenhänge von Anwendungsfall, algorithmischer Realisierung, technischen Geräten und den Auswirkungen gelegt. Die systematische Behandlung dieser Teilaspekte sollte dem jeweiligen Fachunterricht vorbehalten bleiben.

Um so wichtiger ist eine sorgfältige Auswahl der Unterrichtsbeispiele, sollen sie doch möglichst repräsentativ für die verschiedenen, zu berücksichtigenden Aspekte sein. Unter ca. 15 diskutierten Anwendungsbeispielen entschieden wir uns für das Thema Kassensysteme im Einzelhandel. Neben anderem war für diese Wahl wesentlich,
- daß der Einzelhandelsbereich jedem Schüler durch eigene Erfahrungen zugänglich ist,
- daß für viele Schüler, die nach der Sekundarstufe I die Schule verlassen, der Einzelhandel ein potentielles Feld ihrer eigenen Berufswahl ist.
- daß der Einzelhandel vom Verkaufsstand auf dem Wochenmarkt bis zum Supermarkt mit Scannerkassensystem ein Arbeitsbereich mit ganz unterschiedlichem Grad von Arbeitsteilung und Automatisierung ist,
- daß in diesem Beispiel wesentliche Aspekte der gesellschaftlichen Auswirkungen - Rationalisierung durch Automation, Umgang mit personenbezogenen Daten - vorkommen,
- daß in diesem Beispiel sowohl die Chancen als auch die Risiken der Anwendung informationstechnischer Systeme deutlich werden,
- daß an diesem Beispiel die soziale Gestaltbarkeit des Techikeinsatzes gezeigt werden kann.

Außer dem hier dargestellten Beispiel ist eine weitere Unterrichtseinheit zum Thema Industrieroboter durchgeführt worden. Sie wird ebenfalls zur Zeit überarbeitet.

Der durchgeführte Unterricht

Für die Unterrichtseinheit sind etwa 8 Doppelstunden vorgesehen. Dabei erhalten die Schüler nach dem ersten Unterrichtstermin einen Beobachtungsauftrag, in mehreren Geschäften, vom Tante-Emma-Laden bis zum Supermarkt, selbst einzukaufen und Kassiervorgänge zu beobachten. Die Auswertung verdeutlicht die Zunahme der Automatisierung in den historisch neueren Verkaufsformen.

In der Schule wird in einer Art Rollenspiel ein Einzelhandelsbetrieb simuliert. In diese Simulation werden zunächst nur die dem Kunden unmitttelbar sichtbaren Tätigkeiten aufgenommen. Weitere Funktionen und damit Rollen werden dann hinzugenommen, wenn sich aus dem bisherigen Spiel die Notwendigkeit dafür ergibt.

Das auf dem Rechner erzeugte Protokoll aller Kassenaktivitäten wird voon den Schülern manuell ausgewertet und dem Ergebnis der Auswertung durch den Rechner gegenübergestelt. Dabei werden unter anderem die Kassenumsätze, die Verkaufszahlen der einzelnen Produkte und die Fehleingaben an den Kassen ermittelt. Die Schüler erleben so Aufwand und Zuverlässigkeit der von ihnen durchgeführten Arbeit. Konsequenzen sowohl aus den gewonnenen Daten als auch der Möglichkeit der automatischen Auswertung werden diskutiert.

Nachdem Stellungnahmen von Gewerkschaften, Unternehmerverbänden und anderen interessierten gesellschaftlichen Gruppen behandelt wurden, wird eine Betriebsversammlung gespielt. Auf der Betriebsversammlung erhobene Forderungen nach Änderung der Funktionsweise des automatischen Kassensystems geben Anlaß, unter Heranziehung der Programmliste die Möglichkeiten der geforderten Änderungen zu prüfen und eine, die nur einen geringen Aufwand verursacht, tatsächlich durchzuführen.

Am Ende der Unterrichtseinheit wird ein Geschäft mit einem zentral gesteuerten Scannerkassensystem besucht. Dieser Besuch dient dem Vergleich zwischen Simulationsspiel und dem Ernstfall.

Das folgende ist eine Übersicht über die Verteilung der Unterrichtsthemen auf die Stunden:

Doppelstunde
Thema
Unterrichtsaktivität

1 Tätigkeiten im Einzelhandel
Rollenspiele "Tante-Emma-Laden"
Warenverteilung als Funktion des Handels, unternehmerische Entscheidungen und ihre Motive
Rollenspiele "Tante-Emma-Laden"
2 Kassiervorgänge in Lebensmittelgeschäften
Auswertung von Schülerbeobachtungen
Kassiersysteme unterschiedlichen Automatisierungsgrads
Die europäische Artikelnumerierung
Untersuchung von Verpackungen
3 Automatisches Kassensystem I: Kunde und Kassierer
Rollenspiel mit Rechnersimulation
Automatisches Kassensystem II: Kunde, Kassierer, Verkaufsraumpersonal
Rollenspiel mit Rechnersimulation
4 Verwaltungstätigkeiten im Einzelhandelsgeschäft bei unterschiedlichem Automatisierungsgrad
Handauswertung des Rechnerprotokolls des vorangegangenen Rollenspiels, Vergleich mit dem Ergebnis der automatischen Protokollauswertung
5 Automatisches Kassensystem III: Kunde, Kassierer, Verkaufsraumpersonal, Geschäftsführung, Großhandel
Rollenspiel mit Rechnersimulation
Funktionen, die vom automatischen Kassensystem ausgeführt werden und ihr Zusammenhang (einschl. Warenwirtschaftssystem)
6 Stellungnahmen von Interessenverbänden (Gewerkschaften, Unternehmervereinigungen, pol. Parteien); qualitative und quatitative Auswirkungen automatischer Kassensysteme auf die Arbeit
Rollenspiel Betriebsversammlung
Änderungswünsche am Kassensystem
7 Durchführung von Änderungen am Simulationssystem
Analyse eines Programmstücks, Änderung des Programms, Erprobung des geänderten Systems
8 Besuch in einem Geschäft mit automatischem Kassensystem; Vorbereitung, Durchführung und Auswertung des Besuchs

Zu den Unterrichtsstunden liegen Entwürfe und Materialien vor. Eine Überarbeitung findet zur Zeit statt. Nach erfolgter Überarbeitung kann das Material nichtkommerziellen Interessenten gegen Unkostenerstattung zur Verfügung gestellt werden.

Für die Simulation des Kassensystems wurde ein Programm geschrieben. Es ist ablauffähig auf einer pdp-11 im Betriebssystem RSTS/E. Für den Herbst/Winter 1986 ist eine Implementierung im Betriebssystem UNIX vorgesehen, das demnächst an über 40 Berliner Schulen verfügbar sein wird. Es sind noch nicht alle gewünschten Funktionen im notwengigen Umfang realisiert.

Im jetzigen Zustand ermöglicht das Programm
- das Kassieren an mehreren Kassenterminals (Eingabe einer Warennummer, Ermittlung des Preises aus einer Datei, Berechnung des Zahlbetrags und des Rückgeldes),
- den Ausdruck von Kassenzetteln (Warenbezeichnung, Anzahl, Preis, Zahlbetrag, gegebenen Betrag, Rückgeld),
- die Protokollierung sämtlicher Kassenaktivitäten (online am Chefterminal und in einer Datei),
- die jederzeitige Ermittlung des Waren- und Kassenbestandes am Chefterminal,
- die Veränderung des Warenbestands (Lieferung) am Chefterminal,
- die Veränderung von Preisen am Chefterminal,
- die Aufnahme neuer Waren in das Sortiment.

Der Einsatz von Lesestiften, um die Originalstrichcodes der Warenbezeichnungen unmittelbar lesen zu können, ist vorgesehen.

Erste Erfahrungen

Die Unterrichtseinheit wurde als erster Entwurf in der ersten Hälfte des Schuljahres 1985/86 unterrichtet. Hier beschrieben ist eine stark überarbeitete Fassung. Sie wurde im zweiten Durchgang im Frühjahr 1986 unterrichtet. Trotz der noch relativ schmalen Erfahrungsbasis lassen sich jedoch einige Punkte festhalten. Wir haben versucht, diese Erfahrungen teilweise bereits in die Überarbeitung mit aufzunehmen:

- Der Unterricht erscheint den Schülern interessant und macht ihnen Spaß.

- Bei entsprechender didaktischer Reduzierung und geeigneter Unterrichtsmethodik ist die Thematik auch in der 8. Klasse angemessen zu behandeln. Die unterrichtenden Lehrer sprechen sich alle dafür aus, den Unterricht weiterhin in dieser Klassenstufe zu erteilen.

- Die Äußerungen der Schüler in den abschließenden Diskussionen waren deutlich fundierter als zu Beginn des Unterrichts. Die Schüler neigten in stärkerem Maße zu einer die positiven und negativen Aspekte des Computereinsatzes abwägenden Haltung.

- Das signifikant unterschiedliche Herangehen von Mädchen und Jungen an Probleme der Technik und ihrer Anwendung wurde deutlich. Während Jungen sich eher undistanziert der Geräte bemächtigen und sich dann auch ungern stören lassen, gehen Mädchen eher Nutzen und Folgen abwägend und vorsichtig mit den Geräten um. Wir hoffen, daß der Unterricht zum Verständnis der jeweils anderen Sichtweise beigetragen hat und vor allem deutlich gemacht hat, daß jede der beiden Formen der Auseinandersetzung mit technischen Geräten ihre Vorzüge und Defizite aufweist. Es kommt also keineswegs ausschließlich darauf an, den Mädchen einen leichteren Zugang zur Benutzung technischer Geräte zu ermöglichen, sondern auch die Jungen stärker für die Auswirkungen des Technikumgangs zu sensibilisieren und ihnen so ein Korrektiv zu ihrer manchmal recht blinden Technikbegeisterung zu geben. Uns erscheint es notwendig, den Unterricht in interessen- und geschlechtsheterogenen Lerngruppen durchzuführen.

- Den Schülern war der Bereich des Einzelhandels tatsächlich sehr viel weniger vertraut als angenommen. Dies hat dazu geführt, daß eine Unterrichtsphase "Rollenspiele 'Tante-Emma-Laden'" vorangestellt wurde. Sie hat im wesentlichen die Aufgabe, in einer altersangemessenen Form den Schülerinnen und Schülern die prinzipiellen Tätigkeiten und Arbeitsabläufe in einem Einzelhandelsgeschäft deutlich und möglichst erfahrbar zu machen. Das methodische Instrument des Rollenspiels hat sich hierbei außerordentlich gut bewährt.

- Bei dem Besuch in einem Geschäft mit einem Scannerkassensystem am Ende der Unterrichtseinheit waren auch wir Lehrer verblüfft, wie groß die Übereinstimmung zwischen den in der Schule gespielten Situationen und dem Ernstfall tatsächlich war.

- Die vorhandene (mittlerweile 11 Jahre alte) Mehrplatzanlage erwies sich einerseits als Verbündeter in der Vermittlung von Lerninhalten und Erlebnissen (z. B. wenn die Schüler dahinterkamen, daß eine zentrale Portokollierung aller Kassenterminalaktivitäten erfolgt). Andererseits wünscht man sich ein moderneres Werkzeug bei der Erstellung, Pflege und Benutzung der Software. Alle beteiligten Kollegen sind sich einig darin, daß mit Einzelplatzrechnern viele gerade der spannensten Unterrichtssituationen nicht hätten durchgeführt werden können. Diese Erfahrungen bestärken uns in der Meinung, daß für den schulischen Rechnereinsatz Mehrplatzanlagen, in welcher physikalischen Realisierung auch immer, notwendig sind. Dies gilt in besonderem Maße dort, wo es auf eine möglichst große Nähe zum außerschulischen Ernstfall ankommt.

- Es gibt keine fertige, für einen derartigen Unterricht einsetzbare Software. Sie mußte selbst erstellt werden. Es wurden bereits ca. 200 Arbeitsstunden in die Erstellung des Programmes investiert. Will man die Idee, das Programm zu ändern, realisieren, muß das Quellprogramm vorliegen. Wenn das Identifizieren der zu ändernden Programmstellen für die Schüler, die keine Programmmierkenntnisse besitzen, überhaupt möglich sein soll, muß das Programm in einer Sprache, die verständliches Programmieren auch für umfangreichere Programmsysteme ermöglicht, geschrieben sein. Mit Sicherheit reicht hierfür BASIC nicht aus. Die softwaretechnischen Ansprüche an derartige Programmsysteme sind besonders hoch.

Es sind im Unterricht keine größeren methodischen Anstrengungen nötig, eine positive Einstellung zur Benutzung informationstechnischer Systeme zu vermitteln; der Lehrer kann sich dabei voll auf die Faszination der Geräte und Programme verlassen. Schon zur Vermittlung eines abgewogenen Bildes über den Einsatz informationstechnischer Systeme ist es jedoch notwendig, die damit verbundenen Risiken unterrichtlich zu thematisieren. Die Diskussion hierüber muß sowohl fachlich wie methodisch intensiviert werden. Einen Ansatz dazu bietet Christiane Floyd in ihrem Aufsatz "Wo sind die Grenzen des verantwortbaren Computereinsatzes?" /3/.

Wir Lehrer der Fritz-Karsen-Schule würden uns sehr darüber freuen, wenn wir Stellungnahmen, Anregungen und eventuell andere Unterrichtsideen erhielten.

Quellen

/1/ Bund-Länder-Kommission für Bildungsplanung und Forschungsförderung, Rahmenkonzept für die Informationstechnische Bildung in Schule und Ausbildung, Bonn Dezember 1984

/2/ Verein zur Förderung des mathematischen und naturwissenschaftlichen Unterrichts, Empfehlungen und Überlegungen zur Gestaltung von Lehrplänen für den Computer-Einsatz im Unterricht der allgemeinbildenden Schulen, in Der mathematische und naturwissenschaftliche Unterricht, 1985 Heft 4

/3/ Christiane Floyd, Wo sind die Grenzen des verantwortbaren Computereinsatzes?, in Informatik-Spektrum, 1985 Heft 8

Kontaktadresse

Fritz-Karsen-Schule
Fachbereiche Arbeitslehre und Informatik
Onkel-Bräsig-Str. 76 - 78
1000 Berlin 47

Berufsfeldbezogene informationelle Fortbildungskursfolge für Handelslehrer - ein Pilotversuch

StD Bernhard Borg, Berufsbildende Schulen I Soltau

1. BERUFSFELDBEZOGENE INFORMATIONELLE BILDUNG

Einen breiten Raum der Diskussion über den Einsatz der Informationstechniken an kaufm. Schulen nehmen die Begriffe 'informationstechnische Grundbildung' /3/, 'informationstechnisches Fundamentum' /7/ bzw. 'informationelle Bildung' /10/ und 'Anwendungsbezug' sowie 'Handlungsorientierung' /8/ ein.
Dabei geht es aus der Sicht der berufsbildenden Schulen zum einen um eine aufbauende Fortsetzung der Konzeptionen der informationellen Bildung im Sekundarbereich I unter den Aspekten einer wirtschaftlichen Grund- und Fachbildung, zum anderen um eine *eigenständige Entwicklung* eines berufsfeldbezogenen Fundamentums.
Das BLK-Konzept formuliert diesen Aspekt für die Lehrerfortbildung so:
"Die informationstechnische Bildung setzt vertiefende Kenntnisse der Lehrer hinsichtlich der Anwendungen und Auswirkungen von Datenverarbeitung sowie im Umgang mit Rechnern voraus. Insbesondere sollten Qualifikationen angestrebt werden, die sich auf das Problemlösen mit Hilfe eines Rechners, auf die Chancen und Risiken der Informationstechniken sowie auf die Methode und Didaktik des Unterrichts beziehen". /1, S. 47/.
Diese bildungspolitischen Forderungen decken sich teilweise mit den Ergebnissen empirischer Untersuchungen über den Einsatz der Informationstechniken in Büro und Verwaltung. Als Fazit wird ein Bündel an informationellen, fachlichen und extrafunktionalen Qualifikationen gefordert, die in der kaufmännischen Ausbildung zu vermitteln seien.
Die kaufmännische Ausbildung "... erfordert eine informationstechnische Grundbildung, die die Auszubildenden insbesondere dazu befähigen müßte,

- die heute verbreitet eingesetzten elektronischen Arbeitsmittel ... praktisch bedienen zu müssen;
- die Nutzungsmöglichkeiten der Informationstechnik für die Lösung kaufmännischer Probleme beurteilen zu können;
- alternative Gestaltungsmöglichkeiten des Technikeinsatzes erkennen und beurteilen zu können;
- gesellschaftliche Chancen und Risiken der Informationstechnik beurteilen zu können." /6, S. 50/

'Anwendungsbezug' will einen mittelbaren Anschluß an den (zukünftigen) Einsatz der Informationstechniken in Wirtschaft und Verwaltung unter berufspädagogischen und curricularen Gesichtspunkten sichern und damit einen Schritt zur Integration von Theorie und Praxis, von Wissen und Können leisten.
Handlungsorientiertes Lernen manifestiert das Handeln können in berufspädagogisch organisierten Arbeitssituationen, das gleichermaßen eine berufliche Fachkompetenz wie auch eine Förderung der Persönlichkeit entwickeln soll.
Die Begriffe zeigen die allgemeinbildende und berufsfeldspezifische Problematik der curricular und unterrichtsmethodischen Reflexion des Einsatzes der Informationstechniken an kaufm. Schulen für den Unterricht und die Lehrerfortbildung auf.
Akzeptiert man diese Markierungspunkte, so hat die *berufsfeldbezogene informationelle Bildung* weit über die Belange eines eigenständigen Faches Wirtschaftsinformatik (Organisation/Datenverarbeitung in Niedersachsen) hinauszugehen /4/, /5/. Letzteres ist in (fast) allen kaufm. Schulformen in den Bundesländern eingeführt. Für die EDV-Lehrer werden bereits seit einigen Jahren Fortbildungskurse angeboten.
Im folgenden wird eine Kursfolge für die Kolleg(inn)en beschrieben, die nicht das Fach Wirtschaftsinformatik, sondern die kaufm. Kernfächer Wirtschaftslehren, Rechnungswesen, u. a. unterrichten. Sie wird z. Z. als Pilot-Kursfolge im Bezirk Lüneburg abgeschlossen. Nicht berücksichtigt werden dabei die Fächer Bürotechnik und Maschinenschreiben. Ab dem Schuljahr 1986/87 soll in Niedersachsen, ähnlich wie in anderen Bundesländern, eine landesweite

Fortbildung der 'Nicht-EDV-Lehrer' einsetzen.

2. ZIELSETZUNGEN DER KURSFOLGE

In die kaufmännischen Kernfächer sollen die Informationstechniken unter curricularen und unterrichtsmethodischen Aspekten Eingang finden.
In der Reflexion ihres Einsatzes in den betrieblichen Funktionsbereichen (z. B. Finanzbuchhaltung) sind sie inhaltliche Komponenten der kaufm. Fächer, im Zusammenhang mit unterrichtsgeeigneter Software können sie als Medium lernprozeßunterstützende Funktionen wahrnehmen (z. B. Simulation), für die Erstellung von Materialien sind sie organisatorisch-technische Hilfsmittel.

Nach Abschluß der Kursfolge sollen die Kolleg(inn)en befähigt sein:

- die verfügbare Informationstechnik mit den vorhandenen Anwendungsprogrammen unter fachdidaktischen, unterrichtsmethodischen und mediendidaktischen Gesichtspunkten im Unterricht kaufm. Kernfächer einzusetzen;
- bei neuen Anwendungen den DV-Kollegen oder dem Softwaremarkt gegenüber eine nach fachspezifischen und curricular-methodischen Kriterien formulierte Spezifikation vorzulegen sowie neue Produkte und deren Dokumentation nach funktionalen, ergonomischen und berufspädagogischen Kriterien zu bewerten;
- kleine Problemstellungen mittels prozeduraler oder Endbenutzer-Sprachen selbst zu lösen sowie Parameter der Anwendungsprogramme zu ändern;
- didaktisch-methodisch aufbereitete Begleitmaterialien zu den Anwendungen zu entwickeln;
- Funktionsweisen, organisatorische Gestaltungen, Entwicklungstendenzen und Auswirkungen der Informationstechniken zu kennen, diese zu handhaben und deren Eignung für den schulischen Einsatz zu bewerten.

3. ORGANISATION DER KURSFOLGE

Die Kursfolge besteht aus 2 Fortbildungsmaßnahmen, die organisatorisch und personell verknüpft sind. Die Fortbildung der Multiplikatoren erfolgt in der regionalen Kursfolge. Von jeder kaufm. Schule sind 1 .. 3 'Nicht-EDV-Lehrer' beteiligt. Ab dem 2. Kurs wird jede schulische Gruppe um einen EDV-Lehrer der Schule ergänzt. Diese Gruppe bildet dann die informationstechnischen Multiplikatoren der Schule. Parallel zur regionalen Fortbildung ist in jeder der beteiligten Schulen eine Arbeitsgruppe eingerichtet worden, in der die Multiplikatoren ihre Fortbildung vertiefen und ihrerseits einen größeren Kreis der Kolleg(inn)er der Schule in die Nutzung der Informationstechniken einweisen.
Die Kursfolge besteht aus 3 Kursen, je Halbjahr ein Kurs. Jeder Kurs umfaßt 6 Einzeltage (9.00 - 18.00 Uhr), mit einer zeitlichen Distanz von ca. 14 Tagen. Die Kursfolge umfaßt damit ca. 140 Unterrichtsstunden. Diese zeitliche Organisation wurde gewählt, um den Kollegen die Gelegenheit zu geben, die Inhalte und Vorgehensweisen eines Fortbildungstages in der schulischen Arbeitsgruppe zu diskutieren, zu reflektieren und im Unterricht zu erproben. Erfahrene Kollegen der Wirtschaftsinformatik und der kaufm. Kernfächer führen die Kursfolge durch. Personell und organisatorisch wird sie vom Soltauer Modellversuch "Entwicklung und Erprobung unterrichtsgeeigneter 'Anwendungssoftware'" getragen, unter Einsatz der dortigen Informationstechniken, Softwareprodukte und Materialien /2/.

4. INHALTE DER FORTBILDUNGSKURSFOLGE

Die Inhalte und methodischen Vorgehensweisen lassen sich in 6 Bereiche einteilen, wobei diese sich in der Fortbildungmaßnahme thematisch und zeitlich schneiden. Es ist nicht empfehlenswert, diese Themenbereiche getrennt zu vermitteln. Weiterhin ist es für die Teilnehmer wenig motivierend, zunächst ein informationelles Grundwissen oder allein die algorithmische Problemlösungsmethode zu erfahren und darauf aufbauend Anwendungen für den Unterricht zu behandeln. Von Beginn an muß der Lehrer die unterrichtliche Umsetzbarkeit der Inhalte und Beispiele für seinen Unterricht erkennen können.

Folglich sind die genannten Bereiche an wirtschaftlichen Themen, kaufm. Problemstellungen oder unterrichtliche Beispiele anknüpfend zu vermitteln.
Im folgenden werden die Inhalte der Bereiche isoliert beschrieben, die übergreifende bzw. integrative Behandlung sei nochmals betont. Abb. 1 will den Zusammenhang verdeutlichen.

Themenbereich: Grundlagen der Wirtschaftsinformatik

Die Kollegen erfahren die Methodik und Vorgehensweise der algorithmischen Problemlösung und erhalten einen Einblick in die "betriebswirtschaftlich relevanten Komponenten Datenbasis, Anwendungssoftware und Ablaufsteuerung eines computergestützten Informationssystems" /9, S. 7/. Weiterhin sind die Entwicklungstendenzen der Technik, der Softwaregestaltung und der Anwendungen aufzuzeigen. Insbesondere sind jedoch durch ausreichende Arbeitsphasen die Grundlagen für einen professionellen Umgang mit den Informationstechniken im Unterricht zu legen.

Themenbereich: Entwicklung und Benutzung von kaufm. Problemlösungen

Hier ist eine Einführung in verbreitete und unterrichtsgeeignete Anwendungssoftware (Standardsoftware und Benutzersprachen) und die Arbeit mit schulspezifischer Software zur Lösung der kaufm. Probleme vorgesehen, die in den Unterricht kaufm. Kernfächer Eingang finden können. Neben der Lösungserarbeitung im Team am Gerät ist der Umgang mit den Begleitmaterialien der Softwareprodukte von Bedeutung. Dazu gehört ein sicherer Umgang mit den Grundfunktionen der an den Schulen vorfindbaren Betriebssysteme, insbesondere mit der Dateiverwaltung.

Themenbereich: Fachdidaktik der Anwendungen

Inhalte sind die exempl. Auswahl und didaktisch-methodische Aufbereitung der im Unterricht einsetzbaren wirtschaftlichen Problemstellungen und -lösungen. Dabei sind u. a. berufsfeldtypische Anwendungen, Abbildungen betrieblicher Funktionsbereiche, wirtschaftswissenschaftliche Modelle und insbesondere die Richtlinien der Fächer zu befragen. Auf dieser Grundlage sind in der Kursfolge Materialien zu erarbeiten, die unmittelbar im Unterricht erprobt werden können. Hierbei zeigt sich schnell, daß dies oftmals zu einer Vertiefung oder Revision bisheriger fachdidaktischer Ansätze und Vorgehensweisen führt.

Themenbereich: Entfaltung aktiver Lernformen

Während die bisherigen Themenbereiche die informationelle, fachliche und fachdidaktische Fortbildung betonen, will dieser Lernbereich im Querschnitt zu diesen den fachmethodischen Aspekt betonen. Sowohl die empirischen Untersuchungen über den Einsatz der Informationstechniken in Büro und Verwaltung als auch die spezifische Methodik der Informatik bei der Entwicklung und dem Einsatz informationstechnikgestützter Problemlösungen betonen die Notwendigkeit extrafunktionaler Qualifikationen, wie Selbständigkeit, Team- und Kommunikationsfähigkeit oder der kognitiven Komplexität. Diese Qualifikationen sind jedoch nur schwerlich mit den derzeit vorherrschenden Lehrformen, z. B. lehrerzentrierter Frontalunterricht, zu erreichen. Soll der Lehrer für (fach- und anwendungsspezifische) schüleraktive Lehrformen und -methoden, wie Planspiele, Projekte, Lernbüro oder Situationsaufgaben, sensibilisiert und zu ihrer Umsetzung befähigt werden, so muß er diese selbst erfahren und erproben. Eine wesentliche Voraussetzung dafür ist auch die Verfügbarkeit über unterrichtsgeeignete Software und schülergeeignete Begleitmaterialien. Ein weiteres Merkmal ist in diesem Zusammenhang die Ausnutzung der medien-didaktischen Potenzen der Informationstechniken, um sie u.a. in lernprozeß-unterstützender Funktion (z. B. Veranschaulichung) oder als experimentelles Medium (z. B. Simulation) zu nutzen.

Themenbereich: Auswirkungen des Einsatzes der Informationstechniken

Die gesellschaftlichen, arbeitsorganisatorischen und sozialen Folgen der Basisinnovationen Mikroelektronik und Informationstechniken sind auch im Unterricht kaufm. Kernfächer, in Abstimmung mit der Wirtschaftsinformatik und der Gemeinschaftskunde, zu berücksichtigen. Folglich sollen Themen wie Datenschutz, Personal-Informationssysteme, Mitwirkungsrechte der Personalvertretungen, Automatisierung und Rationalisierung, Qualifikationswandel, Warenwirtschaftssysteme oder Informationssysteme aus der betrieblichen und individuellen Sicht des Arbeitnehmers und Bürgers einfließen können.

Themenbereich: Implementation der Informationstechniken

Bei den Aktivitäten zur wohlüberlegten Einführung der Informationstechniken in den Unterricht vor Ort erhalten die Kolleg(inn)en an den Schulen oftmals eine geringe Unterstützung. Für Beschaffungsmaßnahmen sind Ihnen daher Kriterien schulgeeigneter Hard- und Software, Informationen über den Schulcomputermarkt sowie über den Beschaffungsprozeß an die Hand zu geben. Aspekte der Einbettung der Informationstechniken in die Schul- und Unterrichtsorganisation sind zu diskutieren. Ein weiterer Gesichtspunkt ist hier die Nutzung der Informationstechniken als Medium und Hilfsmittel zur Vorbereitung, Durchführung, Nachbereitung und Organisation eines anwendungsbezogenen wirtschaftlichen Unterrichts (z. B. Textverarbeitung für Lehrer).

5. RANDBEDINGUNGEN

Während der Kursfolge sind einige Bedingungen aufgetreten bzw. erkannt worden, die den Erfolg der Kursfolge doch maßgeblich beeinträchtigt haben. Erforderlich ist ein abgestimmtes größeres Team der Fortbildner, das sich regelmäßig zur Vorbereitung und Reflexion der Kurse treffen kann. Notwendig ist das Vorliegen von Begleitmaterialien. Diese können während der Kursfolge nicht in ausreichendem Umfange entstehen. Erschwerend wirkt, daß die Kollegen an den Schulen oftmals nicht den unmittelbaren Zugang zum DV-System wahrnehmen können, da der Fachraum ausschließlich vom EDV-Unterricht ausgelastet ist, bzw. das DV-System für einen anwendungsbezogenen wirtschaftlichen Unterricht nicht geeignet ist. Notwendig ist daher eine wesentlich verbesserte Ausstattung der Schulen. Besonders deutlich zeigt sich der Mangel an verfügbarer unterrichtsgeeigneter Anwendungssoftware an den Schulen. Dies gilt sowohl für kaufm. Standardsoftware, Benutzersprachen wie auch für selbsterstellte 'Anwendungssoftware' und deren Begleitmaterialien. /2/.

L I T E R A T U R

/1/ BLK — Rahmenkonzept informationstechnische Bildung in Schule und Ausbildung der BLK In: Nieders. SVBl 3/85, S. 45 ff

/2/ Borg, B.; Kompe, W.; Schwethelm, W.; Wendeburg, Ch. u. a. — Heft 1 .. 5 der Reihe: Berichte zum Modellversuch "Entwicklung und Erprobung unterrichtsgeeigneter 'Anwendungssoftware' in kaufm. Kernfächern", hektographiert Soltau 1984 - 1986

/3/ Bosler, u. a. (Hrsg.) — Grundbildung Informatik Stuttgart 1985

/4/ Diepold, P. Informationelle Grundbildung für Lehrer an kaufmännisch berufsbildenden Schulen
In: Lisop, I. (Hrsg.)
Bildung und neue Technologien
Heidelberg 1986, S. 215 ff.

/5/ Diepold, P.
Borg, B. Wirtschaftsinformatik an kaufmännischen Schulen
München Wien 1984

/6/ Koch, R. Anforderungen an die kaufmännische Ausbildung durch die Informationstechniken
In: BWP 2/85, S. 50 f.

/7/ Peschke, R.
u. a. Anforderungen an neue Lerninhalte, Bd. 1
Wiesbaden 1984

/8/ Söltenfuß, G. Grundlagen handlungsorientierten Lernens
Bad Heilbrunn 1983

/9/ Scheer, A.-W. EDV-orientierte Betriebswirtschaftslehre
Berlin Heidelberg New York Tokio 1984

/10/ Kell, A. Überlegungen zur Konzeption informationeller Bildung
In: Lisop, I. (Hrsg.)
Bildung und neue Technologien
Heidelberg 1986, S. 129 ff

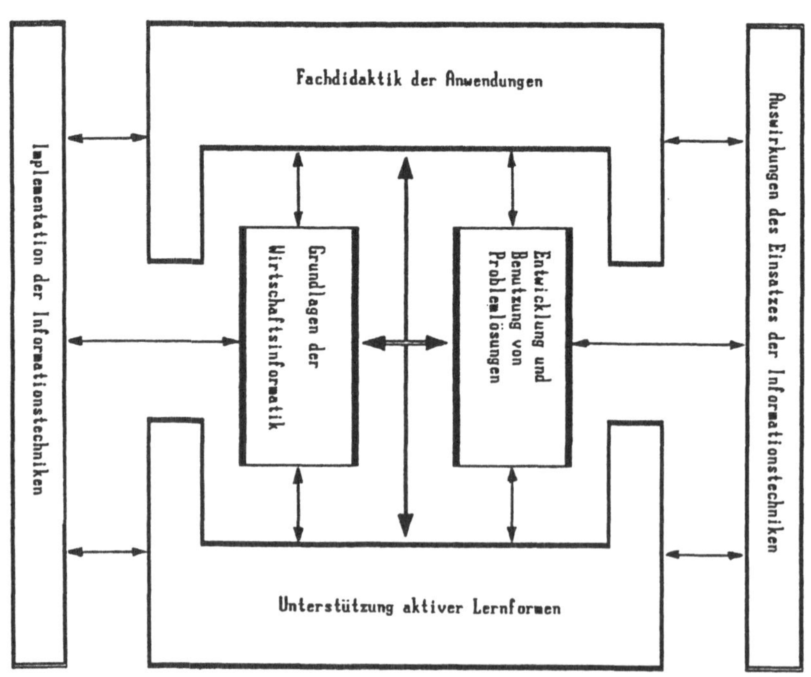

ANLEGEN UND VERWALTEN VON KARTEIEN

Eberhard Lehmann, Berlin
Rückert-Oberschule, Gymnasium

Die Rückert-Oberschule (Gymnasium) in Berlin-Schöneberg ist als eine von sieben Schulen Berlins an dem seit August 1985 stattfindenden Projekt "Informationstechnische Grundbildung (ITG) in der Sekundarstufe 1" beteiligt. Im folgenden soll zunächst kurz auf die Unterrichtsbedingungen eingegangen werden. Anschließend wird die Unterrichtseinheit "ANLEGEN UND VERWALTEN VON KARTEIEN" skizziert.

1. ITG AN DER RÜCKERT-OBERSCHULE IN BERLIN

ORGANISATION

Die ITG findet in einem Block von 30 Stunden innerhalb des Wahlpflichtfaches (Wpf) in Klasse 9 statt. Im Idealfall wird also ITG 10 Wochen lang hintereinander mit je 3 Wochenstunden unterrichtet. Figur 1 stellt die organisatorische Einbettung dar.

```
                          1.Halbjahr            2.Halbjahr
                        x__________________x__________________x

Wpf Biologie, Kurs 1    x_____________.....x..................x
                          ITG          Bio   Bio

Wpf Mathem. , Kurs 1    x....._____________x..................x
                          Mathe   ITG        Mathe

Wpf Biologie, Kurs 2    x..................x_____________.....x
                          Bio                ITG          Bio

Wpf Mathem. , Kurs 2    x..................x....._____________x
                          Mathe              Mathe   ITG
```

Figur 1

INHALTE

Wir gehen von dem Ansatz aus, einen Anwendungsfall in den Mittelpunkt der Betrachtung zu stellen. Jeder dieser Anwendungsfälle enthält dann die vier bekannten Bereiche (algorithmisch - technisch - gesellschaftlich - Anwendung), jedoch in der Regel in unterschiedlich starker Ausprägung. Darüber hinaus lassen sich aus den Anwendungsfällen Nebeneffekte ableiten, die die persönliche Betroffenheit der Schüler bewirken. So lernen die Schüler z.B. an der unten dargestellten Unterrichtseinheit "ANLEGEN UND VERWALTEN VON KARTEIEN" das Benutzen einer öffentlichen Bibliothek. Immer ist der Computer unabdingbares Hilfsmittel. Figur 2 gibt einen

Überblick über die an der Rückert-Schule bisher unterrichteten und geplanten Anwendungsfälle sowie über wichtige zu berücksichtigende Aspekte.

Anwendungsfälle	Zu integrierende Themen

bisher unterrichtet:
 	
(1) Anlegen und Verwalten von Karteien
 	
(2) Bildschirmtext und andere neue Medien
 	
(3) Rund um das Sparbuch
 	
(4) Theater-Platzbuchung
 	
geplant:
 	
(5) Multiple-Choice-Tests
 	
(6) Textverarbeitung
 	
(7) Dateiverwaltung
 	
(8) Tabellenkalkulation
	insbesondere
	
	- Kommunikationstechnische Systeme, Abhängigkeiten
	
	- Auswirkungen der Einführung von EDV auf die Arbeit
	
	- Datenschutz,Datensicherung
	
	- Funktionsprinzipien von Hardware und Software
	
	- Umgang mit Systemen
	
	- ausgewählte Algorithmen und Datenstrukturen
	  - Entwurf
	  - Ansätze zur Realisierung in einer Programmiersprache
	  - Analyse und Änderung von Teillösungen

Figur 2: Unterrichtseinheiten zur ITG, besondere Aspekte

SOFTWARE UND HARDWARE

Figur 3 zeigt, welche Hilfsmittel der Rückert-Oberschule bei den einzelnen Unterrichtseinheiten zur Verfügung stehen. Aus den Angaben ist ersichtlich, daß an der Rückert-Oberschule selbsterstellte Software (in Projekten von Informatikkursen an der Schule oder vom Lehrer erstellt: ZINSY, SPARBUCH, THEATER, MUCHO), aber auch professionelle Software (MS-WORD, DBASE, MULTIPLAN) eingesetzt wird. Die selbsterstellte Software ist in PASCAL programmiert.
Die Schüler werden in 2 Terminalräumen an 7 Commodore PC10 bzw. 7 Terminals mit Großrechneranschluß unterrichtet (SIEMENS BS2000). Außerdem existieren die zur BTX-Benutzung notwendigen Geräte.

Die Unterrichtseinheiten (1),(2) (4) werden in Lit.(2) ausführlich dargestellt. Zu den Einheiten (1) und (5) findet der Leser in Lit.(1) Dokumentationen und Programmlistings.

Unterrichts-einheiten	Software	Hardware
(1) Anlegen und Verwalten von Karteien ausführliche Darstellung in [2]	Zeitschriften-Informationssystem ZINSY, erhältlich für * bei B.G.Teubner Stuttgart; dokumentiert in [1].	*IBM-PC/Kompatible oder *APPLE II oder SIEMENS-BS2000-Rechner
(2) Bildschirmtext und weitere neue Medien ausführliche Darstellung in [2]	BTX-System der Deutschen Bundespost	BTX-fähiges Fernsehgerät, Decoder, Anschlußbox, Telefon, alphanumerische Tastatur, Fernbedienung, Drucker, Kassettenrecorder
(3) Rund um das Sparbuch ausführliche Darstellung in dieser Handreichung	Sparbuch-System SPARBUCH	SIEMENS-BS2000-Rechner In Planung: Es ist vorgesehen, das Sparbuch-System auch für IBM-PC/Kompatible bereitzustellen.
(4) Theater-Platzbuchung ausführliche Darstellung in [2]	Theater-Platzbuchungssystem THEATER erhältlich für * bei B.G.Teubner Stuttgart	*IBM-PC/Kompatible
(5) Multiple-Choice-Tests	Multiple-Choice-Test-System MUCHO erhältlich für * bei B.G.Teubner Stuttgart; dokumentiert in [1].	*IMB-PC/Kompatible oder *APPLE II oder SIEMENS-BS2000-Rechner
(6) Textverarbeitung	MS-WORD	IBM-PC/Kompatible
(7) Dateiverwaltung	DBASE II	IBM-PC/Kompatible
(8) Tabellenkalkulation	MULTIPLAN	IBM-PC/Kompatible

Figur 3

	ANLEGEN UND VERWALTEN VON KARTEIEN	
Stunde/Thema	Inhalte	Material/Medien
1 In der Lernmittelbücherei der Schule	- Buchsignaturen - Ordner für Ausleihverkehr - Bestandsordner - Gliederung, Lageplan der Bücherei	Lernmittelbücherei

2 Öffentliche Büchereien	- Schülererfahrungen
	- Kataloge
	  - Verfasserkatalog
	  - systematischer Katalog
	  - Schlagwortregister
	- Adressen
	- Verwaltung großer Datenmengen
		Gliederung/Lageplan einer öffentlichen Bücherei

3 Einsatz von EDV 1 - Betriebssystem - Hauptmenü	- Zeitschriften-Katalogisierung - Tastatur des Computers - Einweisung ins Betriebssystem - Aufruf von ZINSY - das Hauptmenü, Menütechnik	Hardware: Commodore PC10 Software: Zeitschriften-Informationssystem ZINSY Tastaturbild Zeitschriften
4 Einsatz von EDV 2 - Arbeit mit ZINSY	- Datensätze: Anzahl, Ausgabe, Aufbau - Stichwortliste - Suchen über Stichwort - Suchen nach Zeitschrift	PC10 / ZINSY Arbeitsbogen mit Aufträgen zur Bearbeitung mit dem Softwaresystem

5 Einsatz von EDV 3
- Arbeit mit ZINSY
	- Umfangreiche Zeitschriften-Datenbanken
	- Eingeben von Zeitschriften-Aufsätzen:
	  - Codierung der Zeitschrift
	  - Stichwörter festlegen
	- Ändern von Datensätzen
		Informationsblatt des Deutschen Bibliotheksinstituts Berlin
		PC10 / ZINSY

6 Probleme beim Einsatz von EDV
- Beispiel AGB
	- Auswertung zweier Zeitungsartikel über die AGB (Amerika Gedenkbibliothek Berlin) unter den Gesichtspunkten
	  - Veränderungen durch EDV bei Verwaltung und Buchausleihe
	  - Auswirkungen auf die Arbeit der Angestellten
	  - Liste von Vor- und Nachteilen
		Zeitungsartikel: "Für die AGB beginnt des Computerzeitalter", "Keine Einigkeit über die Vorteile von EDV in der AGB" (Gruppenarb.)
		Hinweiszettel für AGB-Benutzer

Stunde/Thema	Inhalte	Material/Medien
7/8 Besuch bei der AGB	- Vortrag des RZ-Leiters über Buchverwaltung/Ausleihverwaltung mit Hilfe von EDV - Rundgang	Amerika-Gedenkbibliothek (AGB)
9 Algorithmen (1) - Identifizierung	- Vergleich von Benutzerausweisen - Algorithmen zur Identifizierung von Benutzern und Büchern (Flußdiagramme)	Benutzerausweise der AGB 1983 und 1986
10 Algorithmen (2) - Zahlenraten (Entwurf)	- Zahl aus der Menge 1,2,..50 raten - Phasen der Programmerstellung - Entwurf im Flußdiagramm	
11 Algorithmen (3) - Zahlenraten (Programm) - Einsatz von EDV 4	- BASIC-Programm analysieren, Vergleich mit Flußdiagramm - Testläufe	BASIC-Programm eines Schülers PASCAL-Programm (zu Hause analysieren) PC10
12 Algorithmen (4) - Ein Blick ins ZINSY-Programm - Einsatz von EDV 5	- PASCAL-Programm Zahlenraten - PASCAL-Programm "Bücher zum Autor" analysieren, dazu u.a. Ablauf am Rechner wiederholen - Flußdiagramm dazu	Prozedur "Bücher zum Autor" von ZINSY, PC10
13 Einsatz von EDV 6 - DBASE II	- Erstellen einer Zeitschriftendatei mit professioneller Software: Starten von DBASE, Eingabe der Datenstruktur, Aufsatzeingabe - Beispiele für Suchvorgänge	PC10, DBASE II
14 Rückblick	- Erstellen eines Überblicks über die besprochenen Themen - Wiederholungen - Ergänzungen	Aufsatz aus Zeitung zur weiteren Entwicklung bei der AGB
15 Test	- Fragen zur Unterrichtseinheit "ANLEGEN UND VERWALTEN VON KARTEIEN"	Aufgabenbogen
Figur 4		

2. DIE UNTERRICHTSEINHEIT
ANLEGEN UND VERWALTEN VON KARTEN

Einen groben Überblick vom Aufbau der Unterrichtseinheit liefert Figur 4.

Als Einstieg in das Thema diente ein Besuch in der **Lernmittelbücherei der Schule**. Von dem Leihverkehr waren die Schüler ja schon seit einigen Jahren **persönlich betroffen**. Die Vorgänge waren ihnen also im Großen bekannt. Jetzt ging es aber nicht um das einzelne Buch, sondern in erster Linie um die Verwaltung der vielen Bücher, also um den großen Datenumfang, der den Einsatz einer Datenverarbeitungsanlage sofort plausibel macht. Auch durch Besprechung entsprechender Vorgänge in einer öffentlichen Bücherei konnte an Vorkenntnisse einiger Schüler angeknüpft werden, andere wurden zum Büchereibesuch, etwa in der Bezirksbücherei animiert.

In einem Informatikkurs war vor einiger Zeit im Rahmen eines Projektes ein Softwareprodukt zur Bücherverwaltung erstellt worden, aus dem später durch Anpassung das **Softwaresystem ZINSY** (**Zeitschriften-Informationssystem**) entstand. Dieses System wird in Lit.(1) ausführlich (mit Quellcode) dargestellt. Neben der Anfangsversion - erstellt am einem Siemens-Rechner mit BS2000 mit PASCAL - wurden Versionen für die Systeme APPLE II und IBM-PC/Kompatible geschaffen. ZINSY kann zur Verwaltung z.B. von Mathematik-Zeitschriften verwendet werden. Über die Funktionen des Systems informiert das Hauptmenü, Figur 5. Aus Figur 4 läßt sich ablesen, wie ZINSY eingesetzt wurde.

```
#################################################
#                   HAUPTMENUE                  #
#################################################
# EINGABE EINES ZEICHENS AUS DER MENGE (1..F) : #
# --------------------------------------------- #
# 1: AUTOR BEKANNT       -->WEITERE DATEN SUCHEN #
# 2: STICHWORT BEKANNT   -->WEITERE DATEN SUCHEN #
# 3: AUFSATZTITEL BEKANNT-->WEITERE DATEN SUCHEN #
# 4: ZEITSCHR.NR. BEKANNT-->WEITERE DATEN SUCHEN #
# --------------------------------------------- #
# 5: AUSGABE EINER STICHWORTLISTE (UNGEORDNET)  #
# 6: AUSGABE EINER AUTORENLISTE   (UNGEORDNET)  #
# --------------------------------------------- #
# 7: ANZAHL DER DATENSAETZE IN DER DATEI ANGEBEN #
# 8: AUSGABE ALLER DATENSAETZE                  #
# 9: AUSGABE EINES BESTIMMTEN DATENSATZES       #
# --------------------------------------------- #
# E: EINGABE VON AUFSAETZEN (BUECHERN)          #
# A: AENDERUNGEN DER DATEI                      #
# --------------------------------------------- #
# F: PROGRAMMENDE                               #
#################################################
```

Figur 5: Hauptmenü zum Zeitschriften-Informationssystem ZINSY

Mit der AGB (Amerika-Gedenkbibliothek) besitzt Berlin eine der größten und ausleihstärksten Bibliotheken Europas. So verwundert es etwas, daß erste 1985 ernsthaft mit dem Einsatz der EDV begonnen wurde. Wie häufig bei **Umstellungen auf EDV**, ergaben sich auch hier erhebliche Probleme, die sich u.a. gut in Zeitungsartikeln widerspiegeln. Eigene Beobachtungen bei der Buchausleihe und eine Führung durch die Bibliothek durch den Leiter des Rechenzentrum verstärkten die Eindrücke. So ergab sich umfangreiches Material zur **Bearbeitung der gesellschaftlichen Aspekte**. Bei der Arbeit mit ZINSY, aber auch bei der Bücherverwaltung und Buchausleihe einer Bücherei geht es immer wieder um Suchvorgänge. So liegt es nahe, den **algorithmischen Bereich** mit diesem Ansatz auszufüllen. Im Unterricht wurde das Problem "Raten einer Zahl aus der Menge 1,2,...49,50" ausführlicher besprochen, wobei die Schüler einen Einblick in die Phasen einer Programmentwicklung erhielten und einige Sprachbestandteile von BASIC bzw. PASCAL kennenlernten. Dabei konnten auch Vorkenntnisse der Schüler, von denen etwa ein Viertel eigene (BASIC-) Rechner besaßen, eingesetzt werden.

Das Thema "ANLEGEN UND VERWALTEN VON KARTEIEN" wurde mit unterschiedlichem Umfang in drei Lerngruppen erprobt. Die beschriebene Version ist die umfangsreichste und wurde zuletzt durchgeführt. **Eine ausführliche Darstellung dieser Unterrichtseinheit findet sich in Lit.(2). Dieses Buch ist u.a. für die Hand des Schülers gedacht und enthält umfangreiches Arbeitsmaterial und viele Übungsaufgaben.**

LITERATUR

(1) Lehmann,E.: Projektarbeit im Informatikunterricht, B.G.Teubner 1985, mit ausführlicher Dokumentation der Softwaresysteme ZINSY und MUCHO (siehe Lit.(3)).

(2) Lehmann,Madincea,Pannek: Unterrichtseinheiten zur informationstechnischen Grundbildung, B.G.Teubner, voraussichtlich Herbst 1986.
Aus dem Inhalt:
Anlegen und Verwalten von Karteien - Bildschirmtext und andere neue Medien - Ein Theater-Platzbuchungssytem - Umgang mit Dateien,Datenschutz - Textverarbeitung - Tabellenkalkulation- Methodische Hinweise - Glossar.
Adressaten:
ITG-Schüler, Informatikschüler, Lehrer für ITG und Informatik Lehrer ohne Informatikerfahrung, Teilnehmer an Fortbildungskursen für ITG.

(3) Lehmann,E.: (bei B.G.Teubner)
Diskette ZINSY für IBM-PC/Kompatible und APPLE II
Diskette MUCHO für IBM-PC/Kompatible und APPLE II
Diskette THEATER für IBM-PC/Kompatible.

DATEIVERWALTUNG AM BEISPIEL DES FREIZEITVERHALTENS EINER SCHULKLASSE

Eine Unterrichtseinheit zur informationstechnischen Grundbildung und die Entwicklung von "Schul-dBASE"

Caren Carstensen und Ulrich Bosler
Institut für die Pädagogik der Naturwisschenschaften
an der Universität Kiel (IPN)

Einleitung

Die meisten Kultusministerien, die Gesellschaft für Informatik, der Verein MNU und vor allem die Bund-Länder-Kommission für Bildungsplanung und Forschungsförderung haben in den letzten Jahren Empfehlungen für eine informationstechnische Grundbildung für jede Schülerin und jeden Schüler gegeben.

Um möglichst vielfältige Ideen zu produzieren und die Diskussion in der Bundesrepublik Deutschland in Ergänzung zu oben genannten Empfehlungen zu beleben, wurden unter Federführung des IPN eine didaktische Strukturierung und verschiedene Unterrichtsskizzen für eine informationstechnische Grundbildung erarbeitet und im Frühjahr 1985 veröffentlicht (BOSLER, HAMPE, WANKE, VAN WEERT, 1985). Darunter befindet sich eine kurze Unterrichtsskizze zum Freizeitverhalten einer Schulklasse. Die wesentliche Frage dabei war: Kann man das algorithmische Problemlösen und das eigene Erleben der Datenschutzproblematik in einer Unterrichtseinheit zusammenbringen?

Im IPN wurde ab Sommer 1985 aus der Unterrichtsskizze eine Unterrichtseinheit entwickelt. Diese verdeutlicht, daß das algorithmische Problemlösen und das Erleben der Datenschutzproblematik im Rahmen eines projektorientierten und weitgehend fächerunabhängigen Unterrichts realisiert werden kann.

Einbeziehung in einen Modellversuch zur informationstechnischen Grundbildung

Der Entwurf der Unterrichtseinheit wurde in den Modellversuch "Informations- und kommunikationstechnologische Grundbildung im Pflichtbereich" in Nordrhein-Westfalen einbezogen. Bei der Überarbeitung des Entwurfs wurde die für alle Unterrichtseinheiten im Modellversuch verabredete Beschreibungsform gewählt.

Da es dabei zu vielfältigen Anregungen kam, soll kurz auf den Modellversuch, der unter der Leitung des Landesinstituts für Schule und Weiterbildung durchgeführt wird, eingegangen werden. Van Lück beschreibt diesen so:

"Alle Schülerinnen und Schüler sollen ... grundlegende Kenntnisse, Fertigkeiten und Fähigkeiten in drei Lernfeldern erwerben:

- Prozeßdatenverarbeitung,
- Anwendersysteme (Textverarbeitungs- und Dateiverwaltungssysteme),
- Simulation und Lernsysteme

und sollen in jedem Lernfeld auch die Auswirkungen auf Individuum und Gesellschaft erfahren und bewerten.

Ausgehend von schülernahen Situationen sollen bei der Problemlösung

- Prinzipien der algorithmischen Methode kennengelernt, (Auf das Erlernen einer herkömmlichen Programmiersprache kann und soll verzichtet werden),
- Anwendersysteme und Programmierumgebungen genutzt,
- Ergebnisse unter medien- bzw. methodenkritischen Gesichtspunkten reflektiert und
- Informations- und Kommunikationstechnologien in ihrer Nutzung bewertet werden.

Das in diesem didaktischen Modell vorgesehene ganzheitliche Lernen ist am ehesten in einem fächerübergreifenden und projektorientierten Unterricht zu verwirklichen, kann aber auch in einem mehr fachorientierten Unterricht realisiert werden ..." (VAN LÜCK, 1986).

Mit der vorliegenden Unterrichtseinheit sollen die oben genannten Lernziele erreicht und ein Beispiel für das Lernfeld "Textverarbeitungs- und Dateiverwaltungssysteme" gegeben werden.

Die Struktur der Unterrichtseinheit

Die Einheit ist schulartunabhängig angelegt und kann daher an Hauptschulen, Realschulen, Gymnasien und Gesamtschulen eingesetzt werden. Um Ansprüche für projektorientierte Unterrichtseinheiten zu erfüllen, werden angestrebte Zwischenergebnisse beschrieben, wobei der Lehrer etwas über die "Tiefe" der Bearbeitung erfährt. Ergänzend werden methodisch-didaktische Hilfen und Tips für den Lehrer gegeben. Schüleraufgaben, die sich auf das Arbeiten mit Benutzersystemen (z. B. Datenbank-, Textverarbeitungssysteme) beziehen, sind zunächst in einer rechner- und systemunabhängigen "Schulbuch-Sprache" geschrieben. Es folgen entsprechende "Übersetzungshinweise" für die speziellen Systeme "Schul-dBASE" (auf den MS/DOS und CP/M - Ebenen) und SUPERBASE (für den C 64) sowie WORD (für MS/DOS), WORDSTAR (für CP/M) und VIZAWRITE (für C 64). Weitere Informationen sowie Software ergänzen das Unterrichtsmaterial.

Die wesentlichen Elemente der Unterrichtseinheit zeigt Bild 1. Die grau unterlegten Teile stellen den obligatorischen Teil von etwa 16 Stunden dar. Der zusätzliche Zeitbedarf für Einstieg, Vertiefung und Möglichkeiten der Ergänzung richtet sich danach, wie eingehend diese im Unterricht behandelt werden.

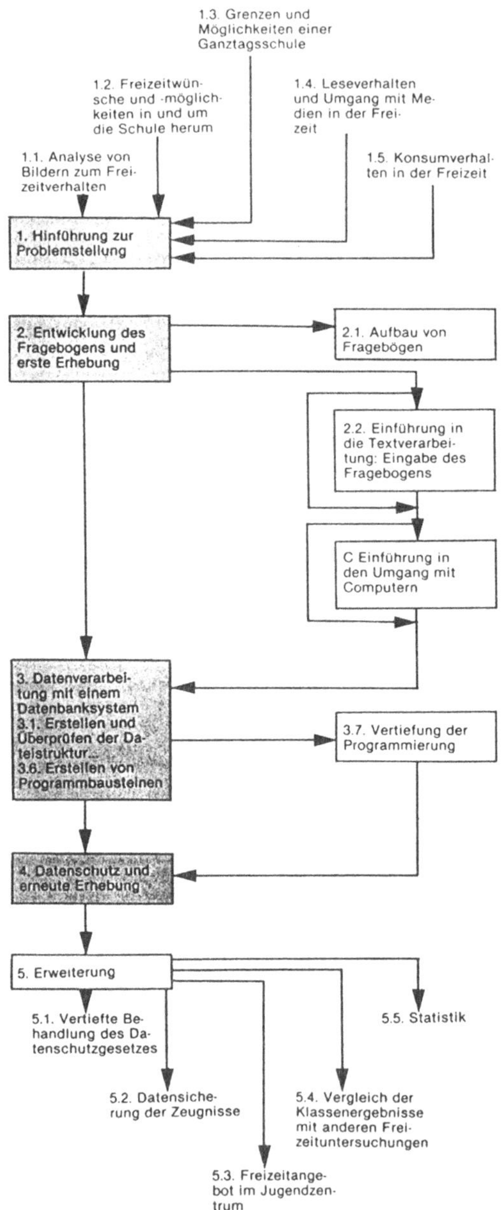

Bild 1: Die Unterrichtseinheit im Überblick (aus IPN-Blätter 1/86)

Die Grundidee der Unterrichtseinheit

In einer Fragebogenaktion befragen sich die Schülerinnen und Schüler einer Klasse gegenseitig zu ihrem Freizeitverhalten. Sie gewinnen dabei eigene Daten, an denen sie zum einen die Verarbeitung durch den Computer und zum anderen die Bedeutung von Datenschutz als Betroffene erleben sollen.

Datenerhebung und -auswertung werden dazu in der Regel in zwei Durchgängen vorgenommen. Beim ersten Durchgang findet zunächst eine bewußt einfache erste Erhebung von Freizeitdaten mit Hilfe eines Fragebogens statt. In diesen werden noch uneingeschränkt alle Fragen der Schülerinnen und Schüler - auch solche nach Namen und Adressen, nach sensitiven Daten oder nicht direkt zweckgebundene Fragen - mitaufgenommen, d. h. es entsteht in der Regel ein Fragebogen, der datenschutzrechtliche Bedingungen noch nicht erfüllt.

Die hierdurch erhobenen und über den Computer ausgewerteten Daten können in dem Moment Betroffenheit bei den Schülerinnen und Schülern auslösen, wenn die entsprechenden Listen publik gemacht werden sollen. Auf diese Weise werden die Schülerinnen und Schüler an die Datenschutzproblematik herangeführt. Sie erfahren an ihren eigenen Daten, welche Auswirkungen möglich sind, wenn bedenkenlos personenbezogene Daten erhoben und weitergegeben werden, wie es in der Regel im ersten Durchgang aufgrund des noch unreflektierten Fragebogens geschehen ist. In dieser Phase werden auch wesentliche Elemente des Bundesdatenschutzgesetzes einbezogen.
Nach der Besprechung der Fragen zum Datenschutz folgt notwendigerweise der zweite Durchgang mit einer erneuten Erhebung. Dazu wird der vorhandene Fragebogen gezielt überdacht und entsprechend den Datenschutzregelungen revidiert, so daß eine kontrollierte Erhebung und Auswertung möglich wird; d. h. der Fragebogen darf nur solche Daten erheben, deren Weitergabe nach der Auswertung mit dem Computer keine persönlichen Nachteile für den Einzelnen bringt.

Kurzbeschreibung einzelner Unterrichtsabschnitte

Einstiege und Erweiterungen

Das Angebot verschiedener Einstiegsmöglichkeiten sowie die Möglichkeiten für thematische Ergänzungen sind als Vorschläge zu verstehen, deren unterrichtliche Ausgestaltung dem Lehrer selbst überlassen bleibt.

Es soll exemplarisch ein Einstieg dargestellt werden: Bilder, die Jugendliche in Freizeitsituationen zeigen, sollen die Schülerinnen und Schüler motivieren und sich innerhalb einer Diskussion mit der Frage "Wie verbringe ich die Zeit nach der

Schule?" auseinanderzusetzen. Eine Sammlung dafür geeigneter Bilder ist dem Unterrichtsmaterial beigefügt.

Entwicklung des Fragebogens und erste Erhebung

Die Auswahl der Fragen für den Fragebogen der ersten Erhebung liegt bei den Schülerinnen und Schülern, der Lehrer bleibt daran weitgehend unbeteiligt. Er achtet jedoch darauf, daß der Fragebogen nicht zu komplex wird und insgesamt nicht mehr als etwa 12 Fragen enthält. Bewußt werden auch alle Fragen zur Person zugelassen, so daß ein nichtanonymer Fragebogen entstehen kann.

Um mögliche Beschwerden von Seiten der Eltern wegen des nicht anonymen Fragebogens auszuschalten, werden sie in einem Begleitbrief über das geplante Unterrichtsvorhaben informiert.

Treten bei einigen Schülerinnen und Schülern Einwände gegen die fehlende Anonymität des Fragebogens auf, so wird empfohlen, bereits an dieser Stelle die Auseinandersetzung mit der Datenschutzproblematik aufzugreifen; entsprechend entfällt der zweite Durchgang der Datenerhebung und -auswertung. Der Fragebogen wird von vornherein "datenschutzgerecht" gestaltet.

Datenverarbeitung mit einem Datenbanksystem

Für die Computerauswertung der Daten zum Freizeitverhalten der Schülerinnen und Schüler wird im Unterricht das sogenannte "Schul-dBASE" eingesetzt.

"Schul-dBASE" ist ein Produkt, das in dem nordrhein-westfälischen Modellversuch entstand und mit Unterstützung des IPN entwickelt wurde. Es wurde eine schulgeeignete Benutzeroberfläche geschaffen, d. h. die Schülerinnen und Schüler müssen nicht die einzelnen speziellen Befehle der Datenbanksprache beherrschen. "Schul-dBASE" wurde in dBASE II geschrieben und stellt damit eine Ergänzung für alle Rechner dar, auf denen dBASE II läuft.

Mit "Schul-dBASE" läßt sich in einfacher Weise unter anderem die Struktur einer Datei anlegen sowie Daten erfassen, zeigen, suchen, sortieren und ausdrucken. Das Erstellen und Aufrufen von Prozeduren wird unterstützt. Die Bilder 2 bis 5 zeigen einige wichtige Menüs von "Schul-dBASE".

Das Programmieren bleibt in der Unterichtseinheit zunächst auf einfache Prozeduren zur Bestimmung von Häufigkeiten und Durchschnittswerten beschränkt, im Abschnitt "Vertiefte Programmierung" werden zusätzlich die Kontrollstrukturen Alternative und Wiederholung eingeführt, wodurch sich dann ggf. auch schwierigere Prozeduren schreiben lassen.

```
D A T E N B A N K  -  H A U P T M E N U E

            (1) Dateien verwalten

            (2) Dateistruktur bearbeiten

            (3) Datensätze bearbeiten

            (4) Programmieren


            (0) Beenden


            (W) Wechsel zu dBASE II
Schließen Sie bitte alle Ihre Eingaben mit der <RETURN> - Taste ab!


Treffen Sie Ihre Wahl : :
Aktivierte Datei:
```

Bild 2: Das Hauptmenü von "Schul-dBASE"

```
---------------------------------------------------------------------------
DATEISTRUKTUR:   (1) Anlegen   (2) Zeigen   (3) Ändern   (4) Drucken
                 (H) Hauptmenü
Treffen Sie Ihre Wahl : :
Aktivierte Datei:
```

Bild 3: Das Untermenü zur Bearbeitung einer Dateistruktur

```
---------------------------------------------------------------------------
DATENSÄTZE:   (1) Eingeben   (2) Zeigen     (3) Ändern    (4) Löschen
              (5) Suchen     (6) Sortieren  (7) Drucken   (H) Hauptmenü
Treffen Sie Ihre Wahl : :
Aktivierte Datei:
```

Bild 4: Das Untermenü zur Bearbeitung von Datensätzen

```
---------------------------------------------------------------------------
PROGRAMMIEREN: Prozeduren   (1) Schreiben   (2) Ausführen
                            (3) Zeigen der Namen   (H) Hauptmenü
Treffen Sie Ihre Wahl : :
Aktivierte Datei:
```

Bild 5: Das Untermenü zum Programmieren

Erfahrungen aus dem Unterricht

Bis zu den Sommerferien 1986 erprobten acht nordrhein-westfälische Schulen die Unterrichtseinheit in ihrer ersten Fassung. Danach begann die eigentliche Erprobung, an der sich im Schuljahr 1986/87 insgesamt 24 Schulen beteiligen werden.

Die ersten Rückmeldungen aus der Vorerprobung waren positiv. Über einzelne unterrichtspraktische Erfahrungen und Zwischenergebnisse der Erprobung wird auf der GI-Tagung in Kaiserslautern berichtet werden.

Literatur

BOSLER, U., HAMPE, W., WANKE, I., VAN WEERT, T.J. (Hrsg.): Grundbildung Informatik. Stuttgart: Metzler, 1985.

BOSLER, U., OBERLIESEN, R.: Informations- und kommunikationstechnolische Grundbildung - Übersicht über den Modellversuch in Nordrhein-Westfalen. In VON PUTTKAMMER, E. (Hrsg.): Informatik - Grundbildung in Schule und Beruf. Fachtagung der Gesellschaft für Informatik, Fachbereich Ausbildung und Beruf, Kaiserslautern, 29. 9. bis 1. 10. 1986. Berlin/Heidelberg/New York: Springer, 1986.

BUND-LÄNDER-KOMMISSION FÜR BILDUNGSPLANUNG UND FORSCHUNGSFÖRDERUNG (Hrsg.): Rahmenkonzept für die Informationstechnische Bildung in Schule und Ausbildung. Bonn: B-L-K, Polyskript, 1984.

DEUTSCHER VEREIN ZUR FÖRDERUNG DES MATHEMATISCHEN UND NATURWISSENSCHAFTLICHEN UNTERRICHTS (Hrsg.): Empfehlungen und Vorschläge zur Gestaltung von Lehrplänen für den Computereinsatz im Unterricht allgemeinbildender Schulen. In MNU 38 (1985), Heft 4. Bonn: Dümmler.

GESELLSCHAFT FÜR INFORMATIK (Hrsg.): Entwurf einer Rahmenempfehlung für die Informatik im Unterricht der Sekundarstufe I. In ARLT, HAEFNER (Hrsg.): Informatik als Herausforderung an Schule und Ausbildung. GI-Fachtagung 1984. Berlin/Heidelberg/New York/Tokyo: Springer, 1984.

KULTUSMINISTERIUM NORDRHEIN-WESTFALEN (Hrsg.): Neue Informations- und Kommunikationstechnologien in der Schule, Rahmenkonzept. Düsseldorf: Kultusministerium, Heft 43, 1985.

LANDESINSTITUT FÜR SCHULE UND WEITERBILDUNG (Hrsg.): Neue Informations- und Kommunikationstechnologien 1 - Modellversuch Sekundarstufe I. Soest, 1986. (Dieses Übersichtspapier ist beim LSW, Soest erhältlich).

MINISTERIUM FÜR KULTUS UND SPORT BADEN-WÜRTTEMBERG (Hrsg.): Grundkenntnisse über Computer und Informatik - Änderungen und Ergänzungen in den Lehrplänen der weiterführenden Schulen. Stuttgart: Schulintern, 1984.

NIEDERSÄCHSISCHES KULTUSMINISTERIUM (Hrsg.): Neue Technologien und Schule. Schulverwaltungsblatt 8/85, S. 227-229.

VAN LÜCK, W.: Informations- und kommunikationstechnologische Grundbildung. In LOG IN 6(1986), Heft 2, München: Oldenbourg.

Veränderungen im Lernvorgang und in Schüler-Lehrer-Interaktionen

Leitung: Prof. Dr. Heinrich Bauersfeld
Universität Bielefeld

V E R S A N D G E S C H Ä F T

Modellhaftes Arbeiten in der Grundbildung Informatik

Dieter Lohmann

St. Anno Höhe 25
5063 Overath

Für jeden Unterricht in der Schule, besonders aber für die neuen Informations- und Kommunikationstechnologien, ist aus didaktischen und methodischen Gesichtspunkten die Orientierung an den Anwendungen zu fordern.

Dies bedingt zumeist eine relativ hohe Komplexität sowohl der Aufgabenstellung als auch der daraus zu entwickelnden Lösung.

Für die Sekundarstufe I ist aber in jeder Phase des Unterrichts - u.a. wegen des Alters der Schüler - eine leichte Begreifbarkeit nötig, um den Lernerfolg nicht in Frage zu stellen.

Demnach ist es vor allem in der Grundbildung Informatik wichtig, Modelle zu finden, die einerseits Wesentliches zum Verständnis der Schüler beitragen, andererseits aber die geschilderten Nachteile vermeiden.

Es wurde daher das Beispiel eines Versandgeschäfts ausgewählt:

Bei Bestellungen erhebt die Firma einen Kleinmengen-Zuschlag; unterhalb eines bestimmten Betrages berechnet sie beim Porto einen Anteil und bis zu einem gewissen Bestellwert einen Teil der Kosten für die Verpackung. Dazu wird noch die Mehrwertsteuer errechnet, um dem Kunden die Zahlung, die er zu überweisen hat, in der Rechnung mitzuteilen.

Der geschilderte Sachverhalt ist für Schüler bis zum Jahrgang 8 als durchaus anspruchsvoll zu bezeichnen .

Es erscheint mir wichtig, das Vorgehen im einzelnen darzustellen, weil ich von der Methodik her übertragungsmöglichkeiten erkenne und es daher für exemplarisch halte.

Die Schüler erhalten das abgebildete leere Rechnungsformular. Sie setzen den Wert von vorgegebenen Bestellungen darin ein und rechnen sie "per Hand" aus.

R E C H N U N G

SIE HABEN UNS EINE BESTELLUNG ZUGESANDT IM WERT VON	_______	DM
DIE KLEINMENGE UNTER 50 MARK ERGIBT DEN ZUSCHLAG	3.00	DM
FUER DAS PORTO ERHEBEN WIR UNTER 100 MARK DEN ANTEIL	1.00	DM
FUER VERPACKUNG BERECHNEN WIR UNTER 200 MARK KOSTEN	2.00	DM
ZUSAMMEN ERGIBT SICH DEMNACH DIE SUMME	_______	DM
14 % MEHRWERTSTEUER ERGEBEN DEN BETRAG VON	_______	DM
UEBERWEISEN SIE BITTE ALS ZAHLUNG INSGESAMT	_______	DM

AUF DAS KONTO 2345 BEI DER SPARKASSE NEUSTADT BLZ 458453.

WIR DANKEN IHNEN FUER IHRE BESTELLUNG UND GRUESSEN SIE.

Aus den in der Rechnung vorhandenen Texten entnehmen die Schüler alle Bedingungen sowie die als Aufschläge zu erhebenden Beträge.

Anhand verschiedener Beispiele machen sie sich die möglichen Fälle allein dadurch zu eigen, daß sie praktisch damit umgehen.

Die Textzeilen wurden von mir so gewählt, daß sie zu Anfang die Bezeichnung der jeweiligen Teilaufgabe enthalten.

R E C H N U N G

SIE HABEN UNS EINE BESTELLUNG ZUGESANDT IM WERT VON	37.58	DM
DIE KLEINMENGE UNTER 50 MARK ERGIBT DEN ZUSCHLAG	3.00	DM
FUER DAS PORTO ERHEBEN WIR UNTER 100 MARK DEN ANTEIL	1.00	DM
FUER VERPACKUNG BERECHNEN WIR UNTER 200 MARK KOSTEN	2.00	DM
ZUSAMMEN ERGIBT SICH DEMNACH DIE SUMME	43.58	DM
14 % MEHRWERTSTEUER ERGEBEN DEN BETRAG VON	6.10	DM
UEBERWEISEN SIE BITTE ALS ZAHLUNG INSGESAMT	49.68	DM

AUF DAS KONTO 2345 BEI DER SPARKASSE NEUSTADT BLZ 458453.

WIR DANKEN IHNEN FUER IHRE BESTELLUNG UND GRUESSEN SIE.

Damit steht den Schülern die gesamte Aufgabenstellung mit ihren Teilen nach Art der Verfeinerung unmittelbar zur Verfügung.

```
PR RECHNUNG :WERT

  BESTELLUNG

  KLEINMENGE

  PORTO

  VERPACKUNG

  ZUSAMMEN

  MEHRWERTSTEUER

  UEBERWEISEN

  DANKEN

ENDE
```

In gemeinsamer Arbeit – etwa mit Hilfe des OH-Projektors – wird diesen Namen kommentierend das hinzugefügt, was in der jeweiligen Teilaufgabe zu tun ist.

Dabei sind auch die Variablen zu benennen, deren Namen ebenfalls schon im Text der Rechnung vorkamen.

```
PR RECHNUNG :WERT ;            EINGABE FUER WERT ERWARTET

  BESTELLUNG ;                 "RECHNUNG" , WERT AUSGEBEN

  KLEINMENGE ;                 <  50 MARK 3 DM ZUSCHLAG

  PORTO ;                      < 100 MARK 1 DM ANTEIL

  VERPACKUNG ;                 < 200 MARK 2 DM KOSTEN

  ZUSAMMEN ;                   SUMME AUSRECHNEN

  MEHRWERTSTEUER ;             BETRAG 14 % DER SUMME

  UEBERWEISEN ;                ZAHLUNG AUF KONTO

  DANKEN ;                     GRUESSEN

ENDE
```

Gemeinsam mit den Schülern wird als Muster eine der Teilaufgaben z.B. PR VERPACKUNG entwickelt.

```
PR VERPACKUNG
 PRUEFE :WERT < 200
 WENNFALSCH SETZE "KOSTEN 0 RUECKKEHR
 WENNWAHR SETZE "KOSTEN 2
 DR "´FUER VERPACKUNG BERECHNEN WIR UNTER 200 MARK KOSTEN    ´
 AUSDRUCK :KOSTEN
ENDE
```

Damit sind die Schüler in der Lage, selbständig in gruppenteiliger Arbeit die weiteren Teile zu erstellen, sie in den Rechner einzugeben, zu testen und allen übrigen vorzustellen.

```
PR BESTELLUNG
 DRUCKER.EINSCHALTEN
 DZ "´                    R E C H N U N G´
 DZ "´´
 DR "´SIE HABEN UNS EINE BESTELLUNG ZUGESANDT IM WERT VON    ´
 AUSDRUCK :WERT
ENDE

PR KLEINMENGE
 PRUEFE :WERT < 50
 WENNFALSCH SETZE "ZUSCHLAG 0 RUECKKEHR
 WENNWAHR SETZE "ZUSCHLAG 3
 DR "´DIE KLEINMENGE UNTER 50 MARK ERGIBT DEN ZUSCHLAG      ´
 AUSDRUCK :ZUSCHLAG
ENDE
```

```
PR PORTO

 PRUEFE :WERT < 100
 WENNFALSCH SETZE "ANTEIL 0 RUECKKEHR
 WENNWAHR SETZE "ANTEIL 1
 DR "'FUER DAS PORTO ERHEBEN WIR UNTER 100 MARK DEN ANTEIL  '
 AUSDRUCK :ANTEIL
ENDE


PR VERPACKUNG

 PRUEFE :WERT < 200
 WENNFALSCH SETZE "KOSTEN 0 RUECKKEHR
 WENNWAHR SETZE "KOSTEN 2
 DR "'FUER VERPACKUNG BERECHNEN WIR UNTER 200 MARK KOSTEN   '
 AUSDRUCK :KOSTEN
ENDE


PR ZUSAMMEN

 SETZE "SUMME :WERT + :ZUSCHLAG + :ANTEIL + :KOSTEN
 PRUEFE :WERT = :SUMME
 WENNWAHR RUECKKEHR
 WENNFALSCH DR "'ZUSAMMEN ERGIBT SICH DEMNACH DIE SUMME         '
 AUSDRUCK :SUMME
ENDE


PR MEHRWERTSTEUER

 SETZE "BETRAG .14 * :SUMME
 DR "'14 % MEHRWERTSTEUER ERGEBEN DEN BETRAG VON             '
 AUSDRUCK :BETRAG
ENDE


PR UEBERWEISEN

 SETZE "ZAHLUNG :SUMME + :BETRAG
 DR "'UEBERWEISEN SIE BITTE ALS ZAHLUNG INSGESAMT            '
 AUSDRUCK :ZAHLUNG
 DZ "'AUF DAS KONTO 2345 BEI DER SPARKASSE NEUSTADT BLZ 458453.'
ENDE


PR DANKEN

 DZ "'WIR DANKEN IHNEN FUER IHRE BESTELLUNG UND GRUESSEN SIE.'
 DRUCKER.AUSSCHALTEN
ENDE
```

Die aufgeführten Prozeduren verwenden nur sehr wenige Elemente der hier benutzten Sprache LOGO. Damit wird die Aufmerksamkeit ganz auf die Lösung der Aufgabe gelenkt.

Dies ist das eigentliche Ziel in der Grundbildung Informatik.

Das Prozedurkonzept als das natürlichste Mittel der Strukturierung sollte den Schülern schon vorher bekannt sein. Es wird aber auch in dieser Aufgabe wieder als ein sehr sinnvolles und starkes Element zur Problemlösung erfahren.

Alle vorkommenden Sprachelemente, die im wesentlichen selbsterklärend sind, werden hier noch einmal einzeln vorgestellt :

DR "´Text´ , druckt den in Hochkommas gefaßten Text.

DZ "´Text´ , wie oben, jedoch mit einem Zeilenvorschub.

PRUEFE Bedingung , vergleicht z.B. zwei Werte.

WENNWAHR Anweisung1, falls die Bedingung erfüllt ist.

WENNFALSCH Anweisung2, falls die Bedingung nicht erfüllt ist.

SETZE "Variable Wert, weist der Variablen global den Wert zu.

RUECKKEHR , führt zur aufrufenden Prozedur zurück.

Diejenigen Prozeduren, die den "Ausdruck" gestalten, braucht man den Schülern nicht näher zu erläutern. Sie können allein durch ihre Wirkung auf eingegebene Werte von ihnen erfaßt und danach als "black box" verwendet werden. Sie werden der Vollständigkeit halber hier aufgeführt.

```
PR AUSDRUCK :DM

 SETZE "DM ( RUNDE :DM * 100 ) / 100
 WENN LZ OL :DM = ". DANN SETZE "DM WORT :DM "0
 WENN LZ :DM = ". DANN SETZE "DM WORT :DM "00
 ( DZ WORT FORMAT 11 :DM "´ DM´ )
ENDE


PR FORMAT :LAENGE :ZAHL

 WENN :LAENGE = 0 DANN RG "´´
 PRUEFE :ZAHL = "´´
 WW RG WORT "´ ´ FORMAT :LAENGE - 1 :ZAHL
 WF RG WORT ( FORMAT :LAENGE - 1 OL :ZAHL ) LZ :ZAHL
ENDE
```

Bei der Prozedur Ausdruck wie auch bei den Spezifikationen für die Einstellung des Druckers werden etwas mehr Kenntnisse der Programmierumgebung verlangt. Deshalb sollten sie erst im Wahlpflichtbereich der Klassen 9/10 vorgesehen werden. Sie beziehen sich hier auf einen ganz bestimmten Drucker und sind daher nicht ohne weiteres übertragbar.

```
PR DRUCKER.EINSCHALTEN

 AUSGANG 1 ;                                  AKTIVIERUNG DES DRUCKERS

 DR ZEICHEN 27 (DR "Z ZEICHEN 7 ZEICHEN 0) ;        USA-ZEICHENSATZ
 DR ZEICHEN 27 DR "'' ;                        LEERZEILE EINFUEGEN
 DR ZEICHEN 27 DR "N ;                          ELITE "E   PICA "N
 DR ZEICHEN 27 DR "T32 ;                        ZEILENABSTAND (32)
 DR ZEICHEN 27 DZ "L008 ;                       LINKER RAND   (08)

ENDE

PR DRUCKER.AUSSCHALTEN

 DR ZEICHEN 27 DR ZEICHEN 99 ;     NORMALEINSTELLUNG DES DRUCKERS

 AUSGANG 0 ;                        KONTROLLE ZURUECK ZUM RECHNER

 ENDE
```

Zusammengenommen machen diese Prozeduren das Programm vollständig und erfüllen damit die Aufgabenstellung.

Es ist auch möglich eine Reihe von Rechnungen erstellen, wenn die Hauptprozedur sich jeweils selbst aufruft.

Die hier entwickelte Lösung kann mit einer ebenfalls im Rahmen der Grundbildung zu behandelnden kleinen Adressendatei gekoppelt werden, um auf diese Art das Ausdrucken von Serienrechnungen modellhaft darzustellen.

Durch die sehr überlegt vorgegebenen Texte wird bei dieser Aufgabe den Schülern in sprachlicher Hinsicht weniger abverlangt. In anderen Beispielen kann die Lösung dagegen wesentlich von der Versprachlichung der Aufgabenstellung gefördert werden und darin ihre Ansprüche haben.

Ich denke, das vorgestellte Beispiel kann Schülern auch hierfür ein Muster sein kann.

Die Beispiele geben die bei der Aufgabe möglichen Fälle wieder:

```
                    R E C H N U N G

SIE HABEN UNS EINE BESTELLUNG ZUGESANDT IM WERT VON      35.28 DM
DIE KLEINMENGE UNTER 50 MARK ERGIBT DEN ZUSCHLAG          3.00 DM
FUER DAS PORTO ERHEBEN WIR UNTER 100 MARK DEN ANTEIL      1.00 DM
FUER VERPACKUNG BERECHNEN WIR UNTER 200 MARK KOSTEN       2.00 DM
ZUSAMMEN ERGIBT SICH DEMNACH DIE SUMME                   41.28 DM
14 % MEHRWERTSTEUER ERGEBEN DEN BETRAG VON                5.78 DM
UEBERWEISEN SIE BITTE ALS ZAHLUNG INSGESAMT              47.06 DM
AUF DAS KONTO 2345 BEI DER SPARKASSE NEUSTADT BLZ 458453.
WIR DANKEN IHNEN FUER IHRE BESTELLUNG UND GRUESSEN SIE.


                    R E C H N U N G

SIE HABEN UNS EINE BESTELLUNG ZUGESANDT IM WERT VON      91.80 DM
FUER DAS PORTO ERHEBEN WIR UNTER 100 MARK DEN ANTEIL      1.00 DM
FUER VERPACKUNG BERECHNEN WIR UNTER 200 MARK KOSTEN       2.00 DM
ZUSAMMEN ERGIBT SICH DEMNACH DIE SUMME                   94.80 DM
14 % MEHRWERTSTEUER ERGEBEN DEN BETRAG VON               13.27 DM
UEBERWEISEN SIE BITTE ALS ZAHLUNG INSGESAMT             108.07 DM
AUF DAS KONTO 2345 BEI DER SPARKASSE NEUSTADT BLZ 458453.
WIR DANKEN IHNEN FUER IHRE BESTELLUNG UND GRUESSEN SIE.


                    R E C H N U N G

SIE HABEN UNS EINE BESTELLUNG ZUGESANDT IM WERT VON     153.63 DM
FUER VERPACKUNG BERECHNEN WIR UNTER 200 MARK KOSTEN       2.00 DM
ZUSAMMEN ERGIBT SICH DEMNACH DIE SUMME                  155.63 DM
14 % MEHRWERTSTEUER ERGEBEN DEN BETRAG VON               21.79 DM
UEBERWEISEN SIE BITTE ALS ZAHLUNG INSGESAMT             177.42 DM
AUF DAS KONTO 2345 BEI DER SPARKASSE NEUSTADT BLZ 458453.
WIR DANKEN IHNEN FUER IHRE BESTELLUNG UND GRUESSEN SIE.


                    R E C H N U N G

SIE HABEN UNS EINE BESTELLUNG ZUGESANDT IM WERT VON     345.92 DM
14 % MEHRWERTSTEUER ERGEBEN DEN BETRAG VON               48.43 DM
UEBERWEISEN SIE BITTE ALS ZAHLUNG INSGESAMT             394.35 DM
AUF DAS KONTO 2345 BEI DER SPARKASSE NEUSTADT BLZ 458453.
IR DANKEN IHNEN FUER IHRE BESTELLUNG UND GRUESSEN SIE.
```

Muster der ausgeteilten Arbeitsblätter

R E C H N U N G

SIE HABEN UNS EINE BESTELLUNG ZUGESANDT IM WERT VON	_______ DM
DIE KLEINMENGE UNTER 50 MARK ERGIBT DEN ZUSCHLAG	3.00 DM
FUER DAS PORTO ERHEBEN WIR UNTER 100 MARK DEN ANTEIL	1.00 DM
FUER VERPACKUNG BERECHNEN WIR UNTER 200 MARK KOSTEN	2.00 DM
ZUSAMMEN ERGIBT SICH DEMNACH DIE SUMME	_______ DM
14 % MEHRWERTSTEUER ERGEBEN DEN BETRAG VON	_______ DM
UEBERWEISEN SIE BITTE ALS ZAHLUNG INSGESAMT	_______ DM

AUF DAS KONTO 2345 BEI DER SPARKASSE NEUSTADT BLZ 458453.

WIR DANKEN IHNEN FUER IHRE BESTELLUNG UND GRUESSEN SIE.

BEEINFLUSSUNG DES WISSENSERWERBS DURCH LERNBEGLEITENDE DIALOG- UND RÜCKMELDUNGSSTRUKTUREN*

Peter Michael Fischer und Heinz Mandl
Deutsches Institut für Fernstudien
an der Universität Tübingen

Wissenserwerb läßt sich auf der kognitiven Ebene differenzieren in eine Phase der Informationsaufnahme und eine Phase der kohärenz- und sinnstiftenden Vertiefung, Vernetzung und Integration (s. Abb. 1).

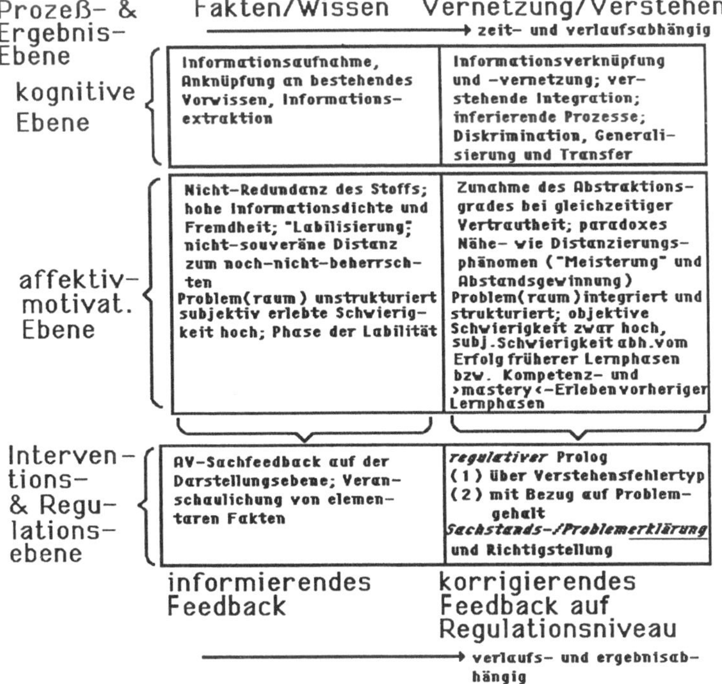

Abb. 1: Inhaltlich unterschiedliche Lernphasen

---

*) Das Projekt wird unterstützt durch eine Sachbeihilfe der DFG (Ma 978/1-1). An dem Projekt waren außerdem beteiligt: H.D. Frey, J. Jeuck, O. Schröder und K. Ackermann

Auf der affektiv-motivationalen Ebene kommt es in der Phase der Informationsaufnahme zu einer Labilisierung, zu subjektiv erlebten Schwierigkeiten bei der Informationsverknüpfung, zu Nähe- wie Distanzierungsphänomenen ("Meisterung" und Abstandgewinnung).
Auf die unterschiedlichen Lernphasen bezogen lassen sich unterschiedliche Feedbackarten entwerfen:

- informierendes Feedback: es ist notwendig, solange auf der Ebene des grundlegenden Wissens Fakten fehlen (Veranschaulichung von elementaren Fakten),
- korrigierendes Feedback auf der regulativen und erklärenden Ebene: es sollte dann notwendig werden, wenn bei der Verdichtung, verstehenden Integration und Kohärenzstiftung oder bei der distanzierenden Stoffbetrachtung auf der Transferebene Zusammenhänge nicht begriffen sind oder Denkfehler auftreten.

Unter Bezug auf metakognitive Regulation ("Man soll dem Lernenden nicht sagen, WAS er denken soll, sondern WIE er denken soll") wurde eine weitere Differenzierung des korrigierenden Feedbacks vorgenommen:
Konstruktion eines regulativen Prologs, der dem Lernenden Hilfestellung geben soll, einen Fehler eigenaktiv und konstruktiv zu nutzen.

Kann der Lernende diese diagnostische Information über die Natur seines Fehlers aber nicht verwerten und in richtige Konsequenzen umsetzen, erhält er zusätzliche Hilfe in Form erklärenden Feedbacks.

Eine Erklärung darüber, worin der anhand des Prologs identifizierbare Fehler besteht bzw. stoffbezogen, eine Erklärung dafür, weshalb bestimmte funktionale Zusammenhänge so und nicht anders sein können, setzt ihn in die Lage, Fehler konstruktiv zu beseitigen.
Damit wird dem Lernenden zeitlich und sachlich kontingent die Möglichkeit einer Korrektur geboten. Durch zusätzliche Information zur Durchführung dieser Korrektur, die er gezielt dort geboten erhält, wo er diese für den Fortgang seines Kenntnis- und Wissenserwerbs benötigt, kann er den Grad seiner Eigenaktivität bzw. den der externen Lernhilfe selbst bestimmen. Gestufte - und im Verlauf des Lernens korrespondierend zum Lernfortschritt in ihrer Intensität variierbare - Rückmeldung hat zudem den Vorzug, die Eigenaktivität des Lernenden und die Übernahme zunehmend größerer Regulationsanteile durch den Lernenden selbst zu fördern, und ihn sozusagen an den Umgang mit Lernregulation zu gewöhnen.

Um die differentielle Einwirkung gestuften Feedbacks auf den Lernverlauf, die über mehrere Durchgänge kumulativ fortschreitende Fehlerkorrektur und das Lernprodukt, wie auch ihre Rückwirkung auf den Lernenden und seine affektiven Begleitprozesse zu untersuchen, wurde das Lehr-/Lernsystem KAVIS II (Knowledge Acquisition Video Instruction System) entwickelt und einer umfangreichen Überprüfung ausgesetzt.
Das System ist in zwei Teile gegliedert: In einen Wissensvermittlungsteil mit anwähl-

baren Teilthemen (Stoff), Dialog und Diagnose-Komponente sowie in einen Vertiefungsteil mit Dialogcharakter (s. Abb. 2).

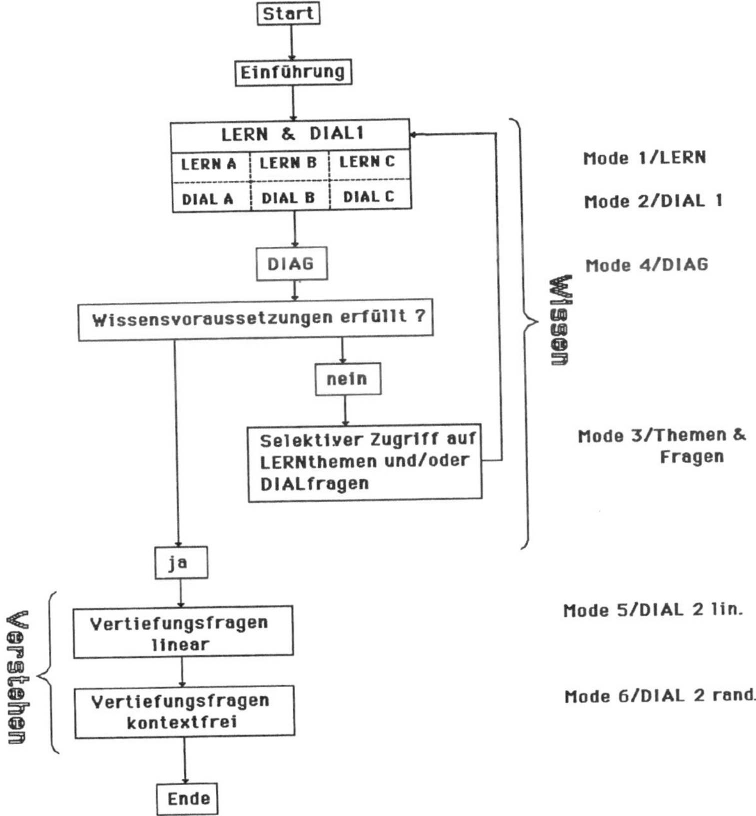

Abb. 2: KAVIS II-Struktur

Das Lehr-/Lernsystem ist modular aufgebaut und enthält - entsprechend seiner instruktional-lernpsychologischen Struktur wie in Entsprechung zu autorensystemähnlichen Programm-Modulen - sechs Modi: Mode 1/LERN vermittelt in drei thematischen Themenblöcken mit selektiv anzusteuernden Unterthemen die grundlegenden Fakten. Beim Wechsel von einem Themengebiet zu einem anderen wird Mode 2/DIAL1 aufgerufen, in dem Fragen zum Inhalt des eben behandelten Themenblocks gestellt werden. Nach Beendigung des LERN-Teils hat der Lernende die Möglichkeit, das bisher erworbene Wissen in Mode 4/DIAG zu überprüfen. Ein Lernprotokoll, das seine Stärken und Schwächen anweist, erlaubt es ihm, in Mode 3/Themen-/Fragen-Verteiler einzelne Themen oder Fragen zu rekapitulieren. Nach Passieren eines festgelegten Schwellenwerts (Kriterium) wird das Programm mit dem Vertiefungs- bzw. Verstehensteil fortgesetzt; in Mode 5/DIAL2 linear erhält er vertiefende, Inferenzen erfordernde Fragen in thematisch angeordneter Reihenfolge. Um Positionseffekte auszuschließen, legt Mode 6/DIAL2 randomisiert die Fragen in randomisierter Abfolge vor. Im Vertiefungsteil wird - entsprechend der experi-

mentellen Bedingung - fehlerspezifisches, differentielles Feedback abgegeben.
Um eine Nutzung der entwickelten Teach- und Courseware auf den in den Schulen meistverbreiteten Personal Computer-Typen zu erleichtern, wurde das System ausschließlich aus handelsüblichen Hardware-Komponenten zusammengesetzt, wie sie zumindest in Gymnasien und Hochschulen Standard sein dürften. Eine Übersicht der Hardware-Konfiguration vermittelt Abb. 3.

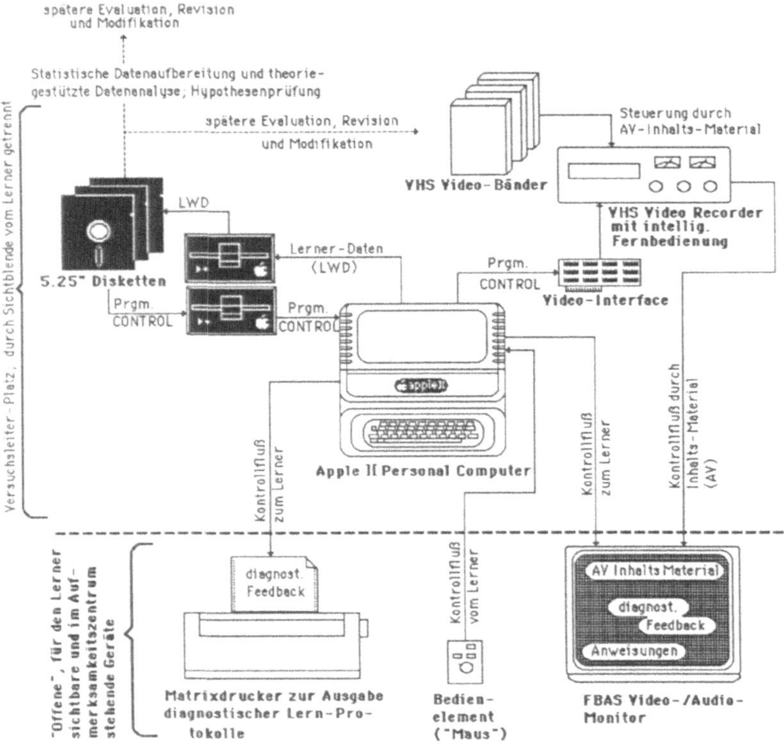

Abb. 3: Übersicht über die verwendete Hardware-Konfiguration

96 Studierende auf zwei Vorwissensniveaus wurden entsprechend drei unterschiedlichen Rückmeldungs-Klassen ausgesetzt, die sich hinsichtlich ihrer "Kontroll"-Anteile und ihrer "Informationshaltigkeit" bzw. ihrem Stoff- und Sachbezug unterschieden. Prozeßmaße auf der Verhaltensseite (Wissensinformation und Verstehen) wurden zu verschiedenen Phasen des Lernprozesses on-line erhoben und differentiell hinsichtlich ihrer qualitativen Auswirkung auf die Wissens-/Verstehensbildung und die Eliminierung von Fehlern verglichen.

Die Ergebnisse der durchgeführten 2x3 ANOVAS (Vorwissen: Hoch vs. Niedrig; Rückmeldungsbedingungen: AV, Prolog, AV + Prolog) ergeben für das Maß "Wissenszuwachs" sig-

nifikante Haupteffekte für die beiden unabhängigen Variablen Vorwissen und Rückmeldung ($F_A = 59{,}64$; $p < 0.001$; $F_B = 5{,}327$; $p < 0.006$) und signifikante Mittelwertsunterschiede zwischen den Gruppen. In allen drei Rückmeldungs-Gruppen zeigen die vormals schwächeren N-Vpn substantiell höhere Lerngewinne als die H-Vpn; den signifikant höchsten Beitrag liefert hierzu die Rückmeldungsbedingung "AV". Entsprechendes gilt für das Maß "Verstehenszuwachs": Auch hier zeigen die anfangs schwächeren Vpn in allen 3 Rückmeldungsbedingungen den signifikant höchsten Zuwachs, wobei sich hier nur Rückmeldungsbedingung "Prolog" - als schwächste - signifikant von den beiden anderen unterscheidet. Auch hier ist - wie im Maß "Wissenszuwachs" - die unabhängige Variable Vorwissen hochsignifikant ($F_A = 58{,}10$; $p < 0.001$). Diese Signifikanz erklärt sich aus dem relativen Deckeneffekt, dem die H-Vpn hier unterlagen. In keinem Fall erreicht die Wechselwirkung der beiden unabhängigen Variablen Signifikanz.
Im Sinne der höchsten Stufe der Wissensintegration, Kohärenzstiftung und Vernetzung wurden sog. "Transfer-Fragen" entwickelt, die zu ihrer Beantwortung weitschrittige Inferenzen über die Stoffbasis hinaus erforderten. Beim Maß "Zuwachs" in der Transfer-Leistung erreicht allein die unabhängige Variable "Rückmeldung" Signifikanz ($F_B = 4{,}88$; $p < 0.009$), wobei die Rückmeldungsbedingung "AV" wieder die höchste Effizienz zeigt. Für die beiden rückmeldungsintensiven System-Modi 5 und 6 (5: Vertiefungsfragen zum Stoffverständnis in linearer, sachlogischer Abfolge; 6: randomisierte, positionsunabhängige Abfolge) wurden Niveauleistung, Lerndauer, Lerndauer pro erzielten Punkt, und Anzahl der Durchgänge bis zur ersten vollständigen korrekten Beantwortung als abhängige Maße verwendet. Interessanterweise verschwindet der Einfluß der Vorwissensvariable bei den zeitabhängigen Maßen (gesamte Lerndauer pro Mode, Lerndauer pro Punkt): Hier erweist sich ausschließlich die Rückmeldungsvariable als maßgeblich und erreicht durchgängig Signifikanz jenseits der 0,001-Grenze. Unter den Rückmeldungsbedingungen AV, Prolog, Prolog + AV unterscheiden sich "AV" und "Prolog + AV" untereinander nicht signifikant; beide jedoch signifikant gegenüber "Prolog allein". Diese letztere, "anspruchsvollste" Rückmeldungsbedingung, die sich völlig auf Informationen zur Fehlersuche beschränkt und somit keine weiteren Hilfen anbietet, ist für die N-Vpn offensichtlich zu schwer. Sie ist hingegen für die H-Vpn bei Themen/Fragen der höchsten Schwierigkeitsstufe (Transfer) am effizientesten.
Die für eine Modellierung der kognitiven Repräsentation von Wissen in sukzessiven Integrations- und Verdichtungsstufen höchst relevanten Fehlerdaten - 12 Fehlertypen, die auch der Fehlerbewertung und der Feedback-Zuweisung zugrunde lagen, ergeben hier ein sehr differenziertes Bild - sind aufgrund ihres Umfangs derzeit noch nicht ausgewertet.
Damit kann insgesamt demonstriert werden, daß differentielles, in Abhängigkeit vom jeweils begangenen Fehler verabreichtes instrumentelles Feedback zu substantiellen Lerngewinnen führt und insbesondere Studenten mit eher schwachem Vorwissen fördert - sie erreichen nahezu das Niveau der besseren Studenten.

Nicht weniger bedeutend ist ein Trend zur "Versachlichung" der Interpretation und affektiven Begleitwirkungen von Rückmeldung. Solange noch Lernprobleme bzw. Lerndefizite bestehen, wird eine Rückmeldung der eigenen aktuellen Leistung häufig als "Bedrohung des eigenen Selbstwerts" bzw. als "bestrafend/kränkend" erlebt. Es gelangt - wiederum besonders bei den lernschwächeren Studenten - die Interpretation der jeweils erhaltenen Feedbacks zu neutralisieren; d.h. sie lernten, Rückmeldung als sachliches und nützliches Werkzeug zur Lernkontrolle zu begreifen. Dieser Befund erhält seine Relevanz insbesondere dadurch, daß Erkenntnisse über affektive Begleitprozesse von Rückmeldungen bzw. affektiv-getönte Interpretationen von Rückmeldung und deren Rückwirkung bisher kaum vorliegen. Da damit gerechnet werdeh muß, daß insbesondere lernschwächere Studenten "aversiven Rückmeldungsinterpretationen" unterliegen dürften, ist es wichtig, negative Rückmeldungsfolgen zu kontrollieren oder sogar zu kompensieren.
Schließlich kann festgestellt werden, daß das Lehr-/Lernsystem KAVIS II generell in allen seinen Teilen sehr positiv aufgenommen und bewertet wurde.

Auswirkungen von Programmiersprachen auf das Problemlöseverhalten von Schülern

Renate Schulz-Zander
Institut für die Pädagogik der Naturwissenschaften
an der Universität Kiel (IPN)

Zusammenfassung

In einer Feldstudie wurde das algorithmische Problemlöseverhalten an 224 Schülern des 11. und 12. Jahrgangs im Anfangsinformatikunterricht an allgemeinbildenden Gymnasien und Wirtschaftsgymnasien untersucht. Es wurde der Einfluß der Programmiersprachen BASIC, BASIC-PLUS und PASCAL auf die Variablen Problemlösestrategie, Repräsentation der Problemlösung, logische Korrektheit der Gesamtlösung, logische und syntaktische Fehlerarten und Zeitdauer untersucht. Zusammenfassend kann festgestellt werden, daß sich PASCAL gegenüber einfachen BASIC-Dialekten positiv auf das Problemlöseverhalten ausgewirkt hat. Die Arbeit liefert differenzierte Aussagen über das Problemlöseverhalten von Schülern beim Programmieren, insbesondere detaillierte Fehleranalysen.

Problemstellung

Das "algorithmische Problemlösen" nimmt in der informationstechnologischen Bildung nach wie vor eine zentrale Stellung ein. Dies erfordert differenzierte Aussagen über das Problemlöseverhalten von Schülern und über Möglichkeiten zur Förderung des Problemlösens im Unterricht. Sofern Programmiersprachen eingesetzt werden, sollen diese den Problemlöseprozeß bei der Algorithmierung und Codierung unterstützen. Der Arbeitskreis Schulsprache (ASS) (ABSCHLUSSBERICHT DES ARBEITSKREISES SCHULSPRACHE 1977) hatte dementsprechend 1976 ein klares Votum für die Sprachen PASCAL und ELAN und gegen BASIC und LOGO abgegeben. BASIC wurde vor allem aufgrund der schlechten Lesbarkeit und der fehlenden Strukturiertheit als schulungeeignet gewertet.

Vergleichende empirische Untersuchungen über die Auswirkungen der strukturierten Sprache PASCAL und nichtstrukturierter einfacher BASIC-Dialekte auf das Problemlöseverhalten von Schülern, die Wahl der Strategien und der Repräsentation für Lösungen einbeziehend, lagen nicht vor.

Fragestellungen der Feldstudie

In einer Feldstudie (SCHULZ-ZANDER 1986) wurden aufbauend auf Ergebnissen der länderübergreifenden Modellversuche zur Programmiersprachenerprobung (vgl. SCHULZ-ZANDER, BOSLER, HANSEN, LEHRKE 1983) u. a. folgende Fragestellungen über die

Auswirkungen der Programmiersprachen auf das Problemlöseverhalten von Schülern formuliert:

- Welche Problemlösestrategien und Repräsentationen werden von den Schülern bei der Lösung von Problemen mit dem Rechner gewählt, in welcher Beziehung stehen sie zur Korrektheit der Lösung und zur benutzten Programmiersprache?

- Welchen Einfluß hat die Sprache auf die Entwicklung einer korrekten Problemlösung, und welche Fehlerarten und -häufigkeiten treten in Verbindung mit benutzten Programmiersprachen in Programmen auf?

- Welchen Einfluß hat die Programmiersprache auf die Verbesserung der Problemlösung?

Methodisches Vorgehen

Der in der Feldstudie untersuchte Problemlöseprozeß wurde eingegrenzt auf Interpolationsprobleme mit klar definierten Problemstellungen mit definiertem Anfangs- und Endzustand (DÖRNER 1976) und mit vorgegebenem Modell. Damit sind der untersuchte Problemlöseprozeß auf die Prozesse des Algorithmierens, Codierens und Debugging und ebenso die in Frage kommenden Problemlösestrategien eingegrenzt.

Der Untersuchung wurde als kognitives Modell ein Informationsverarbeitungsmodell zugrunde gelegt. Für die kognitiven Prozesse des Programmierens erscheint eine Differenzierung nach semantischem und syntaktischem Wissen, die beide im Langzeitgedächtnis gespeichert sind, als sinnvoll (SHNEIDERMAN/ MAYER 1979). Das semantische Wissen besteht aus allgemeinen Programmierkonzepten, das syntaktische Wissen bezieht sich auf die konkrete Syntax einer Sprache. Die Konzeption strukturierter Sprachen läßt sich dann in der Weise interpretieren, daß die "kognitive Belastung" (BRUNER et al. 1956) die Komplexität des Problems reduziert, das Kurzzeitgedächtnis nicht überbeansprucht wird, und daß geeignete semantische Strukturen, die mit dem syntaktischen Wissen stärker übereinstimmen, aufgebaut werden können.

Stichprobe

Die Feldstudie wurde mit Modellversuchsklassen durchgeführt; die Stichprobe ist insofern nicht repräsentativ ausgewählt worden. Beteiligt waren 6 Kurse der allgemeinbildenden Gymnasien und 7 Kurse der Wirtschaftsgymnasien, davon arbeiteten 9 mit PASCAL, 3 mit BASIC und einer mit BASIC-PLUS. Insgesamt waren 224 Schüler und 11 Lehrer aus den Bundesländern Baden-Württemberg und Niedersachsen beteiligt. Zur PASCAL-Gruppe gehörten 140 Schüler, zur BASIC-Gruppe 63 und zur BASIC-PLUS-Gruppe 21 Schüler.

Untersuchungsvariablen

Als unabhängige Variablen wurden die Programmiersprachen BASIC, BASIC-PLUS und PASCAL untersucht. Weitere Faktoren, die in unterschiedlich starkem Maße auf das Problemlöseverhalten einwirken, sind insbesondere die Systemeinbettung, die Unterrichtsmethodik, die Schüler- und die Lehrerpersönlichkeit. Es wurde versucht, die Unterrichtsmethode durch Abstimmung auf regionalen und überregionalen Sitzungen möglichst konstant zu halten, insofern ist sie als z. T. kontrollierte Variable anzusehen. Die übrigen Einflußfaktoren konnten nicht kontrolliert werden. Bezüglich der Unterrichtsmethode kann davon ausgegangen werden, daß von den Lehrern eine strukturierte Programmierung vermittelt worden ist.

Als abhängige Variablen sind bei der Untersuchung ausgewählt worden:

- für die Entwicklung der Problemlösung
  -- die Problemlösestrategie,
  -- die Repräsentation der Problemlösung,

- für die Codierung der Problemlösung
  -- die logische Korrektheit der Lösung,
  -- die Fehlerart und

- für das Debugging
  -- die Fehlerart.

Für die Untersuchung wurden folgende Problemlösestrategien unterschieden:

(1) Vorwärtsstrategie,
(2) Kombination von Rückwärts- und Vorwärtsstrategie,
(3) Datenanalyse,
(4) Operatorensuche,
(5) Schrittweises Verfeinern und
(6) Untergliederung in Teilprobleme.

Ein weiterer Aspekt des Problemlöseverhaltens ist die Wahl einer geeigneten Repräsentation für die Objekte und Operatoren, die sich im Grad ihrer Abstraktheit unterscheiden. Sie wurden nach den folgenden Kriterien erhoben:

- Problembezogenheit (natürliche Sprache),
- Strukturbezogenheit (deutscher oder englischer Pseudocode),
- Programmiersprachenbezogenheit (Programmiersprachenelemente),
- graphische Darstellung (z. B. Baumdiagramm, Struktogramm, Programmablaufplan).

Da der Pseudocode an PASCAL orientiert ist, wird eine Unterscheidung zwischen Struktur- und Programmiersprachenbezogenheit bei PASCAL-Problemlösungen hinfällig.

Weiterhin wurde die Strukturidentität zwischen Algorithmus und Programm erhoben, indem festgestellt wurde, ob eine Strukturveränderung bei den Objekten und den Operatoren im Algorithmus bzw. in der Analyse im Programm vorgenommen worden ist.

Bezüglich der Korrektkeit der Problemlösung wurden als Variablen zum einen die logische Korrektheit der Gesamtlösung und die bei PASCAL und BASIC möglichen syntaktischen und logischen Fehlerarten untersucht. Als logische Fehler wurden für die Untersuchung alle nicht-syntaktischen Fehler bezeichnet.

Versuchsdurchführung

Die Versuchspersonen sollten eine vorgegebene anwendungsbezogene Problemstellung (Entwicklung eines Programms für eine Heizölberechnung und das Ausdrucken einer Rechnung für den Kunden) in Partnerarbeit auf vorstrukturierten Antwortbogen innerhalb von vier Unterrichtsstunden lösen. Der Problemlösungsprozeß war untergliedert in die Phasen Analysieren, Algorithmieren, Programmieren und Testen/Korrigieren. Nach jeder Phase sollten die benötigte Zeitdauer notiert werden und jede Versuchsperson einen zugeordneten Fragebogenteil zur Erhebung der Selbsteinschätzung der gewählten Strategien und Repräsentationen beantworten. Für das Problemlösen wurde die Partnerarbeit gewählt, da anzunehmen ist, daß aufgrund der gemeinsamen Auseinandersetzung jeder Schüler eher die eigene Denktätigkeit reflektieren und angeben kann.

Ergebnisse und Diskussion

Im folgenden werden einige wesentliche Ergebnisse beschrieben (siehe im einzelnen SCHULZ-ZANDER 1986). Insgesamt lagen 105 Problemlösungen vor, 66 in PASCAL, 30 in einfachen BASIC-Versionen und 9 in BASIC-PLUS. Der Fragebogen wurde von 157 Versuchspersonen beantwortet, 97 von PASCAL-, 45 von BASIC- und 17 von BASIC-PLUS-Benutzern.

Auswirkungen der Programmiersprachen auf die Problemlösestrategie

Die Auswirkungen der Programmiersprachen auf die Problemlösestrategie im Anfangsunterricht scheinen geringfügig zu sein : Die Analyse der Problemlösungen hat ergeben, daß die Vorwärtsstrategie, also ein sequentielles Vorgehen, sowohl in der PASCAL- als auch in der BASIC-Gruppe vorherrschend angewandt wurde (PASCAL (P): 27 Lösungen (L)(41%); BASIC (B): 11 L (37%)). Strukturierte Vorgehensweisen - wie Untergliederung in Teilprobleme oder sogar schrittweises Verfeinern - wurden bis auf Ausnahmen nicht angewandt. Dies stimmt mit Ergebnissen anderer Untersuchungen überein (vgl. z. B. DÖRNER 1976; NICHOLS 1981), die ebenfalls ergaben, daß insbesondere von Anfängern Problemlösungen bei Interpolationsproblemen vorwiegend sequentiell entwickelt werden.

Die PASCAL-Benutzer selbst schätzten allerdings signifikant häufiger ($p<0.01$) als die BASIC-Benutzer ein, daß sie ihre Problemlösung an den Daten orientiert entwickelt haben.

Auf die Korrektheit der Lösung scheinen die Wahl der Strategie und der Repräsentation nach den vorliegenden Ergebnissen keinen Einfluß zu haben. Es muß darauf hingewiesen werden, daß der Interpretationsspielraum bei der Identifizierung der gewählten Problemlösestrategie relativ groß ist und somit die Ergebnisse vorsichtig zu bewerten sind.

Auswirkungen der Programmiersprachen auf die Repräsentation der Problemlösung

Es zeigte sich für die untersuchte Stichprobe ein hochsignifikanter Zusammenhang ($p<0.01$) zwischen der gewählten Repräsentation und der Programmiersprache: PASCAL-Benutzer (38 L; 66%) wählten bereits bei der Analyse und/oder Algorithmierung signifikant häufiger eine programmiersprachennahe Beschreibungsform als die BASIC-Benutzer (6 L; 20%). Das Problem wurde also signifikant häufiger von vornherein mit dem Beschreibungsmittel der Programmiersprache PASCAL gelöst. Bereits in der Analysephase erfolgte die Beschreibung der Operatoren in PASCAL-Arbeiten signifikant häufiger strukturbezogen (P:18%, B:3%; $p<0.05$). Dieses Ergebnis ist hinsichtlich des strukturierten Programmierens durchaus positiv zu bewerten.

Eine Erklärung hierfür könnte sein, daß die semantische Struktur, die mit der strukturierten Programmierung im Langzeitgedächtnis des Schülers aufgebaut werden soll, mit der syntaktischen Struktur von PASCAL übereinstimmt, und die Wahl der programmiersprachennahen Repräsentation beim Programmieren mit PASCAL für den Schüler kognitiv effizient ist. Die Wahl der Repräsentation scheint allerdings auch von dem methodischen Vorgehen des Lehrers beeinflußt zu sein, wobei dieses wiederum von der eingesetzten Sprache geprägt sein kann.

Trotz dieser bestehenden Unterschiede wählten die PASCAL- wie die BASIC-Benutzer bei der Analyse der Problemstellung zunächst häufiger eine problembezogene Repräsentation für die Objekte und Operatoren (P:55%, B:87%) und bei der Algorithmierung häufiger eine strukturbezogene Repräsentation (P:47%, B:53%).

Auswirkungen der Programmiersprachen auf die Korrektheit der Problemlösung

Zusammenfassend kann festgestellt werden, daß sich PASCAL im Vergleich zu einfachen BASIC-Dialekten positiv auf die Entwicklung einer logisch korrekten Problemlösung ausgewirkt hat. Die PASCAL-Benutzer haben in der Tendenz signifikant häufiger als die BASIC-Benutzer das Gesamtproblem logisch korrekt gelöst (P:33%, B:15%; $p<0.1$). In den PASCAL-Arbeiten traten hochsignifikant weniger logische Fehler auf (P:73%, B:62%; $p<0.01$), und diese wurden zudem hochsignifikant häufiger ($p<0.01$) beseitigt als in den BASIC-Arbeiten (P:37%, B:22%; $p<0.01$).

Die Verwendung von einfachen BASIC-Dialekten barg mit den eingeschränkten Möglichkeiten der Objektbezeichnung und den fehlenden Kontrollstrukturen logische Fehlerquellen in sich, wie die Fehleranalyse zeigt . Die Verwechslung von

Variablennamen trat in der BASIC-Gruppe signifikant häufiger auf als in der PASCAL-Gruppe (B:40%, P:17%; $p<0.05$). Eine strukturorientierte Analyse der Fehlerquellen weist daraufhin, daß Endlosschleifen (P:8%, B:30%; $p<0.01$), Auswahlbedingungsfehler (P:21%, B:50%; $p<0.01$), Sprungzielfehler (nur bei BASIC) (Auswahl:20%, Mehrfachauswahl:23%, Wiederholung:37%), Reihenfolgefehler (P:21%, B:40%) und Verwechslung der Ergebnisse von Entscheidungen (P:18%, B:33%) in der BASIC-Gruppe gehäuft auftraten. Als besonders schwierig erwies sich in BASIC die Notation der geschachtelten Auswahl (Mehrfachauswahl): Die BASIC-Lösungen (63% Fehler) waren signifikant häufiger fehlerhaft als die PASCAL-Lösungen (36% Fehler; $p<0.05$). Die Untersuchungsergebnisse von SIME et al. (1973,1977a,b) und GREEN (1977) können damit gestützt werden.

Die BASIC-PLUS-Gruppe nahm insgesamt eine Mittelstellung ein: Es traten zwar im Vergleich zur BASIC-Gruppe weniger strukturbezogene Fehler auf, allerdings ließen sich keine signifikanten Unterschiede zwischen der BASIC- und der BASIC-PLUS-Gruppe feststellen. Strukturbezogene Fehler traten in der BASIC-PLUS-Gruppe bezogen auf Sprungziele in der Auswahl (44%) und der Wiederholung (56%) gehäuft auf. Die Gesamtlösung war bei 22% der Arbeiten korrekt.

Auf der Basis des kognitiven Modells können die ermittelten Nachteile von BASIC als Auswirkung einer kognitiven Überlastung des Kurzzeitgedächtnisses durch eine zur PASCAL-Notation vergleichsweise höheren Komplexität der BASIC-Notation erklärt werden. Die vergleichsweise niedrige, aber immer noch hohe Fehlerquote bei den PASCAL-Lösungen in der Mehrfachauswahl bestätigen Ergebnisse von VAN DER WEER und VAN DE WOLDE (1982), von WEINBERG et al. (1975) und SIME et al. (1977a,b). Die Ineinanderschachtelung von Strukturen stellt erhöhte Anforderungen an das Kurzzeitgedächtnis. Die Schachtelungstiefe sollte von daher nach VAN DER WEER und VAN DE WOLDE auf maximal drei begrenzt sein. WEINBERG et al. empfehlen, möglichst innerhalb eines Blocks darauf zu verzichten oder Redundanzen einzubauen.

Als Nachteil von PASCAL hat sich die umfangreiche Syntax herausgestellt. In den BASIC-Programmen waren in den handschriftlichen Programmen signifikant weniger Syntaxfehler enthalten (B:18%, P:29%; $p<0.01$). Der größte Fehleranteil war auf fehlende oder falsch gesetzte Trennungssymbole (Semikolon) in den PASCAL-Programmen zurückzuführen (in 65% der Arbeiten).

Die Syntaxprobleme bleiben offensichtlich auf den Anfangsunterricht beschränkt. Eine begleitende Untersuchung an 18 Schülern, die mit PASCAL im dritten Halbjahr des Informatikunterrichts an allgemeinbildenden Gymnasien arbeiteten, ergab nur noch 2% Syntaxfehler in den Programmen. Dieses Ergebnis stimmt wiederum mit den Ergebnissen von BOIES und GOULD (1974) überein, die besagen, daß Syntaxfehler nur für Anfänger ein Problem bedeuten.

Eine Strukturidentität zwischen der Lösung im Algorithmus einerseits und im Programm andererseits hat sich auf die Korrektheit der Problemlösung positiv ausgewirkt. Sofern es in den BASIC-Arbeiten aufgrund einer programmiersprachenunabhängigen Beschreibung in der Entwicklungsphase erforderlich war, Strukturveränderungen bei der Programmierung vorzunehmen, lag darin eine zusätzliche Fehlerquelle. Da die Strukturveränderung nur von einer Teilgruppe durchgeführt wurde, ist die Datenbasis für eine Verallgemeinerung zu gering. Dieses Ergebnis ist jedoch schwerwiegend und steht im Widerspruch zu der Annahme, daß die Programmiersprache kaum ein Gewicht erhält, sofern der Entwurf des Algorithmus programmiersprachenunabhängig entwickelt wird. Das Ergebnis stützt die Forderung nach möglichst hoher Strukturidentität zwischen Algorithmus und Programm, die in den Empfehlungen der Gesellschaft für Informatik für die Ziele und Inhalte des Informatikunterrichts (BRAUER et al. 1976) und in der Schulsprachendiskussion (BALZERT 1978) erhoben worden ist.

Programmiersprachenunabhängige Schwierigkeiten beim Problemlösen

Auch wenn sich die hohe Strukturiertheit der Sprache PASCAL positiv auf den Problemlöseprozeß auszuwirken scheint, so hatten die PASCAL-Benutzer dennoch bei der Bewältigung logischer Probleme Schwierigkeiten. Bemerkenswert ist der hohe Fehleranteil in beiden Sprachengruppen bei der Festlegung der Vergleichsoperatoren in den Bedingungen, der logischen Formatierung, also der tabellarischen Ausgabe von Ergebnissen, der wiederholten Ausführung von Anweisungen, der Zuweisung und der Initialisierung von Variablen . Hier schienen prinzipielle Schwierigkeiten für die Versuchspersonen zu liegen. Fehlerhafte Vergleichsoperatoren, Bedingungen und die fehlende Initialisierung von Variablen sind schwieriger zu ermitteln, als eine fehlerhafte Formatierung oder eine fehlende Wiederholung, die bei der Ausführung des Programms ersichtlich werden. Es ist daher zu überlegen, ob für einen Kontrolltest durch den Schüler am Schreibtisch vor der Programmeingabe eine Hilfestellung durch den Lehrer zusätzlich gegeben werden sollte.

Der Schwierigkeitsgrad der Strukturen Auswahl und Wiederholung für die Versuchspersonen entsprach der genannten Reihenfolge: Anteil der Fehler in der Auswahl bei P:21%, bei B:33% und in der Wiederholung bei P:50%, bei B:57%. Bei der Mehrfachauswahl traten in der BASIC-Gruppe erhöhte Schwierigkeiten auf: bei P:36% und bei B:63%. Dieses Ergebnis deutet darauf hin, die Wiederholungstruktur im Unterricht grundsätzlich erst nach der Auswahlstruktur einzuführen. Unterschiede bei den Fehlerhäufigkeiten in der PASCAL-Gruppe bezüglich der Verwendung der WHILE-Struktur und der REPEAT-Struktur haben sich nicht gezeigt.

Insgesamt ist also festzustellen, daß mit den vorliegenden Ergebnissen die Bedenken des Arbeitskreis Schulsprache gegenüber (einfachen) BASIC-Dialekten (BALZERT 1978) empirisch gestützt werden.

Literatur

ABSCHLUSSBERICHT DES ARBEITSKREISES SCHULSPRACHE. Projektträger "DV im Bildungswesen" (HRSG.): Referate und Diskussionen des Seminars "Programmiersprachen für die Schule". Paderborn: FEoLL 1977.

BALZERT, H.: Stellungnahme des ASS zur Programmiersprache BASIC. Neue Unterrichtspraxis, 11 (1978) 5, 301-307.

BOIES, S.F.; GOULD, J.D.: Syntactic Errors in Computer Programming. Human Factors (1974) 16, 253-257.

BRAUER, W.; CLAUS, V.; DEUSSEN, P.; EICKEL, J.; HAACKE, W.; HOSSEUS, W.; KOSTER, C.H.A.; OLLESKY, D.; WEINHART, K.: Zielsetzungen und Inhalte des Informatikunterrichts. Zentralblatt für Didaktik der Mathematik, 8 (1976) 1, 35-43.

BRUNER, J.S.; GOODNOW, J.J.; AUSTIN, G.A.: A Study of Thinking. New York: Wiley, 1956.

DÖRNER, D.: Problemlösen als Informationsverarbeitung. Stuttgart: Kohlhammer, 1976, 1. Aufl.

GREEN, T.R.G.: Conditional Program Statements and their Comprehensibility to Professional Programmers. J. Occup. Psychol., 50 (1977), 93-109.

NICHOLS, J.A.: Problem Solving Strategies and Organisation of Information in Computer Programming. Dissertation Abstracts International, 41 (1981) (12-B, P 1), 4721-4722.

SCHULZ-ZANDER, R.; BOSLER, U.; HANSEN, K.-H.; LEHRKE, M.: Schulspezifische Programmiersprachen im Informatikunterricht. Abschlußbericht der Modellversuche "Überregionale Erprobung und Vergleich von schulspezifischen Programmiersprachen im Informatik- und Datenverarbeitungsunterricht. IPN-Arbeitsbericht Nr. 52. Kiel, 1983.

SCHULZ-ZANDER, R.: Auswirkungen von Programmiersprachen auf das Problemlöseverhalten von Schülern: theoretische Analyse und empirische Feldstudie. Kiel: IPN 103, 1986.

SHNEIDERMAN, B.; MAYER, R.: Syntactic/Semantic Interactions in Programmer Behavior: A Model and Experimental Results. International Journal of Computer and Information Science, 8 (1979) 3, 219-238.

SIME, M.E.; ARBLASTER, A.T.; GREEN, T.R.G.: Reducing Programming Errors in Nested Conditionals by Prescribing a Writing Procedure. Journal of Man-Machine Studies, 9 (1977a), 119-126.

SIME, M.E.; GREEN, T.R.G.; GUEST, D.J.: Psychological Evaluation of Two Conditional Constructions Used in Computer Languages. International Journal of Man-Machine Studies, 5 (1973) 1, 105-113.

SIME, M.E.; GREEN, T.R.G.; GUEST, D.J.: Scope Marking in Computer Conditionals - A Psychological Evaluation. International Journal of Man-Machine Studies, 9 (1977b), 107-118.

VAN DER WEER, G.C.; VAN DE WOLDE, J.: Psychological Aspects of Problem Solving with the Help of Computer Languages. Computer and Education, 6 (1982) 2, 229-234.

WEINBERG, G.M.; GELLER, D.P.; PLUM, T.W.S.: IF-THEN-ELSE Considered Harmful. SIGPLAN Notices of the ACM, 10 (1975) 8, 34-44.

Lehrerfort- und weiterbildung II

Leitung: Prof. Dr. Wolfgang Arlt

FU Berlin

Moderne Informationsdienste auf dem Gebiet der Informatik

G. König
FACHINFORMATIONSZENTRUM
ENERGIE PHYSIK MATHEMATIK GMBH
7514 Eggenstein-Leopoldshafen 2

1. Einleitung: Zuviel Wissen?

Die Zahl der Publikationen und Veröffentlichungen wächst und wächst. Einige Zahlen sollen dies verdeutlichen: Jährlich erscheinen weltweit ca. 120.000 Veröffentlichungen in Physik und Technik bzw. 40.000 Veröffentlichungen auf dem Gebiet der Mathematik und ihren Anwendungen. Die Zahl der heute in aller Welt erscheinenden wissenschaftlichen Zeitschriften wird auf ca. 50.000 geschätzt. Etwa 20 deutsche Zeitschriften beschäftigen sich mit Anwendungen des Computers für Laien oder Computer-Freaks. In den USA können Besitzer und Erwerber von Heimcomputern unter 130 Spezial-Zeitschriften wählen.
Mit dieser Informationsflut wächst auch die Schwierigkeit, den Überblick zu wahren. Woher soll ein Wissenschaftler wissen, ob zufällig jemand in irgendeinem Land das gleiche erforscht wie er? Das deutsche Patentamt muß regelmäßig ein Drittel aller Patentanmeldungen zurückweisen, weil das, was da als "Erfindung" deklariert wurde, längst schon von anderen erfunden ist. Eine rechtzeitig vorgenommene Patentrecherche hätte dem Anmelder viel Zeit und Geld gespart. Oder - ein anderes Beispiel, woher soll ein interessierter Computeranwender wissen, welche Software für seinen PC existiert?
Zwar kann man sich viele Informationen durch Nachforschungen in Bibliotheken oder Buchhandlungen besorgen oder sich als Wissenschaftler durch das regelmäßige Lesen von Fachzeitschriften und durch den Besuch von Tagungen auf dem laufenden halten, doch lückenlos kann diese Art der Informationsbeschaffung nicht sein, ganz abgesehen davon, daß sie zu aufwendig ist. Nur bei Büchern über Mikrocomputer, die in der Bundesrepublik erscheinen, ist durch den Themen-Prospekt Alles zum Thema Micro- und Home-Computer der Verlagsgesellschaft Rossipaul eine vollständigere Übersicht gegeben. Dieser zweimal jährlich von Buchhändlern kostenlos an Kunden verteilte Prospekt will eine Übersicht über neuere deutschsprachige Titel geben.

2. Informationsdatenbanken

Seit einiger Zeit gibt es nun moderne Möglichkeiten, an die gewünschten Informationen heranzukommen: Datenbanken. Um die Informationsflut an Fachwissen noch überblicken, kanalisieren und auswerten zu können, wird das Wissen systematisch aufgearbeitet und heute zunehmend in Datenbanken zusammengefaßt. Es ist nützlich, eine begriffliche Klarstellung dazwischen zu schieben: Der Begriff "Datenbank" wird in zwei Bedeutungen verwendet: einmal meint man Programme, z.B. dbase, die zur Datenerfassung, -speicherung und -aufbereitung dienen. Zum anderen bezeichnet man auch die elektronisch gespeicherten Informationen selbst als Datenbank (also genauer: den Daten- oder Informationsbestand). Wir wollen uns hier dem Sprachgebrauch der Informationsanbieter anpassen und bezeichnen als bibliographische Datenbank, kurz als Datenbank, gespeicherte Datenbestände, die Verweise auf Literatur (z.B.: Bücher, Zeitschriften) und deren Inhalt enthalten.

Das weltweit vorhandene Wissen ist international in etwa 3060 Datenbanken gespeichert. Drei Viertel der Datenbanken sind den Bereichen Technik, Naturwissenschaften und Wirtschaft zuzuordnen. Datenbanken bestehen aus wichtigen Daten über Veröffentlichungen (in maschinenlesbarer Form), die vom Computer abgerufen werden können. Dies sind einerseits die notwendigen bibliographischen Angaben (z.B.: Autor, Titel, Zeitschrift) und andererseits inhaltliche Angaben der Veröffentlichungen (Schlagwörter, Kurze Zusammenfassungen, auch Abstracts genannt). An folgendem Bild soll noch einmal verdeutlicht werden, welche Angaben über eine Publikation gespeichert sind:

```
                                      INKA:MATHDI        770101-860630
                                      Z75BR001;QN=0404           1/ 1-

TI: Warum wurde Deutschland nicht Fussballweltmeister
AU: Rasch B.
SO: Aspekte Mathematikdidakt.. (Jul 1978) (no.5) p. 87-88
    (In German)
AB: Kombinatorische Ueberlegungen zum Fussballspiel sind
    zusammengestellt. Es wird ausgerechnet, wieviele Mannschaften sich
    bei einem Spieleraufgebot von 3 Torhuetern, je 7 Abwehr- und
    Mittelfeldspielern und 5 Angriffsspielern zusammenstellen lassen.
    1978 scheint der deutsche Trainer bei der Fussballweltmeisterschaft
    aus den Tausenden von Moeglichkeiten nicht die richtige ausgewaehlt
    zu haben.
DES CC: K23;K28;M93;M98   CCD: DK519.112:796.332   DT: J   CY: DE
CT:    ANWENDUNGEN DER MATHEMATIK;* KOMBINATORIK
ND: 79K231513
```

Ti: Titel, Au: Autor, So: Quelle,

AB: Abstract, DES: Klassifikationen und Dokumentart

CT: Schlagworte

2.1. Wie geht es bei einer Fragestellung zu ?

Beim Aufbau einer Datenbank werden die Texte aus Titel, Quelle und Abstract in Wörter zerschlagen, die einzeln abfragbar sind. Ferner kann man nach Autoren suchen und nach Schlagwörtern. Zur Beschreibung eines Informationsbedürfnisses reicht im allgemeinen ein Stichwort allein nicht aus. Die Fragestellungen sind meist so komplex, daß sie nur in einer Kombination verschiedener, voneinander unabhängiger Stichworte formuliert werden können. Die maschinelle Dokumentation verwendet die Operationen der Booleschen Algebra, um die in Form von Stichwörtern oder anderen Suchmerkmalen (z.B.: Publikationsjahr oder Dokumenttyp, wie z.B. Zeitschriftenartikel) vorgegebenen Bedingungen einer Anfrage miteinander zu verknüpfen. Die Operatoren drücken aus, welche Bedingungen an die einzelnen Stichwörter geknüpft sind, damit sich ein der Anfrage entsprechendes Dokument qualifiziert. Die logischen Operatoren sind UND, ODER und NICHT. In der folgenden Abbildung soll beispielsweise die Wirkungsweise der Operatoren UND und ODER am Beispiel der Fragestellung "Unterrichtseinheiten in Kombinatorik für die Sekundarstufe I" dargestellt werden (Für Unterrichtseinheit werden meist die Begriffe Unterrichtseinheit oder Unterrichtsentwurf verwendet).

Das die drei Kreise umschließende Rechteck stellt die Gesamtmenge der in der Datenbank enthaltenden Dokumente dar. Bei der Verknüpfung der drei Stichwörter: Kombinatorik, Sekundarstufe I, Unterrichtseinheit durch UND werden die sich die beim ersten Stichwort qualifizierenden Dokumente auf diejenigen eingeschränkt, die sich auch beim zweiten und dritten Stichwort qualifizieren. Die relevanten Informationen werden durch die Fläche dargestellt, die allen 3 Kreisen gemeinsam ist. Bei der zugehörigen Frageformulierung im Dialog wurden die 44 gefundenen Dokumente auf diejenigen eingeschränkt, die nach 1980 erschienen sind.

Sek 1

Unt

Komb

Der Dialog

Suchkommando: FIND

Anzahl der "Treffer"

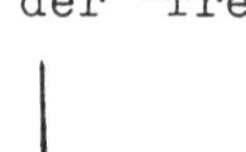

```
2.00     2117 FIND  KOMBINATORIK
3.00     1974 FIND  UNTERRICHTSEINHEIT OR UNTERRICHTSENTWURF
4.00     3445 CT=SEKUNDARSTUFE 1
5.00       47 FIND  2 AND 3 AND 4
6.00       30 FIND  5 AND PY>1980
```

2.2. Datenbanken in der Informatik

Wir kommen jetzt zu der Frage, welche sind denn die für die Informatik wichtigen bibliographischen Datenbanken. Diese sind im folgenden tabellarisch aufgelistet. Unter dem Stichwort "Host" ist auch angegeben, über welchen Datenbankanbieter die betreffende Datenbank online recherchierbar ist. Man unterscheidet zwischen dem Datenbankhersteller, der Informationen sammelt, systematisch aufbereitet und gegebenenfalls auch selbst anbietet, sowie dem Host (Gastrechner), der seine und/oder mehrere verschiedene Datenbanken anbietet. Bekannte Hosts sind z.B. das Fachinformationszentrum Energie Physik Mathematik oder DIALOG in den USA.

COMPUTER DATABASE
Sachgebiete: Datenverarbeitung, Telekommunikation, Elektronik
Suchzeitraum: 1973 ff.
Host: DIALOG

INSPEC
Sachgebiete: Physik, Elektrotechnik, Elektronik, Datenverarbeitung
Suchzeitraum: 1969 ff.
Gedruckte Ausg.: Science Abstracts (Computer & Control Abstracts)
Hosts: DIALOG; ESA, Fachinformationszentrum Karlsruhe/INKA/STN

MATH
Sachgebiete: Reine und angewandte Mathematik, Theoretische Informatik
Suchzeitraum: 1972 ff.
Gedruckte Ausg.: Zentralblatt für Mathematik
Host: Fachinformationszentrum Karlsruhe/INKA/STN

MATHDI
Sachgebiete: Mathematikunterricht und Informatikunterricht, elementare Mathematik und Anwendungen, Computer in Beruf und Freizeit
Suchzeitraum: 1977 ff.
Gedruckte Ausg.: Zentralblatt für Didaktik der Mathematik (ZDM)
Host: Fachinformationszentrum Karlsruhe/INKA

MICROCOMPUTER INDEX
Sachgebiete: Verwendung von Microcomputern im Wirtschafts- und Haushaltsbereich
Suchzeitraum 1981 ff.
Gedruckte Ausg.: Microcomputer Index
Host: DIALOG

ZDE
Sachgebiete: Elektronik, Nachrichtentechnik, Datenverarbeitung, Steuerungs- und Regelungstechnik
Suchzeitraum: 1968 ff.
Host: FIZ Technik

2.3. Datenbank MATHDI (Mathematikdidaktik)

Veröffentlichungen zur Didaktik der Mathematik und Informatik vom Elementarbereich bis zur Hochschule werden für MATHDI, die Online-Version des Dokumentationsteils des Zentralblattes für Didaktik der Mathematik (ZDM) ausgewertet. Über 300 Zeitschriften und laufende Serien machen etwa die Hälfte der Literaturhinweise aus.

Kurzinformation zur Datenbank Mathematikdidaktik:

Sachgebiete

- Mathematikunterricht vom Elementarbereich bis zur Hochschule beziehungsweise Erwachsenenbildung
- Elementarmathematik und Anwendungen
- Informatikunterricht
- Grundlagen der Informatik und ihre Anwendungen
- Pädagogisch-psychologische Grundlagen für den mathematisch-naturwissenschaftlichen Unterricht
- Unterhaltungsmathematik und Computeranwendungen für den Hobbyisten

Datenbestand

- 1977 bis Juni 1986: 26.000 Literaturhinweise
- Jährlicher Zuwachs: 4.000 Literaturhinweise

Um die Möglichkeiten der Literatursuche in der Datenbank MATHDI aufzuzeigen, wollen wir im folgenden einige Beispiele von Informatik-Themen geben, für die retrospektive Recherchen durchgeführt wurden, mit dem Ziel, alle Dokumente, Artikel, Bücher, Berichte, usw. aus MATHDI aufzuführen, die Informationen zu diesem Thema enthalten. Die Zahlen am rechten Rand geben die zu dem betreffenden Thema gefundenen Literaturhinweise an.

Thema	Literaturhinweise
Programme und Programmsammlungen	(1067)
Lehrbücher für die Programmiersprache Basic	(119)
Computergraphik mit Logo	(42)
Verschiedene Software zur Textverarbeitung	(103)
Probleme des Datenschutzes	(33)
Betriebssysteme	(50)
Programme für den Apple Mikro	(60)
Einführung in die Methoden der Computerprogrammierung	(209)
Informatik im Sonderschulbereich	(38)
Computersimulation im Unterricht	(408)
Der Microcomputer als Spielpartner	(206)
Nachschlagewerke zur Informatik	(249)

3. Was bringen uns Datenbanksysteme ?

3.1. Lehrerbildung auf dem Gebiet der Informationstechnischen Bildung

In allen Bundesländern wird informationstechnische Bildung sowohl in der Sekundarstufe I wie auch - vertieft in Form von Informatik - in der Sekundarstufe II nach vorgegebenen Lehrplänen erteilt. Dabei handelt es sich zum Teil um Rahmenlehrpläne der Kultusministerkonferenz, um veröffentlichte und unveröffentlichte Lehrpläne der einzelnen Länder, aber auch um Handreichungen und Materialien, welche von Lehrerarbeitsgemeinschaften einzelner Schulen erarbeitet wurden. Zahlreiche Lehrplanentwürfe befinden sich im Versuchsstadium.
Es ist offensichtlich, daß bei der Vermittlung von informationstechnischen Inhalten im Schulunterricht die verantwortlichen Lehrer die Schlüsselstellung einnehmen. Jedes Bundesland hat inzwischen Maßnahmen im Bereich der EDV-Qualifizierung seiner Lehrer getroffen. Ein vollständiges, für alle Lehrämter und in allen Lehrerbildungsphasen ausgebautes System informationstechnischer Lehrerbildung besteht bislang in keinem Land. Die Entwicklung in diese Richtung ist zwischen den Ländern unterschiedlich weit vorangeschritten und auf die spezifischen Erfordernisse im einzelnen Bundesland ausgerichtet. Auf alle Fälle ist auch jeder Informatiklehrer für seine eigene Aus- und Fortbildung in Informatik/Datenverarbeitung/Computertechnik verantwortlich.
Hier kann z.B. die Datenbank MATHDI eine Hilfe sein. Lehrer an allgemein- und berufsbildenden Schulen sowie berufliche Ausbilder werden durch MATHDI auf Schulbücher, Lehrbücher sowie Zeitschriftenaufsätze für ihre Unterrichtsplanung sowie Fortbildung hingewiesen. Ferner finden sie Hinweise z.B. auf Computerprogramme oder Entwicklungen in anderen Ländern.

3.2. Der Computer als Arbeitsmittel im Unterricht

Unter dieser Überschrift wurden in den vergangenen Jahren meist nur Computersimulationen gemeint. Im Informatikunterricht werden jetzt etwa seit 2 oder 3 Jahren neben der Erarbeitung von Problemlösungen und Computerprogrammen (algorithmenorientierter Ansatz) auch die Verwendung kommerzieller Programmpakete oder sogenannter "Software-Tools" vorgeschlagen (anwendungsorientierter Ansatz der Informatikausbildung). Zu den Software-Tools gehören im Augenblick Datenbanksysteme, Textverarbeitungssysteme, integrierte Systeme wie Apple Works oder Tabellenverarbeitungen. Nach dem im vorhergehenden Abschnitt erwähnten wollen wir uns in diesem Vortrag spezieller um Datenbanksysteme kümmern.
Das Lernziel ist klar: der Schüler soll exemplarisch Erfahrungen im Umgang mit einem professionellen Softwaresystem sammeln. Bei den anderen oben aufgezählten Anwendungssystemen ist eine sichere Benutzerführung durch vorprogrammierte Menüs gegeben. Bei Datenbanken muß der Benutzer zusätzlich eine Abfragesprache, die sogenannte Retrievalsprache, beherrschen und frei anwenden. Ein gewisses Maß

an schöpferischer und nicht nur reproduzierender Arbeit ist dabei notwendig. Andererseits sind diese Abfragesprachen nicht so komplex, daß der Schüler überfordert würde. Etwa zehn Befehle reichen meist aus, die gewünschte Datenbank auszuwählen, für die Suche nach bestimmten Schlagworten sowie die Anzeige der gefundenen Informationen und das Beenden des Dialogs.

3.3. Informationsgewinnung als Lernziel

Da eine der wesentlichen Aufgaben der Schule darin besteht, junge Menschen in unsere Gesellschaft einzuführen und mit ihren Anforderungen vertraut zu machen, müssen Schüler auch mit modernen Methoden der Informationsgewinnung bekannt gemacht und mit deren Anwendung unterwiesen werden.
Der heutige Stand der Technik gibt uns die Möglichkeit durch Suche in Datenbanken mit einer geeigneten Retrievalsprache unser Wissen auf den neusten Stand zu bringen. Für den Unterricht könnte man so z.B. in den einzelnen Fächern aktuelle Daten verfügbar machen, z.B. für Geographie, Energiegewinnung, Ökologie u.s.w. Dies wäre heute schon mit dem Online - Zugriff auf Datenbanken im Informatikunterricht zu verwirklichen, da hier die Ausstattung mit der notwendigen Hardware am weitesten fortgeschritten ist.
Mit diesem Ausbildungskonzept und vor allem durch den praktischen Umgang mit Datenendgeräten sollen die Schüler als zukünftige qualifizierte Arbeitskräfte Benutzungsbarrieren gegenüber der Nutzung von Online-Datenbanken abbauen lernen und durch positive Erfahrungen mit Datenbankrecherchen Informationsbewußtsein sowie die Bereitschaft zur späteren Anwendung dieser Methoden im Beruf entwickeln.

4. Der preisgünstigste Zugang zu Datenbanken

4.1. Zugang zu Datenbanken

Wie kann man überhaupt auf Datenbanken zugreifen? Kommunikation ist heute auch über große Distanzen eine Selbstverständlichkeit. Mit Hilfe der vorhandenen Telekommunikationsnetzen lassen sich Verbindungen zu Rechnern in aller Welt herstellen. Man braucht nur ein mehr oder weniger komfortables Terminal (die heute vielerorts verbreiteten Microrechner bzw. PC's können auch dazu benutzt werden) und einen Akustikkoppler bzw. ein Modem. Das Telekommunikationsnetz in der Bundesrepublik ist DATEX-P. Der Online-Zugriff auf entsprechende, eben diskutierte, Datenbanken ist dann z.B. beim Fachinformationszentrum Karlsruhe kein Problem, wo viele dieser Datenbanken aufliegen und unter dem Markennamen STN (Scientific Technical Network) bzw. INKA (**Inf**ormationssystem **Ka**rlsruhe) öffentlich zur Verfügung stehen. - Fast sämtliche Universitätsbibliotheken sind online mit dem Fachinformationszentrum Karlsruhe und zum Teil anderer Hosts verbunden und können zum Zwecke der Forschung und Lehre preiswert Recherchen anbieten. Fragen Sie in der Informationsvermittlungsstelle Ihrer Bibliothek nach!

Eine zweite Möglichkeit ist der Zugriff auf ausgewählte Datenbanken über Mailbox-Systeme. Das Mailbox-System übernimmt den Verbindungsaufbau zur Datenbank und stellt Hilfen für die Recherchen zur Verfügung.
Datenbanken stehen zum Teil auch bereits über Bildschirmtext (Btx) zur Verfügung. Vor allem Datenbanken mit Firmeninformationen bereichern zur Zeit das Online-Angebot im Medium Btx. Im naturwissenschaftlichen Sektor schickt sich das DIMDI (Deutsches Institut für Medizinische Dokumentation und Information) sich derzeit an, Datenbanken über Btx anzubieten. Der Vorteil, wenn Datenbanken über Btx online genutzt werden, ist, daß eine Menütechnik angeboten wird, die jedem Fachkundigen erlaubt, online Informationen zu recherchieren, ohne eine Retrievalsprache zu beherrschen. Das ist deshalb so wichtig, weil nur so potentielle, aber sporadische Datenbankbenutzer an diese Art der Informationsbeschaffung herangeführt werden können.

4.2. Welche Kosten entstehen Ihnen?

Kosten für die Abfrage einer Datenbank fallen an für:

- Datenübertragung zwischen Rechner und Terminal (Leitungskosten, zahlbar an die Post)
- Datenbankbenutzung (im Dialog und bei nachträglichen Profilläufen)
- Computerausdrucke der Literaturhinweise (über Laserdrucker).

Die DATEX-P-Tarife sind vom Netzknoten bis zum Rechner enfernungsunabhängig und hängen nur von der Verbindungsdauer und der Menge der übertragenen Daten ab. DATEX-P-Netzknoten gibt es in allen großen Städten der Bundesrepublik Deutschland. Bis zum Netzknoten müssen die normalen Fernsprechgebühren bezahlt werden. Die Gebühren für die Datenbankbenutzung sind hauptsächlich von der benutzten Zeit abhängig (Zeitgebühr). Ferner sind sie von der benutzten Datenbank abhängig und schwanken für Literaturdatenbanken etwa zwischen DM 150,-- bis DM 250,-- pro Nutzungsstunde.
Besonders nutzerfreundlich sind die Mengenrabatte (ab 5 Stunden Nutzungszeit pro Monat), die Möglichkeit zum Abschluß von Pauschalabkommen für eine Einrichtung und die Sondertarife für Ausbildungszwecke. Damit wächst das Interesse von Wissenschaftlern, Recherchen in Datenbanken selbst durchzuführen. Die Anfrage von Universitätsinstituten sowie anderen Institutionen nach Paßworten vom Fachinformationszentrum Karlsruhe insbesondere in der Chemie, der Physik und der Mathematik nehmen zu. Der Anschluß der Rechenzentren an DATEX-P erlaubt es immer mehr Wissenschaftlern, von ihrem Terminal aus direkt auf Datenbanken zuzugreifen.

"Informationstechnische Grundbildung (ITG) für Lehrkräfte an Gewerblichen Schulen"

Schuler, N.N.

1. Informationstechnische Grundbildung

Alle Lehrer an Gewerblichen Schulen bekommen in sechs Kursblöcken folgende informationstechnische Grundbildung angeboten:

Kurs G 1: Grundlagen der Computertechnik
Kurs G 2: Einsatz von Anwenderprogrammen
Kurs G 3: Grundlagen der Mikroelektronik
Kurs G 4: Mikrocomputertechnik
Kurs G 5: Kommunikationstechnik
Kurs G 6: Auswirkungen der Computertechnik auf Wirtschaft und Gesellschaft

Der Kurs "Grundlagen der Computertechnik" (G 1) hat das Ziel, einen grundlegenden Einblick in den Umgang und die Arbeitsweise eines Mikrocomputersystems zu vermitteln. Dabei liegt der Schwerpunkt nicht im Erlernen einer bestimmten Programmiersprache sondern im Erkennen, daß zur Lösung von Problemen mit Computern ein strukturierter algorithmenorientierter Denkansatz notwendig ist. Der Kurs umfaßt 40 Stunden und gliedert sich in die Grobinhalte:

- Aufbau und Arbeitsweise eines Computers
- Bedienung eines Computers
- Programmierung eines Computers
- Programmierübungen

Der Kurs "Einsatz von Anwenderprogrammen" (G 2) hat das Ziel, in den Umgang mit Anwenderprogrammen an Beispielen der täglichen Aufgabe eines Lehrers (Klassenlistenführung, Arbeitsblätter, Klassenarbeitserstellung usw.) einzuführen. Da zukünftig der Einsatz von Anwenderprogrammen (z.B. CNC-Software, SPS-Software) stark zunimmt, ist dieser Kurs für die Lehrkräfte von besonderer Bedeutung. Er umfaßt ebenfalls 40 Stunden. Im einzelnen werden folgende Themenkreise behandelt:

- wichtige DOS-Befehle
- Start und Installation von Anwenderprogrammen
- Erstellen von Texten
- Auswerten von Datenbeständen
- Durchführung von Tabellenkalkulationen

Die Kurse "Grundlagen der Mikroelektronik" (G 3), "Mikrocomputertechnik" (G 4) und "Kommunikationssysteme" (G 5) enthalten überwiegend fachspezifische Inhalte. Sie sind in erster Linie als Hintergrund für diejenigen Lehrer gedacht, die Bereiche moderner Technologien unterrichten (z.B. im Berufsfeld Metalltechnik: Steuerungs- und Regelungstechnik, CNC-Technik, CAD-Systeme und CAM- bzw. PPS-Systeme). Langfristig sind diese Kurse für alle Lehrer an Gewerblichen Schulen als Grundwissen notwendig.

Der Kurs G 3 ist für drei Tage konzeptioniert und umfaßt folgende Themenbereiche:

- Begriffe der Digitaltechnik und Zahlensysteme
- logische Grundschaltungen:
  NICHT, UND, ODER, NAND, NOR
- kombinatorische Schaltungen:
  Codierer, Decodierer, Halbadierer, Volladierer
- sequentielle Schaltungen:
  Flip-Flop, Zähler, Register

Der Kurs G 4 ist ebenfalls für drei Tage bemessen und vermittelt Aufbau und Wirkungsweise eines Mikrocomputersystems:

- Hardwarestruktur: CPU, RAM, ROM, BUSSE, Taktgeber
- Softwarestruktur: Befehlsaufbau, Befehlsarten, Befehlsabarbeitung, Adressierung
- Interfacetechnik: Anschluß peripherer Geräte

Im Kurs G 5 werden ebenfalls in drei Tagen Begriffe und Prinzipien der Datenübertragung, Datennetze und Geräte der Datenübertragung behandelt.

Der Kurs "Auswirkungen der Computertechnik auf die Gesellschaft" (G 6) soll anhand von gezielten Vorträgen und Diskussionen innerhalb der Schule oder einzelner Fachabteilungen in der Schule die Auswirkungen moderner Technologien auf die Gesellschaft und die Wirtschaft reflektieren.

2. Informationstechnische Spezialbildung

Aufgrund der starken Differenzierung und schnellen technologischen Entwicklung im Bereich Gewerblicher Schulen sind weiterführende Lehrerfortbildungsveranstaltungen in berufsfeld-, schulart- und fächerspezifische Weiterbildungsbereiche aufgegliedert. Um die unterschiedlichen Fachlehrer für ihre Unterrichtsarbeit besser zu qualifizieren, sind für die einzelnen Berufsfelder folgende "Weiterbildungsmodule" vorgesehen.

2.1 Berufsfeld Metalltechnik:

Fertigungs- und Zerspannungstechnik
- Steuerungstechnik I SPA
- Steuerungstechnik II SPS
- Handhabungstechnik
- CNC-Technik Einführung
- CNC-Technik halbmaschinelles Programmieren
- CNC-Technik maschinelles Programmieren
- CAD Einführung
- CAD Zeichnungserstellung
- CAD Konstruktionsunterstützung
- CAM/PPS Einführung

2.2 Berufsfeld Metalltechnik:

Installations- und Metallbautechnik
- Auslegung von Anlagen mit dem PC
- Kalkulations- und Angebotserstellung mit dem PC
- Ausschreibung, Abrechnung, Preisspiegel mit dem PC
- GAD in der Metallbautechnik

2.3 Berufsfeld Metalltechnik:

Kfz-Technik
- Grundkurs Kfz-Elektronik
- Elektronisches Gemischaufbereitungssystem
- Steuerungs- und Regelungstechnik
- Datenerfassung, Verarbeitung und Aufgabe bei Kfz-Mikroprozessorsystemen
- Praxis von Gemischaufbereitungsanlagen
- Elektronisches Zündsystem
- Elektronik bei Dieselmotoren
- Antriebs-Geschwindigkeit- und Bremsregelungen im Kfz

2.4 Berufsfeld Elektrotechnik:

- Mikroprozessortechnik
- Interfacetechnik
- Leistungselektronik
- Elektrische Antriebe
- SPS I
- SPS II
- Daten- und Kommunikationsnetze
- Digitale Vermittlungstechnik
- CAD Entwurf und Simulation von Schaltungen
- CAD Schaltungszeichnen und Leiterplattenentwurf
- Sensoren, Aktoren
- Meßwerterfassung und Verarbeitung
- Prozessrechnertechnik
- Technologie hochintegrierter Bauelemente

2.5 Berufsfeld Bautechnik:

- Netzplantechnik, Projektsteuerung
- Abrechnung nach REB
- Meßwertverarbeitung, Vermessungswesen
- CAD im Hochbau
- CAD im Tief- und Straßenbau
- Ausschreibung und Vergabe mit PC
- CAD im Vermessungswesen
- Statik und Konstruktion mit PC
- Kalkulation nach KLR-Bau

2.6 Berufsfeld Holztechnik:

- Branchenprogramm für das Schreinerhandwerk einschließlich CAD/CAM
- Branchenprogramm für das Glaserhandwerk einschließlich CAD/CAM
- Branchenbezogene Software für die Möbelfertigung einschließlich CAD/CAM
- Einführung in die CNC-Technik
- CNC-Steuerung von Einzelmaschinen
- CNC-Steuerung bei der Fensterherstellung
- CNC-Steuerung von Maschinenstraßen (Verkettung)

2.7 Berufsfeld Textiltechnik:

- Automatisierung des Zuschnitts

- Rationalisierung der Nähtechnik
- Automatisierung am Näharbeitsplatz
- Computerunterstützte Musterzeichnung und -herstellung
- Steuerungen moderner Textilmaschinen

2.8 Berufsfeld Chemie/Physik, Biologie:

- Mikrocomputer - Interfacetechnik
- Computertechnik in der Fachtheorie
- Computertechnik im Labor

2.9 Berufsfeld Drucktechnik:

- Kommunikationssysteme
- Btx-Editierungstechnik
- CAD Grafik und Schrift
- CAD-Layout und Maskenschnitt
- Textverarbeitungssysteme
- Layoutherstellung und Seitenumbruch
- Typografisch Textbearbeitung
- Steuerungen und Regelungen an Druckmaschinen
- Verpackungsmittelmaschinen
- PC-Einsatz in der technischen Betriebsführung

2.10 Berufsfeld Farbtechnik:

- Farbmischmaschinen
- Rechnungswesen und Organisation mit PC
- Angebot und Kalkulation mit dem PC
- Computerprafik CAD
- Reprotechnik für den Siebdruck

2.11 Berufsfeld Gesundheit:

- Datenbanksystem
- Computertechnik im Labor
- Einführung in Btx

2.12 Berufsfeld Nahrung:

- Einkauf und Einkaufsplanung
- Fertigung von Produkten
- Absatz von Waren
- Rechnungswesen I
- Rechnungswesen II

Lehrkräfte, die an Beruflichen Gymnasien, Technischen Oberschulen, zweijährigen Berufsfachschulen oder Berufskollegs unterrichten, können folgende Lehrerfortbildungsmaßnahmen belegen:

- Mikrocomputertechnik - Interfacetechnik
- Computereinsatz in Physik und Physikpraktikum
- Computereinsatz in Mathematik
- Computereinsatz in Chemie und Chemiepraktikum
- Computereinsatz in Biologie
- Programmierung in PASCAL
- Programmierung in anderen Sprachen

Für den Erfolg dieser Lehrerfortbildungsmaßnahmen ist unbedingt zu beachten, daß die Zusammenarbeit mit der Wirtschaft und ihren Betrieben unerläßlich ist, gerade der gewerblich-technische Berufsschullehrer muß die Möglichkeit haben, sich ständig mit seinem jeweiligen Fachbetrieb bzw. mit den entsprechenden Fachbetrieben vorort über neue Technologien zu informieren.

Fortbildungstagung in CNC und SPS

R. Stang

Akdemie für Lehrerfortbildung Dillingen

Es ist unbestritten. daß insbesondere die Berufsschule mit dem technologischen Wandel Schritt halten muß. soll nicht das duale Ausbildungssystem gefährdet werden. Auf der betrieblichen Seite haben in den letzten Jahren in rasanter Weise die neuen Technologien Einzug gehalten. Ich spreche hier die computergestützten Produktionsverfahren und Fertigungssteuerungen an, d.h. CNC- und SPS-Technik. Bei der CNC-Technik steuert, überwacht und kontrolliert ein Computer die Herstellung eines Dreh- bzw. Frästeils. Bei der SPS-Technik steuert ein Computer nach einem vorgegebenen Programm einen gesamten Fertigungsablauf. Beide Techniken dienen dazu, die Produktivität und Qualität zu erhöhen. Nebenprodukte dieser Techniken sind die Individualisierung der Abläufe, d.h. nach Laden eines neuen Computerprogramms produziert die Maschine sofort ein anderes Produkt; nach Laden eines neuen SPS-Programms werden die Fertigungsabläufe ebenfalls geändert. Bei beiden Techniken wird der Werkzeugwechsel vom Programm aus veranlaßt.

Nach dem Lehrplan für die zerspanungstechnischen Berufe ist die CNC-Technik in der 12. bzw. 13. Jahrgangsstufe zu behandeln. Der Lehrplan für die elektrotechnischen Berufe sah schon immer die Behandlung der Steuerungstechnik vor. Anstelle der Realisierung von Steuerungen über Schützanlagen wird bei SPS nach dem entsprechenden Schaltplan ein Programm erstellt.

Die Behandlung dieser neuen Technologien im Berufsschulunterricht setzt das Vorhandensein der entsprechenden Geräte voraus. Bislang ist man davon ausgegangen, daß die Vermittlung von CNC-Kenntnissen nur über eine rechnergesteuerte

Dreh- bzw. Fräsmaschine zu vollziehen sei. Heute gibt es industrielle Simulationsprogramme für Personalcomputer, die über eine angeschlossene Maschinentastatur, z.B. Sinomerik, Bosch, Deckel usw. zu bedienen sind. Auch besteht die Möglichkeit, über eine autonome Steuerung (Heidenhain TNC 155, 60 Exemplare an bayerischen Berufsschulen) Programmabläufe zu codieren und auf dem angeschlossenen Bildschirm evtl. auch dreidimensional das zu fertigende Frästeil abzubilden. Zur Vermittlung von SPS-Kenntnissen genügt ein Programmiergerät (z.B. S05, Klöckner-Möller, Lucas-Nülle usw.). Aber gerade bei SPS ist es notwendig, den programmierten Fertigungsablauf sichtbar zu machen bzw. zu simulieren. Hierzu bieten sich ergänzend an die Steuerung von Gleichstrommotoren über ein physikalisches Operating-System und einem Personalcomputer oder eine pneumatische Steuerung.

2. CNC-Technik

Ziel dieser Lehrgänge ist, den Lehrer in die Lage zu versetzen, einfache CNC-Programme zu erstellen, die auf Maschinen mit unterschiedlichen Steuerungen ablaufen können. Nur so ist die Voraussetzung gegeben, daß der Lehrer sich nach einer kurzen Einarbeitungszeit mit einer speziellen Steuerung zurecht finden kann. Wir müssen vermeiden, daß die Schüler an Berufsschulen nur an einer speziellen Steuerung ausgebildet werden (z.B. spezielle Zyklen), denn sie finden in ihrem Betrieb oft andere Maschinen vor. Auch sind die Lehrgänge so angelegt, daß sowohl Fachtheorielehrer als auch Fachpraxislehrer in einem Lehrgang fortgebildet werden können. Unsere Lehrgänge für CNC-Technik sind zwar Einführungslehrgänge, setzen aber gewisse Vorkenntnisse bei den Lehrkräften voraus. Das gleiche gilt für den späteren Unterricht. Es erscheint uns unmöglich, einen Schüler ein Programm erstellen zu lassen, wenn er nicht die Grundkenntnisse des Drehens und Fräsens beherrscht. Im einzelnen wären dies:

- CNC-Bemaßung (Absolutbemaßung, Bezugsbemaßung, Oberflächenzeichnen)

- Winkelfunktionen, Schnittgeschwindigkeits- und Vorschubberechnung

- Zerspanungsdaten (Schnittgeschwindigkeit, Vorschub, Drehzahl)

- Grundsätzliche Kenntnisse über Steuerungs- und Regelungsabläufe

- Kenntnis von Fertigungsabläufen

- Dreh- und Fräsmaschinenerfahrung

Der Lehrgang hat einen zeitlichen Umfang von ca. 40 Stunden, wobei vertiefende Übungen noch hinzukommen. Folgende Ziele und Inhalte sind zu vermitteln (Zeitanteile in Klammern):

1. Grundkenntnisse der numerischen Steuerung (NC-CNC-DNC, geschichtliche Entwicklung, Steuerungsablauf, Blockschaltbild, Datenträger und Codierung)

2. Kenntnisse der Unterschiede von Dreh- und Fräsmaschinen zu CNC-Maschinen (Antrieb: Achseinzelantrieb, Kegelumlaufspindel, Bedienerpult; Meßsystem)

3. Kenntnisse der Steuerungsarten (Punkt-, Strecken- und Bahnsteuerung)

4. Kenntnisse der Meßarten (direkt, indirekt, absolut)

5. Kenntnisse der Einsatzgebiete von CNC-Maschinen unter Abwägung der Vor- und Nachteile.

   (2 Stunden)

6. Koordinatensysteme (Drehmaschine: Position des Drehmeisels; Fräsmaschine: senkrecht, waagrecht)

7. Bezugspunkte (Maschinennullpunkte, Referenzpunkt, Werkstücknullpunkt, Programmnullpunkt)

8. Programmaufbau (Arbeitsschritte, Startpunkt, Arbeitsgänge, Endpunkt)

9. Satzformat (programmtechnische, geometrische und technologische Befehle)
   (2 Stunden)

10. Wegbedingungen (Eilgang, Arbeitsvorschub, Absolutmaßeingabe, Bezugsbemaßung, Nullpunktverschiebung, Einschaltzustand)
    (2 Stunden)

11. Kreisinterpolation (Drehen: Anfangs-, Endpunkt, Interpolationsparameter i,k, Radiuseingabe; Fräsen: Ebenenauswahl, Interpolationsparameter i,j,k)
    (1 Stunde)

12. Programmierübungen (Äquidistanten- und Konturlinienprogrammierung im Koordinatensystem)
    (3 Stunden)

13. Rechnerumgang (Erklärung des Rechners, Diskettenbehandlung, Programmbehandlung)

14. Technologische Befehle (Schnittgeschwindigkeit, Vorschub, Einschaltzustand, Werkzeugauswahl, Zusatzfunktionen)
    (2 Stunden)

15. Programmerstellung mit Simulation
    (4 Stunden)

16. Korrekturspeicher (Schneiden, Radiuskompensation, Fräser-Radiuskompensation, Längenkorrektur)

17. Programmübung mit Korrektur
    (2 Stunden)

18. Überblick über verschiedene Steuerungen (z.B. Zyklen bei Synomerik, Deckel, Bosch usw.)

(2 Stunden)

19. Vertiefte Kenntnisse im Rahmen von freiwilligen Übungen (ohne Zeitangabe)

- Schuppzyklen
- Tiefdruckzyklus
- Taschenfräszyklus
- Gewindeschneidzyklus
- Unterprogrammtechnik

Im Lehrgang werden derzeit zur Vermittlung dieser Kenntnisse Personalcomputer mit dem Betriebssystem MS-DOS und ein CNC-Simulationspaket der Fa. SL-Automatisierungstechnik eingesetzt. Die Bedienerführung kann im Dialog- oder im DIN-Satz geschehen. Ein Programm- und Graphikausdruck ist gewährleistet. Die Simulationsgraphik ist normgerecht (z.B. beim Fräsen: G17, G18, G19, dreidimensionale Darstellung entsprechend Heidenhain TNC 155). Ergänzend zur Simulation werden die erstellten CNC-Programme in eine echte CNC-Maschine eines benachbarten Industriebetriebes eingegeben und die Produktion des entsprechenden Dreh- bzw. Frästeils verfolgt.

3. SPS-Technik

Obwohl auch dieser Lehrgang ein Einführungslehrgang ist, müssen die Lehrer aus dem Bereich Fachtheorie und Fachpraxis Kenntnisse der logischen Verknüpfungen, Boolschen Algebra und Schützsteuerungen haben. Stromablaufpläne müssen verstanden und in Kontaktschaltpläne umgesetzt werdem können. Folgende Grundüberlegungen führten zu dem später angesprochenen Fortbildungskonzept:

- Der Lehrer muß mit einem SPS-Programmiergerät arbeiten können

- Ein einfaches Steuerungsproblem (z.B. Aufzugssteuerung, Ampelsteuerung) muß vom Lehrer gelöst und programmiert werden können

- Eine Simulationsmöglichkeit mit Personalcomputern soll aufgezeigt werden

- Herstellung des Praxisbezuges durch Programmierung einer Fertigungsstraße

Montag

14.00 Uhr	Begrüßung Erläuterung des Lehrgangsprogramms
14.30 - 17.30 Uhr	Aufbau von Speicherprogrammierbaren Steuerungen Handhabung eines Programmiergerätes Demonstration von Steuerungen

Dienstag

09.00 - 12.00 Uhr	Grundsätze der Programmierung - Befehlsvorrat - Adressierung - Steueranweisung
14.30 - 17.30 Uhr	Erstellung von Programmen - Funktionsplan - Kontaktplan - UND - ODER - Nicht - Selbsthaltung

	- Merker	
19.00 Uhr	Übungen	

<u>Mittwoch</u>

09.00 - 12.00 Uhr	Programmierübungen - Aufzugssteuerung - Ampelsteuerung	
14.30 - 17.30 Uhr	Fortsetzung	
19.00 Uhr	Übungen	

<u>Donnerstag</u>

09.00 - 12.00 Uhr	Gruppe I Übungen	Gruppe II Arbeit mit einem physikalischen Operating System am PC
14.30 - 17.30 Uhr	Gruppe II Übungen	Gruppe I Arbeit mit einem physikalischen Operating System am PC

<u>Freitag</u>

09.00 - 11.30 Uhr	Die Anwendung von SPS am Beispiel der Fertigungssteuerung bei der Herstellung von Geschirrspülern
11.30 - 12.00 Uhr	Lehrgangsabschluß

Neue Ansätze für computergestützten Unterricht

Leitung: St.D. Dr. Karl-August Keil
Augsburg

Modellversuch computergestützter Informatikunterricht: Algorithmen und Datenstrukturen

Thomas Ottmann und **Peter Widmayer**

Institut für Angewandte Informatik
und Formale Beschreibungsverfahren
Universität Karlsruhe
Postfach 6980
7500 Karlsruhe

Zusammenfassung

Neue Möglichkeiten des computergestützten Lehrens und Lernens auf einem dafür besonders geeigneten Gebiet werden im Sommersemester 1986 an der Universität Karlsruhe erprobt und eingeführt. In Verbindung mit und als Ergänzung zu einer Vorlesung im Fach Informatik über Algorithmen, Programmierverfahren und Datenstrukturen für Studenten des Wirtschaftsingenieurwesens, der Techno- und Wirtschaftsmathematik werden computerunterstützte Unterrichtslektionen angeboten. Die Lektionen werden von einem dedizierten Fileserver auf intelligente Endgeräte verteilt, können aber auch als Telesoftware über Bildschirmtext abgerufen werden. Der Versuch erschließt mittel- und langfristig völlig neue Wege für eine solide Grundbildung etwa im Nebenfach Informatik für Ingenieure.

1. Einleitung

Eine solide Grundausbildung im Fach Informatik kann sich bei weitem nicht auf die Programmierausbildung beschränken. Vielmehr gibt es einen inzwischen weitgehend stabilen Kanon von Inhalten, der für eine angemessene Nebenfachausbildung im Fach Informatik für Ingenieure als verbindlich angesehen wird (vgl. dazu die Stellungnahme des Fakultätentages für Informatik vom 11. 11. 1983). Dazu gehört auch der Bereich Algorithmen und Datenstrukturen, der zum Kern der praktischen Informatik zählt. Am Institut für Angewandte Informatik und Formale Beschreibungsverfahren der Universität Karlsruhe, das für die Ausbildung im Fach Informatik für künftige Wirtschaftsingenieure allein und für Wirtschafts- und Technomathematiker zum Teil verantwortlich ist, wurde auf die Methodenschulung im Bereich Algorithmen und Datenstrukturen stets besonderes Gewicht gelegt. Der Bereich ist zugleich einer unserer Forschungsschwerpunkte. Eine der Kernveranstaltungen ist eine Vorlesung über *Algorithmen, Programmierverfahren und Datenstrukturen*, Teile I und II, die über zwei Semester drei- bzw. zweistündig regelmäßig angeboten und schriftlich geprüft wird. Die Hörer dieser Vorlesungen sind Wirtschaftsingenieur-, Techno-Mathematik- und Wirtschaftsmathematikstudenten im Hauptstudium. Aus den vergangenen Jahren liegt umfangreiches statistisches Material über die Erfolgsquote bei Prüfungen vor (typisch sind etwa 150 bis 180 Prüfungen im Sommersemester und 50 bis 80 im Wintersemester).

Das Gebiet *Algorithmen und Datenstrukturen* hat sich in den letzten Jahren stark entwickelt. Zu den klassischen Themen, wie Suchen und Sortieren, sind durch neue Anwendungen und neue technische Möglichkeiten bedingte hinzugekommen, so etwa geometrische und parallele Algorithmen. Weil es hier um die Beherrschung komplexer Abläufe geht, ist der Bereich *Algorithmen und Datenstrukturen* ein geradezu ideales Gebiet für die Erprobung neuer computerunterstützter Lehr- und Lernmethoden. Mit dem Medium *Computer* und seinen spezifischen Möglichkeiten (Farbe, Graphik, Animation und Dialogfähigkeit) lassen sich diese Abläufe viel besser vermitteln als mit den *klassischen* Unterrichtsmitteln Buch, Tafel und Overhead-Projektor.

2. Computerunterstützter Unterricht (CUU)

Die ersten Versuche mit computerunterstütztem Unterricht (CUU) gehen bereits auf die fünfziger Jahre zurück (vgl. hierzu Gunzenhäuser (1985) und Nievergelt (1980)). Nachdem ihnen bis etwa 1980 wenig Erfolg beschert war, zeichnet sich inzwischen ein neuer Aufschwung ab; zu den Gründen, die einen Durchbruch des Computers als einzigem *Zwei-Wege-Massenkommunikations-Medium* in der Ausbildung vorauszusagen erlauben, gehören neben anderen

- billigere und bessere *Hardware* (Farbe, Graphik, Bitmap-Display, schnelle Antwortzeiten);

- *Vernetzungen* vieler verschiedener Typen (Bildschirmtext, local area networks);
- bessere *Einsicht in die spezifischen Möglichkeiten* des Mediums (geeignet für algorithmische Abläufe, weniger für philosphische Inhalte);
- leicht erlernbare *Autorensprachen*;
- eine ständig wachsende *Bibliothek von Kursen* (courseware).

CUU soll und wird die tradierten Formen des Lehrens und Lernens nicht ersetzen, aber wohl ergänzen und verbessern. CUU kann auch dazu beitragen, sich sehr schnell veränderndes Wissen, wie etwa im Bereich der Informationstechnik, besser und mit geringerer Zeitverzögerung in die Lehre einzubringen. (So gibt es beispielsweise bereits CUU-Lektionen über Expertensysteme und die Analyse natürlicher Sprache durch den Computer, während reguläre Vorlesungen über diese Gebiete bisher noch selten sind.)

Eines der größten Projekte im Bereich des CUU wurde in den siebziger Jahren an der University of Illinois begonnen und führte schließlich zur Entwicklung des PLATO-Systems, das später von Control Data (CDC) übernommen wurde. Daraus wurde beim IIG der TU Graz unter Leitung von Prof. Dr. H. Maurer das Autorensystem AUTOOL entwickelt (vgl. Garrat 1985). Es erlaubt die programmierfreie Erstellung hochwertiger Kurse, die über Bildschirmtext (BTX) oder über einen Server-Rechner (mit UNIX und C-Compiler) verteilt oder von einer Diskettenstation gelesen und auf einem geeigneten Rechner (z.B. MUPID) abgearbeitet werden können. AUTOOL zeichnet sich aus durch die Möglichkeit, komplexe Graphik mit Bewegungseffekten relativ leicht erstellen zu können. Beim Durcharbeiten einer mit AUTOOL erstellten Lektion führt der Lernende einen lernergesteuerten tutoriellen Dialog mit dem System. Ein besonderer Vorzug der neuen Unterrichtslektionen ist also auch der, daß sie in das BTX-System eingespeist werden können. Die Lektionen können dann als *Telesoftware* von der BTX-Zentrale abgerufen und zu Hause (am Fernseher) durchgearbeitet werden.

3. Der Karlsruher Modellversuch

Aufgrund seiner Vorzüge setzen wir das AUTOOL–System bei diesem Modellversuch ein. Der Aspekt, Lektionen über BTX einer großen Hörerzahl zugänglich zu machen, ist natürlich mittel– oder langfristig besonders interessant. Ein Ziel des Modellversuchs ist es, durch eine Begleituntersuchung herauszufinden, ob und in welchem Maße die Qualität des Unterrichts durch CUU verbessert werden kann. Dazu finden Befragungen der Teilnehmer statt; überdies sollen die Erfolgsquoten vergangener Prüfungen mit der aktuellen verglichen werden. Nievergelt (1980) weist darauf hin, daß der Erfolg von CUU wesentlich davon abhängt, wie man das computerunterstützte Lehren und Lernen in die übrige Organisation der Ausbildung einbezieht.

Bei uns wird im Sommersemester 1986 im Wechsel mit einer herkömmlichen *Saalvorlesung* für mehr als 250 Hörer (Studenten des Wirtschaftsingenieurwesens, der Techno– und Wirtschaftsmathematik) etwa die Hälfte des Stoffes in Form von CUU–Lektionen vermittelt. In der Saalvorlesung wird über ein Teilgebiet jeweils ein Überblick gegeben, und es werden analytische Betrachtungen zu den verschiedenen behandelten Verfahren und Datenstrukturen präsentiert. Die Verfahren und Datenstrukturen im Einzelnen werden über CUU–Kurse vermittelt. Zur Vorlesung *Algorithmen, Programmierverfahren und Datenstrukturen*, Teil I, sind dies Kurse über

- Sortieren (Quicksort, Heapsort, Mergesort, Shellsort);
- Hashverfahren (offene Hashverfahren mit linearem und quadratischem Sondieren und double hashing, Hashing mit separater und direkter Verkettung der Überläufer, coalesced hashing);
- Suchbäume (natürliche Bäume, Bruderbäume, AVL–Bäume);
- ausgewählte Themen (algorithmische Prinzipien wie backtracking und divide and conquer).

Zum so präsentierten Stoff erhalten die Studenten Aufgaben, die in einer 14–täglich stattfindenden Übung besprochen werden. Der Stoff ist Teil der anschließenden Prüfung. Die verwendeten Lektionen sind zum größten Teil an diesem Institut von Studenten erstellt worden (vgl. Abschnitt 4.); der Kurs *Sortieren* ist unter Leitung von Prof. Maurer in Graz entstanden.

3.1 Das Karlsruher CUU–Labor

Um diesen Unterrichtsversuch für eine große Hörerzahl überhaupt durchführen zu können, wurde ein CUU–Labor mit 13 Rechnern eingerichtet. Diese 13 Arbeitsplätze stehen den 250 Studenten täglich von 9.00 Uhr bis 19.00 Uhr zur Verfügung. Jeder Student verfügt über eine für ihn reservierte Übungszeit, kann aber darüberhinaus in Übungen zu beliebigen Zeiten die jeweils aktuelle Lektion durcharbeiten.

Bei den Rechnern handelt es sich um MUPID–C2D2–Geräte mit Z80–Prozessor und 128 KByte RAM, wovon 64 KB für das Bitmap–Display benötigt werden; die verbleibenden 64 KB werden zum Speichern einer Lektion (bis zu 32 KB) und der zum Bearbeiten der Lektion nötigen Software verwendet. Zu jedem Arbeitsplatz gehört ein Farbmonitor mit einer Auflösung von 320 × 240 Bildpunkten.

Alle 13 Rechner sind an einen zentralen Server–Rechner gekoppelt, der die Bildschirmtextzentrale simuliert. In unserem Fall ist dies eine HP 9000 Rechenanlage, Serie 300, Modell 310, mit 68010–Prozessor, 1 MB RAM, Festplatte mit 55 MB, einem aufgerüsteten Disk–Interface, 3 Multiplexer– Karten mit je 4 seriellen Schnittstellen zur Bedienung von zusammen 12 MUPID–Rechnern und einer weiteren eingebauten seriellen Schnittstelle; die Übertragungsrate beträgt 4800 Baud. Der HP–Rechner wird mit einem UNIX V ähnlichen Betriebssystem (HP–UX) betrieben; wir verwenden darauf an der TU Graz entwickelte Software (CONNEX), die die Bildschirmtextzentrale simuliert und einen eigenen Speicherbereich von Seiten entsprechend BTX (1 KB pro Seite) verwaltet. Die CONNEX–Software erlaubt die Kommunikation des HP–Server–Rechners mit den gekoppelten MUPID–Rechnern in beiden Richtungen. So können nicht nur Lektionen und AUTOOL–Software zum Durcharbeiten der Lektionen von den MUPID–Rechnern aus von der HP–Anlage abgerufen werden, sondern auch selbstgeschriebene BASIC–Programme, und außerdem können Daten, die am MUPID eingegeben werden, zum Server–Rechner übertragen werden. Diese Möglichkeiten haben wir dazu benutzt, den Teilnehmern einen *elektronischen Fragebogen* vorzulegen und die am MUPID eingegebenen Antworten auf dem Server–Rechner zu sammeln. Während des laufenden Modellversuchs soll

Kursmanagement–Software entwickelt werden, wie sie für die Durchführung von Programmierkursen bereits vorhanden ist (vgl. Klein 1986).

Zwei der 13 MUPIDs verfügen außerdem über je eine Diskettenstation mit zwei doppelseitigen Laufwerken zu insgesamt 496 KB und einem Z80–Prozessor, die über schnelle serielle Schnittstellen (19200 Baud) mit dem jeweiligen MUPID verbunden sind. Diese MUPIDs können wahlweise entweder mit der HP–Anlage oder mit der Diskettenstation kommunizieren (aber nicht beides gleichzeitig); im letzteren Fall übernimmt die Diskettenstation die Rolle der Bildschirmtextzentrale, die MUPIDs werden also als *stand–alone* Geräte betrieben.

Eine weitere Diskettenstation ist direkt mit der HP–Anlage verbunden. Sie dient dazu, neue Lektionen, die zunächst auf Diskette vorliegen, in das System einzuspielen. Gegenwärtig sind Lektionen zu folgenden Themen im Karlsruher CUU–Labor verfügbar (diese Liste wächst natürlich ständig):

- *Algorithmen, Programmierverfahren und Datenstrukturen*, Teil I, wie oben angegeben;
- allgemein gehaltene Lektionen über CUU, neue Medien wie Compact Disk und BTX;
- Lektionen für Autoren von Lektionen, die den MUPID–Rechner und das AUTOOL–System erläutern;
- *Algorithmen, Programmierverfahren und Datenstrukturen*, Teil II:
    - Suchbäume (B–Bäume, Prioritätssuchbäume, gewichtsbalancierte Bäume);
    - algorithmische Geometrie (Voronoi–Diagramme mit Anwendungen, Scan–Line–Verfahren);
    - dynamische Hashverfahren (erweiterbares und virtuelles Hashing);
- Künstliche Intelligenz (Expertensysteme, Analyse natürlicher Sprache).

Darüberhinaus stehen BASIC und Turbo–Pascal zur Verfügung; die AUTOOL–Software erlaubt bereits jetzt das Einbinden von BASIC–Programmen in Lektionen.

3.2 Erfahrungen beim Einsatz von CUU–Lektionen

Eine endgültige Beurteilung des Erfolgs des Einsatzes von CUU–Lektionen ist derzeit noch nicht möglich, weil der Modellversuch noch nicht abgeschlossen ist. Dennoch hat eine erste Befragung der Studenten mittels *elektronischer Fragebögen*, die die Teilnehmer unmittelbar im Anschluß an das Durcharbeiten einer Lektion beantwortet haben, ein deutlich positives Echo seitens der Teilnehmer gezeigt. Es bleibt abzuwarten, wie sich die Beurteilung des Modellversuchs durch die Teilnehmer im Verlauf der Zeit entwickelt; desgleichen können über den Lernerfolg zur Zeit noch keine Aussagen gemacht werden.

Zunächst haben wir 48 Teilnehmern Fragebögen zu verschiedenen Lektionen des Kurses über Sortieren vorgelegt (fast alle Teilnehmer studieren im 6. Semester). Statt Fragen haben wir Aussagen formuliert, zu denen die Teilnehmer Stellung bezogen, indem sie eine von fünf Alternativen, von völliger Zustimmung bis zu völliger Ablehnung, auswählten. Die Aussagen bezogen sich sowohl auf die Qualität der durchgearbeiteten Lektion als auch auf das Medium CUU im Vergleich mit herkömmlichen Unterrichtsmethoden. Die Antworten zeigen die folgende Tendenz, wobei wir die Alternativen der *ganzen* und *teilweisen Zustimmung* bzw. *Ablehnung* zusammengefaßt haben:

- zur Verwendung von Farbe in Texten und Graphiken:
  - 92 % der Teilnehmer sprachen sich für selteneres Wechseln der Farbe aus;
  - 83 % wünschten sich weniger Farbe in Graphiken;
  - für 66 % erleichterte die Farbe das Verständnis des Stoffes;
- zur Verwendung von Graphik und Bewegung:
  - 90 % der Teilnehmer votierten für mehr Graphik in den Lektionen;
  - 81 % hielten Graphik und Animation für hilfreich;
  - für immerhin 27 % dauerte der Aufbau einer Graphik auf dem Bildschirm zu lange;
- zum Einsatz von Fragen zum Stoff:
  - 98 % der Teilnehmer haben die Fragen sorgfältig beantwortet (man kann Fragen auch einfach auslassen);
  - 92 % hätten gerne schwierigere Fragen beantwortet;

  - 75 % hielten die Fragen für geeignet;
  - 56 % waren mit der Reaktion des Systems auf Freitext–Antworten zufrieden, und 58 % möchten die Freitext–Antworten nicht durch Multiple–Choice–Antworten abgelöst sehen;
- zum Vergleich mit anderen Medien:
  - 19 % der Teilnehmer hätten den Stoff lieber in einem Buch nachgelesen, und 27 % glauben, beim Lesen eines Buches in der gleichen Zeit mehr zu lernen;
  - 8 % hätten den Stoff lieber in einer Vorlesung gehört, und 10 % glauben, durch den Besuch einer Vorlesung in der gleichen Zeit mehr zu lernen;
- eine allgemeine Beurteilung des Mediums und der Lektionen:
  - 67 % hatten Spaß beim Durcharbeiten der Lektionen, und 10 % haben die Lektionen nicht gefallen.
  - 92 % der Teilnehmer glauben, die Lektionen verstanden zu haben;

Überprüft man die gegebenen Antworten im Detail, so stellt man fest, daß die Qualität der einzelnen Lektionen entscheidend für den Gesamteindruck der Studenten von dieser neuen Möglichkeit des Lernens verantwortlich ist (mit einem guten Buch lernt man natürlich mehr und schneller als mit einer schlechten Lektion). Es kommt also darauf an, bei der Gestaltung von Lektionen einerseits die Möglichkeiten auch auszuschöpfen, die das neue Medium bietet (etwa Fragen und Graphik), aber andererseits ihren Einsatz nicht voller Begeisterung zu übertreiben (etwa bei Farben).

4. AUTOOL–Kurse über Algorithmen und Datenstrukturen

Nievergelt (1980) präsentiert eine Menge von Regeln zur Gestaltung von CUU–Lektionen, die wir hier nicht wiederholen wollen. Das Schreiben von CUU–Lektionen kann man sicherlich als Spezialfall der Gestaltung einer interaktiven Benutzerschnittstelle ansehen. Entsprechend sollten mindestens die dort wichtigsten Grundsätze auch hier beachtet werden. Nach Nievergelt (1982) sollte der Benutzer stets ohne Schwierigkeiten die folgenden Fragen beantworten können:

- Wo (in der Lektion) befinde ich mich gerade?
- Was kann ich hier tun?
- Wie kam ich hierher, wohin kann ich gehen und wie komme ich dorthin?

Dieses als *Ort–Modus–Weg–Paradigma* bekannte Prinzip der Dialogprogrammierung wird, wie auch die meisten der Stilregeln zur Lektionengestaltung nach Nievergelt (1980), von AUTOOL gut unterstützt.

An diesem Institut werden gegenwärtig AUTOOL–Kurse über *Algorithmen und Datenstrukturen* mit etwa 30 Einzellektionen erstellt; 15 Lektionen sind bereits fertig. Themenschwerpunkte sind, wie schon angegeben, Suchbaumstrukturen, Hashverfahren und algorithmische Geometrie. Themen aus diesen Bereichen eignen sich deshalb so gut für CUU, weil hier die Dynamik algorithmischer Abläufe weit besser als mit herkömmlichen Mitteln illustriert werden kann. Oft ist es gerade die Anwendung eines Algorithmus auf die richtigen Beispiele, die zum Aha–Erlebnis führt. Die inzwischen fertiggestellten Lektionen zeigen, daß es mit dem nötigen didaktischen Geschick gelingt, mächtige Konzepte, wie etwa *backtracking*, und komplizierte Algorithmen, wie etwa *dynamische Hashverfahren*, anschaulich und einprägsam darzustellen.

Im einzelnen sind folgende Lektionen bei uns inzwischen fertiggestellt worden oder sind fast fertig:

- Suchbaumstrukturen:
  - natürliche Binärbäume;
  - Bruderbäume;
  - AVL–Bäume;
  - gewichtsbalancierte Bäume;
  - B–Bäume (zur externen Speicherung von Schlüsseln);
  - Konstruktion optimaler und fast–optimaler Suchbäume;
- Hashverfahren:
  - offene Hashverfahren mit linearem und quadratischem Sondieren, double hashing, Brent's Methode;
  - Hashing mit separater und direkter Verkettung der Überläufer, sowie coalesced hashing;

  - erweiterbares Hashing;
  - virtuelles Hashing (inklusive lineares Hashing);
- algorithmische Geometrie:
  - Prioritätssuchbäume für geometrische Algorithmen und ihre Anwendungen;
  - k–d–Bäume zur Speicherung mehrdimensionaler Schlüssel;
  - quad–trees zur Speicherung von Rasterbildern;
  - Voronoi–Diagramme für Punkte und Liniensegmente mit verschiedenen Metriken, samt Algorithmen für die Suche nächster Nachbarn, zur Konstruktion minimaler spannender Bäume, für point–location–Probleme;
  - die Scan–Line–Methode und ihre Anwendung auf verschiedene Schnittprobleme ebener geometrischer Objekte;
  - geometrisches divide–and–conquer mit Beispielen;
  - Intervallbäume und Segmentbäume;
- ausgewählte Gebiete:
  - Datenstrukturen für spezielle Mengenmanipulationsprobleme, wie Union–Find–Strukturen und Prioritätswarteschlangen;
  - spezielle Graphenalgorithmen, wie Algorithmen zur Berechnung minimaler spannender Bäume;
  - Algorithmen für parallele Rechnerarchitekturen, wie Sortiernetze und Graphenalgorithmen;
  - algorithmische Paradigmen, wie backtracking.

Viele (in der Tat die meisten) der Lektionen bestehen aus mehreren Teilen; zusammen decken sie wesentliche Teile des Stoffes ab, der zu einer soliden Grundausbildung im Bereich Algorithmen und Datenstrukturen gehört. Zu allen Kursen gibt es schriftliche Unterlagen, die das Nachbereiten und das Erarbeiten derjenigen Teile des Stoffes erlauben, für die sich das Medium CUU nicht besonders eignet. So sind etwa analytische Ableitungen nur in den schriftlichen Unterlagen zu finden, nicht in der Computerlektion.

Von der Möglichkeit, bereits jetzt BASIC–Programme in Lektionen einzubinden (mittelfristig sollen auch Pascal–Programme eingebunden werden können), wurde beispielsweise bei den Lektionen über Prioritätssuchbäume Gebrauch gemacht. Die vorgestellte Datenstruktur ist in BASIC implementiert worden; der Student kann durch die Eingabe eigener Schlüssel, die dann in einem Prioritätssuchbaum abgespeichert werden, sein Verständnis dieser Struktur überprüfen.

Der Aufwand zum Erstellen *guter* Lektionen ist beträchtlich. Wir schätzen, daß die bereits fertiggestellten Lektionen etwa 2 Mannjahre beansprucht haben. Eine Lektion, die der Student in etwa eineinhalb Stunden durcharbeitet, benötigt zu ihrer Herstellung im Durchschnitt mehr als 100 Arbeitsstunden. Das ist ein Erfahrungssatz, den wir bei der Betreuung von ca. 25 Studenten festgestellt haben, die sich jeweils zunächst in das Autorensystem und zum Teil auch in den aufzubereitenden Stoff einarbeiten mußten. Die Möglichkeiten des neuen Unterrichtsmediums und die Aussicht, bei der Erstellung einer Lektion mitzuwirken, die Bestand hat und für den breiten Einsatz gedacht ist, motivieren Studenten unserer Erfahrung nach sehr stark. Das Produkt kann sich dann auch sehen lassen; es ist außerdem offen für Verbesserungen, Ergänzungen und Anpassungen an neuere Erkenntnisse.

Danksagung

Das Zustandekommen des Modellversuchs und insbesondere die Einrichtung des CUU–Labors rechtzeitig zum Beginn des Sommersemesters 1986 wären nicht möglich gewesen ohne die tatkräftige Unterstützung folgender Institutionen:

- TU Graz und MUPID–Team, das die erforderliche Software zur Verfügung stellte und bei ihrer Installation in Karlsruhe half;
- Stiftung Volkswagenwerk, die Mittel für Hardware und Personal bewilligte;
- Firma Hewlett Packard, Böblingen, die den erforderlichen Rechner (Fileserver) bereitstellte.

Literatur

J. Garrat, F. Huber, H. Huemer,
AUTOOL – ein BTX–orientiertes Autorensystem,
Berichte des IIG der TU Graz, Nr. 206, 1985.

R. Gunzenhäuser, G. Knopik,
Neuere Entwicklung des rechnerunterstützten Lernens,
in: Überblicke Informationsverarbeitung 1985, Hrsg. H.A. Maurer,
BI, 1985, 99 – 118.

R. Klein,
Rechnerunterstütztes Kursmanagement bei der Durchführung stark
belegter Programmierkurse,
Angewandte Informatik, 1986, 31 – 37.

J. Nievergelt,
A pragmatic introduction to courseware design,
IEEE Computer, 1980, 7 – 21.

J. Nievergelt,
Errors in dialog design and how to avoid them,
in: Document preparation systems, Hrsg. J. Nievergelt et al., North–
Holland, 1982, 7 – 21.

Erdkunde
mit dem Computer

Bernd Kloß
Gymnasium bei St. Anna
Schertlinstr. 5-7
8900 Augsburg

Der rasante Fortschritt der Computertechnologie ermöglicht den Bau kleinerer und leistungsfähigerer Rechner. Die Rechner der Home-Computer-Klasse kosten derzeit einige hundert Mark - weniger als ein Taschenrechner mit den vier Grundrechnungsarten zu Beginn der siebziger Jahre. Im Ausmaß der Tastatur einer Schreibmaschine überbieten sie alte Großrechner um ein Vielfaches.
So ist es nicht weiter verwunderlich, daß die vom reinen "number-cruncher" zum komfortablen Werkzeug herangereiften Rechner in allen Bereichen von Arbeitswelt, Wissenschaft und Forschung immer breitere Anwendung finden.
Der Wandel der Arbeitswelt muß in den Bildungsauftrag der Schule mit einbezogen werden, um die Schüler angemessen auf die Arbeitsbedingungen in ihrem künftigen Berufsleben vorzubereiten. Deshalb sollen sie bereits während ihrer Schulzeit Einsatzformen von Computer und Software mit all ihren Vor- und Nachteilen kennenlernen.
Nachfolgend soll an einigen Beispielen gezeigt werden, wie der **Computer im Erdkundeunterricht und bei der Unterrichtsvorbereitung** eingesetzt werden kann.
An dieser Stelle sei auch den Programmautoren B. Heim (Gymnasium Geretsried), W. Fehle, M. Jäger, B. Matejek, R. Merk (Schüler des Gymnasiums bei St. Anna, Augsburg) und W. Settele (Hildegardis-Gymnasium, Kempten) gedankt , die ihre Programme bayerischen Schulen über die **Zentralstelle für Programmierten Unterricht und Computer im Unterricht** zur Verfügung stellen. Die **Zentralstelle** führte unter der Leitung von Dr. K. A. Keil zu Beginn der siebziger Jahre ein Forschungsprojekt zum computerunterstützten Unterricht im Gymnasium durch und betreut seit dieser Zeit die bayerischen Schulen in allen Computerfragen.

Unterricht und Unterrichtsvorbereitung

Einsatzformen im Unterricht

Die Spanne der Einsatzformen ist sehr weit gefaßt. Der Computer oder vielmehr die darauf ablaufenden Programme - die Software - können als Medium in Form einer "black box", bei der nur das Ergebnis interessiert, eingesetzt werden oder die Programme können von und mit Schülern entwickelt werden. Abgesehen von kleineren Ausnahmen, wie zum Beispiel im Leistungskurs möglich, werden wohl nur fertige Programme Anwendung finden. Je nach Unterrichtsform verwendet der Lehrer den Rechner im Sinne eines Mediums wie einen Tageslichtprojektor oder als Arbeitsmittel, das von Schülern bedient wird. Abhängig von Unterrichtsziel und Programmtyp arbeiten Schüler einzeln oder in Gruppen mit den Programmen.

Der Computer bei statistischen Untersuchungen

Die Verarbeitung umfangreichen Datenmaterials wird wohl, wenn überhaupt, nur in der Oberstufe notwendig werden. Hier eignet sich der Rechner, wenn der Rechenaufwand mit dem Taschenrechner nicht mehr zu bewältigen oder unvertretbar viel Zeit in Anspruch nehmen würde. Durchaus denkbar wäre dies im Rahmen der Strukturanalyse des Nahraums oder auch im Leistungskurs bei der ausführlicheren Auswertung von Datenmaterial. Der Computer ist hierbei dem Taschenrechner überlegen, da mit ihm das Zahlenmaterial gespeichert und bei Bedarf jederzeit wieder über Drucker oder Bildschirm ausgegeben werden kann. Die gleichen Zahlen lassen sich so auch verschiedenen Tests unmittelbar nacheinander unterziehen. Die Ergebnisse können auch in Form einer Graphik ausgegeben werden. Ein Programmpaket für derartige Anwendungen befindet sich noch in der Entwicklung. An einem erdachten Beispiel - eigene Erhebungen wurden bislang noch nicht durchgeführt - kann das Produkt eines Programmteils jedoch bereits schon gezeigt werden. Eine beliebige Anzahl von Wertepaaren a und b wird in den Rechner eingegeben. Nach der Methode der kleinsten Quadrate werden die Parameter der Regressionsgeraden berechnet und auf dem Bildschirm ausgegeben. Zusätzlich können die einzelnen Wertepaare als Tabelle und die **Ausgleichsgerade** als Diagramm (s. Abb.1) über Bildschirm oder Drucker ausgegeben werden.

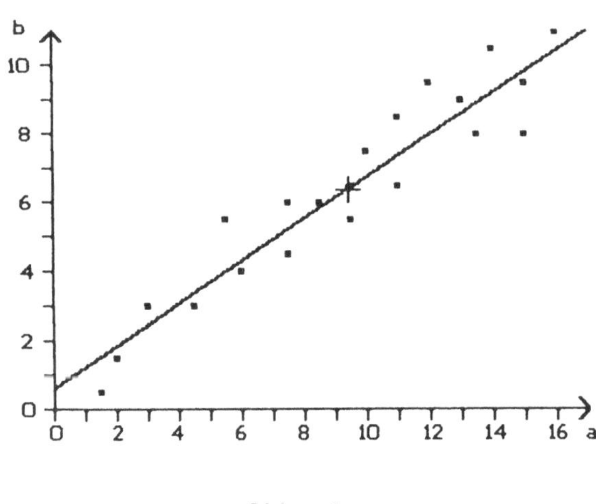

Abb. 1

Datenbank - ein Angebot für Lehrer und Schüler

Auf Grund der **hohen Speicherkapazität und großen Rechengeschwindigkeit** eignen sich Computer zur **Verwaltung von Daten**. Im Lauf der Jahre legt sich der Lehrer häufig auch in Zusammenarbeit mit Schülern eine seinen Bedürfnissen angepaßte **Datenbank** an. Zukünftig wird sicherlich auch der Zugriff auf Datenbestände anderer Anbieter möglich sein. Denkbar wären hier durchaus die Gemeindestatistiken, umfangreiche Weltstatistiken, die vorerst noch in Buchform angeboten werden, aber auch ein Datenpool von Lehrern für Lehrer.

Daten können direkt im Unterricht nach Vorschlägen von Schülern kombiniert, Resultate auf Stichhaltigkeit geprüft und gegebenenfalls durch weitere Versuche verbessert werden.

So üben die Schüler die häufig vernachlässigte **Hypothesenbildung intensiver**, wie z.B. anhand der Klassifikation von Entwicklungsländern nach verschiedenen Merkmalen. Die Eigentätigkeit der Schüler wird hierdurch verstärkt.

Demonstrationshilfe für den Lehrer

Besonders zur **Verdeutlichung von Prozessen** - wie die Entstehung der Jahreszeiten (s. Abb. 2) - eignet sich der Einsatz von Filmen im Unter-

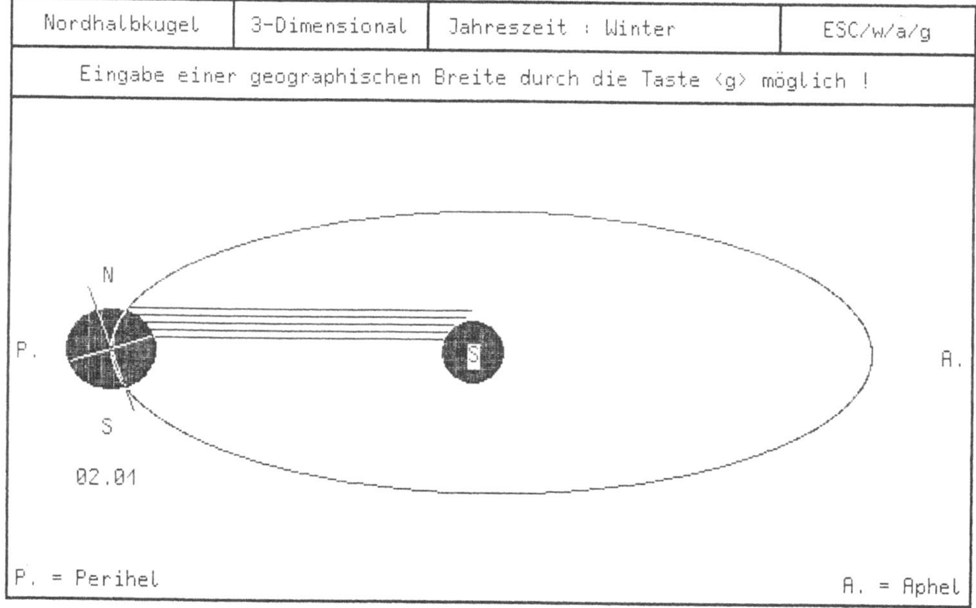

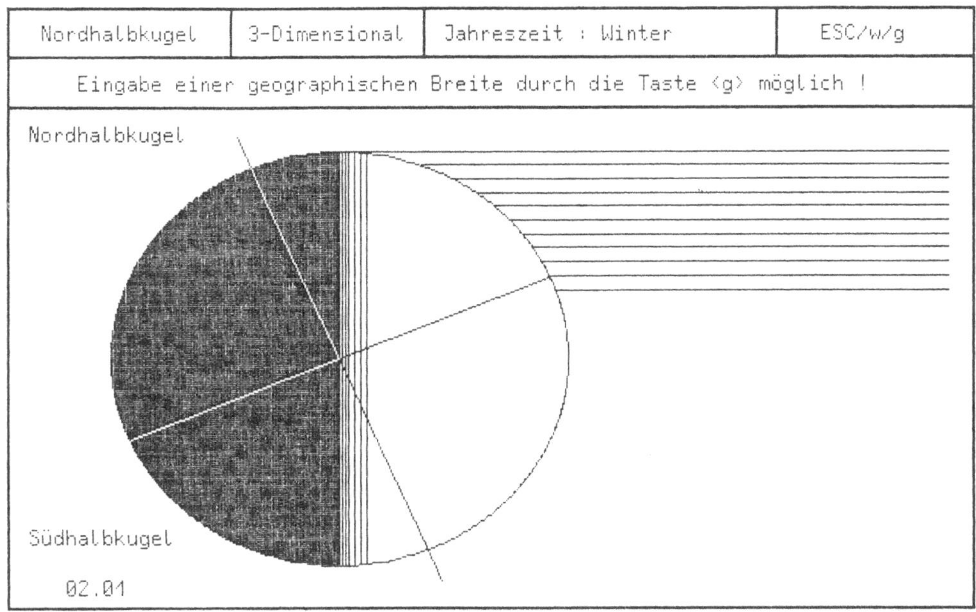

Abb. 2

richt. Die Möglichkeiten, die "**Computeranimation**" eines geographischen Prozesses zu beeinflussen, erleichtern dem Lehrer die Erklärung. So sind **Wiederholungen** ohne Zeitverlust möglich und zur besseren Veranschaulichung kann die **Geschwindigkeit** variiert werden. Entscheidende Phasen werden am zitterfreien **Standbild** erläutert. Durch Tastendruck kann der wichtige Bildteil bildschirmfüllend vergrößert werden und über den Drucker als Kopiervorlage für ein Arbeitsblatt ausgegeben werden.

Übungsmittel

Als reines **Trainingsgerät** eignet sich der Rechner nur in der Unterstufe für die Erdkunde. Erfahrungsgemäß verlieren das Einüben topographischer Kenntnisse und die Arbeit mit dem Atlas nach geraumer Zeit an Attraktivität. An dieser Stelle kann der Rechner zur Motivation und Intensivierung eingesetzt werden.
Vorweg ein paar Worte zum Programm selbst. Es enthält die Ortskoordinaten ausgewählter bayerischer und deutscher Städte und wählt zufällig, aber ohne Wiederholung für eine Runde, Städtepaare aus und berechnet die Entfernung.
In einer solchen **Übungsstunde** sitzen nun drei bis vier Schüler mit Atlas, Lineal, Bleistift und Schmierpapier bewaffnet an einem Rechner. Der Computer nennt am Bildschirm zwei Städte, die Schüler suchen diese, gegebenenfalls mit Hilfe des Registers, in der Karte, berechnen die Luftlinienentfernung und tippen das Ergebnis ein. Der Computer vergleicht seine Berechnung mit der Schülerantwort und vergibt nach erzielter Genauigkeit Punkte. Der Lehrer hat so einen besseren Überblick über die Fortschritte und das Sozialverhalten in der Gruppe, wenn er die Schüler beobachtet und ihnen hilft. Ferner protokolliert (s. Abb.3) der Drucker die Ergebnisse mit.

Entfernung		Hedi	Kontrolle	Punkte
Nuernberg	Muenchen	140	151	1
Augsburg	Nuernberg	125	121	2
Regensburg	Passau	110	113	3
Augsburg	Regensburg	120	114	2
Augsburg	Passau	190	193	3

Gesamtpunkte: 11 Gesamtzeit: 89 Sekunden

Abb. 3

Die Schüler kleben ihre persönlichen **Protokolle** in das Heft ein. Sie liefern Aussagen über Arbeitstempo und Genauigkeit. Vergleichende Tests zwischen zwei Parallelklassen ergaben, daß letztlich der Lernerfolg gleich war, die Arbeit mit dem Computer jedoch mehr Freude vermittelte und zu besserem gegenseitigen Kennenlernen führte.

Simulation von Wirkungsgefügen

Auch in der Schulerdkunde spielt die **Modellbildung und das Arbeiten mit Modellvorstellungen** eine große Rolle. Mit dem Computer können **vernetzte Systeme** simuliert werden, an denen Schüler selbsttätig das Entdekken von Strukturen und Wirkungsgefügen üben. Dem Entwickeln von Theorien und dem Gespräch mit den Klassenkameraden sollte hier breiter Raum gegeben werden. Von der **Simulation** der Sahelzone bis hin zu Modellen der Informationsausbreitung bieten sich Anwendungsmöglichkeiten an.

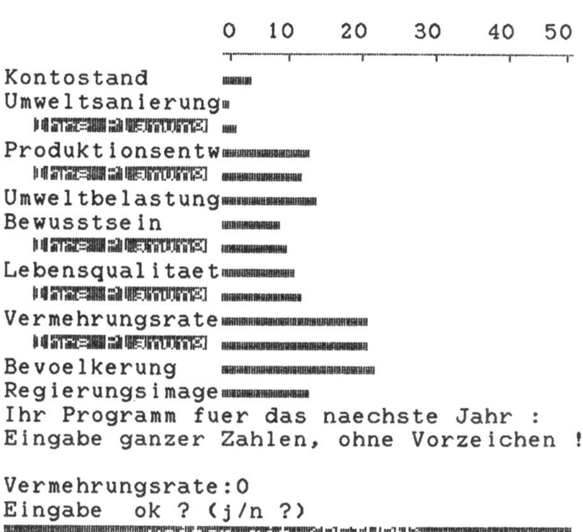

Abb. 4

In einem ersten Versuch wurde das Brettspiel ÖKOLOPOLY von F. Vester (s. Abb.4) auf dem Rechner nachgeahmt und in der Kollegstufe eingesetzt. Zum Abschluß der Unterrichtseinheit Geoökologie sollten die

Schüler aus verschiedenen Spielstrategien heraus Thesen zu den Systemzusammenhängen entwickeln. Der Rechner bot die Möglichkeit, in verschiedenen Bereichen steuernd einzugreifen und simulierte die Wirkung der Maßnahmen. Für die Schüler bietet sich hier im Rollenspiel die Gelegenheit, Gelerntes anzuwenden und sich im Argumentieren zu üben.

Erstellen von Unterrichtsmaterial

Im Erdkundeunterricht besitzt das **Umsetzen von Zahlenwerten in Graphiken** und deren Interpretation einen hohen Stellenwert.
Der Computer bietet in diesem Zusammenhang die Möglichkeit, Zahlenkolonnen und Graphiken ohne großen Aufwand vom Datenträger auf Papier oder Matrize zu übertragen. Die **Ergänzung und Aktualisierung** von Daten gestaltet sich recht komfortabel.
Weite Bereiche der graphischen Umsetzung von Daten, wie z.B. Zeitreihen von Produktionsdaten, lassen sich mit Programmen der im Handel befindlichen **Geschäftsgraphik** realisieren. In einigen Fällen haben sich jedoch bestimmte Diagrammformen in den einzelnen Fächern als Standard eingebürgert. So das **Dreiecksdiagramm**, in dem drei sich zu 100 Prozent ergänzende Größen wie die Anteile der Wirtschaftssektoren an der Volkswirtschaft dargestellt werden. Ein weiteres Beispiel hierfür sind die Klimadiagramme mit ihrer genormten Achsenbelegung und -skalierung. Für solche Spezialaufgaben lohnt meist die Erstellung eines eigenen Programms. In Bezug auf die vielfältigen Möglichkeiten bei der Arbeit mit **Klima- und Balkendiagrammen** und die fachspezifischen Anforderungen an das Programm sei auf den folgenden Beitrag von Herrn B. Heim hingewiesen.

Besonders bei bevölkerungsgeographischen Untersuchungen erweist sich der Computer als ein zeitsparendes Hilfsmittel. Bevölkerungsdaten des Schulorts - Einwohnerzahlen nach Geschlecht und Geburtsjahr - sind meist ohne Schwierigkeiten verfügbar. Die Daten sind schnell eingetippt und können den Schülern zum Zeichnen des **Bevölkerungsbaums** gegeben werden. Weitere Bevölkerungspyramiden für vergleichende Untersuchungen werden mit dem Rechner erstellt. Die Bevölkerungsbäume können in verschiedenen Formen (s.Abb.5 u.6) ausgedruckt werden. In Kürze wird das Programm auch die Möglichkeit bieten, **Prognosen** der Entwicklung zu erstellen.

Gesamtbevoelkerung : 253424 = 100 %
maennlich : 118473 = 47 % : weiblich : 134951 = 53 %
Durchschnittsalter: maennlich : 38 weiblich : 43

Abb. 5

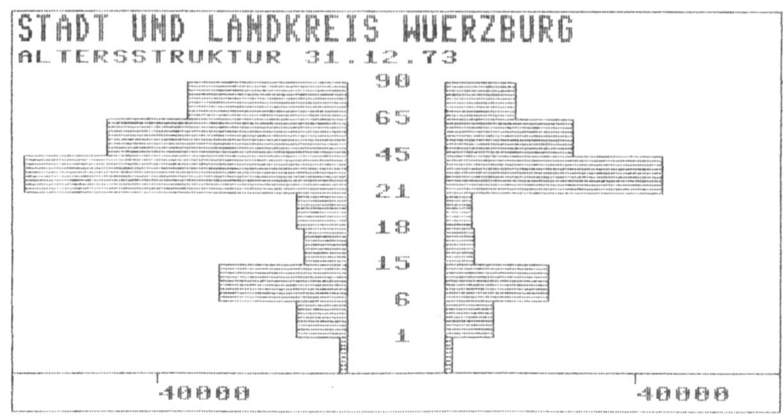

Abb. 6

In der 11. Klasse besteht mehrfach die Gelegenheit, **Datenmaterial in Karten** umzusetzen. Je nach verfügbaren Geräten ist es möglich, Karten mit völlig frei wählbaren Symbolen oder gar farbig zu drucken. Im vorliegenden Beispiel (s. Abb. 7) wurde mit Schülern zusammen der Einzugsbereich des Gymnasiums bei St. Anna in Augsburg kartiert. Unter anderem wurden das Bildungsverhalten aus sozialgeographischer Sicht, Verkehrsanbindung und Schulwegsicherheit besprochen. Darüber hinaus wurde über den **Datenschutz**, den **Informationsgehalt** einer Karte in Abhängigkeit von den verwendeten Symbolen und über die Auswirkung der Klassenbildung auf die Aussage der Karte diskutiert. Ohne allzu große Mühe können die verschiedenen Karten erstellt und für spätere Bearbeitung abgespeichert werden.

In Zusammenarbeit mit dem Physiklehrer läßt sich der Rechner als **Meßgerät** nutzen. So ist es möglich, an mehreren Meßstellen - wie z.B. in verschiedene Bodentiefen - die Temperatur oder mit einer kleinen Wetterstation die wichtigsten Wetterdaten über einen bestimmten Zeitraum zu **messen** und zu **speichern**. Die Messungen können dann als **Tabelle oder Diagramm** zur Auswertung ausgegeben werden. Hard- und Software, die auf die erdkundlichen Erfordernisse abgestimmt sind, befinden sich derzeit noch in Entwicklung.

Gerade für Home-Computer bietet der Handel eine Reihe von Programmen zum Teil zu erstaunlich günstigen Preisen an, die dem Lehrer die Arbeit erleichtern und Zeit sparen helfen. Für die Erstellung von Arbeitsblättern und Angaben von Schulaufgaben bieten sich **Textverarbeitungsprogramme** an. Zum einen, weil Texte **leichter bearbeitet** und durch verschiedene Druckmöglichkeiten **besser strukturiert** werden können, zum anderen, weil Teile **älterer** Texte, auch in modifizierter Form, weiter

KARTE ANNA 85

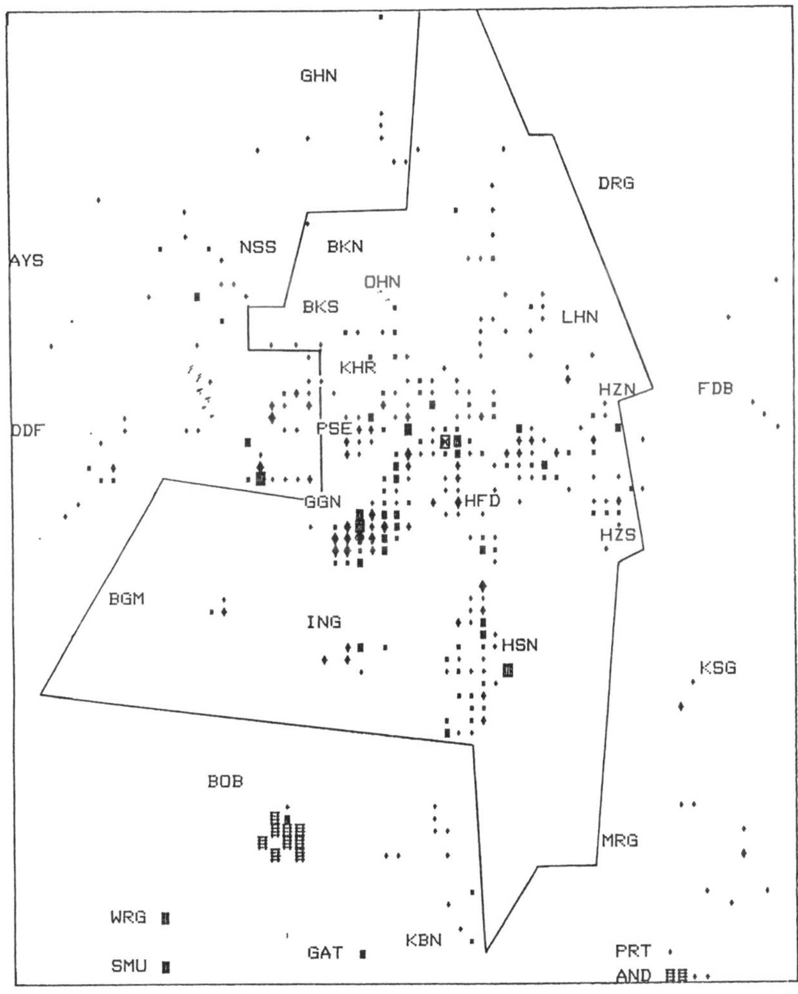

LEGENDE

'·' : 1 SCHUELER
'⁚' : 2 SCHUELER
'◆' : 3 SCHUELER
'▪' : 4 SCHUELER
'◆' : 5 SCHUELER
'■' : 6 SCHUELER
'◆' : 7 SCHUELER
'▦' : 8 SCHUELER
'■' : 9 SCHUELER
'⊠' : ST.ANNA GYMNASIUM

AND : außerhalb d. UG
AYS : Aystetten
BGM : Bergheim
BKN : Bärenkeller-N
BKS : Bärenkeller-S
BOB : Bobingen
DDF : Diedorf
DRG : Derching
FDB : Friedberg
GAT : Großaitingen
GGN : Göggingen
GHN : Gersthofen
HFD : Hochfeld
HSN : Haunstetten
HZN : Hochzoll-N
HZS : Hochzoll-S
KBN : Königsbrunn
KHR : Kriegshaber
KSG : Kissing
LHN : Lechhausen
OHN : Oberhausen
PRT : Prittriching
PSE : Pfersee
SMU : Schwabmünchen
WRG : Wehringen

Abb. 7

verarbeitet werden können.
So bereitet die Erstellung von Schulaufgaben Gruppe A/B keinerlei Schwierigkeiten und die lästige Tipparbeit wird deutlich reduziert.
Dateiprogramme eignen sich zur Verwaltung der diversen Sammlungen. Neuanschaffungen sind schnell aufgenommen. Bestimmte Titel können über Suchworte zusammengefaßt werden. Die Bibliographie von Fachzeitschriften und die Suche nach bestimmten Aufsätzen zu einer Thematik ist leicht durchführbar.

Überlegungen zum Nutzen des Computereinsatzes

In jedem Fall benötigt der unerfahrene Lehrer eine mehr oder weniger umfangreiche Einarbeitungsphase, um sich mit dem Rechner vertraut zu machen. Im Normalfall wird dieser erste Kontakt an den Geräten in der Schule stattfinden, was gerade für den Lehrer der geisteswissenschaftlichen Fächer ungewohnt sein dürfte.
Der Einbau des neuen Mediums in bewährte Unterrichtskonzepte geht manchmal nicht problemlos vonstatten und macht somit eine Überarbeitung des Stundenverlaufs nötig.
So sollte man sich doch vor dem geplanten Computereinsatz über einige wichtige Punkte klar werden:

- wird die Maschine um der Maschine willen eingesetzt?
- sind die Grundfertigkeiten wie das Zeichnen von Diagrammen wirklich fest eingeübt?
- leistet der Rechner wirklich mehr als andere Medien ?
- ist die Motivation durch das neue Medium wirklich sinnvoll?
- ist der Aufwand gerechtfertigt?

Auch muß bedacht werden, daß bei der Einführung des neuen Mediums in den Unterricht eine bestimmte Vertrautheit des Lehrers mit dem Rechner notwendig ist, wenn er nicht sein Ansehen ebenso schnell verspielen will wie derjenige Physiklehrer, dessen Experimente nie funktionieren.
Ebenso nachteilig wirken sich die zu häufige Verwendung des Rechners im Unterricht und die Überfrachtung des Unterrichts mit zu vielen weiteren Medien aus.
Mitunter führen rein organisatorische Schwierigkeiten zu Störungen des geplanten Unterrichtsverlaufs. Koordinationsprobleme in Konkurrenz mit anderen Fächern aber auch innerhalb der eigenen Fachschaft bei Raumbe-

legung und ähnlichen Fragen können beim Einsatz des Computers im Unterricht Schwierigkeiten bereiten.
Weitere Störfaktoren sind der mit dem **Raumwechsel der Klasse** verbundene Zeitverlust oder ein möglicher **Geräteausfall**, der vom betroffenen Lehrer dann ein hohes Maß an **Flexibilität** erfordert.
Diese Hemmnisse verlieren weitgehend an Bedeutung, solange der Rechner für die Erstellung von Materialien bei der **Unterrichtsvorbereitung** eingesetzt wird. Hier dominieren die Vorteile deutlich. Die Arbeitszeit wird nach der Einarbeitungsphase niedriger. Die rein **technische Qualität der Text und Graphiken** ist meist **einwandfrei**, da Korrekturen und Layout am Bildschirm erfolgen und erst das fertige Produkt gedruckt wird.
Auch werden die erdkundlichen **Arbeitstechniken intensiviert**, da dem Lehrer die Bereitstellung von Arbeitsunterlagen **weniger Aufwand** macht. Die **Aktualität des Unterrichts** kann gesteigert werden, da das Datenmaterial leicht auf dem neuesten Stand gehalten werden kann. Transparente und Matrizen für Umdrucke oder **Kopiervorlagen** lassen sich dann schnell erstellen.
Die - in sinnvollem Rahmen - erhöhte Eigentätigkeit der Schüler kann einer besseren **Motivation** und damit vielleicht einem besseren Lernerfolg dienen.

Zusammenfassend kann man sagen, daß der wohlüberlegte Rechnereinsatz eine Bereicherung des Unterrichts ist und die Realisation von Unterrichtsideen ermöglicht, die mit herkömmlichen Mitteln nur schwer verwirklicht werden konnten.
Stets jedoch ist zu beachten, daß die **Unterrichtsidee im Vordergrund** stehen sollte. Zu einer guten Unterrichtsidee läßt sich meist das benötigte Programm erstellen. Eine schlechte Unterrichtsidee wird durch hohe Programmierkunst nicht besser!

COMPUTER IM ERDKUNDEUNTERRICHT

Unterrichtsbeispiele zur graphischen Darstellung und Interpretation von statistischem Material in der Mittel- und Oberstufe des Gymnasiums

Bernhard Heim, Gymnasium Geretsried

1. Erdkundliche Arbeitstechniken

Die curricularen Lehrpläne für Erdkunde in Bayern beschreiben neben den reinen Lerninhalten auch einen Katalog von Arbeitstechniken, die den Schülern vermittelt werden sollen.

So fordert der curriculare Lehrplan der 8. und 9. Jahrgangsstufe bei der Arbeit mit statistischem Material die Fähigkeit, einfache graphische Darstellungen richtig lesen und interpretieren sowie statistisches Material in graphische Darstellungen umsetzen zu können. Die Lehrpläne für Grund- und Leistungskurs verlangen darüber hinaus die kritische Bewertung der Darstellungsmethode, die Fähigkeit, zum gleichen Sachverhalt verschiedene Darstellungsformen verwenden und statistisches Material unter Einbeziehung der Möglichkeiten der Datenverarbeitung aufbereiten und auswerten zu können.

Aufgrund der graphischen Fähigkeiten, die die heutige Rechnergeneration aufweist, scheint der Computer für die Vermittlung dieser Fähigkeiten das geeignete Medium zu sein.

2. Möglichkeiten und Formen des Einsatzes im Unterricht

Anhand von mehreren Beispielen sollen die Möglichkeiten des Computereinsatzes bei der Aufbereitung und Interpretation von Daten sowie die Vorteile des Computers gegenüber anderen Medien dargestellt werden.

2.1 Klimadiagramme

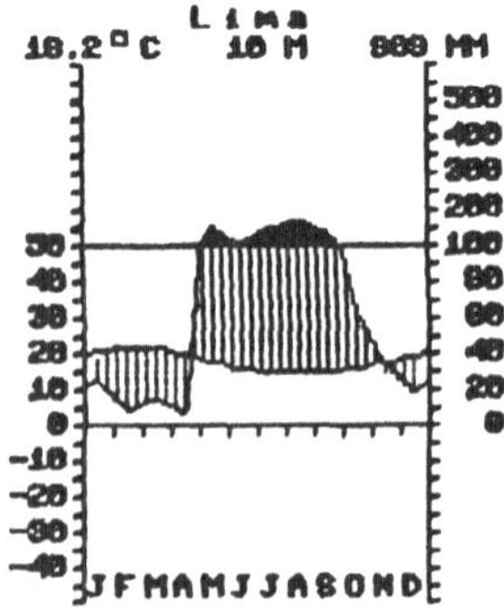

Abb. 1: Das Klimadiagramm

Klimadiagramme sind in der Erdkunde gebräuchliche, standardisierte graphische Umsetzungen der Monatsmittel von Temperatur und Niederschlag. Bei der naturräumlichen Analyse und Differenzierung von Großräumen der Erde werden sie in der Schule bereits ab der 7. Jahrgangsstufe einge-

setzt. Während das Zeichnen von Hand bei Klimadiagrammen einen relativ hohen Zeitaufwand erfordert, lassen sich diese am Computer während der Unterrichtsstunde rasch erstellen.

Abb. 2:

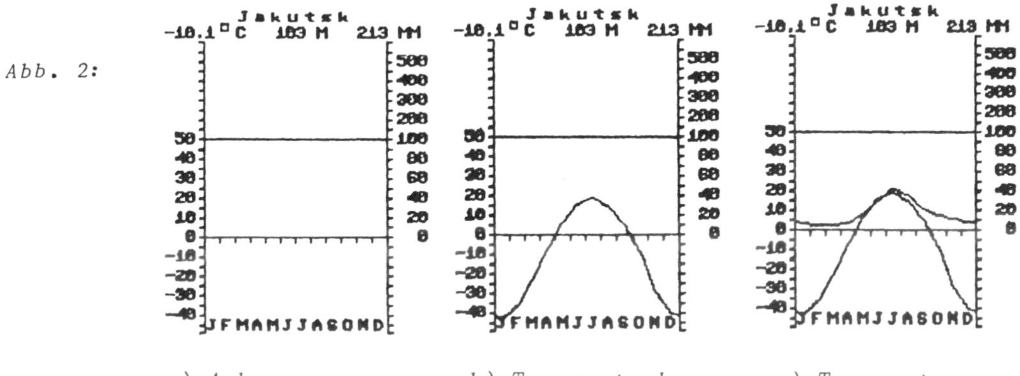

a) Achsen b) Temperaturkurve c) Temperatur- und Niederschlagskurve

Ein weiterer Vorteil ergibt sich aus der Möglichkeit Klimadiagramme am Rechner schrittweise zu erstellen, wie in Abbildung 2 angedeutet wird. Durch den Vergleich mehrerer Stationen, wie in Abbildung 3 dargestellt, können leicht klimatische Längsprofile eines Großraumes, wie z. B. der Sowjetunion erstellt werden. Besonders vorteilhaft erweist sich dabei die Möglichkeit, auf eine genügend große Zahl von Datensätzen zugreifen zu können, die auf Diskette gespeichert sind. Dem Lehrer eröffnet sich dabei im Unterricht die Möglichkeit größerer Flexibilität, um Hypothesen durch weiteres Datenmaterial erhärten oder widerlegen zu können.

Abb. 3: Klimatisches West-Ost-Profil der UdSSR

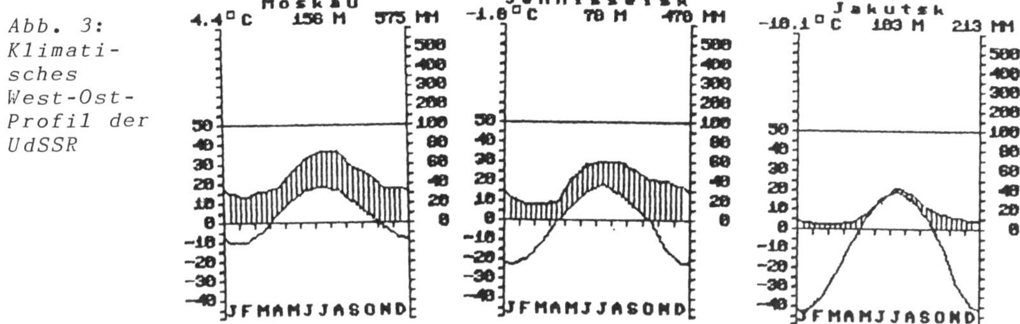

Durch eine Darstellung wie in Abbildung 4 können Temperatur- oder Niederschlagskurven direkt miteinander verglichen werden und erleichtern dem Schüler das Erkennen regelhafter Zusammenhänge zwischen Lage und Klimadaten.

Eine tabellarische Aufstellung, die zusätzlich zum Klimadiagramm zur Verfügung steht, erlaubt genauere Aussagen über Jahrestemperaturschwankung, Zahl der ariden und humiden Monate sowie die Zuordnung zur entsprechenden Klimazone (Abb. 5 a und 5 b).

Die Erstellung von Klimadiagrammen mit verdeckten Stationsnamen eröffnet dem Lehrer die Möglichkeit einer raschen und effektiven Lernzielkontrolle, indem die Diagramme durch die Kenntnisse über den Großraum einem Teilraum zugeordnet werden.

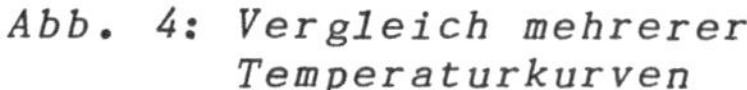

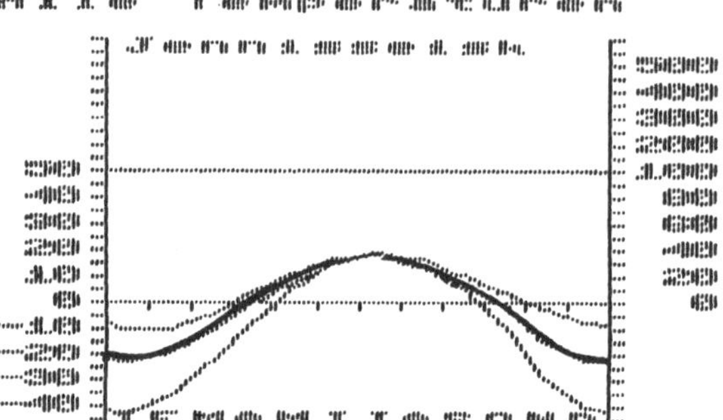

Abb. 4: Vergleich mehrerer Temperaturkurven

Abb. 5: Tabelle der Klimadaten

Moskau

156 m
CJahresm 4.4 Grad C
Jahresm: 575 mm

J	31.0	-9.9
F	28.0	-9.5
M	33.0	-4.2
A	35.0	4.7
M	52.0	11.9
J	67.0	16.8
J	74.0	19.0
A	74.0	17.1
S	58.0	11.2
O	51.0	4.5
N	36.0	-1.9
D	36.0	-6.8

a) Rohdaten

Moskau

156 m
CJahresm 4.4 Grad C
Jahresm: 575 mm

J	31.0	-9.9m
F	28.0←m	-9.5
M	33.0	-4.2
A	35.0	4.7
M	52.0	11.9
J	67.0	16.8
J	74.0←M	19.0M
A	74.0	17.1
S	58.0	11.2
O	51.0	4.5
N	36.0	-1.9
D	36.0	-6.8

Klima: Dfb
Delta(t): 28.9
Hum. Mon : 12
Arid. Mon: 0

b) Analyse der Daten

2.2 Balken- und Säulendiagramme

Im Erdkundeunterricht der Kollegstufe gehört die Interpretation wirtschaftstatistischen Materials zum festen Bestandteil des Unterrichtes. Insbesondere der Strukturwandel der Landwirtschaft in der Bundesrepublik Deutschland bietet aufgrund des zahlreich zur Verfügung stehenden Materials die Möglichkeit, die Arbeitstechniken, die in Teil 1 beschrieben wurden, unter Einsatz eines Rechners zu vermitteln.

Im Rahmen einer längeren Unterrichtssequenz wird man den Schülern unter anderem eine Tabelle über die Betriebsgrößenstruktur der landwirtschaftlichen Betriebe von 1949 bis heute an die Hand geben. Daran lassen sich verschiedene Fragestellungen knüpfen, wie die Veränderung der Gesamtzahl der landwirtschaftlichen Betriebe oder die Veränderungen in den einzelnen Betriebsgrößen. Je nach Fragestellung wird der Lehrer oder der Schüler eine andere Art der graphischen Darstellung benutzen. Die gestapelten Säulendiagramme der Abbildung 6 veranschaulichen eindrucksvoll die Entwicklung der Gesamtzahl der Betriebe. Dagegen läßt Abbildung 7 deutlich die unterschiedliche Entwicklung in den einzelnen Betriebsgrößenklassen erkennen. Eine auf das jeweilige Jahr bezogene prozentuale Auswertung, die in Abbildung 8 dargestellt ist, ermöglicht dagegen Aussagen über die Entwicklung der Mindestgröße eines rentablen landwirtschaftlichen Betriebes.

Abb. 6: Entwicklung der Gesamtzahl landwirtschaftlicher Betriebe

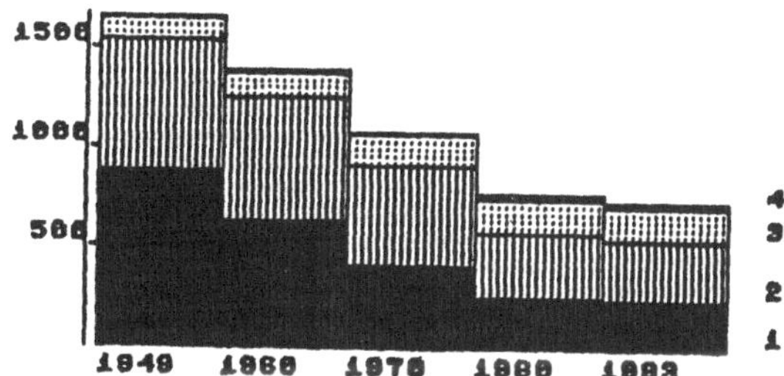

Abb. 7: Entwicklung der Zahl landwirtschaftlicher Betriebe nach Größenklassen

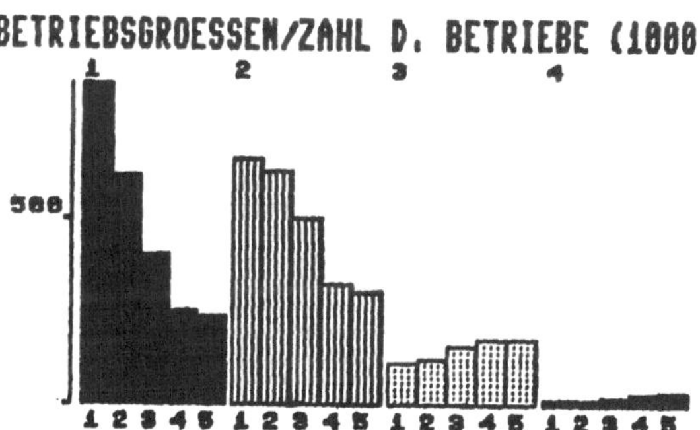

Abb. 8: Anteil der Zahl der Betriebe je Größenklasse an der Gesamtzahl der Betriebe je Jahr

2.3 Formen des Unterrichtseinsatzes

Im Unterricht läßt sich der Computer grundsätzlich sowohl beim Lehrervortrag, im Unterrichtsgespräch als auch bei der Einzel- oder Gruppenarbeit einsetzen. Gerade bei der zuletzt genannten Unterrichtsform kann die Arbeit mit dem Computer für Schüler motivierend sein, da dieser die zum Teil lästige Rechen- und Zeichentätigkeit übernimmt. Dies und die zahlreichen graphischen Darstellungsmöglichkeiten führen beim Schüler über die experimentelle oder gezielte graphische Umsetzung zu selbständiger und kritischer Analyse von Daten, wie sie vom Lehrplan gefordert wird.

3. Vorteile des Computereinsatzes - Gegenargumente

Als Argumente, die gegen den Einsatz des Computers im Erdkundeunterricht sprechen, bekommt man sowohl technische als auch methodisch-didaktische Meinungen zu hören:

- *Die Bedienung von Gerät und Programm ist zu kompliziert.*
- *Die Beschaffung und der Aufbau des Computers erfordern zu viel Zeit.*
- *Die Lernziele sind auch ohne den Computer erreichbar.*
- *Die zeichnerischen Grundfertigkeiten werden nicht genügend geübt.*
- *Die unreflektierte Übernahme der Ergebnisse des Computers durch den Schüler verhindert die Kritikfähigkeit und erhöht die Gefahr der Manipulation.*

Während die technischen Probleme wohl nur eine Frage des Angebotes der Hersteller von Geräten und der zugehörigen, für den Unterricht geeigneten Software darstellen, bedürfen die didaktischen Gegenargumente einer etwas eingehenderen Betrachtung.

Während Dias und Transparente einen vorgegebenen, unveränderbaren Informationsgehalt aufweisen und Filme sogar im zeitlichen Ablauf fixiert sind, unterscheidet sich ein durchdachtes Computerprogramm hiervon prinzipiell. Das Medium Computer gestattet dem Lehrer die Reihenfolge der Informationen nach seinen Vorstellungen abzuändern. Bei Bedarf können zusätzliche Daten schnell aufbereitet werden. Durch Änderung der Diagrammart kann ein Datensatz innerhalb kurzer Zeit auf seinen Aussagegehalt untersucht werden. Sowohl die der Graphik zugrunde liegenden Daten als auch die Graphik stehen gleichzeitig zur Verfügung. Die Graphik entsteht vor den Augen der Schüler, das heißt der Zeichenvorgang bleibt noch nachvollziehbar.

Der Computer soll auch keineswegs die Rolle des Lehrers übernehmen. Vielmehr muß und kann er den Lehrer oder den Schüler bei der Vermittlung beziehungsweise Aneignung bestimmter Kenntnisse oder Fertigkeiten unterstützen. Dazu gehört auch, daß der Lehrer den Rechner erst dann im Unterricht einsetzt, wenn der Schüler die Umsetzung statistischen Materials in entsprechende Graphiken beherrscht.

Insgesamt gesehen bietet der Computer Vorteile, die auch der Erdkundelehrer durch einen sinnvollen und gemäßigten Einsatz zur Erreichung seiner Ziele nutzen kann.

GENIUS (2.0) - Computerunterstützte Ausbildung an der Hochschule

R. Schnitzler - R. Gebhardt - W. Ameling

Entwicklung des Systems GENIUS

Im Jahre 1974 wurde am Lehrstuhl für Allgemeine Elektrotechnik und Datenverarbeitungssysteme (Prof. Dr.-Ing. W. Ameling) der RWTH Aachen ein System für den computerunterstützten Unterricht (GENIUS) eingerichtet. Es gestattete zum einen den praktischen Einsatz selbstentwickelter, leistungsfähiger Datensichtstationen und zum anderen die Vermittlung von Kenntnissen in einer Programmiersprache, die für eine erfolgreiche Mitarbeit am Lehrstuhl schon damals wichtige Voraussetzung waren. Der Einsatz eines computerunterstützten Unterrichts bietet sich für die Programmierausbildung aus zwei Gründen besonders an: Bei der Vermittlung des Lehrstoffs sammeln die Studierenden erste Erfahrungen im Umgang mit Computersystemen und der Unterricht ist äußerst flexibel hinsichtlich einer individuellen Zeiteinteilung seitens der Studierenden. Das beschriebene System wird seit 1983 als Ablösung des ursprünglichen Systems eingesetzt. Daneben befindet sich seit 1985 ein auf Personalcomputern basierendes dezentrales System im Einsatz.

Anforderungen an einen computerunterstützten Unterricht

Der computerunterstützte Unterricht ist die technische Ausgestaltung des programmierten Unterrichts bzw. Lernens, wie er z.B. auch in Buchform dargestellt wird. Es handelt sich dabei um eine Unterrichtsform, bei dem der Schüler und das Unterrichtsprogramm (Lehrprogramm) Aufgaben des Lehrers übernehmen.

Wie jeder Unterricht enthält auch der computerunterstützte Unterricht folgende drei Phasen:

1. die Stoffvermittlung,
2. die Lernzielkontrolle,
3. die gezielte, individuelle Wiederholung und Erläuterung.

Diese Phasen werden durch Struktur und Inhalt des Lehrprogramms realisiert. Der Leistungsumpfang eines Programmsystems für den computerunterstützten Unterricht ist aus diesen pädagogisch/methodischen und aus den organisatorischen Anforderungen an eine solche Unterrichtsform ableitbar. Die Gesamtanforderungen ergeben sich aus den Einzelanforderungen der Teilnehmer an eine solche Unterrichtsform: Schüler, Lehrer (Lehrprogrammautor) und Veranstalter des Unterrichts.

Aus der Sicht des Schülers sind zu fordern:

- leichter Zugang zum System,
- leichte Bedienbarkeit des Systems,
- schülergerechte Hilfsfunktionen,
- gezielter Zugriff auf Information über Stichwörter,
- fehlertolerante Auswertung von Antworteingaben.

Aus der Sicht des Lehrprogrammautors sind zu fordern:

- geeignete Hilfen zur Erstellung, graphischen Gestaltung und Korrektur von Lehrprogrammen,
- vielseitige Möglichkeiten der Frage- und Antwortgestaltung,
- Hilfsmittel der statistischen Analyse und Auswertung,
- Möglichkeit der Überwachung einzelner Unterrichtsabläufe.

Aus der Sicht des Veranstalters sind zu fordern:

- Flexible Verwaltung der Schülerdaten,
- Kontrollierter Zugang zum System und Schutz vor Manipulation,
- Flexibilität gegenüber Hardwareänderungen,
- übersichtliche Dokumentation des Systems.

Das System GENIUS (2.0)

Diese Anforderungen wurden bei der Entwicklung des Systems GENIUS (2.0) am Lehrstuhl für Allgemeine Elektrotechnik und Datenverarbeitungssysteme umgesetzt in folgende Teilsysteme:

1. Das Unterrichtssystem als Mehrplatzsystem auf einem Prozessrechner GA 900 mit 10 MB Plattenkapazität und 128 KB Hauptspeicher.

2. Zwei Lehrprogramme

   - Einführung in die Programmierung
   - Grundlagen von FORTRAN 77

   zur Vermittlung des Lehrstoffs.

3. Einem Praktikumssystem auf dem Institutsrechner SIEMENS 7.536, das es den Schülern ermöglicht, selbständig Programme zu entwickeln und zu testen.

4. Einem Klausursystem auf der Basis eines speziellen Lehrprogramms zur Durchführung der Abschlußprüfung.

Möglichkeiten des Unterrichtssystems

Das Unterrichtssystem GENIUS(2.0) ist ein zentrales Mehrplatzsystem, an dem z. Zt. 12 Terminals installiert sind. Diese Terminals können sowohl als Schülerarbeitsplätze (Bearbeitung des Lehrprogramms), als auch als Lehrerarbeitsplätze (Erstellen und Ändern des Lehrprogramms, Überwachen des Unterrichts) benutzt werden.

Für den Schüler ist das System durch insgesamt 5 Befehle steuerbar, die ihm

- das Starten und Verlassen des Systems,
- den Aufruf der integrierten Bedienhilfe,
- die Suche nach Stichworten und
- den gezielten Zugriff auf einzelne Kapitel

ermöglichen.

Für den Lehrprogrammautor bietet das System

- einen interaktiven Lehrprogrammeditor zur Erstellung und Änderung von Lehrprogrammen,
- statistische Auswertungsmöglichkeiten über die Bearbeitungsdauer der Lehrprogramme und über die Beantwortung der gestellten Fragen,
- fünf grundsätzliche Möglichkeiten der Antwortauswertung, durch deren Kombination fast jede denkbare Fragestellung darstellbar ist,
- automatisches Erkennen und Tolerieren von Groß-/Kleinschreibung, unterschiedlichen Trennzeichen zwischen mehreren Eingabewörtern, Umlauteingabe in verschiedenen Formen sowie Umstellung von Wörtern bei der Antwortauswertung, soweit dies nicht explizit ausgeschlossen wurde,
- Punktvergabe bei der Antwortauswertung (bei Multiple-Choice auch Vergabe von Teilpunkten).

Für den Veranstalter des Systems bietet GENIUS (2.0)

- interaktive Verwaltung der Schülerdaten mit der Möglichkeit, Schüler nur für bestimmte Lehrprogramme oder für einen bestimmten Zeitraum zum Unterricht zuzulassen,
- Schutz des Systems vor Manipulation durch Identifikation der Benutzer über eine Benutzernummer und Vergabe von Berechtigungsschlüsseln, die nur die Ausführung bestimmter Leistungen ermöglichen,
- Weitgehende Hardwareunabhängigkeit des Systems.

Lehrprogramme für die Programmiersprachenausbildung

Eine Neukonzeption der Ausbildung in Programmiersprachen mit der Einführung des neuen Unterrichtssystems war aus verschiedenen Gründen notwendig:

- Moderne Entwicklungen und Methoden des Software Engineering müssen bereits in der Grundausbildung berücksichtigt werden, um eine spätere "Umerziehung" bei der Entwicklung großer EDV-Projekte zu vermeiden.

- Eine Trennung zwischen allgemeiner EDV- und spezieller Programmiersprachenausbildung ist wünschenswert, da

  - grundsätzliche Aspekte der Programmierung unabhängig von einer bestimmten Programmiersprache behandelt werden können,
  - beim Erlernen mehrerer Sprachen unnötige Wiederholungen vermieden werden und
  - viele Studierenden bereits Grundwissen zur EDV von Schule oder Hobby mitbringen.

- Aufgrund unterschiedlicher Vorbildung (Elekrotechniker, Maschinenbauer, Informatiker) und differierenden Vorkenntnissen aus Schule und Hobby ist eine Vereinheitlichung der Bezeichnungen und Definitionen im "Computerbabel" unbedingt erforderlich.

Diese Überlegungen führten zu einer Verstärkung des schon bisher angewandten Stufenkonzeptes und der Trennung allgemeiner Programmiermethoden vom Erlernen der Syntax einer bestimmten Programmiersprache. In Zukunft soll die Programmierausbildung folgendermaßen aufgebaut sein:

1.Kurs: Einführung in die Programmierung,
2.Kurs: Grundlagen einer Programmiersprache einschließlich Praktikum,
3.Kurs: Aufbaukurs Programmiersprache einschließlich Praktikum.

Das Lehrprogramm "Einführung in die Programmierung" soll den Studierenden folgende für die weitere Programmierausbildung notwendigen Kenntnisse und Fertigkeiten vermitteln:

1. Grundkenntnisse über Aufbau und Funktionsweise eines Datenverarbeitungssystems,
2. Kenntnisse in Methoden der Programmentwicklung, Programmdarstellung und Programmdokumentation.

Der FORTRAN-Grundlagenkurs soll die Syntaxkenntnisse und Programmiererfahrungen vermitteln, die notwendig sind, um einfache Probleme verschiedener Anwendungsgebiete in FORTRAN-77 zu lösen. Dabei wird bewußt nur ein Teil der syntaktisch möglichen Varianten vorgestellt, um auf diese Art einem unsauberen Programmierstil vorzubeugen. Daneben wird auch durch die Wahl aussagekräftiger Variablennamen und die großzügige Verwendung von Kommentaren versucht, die Studierenden zum Schreiben "lesbarer Programme" zu erziehen.

Der Kurs gliedert sich daher folgendermaßen:

1. Die Phasen der Softwareentwicklung
2. Das FORTRAN - Programm: Aufbau und Erstellung
3. Numerische Konstanten, Variablen und Ausdrücke
4. Aufruf von Unterprogrammen
5. Kontrollstrukturen in FORTRAN
6. Weitere Datentypen in FORTRAN (Complex,Logical,Character)
7. Felder und Matrizen
8. Erstellung von Unterprogrammen
9. Formatierte Ein-/Ausgabe

Die einzelnen Kapitel des Lehrprogramms sind weitgehend gleich aufgebaut:

1. Vorstellen neuer Syntaxelemente
2. Beispiele und Anwendungen dieser Sprachelemente
3. Hinweise zur Programmiermethodik
4. Kenntnistest
5. Programmieraufgabe
6. Möglichkeit zur Wiederholung und vertiefendes Stoffangebot

Während im Test theoretische Kenntnisse abgefragt werden oder kleine Programmbeispiele analysiert werden sollen, bietet das Praktikum die Möglichkeit, das erworbene Wissen auf spezielle Probleme selbständig anzuwenden.

Das Praktikum im Rahmen der computerunterstützten Ausbildung

Neben der Vermittlung von Lehrstoff ist es zum Beherrschen der vermittelten Inhalte notwendig, die angeeigneten Methoden an praktischen Beispielen selbständig einzusetzen. Dazu bietet das Praktikum Gelegenheit. Im Rahmen der Programmierausbildung ist es einerseits wünschenswert, die Studierenden an häufig eingesetzten Großrechenanlagen arbeiten zu lassen, andererseits bieten jedoch die Benutzerschnittstellen der Betriebssysteme der Groß-EDV i.a. wenig Komfort und Sicherheit. Um beide Aspekte zu verbinden, wird das Praktikum am Institutsrechner SIEMENS 7.536 unter dem Betriebssystem BS 2000 durchgeführt, wobei die Studierenden durch ein spezielles Prozedursystem von unnötigen Betriebssystemkenntnissen entlastet werden und menügesteuert mit den für die Programmentwicklung wichtigen Komponenten des Systems arbeiten können.

Die praktische Ausbildung besteht aus zwei wesentlichen Teilbereichen:

1. kursbegleitende Übungsaufgaben
2. kursabschließende Testataufgaben

Die Übungsaufgaben wurden so gewählt, daß

- sie mit den jeweils bekannten Syntaxelementen sinnvoll gelöst werden können,
- die Syntaxelemente des jeweiligen Kapitels schwerpunktmäßig geübt werden,
- sie einen praktischen Bezug haben, bzw. den Teilaspekt einer Anwendung repräsentieren und
- sie leicht getestet werden können.

Die Testataufgaben sollen zeigen, daß die erworbenen Kenntnisse auch auf größere Aufgabenstellungen angewandt werden können. Sie wurden daher unter folgenden Gesichtspunkten ausgewählt:

- Eine Aufgabe soll jeweils einen bestimmten Anwendungsbereich (Textverarbeitung, Mathematik, Logik, Datenorganisation und formatierte Ein/ Ausgabe) abdecken.
- Alle wesentlichen Syntaxelemente und Probleme der Programmierung sollen erfaßt werden.
- Die Problemstellung soll genügend komplex sein, um eine sinnvolle Anwendung der Methoden der Programmentwicklung zu ermöglichen.

Kenntnisprüfung im Rahmen des Systems GENIUS (2.0)

Wesentlicher Bestandteil jeder Unterrichtsform ist neben der Wissensvermittlung die Kenntnisprüfung. Sie dient einerseits der Kontrolle der Lernziele und gibt andererseits dem Lehrer wichtige Aufschlüsse über die Qualität und Schwachstellen des Unterrichts. Die Durchführung der Kenntnisprüfung orientiert sich an den Lernzielen. Diese können u. a. in kognitive und affektive Lernziele unterteilt werden. Eine Überprüfung der kognitiven Lernziele erfolgt in der Regel durch Abfrage von Faktenwissen in Form von Klausuren oder Tests. Die Kontrolle der affektiven Lernziele, bei der der Einfluß des Unterrichts auf die Verhaltensweisen und angeeigneten Fähigkeiten des Schülers beurteilt werden muß, ist nur teilweise möglich.

Die Kontrolle des Faktenwissens erfolgt

- kursbegleitend jeweils kapitelspezifisch durch Tests am Ende jedes Lehrabschnitts und

- kursabschließend sowohl zum Verständnis bestimmter Einzelfakten, als auch zum Verständnis kapitelübergreifender Zusammenhänge durch einen Gesamttest.

Beide Testarten werden durch das System GENIUS (2.0) unterstützt, d.h. der Student beantwortet durch entsprechende Eingaben während einer Unterrichtssitzung Fragen, die der Computer gezielt oder im Falle einer Klausur zufällig aus einem Pool von Fragen stellt. Der Computer wertet die Antwort sofort aus und reagiert entsprechend der Eingabe wie folgt:

- Lob des Studierenden bzw. Berichtigung der Fehler in der Antwort, sowie ggf. Wiederholung von Unterrichtsstoff während der Unterrichtssitzung,

- Punktbewertung der Antwort oder der Teilantworten und statistische Auswertung während des Gesamttests.

Die computerunterstützte Form der Durchführung des Gesamttests anstelle einer traditionellen schriftlichen Klausur bietet sich im Rahmen dieses Systems aus verschiedenen Gründen an:

1. Der Unterricht und das Praktikum können dem Studierenden ganztägig und während des gesamten Semesters angeboten werden. Die freie Zeiteinteilung für die Studierenden und das unterschiedliche Arbeitstempo bedingen eine kontinuierliche Bereitstellung der Kursabschlußmöglichkeit, um zwischen Kursteilnahme und Abschlußtest keine größere Pause entstehen zu lassen. Die computerunterstützte Durchführung ermöglicht ein tägliches Angebot des Abschlußtests.

2. Die kursbegleitenden Tests bereiten den Studierenden gezielt auf den computerunterstützten Abschlußtest vor, so daß der Übungseffekt bez. Inhalt und Form voll ausgenutzt werden kann.

3. Eine zufällige Zusammenstellung der Aufgabenstellungen jeweils aus einem Pool von verschiedenen gleichwertigen Fragestellungen garantiert eine weitgehend individuelle Prüfung des einzelnen Studierenden und verhindert ein "Abschreiben vom Nachbar" oder Auswendiglernen der Fragestellungen.

4. Während eine traditionelle Klausur bei großen Teilnehmerzahlen mit sehr großem Personalaufwand verbunden ist, verkraftet die computerunterstützte Durchführung auch hohe Teilnehmerzahlen ohne Zuwachs des personellen Einsatzes. Die formalen Zugangskriterien zur Klausur (Anmeldung, Bearbeitung der Testataufgaben, Wartezeit bis zur Klausurwiederholung, maximale Bearbeitungszeit etc.) lassen sich ohne personellen Aufwand nur computerunterstützt konsequent überprüfen.

5. Die automatische Korrektur bietet dem Studierenden ein sofortiges Ergebnis ggf. mit Ausdruck des zugehörigen Scheinformulars und garantiert darüberhinaus eine objektive, von wechselndem Betreuungspersonal unabhängige Beurteilung der erworbenen Kenntnisse.

6. Die Erstellung einer detaillierten Klausurstatistik, die in dieser Form ohne Computerunterstützung praktisch unmöglich wäre, bietet dem Lehrprogrammautor wichtige Aufschlüsse über die Qualitäten und Schwachstellen des Lehrprogramms und der Fragestellungen im Test, sowie die allgemeinen Kenntnisse der Studierenden. Zu jeder Frage sind neben der Anzahl der Bearbeitungen die maximal und minimal erreichte Punktzahl, die Durchschnittspunktzahl, sowie ein Histogramm über die insgesamt erreichten Punktzahlen abgespeichert. Ebenso steht diese Information zur Gruppenauswertung einzelner Kapitel und des gesamten Lehrprogramms zur Verfügung.

Die Realisierung dieses Klausursystems konnte durch Verwendung bereits vorhandener Module des GENIUS (2.0) - Systems leicht durchgeführt werden. Die Grundlage des Abschlußtests bildet ein GENIUS-Lehrprogramm, mit dessen Hilfe dem Schüler die Fragen präsentiert werden und das die Antwortauswertung und Punktvergabe bestimmt.

Alle zur flexiblen Antwortauswertung wünschenswerten Formen der Fragestellung werden durch entsprechende Möglichkeiten der Antwortauswertung vom System unterstützt:

- Multiple-choice mit beliebiger Antwortanzahl und Punkteschlüssel für Teilantworten,
- Lückentext mit Vorgabemöglichkeit von Teilwörtern oder erlaubten Rechtschreibfehlern,
- Zahlerkennung in verschiedenen Formaten: Ganzzahl, Fließkomma oder Exponentialdarstellung,
- Freitext mit Wahl zwischen Worterkennung und allgemeiner Stringsuche, sowie Vorgabe verschiedener Schlüsselwörter.

Durch die logische Kombination mehrerer Antwortauswertungen lassen sich darüberhinaus weitere Fragestellungen und Eingabemöglichkeiten auf die Leistungen des Systems abbilden.

Das beschriebene Klausursystem wurde auf der Institutsrechenanlage SIEMENS 7.536 realisiert und wird seit Wintersemester 85/86 eingesetzt. Die verwendete Rechenanlage bietet vom Betriebssystem und von der räumlichen Situation (Closed-Shop) die besten Voraussetzungen zur notwendigen Betriebssicherheit und zum Schutz der Daten vor Mißbrauch und unbefugtem Zugriff.

Erweiterungsmöglichkeiten

Der modulare Aufbau und die hardwareunabhängige Konzeption des Systems GENIUS (2.0) gestatten eine flexible Anpassung des Systems an unterschiedliche Systemumgebungen. Hier bietet sich insbesondere der Einsatz von Personalcomputern und ihre vielfältigen Hardwaremöglichkeiten (Farbgrafik, Maussteuerung, audio-visuelle Zusatzeinrichtungen, Netzwerkfähigkeit usw.) an.

Literatur:

[1] : R.Gebhardt, R.Schnitzler:
Anmerkungen zum computerunterstützten Unterricht
Jahresbericht des Lehrstuhls für Allg. Elektrotechnik u. DV-Systeme 1982

[2] : R.Gebhardt, R.Schnitzler:
GENIUS - Ein System für den computerunterstützten Unterricht
Jahresbericht des Lehrstuhls für Allg. Elektrotechnik u. DV-Systeme 1983

[3] : R.Schnitzler, R.Gebhardt
Neue Lehrprogramme für den computerunterstützten Unterricht
Jahresbericht des Lehrstuhls für Allg. Elektrotechnik u. DV-Systeme 1984

[4] : R.Schnitzler, R.Gebhardt
Computerunterstützte Kenntnisprüfung im Rahmen des Systems GENIUS(2.0)
Jahresbericht des Lehrstuhls für Allg. Elektrotechnik u. DV-Systeme 1985

[5] : W.Ameling, R.Gebhardt, J.Loeschner, H.Meehsen, R.Schnitzler
GENIUS - Ein System für den computerunterstützten Unterricht
Angewandte Informatik 9/83

Unterrichtssoftware und Kriterien für pädagogische Software

Leitung: Prof. Dr. Volker Claus
Universität Oldenburg

Zur Problematik von Softwareentwicklung für den Unterricht

Annemarie Abshoff

Gesellschaft für Mathematik und Datenverarbeitung
Sankt Augustin

Mit Recht hat B. Andelfinger davor gewarnt, daß sich Pädagogen im Zusammenhang mit dem Thema 'Computer und Schule' dazu hergeben, eine bereits vollzogene Entwicklung durch eine nachgereichte pädagogische Begründung zu sanktionieren (Andelfinger 1985). Im Bewußtsein dieser Warnung wird hier versucht, die Problematik der Softwareentwicklung in einen Rahmen zu stellen, der allein der Vernunft verpflichtet ist.

Schwerpunktmäßig soll dieser Beitrag auf allgemein-pädagogische und didaktische Probleme bei der Entwicklung von Software für den Fachunterricht gerichtet sein. Dabei ist nicht an das Fach Informatik gedacht, sondern an die Fächer, in denen der Computer nicht Unterrichtsgegenstand ist, sondern in erster Linie als Medium eingesetzt wird. Dieser Einsatz des Computers im Fachunterricht ist nach wie vor umstritten. Die Diskussionen über das Für und Wider, die im Zusammenhang mit der Bewertung von Unterrichtssoftware immer wieder auftreten, zeigen, daß die Grundsatzfragen noch nicht hinreichend geklärt sind.

Diese Grundsatzfragen lauten:

- Ist es notwendig, den Bildungsauftrag der Schule angesichts der durch Informationstechnik veränderten Welt neu zu bestimmen?

- An welchen Kriterien orientiert sich ein pädagogisch und didaktisch vertretbarer Einsatz von Software im Fachunterricht ?

Die Grundsatzfragen münden teilweise in organisatorische und bildungspolitische Fragen bzw. Probleme ein:

- Welche Hardware-Ausstattung der Schulen ist erforderlich bzw. wünschenswert?

- Wie sollte die Entwicklungsarbeit und die Verteilung der Software organisiert sein?

- Welchen Stellenwert hat die erforderliche Fort- bzw. Weiterbildung der Lehrer, die den Einsatz des neuen Mediums in verantwortlicher Weise in der Schule betreiben sollen?

Klaus Haefner vertritt in seinem Buch 'Die neue Bildungskrise' vehement die These von der Notwendigkeit einer Neuorientierung des gesamten Bildungswesens mit der Zielsetzung, nicht mehr - wie bisher - die Schüler zu Computern auf zwei Beinen zu erziehen, sondern möglichst viele rationale Prozesse dem neuen Medium direkt zu überlassen und so u. a. Freiraum für eine intensivere Ausbildung der rechten Gehirnhälfte zu schaffen. Diese Herausforderung zu einer Neubesinnung sollte von den Pädagogen durchaus ernst genommen werden, zumal sie auch auf Seiten der Politiker Beachtung findet und vielleicht schneller als den Pädagogen recht ist, zu einer Umorientierung in die falsche Richtung führt.

Meines Erachtens ist es keine 'gute Chance' für das Bildungswesen, wenn es gelingt, 'die Sinnlichkeit des Menschen und das, was in der rechten Gehirnhälfte möglicherweise angelegt ist, 'ans Licht zu holen' und weiterzuentwickeln, während die rationalen Prozesse in hohem Maße von der Technik übernommen werden' (Haefner 1982, S.274). Diese scharfe Trennung von emotionalen und rationalen Prozessen ist unhaltbar. Menschliche, rationale Prozesse sind immer von Motivationen und Emotionen gesteuert und können daher nicht von der Technik übernommen werden (Langenheder 1986). Eine begrüßenswerte Förderung der Sinnlichkeit des Menschen kommt mit Sicherheit auch der rationalen Seite zugute. Kreative geistige Leistungen sind aber in der Regel nur möglich, wenn außerdem eine breite Wissensgrundlage vorhanden ist. Es ist daher unmöglich, 'daß die Informationstechnik ... die Bürde des Kognitiv-Mühsamen von den Schultern vieler Menschen nehmen kann' (Haefner 1982, S.204).

Im Gegenteil, die neuen Techniken fordern uns alle zu neuen und besonderen intellektuellen Anstrengungen heraus. Die Hauptaufgabe des Bildungswesens angesichts dieser Herausforderung besteht darin, allen Schülern ein möglichst breites und solides Grundwissen zu vermitteln, das allerdings nicht einseitig auf die Informationstechnik hin ausgerichtet ist, sondern gesellschaftliche Voraussetzungen und Implikationen dieser Technik einbezieht. Die Schüler sollen sich von vornherein mit der Frage auseinandersetzen, wozu diese neue Technik gut bzw. nicht gut ist. Sie müssen in die Lage versetzt werden, die Ambivalenz des technischen Fortschritts zu erkennen und Strategien für Vernunft-orientiertes Handeln zu entwickeln. Auch wenn dieses Ziel utopisch klingt angesichts der Probleme, vor die uns heute die Entwicklung der Informationstechnik stellt, muß es doch unter Einsatz aller zur Verfügung stehenden Kräfte angestrebt werden. Im Mittelpunkt einer Neubesinnung auf den Bildungsauftrag der Schule sollte also die Notwendigkeit einer engen Verbindung zwischen technischem Wissen und praktischer Vernunft stehen.

Die Vermittlung des erforderlichen informationstechnischen und gesellschaftspolitischen Grundwissens kann in der Schule auf verschiedene Weisen erfolgen:

- im Rahmen einer informationstechnischen Grundbildung in der Sekundarstufe I
- im Informatikunterricht der Sekundarstufe I und der Sekundarstufe II
- durch den Einsatz des Computers im Fachunterricht der Sekundarstufe I und der Sekundarstufe II

Im Fachunterricht - und dieser Aspekt soll hier nur betrachtet werden - hat der Computer im wesentlichen die Funktion eines Mediums. Demzufolge steht hier nicht die eigene Programmierung, sondern die Anwendung fertiger Programme im Vordergrund. Bei der Entwicklung solcher Programme muß zunächst entschieden werden, welche Lernziele bzw. welche Unterrichtsgegenstände sich für den Computereinsatz eignen. Im Sinne der oben formulierten allgemeinen Zielsetzung sollte für die Schule das Prinzip der 'Verhältnismäßigkeit der Medien' gelten. Auf den Computereinsatz bezogen heißt das, daß Programme nur dann im Unterricht eingesetzt werden sollten, wenn sie die spezifischen Möglichkeiten des Computers wie z.B. die Steuerungsmöglichkeiten durch den Benutzer oder die graphischen Möglichkeiten so ausschöpfen, daß gerade dadurch das Erreichen eines bestimmten Lernziels unterstützt wird. Auf diese Weise kann den Schülern neben einer effektiven Vermittlung von Fachwissen zugleich die Trennlinie zwischen einer zielgerichteten Nutzung des Mediums Computer und einer überflüssigen Mediatisierung von (Lern-) Prozessen bewußt gemacht werden.

Es gibt zahlreiche Versuche, die verschiedenen Programmtypen bzw. die entsprechenden Einsatzformen im Fachunterricht zu systematisieren (Fachtagung Soest 1986; Wedekind 1985). Eine Einsatzform, die dem Prinzip der Verhältnismäßigkeit im oben charakterisierten Sinne genügt, wird durch den Begriff Simulation gekennzeichnet. Für die

Mathematik fehlt ein entsprechender Begriff für Graphik-Programme, die es - in ähnlicher Weise wie Simulationsprogramme - ermöglichen, mit funktionalen Zusammenhängen zu experimentieren.

Legt man den Anspruch der Verhältnismäßigkeit zugrunde, so muß gefragt werden, welche Themen aus den einzelnen Fachbereichen der Sekundarstufe I übrig bleiben, die sich für den Einsatz von Programmen in dem oben beschriebenen Sinne eignen. Besteht nicht insbesondere in der Hauptschule die Gefahr, daß die Vermittlung von Grundwissen und Grundfertigkeiten im Fachunterricht zugunsten des Computereinsatzes vernachlässigt wird? Oder gibt es hier wirklich Möglichkeiten, den Computer so einzusetzen, daß "die Unterschiede in der kognitiven Leistungsfähigkeit verschiedener Bevölkerungsschichten ... ausgeglichen" werden (Haefner 1982, S.242) ? Unberührt von der Antwort auf diese Frage bleibt für die Sekundarstufe I selbstverständlich der Einsatz des Computers im Rahmen der informationstechnischen Grundbildung oder auch im Zusammenhang mit Einführungskursen in das Fach Informatik.

Bei der Beurteilung und Entwicklung von Unterrichtssoftware sollte das Kriterium der Verhältnismäßigkeit an erster Stelle stehen. Alle weiteren Kriterien, die in den vorliegenden Kriterienkatalogen aufgeführt werden, sind diesem nachgeordnet. Sie betreffen einerseits die Variationsbreite der Einsatzmöglichkeiten im Unterricht, andererseits die Berücksichtigung der Situation des Anwenders und schließlich technische Standards, die bei professioneller Softwareentwicklung selbstverständlich erfüllt sein sollten.

Die Anwender, also Lehrer und Schüler brauchen eine übersichtliche und möglichst einheitliche Benutzerschnittstelle, damit sie nicht durch die Bedienung des Geräts abgelenkt werden, sondern ihre Aufmerksamkeit der Sache und den Interaktionen in der jeweiligen Gruppe widmen können. Vor allem in Hinblick auf die Akzeptanz bei Lehrern, die bisher den Computer im Unterricht nicht eingesetzt haben, ist das Begleitmaterial von entscheidender Bedeutung. Es muß insbesondere die Begründung für die Auswahl des Unterrichtsgegenstandes und für die Angemessenheit des Computereinsatzes in Hinblick auf das angestrebte Lernziel enthalten. Außerdem sollten konkrete Vorschläge für den Unterrichtsablauf gemacht und nach Möglichkeit durch Erfahrungsberichte ergänzt werden.

Die Variationsbreite der Einsatzmöglichkeiten im Unterricht hängt mit einem Problem zusammen, das bei jeder Softwareentwicklung eine Rolle spielt. Dem Programmierer steht ein sehr flexibles Gerät und ein sehr flexibles Werkzeug, nämlich die Programmiersprache zur Verfügung.

Der Anwender fertiger Programme ist in hohem Maße abhängig von der Zielsetzung des Entwicklers bzw. Programmierers. Diese entscheiden, wieviel Flexibilität an den Anwender weitergereicht wird. Für Unterrichtssoftware ist es besonders wichtig, daß diese Flexibilität nicht nur bei dem rein technischen Umgang mit dem Programm zum Vorschein kommt, sondern auch dem Lehrer bzw. Schüler in Hinblick auf inhaltliche und formale Gestaltungsmöglichkeiten zur Verfügung steht. Je mehr Flexibilität in diesem Sinne angeboten wird, desto größer ist das Spektrum der Einsatzmöglichkeiten im Unterricht.

Die inhaltlichen Probleme bei der Entwicklung von Software zur Unterstützung des Fachunterrichts werden begleitet von organisatorischen und bildungspolitischen Fragen.

Ein heikles Thema ist die Ausstattung der Schulen mit Hardware, die von der jeweiligen Finanzsituation der einzelnen Schulträger abhängt und daher ein sehr unterschiedliches Niveau hat. Wünschenswert wäre ein vergleichbarer Standard an allen Schulen, der auch den Einsatz der Computer im Fachunterricht erlaubt, und Kompatibilität in bezug auf die Software, was sicher nicht erreichbar ist ohne die Verpflichtung auf einen einheitlichen Schulrechner oder auf ein einheitliches hardwareunabhängiges Betriebssystem.

Angesichts der Kulturhoheit der Länder und der Vielfalt der Geräte und Betriebssysteme an den Schulen ist es natürlich besonders schwierig, die Softwareentwicklung in angemessener Weise zu organisieren und zu fördern. Realisierbar erscheint mir aber zumindest in den einzelnen Bundesländern die Institutionalisierung von Gruppen aus EDV-Profis und Lehrern verschiedener Schulformen, die hauptamtlich im Rahmen eines pädagogisch-didaktischen Gesamtkonzepts Software für die einzelnen Unterrichtsfächer entwickeln. Die Versuche, die bisher von den Landesinstituten in dieser Richtung gemacht werden, leiden nach meinem derzeitigen Kenntnisstand an der Überlastung der nebenamtlich tätigen Lehrer, die nicht nur die Konzepte entwerfen, sondern auch - anstelle von EDV-Profis - die Programme in verschiedenen Sprachen und für verschiedene Systeme realisieren müssen.

Einen letzten Punkt möchte ich besonders hervorheben: die Lehrerfortbildung, die auch unmittelbar zur Entwicklungsproblematik gehört. Auch der Einsatz fertiger Programme erfordert von dem jeweiligen Fachlehrer eine intensive Beschäftigung und Auseinandersetzung mit dem Medium Computer und mit den neuen Möglichkeiten, die dieses Medium für das jeweilige Fach eröffnet. Eine wichtige Hilfestellung für diese Auseinandersetzung muß dem Fachlehrer in Form des Begleitmaterials zur

Verfügung gestellt werden. Aber auch das Begleitmaterial kann eine intensive Lehrerfortbildung nicht ersetzen: Wenn den Lehrern nicht die Möglichkeit gegeben wird, sich mit dem ganzen Spektrum von Problemen, die im Zusammenhang mit dem Computer auftreten, gründlich zu beschäftigen, kann der Unterricht mit diesem neuen Medium nicht den gewünschten Erfolg haben. All das, was langfristig den Schülern im Zusammenhang mit dem Computereinsatz geboten werden soll, müssen sich die Lehrer zunächst einmal selbst erarbeiten. Was den Schülern geboten werden soll, kann man in den Schriften der verschiedenen Kultusminister nachlesen. So heißt es z.B. im NRW-Rahmenkonzept 'Neue Informations- und Kommunikationstechnologien in der Schule'

> 'Ziel der Landesregierung ist es, allen Jugendlichen in Schule und Ausbildung sowohl ein fundiertes fachliches Grundverständnis für die Neuen Informations- und Kommunikationstechnologien zu vermitteln, als auch eine geistige Auseinandersetzung mit diesen Technologien und ihren absehbaren und möglichen Auswirkungen auf Individuum und Gesellschaft zu ermöglichen.'

Die derzeit immer noch herrschende Mangelsituation an den Schulen läßt es nicht zu, daß Lehrer in ausreichendem Maße für eine solche Fortbildung freigestellt werden, ohne daß in unzumutbarer Weise Unterrichtsstunden ausfallen. Wenn die Politiker ihre Konzepte ernst meinen, dann müssen sie auch Konsequenzen ziehen und den Schulen einen 'Fortbildungsfond' zur Verfügung stellen.

Die Entwicklung geeigneter Unterrichtssoftware wird noch eine Weile Zeit in Anspruch nehmen. Bis dahin sollte aber auch die Lehrerfortbildung einen Stand erreicht haben, der erwarten läßt, daß Lehrer verschiedener Fachbereiche und Schulformen zusammen mit den Entwicklern auf breiter Basis in eine Erprobungsphase eintreten, die dann eine an der Praxis orientierte Bewertung der Unterrichtssoftware ermöglichen wird.

Die Gesellschaft für Mathematik und Datenverarbeitung, eine Großforschungseinrichtung des Bundes und des Landes Nordrhein-Westfalen, entwickelt in ihrem Projekt SCHULAN Anwendungssoftware zur Unterstützung der Schulen in Unterricht und Verwaltung. Die Entwicklung der Unterrichtssoftware erfolgt im Rahmen der in diesem Beitrag dargestellten pädagogisch-didaktischen Zielsetzungen.

Literatur

Andelfinger,B.: Zur Abhandlung 'Computer als Herausforderung - zur Sklavenarbeit?' von H.Köhler in 'Der mathematische und naturwissenschaftliche Unterricht', Heft 8, Bonn, 1985

Haefner,K.: Die neue Bildungskrise, Stuttgart, 1982

Langenheder,W.: Von Antropomorphismen und mechanischen Menschenbildern in 'Computer Magazin', Heft 1/2, Stuttgart, 1986

NRW-Rahmenkonzept Neue Informations- und Kommunikationstechnologien in der Schule, Köln, 1985

Wedekind,J.: Jetzige Nutzung von Software im Unterricht in 'Mikroelektronik und Neue Medien im Bildungswesen, Kiel, 1985

Fachtagung Soest: Vorläufige, noch unveröffentlichte Ergebnisse der Arbeitsgruppe Mathematik; Fachtagung des Landesinstituts für Schule und Weiterbildung in Soest zum Thema: 'Abstimmung pädagogisch-didaktischer Standards für Software in Schulen und Weiterbildung', 26.2.-28.2.86

Grundlinien der Gestaltung benutzerfreundlicher Computer-Oberflächen

Brigitte Metzinger
Apple Computer GmbH, München

Hand in Hand mit der "Massen"-Verbreitung von Personal- und Microcomputern mit Leistungsmerkmalen von Systemen der Mainframe- und Mini-Computer-Klasse geht die Notwendigkeit einher, Computersysteme so zu entwerfen und auszulegen, daß sie nicht den ohnehin gegebenen Umorientierungs-, Umqualifizierungs- und Anpassungsdruck für die mit Computern Beschäftigten dadurch verschärfen, daß sich der Computerbenutzer den Eigenheiten der verwendeten Hardware oder des jeweiligen Betriebssystems anzupassen hat. Damit verbunden ist die Aufgabe, Computersysteme und -umgebungen so auszulegen, daß sie sich von selbst erschließen und ohne zeitwierige (Ein-)Lernprozesse auch von Computer- Novizen gehandhabt und beherrscht werden können, ohne daß diese "Eingänglichkeit" später mit Umständlichkeit bezahlt werden müßte.
Lösungen dieser der Industrie und ihren Entwicklungsabteilungen gestellten Aufgaben, benutzergerechte Systemoberflächen zu schaffen, dürfen sich nicht in vordergründigen Werbeslogans erschöpfen. "Ergonomie" am Bildschirmarbeitsplatz hört nicht beim gefälligen Design von Tastatur und Gehäuse auf; sie "erschöpft" sich auch nicht in der Einhaltung ergonomischer Grundforderungen wie Blendfreiheit, Kontrast, oder Figur-Grund-Relationen der Zeichendarstellung. Ergonomie der Gestaltung der Mensch-Computer-Interaktion (MCI) im eigentlichen Sinne ist, mit Streitz (1985) zu sprechen, "kognitive Ergonomie". Damit ist einerseits gemeint, daß Hard- und Software den bei der geistigen Arbeit mit dem Computer involvierten kognitiven Prozessen weitestgehend zu korrespondieren hat, sich dem Benutzer problemlos zu erschließen hat, fragloses Werkzeug zu sein hat, mit dem man "selbstverständlich" umgeht. Die Computeroberfläche, die aus einer kognitiven Ergonomie der MCI resultiert, hat effizient und ökonomisch zu sein; sie kann dies nur sein, wenn die in ihre Gestaltung einfließenden Momente wesentlichen Aspekten der psychischen Prozesse des mit dem Computer Arbeitenden Rechnung tragen. Dies

implizíert, daß diese weitgehend "aufgeklärt" und mit wissenschaftlichen Mitteln analysiert und geklärt werden.

1. Benutzerschnittstellen-Konzepte

1.1 DZIDAs (1983) IFIP-Modell für Benutzerschnittstellen

DZIDA (1983) hat mit dem IFIP-Modell für Benutzerschnittstellen (im folgenden abgekürzt als BS) ein 3-Komponenten-Bewertungsraster für BS vorgeschlagen. Die Ein-/Ausgabeschnittstelle ist dabei durch Ein-/Ausgaberegeln definiert, die festlegen, auf welche Weise Zeichen eingegeben werden sollen, wie Schreibmarken auf dem Bildschirm zu positionieren sind, wie Anweisungen an das System beschrieben werden sollen und wie sie dem System mitgeteilt werden sollen. Die Dialogschnittstelle legt fest, wie der Benutzer Hilfen durch das System erfährt, wie er Eingabefelder oder Menüs verstehen soll, wie das System mit ihm(z.B. Anforderung von Eingaben oder Ausgabe von Fehlermeldungen) und er mit dem System kommunizieren soll, etc. Die Werkzeugschnittstelle legt fest, welche Werkzeuge dem Benutzer angeboten werden, wie diese kombiniert werden können und z.B. Daten austauschen können; sie legt auch fest, ob der Benutzer z.B. voreingestellte Parameter des Systems (z.B. Intensität des Hilfegrads oder Makros) abändern kann. Aus Befragungen von Computerbenutzern wurden für die drei Komponenten unabhängige Bewertungsdimensionen abgeleitet (vgl. Abb. 1).

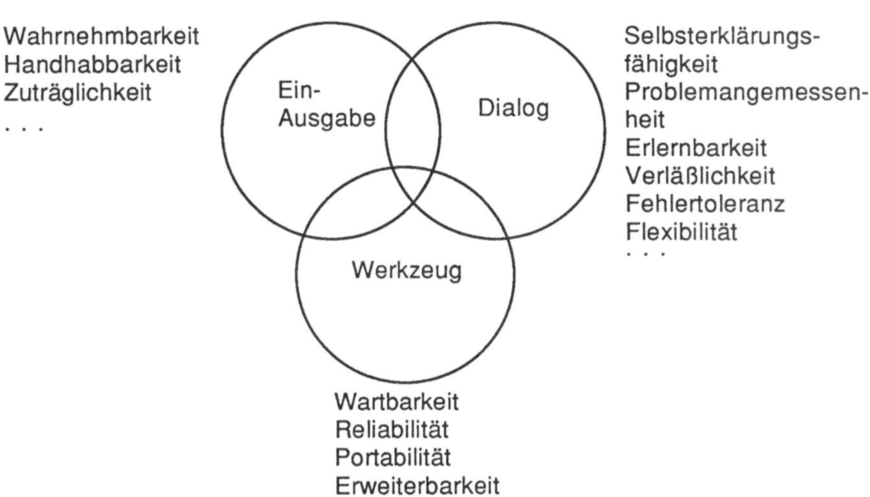

Abb. 1: IFIP-Benutzerschnittstellen-Modell (nach DZIDA, 1983)

Mit der Gewinnung von Bewertungsdimensionen für die drei Komponenten einer BS ist freilich noch nicht allzuviel für das Design einer BS gewonnen, und schon gar kein "normatives Raster", da, wie DZIDA zurecht feststellt, die drei Komponenten einer BS nur relativ voneinander unabhängig sind. Legt man etwa normativ fest, daß die Dialog-Schnittstelle höchste Priorität erhalten soll und System-Benutzer-Dialoge z.B. maximal selbsterklärend oder alltagssprachlich sein sollen ('plain English'), dann leidet hierunter die Werkzeug-Schnittstelle lediglich dann nicht, wenn sie nachträglich so abgeändert werden kann, daß sie der wachsenden Computererfahrung des Benutzers angeglichen werden kann. Der Abgleich der drei Komponenten und ihrer jeweiligen Bewertungsdimensionen wird somit immer "Kompromißcharakter" besitzen bzw. dem impliziten Benutzerbild beim Hard- und Software-Designer unterworfen sein; zumindest solange, solange empirisch gesicherte Erkenntnisse optimaler BS-Gestaltung fehlen. Was also tun, wenn "normative" Bewertungssysteme für BS fehlen oder empirisch noch nicht belegt sind ?

1.2 NORMANs (1983) "Mental Models"

NORMAN (1983) hat, basierend auf (Bedienungs-)Fehleranalysen im Umgang mit technischen Systemen oder Werkzeugen (z.B. Taschenrechnern, Computern, Textverarbeitungssystemen, Digitaluhren, Kameras und Videorecordern), das Konzept der sog. 'mental models' entwickelt. Die Weltbilder von Personen, ihre Vorstellungen von ihren eigenen Fähigkeiten, Konzeptionen von Aufgaben, die sie zu erledigen haben, oder Lerninhalten, die sie zu lernen haben,Vorstellungen ("Ahnungen") von Umwelt, anderen Menschen, oder der Technik, kurz, ihre "mentalen Modelle", helfen dabei, die Welt zu verstehen und Plausibilitätsannahmen über erwartete Ereignisse zu machen. Solchen Welt-Entwürfen wohnt erklärende und prognostische Kraft inne, da ohne sie stets neue Deutungen produziert und ad-hoc entwickelt werden müßten, sind sie für das Denken und Handeln höchst ökonomisch. Mentale Modelle sind es auch, die uns bei der Begegnung mit der Technik, so etwa Computern, leiten.

Für die wissenschaftliche Befassung mit mentalen Modellen schlägt NORMAN folgende Differenzierungen vor:

- das >Ziel-System<, >z<,das das eigentliche, im Sinne PLATOs "wahre", System bezeichnet (KANT hätte dazu "Ding an sich" gesagt); - das >Mentale Modell<, das sich der Benutzer von diesem System macht, >M(z)<; - das >konzeptuelle (theoretische) Modell<, >K(z)<, das der Theoretiker oder Wissenschaftler von z aufstellt; - das theoretische Modell, die Hypothese, die ein Sozialwissenschaftler, Psychologe oder Ergonom, über das mentale Modell M(z) des Benutzers aufstellt, also T(M(z)); und -das >Abbild<, der Phänotyp des Systems ('system image'), wie es sich dem Benutzer

darbietet, >P(z)<.
Einfacher formuliert: Ist K(z) die Konzeption oder Idee, der Plan, den der Hard- und Software-Designer von einem zu konstruierenden Rechner besitzt, so ist z, der letztendlich produzierte Serienrechner, das, was dabei - objektiv - herauskommt. Da es z aber nur gäbe, wenn wir einen direkten sinnlichen Zugang zu z hätten und wenn uns unsere Anschauung wahrheitsgetreue und objektive 1:1-Abbildungen der Wirklichkeit lieferte, erleben oder nehmen wir immer nur P(z) oder, bei wissenschaftlicher Akribie, K(z), wahr. P(z) ist jedenfalls das Abbild des Rechners, wie ihn der Benutzer als Phänotyp erlebt. P(z) ist keine isomorphe Abbildung von z, sondern sein durch das jeweilige mentale Modell M(z) gefiltertes Abbild, das mehr oder weniger weit von z bzw. K(z) entfernt sein kann. Abb. 2 skizziert die Relationen zwischen z und seinen jeweiligen Abbildern.

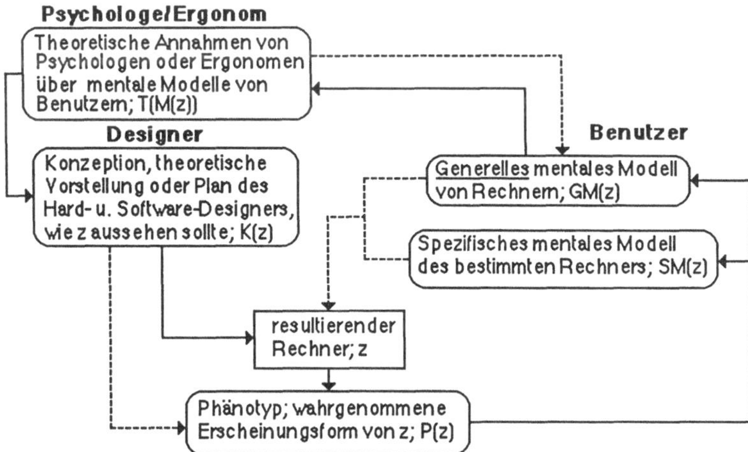

Abb. 2: Relationen zwischen Rechner- und Benutzer-Modellen und Benutzer-Rechner-Modellen nach NORMAN, 1983

Auch hier sind die wechselseitigen Relationen nicht voneinander unabhängig: Bereits der System-Designer kann von Psychologen oder Ergonomen beraten sein und sich bei seinem System-Entwurf, K(z), von entsprechenden Theorien über den Benutzer wie über sein allgemeines und (antizipiertes) spezifisches mentales Modell, T(M(z)), leiten lassen, was dann sowohl K(z) wie z beinflußte. Über die davon abhängige Beeinflussung T(M(z))-->K(z)-->z hofft der Designer natürlich, auch -->P(z) in seinem Sinne verändern zu können. Die Güte und Gültigkeit der letztendlich resultierenden BS hängt somit von der Verträglichkeit, der Kompatibilität der jeweiligen "Bilder" ab, also davon, inwieweit T(M(z)), die Theorie über das mentale Modell des

Benutzers, das den Designer bei der System-Konzeption, K(z), beeinflußt, und M(z) tatsächlich übereinstimmen, ob also das resultierende System, z, beim Benutzer zu einem adäquaten Bild von z, P(z),führt, das zu seinem mentalen Modell , M(z), paßt, so daß es ihm einen angemessenen Umgang mit z ermöglicht. Für die Bewertung der Güte dieser Passung hat NORMAN drei Kriterien vorgeschlagen: die Erlernbarkeit des Umgangs mit dem System, seine Funktionalität/Funktionstüchtigkeit für die Aufgaben und Ziele des Benutzers, und seine Handhabbarkeit. Alle drei hängen natürlich davon ab, wir konsistent das Systemabbild beim Benutzer ist, bzw. welchen Grad an innerer Konsistenz K(z) und z erlauben, denn der Benutzer muß ja mit einem "verläßlichen", "ausrechenbaren" und in seinem Verhalten antizipierbaren System "rechnen" können.
Was ist aus der Konzeptionen "mentaler Modelle" für die Gestaltung von Rechnern gewonnen ? Zumindest eine Besinnung auf die wesentlichen Komponenten, die in die Realisierung einer BS und in ihre Wirkung auf den Benutzer eingehen. Besäßen wir die Möglichkeit, "Distanzen" zwischen den relevanten Komponenten und Einflußgrößen bestimmen zu können, wäre die "ideale" BS natürlich durch "Null-Distanzen" zwischen K(z), M(z), P(z) und z gegeben, d.h. in deren Konvergenz auf einen Punkt.

1.3 STREITZ' (1985) "Kognitive Ergonomie"

STREITZ (1985) hat ein "Problemlöse-Modell" für die Beschreibung der Interaktion zwischen einem Computerbenutzer und dem Computersystem vorgeschlagen. "Problemlösen" ist nach ANDERSON (1980) definiert als "jede zielgerichtete Sequenz von kognitiven Operationen", bei der der Problemlöser eine Reihe von Operationen oder Operatoren zu finden hat, um einen Ausgangszustand in einen Endzustand zu überführen, der sein Ziel erfüllt. Von "normalem", routinisiertem Handeln ist Problemlösen dadurch unterschieden, daß mögliche Transformationen vom Ausgangszustand zum Zielzustand unbekannt sind, daß möglicherweise sogar das Ziel erst definiert und konzeptualisiert werden muß (oder sogar der Ausgangspunkt erst zu präzisieren ist),daß die zu dieser Transformation notwendigen Operationen erst gesucht und in eine adäquate Sequenz gebracht werden müssen. Bei routinisiertem Alltags- oder Gewohnheitshandeln muß demgegenüber lediglich eine Zuordnung von Ausgang, Ziel und Routine identifiziert, d.h. aus dem Gedächtnis abgerufen und exekutiert werden. Normalerweise ist der Problemlöser somit mit einem Sachproblem konfrontiert, das es zu lösen gilt. Bedient er sich dazu technischer Mittel oder Werkzeuge, kann ein zweites, zusätzliches "Werkzeug-Problem" auftreten, bzw. , wenn es sich bei dem Werkzeug um einen interaktiven Rechner handelt, um das von STREITZ so bezeichnete "Interaktionsproblem" (vgl. Abb. 3).

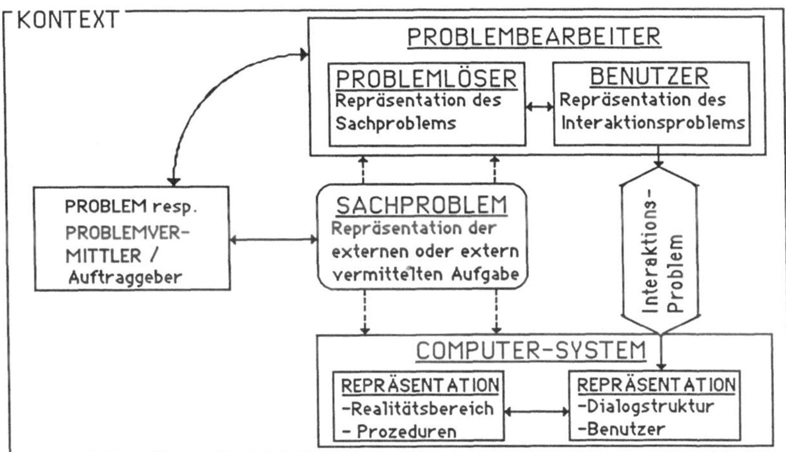

Abb. 3: Problemlöse-Modell der Mensch-Computer-Interaktion (MCI) nach STREITZ (1985)

Ein Problem oder Auftrag wird von einem externen Auftraggeber vermittelt. Der Problembearbeiter (oder Problemlöser) konstruiert auf der Basis seines einschlägigen Wissens eine interne Repräsentation des Sachproblems (bzw. entsprechende Teilrepräsentationen der Ausgangslage, des intendierten Endzustands und möglicher Transformationen oder Sequenzen von Operationen/Operatoren, soweit sie ihm schon bekannt sind). Hat die Problemlösung über einen Rechner zu erfolgen, braucht er eine zusätzliche interne Repräsentation des Rechners (im Sinne NORMANs ein "mentales Modell", M(z) des Rechners) bzw.der zwischen ihm und dem Rechner ablaufenden Interaktion. Durch Interaktion mit dem Rechner vermittelt er dem Rechner eine mehr oder weniger computeradäquate Repräsentation des Sachproblems, die durch die im Rechner implementierte Repräsentation der MCI-Dialogstruktur vermittelt und gefiltert sein kann (DZIDAs "Dialogschnittstelle" bzw. NORMANs T(M(z)) in ihrer Realisation als z bzw. erlebbare P(z)). Damit der Benutzer oder Problembearbeiter mit dem Computersystem überhaupt interagieren kann, benötigt er neben seinem mit dem Sachproblem zusammenhängenden Wissen zusätzliches instrumentelles Wissen über den Rechner, speziell darüber, wie der Rechner seinerseits relevante Aspekte des Sachproblems intern durch Daten und Prozeduren repräsentiert und über welche Dialogstrukturen ein Austausch mit dem Rechner zu erfolgen hat. "Flaschenhals" der

MCI ist somit das Interaktionsproblem zwischen Mensch und Computer.
Eine (künftige) Lösung des Interaktionsproblems könnte, entsprechende Hard- und Software-Innovation vorausgesetzt, die Verlagerung von "Intelligenz" in den Rechner selbst sein (d.h. Ausstattung des Rechners mit einem "Wissen" über den Dialogprozeß und Dialogstrukturen; Ausstattung des Rechners mit der Fähigkeit, selbst ein "Modell" seines konkreten Benutzers zu entwerfen und jeweiligen Dialog mit diesem Modell abzugleichen). Derzeitige Serienrechner und deren Architekturen vorausgesetzt, kann eine aktuelle Lösung des Interaktionsproblems nur darin bestehen, Mensch und Computer kognitiv kompatibel zu machen. STREITZ leitet die Forderung "kognitiver Kompatibilität" wiederum aus der Problemlöse-Psychologie ab.Wenn, was empirisch gut belegt ist, die anfängliche Repräsentation eines gegebenen Sachproblems den Verlauf (Aufwand; nach NORMAN Erlernbarkeit, Funktionalität und Handhabbarkeit) und die Produkte (Qualität) einer Problemlösung bedingen, sollte gleiches auch für Interaktionsproblem gelten. Entsprechend gilt: Eine interaktive Computer-Schnittstelle (ICS) ist umso mehr benutzerorientiert, desto geringere Distanzen zwischen der Wissensrepräsentation auf der Benutzerseite,im Sinne NORMANs M(z) und P(z), und auf Seiten der ICS bestehen. Bezogen auf derzeitige, "weniger intelligente" Hard- und Software kann dies im Sinne NORMANs nur heißen, daß die Konzeption des Systemdesigners, K(z) , bzw. deren Realisation z, zu einem solchen Phänotyp P(z) führen, daß zwischen P(z) und M(z) minimale Distanz vorliegt. Voraussetzung derartiger "Null-Lösungen" sind natürlich möglichst exakte, psychologisch valide Theorien mentaler Modelle beim Benutzer, T(M(z)) im Sinne von NORMAN, da sie ja in die Systemkonzeption eingehen. Nach STREITZ gibt es im wesentlichen drei Zugangswege bzw. Möglichkeiten, zu benutzergerechten theoretischen Modellen der MCI zu gelangen: -Nachlauf-Forschung: aus der Interaktion zwischen Benutzern und existierenden Rechnersystemen werden relevante Daten gewonnen, die in der Regel dann erst der nächsten Rechnergeneration zugute kommen; -Vorlauf-Forschung (wie sie STREITZ vorschlägt): Bevor überhaupt realisierbare Rechnerkonzeptionen, K(z), entwickelt werden, sollen normative Theorien über MCI entwickelt sein; -Begleitforschung ('rapid prototyping'): Bereits bei der Entwicklung von Rechner(Prototypen) sind repräsentative Benutzer beteiligt, deren Erfahrungen noch (rechtzeitig) in die Systemrealisation eingehen können. STREITZ weitere Arbeiten (1985) legen eingehendes Zeugnis dafür ab, wie sophistiziert, differenziert, und komplex eine derartige "Vorlaufforschung" sein könnte - oder sollte.

1.4 Zwischenresümee

Die bisher referierten Ansätze zur Gestaltung von BS liefern einerseits ein differenziertes Begriffsvokabular, um die mit der Gestaltung von BS verbundenen Probleme zu formulieren, sie zeigen aber auch zugleich, in welche Komplexitätshierarchien die theoretische Durchdringung des MCI-Problems führen kann. Letztendlich, ohne karikieren zu wollen, führt die Ausdifferenzierung der verschiedenen Modelle und Meta-Modelle - STREITZ, dem NORMAN zu ungenau ist, möchte in der Differenzierung noch wesentlich weitergehen und K(z) in eine Designer-Konzeption, $K_D(z)$, und in eine Psychologen- oder Ergonomie-Konzeption, $K_P(z)$, zerlegen - in einen infiniten Regress immer elaborierterer Modelle, während auf Seiten der Systemdesigner und -produzenten konkreter Handlungszwang besteht.

Ganz abgesehen davon lassen NORMANs und STREITZ' Ansätze eine essentiell wichtige Dimension vermissen, die zumindest in Ansätzen bei DZIDA anklingt: Was ist eigentlich mit der zeitabhängig zunehmenden Erfahrung des Benutzers in der Interaktion mit dem System, seinem Lerngewinn, der sowohl seine Interaktionen mit dem System wie sein mentales Modell und sein instrumentelles und prozedurales Wissen über das System verändert ? Im Prinzip ist das MCI-Problem auch in einem Problemlösemodell zumindest solange unzureichend erfaßt, solange Lernprozesse des Benutzers (bei "intelligenten" Systemen: auch solche des Systems) nicht mitkonzeptualisiert werden. Präzise und erschöpfend ist ein MCI-Modell nämlich erst dann, wenn nicht lediglich eine, zeitinvariante, statische Komponente des "mentalen Modells" konzipiert wird, sondern eine zeitabhängige, variable Sukkzessionsreihe lernabhängiger, einander ablösender mentaler Modelle ! Empirische Zeitreihen-Analysen über erfahrungsabhängige Lernprozesse mit Computer-Systemen fehlen derzeit aber genauso, wie komparative Studien der MCI zwischen "blutigen Laien", "Fortgeschrittenen" oder "Computerexperten". Eine Komplettierung entsprechender MCI-Modelle um die Zeitdimension müßte die derzeit verfügbaren Modelle sicherlich noch weiter komplizieren; ihr Fehlen zeigt aber auch zugleich, daß derzeit vorhandene MCI-Realisationen in Seriencomputern Kompromißcharakter innewohnen muß; wie DZIDA zu Recht bemerkt, gibt es bei der Systemrealisation, besonders unter Handlungszwang, die Not zum Kompromiß - und letztlich eine Wissenslücke, die derzeit nur dezisionistisch gefüllt werden kann.

Erinnern wir uns: Bei der Darstellung von DZIDAs IFIP-Modell war darauf hingewiesen worden, daß Ein-/Ausgabe-, Dialog- und Werkzeugschnittstelle weder unabhängig voneinander existieren noch unabhängig voneinander zu bewerten sind. Festimplementierte, maximale Selbsterklärungsfähigkeit für den "Novizen"kann für den Fortgeschrittenen oder Geübten eine erhebliche "Belastung" bedeuten, wenn er sich z.B. durch "Hilfe-Menüs" hindurchquälen muß, die er längst nicht mehr braucht. Die vom Systemdesigner letztendlich dezisionistisch festgelegte "Selbsterklärungsfähigkeit"muß - dies eine Variante des Handlungszwangs - einen wie immer gearteten Benutzer projizieren.

1.5 Die >Metapher< - ein möglicher Ausweg ?

Nach STREITZ liegt die Problematik des Interaktionsproblems unter anderem darin, ein weitgehend gemeinsames Repräsentations- und Symbolsystem zu finden, das es erlaubt, das zu kommunizierende Sachproblem zwischen Mensch und Rechner möglichst sachgerecht und vor allem: der kognitiven Eigenart des Benutzers gemäß zu symbolisieren. RUMELHART & NORMAN (1981) haben demonstriert, daß Analogien oder Metaphern dabei helfen können, zunächst unverbundene Wissens- oder Handlungs- komplexe miteinander zu verbinden. Metaphern oder Analogien haben die Funktion, Wissen über einen bereits bekannten ("Quellen"-)Bereich auf einen neuen, noch wesentlich unbekannten ("Ziel"-)Bereich zu übertragen und damit den Aufbau neuen Wissens bzw. die Transposition von Wissen aus einem bisherigen Anwendungskontext in einen neuen Problemkontext zu erleichtern. Metaphern könnten somit das Vehikel sein, einen raschen Transfer von Gebrauchs- oder Handlungswissen von einem Anwendungskontext auf einen anderen zu ermöglichen. Ohne diesen Punkt weiter vertiefen zu wollen: Wenn wir davon ausgehen, daß unser Wissen aus deklarativem (Fakten-)Wissen und prozeduralem (Handlungs-)Wissen zusammengesetzt ist, und wir beim Lösen alltäglicher Routineaufgaben wie bei dem neuartiger Probleme zunächst unser deklaratives Wissen bemühen, um ein Problem (Ausgangs- bzw. Zielzustand) zu bestimmen und zu "orten", wenn wir dann unser prozedurales Wissen bemühen, um Operationen/Operatoren für die Transformation von Ausgangs- zu Zielzustand zu finden und in eine sachgerechte Sequenz zu bringen (vgl. Abb. 4); wenn wir weiter davon ausgehen, daß wir dabei das Rad nicht jeweils neu erfinden, sondern uns bemühen, mit unserem verfügbaren Inventar an Handlungsmustern oder Routinen auszukommen - sie werden allenfalls neu kombiniert - sollten sich Metaphern oder Analogien, allein schon aus Ökonomie-Gründen, anbieten, um das möglichst simpel - und aufwandslos - tun zu können. Metaphern könnten somit der sozusagen "ideale" Kandidat für die Kommunikation zwischen Mensch und Rechner sein.

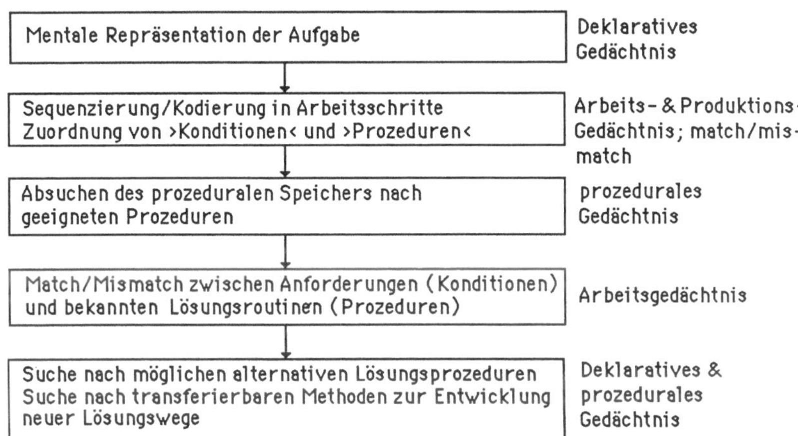

Abb. 4: Wechselspiel zwischen deklarativem und prozeduralem Wissen beim Problemlösen

STREITZ selbst warnt, in Anknüpfung an DIRLICH et al. (1985) und dort an CYPHER (i.Vorb.), davor, Metaphern ungeprüft in Dialogstrukturen von ICS zu übernehmen, hinterließen sie doch einen nicht aufgehenden "Rest". Illustriert wird dies an einem 'notepad'-system: Ein 'notepad' erlaubt es, Notizen anzulegen und diese etwa in mehrere verschiedene Dokumente einzusetzen. Im Unterschied zu realen Papier- und Bleistift-Notizen, bei denen in diesem Fall mehrere Kopien angefertigt werden müßten, reicht es beim Rechner, eine Quell-Notiz anzulegen und beliebig häufig in Dokumente einzusetzen. Entsprechend bräuchte im Falle einer Korrektur auch nur einmal geändert werden,um alle Tochter-Kopien mit einem Schlag mitzuändern. Derartige Diskrepanzen zwischen physikalischer und symbolisierter Welt könnten das Verständnis nur erschweren.
Auch hier ließe sich, wiederum ohne karikieren zu wollen, einwenden, daß es dann genügte, den Benutzer auf derartige Diskrepanzen hinzuweisen. Wenn wir NORMANs Charakterisierung mentaler Modelle mitbedenken, wie sie uns aus NORMANs empirischen Fehler- und Fehlbedienungsanalysen entgegentreten, daß nämlich mentale Modelle meistens unvollständig, instabil, lediglich vage zu anderen mentalen Modellen (z.B. über andere, ähnliche Systeme) abgegrenzt sind, und daß sie "abergläubische" Momente beinhalten, die zwar unsinnig sind und höchstens erhöhten Aufwand bedeuten, dafür aber "subjektive Sicherheit" verleihen, daß ferner Benutzer Probleme damit haben, sie (geistig) "laufen" lassen zu können, dann sollten wir uns überlegen, ob der mit Metaphern gegebene "Rest" nicht doch als "kleineres Übel"

einem erhöhten Lernaufwand und damit verbundenen psychischen Streß vorzuziehen ist.

2. Die 'desktop'- oder Schreibtisch-Metapher als integrierte Mensch-Rechner-Schnittstelle

Seit 1983 bzw. 1984 bezeichnen Begriffe wie >Lisa-like< oder >Mac-like< eine neue Qualität der Anwendund und des Programmierens von Computern.Während derzeit die wissenschaftlichen Kontroversen um Kommando-orientierte Befehlssprachen, objektorientierte Systeme oder Menü-Systeme noch andauern (vgl.z.B. STELOVSKY & SUGAYA, 1985), scheint sich ein neuer Programmier- und Anwender-Standard durchzusetzen, der das BS-Design von Macintosh-clones (Amiga, Atari) völlig dominiert, aber selbst an der Software sog. "Industriestandard-Systeme" nicht spurlos vorbeigeht (vgl. etwa GEM-Write, GEM-Paint oder Programme wie Paintbrush oder Picasso).

Was macht einen derartig neuen, revolutionären Programmierstil aus ? Mit >Lisa-like< oder >Mac-like< wird eine Programmierumgebung bezeichnet, bei der eine integrative BS konsistent über die gesamte Hardware-/Softwareumgebung durchgehalten ist, sich also von der einfachsten Anwender-Software bis hin zum komplexen Programm-Entwickler-Werkzeug erstreckt (vgl. Abb. 5). Sie soll nachstehend zunächst anhand ihrer vier Komponenten dargestellt und dann abschließend bewertet werden.

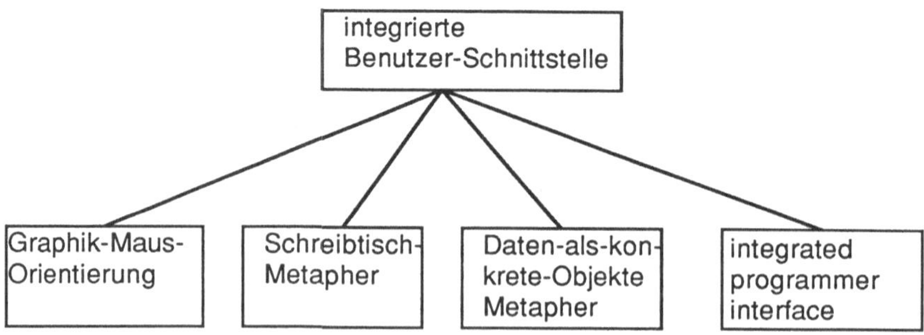

Abb. 5: Apple's integrierte BS

2.1 Graphik-Maus-Orientierung

Was zunächst mehr intuitiv behauptet und proklamiert wurde, daß nämlich Bilder ('icons') leichter und schneller verstanden werden als Text, hat sich zwischenzeitlich auch experimentell nachweisen lassen. Wandmacher (1986) konnte anhand der

Such-und-Auswahl-Latenzen ('search & select') für einfache Editierkommandos, die entweder als Text-Item in einem Menü oder als 'icon' repräsentiert wurden, nachweisen, daß bei 'search & select`-Aufgaben'icons' gegenüber 'menu-commands' einen ganz erheblichen, substantiellen Zeitvorteil besitzen. Dabei spielt, entgegen häufiger Plausibilitätsannahmen, ihre Repräsentations-Nähe ('communicativeness') eine nahezu unerhebliche Rolle; ausschlaggebend ist primär ihre Gestaltprägnanz bzw. visuelle Diskriminierbarkeit. Repräsentations-Nähe spielt danach vermutlich eine Rolle vor allem hinsichtlich der Erlernbarkeit zwischen 'icon' und assoziierter Funktion.Wie repräsentationsnah auch immer: die Isomorphie zwischen der Manipulation von Objekten mit der Maus auf dem Bildschirm (zeigen bzw. anklicken) und der durch diese Metapher abgebildeten objektorientierten Manipulation von Objekten mit Werkzeugen in der physikalischen Welt gehorcht einer Grammatik (vgl. Abb. 6), wie wir sie auch sonst gewohnt sind und vermittelt zumindest dem Novizen das Gefühl, die Dinge unter Kontrolle zu haben.

Objekt-orientierte Benutzer-Oberfläche

[Nomen Verb] [Selektion Befehl] [Objekt Aktion]

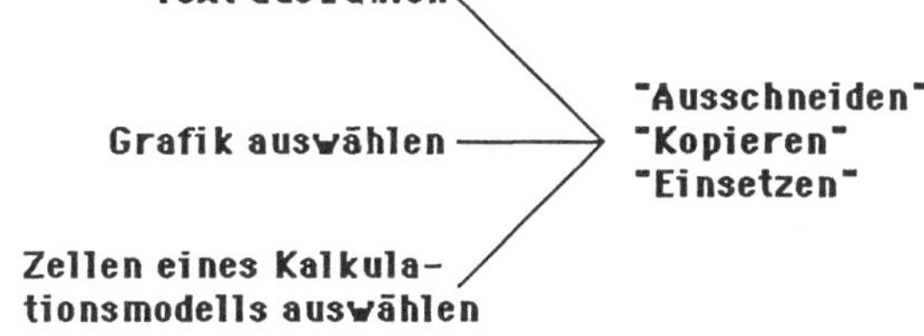

Abb. 6: Objektorientierte Handlungs-Grammatik

Die direkte Manipulation von Objekten mit der Maus in einer "flachen", nicht-hierarchischen und deshalb modus-unspezifischen BS, die virtuell zu jedem Zeitpunkt jede beliebige Operation gestattet, entlastet den Benutzer vom Erinnerungszwang, wissen zu müssen, auf welcher Modus-Ebene er sich befindet, um eine Funktion zu veranlassen. Will er mit einem Objekt operieren, selegiert er das Objekt (Nomen) und operiert (Verb) er mit einer Operation, die er entweder aus einem Operationsmenü ausgewählt hat oder die er direkt über einen Makro ausführt. Dieses Nomen-Verb-Modell des Zugriffs auf Objekte gilt konsistent für alle Anwendungen wie für den 'desktop-manager'.

2.2 Die Schreibtisch-Metapher ('desktop-metaphor')

Der Bildschirm repräsentiert einen Schreibtisch, dessen 'icons' Objekte auf einem natürlichen Schreibtisch repräsentieren (z.B. Dokumente, Blöcke mit vorgefertigten Formblättern, Ordner für Dokumente, Ablagekörbe, oder Aktenschränke, und vor allem auch Werkzeuge bzw. Applikationsprogramme). Zusätzlich sind die Peripheriegeräte, die der Ein- und Ausgabe der Objekte dienen, repräsentiert (z.B. Disk-Laufwerk oder Festplatte, Drucker). Durch Öffnen (Anklicken) des jeweiligen Objekts wird ein Fenster ('window') geöffnet, das entweder das selegierte Objekt (z.B. das bearbeitete Dokument) repräsentiert oder einen bestimmten Bezirk aus dem Gesamt-Schreibtisch, der wieder Objekte enthält (vgl. Abb. 7 und 8). Objekte (Dokumente wie Fenster) können direkt manipuliert werden (bei Fenstern etwa die Fenstergroße, horizontales und vertikales 'scrolling' über einen >Lift<). Die für den Benutzer unsichtbare Mechanik der direkten Manipulation von Objekten leistet der 'desktop manager'.

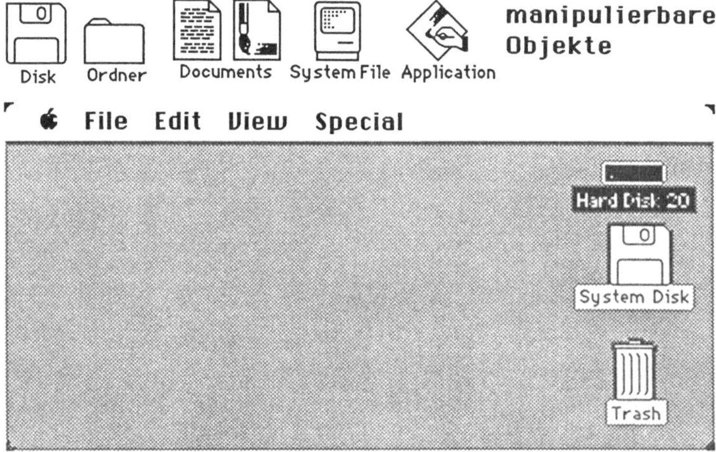

Abb. 7: "Schreibtisch" mit durch Zeigen /Anklicken direkt manipulierbaren Objekten

In ergonomischer bzw. psychologischer Hinsicht leistet die Schreibtisch-Metapher vor allem zweierlei: -sie ermöglicht Neulingen einen raschen Zugang zu einem von den ersten Anfängen an funktionalen System; -sie entlastet mnemotechnisch vom Zwang, sich die Namen oder Befehlssequenzen von System-Kommandos merken zu müssen (wer versteht und behält auf Anhieb die unzähligen CONTROL-Sequenzen von WordStar ?); sie nimmt, beides zusammengenommen, Computer-Anfängern erheb-

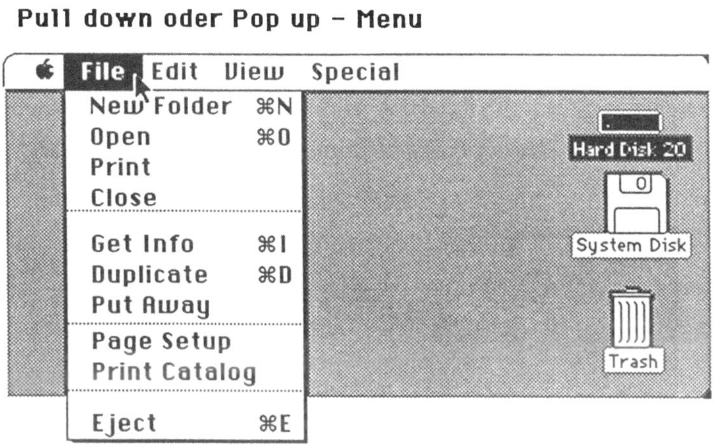

Pull down oder Pop up - Menu

File Edit View Special
New Folder ⌘N
Open ⌘O
Print
Close
Get Info ⌘I
Duplicate ⌘D
Put Away
Page Setup
Print Catalog
Eject ⌘E
Hard Disk 20
System Disk
Trash

Abb. 8: Funktionswahl über 'pull-down'- oder 'pop-up'-Menüs

lichen unnötigen Streß.

2.3 Die "Daten-als-konkrete-Objekte"-Metapher

Durch die DAKO-Metapher wird über die gesamte System-Umgebung hinweg Konsistenz erzielt, gleichgültig, ob man sich in einer Applikation, einer Programmiersprache, oder innerhalb der Entwicklung eines eigenen Programmier-Werkzeugs bewegt. 'Printing'-, 'filing'- und Editier-Funktionen gehorchen konsistent dem 'cut'-, 'copy'- und 'paste'-Muster; mit ihnen lassen sich alle Arten von Objekten, gleichgültig in welchem Kontext, manipulieren. Dies erfüllt nicht nur das Kriterium der inneren Konsistenz der BS, sie ermöglicht auch einen substantiellen Lern-Transfer von einer schon bekannten Applikation auf eine andere. Daneben, und nicht weniger wichtig, ist die DAKO-Metapher der wesentliche Mechanismus, der den Austausch von Daten zwischen verschiedenen Werkzeugen bzw. überhaupt den raschen Wechsel zwischen Werkzeugen erlaubt (so z.B. im OS 7/7 bzw. Workshop 3.9 oder im 'SWITCHER').

2.4 Die integrierte Programmier-Schnittstelle (programmer interface)

Die zunächst für die Lisa, später für den Macintosh entwickelte integrierte Programmier-Schnittstelle besteht aus dem eigentlichen Betriebssystem (OS) und einer Bibliothek von Subroutinen (für Graphik, Fenster, Menüs und den 'desktop manager'), die wie der Texteditor, Assembler, Linker und Debugger auf der Lisa entwickelt wurden. Der entsprechende 'workshop' mit 'command interpreter', 'file manager', 'system manager' und 'workshop editor'stellt eine BS dar, die mit der Applikationssoftware konsistent und kompatibel ist. 'QuickPort' ist ein Softwarewerkzeug, mit dem existierende Workshop-Anwenderprogramme im Lisa bzw. Macintosh-Desktop installiert werden können. Details der Installation neuer Programme im Workshop werden automatisch gehand- habt. Über das 'Toolkit/32' (bzw. seinen Mac-Nachfolger), das auf einer 'generic application' basiert und window management, document handling, printing, menu & mouse management, generic capabilities (wie cut, copy, paste und undo), sowie Utilities für Graphik, editing, Dialog- und alert-boxes, Lineale und internationale Formate bereit- stellt, können eigene Programme >Lisa- oder Mac-like< entwickelt werden, indem sie aus existierenden CLASCAL (aus CLASses und PASCAL)-Objekten abgeleitet werden. Allgemeine Merkmale von Objekten werden auf die Tochter-Objekte "vererbt"; über CLASCAL werden die spezifischen Merkmale der Töchter beschrieben. Abgesehen von der damit verbundenen Ökonomie für den Programm-Entwickler wird damit maximale Integration und Konsistenz zur übrigen Systemumgebung (vgl. Abb. 9) gewährleistet,

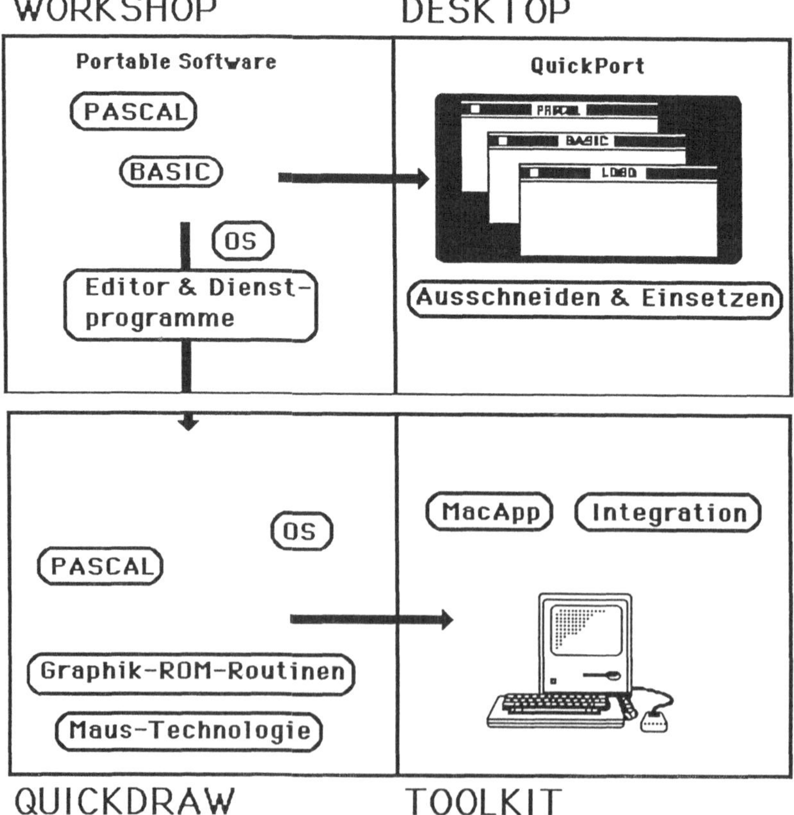

Abb. 9: Integrierte Programmier- und Anwender-Benutzerschnittstelle

wie dies ausführlich bei DANIELS (o.J.) beschrieben wird. Zur Geschichte der im übrigen als 'rapid-prototyping' abgelaufenen, iterativen Entwicklung der integrierten Hardware-/Software BS vgl. besonders BIRSS (o.J.) und WILLIAMS (1983).

3. Konsequenzen und Schlußbewertung

Integrierte und in sich konsistente BS, die auf einer einheitlichen Metapher basieren, haben den Vorzug rascher Erlernbarkeit und Handhabbarkeit, ohne daß hinsichtlich ihrer Funktionalität für die Zwecke des Benutzers Abstriche in Kauf genommen werden müßten. Dadurch, daß die integrierte Hard- und Software-Umgebung neben (über 'pull-down-menus') direkt manipulierbaren Objekten auch für den fortgeschrittenen Benutzer 'shortcuts' bzw. Makros bereithalten, die vollends vom gereiften Benutzer mit entsprechenden Werkzeugen benutzerspezifisch abgeändert werden können, ist auch dem Entwicklungs- bzw. Lernaspekt Rechnung getragen.

In pädagogischer Hinsicht ist bedeutsam, daß derart integrierte BS dazu beitragen, "Schwellenangst" abzutragen bzw. erst gar nicht aufkommen zu lassen und einen an die sinnliche Erfahrung gebundenen Erfahrungsgewinn mittels direkter Manipulation erlauben, wie ihn wohl nur Systeme mit hochauflösender Graphik zu leisten vermögen.

Wenn - nach BRUNER et al. (1966) - der enaktive, handelnde Umgang mit Objekten der Außenwelt die früheste Repräsentationsform ist, die dem Kind zur Verfügung steht, die dann durch "reifere", ikonische (sic !) oder symbolische Repräsentationsformen komplettiert werden, dann kann eigentlich nur verwundern, weshalb BAUERSFELD (1984) vor einer "Einschränkung der Totalität handelnden Lernens" warnen kann; sind es doch gerade die graphikfähigen Rechner der heutigen Personal Computer-Generation, die einen Zugang zu "Mikrowelten" erlauben, wie ihn das Schiefertafel- und Kreide-Zeitalter nicht einmal zu träumen wagte.

LITERATUR

Anderson, J.R. (1980): Cognitive Psychology and its Implications. - Freeman, San Francisco.

Bauersfeld, H. (1984): Gefahren durch die Förderung einer 'Mikrowelt' durch die neuen computerisierten Informationssysteme. In Bosler, U., Hossens, W., Kremer, W., Schermer, P. & Wolgast, H. (Hrsg.), Mikroelektronik und Neue Medien im Bildungswesen. - IPN-Arbeitsberichte, Kiel.

Birss, E. (o.J.): The integrated software interface of Apple´s Lisa. - Paper # 862,

Apple Computer, Inc., Cupertino.
Bruner, J.S. et al. (1966): Studies in Cognitive Growth. - Wiley, New York.
Cypher, A. (i.Vorb.): The structure of activities in interactive computer use.
Daniels, B.(o.J.): Interfaces for Software Development on the Lisa Personal Computer. Paper presented to the International Conference for Advanced Personal Computing Technology, Capri, May 28 - June 1,1984.
Dirlich, G., Furbach, U. & Freksa, C. (1985): Aspekte der Wissensrepräsentation in künstlichen Systemen. In Mandl, H. & Fischer, P.M. (Hrsg.), Lernen im Dialog mit dem Computer. - Urban & Schwarzenberg, München, Wien, Baltimore.
Dzida, W. (1983): Das IFIP-Modell für Benutzerschnittstellen. Office Management, 1983.
Norman, D.A. (1983): Some Observations on Mental Models. In Gentner, D. & Stevens, A.L. (eds.), Mental Models. - Erlbaum, Hillsdale, London.
Rumelhart, D.E. & Norman, D.A. (1983): Analogical processes in learning. In Anderson, J.R. (ed.), Cognitive skills and their acquisition. -Erlbaum, Hillsdale.
Stelovsky, J. & Sugaya, H. (1985): Command language vs. Menus or Both ? In Bullinger, H.-J. (Hrsg.), Software-Ergonomie '85: Mensch-Computer-Interaktion. German Chapter of the ACM: Berichte Nr. 24. -Teubner, Stuttgart.
Streitz, N. (1985): Cognitive Ergonomics: An approach for the design of user-oriented interactive systems.In: Klix, F. & Wandke, H. (eds.), Man-Computer Interaction Research. MACINTER-I. -Elsevier, North Holland.
Wandmacher, J. (1986): mündliche Mitteilung
Williams, G. (1983): The Lisa Computer System. Byte, February 1983.

Standardisierung und Portabilität von Unterrichtssoftware

Bernhard Husch
Dr. Bernd Kokavecz

Landesbildstelle Berlin

Zunehmend setzen seit einiger Zeit Lehrer im Fachunterricht neben bewährten Medien auch den Computer zur Förderung ihres Unterrichts ein. In diesem Zusammenhang sind Erfahrungen gesammelt worden, die zeigen, daß die dynamischen Eigenschaften und die Flexibilität eines für den Unterricht geeigneten Computers an bestimmten Stellen Möglichkeiten der Vermittlung eröffnen, die weit über die von Folien, Filmen und Videoaufzeichnungen hinausgehen.

Neben der wichtigen pädagogisch - didaktischen Untersuchung der für diesen Zweck entwickelten Software ist eine Analyse der Programme aus dem Blickwinkel der Informatik erforderlich, da auch diese Eigenschaften in starkem Maße die Einsatzfähigkeit im Unterricht bestimmen.

Erste Studien zeigen bereits, daß die auf dem Markt erhältliche Software häufig nicht den Anforderungen genügt:

- die Produkte sind zu stark von bestimmter Hardware und speziellen Betriebssystemen abhängig,

- die Anwenderoberflächen entsprechen bezüglich der Handhabung und dem Erscheinungsbild nicht den Anforderungen, die an ein Unterrichtsmedium zu stellen sind,

- viele Programme sind nicht betriebssicher,

- sie sind nicht flexibel in die Unterrichtssituation einzubinden, weil sie nicht im Quelltext verfügbar bzw. derartig unstrukturiert programmiert sind, daß eine Programmänderung unzumutbar wird (BASIC),

- begleitende Dokumentationen geben häufig wenig Auskunft über programmtechnische Einzelheiten.

Aus den offensichtlichen Mängeln ergeben sich folgende Forderungen für eine problemgerecht einsetzbare Unterrichtssoftware:

Die Programme sollten zwecks individueller Anpassung an die Unterrichtssituation im Quelltext vorliegen. Ohne den Grobalgorithmus verändern zu müssen, sollte der Anwender die Möglichkeit haben, die Benutzeroberfläche nach eigenen Vorstellungen zu gestalten.

Es muß eine deutliche Trennung zwischen rechnerabhängiger und rechnerunabhängiger Software vorliegen.

Die benutzte Programmiersprache sollte es zulassen, daß die Programme ohne Dialektanpassungen auf möglichst unterschiedlichen Rechnern lauffähig gemacht werden können, daß die logische Struktur leicht erkennbar ist und muttersprachliche Bezeichner verwendet werden. Insbesondere um einen möglichst schnellen Überblick über den Programmablauf zu erhalten, ist die modulare Strukturierung unbedingt zu fordern. Dies wird nur von Programmiersprachen wie PASCAL, ELAN, MODULA u.ä. geleistet.

Daneben müssen technisch einfache Verfahren zur Übertragung der Software bereitstehen.

Um langfristig auf die Entwicklung der entstehenden Unterrichtssoftware Einfluß nehmen zu können, bietet es sich an, im Rahmen der Lehrerfortbildung die dargestellten Qualitätsanforderungen auf breiter Ebene bewußt zu machen. Es muß für eine exemplarische Entwicklung vorbildlicher Programme und deren kostenfreier Verbreitung gesorgt werden. Darüberhinaus sind den Lehrern, die selbst Unterrichtssoftware erstellen, Hilfsmittel an die Hand zu geben, mit denen der zeitliche Programmieraufwand möglichst gering gehalten werden kann und die klar strukturierte, servicefreundliche und rechnerunabhängige Produkte bewirken. Zwar werden Programmierwerkzeuge von verschiedenen Softwarehäusern angeboten, jedoch lassen diese einen rechnerunabhängigen Gebrauch nicht zu. Zudem sind die dort gewählten Bezeichner für Prozeduren, Datenobjekte u.ä. kaum für die Verwendung im Bereich didaktischer Software geeignet. Hier bewähren sich muttersprachliche Bezeichnungen, wie sie die weiter unten aufgeführten Beispiele zeigen.

An der Landesbildstelle Berlin entstanden zwei Softwarepakete mit Werkzeugcharakter für den Entwickler von Unterrichtssoftware, ein drittes Paket ist noch in Bearbeitung. Die Verwendung dieser Hilfen wird in Fortbildungsveranstaltungen, den sog. "WORKSHOPS", geübt. Die Toolboxes stehen den betreffenden Lehrern in Berlin dannn kostenlos für die Verwendung in der Schule zur Verfügung.

Für die Realisierung der Hilfsmittel wurde wegen der weiten Verfügbarkeit und Strukturierungsmöglichkeiten die Programmiersprache PASCAL ausgewählt, zunächst in der Programmierumgebung von Turbo - PASCAL, geplant sind Übertragungen auf weitere PASCAL-Systeme.

Toolbox 1 erlaubt die Gestaltung des Textbildschirms, z.B. wird die Erstellung von Bildschirmformularen unter Ausnutzung der Strichgrafik unterstützt. Dazu kommen leistungsfähige Routinen zur komfortablen Ein- und Ausgabebehandlung. Die Initialisierung der maschinenabhängigen Teile ist für bestimmte Rechnertypen voreingestellt und kann mit geringem Aufwand für weitere Computer realisiert werden.

Toolbox 2 besteht aus einem kleinen Satz von Grafik-Grundoperationen, wie Strecke, Kreisbogen, Farbe, Text, die zur Anpassung des Grafikpaketes an unterschiedliche Rechnersysteme allein modifiziert werden müssen, und einer umfangreichen Bibliothek rechnerunabhängiger Grafikroutinen. Die Anpassungen für MS/PC-DOS-Rechner und die CP/M-Computer NCR DM V und Apple II liegen bereits vor. Geplant ist die Erweiterung auf Commodore 128, Apple Macintosh und Atari 520 ST+. Die rechnerunabhängige Grafiksoftware beinhaltet u.a. Turtle - Grafik, Plottersoftware und objektbezogene Speicherung von Grafiken auf Diskette.

Die zur Zeit entstehende Toolbox 3 stellt die Möglichkeit einer rechnerunabhängigen Erfassung von Meßdaten bereit.

Analog zur Situation bei der oben beschriebenen Unterrichtssoftware liegen die Verhältnisse im Bereich der für naturwissenschaftlichen Unterricht angebotenen Meßwerterfassungshardware und -software. Zwar existieren im Bereich der industriellen Steuerungs- und Meßtechnik Standards (NORM IEC 625 bzw. IEEE 488) und Systeme, die an sog. 16-Bit-Parallelschnittstellen betrieben werden können, jedoch sprengen diese Anlagen den finanziellen Rahmen eines Schuletats. Die für Unterrichtszwecke angebotenen Meßinterfaces haben zumeist den Nachteil, daß sie für jeden Rechnertyp ein spezielles Zusatzinterface und entsprechende Software erfordern. Damit ist ein Austausch von Programmen selbst bei gleichem Meßinterface, aber unterschiedlichen Rechnern nicht ohne Überarbeitung möglich. Auch die freie Programmierung der Schnittstellen gestaltet sich bei diesen Systemen recht aufwendig.

Sinnvoll ist also die Forderung nach einem Meßinterface mit Standardschnittstelle und rechnerunabhängiger Software.

Die zur Zeit laufenden Arbeiten beziehen sich auf einen preiswerten kleinen "Prozeßrechner" (MAX 1), der als intelligentes Meßinterface im Verbund mit einem beliebigen PC zu verwenden ist. Die Kopplung erfolgt dabei über eine V 24 - Schnittstelle, die von allen üblichen Betriebssystemen unterstützt wird und somit die Möglichkeit eröffnet, rechnerunabhängige Meßdatenerfassung zu betreiben. In Kombination mit den anderen Toolboxes sind damit auch in diesem Bereich sehr komfortable PASCAL - Programme realisierbar. Darüber hinaus läßt sich dieser spezielle Meßcomputer aufgrund seiner Eigenschaften auch völlig ohne zusätzliche Peripherie im Unterricht zur Meßwerterfassung einsetzen.

Um abschließend das Arbeiten mit den Toolboxes zu illustrieren, sei exemplarisch folgendes Testprogrammsegment betrachtet:

```
BEGIN

  Grafik_ein(weiss);
  Farbe(rot);
  Rechteck(1,1,318,198,0);
  Farbe(blau);
```

```
    FOR r:=5 TO 11 DO Kreis(3*r+10,30,2*r);

    FOR dreh:=0 TO 15 DO Rechteck(280,30,15,15,ROUND(dreh*22.5));

  Farbe(schwarz);
  Kreis(160,100,90);
  Textausgabe(112,130,'Labigraf 86');
  Textausgabe(112,115,'Version III');
  Textausgabe_vertikal(10,160,'Rev. 860604');
  Farbe(gruen);
  Kreisbogen(160,100,80,0,180);
  Farbe(rot);
  Kreisbogen(160,100,70,200,340);
  Farbe(gruen);
  Kreisbogen(160,100,50,200,340);
  Farbe(blau);
  Kreisbogen(160,100,30,200,340);
  Farbe(schwarz);
  Strecke(20,96,300,96);
  Punkt(10,10);
  Rechteckflaeche(280,140,30,20,45);
  Textausgabe(10,185,'Husch/Kokavecz                    äöüÄÖÜß');
  DELAY(2000);

  (*********  Speichern des Bildes auf Diskette  *********)

  schreib_Grafik(Bildanfang,Bildende,'GRAFIK1.TST');


  Textausgabe(10,0,'Bildausgabe auf Plotter? (J/N) ');

     REPEAT
        Antwort:=Zeichen_Eingabe(gross,266,0,10,10)
     UNTIL Antwort IN (.'J','N'.)

     IF Antwort='J'
      THEN Zeichne_Grafik(Bildanfang,Bildende);

END.
```

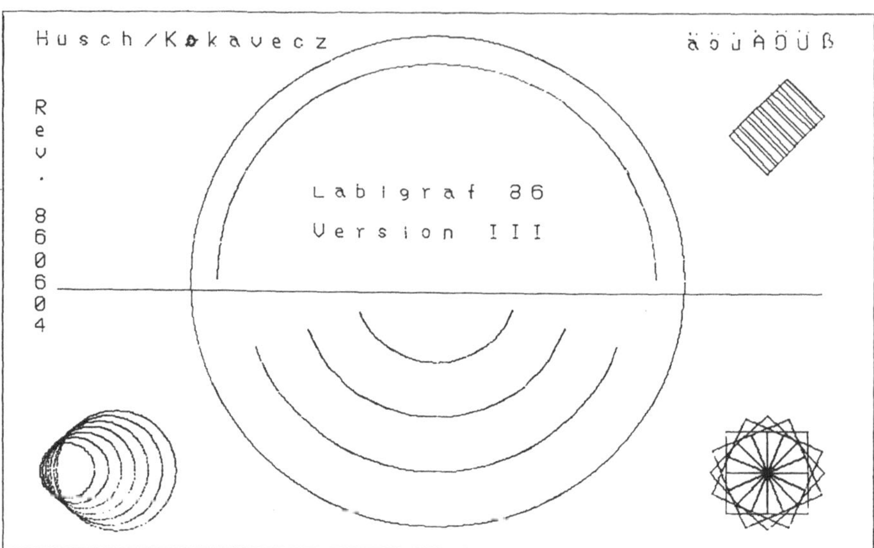

Für die Übertragung der rechnerunabhängigen Toolboxteile und der sie benutzenden Anwenderprogramme wurde eine ebenfalls rechnerunabhängige Kommunikationssoftware entwickelt sowie ein Programm zur Anpassung des ASCII-Codes an den IBM-Zeichensatz.

Erfolgreich wurde sowohl der Datentransfer als auch die Lauffähigkeit der Programme mit folgenden Rechnern getestet:

IBM - PC,XT,AT (Farbe u. schwarz/weiß)
NCR DM V unter CP/M
Apple II nur schwarz/weiss unter CP/M
Osborne mit Grafik - Subsystem

Entsprechende Kommunikationssoftware kann auch im Zusammenhang mit einer eventuell einzurichtenden Unterrichtssoftware-Mailbox eingesetzt werden, sofern betriebssystemeigene Routinen den Datentransfer nicht gestatten.

Literatur:

1) Jürgen Plate, Grafik-Grundlagen, MC 1986 Heft 2
2) Hans Rauch,Turbo-Graf-Ein Grafikpaket f. Apple,C't 1985 Heft2
3) Turbo Pascal Reference Manual, Borland International